Edmund Husserl
EDMUND HUSSERL GESAMMELTE WERKE（HUSSERLIANA）BAND XIX/1
Logische Untersuchungen
Zweiter Band，Erster Teil
Untersuchungen zur Phänomenologie und Theorie der Erkenntnis
Text der 1．und 2．Auflage．Hrsg．von Ursula Panzer

根据海牙马尔蒂米斯·内伊霍夫出版社《胡塞尔全集》第十九卷第一部分
1984 年德文校勘版译出

珍藏本
纪念版

汉译世界学术名著丛书

逻辑研究

第二卷

现象学与认识论研究

第一部分

〔德〕埃德蒙德·胡塞尔 著
乌尔苏拉·潘策尔 编

倪梁康 译

2017年·北京

目　　录

逻辑研究

第二卷

现象学与认识论研究

第一部分

第一研究　表达与含义

第二研究　种类的观念统一与现代抽象理论

第三研究　关于整体与部分的学说

第四研究　独立的与不独立的含义的区别以及纯粹语法学的观念

第五研究　关于意向体验及其“内容”

凡　例

1.本书根据德国女现象学家乌尔苏拉·潘策尔编辑，海牙马尔蒂米斯·内伊霍夫出版社 1984 年出版的《胡塞尔全集》第十九卷，即《逻辑研究》第二卷译出。与《胡塞尔全集》第十八卷，即《逻辑研究》第一卷一样，这个版本也是《逻辑研究》第二卷的校勘版，因而其中标出经胡塞尔修改过的《逻辑研究》第二版（1913 年出版，以下简称 B 版）与第一版（发表于 1900 年，以下简称 A 版）的差异。与第一卷中译本的做法相同，第二卷 B 版中增添的部分以及不同于 A 版的部分在译文中用异体字标出，并在方括号的注文中再现 A 版的原文；这类校勘性的注释以方括号标明，作为脚注附在当页。而 B 版中的其他注则以圆括号标明，作为脚注附在当页。

2.由于第二卷的 B 版分两个部分，全书分两个部分：第一至第五研究构成本书的第一部分，第六研究单独构成本书的第二部分。两部分的页码没有延续 A 版前后连贯的做法。因此 B 版的页码分为 B_1 和 B_2。如 A 167/B_1 168 或 A 561/B_2 178。

3.其余的做法，均与《逻辑研究》第一卷的中译本相同。

编者引论 XIX

一

这卷《胡塞尔全集》所提供的是胡塞尔《逻辑研究》的第二卷：《现象学与认识论研究》。随《胡塞尔全集》第十八卷[1]而开始的对《逻辑研究》全书新校勘版的编辑出版便据此而得以继续下去。

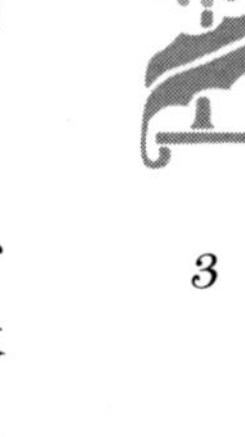

与《导引》的新版一样，这里也选择了产生于1913年（第二卷、 3
第一部分）和1921年（第二卷、第二部分）的加工后的第二版文本作为基础文本——同时顾及到第三版对印刷错误的修改。这个文本可以被看作是由作者本人最终定稿的版本，因为胡塞尔允许出版社对这个文本做了几次不加改动的复印。[2] 第一版（1901年）的变更部分在脚注中被引述。除《逻辑研究》第二部分的第一版和第

① 埃德蒙德·胡塞尔：《逻辑研究》第一卷：《纯粹现象学导引》。（编者此后将《逻辑研究》第一卷简称为《导引》。——中译注）

② 文献资料可以参阅后面的“文字校勘附录”，第921页及后页。（由于这里涉及《逻辑研究》第一、二版和全集本的校勘版两种页码，中译本无法以边码方式将两个页码同时列出，因此没有收入全集本校勘版的“文字校勘附录”。有需求的读者只能查询德文版的《胡塞尔全集》，英、法、日的译本中也均未收入这个“文字校勘附录”。——中译注）

二版的文本外，这一卷还包含第二部分的“作者本人告示”以及那些最初的加工尝试，正如我们在胡塞尔的自藏本中的批注和夹页上所看到的那样（下一节就会谈及这一点）。与此相反，从对第六逻辑研究的加工[1]中则产生出一些具有修订特征的独立论文，基于这个特有的性质，它们要留待做特殊的编辑出版。[2]

估计从1900/1901年《逻辑研究》的首次发表到至迟1913年
XX 间，胡塞尔将第一版的一个带有空白页的样书作为自藏本[3]使用，他在其中记下笔记并放入夹页。他的批注大都涉及个别文字的修改、补充和对文本的说明，但也间或涉及文献参阅提示和对被引作者的说明；此外，其中还包含（数量不少的）为进行一次加工而做的编辑出版方面的指示。在夹页上所做的阐述大部分被用作对某些文本段落的修缮和发挥，但它们也含有对这部著作的各部分的反思以及对被引作者的辨析。[4] 这些批注和夹页的很大一部分极有可能产生于1910和1911这两年。因此，不仅是边注和附录的内容，而且它们的产生时间都很容易引起这样一种估测：它们的写作与在1911年秋开始认真考虑的对《逻辑研究》的加工[5]有关。还有一个事实也可以为此提供说明：胡塞尔在第二版中接受了三分

---

① 参阅后面第XXV页。

② 《胡塞尔全集》，第二十卷。（该卷的第一部分以《〈逻辑研究〉补充卷第一部分》为题出版于2002年。——中译注）

③ 这个《逻辑研究》的自藏本包括三卷：《导引》自藏本和分为两卷的《逻辑研究》第二部分自藏本。——详细的标示可以参阅后面的“文字校勘附录”，第922页及后页。

④ 在这一版中付印的只是这些作为夹页的页张，相反，同样夹在自藏本中的那些节录以及一些与《逻辑研究》的付印文本无关的文字则未被付印。

⑤ 参阅后面第XXIII及后页。

之一的批注和总共75张[1]夹页中的8张(偶尔带有在实事方面重要程度不等的改动)。[2] 除此之外,边注也提示参阅15份其他的附录,并且这些提示大都是第二版中紧接着A文本[3]中的补充或改动处。——最后这个说明已经暗示,现存的自藏本夹页很可能 XXI
已经不全。而对批注的情况也不得不做同样的估测,因为有一整系列的夹入页张(主要是在第六研究的各页之间)都已不存在了。然而,不仅是自藏本的外部状况使得我们无法谈论一个统一的加工阶段。在内容方面,除了对《逻辑研究》的新构形的一些前工作(Vorarbeiten)以外,我们也不应有更多的期待。尽管如此,在面前的这个版本中发表的自藏本中的批注和夹页[4]还是可以让我们看到原初的加工计划,可以使我们更好地理解第二版的一些改动,而且它们还对《逻辑研究》印本的阐述附加了一些补充考察。

① 需要指出,胡塞尔让一个叫瑙曼(K. Naumann)的人对这些夹页中的五十九张做了改写。这些改写(文库标号:M III 2 I 5)带有胡塞尔手书的题记:"出自我的带有夹页的自藏本的速记笔记,约1910年或1911年;一直持续到第五研究。由来自维也纳的大学生K. 瑙曼改写为普通文字。"我们最终既无法了解促使胡塞尔做出这个委托改写的理由,也无法了解这个改写进行的确切时间点。只能肯定地说,这个改写不可能早于第二版的出版(1913年晚秋),否则瑙曼在整理这些为付印文字而作的附录时会给出第一版和第二版的页码。

② 关于这部著作的批注和附录的划分可以参阅后面第XXIX及后页上对个别研究之新构形的提示。[这里所说的以及后面还会一再提到的"新构形"(Neugestaltung),也就是胡塞尔在第二版前言中提到的"这些研究的新构形"(参阅B XII。——中译注)]。

③ 在这里的版本中,第一版用标号A来表示,第二版则用B来表示。为了避免误解,我们区分B(第一卷)、B_1(第二卷、第一部分)和B_2(第二卷、第二部分)。其他的符号和标号参见"文字校勘附录",第957页。

④ 它们按其所涉及的《逻辑研究》印本的顺序而得到付印(后面第785–917页)。

这个引论所要讨论的完全是胡塞尔对《逻辑研究》的加工。这个加工发生在他思想的一个关键时期，胡塞尔此时正“试图完整地把握住现象学的意义、方法和它在哲学方面的可能影响”[①]。一方面，他现在已经获得关于“在与心理学以及与包含在所有存在领域中的先天科学的关系中的现象学之最终意义的较为清晰的自身理解”。[②] 另一方面，通过对特殊的现象学还原的把握，他能够对纯粹现象学进行扩展，这门纯粹现象学作为超越论的现象学现在不
XXII 再只是意向体验的本质学，而且——借助于显现与显现者的本质相关性——与此相一致地也是在这些体验中自身展示出来的意向对象性的本质学。[③]

下面的阐述首先会提供对胡塞尔在这部著作的新版方面所做工作的一个编年史的概观；而后这些阐述将涉及这个加工的计划和实施，最后这些阐述将以对两个版本的差异之提示而告结束（同时顾及那些源于自藏本的批注和夹页）。作为对此的补充，特别要强调指出的是《逻辑研究》第一卷的编者引论[④]，读者除此之外还可以在其中获得《逻辑研究》两卷本的哲学意义和文献特点方面以及胡塞尔的原初出书计划方面的教益。对于在著作形成方面之证

---

① B VIII（《胡塞尔全集》，第十八卷，第 8 页）。——在这篇引论中，胡塞尔生前出版的著述始终按各个原本的页码来引述，而在括弧中则给出在《胡塞尔全集》范围内的新版的相应卷数和页码。

② 手稿：F III 1/161a。——参阅后面第 XXX－XXXII 页上对《逻辑研究》第二卷的“引论”的新构形的提示。

③ 参阅《胡塞尔全集》，第二卷，第 10－14 页。

④ E. 霍伦斯坦：“编者引论”，载于：《胡塞尔全集》，第十八卷。

据[①]的收集和评价，在第二卷方面没有什么可补充的。至于对胡塞尔思想从《算术哲学》(1890 年)到《逻辑研究》的过渡中的发展的追复描绘，这项工作则必须——就其尚未完成的方面而言[②]——留给未来的编辑出版来完成了。

二

对《逻辑研究》进行加工的最初打算可以追溯到 1905 年。美国人 W. B. 皮特金(W. B. Pitkin)请胡塞尔允许他把《逻辑研究》翻译成英文，[③]这个打算在半年后因多个出版社的拒绝而告失败。从唯一保留下来的信(只是信的草稿)中可以看出，胡塞尔为此目的而曾考虑对原文作一个缜密的修订。[④] 大约在同一时期，胡塞尔向他的出版商 M. 尼迈耶通报了皮特金的请求，并且借此机会也请尼迈耶告诉他，“出一个新德文版的前景如何”。[⑤] 从现 XXIII
存的书信资料中还无法看出，皮特金的打算是否就是胡塞尔出德文新版之计划的起因，或者这个计划已经更早就有了。但无论如

① 《胡塞尔全集》，第十八卷，第 XVII－XXXI 页。

② 参阅《胡塞尔全集》，第 XXI 卷和第 XXII 卷。

③ W. 皮特金致胡塞尔的信，1905 年 2 月 8 日。(若无特别标明，被引用的书信和书信草稿的原本或一个复印件都保存在鲁汶的胡塞尔文库。)E. 霍伦斯坦提供了这个英译本计划及其失败的更为详细说明，载于：《胡塞尔全集》，第十八卷，第 XXXVII 页及后页。

④ 致 W. 皮特金的一封信的草稿，1905 年 2 月 12 日[？](转引自《胡塞尔全集》，第十八卷，第 XXXVII 页)。

⑤ 致 M. 尼迈耶的一封信的草稿，1905 年复活节。

何,在直到那个打算已被确定为失败的半年时间里,胡塞尔已开始考虑加工,或至少考虑加工的可能性,因为他——还是与“英译本”相关——在 1905 年 8 月 10 日写给 W. E. 霍金(W. E. Hocking)的信中写道:“自《逻辑研究》以来,我取得了长足的进步,但很难把新东西和旧东西融合在一起。”

胡塞尔在修订第一版的过程中所抱有的首要意向究竟是什么,也许舍勒的一封信可以给出一个提示:“也许,在第二版中——利普斯对它非常好奇——对您的‘行为’(Akt)和‘行为形式’(Aktform)概念的更为详细的阐明以及对现象学目标的更为详细的陈述——就如您曾对我口头辨析过的那样——会驱散这种奇特的〔心理主义〕恐惧。”[①]我们无法最终确定,在胡塞尔带有夹页的自藏本里的一部分边注以及其中的夹页是否就是这个加工尝试的证据。无论如何,少数几个可以肯定是产生于这个早期时段的钢笔批注并没有为此提供任何信息。

可以确定,对新加工之可能性的深入思考是在 1911 年才进行
XXIV 的。[②] 使胡塞尔感到紧迫的是一个外部的动因:《逻辑研究》脱销已久,而且原初的计划,即“用一系列系统的论述”来使这部著作的新版变得不再必需的计划,由于在此期间已具体实施,但尚须在文字上加以统一的各项研究的篇幅,因而无法在可预见的时间

① M. 舍勒致胡塞尔的信,1906 年 3 月 5 日。

② B XVII(《胡塞尔全集》,第十八卷,第 16 页)。参阅致 W. 文德尔班的信,1911 年 1 月 15 日:“在这一年,我也要完成对拖延已久的《逻辑研究》第二卷〔!〕新版的处理。”——很可能胡塞尔在 1911 年 3 月前都还没有做过这样的思考。参阅致 J. 道伯特的信,1911 年 3 月 4 日。

内实现，[①]在确定了这一点之后，胡塞尔就无法再继续悬而不决，“阻拦一部如此被需求的[②]，并且在我看来仍然不可或缺的著作”[的再版][③]。

当然，在1911年为此后的加工所做的事情实际上远远超出了单纯的“思考”：在《逻辑研究》第二卷带有夹页的自藏本中的铅笔批注以及夹页的很大一部分，即是说，为这部著作以后的新构形所需的工作材料，都最有可能产生于这个时间。

还需要提到A. 莱纳赫的“帮助”，他于1911年在“刚开始考虑重新修改的可能性时，就热情而又懂行地站在我[胡塞尔]一边”。[④] 自藏本中的一系列批注宣示了这个合作。[⑤]

《观念》第一卷出版于1913年4月中旬，[⑥]胡塞尔是在它付印

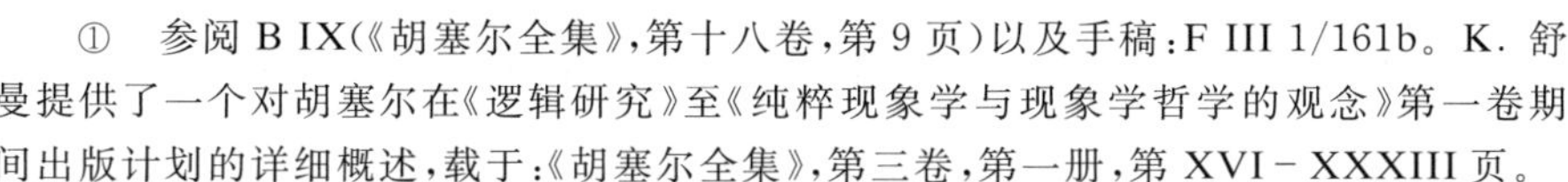

① 参阅B IX(《胡塞尔全集》，第十八卷，第9页)以及手稿：F III 1/161b。K. 舒曼提供了一个对胡塞尔在《逻辑研究》至《纯粹现象学与现象学哲学的观念》第一卷期间出版计划的详细概述，载于：《胡塞尔全集》，第三卷，第一册，第XVI－XXXIII页。

② 对此参阅B X(《胡塞尔全集》，第十八卷，第9页)：“……这些研究如果能使对现象学感兴趣的人感到有所帮助，那是因为它不仅仅提供一个纲领(更不是那种高高在上的纲领，哲学总是被视为这样一种纲领)，而是提供了现实进行着的、对直接直观到和把握到的实事的基础研究尝试；这种研究是批判地进行的，它自己并没有在对立场的解释中丧失自身，而是保留了对实事本身和对关于实事的研究的最后发言权。”

③ 手稿：F III 1、161b。此外参阅致J. 道伯特的信，1911年3月4日。

④ B XVII(《胡塞尔全集》，第十八卷，第16页)。

⑤ 参阅第12页/第20行、第31页/第14－15行、第38页/第5行、第46页/第23－24行、第53页/第2行、第55页/第10行，以及第153页/第19行上的批注(在这里是第791页、第795页、第797页、第801页、第805页以及第825页)(用“在这里”所标明的页码是指德文《胡塞尔全集》第十九卷的页码。在中译本里因技术原因而无法列出。对此还可以参阅本文注2中的译者说明。——中译注)。

⑥ 参阅《胡塞尔全集》，第三卷，第一册，第XI页和马尔文娜·胡塞尔：“埃德蒙德·胡塞尔的一张生活像素描”，手稿：X I 4/X。

之后才开始《逻辑研究》新版的真正工作的。这时他——至少就第二卷而论[①]——与自藏本接得非常紧。由于胡塞尔几乎完全不加改动地从自藏本中接受了对“引论”的彻底加工，却对《导引》和第
XXV 一研究几乎未作修改，因而他的努力直至6月中旬都主要指向第二至第五研究的新构形。尤其是第五研究经历了决定性的改动：所有对《观念》第一卷的参阅提示以及与此相关的修缮都肯定出自1913年。同样产生于这一年的或许还有许多内容丰富的附加和修改，它们涉及胡塞尔此时业已获得的对现象学分析的意义以及对现象学与描述心理学的关系的自身理解，至少它们并不存在于自藏本中。胡塞尔于6月23日写信给J. 道伯特说：“目前我身陷于对第六研究的修订。您得同情我！我必须在7月底完成印刷。我已经结清了第二至第五研究，并对它们的特殊风格做了修饰。”

1913年晚秋[②]，《导引》和第一至第五研究[③]已经出了“加工后的第二版”。胡塞尔于1914年夏季还做了许多内容丰富的加工尝试，[④]但最后却因已经开始的战争而不得不中断他的工作，第六研

---

① 关于《导引》可以参阅《胡塞尔全集》，第十八卷，第XL页和第267页。

② 由于第二版的篇幅有所扩展，因此第二卷被分为两个部分。参阅B XII（《胡塞尔全集》，第十八卷，第11页）。

③ 第二版前言的落款日期是“1920年10月”。A. 普凡德尔（A. Pfänder）在1913年11月16日写信感谢〔胡塞尔〕寄去《逻辑研究》第二版。

④ 第二版前言的落款日期是“1920年10月”。由于印刷所的一次罢工，书的付印一再止步不前［参阅致D. 曼科（D. Mahnke）的信，1920年7月10日］，这一卷在1921年初才得以出版［参阅H. 维尔斯（H. Weyls）致胡塞尔的信，1921年3月26日］。

究是在八年之后才出了“部分加工过的”第二版。[①]

三

XXVI

在完成以上对胡塞尔在《逻辑研究》新版方面所做工作的编年史概述之后，我们现在要阐述一下这个加工的计划和实施。在这里有必要详细地引述胡塞尔在其中对其思路做过反省的第二版前言。

胡塞尔在这个写于1913年的前言中一开始便说：“这部已脱销多年的著作以哪种形式再版，这个问题给我带来不少烦恼。对我来说，《逻辑研究》是一部突破性著作，因而它不是一个结尾，而是一个开端。在完成付印之后我便立即继续我的研究。我试图完整地把握住现象学的意义、方法和它在哲学方面的可能影响，试图继续全面地考察已提出的各种问题，同时我也试图在所有本体的和现象学的领域内寻找并把握与之类似的问题。可以理解，随着研究领域的扩展，随着对错综复杂的意向‘变异’以及对相互交织的意识结构认识的深入，有些在第一次进入这个新领域时所得出的见解会产生某些出入。而遗留的含糊性则得以澄清，多义性得以消除；一些孤立的说明以往无法受到特别的重视，现在则在向大的联

① 参阅致W. 文德尔班的信，1914年4月9日：“我在这个假期里的工作极度紧张，为的是能够完成对《逻辑研究》最后一卷的全新构想（拖欠的对第一版第六研究的单纯修订无法使我满意。我甚至不得不收回已经付印的几个大部分。我已经决定，不再写这样的部分著作，而是写一部全新的著作，它会对我目前已有了长足进步的观点做出全面考虑）。”

系的过渡中获得了基础性的意义。——简言之,原初的研究所获得的不仅仅是大量的补充,而且还有重新的评价;从扩展和深入后的认识角度来看,甚至连原初的阐述顺序也显得不十分妥当。”[①]

尽管如此,胡塞尔在开始时显然具有这样的意图,即让新版的《逻辑研究》“尽可能与《观念》的立场”[②]相符合。在这个意义上,他——在《观念》的前工作期间[③]——在 1912 年 7 月 7 日给 W. E. 霍金的信中写道:“我想到冬季再去处理《逻辑研究》第二
XXVII 版——我担心,这会变成一本全新的著作。”但在实施这个打算时胡塞尔很快便认识到,不可能“把这部旧著完全提高到《观念》的水准”。[④] 因此留给他的只有两种可能:或者将《逻辑研究》以旧的形式出版,也就是不加改动地出版,或者寻找一个妥协的解决方式。

胡塞尔没有考虑 W. 狄尔泰以及其他人的建议,[⑤]即“出于历史的理由”而不加改动地付印这部著作。[⑥] 这一方面是因为,他

① B VIII(《胡塞尔全集》,第十八卷,第 8 页)。

② B X(同上书,第 9 页)。

③ 参阅《胡塞尔全集》,第三卷,第一册,第 XXXII 页及后页。

④ B X(《胡塞尔全集》,第十八卷,第 10 页)。

⑤ 参阅手稿:F III 1/161b。——马尔文娜·胡塞尔在她“埃德蒙德·胡塞尔的一张生活像素描”(手稿:X I 4/X)中曾回忆在格廷根时狄尔泰的一次来访。据说狄尔泰曾对胡塞尔夫人说:“……《逻辑研究》把哲学引入了一个新的时代。这部著作还会出许多版,请您运用您的全部影响,不要让它被加工,这是一个历史的纪念碑,它必须以它原创的样子保存下来。”(无法最终确定这次访问是于何时进行的。K. 舒曼在其《胡塞尔编年》的第 87 页上只标出胡塞尔在柏林访问狄尔泰的时间:1905 年 3 月。)

⑥ 诚然,胡塞尔在 1911 年(参阅前面第 XXIII 页及后页)也曾首先考虑过这个可能性。至少 A. 莱纳赫在 1911 年 1 月 19 日写信给 Th. 康拉德(Th. Conrad)说,胡塞尔打算“不加任何修改地”出版《逻辑研究》的第二版。参阅:Ana 378,B II,莱纳赫,慕尼黑巴伐利亚国家图书馆。

"在意识到对当下科学还起着活生生的作用时……不能以历史的方式对待自己",[①]另一方面是因为这部旧著的"缺陷"[②]:"我能允许所有那些疏忽、彷徨、自身误解(尽管它们在第一版中难以避免而且可以原谅)再次去迷惑读者,给他在对本质的明确把握过程中增加不必要的困难吗?"[③]

由于《逻辑研究》可以"引导读者进入到真正现象学和认识论的工作方式中",[④]因而它始终被胡塞尔视为不可或缺的著作。如果它应当重新出版,那么留给胡塞尔的只有一种妥协的解决方式: XXVIII 他"心情沉重地"决定走一条"中间道路"。[⑤] 从他对 H. 李凯尔特所做的一个说明中可以看出,他对此是多么不心甘情愿:他在1913年6月11日给李凯尔特的信中说:"对旧文本所做的这种可恶妥协!我几乎要为自己没有选择出版重印的舒适出路而感到遗憾。但是——您当然也了解所有这些'但是'……"

胡塞尔要迈上的究竟是何种"中间道路",这一点从规定了对《逻辑研究》之加工的三准则中的最后一个准则上显露出来。[⑥]

---

① 手稿:F III 1/161b。——这页已经以不同方式被提到的手稿源于速记手稿"为《逻辑研究》所写的一个'序言'的草稿(1913 年)"[E. 芬克将它发表在《哲学杂志》(*Tijdschrift voor Philosophie*)第 1 辑(1939 年),第 106－133 页和第 319－339 页上],在 K. 舒曼看来["关于胡塞尔'为《逻辑研究》所写的一个〈序言〉的草稿'的研究",载于:《哲学杂志》,第 34 辑(1972 年),第 513－524 页]它是写于 1913 年 9 月中旬和十月初之间(同上书,第 519 页)。

② 同上书。

③ B X 及后页(《胡塞尔全集》,第十八卷,第 10 页)。

④ B X(同上书,第 9 页)。

⑤ 参阅 B XI(同上书,第 10 页)以及手稿:F III 1/161b。

⑥ 参阅 B XI 及后页(同上书,第 10 页及后页)。

《逻辑研究》本身的文本特性提供了一种在不进行根本改变的情况下将这个旧著提升到《观念》的水准的可能性。胡塞尔这样来描述《逻辑研究》的这个特征："在这部书中，人们会经历到一种由低水平向高水平的不断提高，会在这种上升性的工作中获得愈来愈新的，然而又与已有的认识有关的逻辑学和现象学认识。新的现象学层次不断出现并且规定着对原有层次的理解。"新版的构形也应当与旧著的这个特征相符合：读者应当"有意识地[被]引导……在最后一项研究中基本达到《观念》所处的那个阶段，并且，这项研究中原先所容忍的那种模糊性和不彻底性将得以明确的澄清。"[①]

在这个意义上，胡塞尔对《导引》和第一至第五研究进行了加工，并从总体上看已达到了对原著论述的一个重要改善。他在第二版中把彻底加工过的"引论"放在第一至第五研究之前，这个"引论"的纲领性陈述——与原初的加工计划相符——在很大程度上
XXIX 是与《观念》第一卷的观点相适配的。[②] 与此相反，胡塞尔在1913年则把对第六研究的彻底加工——这些加工的很大一部分已经付印——保留不发，[③]因为"单纯修订……无法"使他"满足"。[④] 据此，胡塞尔并未走完他所迈上的"中间道路"，或许也无法走完，除非是把第六研究变成一部全新的书。[⑤] 对第五研究的加工[⑥]表明，胡塞尔将《观念》第一卷的新认识纳入到这部旧著之进程中的做法

① B XII（《胡塞尔全集》，第十八卷，第11页）。

② 参阅后面第XXX－XXXIV页。

③ 参阅 B_2 III（等于这里的第533页）。

④ 参阅前面第XXV页上所引的致W. 文德尔班的信，1914年4月9日。

⑤ 参阅同上书。

⑥ 参阅后面第352－529页。

是多么不成功。尽管提示了在论题"意向相关项"、"纯粹自我"、"行为质性"方面的根本改变,但对于新加工后的著作来说,这些改变所"发挥的效用"[①]仅仅在于,通过这些提示,这个研究的结果以某种方式被相对化了,即是说,在"精密地探讨了一组基本问题"[②]之后,读者被进一步指引到《观念》第一卷上,它会"以它自己的方式帮助读者独立地进一步发展,这种方式便是:从最终的根源上进行阐明;描述纯粹意识的主要结构并系统地指明在纯粹意识中尚待研究的问题"。[③]

四

现在接下来要提示这些个别研究的新构形(同时顾及到源于自藏本的批注和夹页)。[④] 不言而喻,在这里只能对这两个版本的差别提供一个方向性的概述,这些差别偶尔会多得令人眼花缭乱。一旦看起来需要对那些变化之处做出更好的理解,我们就会求助于胡塞尔的其他著述、他的书信,当然同样还有他的讲座。[⑤]

① B XIV(《胡塞尔全集》,第十八卷,第 13 页)。

② B X(同上书,第 9 页)。

③ B X(同上书,第 10 页)。

④ 与《导引》相关的加工可以参阅 E. 霍伦斯坦的"编者引论",载于:《胡塞尔全集》,第十八卷,第 XXXIX 页及后页。

⑤ 关于 1901－1913 年间的现象学思想的进展,有兴趣者根本上只能从那些与胡塞尔的交谈中以及从他的那些讲座中得知。参阅手稿:F III 1/161a;"为《逻辑研究》所写的一个'序言'的草稿",同上书,第 330 页;《观念》,第一卷,第 79 页(《胡塞尔全集》,第三卷,第一册,第 90 页);此外还可以参阅 1905 年 2 月 18 日致 H. 贡佩尔兹的信和 1908 年 12 月 23 日致 P. 纳托尔普的信。

XXX ［第二卷的］“**引论**”应当考虑的是“这些研究的目的，更一般地说，……对认识的现象学澄清所具有的……特殊性”[①]，它自1907年以来便在致M. 弗里施－克勒（Frischeisen-Köhler）和致P. 纳托尔普的信中以及此后在第二版前言和“为《逻辑研究》所写的一个‘序言’草稿”中成为胡塞尔自我批评的靶子。对这个自我批评的重点可以做如下的概括：对现象学运作的阐述没有能够正确地评价“现实地被进行的这些研究的本质意义和方法”。[②] 这里所指的首先是将现象学标示为“描述心理学”的著名做法。[③] 当然，这个“偏斜的标示”[④]——如胡塞尔日后清楚认识到的那样——不只是一个术语上的差误，而是一种开端上的不肯定性的标示：“实际上，那些分析是作为**本质分析**来实施的，但并非始终在一种同等清晰的反思性意识中。对心理主义的整个反驳的基础就在于，这些分析，尤其是第六研究的分析，但也包括其他研究的分析，乃是作为本质分析来进行的，亦即作为绝然明见的观念分析来进行的。可是我一般不想承认这一点：我多年来认为是心理学的东西，即那些从‘相即感知’的明见性中所吸取的东西，所有这些难道都是先天的，或可以被理解为先天的吗？”[⑤]

1913年的加工所关注的主要事情就是收回将现象学标示为

① 第二卷“作者本人告示”，第260页（在这里是第779页）。

② B XIII（《胡塞尔全集》，第十八卷，第12页）。

③ A 18（在这里是第24页）。

④ 致P. 纳托尔普的信，1908年12月23日。

⑤ “为《逻辑研究》所写的一个‘序言’的草稿”，同上书，第329页及后页。——也可以参阅B XI（《胡塞尔全集》，第十八卷，第11页），第二准则。

描述心理学的“误导做法”。[①] 这个标示之所以表明是误导性的， XXXI
乃是因为“旧意义上的”描述心理学被理解为“经验的（自然科学的）描述”，它所针对的是“自然现实的动物生物之实体状态”，而现象学所“特有的‘纯粹’描述”则事关“在对体验（即使是在自由想象中**臆造的**体验）的范例性个别直观的基础上进行的本质直观以及在纯粹概念中对被直观到的本质的描述确定”。因此，现在被置于对立状态的一方面是自然科学（心理学、物理学），它们的定律带有

① B XIII（《胡塞尔全集》，第十八卷，第 12 页及后页）。胡塞尔在 1903 年的“关于 1895－1899 年德国逻辑学著述的报告”中已经明确地提出了对第一版引论陈述中的一些不相即性所做纠正的“几个原则要点”（《系统哲学文库》，第九卷（1903 年），“第三条项”，第 393－408 页；新近发表于《胡塞尔全集》，第二十二卷，第 201－215 页）。参阅 B XIII 及后页（《胡塞尔全集》，第十八卷，第 12 页及后页，以及“为《逻辑研究》所写的一个‘序言’的草稿”，同上书，第 330 页）。此外还可以参阅 E. 霍伦斯坦的“编者引论”，载于：《胡塞尔全集》，第十八卷，第 XLVII 页及后页。

早在 1902/1903 年冬季学期关于“认识论”的讲座中，胡塞尔便已经对描述心理学和现象学的关系做了重新的反思，并且得出结论：“认识现象学据此而是对思维的与认识的心理体验的纯粹内在的描述，或者毋宁说，本质描述，就此而论，它是描述心理学。这是那个始终不断重复着，但一再受到对立面反驳的主张所具有的好的意义，即：认识论建基于认识心理学之上。另一方面，被描述的并不是本真的、自然的意义上的心理体验，即被当作在某个心理中的发生事件。尽管现象学家也面对体验，但他并不把它们当作体验来考察，不当作时间上确定的个别性、个体的意识。而且，被确定的从来和永远都不会是个别性，而是‘本质’（Wesen）、实质（Essenzen），并且是从所有经验客体化中、从与经验自我的关联中抽象出来。这里所关涉的不是一种描述的、发生－心理学的分析。在心理学中，体验现实地被视为体验、被视为经验人格性的行为。但在认识论中，〔描述〕则被当作对普遍含义范畴和对象范畴以及与逻辑之物的主体实现相关的概念之澄清的底基。”（手稿：F I 26/83b）因此，胡塞尔在这里还坚持使用“描述心理学”的标示。与此不同的是“讲座 E”，这个讲座被他归入上述关于“认识论”的讲座中；他在讲座 E 中明白无疑地说：“心理学－客体化的兴趣将现象学转变为描述心理学……但现象学可以并且应当被视作纯粹本质学。从观念来看，它不是心理学，也不是描述心理学。”（手稿：F I 26/12a）

“经验普遍性的特征，即：对自然有效”，另一方面是作为本质科学的现象学；“它谈论的是感知、判断、感受等等本身，谈论它们先天地、在无条件的普遍性中作为纯粹种类的纯粹个别性所拥有的东XXXII 西，谈论那些只有在对‘本质’……的纯粹直观把握的基础上才能明察到的东西”。①

胡塞尔在对第二版的众多补充和修改中强调了现象学的这种纯粹本质的指向。② 与此相符，心理学与现象学的差异③现在不仅仅在于，心理学是发生的心理学，即归纳解释的心理学，而且还在于，心理学是经验的心理学，是“关于动物实在的心理特性和状态的经验科学”。④

在刚才所引的对第 6 节的第三补充中，胡塞尔说：现象学所谈的是“感知、判断、感受等等本身”。这暗示了现象学问题范围的一个扩展，这个问题范围在第二卷的“现象学和认识论的个别研究”中受到限制，因为这些研究的任务在于：“解决对逻辑学和逻辑思

---

① 参阅 B_1 18（在这里是第 23 页）。此外，这个在第二版中被全新构想了的对第 6 节的第三补充，是对引论的唯一较大的、不是源于自藏本的加工。在自藏本中可以找到一个内容上的初步陈述，这个陈述仍然还依据旧的文本。参阅出源于自藏本的批注和夹页（后面将简称为自藏本），第 24 页注 1、第 1－28 行（在这里是第 793 页）。

② 参阅 B_1 2（在这里是第 6 页，第 15 行和第 16－26 行）、B_1 3（在这里是第 7 页，第 2－3 行）、B_1 5（在这里是第 10 页，第 2 行）、B_1 6（在这里是第 11 页，第 2 行）、B_1 7（在这里是第 11 页，第 29－31 行）、B_1 9（在这里是第 13 页，第 20－22 行）、B_1 15（在这里是第 20 页，第12－13 行）、B_1 19（在这里是第 25 页，第 17－18 行）。——对此首先也可以参阅后面第 352 页及以后各页上对第五研究的补充和修改。

③ 也可以参阅 B_1 6（在这里是第 10 页，第 32－33 行）、B_1 9（在这里是第 13 页，第 23 行）。

④ B_1 7（在这里是第 12 页）。

维之澄清的主要问题。”[1]

另一种扩展是在以下修改中宣露出来的：在第一版的“引论”中，胡塞尔对现象学提出的任务是：“为我们提供一种对这些心理体验[即逻辑体验]的足够广泛的、描述的……理解，以便能赋予逻 XXXIII 辑的基本概念以固定的含义。”[2]现象学的领域被限制在“对体验按其实项组成所做的单纯描述分析”上。[3] 因此，现象学家应当“使现象学的状况在他那里纯粹地、在摆脱了任何意向对象性之混杂的情况下发挥作用”。[4] 只要对照一下第二版的相关文段，这两版之间的原则差异就会显现出来：被取消的是在排斥所有意向对象性的混杂的情况下把现象学限制在体验的实项组成上的做法。现象学现在成为“思维和认识体验的本质论，同时不断地关注那些本质上属于这些体验的被意指之物”。[5]

将意向对象纳入现象学领域，[6]这个做法所提示的是意向相关项的概念和超越论还原的方法，而这就意味着一个胡塞尔在第

① 〔《逻辑研究》第一卷〕“作者本人告示”，载于：《科学哲学研究季刊》，第 24 期，1900 年，第 512 页（《胡塞尔全集》，第十八卷，第 262 页）。——对此参阅约 1918 年致 E. 施普朗格（E. Spranger）的一封信的草稿和 1930 年 11 月 16 日致 G. 米施（G. Misch）的信（两封信都在《胡塞尔全集》，第十八卷，第 XIII 页及后页上被引用）。此外参阅手稿：F I 26/3b。

② A 8（在这里是第 10 页）。

③ A 21（在这里是第 28 页）。

④ A11 及后页（在这里是第 16 页）。

⑤ B_1 7（在这里是第 11 页）。

⑥ 参阅后面第 LI－LIX 页与第 LXIII 页及以后各页上对第五研究与“外感知和内感知……”附录的新构形的提示。

一版时尚未达到的“明察阶段”。[①] 据此，这些变化超出了《逻辑研究》的原初构想，并且按照胡塞尔的意图而使他在此期间就现象学的本质所获得的“完整的反思明晰性”“不仅在对‘引论’的重新加
XXXIV 工中，而且对后面的整个研究文字都发挥了效用”。[②] 也可以在这个意义上来评价以下的变化：胡塞尔在第一版中所要做的是“对逻辑学的认识论澄清和未来建构的前工作”，[③]而在第二版中则想提供“一门从现象学本源上得到澄清的哲学逻辑学的前工作”[④]。[⑤]

*

从自藏本的批注和夹页来看，可以推导出，胡塞尔对**第一研究**

① 参阅“为《逻辑研究》所写的一个‘序言’的草稿”，同上书，第 330 页，以及参阅前面已经提及的致 M. 弗里施－克勒的信稿：“但其中首先缺少一种对我所现实施用的方法的清晰自我理解，就像在其中也缺少对我当时还无法完全拥有的认识批判之真实观念的阐述……”（手稿：F I 42/37a）。

② B XIV（《胡塞尔全集》，第十八卷，第 13 页）。——参阅前面第 XXVIII 页。

③ A 16（在这里是第 21 页及后页）。

④ B_1 16（在这里同上）。

⑤ 参阅《观念》，第一卷，第 204 页（《胡塞尔全集》，第三卷，第一册，第 228 页）：“将现象学还原以及同样将纯粹体验区域标示为‘超越论的’（transzendental）的做法是建立在这样一个基础上：我们在这个还原中找到了一个材料与意向活动形式的绝对区域，它们以特定的方式交织在一起，在这种交织中**按照内在必然性**包含着对如此这般被确定或可确定的东西的奇特意识到（Bewußthaben），这种被确定的或可确定的东西乃是意识本身的一个对立项、一个原则上的他者、非实项者、超越者；而且，对于最深邃的认识问题的唯一可设想的解答之原源泉（Urquelle）就在这里，这些认识问题涉及对超越者的客观有效认识的本质和可能性。”——此外参阅前面在第 XXX 页上被引用的 1908 年 12 月 23 日致 P. 纳托尔普的信，在此信中胡塞尔将现象学称之为“认识批判的源泉论”。

的加工尝试的原初计划要强于在第二版中所实际进行的。[①] 除了众多批注以外，还有十九张夹页是属于第一研究的；它们的阐述被考虑用来对某些文段进行加工和展开。

对批注和夹页的概览表明，它们首先与讨论“本质性的区分”的第一章有关。第3、9、12、14节的大部分内容，在夹页中都可以找到对应的、部分得到重要扩展的加工尝试。在第二章的第23节，以及在第三章中的第26节，同样有大段的文字得到了重新的（和扩充了的）加工。

就这些重新加工过的文段的内容而论，特别引人注目的是：有 XXXV
一系列源自第五和第六研究的论题被纳入到这里来考察。[②] 例如在讨论“对物理表述现象、意义给予的行为和意义充实的行为的现象学区分”的第9节中：含义充实、失实和争执；合适的、局部的充实；含义阐述、直观化。[③] 而在以“被表达的对象性”为论题的第12节中：在称谓行为和论题行为上的质性变异之可能性。[④]

特别值得提及的是第14节（“内容作为对象、作为充实的意义和作为完全的意义或含义”）和第26节（“本质上机遇性的表达与

① 这些加工尝试最有可能产生于——前面第XXIV页上已经说过——1911年。尽管如此，胡塞尔仍在其“1911年复活节计划”（手稿：F I 15/4b）中说明：含义学说可以在《逻辑研究》第二版中保持不变。

② 胡塞尔在这部著作发表之后不久便已经抱怨说，“……在此前的研究中没有考虑到这个最后的、在冬季才全部完成的研究所得出的几个重要结论……”。参阅致G.阿尔布莱希特的信，1901年8月22日。

③ 参阅自藏本，第44页/第21行（在这里是第799页）和 B_2 41、43和67（在这里是第574、576、599页）。

④ 参阅自藏本，第52页/第23行（在这里是第802页）以及 B_1 479（在这里是第499页）。

客观的表达”)的加工尝试。

在“第14节的新加工尝试”[①]中,胡塞尔在思考不属于表达之本质的“与一个现时被给予的、充实其含义意向的对象性的关系”时[②],十分突然地(而且尤其还是在1908年的术语中[③])引入了意向相关项的含义概念:在这里所说的不再是:“对象本身,即作为这样或那样被意指的(gemeint)对象”[④],而是:“被臆指的
XXXVI (vermeint)对象性本身,作为以此方式被思考和被设定,一如它在含义给予的意指中被意指的那样(即是说,不是绝然的对象性,而是在本体意义上的含义,作为意指行为的观念相关项)。”[⑤]——问题在于,是否可以从自藏本的这些变化中推断出,在第14节这里所涉及的就是[胡塞尔所说的]那些“重要的地方”中的一个,在这些地方,应当“被优先的考察”的不是被片面强调的意向活动的含义

① 自藏本,第56页/第1行(在这里是第805页)。

② A/B$_1$ 50(在这里是第56页)。

③ 胡塞尔在1908年夏季学期开设了一个“关于判断与含义的讲座”(该讲座已于1987年以《关于含义学说的1908年夏季学期讲座》为题作为《胡塞尔全集》第二十六卷出版。——中译注)。《逻辑研究》第一研究的含义学说构成了这些考察的出发点。对“《逻辑研究》所运用的”含义概念的证义(Berechtigung)在这个讲座中并没有受到质疑,“这些研究的兴趣始终原生地指向行为的本质,只要这些行为是构造着客体性的”(手稿:F I 5/29a)。但对于胡塞尔来说,构想第二个含义概念似乎是可能的,也是有必要的,这个含义概念“应当涉及与在那个种类的意义上的含义概念的纯粹关系”(同上,31a)。——胡塞尔在1908年讲座中将这个产生于行为方面的含义概念标示为“物候学的”(phänologisch)或“想象的”(phansisch)含义概念,将相关的含义概念标示为“现象学的”(phänomenologisch)或“本体的”(ontisch)含义概念(同上,31a+b)。

④ A/B$_1$ 50(在这里是第56页)。

⑤ 自藏本,第56页/第1行(在这里是第805页)。

概念，而是意向相关项的含义概念。[①]

对第 26 节后半部分[②]的加工与付印文字（两个版本）的区别首先在于对在客观的思想联系中出现的“这个”（Dies）的功能的理解。在付印文字中，通过指示性含义进行的介绍只被用于“对思想性意指之主要特征的简称以及对此特征的较为简易的管理”[③]，而在加工后的第二版中，“这个”还被赋予了一个统一化的功能：它回溯到在先的思想联系的一个成分之上，“‘回指’向它的对象，重新设定它（在这自同性的意识中）并且有可能是在特殊意义上才将它对象化”。[④] ——诚然，胡塞尔在这个加工尝试中尚未偏离开《逻辑研究》[⑤]中对机遇性表达的理解。只是在自藏本的唯一一处，即在第 26 节结尾处的一个说明里，视域意向性的思想才被含糊地提及，它才有可能导致对机遇性表达的控制[⑥]：“更确切地看，在‘具 XXXVII

① B XIV 及后页（《胡塞尔全集》，第十八卷，第 13 页及后页）。——还需要指出，胡塞尔在《观念》第一卷第 182 页（《胡塞尔全集》，第三卷，第一册，第 203 页）引入作为意向体验之组元的意向相关项时，除此之外还提示了《逻辑研究》第一研究的第 14 节。

② 自藏本，第 88 页/第 13 行－第 91 页/第 5 行（在这里是第 812 页）。

③ A/B_1 84（在这里是第 90 页）。

④ 自藏本，第 88 页/第 13 行－第 91 页/第 5 行（在这里是第 815 页）。

⑤ 按照这种理解，对于机遇性表达来说，根本性的东西就在于：“根据机遇、根据说者和他的境况来决定它的各个现时含义”，“从观念上说，……可以通过客观表述来代替”。之所以“这种可替代性事实上……无法实现”，在胡塞尔看来是因为“在时间规定和地点规定上的缺陷性”（A 90/B_1 90 及后页，在这里是第 95 页及后页）。——参阅胡塞尔在 1913 年前言中的自我批评，B XIV（《胡塞尔全集》，第十八卷，第 13 页）。

⑥ 参阅《形式的与超越论的逻辑学》，第 177 页，注 1（《胡塞尔全集》，第十七卷，第 207 页）：“在《逻辑研究》中我还不具有关于视域意向性的学说，它们所有确定的作用都是在《观念》中才被提出来。因此我在那里〔在《逻辑研究》中〕还无法了解机遇性判断及其意义。”

体'科学的所有陈述中、首先是在所有与个体自然客体相关的、而后也与所有经验种类相关的含义中都隐含着机遇性的因素……,所有关于个体之规定的个体关系点(坐标的零点)都是机遇性地被规定的,我们与太阳、与地球表面、与耶稣的诞生相关联,如此等等。"[①]

在《逻辑研究》第一研究的第二版中,胡塞尔从自藏本中只采纳了小部分批注;他没有去顾及夹页中的那些加工构想。新附加的修改、补充和删除的数量也很小,以至于第一研究在第二版中从头至尾都只受到适度的加工。从内容上看,在加工时所涉及的一部分是无关紧要的风格方面的修饰,但另一方面也涉及对已做陈述的理清和修缮。有几个补充和修改关系到现象学的纯粹本质取向。始终未被顾及的是"'意向活动'与'意向相关项'之间的区别和平行关系";同样,在机遇性含义方面也未添加新的观点。[②]因此,胡塞尔在他的加工本定稿之后首先听命于他的第三准则[③]:这项研究"在新版中也保留其纯准备工作的特征。[④] 它引起人们思考,它将现象学初学者的目光引向意向意识所含的最初的,然而却已十分困难的问题上,但它还不能完善地处理这些问题。"[⑤]

---

① 自藏本,第 91 页/第 19 行及以后各行(在这里是第 817 页)。

② 参阅 B XIV 及后页(《胡塞尔全集》,第十八卷,第 13 页及后页)。

③ 参阅 B XI 及后页(《胡塞尔全集》,第十八卷,第 11 页),以及前面第 XXVIII 页。

④ 参阅第二卷的作者本人告示。

⑤ B XIV(《胡塞尔全集》,第十八卷,第 13 页)。

*

在《逻辑研究》第二卷发表一年后，胡塞尔在给 C. 施通普夫的信中谈及**第二研究**：“在这个阐述中让人感到有所妨碍和不足的是：没有对各种不同的‘普遍性意识形式’的关系做出最终有效的澄清，而且几乎完全缺乏那些包含着对这类形式之区分的描述分析。与此相关的是，没有关注对这些区别问题的历史处理，而且没有以任何方式对它们进行现象学的探讨。第二研究本质上是批判性的，而这些批判在内容上受限于历史的境况。”[1]正是这种在其风格上和在其局限性中的封闭性，使得胡塞尔在 1913 年没有对第二研究做出“彻底的改造”，他曾觉得这种改造值得“期望”，但仍然放弃了期望，满足于“个别的修缮”。[2] 后面对此还会做出分析。 XXXVIII

但在此之前还是要谈一下自藏本的夹页和批注，它们突出于付印文字（也包括第二版）的特殊点在于：胡塞尔在这里时而会超出旧的问题组成——尽管只是以参阅提示和批判说明的形式。在这方面需要提到的首先是“[A] 214 的附录”。[3] 它关系到一个做了很大扩展的加工，即对第 40 节的一个文段的加工。在一段较长的补充中，胡塞尔首先区分最低阶段上的类（Spezies），亦即“观念世界中的个体”，以及种观念（Artidee）和属观念（Gattungsidee）。而后他指明，“与这些单个的和总体的对象性之被给予性意识相关的现象学问题……必须得到解决，对于这些对象性的所有根本不

① 致 C. 施通普夫的一封信的草稿，1902 年 5 月 11 日。

② 参阅 B XV（《胡塞尔全集》，第十八卷，第 14 页）。

③ 自藏本，第 218 页/第 25 行至下页 26 行（在这里是第 832 页）。

XXXIX 同的区域而言都是如此。”[①]——在另一个附录中宣告了胡塞尔后来在《观念》第一卷中[②]针对《逻辑研究》所提出的一个批评，更确切地说，针对把“观念化”(Ideation)一词仅仅用于原本给予的(甚至大都是用于相即的)本质直观的做法的批评：“我在第二研究中的阐述是不充分的……。任何一个根据一个非相即地显现的对象或标记而进行的观念化都应当在这里得到阐述，并且必须得到考虑。”[③]

如果撇开这些偶尔的参阅提示和批判说明不论，那么还可以完全普遍地做出如下的确定：在对第二研究的最终加工过程中，胡塞尔显然非常贴近自藏本，因为他在第二版中采纳了自藏本中足有一半的边注——其中大都是逐字逐句地采纳；其余的边注或者带有对阐述的轻微修改，或者也会带有或多或少决定性的内容变异。[④] 也有几个对后面修改的文段的不加替代的删除以及编辑方面的说明可以被评价为是第二版的“前阶段”。最后，十分引人注目的还有自藏本与第二版在批注和修改的频率和分配方面的一致。——那些没有被采纳到第二版中去的自藏本批注一方面涉及文本修改，另一方面涉及提示语和问题以及对个别文段的阐释，但

① 在这个语境中除此之外还区分了“意识的内在”和“实项的内在”。参阅《胡塞尔全集》，第二卷，第 7－10 页以及第 43 页及以后各页；此外还可以参阅后面第 LXIII 页及以后各页上对“外感知与内感知……”附录的新构形的提示。

② 参阅同上书，第 11 页，注 1(《胡塞尔全集》，第三卷，第一册，第 15 页)。

③ 自藏本，第 111 页/第 1 行及以后各行，第 2 附录(在这里是第 819 页)。

④ 例如参阅 B_1 206(在这里是第 209 页/第 24－25 行)，以及自藏本，第 209 页/第 24 行(在这里是第 831 页)、B_1 219，(在这里是第 221 页/第 26 行)，以及自藏本，第 221 页，注 4(在这里是第 834 页)。

也涉及编辑方面的说明以及附加的文献出处和插入提示。

对第二研究的第二版——如上所述——“尽管做出了大量个别的修缮”，却没有“进行彻底的改造”①，这些修缮——需要补充这一点——集中在十个较短的文段上，或者说，个别章节上。其余的文字只受到适度的加工。

纵观一下便可以看出，有一部分修改关系到少数几个论题：以 XL
对近代抽象理论的扼要特征描述为内容的第 6 节中，心理学的解释分析和认识论的澄清分析之间的区别被更进一步地称之为经验分析和本质分析之间的区别。这里强调，只有本质分析才提供“澄清认识‘可能性’的必不可少的基础。”②——与胡塞尔在第 10 节中对洛克之批判的六点相关，感觉和感性显现的事物规定性之间的区别被更清晰地提取出来。③ ——第 16 节的加工集中于一段讨论普遍名称的谓语功能的短文。④ 值得一提的是胡塞尔在第一版发表后不久便当作靶子来批评的一个注释：“但普遍谓语的情况是怎样的呢？即是说，具体功能中的普遍名称的情况是怎样的呢？像一个 A、几个 A、所有 A 这样的构成情况究竟是怎样

① B XV(《胡塞尔全集》，第十八卷，第 14 页)。

② 参阅 B_1 120 及后页(在这里是第 124 页及后页)。——此外，现象学的本质取向及其与经验心理学的关系还在一系列其他的、大都是较小的修改和补充中得到表露，它们散见于这整个研究。除其他以外还可以参阅，B_1 145 及后页(在这里是第 150 页/第 7、10 和 14 行)、B_1 163 页(在这里是第 167 页/第 26 行)、B_1 180 及后页(在这里是第 183 页/第 33 行)、B_1 216(在这里是第 219 页及后页/第 1 行和第 4 行及后行)。

③ 参阅 B_1 128 及后页(在这里是第 133－135 页)以及 B_1 217(在这里是第 219 页/第 26 行及后行)(亦即在第 40 节中对洛克批判的简短总结)。——此外参阅后面第 LXIII 页上对“外感知与内感知”附录的新构形的提示。

④ 参阅 B_1 147 及后页(在这里是第 152 页)。

的？我一再地触及到这些问题——当然，在 A 146 页的注释中的触及是非常笨拙的，我在那里怀疑地问道（可惜我在修订过程中将这个在其前半部分意义上被理解的注释修改为一个怀疑，并因此而使我自己，同样也使读者变得动摇不定）：这些表达所具有的普全的共同的 A 难道不是在提示着一个共同的东西，即这个共同的种类（Spezies）。然而这是说不过去的。”[①]在第二版中，对整个注释的论述更为坚定，并用以下论证对这个问题做了否定：“A 这个种类‘隐含在’这些含义之中，但只是潜在地，而非
XLI 作为**被意指的对象**。”[②]——最后在第 37 节的一个彻底加工过的文段中，胡塞尔宣告了超越论－构造的问题域：“事物与特性之间的这种差异是本体论的差异，它们……不是以一种实项因素的方式包含在各种被给予的现象本身之中并在其中可被指明的东西；毋宁说，它们回指到这样一些意识体验的联系之上，在这种联系中，它们一致地显现出来，它们被经验到，并且受到自然科学的规定。”[③]

其余的修改（首先是对第 23、31、40 和 41 节的修改）主要是用

① 致 C. 施通普夫的一封信的草稿，1902 年 5 月 11 日。

② 参阅 B_1 147（在这里是第 151 页，注）。也可以参阅 B_1 181（在这里是第 185 页/第 15－18 行）。

③ 参阅 B_1 198 及后页（在这里是第 202 页/第 27 行至后页第 4 行）。——也可以参阅 B_1 219（在这里是第 221 页/第 26 行和注 4）：胡塞尔在第一版中还持这样的看法，有可能存在着这样的对象，“它们按其**种属**来说处在对所有人类意识来说可及的显现（Erscheinung）的彼岸”。在第二版中他用“实际上（faktisch）”代替了“按其种属来说（ihrer Gattung nach）”。

来使所述内容变得更为清楚。这里也包含几个补充，在其中还采纳了第六研究的思想。

*

在胡塞尔看来，第三研究是“是充分理解以后各项研究的一个根本前提”。[①] 他在第二版中对第三研究做了连贯的大幅度加工。

尤其引人注目的是频繁地加入了以下语词：本质(的)、观念的、先天的。这些突出了这项研究的本质特征的改动足占了整个补充和修缮的五分之一。为了能够对它们做出正确的评价，我们必须回溯到第一版的一个文段上去。在第三研究的引论中，胡塞尔写道： XLII
将不独立内容与独立内容之间的区别“理解为一个普遍区别的特殊情况。然后它超出意识内容的领域，在**对象一般**的领域中成为一个理论上极为重要的区别。”[②]不独立内容与独立内容之间区别的——胡塞尔在第二版中以理清的方式补充说——“首先是在感觉材料的描述心理学领域中”作为特殊情况“显示出来的”。[③] 胡

① B XV(《胡塞尔全集》，第十八卷，第 14 页)。——还在二十年代，胡塞尔便把阅读第三逻辑研究推荐为对他著作之研究的“最佳出发点”[参阅 W. R. 博伊斯 · 吉普松，“从胡塞尔到海德格尔。W. R. 博伊斯 · 吉普松 1928 年弗莱堡日记选录”，H. 施皮格伯格编，载于：《不列颠现象学学会评论》，第二辑(1971 年)，第 78 页]。

② 参阅 A 222(在这里是第 227 页)。

③ B_1 225(在这里是第 227 页)。——也可以参阅 B_1 229(在这里是第 232 页/第 10 行及后行)以及自藏本，第 232 页/第 10 行及后行(在这里是第 844 页)。

塞尔本人于 1894 年在其“对基础逻辑学的心理学研究”[①]中曾探讨过它。但在 1897 年发表的对这部著作的“作者本人告示”中，胡塞尔已经指责说，在那里仅仅就（意识）内容所阐述的规定必须被理解为规律，并且必须被转用到对象一般之上。[②] 从《逻辑研究》第二版的角度出发，胡塞尔将这里所做的工作解释为一种“将明见性思想向一种纯粹本质规律性思想的本体论转变”。[③] 姑且不论在 1897 年的“作者本人告示”中所谈的是否已经是纯粹本质规律性，即是说，“一种非经验的、无限地普遍有效的规律性”；至少在第一版中，胡塞尔在前面所引的那个源自第三研究引论的文段后继
XLIII 续说，“因此，对这个区别之阐释在**对象本身之纯粹的（先天的）理论**中占有体系性的地位”。[④] 因而这里的研究已经表露出了后面各项研究的本质特征。前面所列举的第二版的改动据此而“不是后补的纠正”。关于这些改动，胡塞尔在 1913 年的“前言”中对第三研究的新构形所做的完全一般的说明更为恰当：“这里需要的

① “论对抽象与具体的区分”，载于：“对基础逻辑学的心理学研究”，第一部分，载于：《哲学月刊》，第三十期，1894 年，第 159－167 页，新近付印于《胡塞尔全集》，第二十二卷，第 92－100 页。——在第三研究的第 3 节至第 6 节，胡塞尔使用了这篇文章的第 1 节（参见 A 227/B_1 230、注 3：在这里是第 233 页）。参阅 A 225/B_1 229（在这里是第 232 页）：“相反，关于内容的说法通常仅仅是在心理学的领域中活动，尽管我们在现在所须研究的这个区分上要提出一种限制，但我们不滞留在这个限制上。”——这项研究是以描述心理学的分析为出发点的，对此可以参阅后面第 LI 页及后页上对第五研究之新构形的提示。

② “关于 1894 年德国逻辑学著述的报告”，载于：《系统哲学文库》，第三卷（1897 年），第 224－228 页，新近付印于《胡塞尔全集》，第二十二卷，第 132－135 页。

③ 参阅同上书，第 225 页，注*（《胡塞尔全集》，第二十二卷，第 133 页）。——此外参阅自藏本，第 227 页/第 1 及以后各行（在这里是第 835 页）。

④ A 222（在这里是第 227 页）。

是:更好地发挥这项研究的真正意义以及在我看来它所获得的重要结果的效用……”[①]

对至此为止的阐述有两点需要补充:其一,胡塞尔在第三研究第一版中说,不独立内容与独立内容之间的区别应当在对象本身的纯粹理论中得到阐明,[②]而他在对第二研究第二版的一个补充中则说,这个区别“属于先天形式本体论的范围”。[③] 胡塞尔曾在《观念》第一卷中强调地指明“本体论”这个表达的引入,他在那里说:“我当时[即在《逻辑研究》第一版中]没敢采用本体论这个由于历史的原因而令人厌恶的表达,我把这项研究……称之为‘对象本身的先天理论’的一部分,它也就是被 A. 迈农简称为‘对象论’的东西。与此相反,我现在则认为,时代已经变化,可以重新起用‘本体论’这个旧的表达。”[④]——其二,在第三研究的一开始,胡塞尔便提示第二研究的一个文段。他在那里阐述说:尽管扩展了对象 XLIV
概念,心理内容据此而只是对象的一个特殊种属,但他还是将内容的说法,而不是对象的说法保留下来,因为这样一个被扩展理解了的对象概念在当时还流行的思维方式那里可能会引起反感并导致

① B XV(《胡塞尔全集》,第十八卷,第 14 页)。

② 参阅前面引自第三研究引论的引文(A 222),胡塞尔在第二版中对此实际上未加改动。

③ B_1 219(在这里是第 221 页)。——也可以参阅 B_1 226(在这里是第 228 页/第 13 行)、B_1 248 及后页(在这里是第 252 页/第 3、15 和 25－26 行)。

④ 《观念》,第一卷,第 23 页,注 1(《胡塞尔全集》,第三卷,第一册,第 28 页)。——关于胡塞尔对 A. v. 迈农的辨析可以参阅“为《逻辑研究》所写的一个‘序言’的草稿”,同上书,第 319－323 页,以及(A) 222 的附录(自藏本,第 227 页/第 1 行及以后各行:在这里是第 835 页)。

误解。[①] 如果我们考虑到，第三研究第一章的标题是“独立对象与不独立对象的区别”，而且在最初几个段落中就马上谈及对象，那么这个解释现在当然就会有些让人感到迷惑。胡塞尔之所以在自藏本中明确[②]依据被引用的文段并解释说，他决不仅仅因为那里所说的原因才保留了“内容”的说法，理由可能也在于此。现象学-认识论语境中的“对象”一词，更多是用来标示在各个确定的相关性中的对象之物，因此，现在若将相关性的对立项及其因素也称作对象，就会变得令人反感。因此，胡塞尔在第三研究中保留了“内容”一词，但从这时起是在限定的意义上，即作为对实项内在的意识素材的标示，[③]这个区分便以它们为出发点。[④] 这个在自藏本中做出的纠正后来在第二版中始终未被顾及到。

前面已经提示过，胡塞尔认为，这个对第三研究的加工所关注的主要事情是，“更好地发挥”第三研究的真正意义及其结果的“效用”，并且“消除阐述中所含有的多方面的不完善性”。[⑤] 这个努力
XLV 首先表现在对第11节的加工过的版本中，这一节的内容提取出精确的分析概念。在第二版中，第11节的结尾在充分加工后被补充

---

① 参阅 A 216/B_1 218 及后页（在这里是第 836 页）。

② 自藏本，第 228 页/第 15 行（在这里是第 836 页）。

③ 参阅 A 232 及后页/B_1 236（在这里是第 240 页）。——在第二版中，胡塞尔只是在第三研究的唯一一个文段上认为有必要修改术语，用“对象”来代替“内容”：B_1 267（在这里是第 273 页/第 15、18－19、21－22 行）。此外还可以参阅第五研究中的 B_1 294（在这里是第 301 页/第 13 行）和 B_1 317（在这里是第 325 页/第 7 行）。

④ 参阅前面第 XLII，脚注 3。——此外参阅后面 B_1 279（在这里是第 286 页/第 4－5 行）。

⑤ 参阅 B XV（《胡塞尔全集》，第十八卷，第 14 页）。

为第12节(原初的第12节[①]被删去了)。这一节的扩展了的、同时理清过的新构形一方面涉及分析规律及其殊相、分析的必然性之间的区别;[②]另一方面还涉及分析规律与综合-先天规律之间的区别。

当然,第11节同时也为胡塞尔的一个做法提供了一个案例,即他在那些有着或多或少丰富内容的补充文字中时不时会超出原初问题域。例如在第11节的起首处,[③]他便在一个涉及含有实事的和单纯形式之差异的补充中提到最高的含有实事的属以及植根于其中的质料本体论。——而在第9节,他在一个新构想的文段中区分"像数学概念那样的'精确概念'或'观念-概念'"以及"所有纯粹描述的描述概念,亦即与直观直接地和忠实地相符合的描述概念"。[④]

最后还需要指出,有一系列的修改被用于对术语的准确说明。[⑤] 从源于他自藏本的下列说明中可以看出,胡塞尔在做这些

---

① 参阅A 248-251(在这里是第261页及后页)。胡塞尔在这节中讨论"具体之物与事物。将独立性和不独立性的概念引申地运用于延续性和因果性的领域,以此使这对概念更为一般化"。

② 关于(在分析的必然命题那里起作用的)形式化和抽象之间的区别可以参阅对第24节的扩展了的加工,B_1 284页及后页(在这里是第291页及后页)。

③ B_1 252(在这里是第256页/第3-32行)。

④ 参阅《观念》,第一卷,第73-74节(《胡塞尔全集》,第三卷,第一册,第153-155页)。

⑤ 所以胡塞尔——仅举一例说明——在论及分片(Zerstückung)的地方于第二版中所说的是"扩展的(而非物理的)整体"或"部分"。参阅B_1 267(在这里是第273页/第27行)、B_1 269及后页(在这里是第276页/第2、27行)、B_1 271(在这里是第278页/第7-8行)、B_1 277(在这里是第283页/第21行)。

修改时有多么认真:“谁较为深入地挺进到这里进行的研究之本性
XLVI 中去,谁就会全然理解,对明晰地被把握之物的明确阐述意味着何种困难,以及要想满足可理解性的要求,为什么常常不可避免地要更换表达方式。”①

就前面已多次提到的自藏本夹页和批注而论——在事关第二版的“前阶段”的阐述过程上,除了已经在第二研究那里所指出的东西以外,基本上没有什么其他东西可说了。② ——至于在第二版中未被采用的那些边注,它们一方面涉及文字修改,另一方面涉及编辑方面的说明、附加的文献出处和插入提示。——其中有两个附录值得特别提及:1)分为三段的“研究三”附录③:它的内容是对第三研究的某些论题的普遍反思:对独立者和不独立者的区分;对不独立性的划分;普遍的联结形式。2)“(A) 253”的附录④:它提供了对相对不独立性而言的范例证据(在现象学的、仪器化的、数学-客观的时间中的时间点的相对不独立性)以及对相对独立性而言的范例证据[现象学伸展(Ausbreitung)的各个块片的彼此相对的独立性和作为个体“内容”的延展与这个属的所有其他可能“内容”的空间延展(Ausdehnung)之关系中的相对独立性]。

*

第四研究与第三研究密切相关,这是指:在第三研究中被制定

① 自藏本,第 228 页/第 15 行(在这里是第 836 页)。

② 参阅前面第 XXXIX 页上对第二研究新构形的提示。

③ 自藏本,第 229 页/第 1 行及以后各行(在这里是第 837 页)。

④ 自藏本,第 265 页/第 9 行(在这里是第 850 页)。

的部分与整体的形式结构，在第四研究中得到了首次使用。这个 XLVII 内容上的相属性也表现在加工过程中：与第三研究的新构形一样，第四研究的新构形也首先被用来对已做的陈述进行准确、有效的阐释。但与此同时，第四研究的文字也在“内容上做了某些充实”，[①]因此，它比其原初的篇幅增长了一倍半。——在加工中，一些局部得到重大扩展的是第3、10、11、13、14节。这些加工应当按其顺序在下面得到讨论。

在第3节[②]涉及“含义的复合性与具体意指的复合性。被蕴含含义”的一长段新构想文字[③]中，这种“含义意向双重性在这一次的加工中受到了更清楚的和在现象学上更深入的理解”，[④]这种理解是通过向含义意识的回溯完成的。相对第一版的新意在于这样一个认识：规定着含义本身的简单性或复合性的那个方面，亦即“具体完整的含义意识所具有的这样一个意向本质”所属于的那个方面，“必须预设一个更宽泛的意向内涵作为基础，这恰恰符合这个状况，即：在同一意义上的同一个被意指之物……能够以极为不同的方式，带着变化不定的组成而在规定性特征方面‘被表象’，并且必须带着某个组成而被表象——而这种变化和这个组成的复合却并不涉及含义本身。”这第二个方面提供了“分析的可能性并且随后提供了谓词的含义理解的可能性”。在第二版中随之而有一

① B XV（《胡塞尔全集》，第十八卷，第4页）。

② B_1 298－301（在这里是第306－308页）。——如果没有另加说明，以下的引文均出自第二版的这个文段。

③ B_1 297（在这里是第305页）。——新撰的标题已经提示了决定性的修改。

④ B_1 301及后页（在这里是第309页）。

个新的观点受到思考，这个观点令人回想到作为可确定性的视域之不确定性的思想。[①]

XLVIII 第 10 节和第 11 节得到了很大的扩展。——在第 10 节中，胡塞尔在普遍地阐释了含义复合体中的先天合规律性之后，实施了一系列的案例分析，这些分析使他得出结论："每一个具体的含义都是一个材料和形式的相互包容，每一个具体的含义都服从于一个可以通过形式化而得到纯粹确定的形态观念，此外，每一个这样的观念都有一个先天的含义规律与之相符合。"[②]通过对第 10 节的这种加工，在第一版中被暗示的思想得以充分地展开，而第 11 节的研究则通过结尾处的补充[③]而得到扩展："质料的偷换"（suppositio materialis）的相似物让位于对形容词谓语的名词化或定语的名词化，后者为"植根于表述或含义本质之中的含义变更"[④]的另一部分。

第四研究最后两个段落得到了尤为彻底的（不只是涉及个别文段的）加工：

在第 13 节中胡塞尔大致勾画了一门纯粹逻辑学的含义形式

---

① 参阅《观念》，第一卷，第 80 页（《胡塞尔全集》，第三卷，第 91 页）以及第 129 页（《胡塞尔全集》，第三卷。第一册，第 145 页）："此外还需要提到：各个被给予之物大都被一个不确定的可确定性之晕所包围，这个晕具有其'在诸表象系列'的相互分离中的'展开着的'贴近的方式……"——对此也可以参阅在上述文段中尤其是 B_1 299（在这里是第 306 页/第 34 行至第 307 页/第 6 行）。

② 参阅 B_1 317 及后页（在这里是第 325－327 页）。——新撰的这段文字与第一版的区别在于：一再强调规律的本质特征，以及通过形式（"分析"）联结来衬托质料联结。

③ 参阅 B_1 318－321（在这里是第 327－329 页）。

④ B_1 321（在这里是第 329 页）。

论的本质与建构。在这里，第二版的阐述在以下几点上偏离开原初的文字：1）含义形式论的任务得到了进一步的规定：它“研究含义的本质规律构造以及建基于其中的含义联结和含义变更的规律”。[1] 2）在顾及第 14 节阐述的情况下确定：纯粹形式论构成了纯粹含义有效性学说的必要基础。[2] 3）特别强调了，对含义形式的确定是在“纯粹性”中，亦即在“排除‘认识质料’的情况下”进行 XLIX
的。[3] 4）如果在与那些有待确定的形式相关联时所说的是有效性，那么这意味着——根据第二版的阐述：“……它们是在任意的殊相化中提供了现实存在的含义——作为含义而存在的含义——的形式。”[4]5）在阐释原始联结形式时谈到所谓“词项”（Termini），胡塞尔将它们理解为规律的变项，在这里已经从变换不定的句法形式中抽象了出来。[5]

① B_1 328（在这里是第 336 页）。

② B_1 329（在这里是第 337 页）。——也可以参阅 B_1 295（在这里是第 303 页/第 1－3 行）、（在这里是第 342 页/第 350 页/第 25－27 行）。

③ B_1 329（在这里是第 337 页及后页）。

④ B_1 330（在这里是第 338 页）。——也可以参阅 B_1 326（在这里是第 334 页/第 25－26 行）。

⑤ B_1 331（在这里是第 339 页）。参阅《观念》，第一卷，第 25 页（《胡塞尔全集》，第三卷，第一册，第 29 页及后页）：“但在任何情况下我们都会必然地回到最终词项、最终基底，它们自身不再含有任何句法构形。”——此外，胡塞尔在这里还提示——与在第 13 节（第二版）中一样——他关于纯粹逻辑学的格廷根讲座。这里所说的可能是 1908/1909 年冬季学期的讲座（手稿：F I 1），在这个讲座中，胡塞尔系统地概述了纯粹逻辑含义形式论的内容，第三研究的主要思想在这里得到了“经过某些修缮”的阐述（同上，42a）。——就前面所说需要提示的是：胡塞尔在这个讲座中将“词项”定义为“核心质料”或“核心内容”（同上，53b 和 55a），这是一个他在第二版的第四研究第 11 节中也引入的概念（参阅 B_1 325 页及后页：在这里是第 334 页）。（该讲座以“旧逻辑学与新逻辑学”为题作为《胡塞尔全集·资料编》第六卷出版于 2003 年。）

第 14 节的前半部分讨论须待避免的无意义的规律以及须待避免的背谬的规律。[①] 新构形在这里一方面被用来对纯粹语法的无意义做更鲜明的概念规定，无意义有别于任何一种背谬，不仅有别于纯粹形式的、分析的背谬，而且有别于那种含有实事的质料的背谬。另一方面，还补充地提示了在分析规律领域中的一个区分：按照将逻辑范畴区分为含义范畴和形式本体论范畴的做法，在这些分析规律之间也存在着命题的分析规律与本体论的分析规律的差异。——在第 14 节的后半部分中的论题是纯粹语法或（按在第二版中的说法）纯粹逻辑语法的[②]观念。与他在第二版的通常不去分析他所受到的批评的习惯[③]相反，胡塞尔在这里以三个较长的补充来对 A. 马尔梯（A. Marty）的指责进行辨析。[④]

与前面两个研究的情况中一样，胡塞尔在对第四研究进行最终加工时也紧接自藏本：足有一半的边注和在夹页中记录下的五个较短的修改或补充可以被看作是“第二版的前阶段”；诚然，它们之中只有三分之一被逐字逐句地采纳。——那些没有被采纳到第二版中的批注一部分涉及文字修改，一部分涉及批判性的或解释性的边注。值得一提的有三个内容丰富的附录，它们都与唯一的

① 参阅 B_1 333（在这里是第 342 页）。

② B_1 333（在这里是第 342 页/第 3 行）。——对于改变这个称号的做法，胡塞尔曾在第 14 节的注 1（B_1 340：在这里是第 348 页及后页）中做出论证。——此外也可以参阅在第六研究中的改动：B_2 106、B_2 181 和 B_2 193 及后页（在这里是第 636、710 和 723 页）。

③ 参阅 B XVI 及后页（《胡塞尔全集》，第十八卷，第 15 页）。

④ 参阅 B_1 337 – 341（在这里是第 345 – 350 页）。

一个论题有关，即第 9 节的论题："对被分离出的合义之理解"。[①] "(A) 304/305"的附录[②]是对第 9 节的一个扩展加工。"(A) 306"附录[③]的开端也是如此，但它随后便展开为一个对含义意识的分析，在其结尾处胡塞尔做出与合义相关的确定："语音以及对含义的语音指示可能会代替那些合义的表达(κατά μηδεμίαυ συμπλοκήν)出现，但含义并不会现实地以意识的方式被构造出来，不会现实地被给予或变为被给予性：唯当我们进入到本真的、清晰的、自发的和明确的意识领域中时，它们才会如此，而这时我们必定会发现作为一个更全面的、独立的含义整体之因素而埋藏着的合义之含义。"[④]紧接于此的还有另一个附录，胡塞尔没有将它归入特定的文段。这个附录讨论的是独立的和不独立的含义－完备的和不完备的表达。[⑤]

*

第五研究所探讨的是"现象学的主要问题(尤其是现象学判断学说的主要问题)"，[⑥]它在第二版中受到了连贯的大幅度加工。纵览一下便可以看到，对它的加工主要涉及以下论题：现象学分析 LI

① A 304/B_1 314(在这里是第 322 页)。

② 自藏本，第 322 页/第 28 行(在这里是第 860 页)。

③ 自藏本，第 324 页/第 2 行及以后各行(在这里是第 861 页)。

④ 同上，(在这里是第 871 页)。

⑤ 自藏本，第 324 页/第 31 行(在这里是第 871 页)。

⑥ B XV 及后页(《胡塞尔全集》，第十八卷，第 14 页及后页)。

的意义以及它与描述心理学的关系；将现象学分析限制在对意识而言的实项内在之物上；纯粹自我的问题；关于行为质性的学说以及称谓表象的概念。后面将按此顺序来逐一提示第五研究的新构形。

但在此之前还要对自藏本的批注和附录做一个简短的提示：就第五研究而言，这些批注和附录并不具有十分重要的意义。第三章和第五章几乎没有批注，其余的各章则只有极少的批注。此外，约有四分之一未被采纳到第二版中的批注涉及编辑方面的说明、附加的文献出处和插入提示。在总共六个、有些是篇幅很短的附录中，有四个附录含有对个别文段的批评注释；它们关系到第7、14、40节。一份篇幅较大的“(A) 336”的附录[1]讨论了（发生的和描述的）心理学与纯粹现象学的关系；一份“第五研究第六章的笔记”[2]指明了“认之为可疑”(Für-fraglich-halten)是一种共形的(konform)变更。——只有约五分之一的批注（但没有任何一个附录）在最终的加工编辑中被顾及到。

对第五研究主要是前三章的异常多的补充和修改，反映了胡塞尔当时所获得的对现象学分析之意义以及它与描述心理学的关系的自身理解。

通过新加工而得以明确的是，可以区分出分析的两个阶段：心理学的-经验科学的分析，这些研究便以其为出发点，以及现象学
LII 的-观念科学的分析。胡塞尔在大量的插入和修改中强调了“在

① 自藏本，第369页/第31行（在这里是第879页）。

② 自藏本，第520页/第1行及以后各行（在这里是第894页）。

阐述中与心理学的东西所发生的联结”,[①]以及从首先是描述心理学地进行的[②]——现在叫作“在经验观点中进行的”[③]——分析的出发点。[④] 然而胡塞尔同时也坚定地指明:这个“心理学观点的自然出发点”[⑤]只能被看作是“一个中间阶段”,“从那些属于心理学的经验-实在观点和此在设定中(例如,从那些作为在一个实在的时-空世界中体验着的动物实在‘状态’的体验中)不会有任何东西继续发挥效用,一言以蔽之,我们所指的和所要求的始终是**纯粹**现象学的本质有效性”。[⑥]

胡塞尔在第二卷第一版的“引论”[⑦]中便已陈述说,纯粹现象学必须回溯到具体的意识体验上,这样它“对认识意义的思索”才不会终结于一个单纯的意见之中,而是可以达到明晰的知识。但只是在第二版中才得以明确,这些具体的体验在具有纯粹本质取

① B_1 399(在这里是第 413 页)。

② B_1 350/注 *(在这里是第 360 页)。

③ B_1 397(在这里是第 411 页)。

④ B_1 345(在这里是第 354 页/第 15 行)、B_1 348(在这里是第 357 页/第 30-32 行)、B_1 354(在这里是第 365 页/第 5 行)、B_1 382(在这里是第 396 页/第 3-4 行)、B_1 398(在这里是第 412 页/第 2-10 行),以及其他各处。

⑤ 参阅 B_1 397/注 *(在这里是第 411 页)。

⑥ B_1 399(在这里是第 413 页)。——对现象学的纯粹本质取向的其他提示可以参阅:B_1 344(在这里是第 353 页/第 28-29 行)、B_1 351(在这里是第 361 页/第 4 行)、B_1 355(在这里是第 366 页/第 14-15 行)、B_1 356(在这里是第 367 页/第 4-5 行)、B_1 363(在这里是第 377 页/第 4-5 行)、B_1 368(在这里是第 381 页/第 18-19 行)、B_1 372(在这里是第 386 页/第 14-16 行)、B_1 393(在这里是第 407 页/第 22-23 行)、B_1 413(在这里是第 427 页/第 20-21 行)、B_1 469(在这里是第 488 页/第 6-11 行),以及其他各处。

⑦ A 6 和 A 19(在这里是第 9 和 25 页)。

向的现象学中具有哪些功能：它们是作为在它们之中进行的观念
LIII 化的示范性个别情况而服务于这门现象学[①]；即是说，所有经验科学的统觉和此在设定都始终是被排斥的。因此，即便是臆想的范例现在也足以能够成为观念化的基础。[②]

胡塞尔的一个持续的要求在于：在每一个新的，首先是心理学地进行的分析过程中可以确定，对所有经验－实在之物的排斥是可能的。[③] 但最重要的是明察到，这种排斥“实际上”“肯定”是以这样一种方式来进行的，即：“现象学的本质直观就是作为在内直观基础上的观念化，它使观念化的目光唯独朝向被直观的体验的**本己**实项的或意向的组成，并且使这些分散在单个体验中的种类体验的本质以及它们所包含的（即‘先天的’、‘观念的’）本质状态被相应地直观到。”[④]即是说，观念化的现象学本质直观虽然以内直观为出发点，但却原则上通过这种对所有此在预设的排斥而有别于内直观。明见性的源泉永远不可能处在一个作为设定此在的行为的内直观中。[⑤]

---

① B_1 369（在这里是第 382 页/第 14－21 行）、B_1 398（在这里是第 412 页/第 22－25行）、B_1 418/注＊（在这里是第 432 页）。此外参阅“引论”：B_1 18（在这里是第 23 页/第16－19 行）、B_1 19（在这里是第 25 页/第 17－18 行）。

② B_1 398（在这里是第 412 页/第 23－24 行）。

③ 参阅 B_1 348（在这里是第 357 页/第 28－30 行）、B_1 350/注＊（在这里是第 360 页）、B_1 369（在这里是第 382 页/第 16－18 行以及下一页的第 8－13 行）、B_1 373/注＊（在这里是第 387 页）、B_1 384 及后页（在这里是第 399 页/第 1－3 行）、B_1 386（在这里是第 400 页/第 19－22 行）、B_1 418/注＊（在这里是第 432 页）。

④ B_1 440（在这里是第 456 页）。

⑤ 因此，胡塞尔在第二版中避免使用“内直观”这个表达。参阅 B_1 389（在这里是第 403 页/第 17－18 行）、B_1 438（在这里是第 455 页/第 8 行）。

与其所要求的对所有经验实在的此在之排斥相关，胡塞尔提示[①]参阅《观念》第一卷的第二篇“现象学的基本考察”，在这个考察中进行着“朝向超越论的、纯粹的意识的目光转向”。[②] 第五研究的分析是以心理主义为出发点的，就此而论，胡塞尔对在基本考察的第二章中实施的意识本质分析所做的确定当然就是有效的： LIV
“我们的考察是本质性的；但显然，体验、体验流，因而也包括任何意义上的‘意识’，这些本质的单个个别性都隶属于作为实在事件的自然世界。我们并未在此背弃自然观点的基地。”[③]

在第五研究的开端，并且是在对第一个意识概念的定义过程中，有一处修改已经十分醒目，胡塞尔此后在一个新附加的脚注[④]中着重讨论了这个修改。意识在第一版中被定义为“自我体验的现象学统一”[⑤]，现在则被称作“自我体验的实项－现象学统一”[⑥]。在上述脚注中，胡塞尔加入这样的说明：“‘现象学的’这个词与‘描述的’这个词一样，在本书的第一版中**所意指的**都仅仅与**实项的**体验组成有关。”“但是”，胡塞尔继续说，“在对已进行的各项研究的再次深思中以及在对被探讨的实事的更深入考虑中——尤其是从这里开始——，有一个问题会变得敏感起来，并且还会越来越敏感，即：对意向的对象性本身（就像它在具体的行为体验中被意识

① B_1 348（在这里是第 357 页）。

② 《观念》，第一卷，第 108 页（《胡塞尔全集》，第三卷，第一册，第 122 页）。

③ 同上书，第 69 页（《胡塞尔全集》，第三卷，第一册，第 79 页及后页）。

④ B_1 397/注 *（在这里是第 411 页）。

⑤ A 326（在这里是第 356 页）。参阅 B_1 346（在这里是第 356 页/第 1 行）。

⑥ B_1 347（在这里是第 356 页）。

到的那样被理解）的描述展示了另一个描述的方向，即纯粹直观地和相应地进行的描述的方向，这个方向不同于对实项的行为组成的描述方向，并且这种描述也必须被标示为现象学的描述。”因此，“现象学的”（或“描述的”）和“实项的”现在不能再被当作同义的来使用。[①]

撇开对术语的这些修改不论，在新加工的第五研究中没有任
LV 何迹象表明，胡塞尔自己遵循了这个被引用的脚注的“方法暗示”。即是说，原初将现象学分析局限在**实项**体验组成上的做法被取消了[②]，但对这种限制却又做了着重的提示。[③]

还应当提到的是：胡塞尔在《观念》第一卷[④]中引入作为意向体验组元的意向相关项时还提示说“关于一个行为的‘质料’”可以参阅“第五研究第 20、21 节”。但这不能被理解为：对这些章节的分析就已经是意向相关项的分析了。胡塞尔在《观念》第一卷的另一处[⑤]说，“尽管实事的本性在很大程度上迫使它[《逻辑研究》]进行了一些意向相关项的分析，这些分析仍然更多地被看作是对平

① 参阅下列修改和补充：B_1 372（在这里是第 385 页/第 16 – 17 行）、B_1 373（在这里是第 387 页/第 1 行）、B_1 397（在这里是第 411 页/第 9 行和第 11 行）、B_1 398（在这里是第 412 页/第 9 行）、B_1 412（在这里是第 427 页/第 6 行）、B_1 421（在这里是第 435 页/第 18 行）、B_1 434（在这里是第 459 页/第 32 行）、B_1 504（在这里是第 526 页/第 12 行）、B_1 506（在这里是第 527 页/第 28 行及后页第 1 行）。

② 可以参阅 B_1 440（在这里是第 456 页/第 28 – 29 行）（转引自前面第 LIII 页）。诚然，这段引文来自一个普遍的反思，它被附加于第二版的第 27 节“直接直观的证据……”中。

③ B_1 369（在这里是第 382 页/第 18 – 19 行）、B_1 399（在这里是第 412 页/第 30 – 31行及后页注 *）。

④ 《观念》，第一卷，第 182 页（《胡塞尔全集》，第三卷，第一册，第 203 页）。

⑤ 同上书，第 182 页（《胡塞尔全集》，第三卷，第一册，第 203 页）。

行的意向活动结构的标志；这两个结构的本质平行性在那里尚未得到阐明。”

现象学研究领域的范围在《观念》第一卷中得以扩展，这不仅是因为引入了意向对象，而且同时也因为引入了与作为“可确定的X”、作为“纯然统一点”[①]的意向相关项相对立的极、纯粹自我，[②]任何个别的体验都是从这个纯粹自我发出，并且重又回归到它之中。[③] 胡塞尔曾在《逻辑研究》第一版中否认了“作为必然的关系中心”[④]的纯粹自我。他把现象学的自我，亦即被还原为现象学被给予之物的经验自我，定义为体验的复合，定义为各个意识流。[⑤] LVI
在对第二版的一个补充中，胡塞尔说明：“这个阐述在这一点上是不合适的，即：经验自我和物理事物一样，是同一个等级的超越。如果对这种超越的排斥以及向纯粹－现象学被给予之物的还原不保留作为剩余的纯粹自我，那么也就不可能存在真正的（相应性

① 《观念》，第一卷，第270页（《胡塞尔全集》，第三卷，第一册，第301页）以及第272页（《胡塞尔全集》，第三卷，第303页）。

② E. 马尔巴赫（E. Marbach）探究了这个将纯粹自我引入现象学之做法的动机问题，并且也顾及到迄今为止未发表的胡塞尔遗稿。参阅：E. 马尔巴赫（E. Marbach），《胡塞尔现象学中的自我问题》，《现象学丛书》，第五十九卷，海牙，1974年。马尔巴赫得出结论：在这里起决定作用的是“对一个意识流的统一原则的确立问题”（同上书，第125页）。

③ 参阅《观念》，第一卷，第160页（《胡塞尔全集》，第三卷，第一册，第179页）。

④ A 342（在这里是第374页）。

⑤ 参阅致E. W. 霍金（E. W. Hocking）的信，1903年9月7日：“……如前所述，一个作为关系点、中心等等的纯粹自我是臆想。我只把（相互内在地交织在一起的）意向体验看作是原初的和实在的，我们出于经验－实践的动机而以统摄的方式将它们追加地把握为和命名为‘体验’，也就如此而把它们与自我联系起来……。”

的)‘我在’的明见性。”[①]尽管如此，胡塞尔还是将第一版基本无改动地接纳到第二版中，并且是“以此作为与 P. 纳托尔普的有趣的论战性辨析的基质(参阅他的新著《普通心理学》，第二卷，1912 年版)”。[②] 胡塞尔之所以能够将这个不再为他所赞同的对纯粹自我的态度采纳到第二版中，乃是因为这个态度“**对于这一卷的整个研究来说始终是无关紧要的**。尽管纯粹自我的问题不仅在其他领域中非常重要，而且作为纯粹现象学的问题也是一个非常重要的问题，我们仍然可以在对整个自我问题不做表态的情况下系统深入地研究现象学的极为全面的问题领域，这些领域普遍地涉及意向体验的实项内涵以及它们与意向客体的本质关系。我们在这里的研究仅仅限制在这些领域之中。因为考虑到纳托尔普在第二次加工后最新出版的《心理学引论》第一卷这部如此重要的著作中对上面的论述做了深入分析，所以我在这一版中没有删除这些论述。”[③]

如前所述，胡塞尔基本上未加改动地从第一版中采纳了第一
LVII 章和第二章的有关文段。对它们的加工局限在对原有陈述所做的
一些微小的风格修改和清晰化上。这里尤为引人注目的是，胡塞

---

① B_1 357(在这里是第 368 页)。

② B XVI(《胡塞尔全集》，第十八卷，第 15 页)。也可以参阅 B_1 363 上的“第二版的补充”(在这里是第 376 页)。——这里还需要提到，胡塞尔在他收藏的纳托尔普《普通心理学》一书的题为“意识、被意识性和自我”的第二章中做了许多批注。——也可以参阅对第 376 页的“文字校勘说明”，第 18－20 行，后面第 943 页及后页。

③ B_1 363(在这里是第 376 页)。也可以参阅《观念》，第一卷，第 110 页(《胡塞尔全集》，第三卷，第一册，第 124 页)：“……尽管对于许多研究来说，纯粹自我的问题可以始终处在悬置状态(in suspenso)。”

尔在第一版中所倡导的自我观，现在反而得到了比在那里强得多的显露。[①]

在两个新加入的脚注[②]中，胡塞尔提示参阅“关于‘行为质性’之学说的进一步建构”，它们“导致了某些根本性的深化和修正”。下面将会最为简略地说明，这种在第二版的几个补充中得到大致阐述的“进一步的建构”究竟何在。

在《观念》第一卷中，胡塞尔将意向性的特征描述为一个普全的介质（Medium），它自身承载着所有的体验。[③] 与此相应，所有行为——无论是认识行为、中意行为、情感行为，还是意愿行为——都在一个本质统一的意义上是“设定”（Setzung），因为在它们之中包含着“意向”和“执态”。[④] 但这个信念的原命题（Urthesis）与那些意向地回返到它之上的信念样式“具有一个独特的优势，即它们的设定的潜能性蔓延到整个意识领域”。[⑤] 所有在其他样式中通过一个设定的行为而被设定的东西，“也被设定为存在着：只是并非现时地被设定。但现时性可以合乎本质地被创造出

① 参阅以下的修改和补充：B_1 346（在这里是第356页/第2－3行）、B_1 351（在这里是第361页/第24行）、B_1 352（在这里是第362页/第10－11行）、B_1 354（在这里是第364页/第7行）、B_1 355（在这里是第366页/第24行）、B_1 357（在这里是第368页/第12－14行）。

② B_1 357和B_1 488（在这里是第473和508页）。

③ 参阅《观念》，第一卷，第171页（《胡塞尔全集》，第三卷，第一册，第191页）。

④ 参阅同上书，第241页（《胡塞尔全集》，第三卷，第一册，第268页及后页）。

⑤ 在考虑对这个信念概念进行扩展的过程中，胡塞尔在第二版中将客体化行为从质性上区分为存在信仰（belief）行为和“单纯表象”时注释说：“在这里悬而未决的是，‘设定性信念’的概念伸展得有多远，它自身在何种程度上殊相化。”B_1 481（在这里是第501页）。

来。”[1]——“单纯表象”在《逻辑研究》中还是一个与其他行为质性
相并列的本己行为质性,现在则只是对信念样式的一种中立性变
LVIII 更[2](这种变更使得行为的设定特征变为无效,成为一个单纯的思
想)[3],并且表明自身是一种普遍的意识变更,因为所有行为,包括
非信念的行为,都可以被转送到一个信念的原命题(doxische Urthesis)之中。[4]

胡塞尔还明确提醒注意另外一组修改,它们涉及“称谓表象”的概念。这个现象学判断理论的概念表明自身——在认识论提问的意义上得到扩展,超出了对逻辑体验的澄清之后[5]——代表着“一种更为宽泛的,但具有确定范围的‘命题的’、‘单束设定的’行为”。[6] 胡塞尔在第二版中也对称谓表象的有效性区域

[1] 参阅《观念》,第一卷,第 243 页(《胡塞尔全集》,第三卷,第一册,第 270 页)。

[2] 胡塞尔在《逻辑研究》中对“中立的”一词的使用可以参阅:B_1 490(在这里是第 510 页/第 24 行)、B_1 497(在这里是第 515 页/第 15 行),并且这个词在第一版中已经出现:A 429/B_1 494(在这里是第 477 页)。

[3] 参阅《观念》,第一卷,第 222 页及后页(《胡塞尔全集》,第三卷,第一册,第 247-249 页)。

[4] 参阅 B_1 499(在这里是第 521 页):“单纯表象”现在被定义为“作为某种‘存在信仰’形式的质性变更”。——此外参阅《观念》,第一卷,第 274 页(《胡塞尔全集》,第三卷,第一册,第 305 页):“现在对我们来说,中立的‘搁置’显然不再像那里〔即在《逻辑研究》第五研究中〕一样是一个与其他质性相并列的‘质性’(命题),而是‘反映着’所有质性并因此而‘反映着’整个行为一般的变更。”——这个“关于‘行为质性’之学说的进一步建构”的最初起点已经可以在 1905 年夏季学期关于“判断理论”的讲座中(Ms. F I 27/99b-102b)找到。——关于这个复杂问题可以参阅在《胡塞尔全集》第二十三卷中的发表的、产生于 1908 至 1912 年间的文字,以及 E. 马尔巴赫(E. Marbach)的“编者引论”,同上书,第 LXIII 页及以后各页。

[5] 参阅前面第 XXXII 页上对引论的新构形的提示。

[6] B_1 476(在这里是第 495 页)。

做了相应的相对化[①]，固然，他还保留了旧的术语，甚至在它只是作为种属术语起作用的地方也是如此。[②] 同时，胡塞尔还大致说明了首先是于此期间在一系列补充和修改中对第36节所做的扩展。[③] 最后，在涉及“客体化行为的质性差异与质料差异”的第38节的一个新构想出来的文段中，[④]他阐释了对客体化行为的基本区分，即区分为命题的（单束的）和综合的（多束的）行为。

在结尾处还要对一处修改做个提示：在与“行为特征”、“立
义”、“统觉”的关联中，胡塞尔在第二版删除了，或者说，取代 LIX
了——只有一个例外——“解释活动”（deuten）或“解释”（Deutung）的说法。[⑤]

① 参阅 B_1 462（在这里是第480页/第25－27行及后页注释2）、B_1 465（在这里是第483页/第10－11行）。

② 参阅 B XVI（《胡塞尔全集》，第十八卷，第15页）：“我过于保守的地方也许仅仅在于，我害怕触动这部书中的旧术语，因而保留了‘称谓表象’这个根本不合适的用语。”

③ 尤其参阅 B_1 473－476（在这里是第491－495页）。

④ B_1 481－484（在这里是第501－503页）。

⑤ B_1 381（在这里是第395页/第13－16行和第28行）、B_1 383（在这里是第397页/第6－7行）、B_1 393（在这里是第407页/第5－6行）、B_1 503（在这里是第525页/第16行）、B_1 506（在这里是第528页/第4行）。此外在第二研究中：B_1 194（在这里是第198页/第33行）以及在第三研究中：B_1 231（在这里是第234页/第18行）。——相应的修改也出现在附录“外感知与内感知……”中，B_1 231－233（在这里是第760－762页）：胡塞尔在第二版中自始至终不再使用“诠释”（Interpretation），而是使用“统觉”（Apperzeption）。

*

如前所述[①]，**第六研究**——在现象学关系中最重要的研究[②]——在其加工方面占有一个特殊的地位：在 1913 年年底便已付印了很大一部分的经过彻底加工的文字[③]并没有得以出版。取而代之的是：胡塞尔重又以第一版的旧的、部分得到加工的文字作为 1921 年第二版的基础。[④] 可以确定，他在这次加工过程中再次通读了自藏本，因为他将几个批注（大都是所做陈述的清晰化和更正）纳入到了第二版中。与此相反，无法得知的是，胡塞尔此时在自藏本中是否做过新的加入。从今天可以见到的批注中，有少数几个产生于 1901 年至 1906 年，大多数的产生日期则极有可能是在 1910/1911 年。这一情况也适用于那三个附录。但可以假设，这些边注和夹页并不构成原初曾有的加工资料的全部。即是说，在第六研究的页面（Seiten）中缺少了足有三分之一的装订于其中的页张（Blätter）。[⑤] 有两点可以支持原初曾有这些页张的假设：
LX 其一，在许多地方可以看出，它们是被撕下来的；其二，在《逻辑研究》第二版的文本中，我们可以在一些页面上找到一些无替代的删除以及无相应插入文字的插入符号，正是在这些页面之间缺少那

① 参阅前面第 XXV 页。

② 参阅 B XVI（《胡塞尔全集》，第十八卷，第 15 页）。

③ 参阅《胡塞尔全集》，第二十卷。

④ 参阅 B_2 III（在这里是第 533 页）。

⑤ 确切的说明可以从后面第 922 页上的“文字校勘附录”中获得。

些曾装订于其中的页张。

尽管可以假设这个加工是不完善的，从现存的批注和夹页中仍然可以回推出胡塞尔原初的加工计划：一方面，在书边所做的编辑出版方面的说明、问号和删除号、对文段的加括号以及无替代的删除，这些都表明：胡塞尔在1911年就已经计划对第六研究进行全面的修改。另一方面，对批注的分配则表明，胡塞尔的努力当时主要是针对前三章：它们得到的批注相对要多。从第四章开始，批注的数量逐渐减少，以至于在第七章至第九章中最后只能找到几个说明。附录“外感知与内感知……”——除去一个对康德的内感知概念的提示以外——没有被批注。

当然，更为困难的是根据现有的材料来对胡塞尔原初加工计划的内容性观点做出陈述：

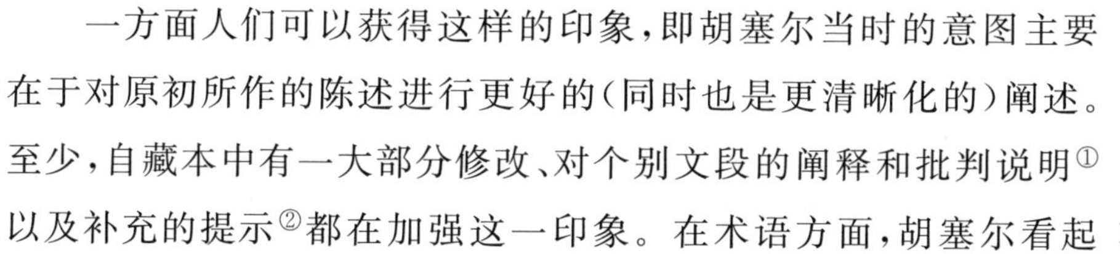

一方面人们可以获得这样的印象，即胡塞尔当时的意图主要在于对原初所作的陈述进行更好的（同时也是更清晰化的）阐述。至少，自藏本中有一大部分修改、对个别文段的阐释和批判说明[①]以及补充的提示[②]都在加强这一印象。在术语方面，胡塞尔看起 LXI

① 在这里值得一提的是一个较长的边注（自藏本，第613页/第5行及以后各行：在这里是第908页），在这个边注中胡塞尔提醒注意在第14节（即第二版中的第15节）和第23节阐述中“映射”概念所具有的双重含义。

② 首先可以在第一章的附录中找到这样一些（其内容在大多数情况下并不丰富的）补充。这里还要提到下列增补：在第10节（即第一版中的第11节）的一个附录中，胡塞尔探讨了在充实关系中质性的作用（自藏本，第574页，第23行：在这里是第902页）并且因此而填补了论述中的一个缺口，他在第一版中曾对此有所提示（A 520/B_2 48：在这里是第581页；也可以参阅在自藏本中对这一处的修改：第581页/第6行及以后各行：在这里是第903页）。

来也力求做到精确化。[①]

另一方面，胡塞尔于1908年在其“关于判断与含义的讲座”中便已经说过：必须“在一些关系上根本性地超越出”第五和第六研究。[②] 然而自藏本几乎没有提供这方面努力的信息。可以提到的至多是在第6节、第14节(即第一版中的第15节)、第21节和第22节中的一些修改和无替代的删除，它们涉及这样一些被给予方式：回忆、想象和图像意识。在这个关联中，“图像性”、“类比”、“相似性”这些概念被无替代地删除了。[③] 或许值得一提的还有，胡塞尔在自藏本中以不同的方式强调，他要把行为仅仅理解为“意指着的”、在显著的意义上“被进行的”。[④] 在这里宣告了《观念》第一卷意义上的术语变化：行为和意向体验在《观念》第一卷中不再——像在《逻辑研究》中那样——被同义地使用，因为有必要“持久地考

① 除此之外，下列修改也说明了这一点：根据他在A 505/B_2 33(在这里是第567页)上的说明，“符号(signitiv)行为”对于胡塞尔来说是与“含义意向的行为”同义的。与此相应，在谈及含义功能之外的符号意向时，他每每在自藏本中将“符号的”修改为“空乏意向”(有时则不加替代地删除“符号的”)。——胡塞尔在他的格廷根讲座中就已经反对过在《逻辑研究》中将符号表象和象征表象的术语当作标示“空乏表象”整个种属来使用的做法。参阅手稿：F I 5/11b和13a(1908年)。

② 手稿：F I 5/15a。

③ 胡塞尔原初曾试图用图像性的种类行为特征来界定相对于感知表象之本真性(Eigentlichkeit)而言的直观想象表象和回忆表象的“非本真性”(Uneigentlichkeit)。只是在1904/1905年冬季学期关于“想象和图像意识”的讲座(发表于《胡塞尔全集》第二十三卷)中，胡塞尔才放弃了这个观点。参阅E. 马尔巴赫，“编者引论”，同上书，第LIV-LIX页。

④ 参阅自藏本，第569页/第25-37行、第577页/第30-34行、第586页/第8行以及第680页/第33-34行(在这里是第901页、第903页、第904页和第915页)。

虑进行了的和未进行的行为之间的样式区别”。[①] 最后还要对第10节(即第一版的第11节)的一个新构想的文段做一提示，在这 LXII
个文段中表达了一个在三十年代手稿中探讨的生活世界－科学的论题：“……从一面来看只是个别化和不完善的映射的东西，在向另一面的过渡中则于一种不断更新的各个映射之持续流动中成为证实着的和日趋完善的感知，在这里有可能会使一个引领的实践兴趣和从属于它的实践观点得到完全满足(因为实践兴趣的事物决不是纯粹理论认识的‘无限任务’)。”[②]

在第二版中，第六研究的三个篇章得到了强度不同的加工。

第一篇几乎是逐字逐句地被采纳到新版之中：加工局限于微小的风格修改、对文献参阅提示的页码的调整，以及对原有陈述的清晰化和修正。

第二篇虽然从总体上说也只受到了适当的加工，但在第六章和第八章中却有几个不长的段落得到了异乎寻常的大修改。它们讨论的是下列论题：第46节中感性对象在感知中的素朴构造[③]；

① 《观念》，第一卷，第170页(《胡塞尔全集》，第三卷，第一册，第189页及后页)；此外参阅第63页(《胡塞尔全集》，第三卷，第一册，第72页及后页)。——在这个关联中需要提示在自藏本中对第五研究第33节的一个补充(自藏本，第476页/第25行及以后各行：在这里是第890页)。胡塞尔在这里将“被一个意指所贯穿的”行为与一个思想“在‘意识背景中’的‘萌动’”的情况相对立。对此参阅《观念》，第一卷，第61页及以后各页(《胡塞尔全集》，第三卷，第一册，第71－73页)。

② 自藏本，第574页/第11行(在这里是第902页)；也可以参阅第16行的插入文字。——1934年，胡塞尔在手稿B I 15/25b上说明：“在实践生活中我并不具有缺失(Manko)意识，不具有在知道我永远不会达到终点的情况下的不满足——我并不处在理论的观点中。”

③ B_2 146(在这里是第674页/第18－29行)。

第 49 节中在主语作用以及整个称谓作用中的实事状态[1]；第 62
LXIII 节中范畴直观的充实作用[2]，以及第 66 节中对康德的辨析[3]。最后还要提到心理主义之中心点在其中受到抨击的第 65 节[4]，对它的加工也相对较多。

第三篇——撇开几个无关紧要的修改不论——则是逐字逐句地被采纳到第二版中。[5]

*

附录“外感知与内感知。物理现象与心理现象”也是在 1921 年的第二版中才与第六研究一同出版。然而与第六研究不同，胡塞尔对附录做了相当大的加工。

对附录的关键性加工明显地集中于第 5 节的一个新构想的较长文段中，它讨论“显现（Erscheinung）这个术语的歧义性”。这

---

① B_2 158 及后页（在这里是第 686 页/第 19 行至后页第 16 行）。

② B_2 189 及后页（在这里是第 718 页/第 19 行至后页第 9 行）。

③ B_2 202 及后页（在这里是第 732 页/第 2 行至后页第 12 行）。

④ 参阅 E. 霍伦斯坦：“编者引论”，载于：《胡塞尔全集》，第十八卷，第 XXXV 页。

⑤ 胡塞尔对第九章的评价是前后不一致的：1913 年，他在《观念》第一卷题为“对判断的表达和对情感意向相关项的表达”的第 127 节中提示参阅第六研究的最后一章，它的分析——胡塞尔强调说——“尽管有一些可争议和不成熟之处……却仍然是在前进的方向上运动”（《观念》，第一卷，第 264 页，即《胡塞尔全集》，第三卷，第一册，第 294 页）。——在 1921 年的前言中，胡塞尔则说明，“在这部著作的第一版发表之后不久，我就已经改变了我对疑问句和愿望句之现象学阐述问题的态度”B_2 VII（在这里是第 536 页）。

里区分了三个显现概念：作为具体的直观体验的显现、作为被直观的（显现的）对象的显现，以及作为第一个意义上的显现的实项组成部分的显现，即主要是指体现性的感觉（präsentierende Empfindungen）。在胡塞尔对感觉和现象学事物的规定性之间的差异做了阐述之后[①]，紧跟着便是第二版的上述文段[②]，在阐述过程中，LXIV 胡塞尔将现象学定义为“一门关于体验一般的学说，并在其中还包含着，一门关于所有那些在体验中明见地可证明的、不仅是实项的，而且也是意向的被给予性的学说”。与第一版不同[③]，现在他还把意向对象，或者——用1907年五次讲座的语言来表达——“**意向意义上的内在之物**”、实项的超越之物[④]纳入到了现象学的领域之中。相反，超越之物一般则作为一种附加的实存而被排斥。[⑤] 与此相应，胡塞尔在前面所引的文段中继续说，纯粹现象学是“一门关于‘**纯粹现象**’的本质学说”，而这就意味着，“它不立足于那种通过超越的统觉而被给予的物理的和动物的自然，亦即在

① 这个差异在第二版中得到了更为明确的揭示：作为意识内在的感觉内容原则上有别于那些超越出意识统一的实在特性（B_2 234及后页：在这里是第763－765页）。——还可以参阅被胡塞尔删除的文段A 707（在这里是第766页）：胡塞尔在这里提出这样一种观点，即这个区别可以被取消——当然“只能在相即感知的理想情况中（我们不考虑这个情况）”。

② B_2 235及以后各页（在这里是第765页及后页）。——如果未做其他说明，则下面的引文均出自这个段落。

③ 参阅前面第XXXII页及后页上引自《逻辑研究》引论中的相关文段。

④ 参阅《胡塞尔全集》，第二卷，第55页；而关于对现象学领域的这整个扩展可以参阅：“现象学考察的第二阶段”，同上书，第7－10页和第43页及以后各页。

⑤ 参阅同上书，第9页。——参阅对附录的下列修改：B_2 232（在这里是第761页/第21－27行）和B_2 241及后页，即第7节，第2点和第3点（在这里是第771页及后页）。

心理物理自然的基地之上，它不做任何与超越意识的对象有关的经验设定和判断设定；也就是说，它不确定任何关于物理的和心理的自然现实的真理（即不确定任何历史意义上的心理学真理）并且不把任何真理作为前提、作为定理接受下来。毋宁说，它将所有那些超越出相即的、纯粹内在直观被给予性（即超越出纯粹体验流）的统觉和判断设定纯粹地作为体验自身之所是接受下来，并且对它们进行纯粹内在的、纯粹‘描述性’的本质研究。”

如果胡塞尔在 1921 年的前言中说，他在附录方面要较少保守些，[①]那么这只能是指，他使现象学考察第二阶段的结果对新加工“发挥了效用”。[②] 因为，“不是排除实项的超越之物……，而是排
LXV 除作为一种仅仅是附加的实存的超越之物”——这是更为深入的规定，是现象学还原的概念在这个阶段上所获得的更为清晰的意义。[③]

* * *

在这些提示的结尾处应当允许我致以谢词。我要感谢这个版本的几位主持人：方济各会的 H. L. 梵·布雷达博士、教授先生（†）、S. 埃斯林博士、教授先生和 R. 伯姆博士、教授先生，以及科隆胡塞尔文库的几位主任：E. 施特雷克博士、教授女士、L. 兰德格雷贝博士、名誉博士、教授先生和 K.-H. 福尔克曼－施鲁克博

① 参阅 B_2 VII（在这里是第 536 页）。

② 参阅 B XIV（《胡塞尔全集》，第十八卷，第 13 页）和前面第 XXXIII 页。

③ 参阅《胡塞尔全集》，第二卷，第 9 页。

士、教授先生(†),他们对我的编辑工作给予了信任和大力支持。

无法一一提到鲁汶胡塞尔文库和科隆胡塞尔文库的所有工作人员的姓名。我要对他们所有人表示我的谢意。

特别要感谢的是鲁道夫·贝耐特博士先生,我能够与他讨论这个编辑中的某些问题,他的建议和鼓励给了我很大帮助。对第一卷的编者、埃尔玛·霍伦斯坦教授先生,我要感谢他在解决共同的文本校勘方面的问题时所予以的合作。文科硕士迪特·洛玛先生和米夏埃尔－约阿希姆·策姆林先生的协作对我极有助益。他们极为周密和仔细地为我校对了清样,并且也接受了所有其他在付印期间突发的工作。特别还要衷心地感谢伊丽莎白·布隆克女士在制作付印稿样方面所做的可靠而耐心的工作。

乌尔苏拉·潘策尔

逻辑研究

第二卷

现象学与认识论研究

第一部分

引　论 A 3

B_1 1

第1节　现象学研究对于认识批判的准备和纯粹逻辑学的澄清而言的必然性

从逻辑工艺论的立场出发，人们往往会承认逻辑学以语言阐释为开端的必然性。我们可以在穆勒那里读到："语言显然是思维最重要的手段和工具之一，不言而喻，这个工具所具有的任何缺陷以及对它使用方式上的任何缺陷都会加倍地干扰和迷惑这项工艺训练，都会损坏对已有成果的信任。……在未熟悉各种语词的含义和正确用法之前就去研究科学方法，这是一种本末倒置的做法，这无异于在未学会正确使用望远镜之前就去做天文观察。"[①]但穆勒认为，这种必然性的一个更深原因在于，不这样做的话，我们便没有可能去研究命题的含义，它是一种位于我们科学的"门槛边"的对象。

这位杰出的思想家所做的最后一个说明已经接触到了对于纯粹逻辑学而言的关键着眼点，而且我们可以注意到，它已经接触到 B_1 2

① 穆勒：《逻辑学》，第一册，第一章，第1节。

了作为**哲学**学科的纯粹逻辑学的关键着眼点。因而我预设一点:人们不愿满足于将纯粹逻辑学仅仅建设成我们的各种数学学科中的一种,即一个产生于素朴实事有效性中的命题系统,而是要去追求与这些命题有关的哲学清晰性,即:明察在这些命题的观念可能的运用中起作用的认识方式的本质以及随同它们一起构成的意义给予(Sinngebung)和客观有效性的本质。语言阐释肯定[1]属于为
A 4 建造纯粹逻辑学而在哲学上不可或缺的准备工作之一,因为只有借助于语言阐释才能清晰无误地把握住逻辑研究的真正**客体**以及这些客体的本质种类与差别。但这里所涉及的不是经验的[2]、与某个历史上已有的语言相关的意义上的语法阐释,而是涉及最普遍种类的阐释,这些阐释属于一门客观的认识理论以及——与此最密切相关——**思维体验与认识体验的纯粹**[3]**现象学**的更广泛领域。这种现象学与它所属的**体验一般的纯粹现象学**一样,仅仅研究那些在直观中可把握、可分析的体验的纯粹本质普遍性,而不研究那些在经验中被统摄的体验,这些体验是实在的事实,是在显现为并被设定为经验事实的世界中体验着的人或动物的体验。现象学用本质概念和规律性的本质陈述将那些在本质直观中直接被把握的本质和建立在这些本质中的本质联系**描述性地**、纯粹地表达出来。任何一个这样的本质陈述都是在最确切词义上的先天陈述。这个领域[4]便是为了认识批判地准备和澄清纯粹逻辑学的目的所必须

[1] 在A版中为:诚然。
[2] 在A版中为:特殊的。
[3] 在A版中为:**纯粹描述的**。
[4] 在A版中为:这整个领域。

深入研究的领域；因而我们[5]的研究也将在这个领域进行。

纯粹[6]现象学展示了一个中立性(neutral)研究的领域，在这 B1 3
个领域中有着各门科学的根。一方面，纯粹现象学服务于作为经验科学的心理学。它纯粹直观地——尤其是作为思维和认识的现象学——在本质普遍性中分析和描述表象的、判断的和认识的体验，心理学将这些体验经验地理解为动物自然现实关系中的各种偶然实体事件，因而只对它们做经验科学的研究。[7]另一方面，现象学打开了"涌现出"纯粹逻辑学的基本概念和观念规律的"泉源"，只有在把握住这些基本概念和观念规律的来历的情况下，我们才能赋予它们以"明晰性"，这是认识批判地理解纯粹逻辑学的前提。纯粹逻辑学在认识论或现象学方面的基础工作中包含着许多极为困难，但却无比重要的研究。我们可以回忆一下在《逻辑研
究》第一卷[8]中①对纯粹逻辑学任务的说明，即：确定并澄清那些 A 5
赋予所有认识以客观意义和理论统一的概念和规律。

第 2 节 对这些研究目标的澄清

所有理论研究最终都会落实在陈述中，即便它们绝不仅仅是

① 参阅本书第一卷《纯粹逻辑学导引》最后一章，尤其是第 66、67 节。

[5] 在 A 版中还紧跟：下面的。

[6] 在 A 版中未加重点号。

[7] 在 A 版中为：一方面，纯粹现象学为作为经验科学的心理学做准备。它分析和描述(特别是作为思维和认识的现象学)表象的、判断的和认识的体验，心理学应当对这些体验进行发生上的说明，应当对它们的经验规律关系进行研究。

[8] 在 A 版中为：部分。

在表达行为中进行的，甚至不仅仅是在完整的陈述中进行的。只有用这种形式，真理，尤其是理论才能成为科学的恒久财富，才能成为记录在案并随时可用的知识宝藏和不断进取的研究宝藏。无论在思维与言说之间是否有一种必然的联结，无论以论断形式进
B1 4 行的推论判断的显现方式是否是一种出自本质根据的[9]必然的显现方式，有一点可以肯定：没有语言的表达几乎就无法[10]做出那些属于较高智性领域，尤其是属于科学领域的判断。

因此，纯粹逻辑学所要研究的那些客体起先是披着语法的外衣而被给予的。更确切地看，这些客体可以说是作为在具体心理体验中的嵌入物（Einbettungen）而被给予的，这些心理体验在行使**含义意向**或**含义充实**的作用时［在行使后一种作用时是作为形象化的、明见化（evidentmachend）的直观］，隶属于一定的语言**表达**并与语言表达一起构成一种**现象学的统一体**。

在这些复合的现象学统一体中，逻辑学家须要将他所感兴趣的各种组元（Komponenten）析取出来，因而首先要将逻辑表象活动、判断活动和认识活动进行于其中的那些行为特征（Aktcharakter）析取出来，并在描述分析中对它们进行如此广泛的研究，直至它们能够有利于促进他的逻辑工作。理论性的东西在心理体验
A 6 中“实现”自身，并且在心理体验中以个案的方式被给予，这是一个事实；但从这个事实中不能自然而然地直接导出这样一个结论，即：这些心理体验必须被视为逻辑研究的首要客体。纯粹逻辑学

[9] 在A版中为：绝对的。

[10] 在A版中为：就不能。

家的首要的和真正的兴趣并不在于心理学的判断，即具体的心理体验，而是在于逻辑的判断，即那种相对于杂多的、在描述上极具差异性的判断体验而言同一的陈述含义。① 当然，在[11]个别体验中总有某个始终共同的特征与此观念的统一体相符合。但由于在纯粹逻辑学家这里，关键并不在于具体的东西[12]，而是在于与此有关的观念，在于在抽象中把握到的普遍的东西，所以他看起来没有理由[13]离开抽象的基础，摒弃观念而把具体体验[14]作为他所感兴趣的研究目标。

与此同时，即便对具体思维体验的现象学分析并不属于纯粹逻辑学的原本己（ureigenen）领域，但这种分析对于促进纯粹逻辑学的研究仍然是必不可少的。[15]因为，任何逻辑之物，只要它应当作为研究客体而为我们所拥有，并且使建基于它之中的先天规律的明见性（Evidenz）得以可能，那么它们就必定是在具体的充盈（Fülle）②中[16]被给予的。但逻辑之物起先是以一种不完善的形态被给予我们的：概念是作为或多或少动摇不定的语词含义被给予我们，规律则因由概念构成而作为同样动摇不定的论断被给予 B_1 5

① 参阅本书第二卷，第一部分，第一研究，第11节。

② “充盈”（Fülle）在胡塞尔那里是指意识的感性材料。——中译注

[11] 在A版中还紧跟：判断本身本质实现于其中的。

[12] 在A版中还紧跟：及其个别特征。

[13] 在A版中为：没有直接的理由。

[14] 在A版中为：具体之物以及对它的具体体验。

[15] 在A版中为：属于纯粹逻辑学原本领域的尽管是观念分析而非现象学分析，但后者对于前者的促进却是必不可少的。

[16] 在A版中为：主观的实现中。

我们。尽管我们并不会因此而缺乏逻辑的明察。我们仍然可以明见地把握到纯粹规律，并认识到它奠基于纯粹思维形式之上。但是这种明见性还是受那些在现时的规律判断中起作用的语词含义的制约。语词所带有的隐秘的双关意义会使其他的概念补加进来，命题的含义因而有了变化，但人们往往错误地认为，它仍具有
A 7 原有的明见性。反过来也有可能是这样一种情况：由这种双关的含义引起的误释歪曲了纯粹逻辑学命题的意义（例如：将这些命题解释成经验心理学的命题），从而导致纯粹逻辑之物丧失其以往经验到的明见性以及它独一无二的含义。

因此，逻辑观念的**这种**被给予状态以及在它们之中构造起来的纯粹规律的被给予状态是无法令人满意的。由此而产生出使**逻辑的观念、概念和规律达到认识论上的清楚明白**的重大任务。

而**现象学的分析**便起步于此。

作为有效的思维统一性的逻辑概念必定起源于直观；它们必定是在某些体验的基础上通过观念化的（ideierend）抽象而产生的，并且必定需要在新进行的抽象中一再地重新被验证，以及需要在与其自身的同一性中被把握。易言之：我们决不会仅仅满足于“单纯的语词”，亦即不会满足于“对语词单纯的象征性理解”，一如我们最初在反思纯粹逻辑学提出的那些关于“概念”、“判断”、“真
B1 6 理”等等连同其各种划分的规律之意义时所做的那样。那些产生于遥远、含糊和非本真直观中的含义对我们来说是远远不够的。我们要回到“实事本身”上去。我们要在充分发挥了的直观中获得这样的明见性：这个在现时进行的抽象中的被给予之物与语词含义在规律表达中所意指之物是真实而现实的同一个东西；而且在

认识实践中，我们要唤醒我们所具有的心境，即：用可再造的直观（或者说，用直观地进行的抽象）进行充分反复的测量，从而在含义的不可动摇的同一性中牢牢把握住含义。同样，通过将那些在不同表达环境中附加给同一个术语的那些**变动不居**的含义加以直观化，我们也可以使自己确信这种模棱两可含义的事实；我们可以获得如下的明见性，即：语词在这里和那里所指的东西，可以在有本质不同的直观因素中或直观形态中得到充实，或者说，在本质不同的各种普遍概念中得到充实。通过对被混淆的概念的区分以及对 A 8
术语的恰当修改，我们而后也可以获得我们所期待的逻辑命题的“清楚和明白”。

逻辑体验的现象学的目的在于，为我们对这些心理体验和寓居于其中的意义提供一种足够广泛的、描述性的（而非一种诸如经验心理学的[17]）理解，以便能赋予逻辑的基本概念以固定的含义，这些含义具有以下特征：它们通过对含义意向和含义充实之间的本质联系的回溯性分析研究而得到澄明；它们所具有的可能的认识功能也得到理解并且同时也得到确定；简言之，它们就是纯粹逻 B1 7
辑学本身的兴趣、主要是对这门学科之本质认识批判的明察的兴趣所要求的那些含义。逻辑的和意识行为方面的基本概念迄今为止仍未得到完善的澄清；它们带有各种各样的多义性，这些多义性极为有害、极难确定，而且又因人而异地受到截然不同的把握，以至于我们必须寻找一下纯粹逻辑学和认识论如此落后的主要原因在哪里。

诚然，我们必须承认，没有现象学的分析，某些在自然观点中

[17] 在A版中为：发生心理学的。

对纯粹逻辑学领域的[18]概念区分与划界也可以达到明见性。由于相关的逻辑行为[19]是在对充实着的直观的相即适配中（in adäquater Anpassung）进行的，因而现象学的状况本身在这里并未得到反思。但是，即使是最充分的明见性也会令人迷惑，它所把握到的东西也会得到错误的诠释，它的可靠决断也可能遭到拒绝。我们尤其要考虑到，哲学反思具有一种（决非偶然的）趋向，它总想悄悄地将客观观点与心理学观点混为一谈，混淆这两方面虽然本质相关、却有原则差异的被给予性，而后在对逻辑客观性的诠释中受到心理学误释的欺骗；这种状况要求我们做出澄清性的研究。这种研究就其本性来看只有通过现象学来完成，即借助于思维体验与认识体验的现象学本质论，同时不断地关注那些本质上属于这些体验的被意指之物（恰恰是以在这些体验中本身以自身“表现”、自身“展示”等等方式被意指的东西）。只有通过一门纯粹的现象学，通过一门绝非是心理学、绝非是关于动物实在的心理特性和状态的经验科学的现象学，心理主义才能得到彻底的克服。只有现象学才能也在我们的领域中为下面这项工作提供所有的前提，即：最充分地确定纯粹逻辑学的全部基本区分和明察。只有现象学才能去除那
B_1 8 样一种假象，这种假象起源于本质根据之中，因而起初是不可避免
A 9 的；它使我们很容易将客观逻辑的东西转释为心理学的东西。[20]

[18] 在A版中为：纯客观的。

[19] 在A版中为：这些区分与划界。

[20] 在A版中为：它总是将客观的考察方式与现象学的考察方式混为一谈，而不从认识论上明察它们之间的恰当联系，并且让现象学在客观方面的误释来迷惑自己；这种状况决定了：一门充分发挥了的思维和认识体验的现象学连同一门为我们澄清主客体关系的认识论将构成下面这项工作的前提，即：可靠地、最终地确定那些即使不是所有、也是绝大多数的客观－逻辑划分和观点。

显而易见，在上述现象学分析的动机与那些产生于最普遍的认识论基本问题中的动机之间存在着本质的联系[21]。因为，如果我们是在最广泛的普遍性中——即在抽象出所有“认识质料”的形式普遍性中——提出这些问题的话，那么这些问题就[22]被纳入到一个问题圈中，它们属于对一门纯粹逻辑学的观念进行彻底澄清的问题。一个事实是：所有思维和认识都与对象或事态有关，它们都似乎切中了对象或事态，以至于后者的“自在存在”显示为一种在杂多的现实的或可能的思维行为中或意指中的可证实的同一[23]；另一个事实是：在所有思维中都寓居着一种思维形式，它服从观念的规律，而且是服从那些对认识一般的客观性或观念性做出限定(umschreiben)的规律。——我要说，这两个事实一再地挑起如下的问题：客观性的“自在”被“表象”，在认识中被“把握”，就是说，最后还是成为主观的，这句话让人如何理解[24]？对象是“自在”的并且在认识中“被给予”，这句话是什么意思？作为概念或规律的普遍之物的观念性如何能够进入实在心理的体验流并且成为思维者的认识财产？随认识把握[25]所涉及的对象的不同——或个别对象、或普遍对象，或事实、或规律——，事物与智性的相即(adaequatio rei ac intellectus)在这些不同的情况中分别意味着

[21] 在A版中为：并无本质的差异，这点可以轻易地确定。

[22] 在A版中为：这些问题本身。

[23] 在A版中为：这些对象或事态相对于杂多的真实或可能的思维行为而言是“杂多中的同一”，即具有观念的性质。

[24] 在A版中为：客观性的“自在”为什么会被表象，就是说，为什么在某种程度上重又会成为主观的。

[25] 在A版中有引号。

B_1 9 什么?如此等等。但现在已经很清楚,这些问题与上面暗示过的纯粹逻辑之物的澄清问题是完全不可分的。澄清逻辑观念,如概念和对象、真理和定律、事实和本质的任务不可避免地要导向这些问题;此外,必须处理这些问题的另一个原因还在于:若非如此,人们在现象学分析中所追求的澄清工作本身的本质就会永远是一团模糊。

A 10 第3节　纯粹现象学分析的困难

对逻辑学基本概念的澄清之所以困难,自然是因为严格的现象学分析是异常困难的;无论这种对体验的内在分析是根据纯粹的本质(在排除所有经验事实和个体个别的情况下)进行的,还是在经验的-心理学的观点中进行的,这些困难总的来说是同一类的。心理学家们通常是在思考作为心理学具体认识源泉的内感知的过程中对这些困难进行阐释;这些阐释[26]当然无法以正确的方式进行,因为他们将外感知和内感知错误地加以对置。[27]所有困难的根源都[28]在于现象学分析所要求的那种反自然的直观方向和思维方向。我们的意图并不在于对那些杂多的、相互交迭构成的行为的进行,并随之而素朴地将那些在其意义中被意指的对象设定为和规定为存在着的,或者以假设的方式以这些对象为开端,

[26] 在A版中紧跟:通常。

[27] 在A版中还紧跟一脚注:参阅本书第二卷,第一部分,第五研究以及这一卷末尾的第一附录。

[28] 在A版中为:根本的困难。

据此而设定一些结论，如此等等；我们的意图毋宁在于进行“反思”，即：使这些行为本身及其内在的意义内涵成为对象。在对象被直观、被思考、被理论地思维并在某种存在变式(Seinsmodalitäten)中被设定为现实的同时，我们不应把我们的理论兴趣放在这些对象上，不应按照它们在那些行为意向中所显现或起作用的那样将它们设定为现实，恰恰相反，那些至今为止非对象性的行为才应当成为我们所要把握、所要理论设定的客体；我们应当在新的直观行为和思维行为中去考察它们，分析、描述它们的本质，使它们成为一种经验思维的或观念化思维的对象。[29]然而，这样一种思维方向是与那些最为牢固的、从我们心理发展的一开始就不断增强着的习惯相违背的。因而人们有一种几乎无法消除的秉好：一再地从现象学的思维态度回落到素朴-客观的态度中去；把那些在原初行为的自然进行中隶属于行为对象的规定性划归给行为本身[30]，或者说，划归给内在于行为的“显现”(Erscheinung)或“含义”(Bedeutung)，甚至还将所有类型的真实存在的对象，如观念(考虑到它们能够在观念的直观中明见地被给予)，[31] B1 10

[29] 在A版中为：我们不是去进行那些杂多的、相互交迭的意识行为，从而仅仅面对这些行为的对象；而是要进行“反思”，即：使这些意识行为本身成为对象。在对象被直观、被思考、被相互联系、在一种规律性的观念角度上被考察、如此等等的同时，我们不应把我们的理论兴趣放在这些对象上，不应放在这些在行为意向中显现或生效的对象上，恰恰相反，我们应当把我们的理论兴趣放在那些至今为止非对象性的行为上，这些行为才应成为我们所要把握、所要理论设定的客体；我们应当在新的直观行为和思维行为中去考察它们，分析、描述它们的本质，使它们成为一种比较着和划分着的思维的对象。

[30] 在A版中为：把那些原初显现的对象归给现象本身，即归给事实的心理体验。

[31] 在A版中为：将全部意向对象。

看作是对对象的表象的现象学组成部分。

对心理行为的任何内在描述的可能性,以及更进一步说,现象学的本质论的可能性原则上受到一种困难的威胁,人们已多次论述过这种困难,它表现在:当人们从素朴的行为进行向反思的观点,或者说,向从属于反思的行为进行过渡时,必然会改变素朴的行为。我们应当如何正确评价这种变化的方式和范围,甚至,我们
A 11 究竟能否知道这种变化——无论它是作为事实还是作为本质必然性?[32]

一种困难在于难以获得可把握的、在反复的认同中明见的结果,另一种困难在于难以阐述并向他人传达这些结果,这两种困难实际上是平行的。根据最精准的分析而明见地被确定为是本质状况的东西,应当在这样一些表达中被阐述出来,这些表达即使富含差异性也仅仅是与我们所熟悉的[33]自然客体性相适配,这种客体性是以意识的方式在体验中构造起自身的,而这些[34]体验只有借
B_1 11 助于一些十分多义的语词,如:感觉、感知、表象等等,才能得到直接的标示。此外,人们还得借助于一些能够命名在行为中的意向之物、行为所朝向的对象性的表达。对意指的行为进行描述,同时却不回溯到在表达中被意指的实事上去,这是完全不可能的。而

[32] 在A版中为:由于我们应当在第二性的行为中去关注原初的行为并以至少在某种程度上对原初行为的对象的关注为前提,因此这里必然要考虑到“意识的狭窄性”这个困难状况。此外,这种变化会在第二性反思行为对原初行为的现象学内涵的反思中产生干扰性影响:缺乏训练的人会轻易地忽视这种变化的出现,而即使是经验丰富的人也难以估价这种变化。

[33] 在A版中为:原初的。

[34] 在A版中为:主观的。

且极易被忽视的是:这种连同行为一起被描述并且几乎在所有现象学描述中都连同行为一起被涉及的“对象性”,已经经历了一种意义变更,从而本身便隶属现象学的领域。[35]

但如果我们将这些困难暂且存而不论,那么在如何将已获得的明察可信地传达给他人方面也还会出现新的困难。这些明察只能为那些经过训练而有这方面能力的人所检验和证实,即:他能够在那种反自然的反思习性(Habitus)中进行纯粹的描述,就是说,[36]能够使现象学的状况在他那里纯粹地[37]发挥作用。这种纯粹性要求我们:在我们的陈述中不能错误地夹杂任何由于我们素朴地接受和评价这样一些对象性而产生的陈述,这些对象性是指在那些有待从现象学上探讨的行为中经历了存在设定的对象性。但这种纯粹性也禁止我们以任何其他方式越出行为本身的本质内涵之外,即是说,它禁止我们利用与这些行为本身相关的自然统摄与设定,亦即禁止我们将它们作为心理学实在、作为这个自然或某个自然的某种“有灵魂生物”的状态来利用(无论是泛泛的一般,还是示范性的利用)。以此方式进行研究的能力是无法轻易获得的,而且它例如无法通过心理学[38]实验的大量训练来替代,或无法借助于这种训练来获取。 A 12

但无论一门纯粹现象学,尤其是一门逻辑体验的纯粹现象学

[35] 在A版中为:我们须得用我们所擅长的关于对象的表达来生造一些描述性的表达,这种表达使得我们只能非常间接地去指明[与对象]相应的行为及其描述性的差异。。

[36] 在A版中为:置身于那种反自然的反思习性和反思的研究之中并且。

[37] 在A版中还紧跟:、在摆脱了任何意向对象性之混杂的情况下。

[38] 在A版中为:心理物理学。

所遭遇的困难有多大，它们也决不是那种使得任何克服它们的企图都显得毫无指望的困难。目的明确、愿献身于这项伟大事业的
B_1 12 一代研究者之间的坚定合作（我贸然做此判断）将会使这个领域中的最重要的[39]问题、与这个领域的基本状态有关的问题得到充分的决断。这里是一组**可及的**、对于一门**科学的**哲学的实现[40]来说根本性的发现。当然，这些发现缺乏耀眼夺目的光彩；它们缺乏在实际生活方面或在推动更高的情感需求方面直接可把握的有用性；它们还缺乏实验方法的显赫装置，而实验[41]心理学正是借助于这些装置才赢得了信任和众多的合作者。

第 4 节　对逻辑体验的语法方面的关注之必要性

逻辑学家需要用分析的现象学来为他的逻辑学做准备工作和奠基工作，这种分析的现象学此外和首先涉及“表象”，并进一步涉及**表达的**表象。但在这些复合行为中，逻辑学家的原初兴趣属于那些附着在“单纯表达”上并起着含义意向和含义充实作用的体验。然而他也始终不能忽视这些复合行为的感性语言方面（在复合行为之中构成“单纯”表达的东西），以及它与那些激活的意指活
A 13 动（beseelendes Bedeuten）[42]之间的联结方式。如所周知，含义分

[39]　在 A 版中为：较根本的。

[40]　在 A 版中为：理论哲学。

[41]　在 A 版中为：繁荣的生理学的。

[42]　在 A 版中为：含义。

析常常容易不为人注意地受语法分析的左右。诚然，鉴于直接含义分析的困难，任何能够间接地预期其结果[43]的手段、哪怕是不完善的手段，都不会不受欢迎；然而，尽管语法分析能带来这种积极的帮助，但它一旦取代真正的含义分析，由此而造成的欺骗性则要比它带来的积极帮助大得多。如果我们用那种不经训练也可进 B1 13
行并且在实际思维中常常运用的反思粗略思考一下思想及其语言上的表达，我们就会注意到思维和话语之间的平行关系。我们都知道，语词是有所指的，并且一般说来，不同的语词会清楚地表现不同的含义。倘若我们真的可以将这种一致性视为一种完善的、先天被给予的一致性，尤其是视为一种为本质性的含义范畴造就出其语法范畴中的完善对应面的一致性，那么，一门语言形式的现象学本身同时也就包括了含义体验（思维体验、判断体验等等[44]）的现象学，含义分析也就可以说是与语法分析相合了。

无需深思便可确定，一种可以满足这些广泛要求的平行关系既没有本质根据的支持，而且实际上也[45]并不存在，而且语法分析据此也就无法在一种对作为感性外在现象之表达的单纯划分中进行；毋宁说，它对含义之区别的关注从原则上规定了它的性质[46]。但这些在语法上事关重大的含义区别有时是本质性的，有时则是偶然性的，这取决于：话语的实际目的究竟是将自己的表达

[43] 在A版中为：体验。

[44] 在A版中还紧跟：，只要它们都是含义载体。

[45] 在A版中为：实际上。

[46] 在A版中为：不断关注在很重要的并且必不可少的一部分上规定了它的性质。

式强制用于本质性的含义区别，还是用于偶然性的（仅仅在交往中出现得特别多的）含义区别。

A 14 但如所周知，表达的差异并不仅仅是由含义的区别来决定的。我在这里只想提醒注意修辞（Färbung）的区别以及话语所具有的美学趋向：它们抵制表达式上的空乏单调以及在语音上和韵律上的不谐和，并因此而要求有一批可供选择的同义表达。

B_1 14 由于口头表达的区别与思想的区别，尤其是语词形式与思想形式笼统地为一体着，人们很自然地会想在每一个显现出的语法区别后面去寻找逻辑的区别，因此，从逻辑上来说很重要的一件事便在于：分析地澄清表达与含义之间的关系，并且在从模糊的意指活动（Bedeuten）向那种相应的、明确而清晰的、通过丰富的范例直观而得到满足和自身充实的意指活动的回复过程中[47]去认识这样一种方法，用这种方法可以在任何已有情况下判断一种划分究竟应当被视作逻辑的划分，还是应当被视作单纯语法的划分。

对语法差异和逻辑差异之间的区别仅仅做一般性的、举一些合适的例子便可轻易获得的认识是不够的。一般地认识到语法区别并不总是与逻辑区别携手并进，易言之，语言以同样有效的形式既明确表现了质料的含义区别所具有的广泛交往的有用性，也表现了基本逻辑区别（即先天地建基于含义的普遍本质之中的区别）所具有的广泛交往的有用性——这种一般的认识甚至会为一种有害的偏激主义（Radikalismus）提供帮助，这种偏激主义过分地限制逻辑形式的范围，它把一大批极为重要的逻辑区别误作单纯的

[47] 在A版中为：从意指向充实着的直观的回复过程中。

语法区别而加以拒绝，只保留少数几个逻辑区别以维持传统的三段论。我们知道，布伦塔诺便是失足于这种过激，即便他对形式逻辑做了极有价值的改革尝试。唯有彻底地澄清表达、含义、含义意向和含义充实之间的现象学的本质关系[48]，我们才能获得一个可 A 15
靠的中间位置，语法分析和含义分析之间的关系也才能得到必要的澄清。

第5节　对下列分析研究之主要目标的标示

B₁ 15

我们因此而要进行一系列的分析性研究，以便澄清那些对于一门纯粹的或形式的逻辑学来说是构造性的观念，首先是那些与纯粹-逻辑学的形式论有关的观念[49]，这些研究将从含义体验的经验制约性出发，力图从“表达”中把握：“表达”或“意指”[50]这些多义的说法究竟指的是什么；哪些本质划分（无论是现象学的划分，还是逻辑学的划分）先天地[51]包含在表达之中；以及，——我们先谈表达的现象学方面——如何合乎本质地描述体验，将体验[52]纳入哪种纯粹的、先天具有意指能力的属；在体验中进行的“表象活动”和“判断活动”与相应的直观的关系如何，它们如何在

[48] 在A版中为：纯粹现象学的关系。

[49] 在A版中为：前工作，以便使一门形式的逻辑学、首先是一门纯粹逻辑的形式论的实现成为可能。

[50] 在A版中“意指”两字未加引号。

[51] 在A版中为：一般地。

[52] 在A版中为：心理体验。

其中“直观化”，如何有可能在其中“强化”并“充实”自身，在其中获得其“明见性”，如此等等。显而易见，与此有关的研究必须先行于所有那些与对基本概念、逻辑范畴的澄清有关的研究。关于行为，或者说，关于那些在表象的标题下受到逻辑学考察的观念含义的基本问题也属于这些引导性的研究的系列。一项重要的任务在于澄清并区分表象这个词所接受的各种概念，这些概念给心理学、认识论和逻辑学造成了诸多的迷惑。类似的分析也涉及判断的概念，即在为逻辑学所考虑的意义上的那种判断。这是所谓“判断理
A 16 论”的意图所在，但就其主要部分来看，或者说，就其本质困难而
B_1 16 言，“判断理论”实际上是“表象理论”。当然，我们在这里所从事的决不是一门心理学理论，而是一门受认识批判的兴趣界定的表象体验和判断体验的现象学。

与表达式的体验本身的本质内涵[53]一样，体验的意向[54]内涵、体验的对象意向的观念意义，即：含义的统一和对象的统一，都需要得到进一步的探讨。我们首先要探讨体验之间的双边关系，探讨那种起初会令人不解的方式：同一个体验应当并且可以在双重意义上拥有一个内容，在同一个体验中，除了它本身的实项内容之外，还应当并且可以寓居着一个观念的、意向的内容。

这一方面的研究还包括关于逻辑行为的“对象性”或“无对象性”问题、意向对象与真实对象之划分的意义问题，还包括对真理的观念以及真理与判断的明见性观念之间关系的澄清，同样包括

[53] 在A版中为：的现象学内涵，即纯粹描述性内涵。
[54] 在A版中为：客观。

对其他相互紧密联系的逻辑范畴与意向活动范畴的澄清。这些研究可以部分地等同于有关逻辑形式之构造的研究，但前提自然是：随着赋形的、范畴的概念的澄清，采纳还是拒绝某个被声称的逻辑形式的问题（即对这个形式是仅仅在语法上、还是在逻辑上区别于其他已被认识的形式的怀疑）也已经得到解决。

这样，对下面所要进行的研究具有引导性意义的[55]问题范围便大致得到了标明。此外，这些研究并不要求自身的完整性。它们并不想提供一个逻辑学体系，而是想提供一门从现象学本源上得到澄清的哲学逻辑学的前工作[56]。这样一种分析性研究的途径当然也完全不同于那种对在逻辑有序的体系中已充分获得的真理进行最终阐明的途径。

第 6 节　补充[57] A 17

补充一。以上所说明的各项研究不可避免地从多方面要超出狭窄的现象学领域，为了澄清逻辑观念并使它们成为直接的明见性，确实需要对这个领域进行探讨。这个领域恰恰是不能从一开 B1 17
始就被给予的，而只能是在研究的过程中得到界定的。[58] 尤其迫切的是要区分对逻辑术语理解中的许多模糊杂乱的概念，并且在

[55]　在 A 版中为：与下面的研究有关的。

[56]　在 A 版中为：我在这里并不想提供一个逻辑学体系，而是想提供对逻辑学的认识论澄清和未来建构的前工作。

[57]　在 A 版中第 6 节以普通字形印出，在 B 版中改用小体字形印出。

[58]　在 A 版中还紧跟：许多起初显得具有认识论方面重要性的东西，在随后的分析中被证明在认识论上毫无意义。但。

其中找出真正的逻辑概念，从而扩大我们的研究范围。

补充二。要从现象学上对逻辑学进行奠基，我们还必须克服这样一个困难：这种奠基必须在阐述本身之中运用几乎所有它想要澄清的概念。与此相关，在现象学（以及认识论）基本研究[59]的系统顺序方面还存在着某些始终无法弥补的缺陷。如果我们认为思维是我们首先必须澄清的东西，那么就不能允许在澄清的阐述本身之中不加批判地运用那些有问题的概念或术语[60]。但我们却又不能首先指望：只有在逻辑质料的实际联系导向这些概念之后，对这些概念的批判分析才是必要的。换言之，自在自为地看，对纯粹逻辑学的系统澄清和对任何一门学科的系统澄清一样，都要求人们循着事情的顺序、循着有待澄清的科学的系统联系逐步地向前迈进。但在这里的情况中，为了保证我们的研究能够进行，

A 18 就需要不断地打破这种系统的顺序；人们需要在事情的自然顺序导向概念之前就消除掉那些会威胁到研究本身进程的概念混乱。这些研究的进程可以说是"之"字形的；尤其当我们由于密切依赖各种认识概念从而必然要一再地回到原初的分析上，并且在新的分析上证实原初的分析以及在原初的分析上证实新的分析时，这个比喻就更为恰当了。

补充三。一旦人们把握了我们这种意义上的现象学，那么他就不会再做这样一种指责了——如果按通行的做法把现象学解释为描述心理学（在自然的经验科学的意义上），那么这种指责是完

[59] 在A版中为：认识论的前研究。

[60] 在A版中为：（或毋宁说是术语）。

全合理的——这种指责是指：所有以对认识的系统现象学澄清为任务的认识论都建立在心理学的基础上。因而纯粹逻辑学，即在 B_1 18
认识论上得到澄清并被我们称为**哲学**学科的纯粹逻辑学，最终也建立在心理学的基础上，尽管只是建立在心理学的最低阶段上，亦即对意向体验的描述研究的基础上。因此，为什么要那么起劲地反驳心理主义呢？

我们当然会回答：如果心理学这个词保留其旧的意义，那么现象学恰恰就**不是**描述的心理学，它所特有的那种“**纯粹**”描述，即在对体验（即使是在自由想象中**臆造的**体验）的范例性个别直观的基础上进行的本质直观，以及在纯粹概念中对被直观到的本质的描述确定，并不是经验的（自然科学的）描述，毋宁说它排斥所有自然进行的经验的（自然主义的）统觉和设定。描述心理学对感知、判断、感情、意愿等等的确定乃是针对自然现实的动物生物之实体状态而言，正如有关物理状况的确定不言而喻是针对自然事件、针对现实的自然事件而非臆造的自然事件所做。这里的每一个普遍定律都带有经验普遍性的特征，即：对**这个**自然是有效的。但现象学却不谈论动物生物的状态（甚至都不去谈论一个可能的自然一般的动物生物状态），它谈论的是感知、判断、感受等等**本身**，谈论它们先天地、无条件的（unbedingt）普遍性中作为**纯粹**种类的**纯粹**个别性所含有的东西，谈论那些只有在对“本质”（本质属、本质类）的纯粹直观把握的基础上才能明察到的东西；与此完全类似，纯粹数学在对观念普遍性的纯粹直观的基础上，谈论数字、几何学谈论空间形态。因此，纯粹逻辑学的（以及所有理性批判的）阐明的基础不在于心理学，而在于现象学。同时，在另一种完全不同的功能

上，现象学又是任何一门——可以完全有理由自称为是严格科学的——心理学的基础，正如纯粹数学，如纯粹空间论和纯粹运动
B₁ 19 论，是任何一门精密的自然科学（关于经验事物及其经验形态和运动的自然论）的必然基础一样。关于感知、意愿以及其他任何体验构形的本质认识当然也适用于相应的动物生物的经验状态，就像几何认识也适用于自然的空间形态一样。[61]

第7节 认识论研究的无前提性原则

正如人们已经常常强调过的那样，一项具有严肃的科学性要求的认识论研究必须满足无前提性的原则。但我们认为，这个原

[61] 在A版中为：补充三。现象学是描述的心理学。因此，认识批判基本上就是心理学或至少只能建立在心理学的基础上。从而，纯粹逻辑学也就建立在心理学的基础上——那么整个对心理主义的反驳又是为了什么呢？

一个细心读过《纯粹逻辑学导引》的读者是不会提出这种指责的；我们当然要驳斥这种指责，正如我们在这个引论第2节中已暗示过的那样：

纯粹逻辑学的这种心理学奠基，即纯粹描述性奠基的必要性不能搅乱我们对逻辑
A 19 学和心理学这两门科学的相互独立性的认识。因为，纯粹的描述只是理论的前阶段，但还不是理论本身。所以，同一项描述可以为不同的理论科学作准备。作为完整的科学的心理学并不是纯粹逻辑学的基础，而是某些构成理论心理学之前阶段的描述（这是指：它们描述经验对象，理论心理学则探讨这些对象的发生联系），同时也构成这样一些基本抽象的基础，通过这些抽象，逻辑学家明见地把握到他的观念对象和观念联系的本质。

对认识体验的纯粹描述性研究不具有任何理论心理学的兴趣，将这种研究与真正心理学的、以经验说明和经验发生为目的的研究区分开来，这在认识论上具有特别重要的意义，因此，我们最好还是提现象学而不提描述心理学。这样做还有另一方面的原因，即：在某些研究者的用语中，描述心理学这个表达所标志的是这样一个科学心理学研究的领域，这个领域的特征在于：在方法上偏好内经验并抽象于所有心理物理的说明。

则无非就意味着：严格地排斥所有**在现象学上**[62]无法完全实现的
陈述[63]。任何认识论的研究都必须在纯粹现象学的基础上进行。
它所追求的“理论”无非是对下列问题的思索和明见的理解，即：思
维和认识究竟是什么，即按其纯粹的属的本质来看，它们究竟是什
么；它们必定具有什么类型和形式；它的对象关系具有哪些内在的
结构；在这些结构方面，像有效性、论证、直接与间接的明见性这些
观念以及与它们相对立的观念分别意味着什么；这些观念相对于
可能的认识对象的区域而言具有哪些特殊性；形式的和质料的“思
维规律”如何通过与认识意识所具有的结构性本质联系的先天关
系来阐释自身的意义和作用[64]。如果这种对认识之意义的思索
提供的不是一种单纯的意见，而是提供一种明晰的知识，像这里
所严格要求的那样，那么它就必须在**被给予**的思维体验和认识体
验的范例性的基础上作为纯粹的本质直观[65]来进行。思维行为
有时会朝向超越的客体，甚或朝向不存在的和不可能的客体，但这 361
并不会造成妨碍。因为，人们必须注意到，[66]这种对对象的朝向、 B1 20
这种对一个非实项地处于体验的现象学组成中的[67]客体的表象
和意指是相关体验的一个描述性特征，因而，这种意指的意义必须
纯粹在体验本身的基础上得到澄清和确定；这种澄清和确定也根 A 20

[62] 在A版中未加重点号。

[63] 在A版中为：假设。

[64] 在A版中为：它们究竟为何有权提出对对象性的要求，认识的观念，尤其是先天认识的观念中包含哪些本质形式，建立在这种形式中的“形式”规律在什么意义上是思维规律，并且，它们在什么意义上限定了理论认识以及整个认识的观念可能性。

[65] 在A版中为：纯粹地。

[66] 在A版中为：显然，。

[67] 在A版中为：在现象学上未实现的。

本不可能以其他方式进行。

与纯粹认识论有别的一个问题是我们对超越意识的“心理”实在和“物理”实在之认定的证实：究竟必须在现实的意义上，还是必须在非本真的意义上来理解自然研究者所做的关于这些实在的陈述；在显现的自然、即作为自然科学相关项的自然的对面放置第二个、在一种强化了的(potenziert)意义上的超越的世界，这种做法是否有意义和有理由；如此等等。关于“外部世界”的存在和自然的问题是一个形而上学的问题。作为对观念本质和对认识思维之有效意义的普遍启蒙，认识论虽然包含着这种普遍问题，即：有关那些原则上已超越出对其认识之体验的物性的、实在的对象的知识或理性猜测是否可能以及在何种程度上可能，这些知识的真正意义必须依据哪些准则；但认识论并不包含这种经验方面的问题，即：我们作为人是否确实能够根据事实地被给予我们的材料来获得这种知识，认识论更不包含将这种知识付诸实现的任务。[68] 在我们看来，认识论实际上根本不是一种理论[69]。它不是一种在理论说明之统一的确切意义上的科学。理论意义上的说明是从普遍

[68] 在A版中为：与认识论完全不同的一个问题是我们对与我们自身的自我相区别的“心理”实体和“物理”实体设定的证明：这些实体的本质是什么，它们服从于哪些规律，它们是否包括物理学家的原子和分子，如此等等。关于“外部世界”的存在和自然的问题是一个形而上学的问题。与此相反，作为对观念本质或对认识思维之有效意义的一般阐述，认识论虽然包含着这种一般问题，即：有关那些在思维体验中未自身被给予、因而未在确切的意义上被认识的对象的知识或理性猜测是否可能以及在何种程度上可能，这些知识的真正意义必须依据哪些准则；但认识论并不包含这样一种特殊的问题：我们作为人是否确实能够根据事实地被给予我们的材料来获得这种知识，认识论更不包含将这种知识付诸实现的任务。

[69] 在A版中还紧跟：。并且它自身也不包含任何理论。

规律出发去阐明(Begreiflichmachen)个别之物,并从根据(Grundgesetz)规律出发去阐明普遍规律。在事实的领域中我们涉及的是这样一些认识:在各种状况的现有组合(Kollokationen)中发生的事情,是必然地,即按照自然规律而发生的。在先天的领域中我们所 B_1 21
涉及的则是:从全面总体的必然性出发并且最终从我们称之为公理的最原始的和最总体的关系规律出发去理解低阶段上的特种关系的必然性。然而,在这种理论的意义上认识论没有什么可以说明,它不建立演绎性理论并且也不把自己纳入这种理论。我们完全可以把我们在《纯粹逻辑学导引》中所论及的那种最普遍的认识论、亦可说是形式的认识论看作[70]是对最广泛的知性中的纯粹数学的哲学补充,这个意义上的知性以系统理论的形式将所有先天 A 21
的、范畴的认识结合为一体。这种理论的理论以及阐明这门理论的形式认识论要先于所有的经验理论,即:先于所有说明性的实在科学;一方面先于物理的自然科学,另一方面则先于心理学,并且自然也先于所有形而上学[71]。它并不想在心理学或心理-物理学的意义上说明认识、说明客观自然中的事实性[72]事件,而是想根据其构造因素或规律阐明认识的观念[73];它并不想探究事实的认识行为所处于其中的那些并存(Koexistenz)和演替(Sukzession)的实在关系,而是想理解认识的客观性在其中得到表明的那

[70] 在A版中为:根据《纯粹逻辑学导引》的论述,它无非。

[71] 在A版中为:尤其先于所有形而上学;此外,一方面先于物理的自然科学,另一方面则先于心理学。

[72] 在A版中为:时间性。

[73] 在A版中未加重点号。

些特种[74]关系的观念意义；它想通过向相即充实的直观的回复而使纯粹的认识形式和规律变得清楚而明白。这种阐明是在认识现象学的范围内进行的，如我们所见，这门现象学是指向“纯粹”认识的本质结构以及从属于它们的意义组成的。在它的科学确定中自始至终都不包含丝毫有关实在存在的论断；就是说，任何形而上学的论断、任何自然科学的论断以及特殊的心理学论断都不能在它之中作为前提发生效用。[75]

B1 22 显而易见，纯粹现象学的认识“理论”而后又可以运用于所有那些自然的、好的意义上“素朴的”科学，这些科学通过这种方式而转变为“哲学的”科学。换言之，它们转变成这样一些科学，这些科学所提供的是在任何一种可能的和可被要求的意义上受到澄清和保证的认识。至于实在科学，它也要在认识论上受到澄清，这项澄清工作也可被表达为：“自然哲学方面的”或“形而上学方面的”充分评价和利用。

下列研究正是要满足这种形而上学、自然科学、[76]心理学方面的无前提性。不言而喻，它并不会因为一些对分析的内容和性质毫无影响的插入说明而受到损害，它更不会因为阐释者对其读者圈所做的众多表达而受到损害，这个读者圈的存在——与作者自己的存在一样——并不构成这些研究的内容上的前提。即使我

[74] 在A版中未加重点号。

[75] 在A版中为：如我们所见，这种阐明极力地需要一门认识体验的以及整个直观体验和思维体验的现象学，一门以对体验按其实项组成所做的单纯描述分析为目的、而非以对体验及其因果关系的发生分析为目的的现象学。

[76] 在A版中为：物理学和。

们例如从语言的事实出发去说明某些语言的表达形式的单纯交往含义，我们也超越这些为我们所划定的界限，如此等等。人们可以轻易地证实，以下的分析可以独立地获得其意义和认识论价值，它们不依赖于语言以及它所服务的人的相互交往是否现实地存在， A 22
不依赖于像人和自然这种东西究竟是否存在，或者，不依赖于所有这些东西究竟是否只是在想象和可能性中存有。

被表述的结论的真正前提必须是在命题之中，这些命题要满足这样一个要求：它们所陈述的东西可以得到相即的(adäquat)、现象学的证实[77]，因而可以满足最严格意义上的明见性[78]；此外，这些命题始终只能在它们直观地受到确定的那种意义上被运用。

[77] 在A版中为：尽可能相即的、现象学的证明。

[78] 在A版中为：明见性。

第一研究

表达与含义

第一章　本质性的区分 A 23 B₁ 23

第 1 节　符号这个概念的双重含义

将**表达**(Ausdruck)与**符号**(Zeichen)这两个术语做等义使用的做法并非罕见。但注意到以下情况不无助益:在一般的、通常的用语中,它们绝非始终一致。每个符号都是某种东西的符号,然而并非每个符号都具有一个"**含义**"(Bedeutung)、一个借助于符号而"**表达**"出来的"意义"(Sinn)。在许多情况下甚至不能说,这个符号所"标示"的东西,就是它为此而被称作一个符号的东西。而且即使是在这种说法成立的地方,我们也可以注意到,人们并不始终想把这种标示活动(Bezeichnen)视为那种刻画着各个表达的"意指活动"(Bedeuten)。即是说,**指号**(Anzeichen)[或记号(Kennzeichen)、标号(Merkzeichen)等等]意义上的符号**不表达**任何东西;除非它在完成指示(Anzeigen)作用的同时还完成了一个意指(Bedeuten)作用。如果我们——就像我们在谈及表达时不由自主地习惯做的那样——首先将我们的讨论范围局限于那些在活的对话中起作用的表达上,那么指号这个概念与表达概念相比便显得是一个在范围上更广的概念。但就其内涵而言,指号并不因此而成为一个属。**意** B₁ 24

A 24 指并不是一种指示意义上的符号存在。意指的范围比较窄；这只是因为意指——在告知的话语中（in mitteilender Rede）——总是与那个指号存在的状况交织在一起，而指号之所以论证了一个较广的概念，是因为指号可以摆脱这种交织的状况而单独出现。但表达也会在孤独的心灵生活中发挥它们的意指作用，它们在这里不再作为指号起作用。因此，实际上在这两个符号概念之间并不存在宽与窄的概念的关系。

但这里还须做进一步的说明。

第2节 指示的本质

在这两个依附于“符号”一词的概念中，我们首先考察指号（Anzeichen）这个概念。我们将这里普遍存在的状况称为指示（Anzeige）。在这个意义上，烙印是奴隶的符号，旗帜是民族的符号。这里包括了所有那些作为“特征”属性（“charakteristische” Beschaffenheit）的原初词义上的“标记”（Merkmale），它们会妥当地将它们附着于其上的那些客体变得易于识别。

A 25 但指号概念所涉及的范围要广于标记概念。我们将火星上的
B₁ 25 运河称为智性的火星人存在的符号，将化石骨骼称为太古动物存在的符号等等。这里也包括回忆符号，如手绢包着的一个可爱的纽扣、纪念碑等等。如果有合适的物体、进程或关于它们的规定性被生造出来，以便使它们能够作为指号起作用，那么它们便叫作符号（Zeichen），无论它们是否行使这种作用。在涉及那些随意的或带有指示的意图而造出的符号时，人们也谈及“符号标示活动”

(Bezeichnen),这一方面是就这个创造了指号的行为而言(打烙印、用粉笔记账等等),另一方面是在指示本身的意义上,即是说,是就指示着的客体或被标示的客体而言。①

这些区别以及类似的区别并不会扬弃在指号的概念方面的本质统一性。在本真的意义上,一个东西只有在当它确实作为对某物[1]的指示而服务于一个思维着的生物时,它才能被称作指号。因此,如果我们想把握始终共同的东西,就必须回溯到这些活的作用的案例上去。在这些案例中我们发现有一种状况是共同的,即:某人现时地(aktuell)知晓一些对象或事态的存在,这些对象或事态在下列意义上为此人指示了另一些对象或事态的存在:他把对一些事物存在的信念体验[2]为一种动机,即信仰或推测另一些事物存在的动机(而且是一种不明晰的动机)。各种指示着的和被指示的事态是在思维者的判断行为中构造起自身,而上述动机便在这些判断行为之间建立起一种描述性的统一,这种统一不应被理解为一种奠基于判断行为之中的"构形质"(Gestaltqualität)[3];指示的本质就处在这种统一中。说得更明白些:判断行为中的动机引发活动的统一(Motivierungseinheit)本身具有判断统一的性质,并因此在它的总体性中具有一个显现着的对象性的相关物,具有一个统一的事态,它在这种统一性中显现出来,在其中被意指。

① "标示"或"标示活动"在这里分别指"Bezeichnen"一词在德语中所具有的动、名词两种含义,也就是说,它既可以指一个行为,也可以指一个对象。——中译注

[1] 在A版中为:某种东西。

[2] 在A版中为:感受。

[3] 在A版中为:也可以说是一种奠基于判断行为之中的构形质。

显然，这个事态仅仅表明，这一些事物之所以**可以**存在或**必定**存在，是**因为**那一些事物已经被给予了。这个可以被理解为一种对实际联系之表达的“因为”，乃是动机引发活动的客观相关物，这里的动机引发活动是一种可描述的、由众多判断行为交织成一个判断行为的特殊交织形式。

第3节　指明与证明

但是，在这里对现象学实事状况所做的描述是如此一般，以至于它不仅包括了对指示之**指明**（Hinweisen），而且还包括了对真正的推理和论证之**证明**（Beweisen）。然而这两个概念必须被区分开来。前面我们已经通过对指示的**不明晰性**的强调而暗示了这
A 26 个区别。实际上，当我们从另一些事态的存在中明晰地推论出一
372 B_1 26 个事态的存在时，我们并不把前者称为后者的指示或符号。反之，只有在这种明晰的或有可能明晰的推理情况中才能谈得上在本真的逻辑意义上的证明。当然，在那些被我们当作证明和最简单地当作推断而提出的东西中，有许多东西是不明晰的，甚至是错误的。但只要我们是将它们作为证明和推断而提出来的，我们就要求得到一个可以明察到的结论。与此相关：推理（Schluß）和证明（Beweis）在客观上与主观的推理活动（Schließen）和证明活动（Beweisen）相符合，或者说，理由和结论的客观状况与主观的推理活动和证明活动相符合。这些观念的统一不是相关的认识体验，而是这些认识体验的观念“内容”，是命题。无论谁来判断这些前提、推论和它们两者的统一，前提所证明的都是推论。在这里所

表现出来的是一种观念的合规律性，这种合规律性超越出了那些在此地此时（hic et nunc）通过动机引发活动而联结在一起的判断，而且这种合规律性在超经验的普遍性中把所有具有同一内容的判断本身，甚至把所有具有同一形式的判断本身都归结在一起。在明见的论证中，我们主观地意识到的正是这种合规律性，而且通过对在现时的动机引发活动的联系（Motivierungszusammenhang）中（在现时的推理和证明中）统一体验到的判断的观念化反思，即通过对各个命题的观念化反思，我们主观地意识到规律本身。

所有这些说法都与指示的案例无关。在指示的案例中恰恰排除了明晰性的可能，也可以客观地说，在指示的案例中排除了对相关判断内容的观念联系认识的可能。每当我们说，A 事态是 B 事态的一个指号，前者的存在指明了后者的存在，这时我们就会完全确定地去期待：确实可以发现后者是在那里；但当我们这样说时，我们并不认为在 A 和 B 之间有一种明晰的、客观的联系；我们的判断的内容在这里对我们来说并不处在前提和推论的关系中。诚 A 27
然，当一个（而且是间接的）论证联系客观存在时，我们仍然常常会 B_1 27
谈及指号。一个奇数次的代数方程存在着，这个状况可以作为符号而（例如我们说）服务于一个计算者，这个符号表明这个方程至少有一个实根。但确切地看，我们在这里所涉及的只是这样一种可能性而已，即：对方程次的奇数性的察觉可以作为直接的、不明晰的动机服务于这个计算者——在他并未现时地提出明晰证明的思想联系的情况下——，这个动机使他为了计算的目的而去利用在规律上从属于这个方程的特性。每当出现这类情况时，每当某

些事态确实可以作为其他一些本身是从这些事态中推导出的事态的指号而被人运用时，它们在思维意识中并非作为逻辑理由而服务于人，而是借助于一种联系[4]，这种联系来源于以往的现时证明，甚或是来源于这样一种学习，即抱着相信权威的态度在各种作为心理体验或心境的**信念**之间进行的学习。当然，在这种情况下有可能只是习惯性地知道一个合理联系的客观存在，但这也不能改变前面那个事实。

如果据上所述，指示（或者说，这个事实作为客观给予的状况而显现于其中的那种动机引发活动的联系）与必然性联系不具有本质的关系，那么人们当然就要问，指示是否必定会要求与或然性联系有本质关系。每当一物指明另一物时，每当对此物存在的信念**经验地**（即以偶然的、非必然的方式）引发出（motivieren）对彼物存在的信念时，这种引发的信念对于被引发的信念来说难道不是必定会具有一种**或然性根据**吗？这里不是仔细推敲这个迫切问题的地方。我们只需注意这样一点：只要这种经验的动机引发活
A 28 动也服从一种观念的判决，这种观念判决允许人们谈论合理的和
B_1 28 不合理的动机，即在客观的角度上谈论与虚假的（无效的，即不能给出或然性理由的）指号相对立的、现实的（有效的，即对或然性，甚至有可能对经验[5]的可靠性进行论证的）指号，那么，对前面这个问题就必定要做出肯定的回答。例如人们可以回忆一下有关火山的争论：火山现象是否是一个指号，它意味着地球的内部是一种

[4] 在A版中为：经验－心理学的联系。

[5] 在A版中为：物理的。

炽热的液体，或如此等等。有一点可以肯定：指号这个说法并不一定与或然性的想法有关。或然性的想法通常不以单纯的猜测为基础，而是以坚定无疑的判断为基础；因此，拥有其本己领域的观念判决必定会首先要求对在单纯猜测中的确定信念做出适当的限制。

我在这里还要说明一点：动机引发活动（Motivierung）这个说法在我看来是无法回避的，而在它的一般意义中包含着论证和经验的指向。因为事实上在这里有着一种完全明确无误的现象学共同体，它是如此明显，以至于它可以在通常的意义上宣布：人们不仅仅可以在指示所具有的逻辑的意义上，而且可以在指示所具有的经验的意义上一般地谈论推理和结论。这种共同性所延伸的范围显然要更广些，它还包括情感现象的领域，特别是意愿现象的领域，原初所谈的动机仅仅是指这些现象中的动机。在这里，“因为”也起着一定的作用，这个词在语言上的运用范围和最一般意义上的动机引发活动一样广泛。因此，我不能认为迈农对布伦塔诺术语的指责①是合理的，我在这里也沿用了这些术语。但我完全同意他的这样一个说法，即：对动机引发活动的感知无非就是对因果性的感知[6]。

① 参阅 A. v. 迈农，《格廷根学报》，1892 年，第 446 页。

[6] A 本的附加与修改：内感知（＝明见的、相即的感知）。（胡塞尔在他自己的《逻辑研究》第一版和第二版藏本中还写上了一些重要的“附加与修改”。《胡塞尔全集》第十九卷的编者将它们列入到版本注中。这里便是这样的一个例子。中译本以“B 本的附加与修改”或“A 本的附加与修改”为题将它们译出，也列在版本注中。以下均同。——中译注）

A 29
B1 29

第4节　附录：指示产生于联想

指号这个概念的起源[7]是在心理事实之中，就是说，它在心理事实中被抽象地把握到，而这些心理事实又包含在一个更为宽泛的、历史地被称之为“观念联想”的事实群组中。因为，在“观念联想”（Ideenassoziation）这个标题下不仅包含着联想规律所表达的东西，包含着通过“重新唤起”（Wiedererweckung）而引起的“观念结群”（Vergesellschaftung der Ideen）的事实所表达的那些东西，而且还包含着更多的事实，在这些事实中，联想通过对固有特征和统一形式的创造而在这些事实中表明自身。① 联想不仅把内容唤回到意识之中，而且还让意识根据内容本质的规律性规定把这些内容与现有的内容联结在一起。当然，联想并不能阻止这些纯粹建立在内容之中的统一，例如不能阻止在视野中视觉内容的统一以及如此等等。但联想却创造出新的现象学特征和统一，它们的必然性规律根据（Gesetzgrund）恰恰不在被体验的内容之中，不在这些内容的抽象因素的种属中。② 如果A把B唤入到意识之中，

① 当然，我们在这里继续运用拟人化的创造性联想这一说法以及其他一些形象的表达，我们之所以对这些表达并不求全责备，这只是因为它们用起来比较顺手。无论对这里所说的事实进行科学严谨的，然而非常繁琐的描述有多么重要，但为了更易于理解，在无需最终严格性的地方，形象的说法也就是不可或缺的。

② 我在前面所谈的是被体验的内容，而不是显现的、被意指的对象或过程。所有那些实项地构造出个体的“体验”意识的东西，都是被体验的内容。感知到的东西、回

[7] 在A版中为：心理学的起源。

那么这两者不只是同时地或先后地被意识到，而是有一种可感受到的联系在这里涌现出来，这种联系表现为一物对另一物的指明 A 30
关系，此物与彼物的相属关系。从单纯的共在之物中构造出彼此 B1 30
相属之物——或者说得更确切些：从单纯的共在之物中构造出各个相属地显现着的意向统一——，这就是联想功能的连续成效[9]。所有经验统一（Erfahrungseinheit），作为事物、过程、事物秩序和关系的经验层面上的统一（empirische Einheit），都是现象的统一，都是由显现对象所具有的、统一地突显出来的各个部分和各个方面的相属性所造成的统一。在现象中，一物在一定的秩序和联结中指明另一物。而个别之物本身在这种往返的指明中并不是单纯被体验的内容，而是显现的对象（或者是对象的部分、对象的特征，如此等等），这对象之所以显现出来，乃是因为内容不再自身有效，而是使一个与它们不同的对象表象出来，这样，经验便赋予这些内容以新的现象学的[10]特征。现在，在这些事实的领域中也包含着指示的事实，即：一个对象或一个事态不仅使人回想起另一个对象或事态并以这种方式指出另一个对象或事态，而且一个对象或事态同时还为另一个对象或事态提供见证，建议人们去设想另一个对象或事态同样存在，而这些在上述方式上是可以直接被感受到的。

忆到的东西、表象到的东西等等，则是被臆指的（vermeinter）（意向的）对象。[8]对此更为详细的说明可以参阅后面的第五研究。

[8]　在A版中为：心理学的成就。

[9]　在A版中为：心理的。

[10]　在A版中还紧跟：只是在例外的情况下这两者才相互一致。

第5节　表达作为有含义的符号。从表达中分离出一个不属于表达的意义

我们从各种**指示性的**符号中划分出各种**有含义的**符号,即各种**表达**。当然,我们是在一种有限制的意义上采用“表达”这个术语,它的有效性范围并不包括某些在通常用语中被称之为表达的东西。我们在其他方面也必须以此方式来强迫语言:有必要时,我
A 31 们可以将那些仅仅具有含糊术语的概念从术语上加以确定。为了
B_1 31 做出暂时的说明,我们首先设定,每句**话语**、话语的每个部分,以及每个本质上同类的符号都是表达,而此话语是否被说出,就是说,此话语是否在交往的意图中被朝向某些人,这是无关紧要的。与
378 此相反,我们要将表情和手势排除在表达之外,这些表情和手势无意地、至少不带有告知意向地伴随着我们的话语,或者,在这些表情和手势中,一个人的心灵状态即使不通过话语的作用也可以得到使周围人可以理解的“表达”。表情和手势这类表示并不是话语意义上的表达,它们并不像表达那样,在表示者的意识中与被表示的体验是同一个现象;在表情和手势这些表示中,一个人并不告知另一个人什么事情,他在表示时不具有以表达的方式提出某种“思想”的意向,无论是为别人,还是当他独自一人时为他自己。简言之,这类“表达”**实际上不具有含义**。即使有第二个人在解释我们的无意表示(例如那些“表达活动”),并且能够通过这些表示而了解我们内心的思想和感情活动,这里的情况也不会因此而改变。

对于诠释它的诠释者来说，它“意味着”某些东西；但即使对于诠释者来说，它也仍然不具有确切的语言符号意义上的含义，而只具有指号意义上的含义。

在下面的考察中，这些差异将会得到完整的概念上的说明。

第6节　属于表达本身的现象学区别和意向区别问题

在表达上，一般可以区分以下两个方面：

1.就其物理方面而言的表达（感性符号、被清楚地发出的一组声音、纸张上的文字符号，以及其他等等）；

2.某些与表达以联想的方式联结在一起的心理体验，它们使
表达成为关于某物的表达。这些心理体验大都被人们称作表达的 379
意义或表达的**含义**，而且人们认为，通过这种称呼可以切中这些术 A 32
语通常所指的意思。但我们将会看到，这种观点是错误的，而且仅 B1 32
仅在物理符号和赋予意义的体验之间做出区分是不充分的，尤其对于逻辑目的来说是不充分的。

特别在名称方面，我们早已做出相关的说明。在每一个名称上，我们都可以区分这个名称所“传诉”的东西（即那些心理体验）和这个名称所意指的东西，另一方面，我们还可以区分这个名称所意指的东西（意义、称谓表象的“内容”）和这个名称所指称的东西（表象对象）。我们必然也会在所有表达那里发现类似的区别，并且仔细地研究它们的本质。在表达那里，我们也可以区分“表达”

和“指号”[11]这些概念，与此并无争执的是，在活的话语中，表达同时也可以作为指号起作用。我们马上就会阐释这一点。此外，下面还会出现另一些与含义以及描画性的、也许是明见化的直观之间的可能关系有关的重要区别。只有通过对这些关系的关注，我们才能对含义这个概念做出纯粹的确定，并且进一步对在含义的符号作用和含义的认识作用之间的基本对立做出纯粹的划分。

第7节　在交往作用中的表达

为了析出把握这些逻辑本质的差异，我们首先来考察表达的交往作用，这个作用的实现乃是表达原初的天职所在。只有当言谈者怀着要“对某物做出自己的表示”这个目的而发出一组声音（或写下一些文字符号等等）的时候，换言之，只有当他在某些心理
380 A 33 行为中赋予这组声音以一个他想告知于听者的意义时，被发出的
B_1 33 这组声音才成为被说出的语句，成为告知的话语。但是，只有当听者也理解说者的意向时，这种告知才成为可能。而且听者之所以能理解说者，是因为他把说者理解为一个人，这个人不只是在发出声音，而是*在对他说话*，因而这个人同时在用这些声音进行某种意义赋予的行为，这些行为想要向他传播些什么，或者说，这些行为想要将它们的意义告知给他。相互交流的人具有彼此互属的物理体验和心理体验，在这两种体验之间的相互关系是通过话语的物理方面而得到中介的，正是这种相互关系才使精神的交流最初成

[11] 在A版中无引号。

为可能，使有联系的话语成为话语。说与听、说中对心理体验的传诉（Kundgabe）和听中对心理体验的接受（Kundnahme），这两者是相互归属的。

一旦把握到了这一层关系，人们就会认识到，交往话语中所有的表达都是作为指号在起作用。对于听者来说，这些表达是说者"思想"的符号，就是说，它们是说者的意义给予的心理体验，也就是那些包含在告知意向中的心理体验。我们将语言表达的这个作用称之为传诉的作用。传诉的内容是由被传诉的心理体验所构成的。我们可以在一种较为狭窄的和一种较为宽泛的意义上理解"被传诉"这个谓语。我们将狭义上的传诉限用于那些意义给予的行为，而广义上的传诉则可以包含说者的所有行为，即所有那些由听者根据说者的话语（并且也可能通过这话语对这些行为所做的陈述）而附加给说者的行为。例如，如果我们陈述（aussagen）一个愿望，那么对愿望的判断便在狭义上得到传诉，而愿望本身则在广义上得到传诉。同样的情况也适用于通常的感知陈述，它属于现时的感知，听者可以轻易地理解它。在这里，感知行为是在广义上 A 34
被传诉，建立在这个行为之上的判断则是在狭义上被传诉。我们 B1 34
立即要说明一点：通常的说话方式也允许人们将被传诉的体验称之为被表达的体验。

对传诉的理解并不是一种例如关于传诉的概念性的知识，不是一种关于陈述方式的判断；对传诉的理解仅仅在于，听者将说者直观地理解为（统摄为）一个对此和对彼进行表达的人，或者我们也可以说，听者将说者感知为这样的一个人。如果我听一个人说话，那么我就是在将他感知为一个说者。我听他在叙述、在证明、

在怀疑、在愿望等等。听者在同样的意义上感知传诉，就像他在感知传诉者本人一样——尽管那些使此人成为此人的心理现象作为它们之所是并不可能落实为对一个他人的直观。通常的话语也将一种对陌生人心理体验的感知分派给我们，我们“看”到他的愤怒、他的痛苦等等。这种话语是完全准确的，只要人们例如也将外在的物体事物看作是被感知的事物，而且一般说来，只要人们不把感知这个概念限制在相即感知，即最严格意义上的直观上面。如果感知的本质特征在于直观的臆指（vermeinen），在于将一个事物或一个过程把握为一个自身当下的过程——而这样一种臆指是可能的，甚至是在无限多的情况中被给予的，同时并不带有任何概念性的、表达性的把握——，那么接受（Kundnahme）就是对传诉（Kundgabe）的感知。当然，在这里，前面已经提到的那个本质区别还存在着。听者感知到，说者表露出某些心理体验，就此而言，听者也感知到这些体验；但听者本身并不体验到这些体验，他对这些体验的感知不是一个“内”感知，而[12]是一个“外”感知。在相即直观中真实地把握存在，根据一个直观的，但不相即的表象臆指地（vermeintlich）把握一个存在，这两者之间存在着巨大的差异。在前一种情况中所涉及的是一个被体验到的存在，在后一种情况中所涉及的是一个与真理不符的假设的存在。接受和传诉之间的相
A 35 互理解恰恰要求某种在传诉与接受中展开的心理行为的两方面的
B_1 35 相互关系，但决不是要求它们的完全相同性。

［12］ 在A版中还紧跟：仅仅。

第8节　在孤独心灵生活中的表达

我们至今为止所考察的都是在交往作用中的表达。表达所具有的这种交往作用的本质基础就在于:表达是作为指号在起作用。但是,即使在与自己交流而不做告知的心灵生活中,表达也被赋予了一个重要的角色。很明显,这个作用的变化并不会改变表达的本质。表达一如既往地具有它们的含义,并且具有与在交往话语中同样的含义。只有当我们的兴趣仅仅朝向感性之物,仅仅朝向单纯作为声响构成物的语词时,语词才不再是语词。但只要我们生活在对语词的理解中,语词就在进行表达,而且无论这个语词是否朝向某人,它都表达同一个东西。

由此看来很明显,表达的含义以及那些本质上包含在表达中的东西与表达的传诉成就是不可能相等的。或者我们是否应当说:我们在孤独的心灵生活中也在用表达进行着传诉,只是这种传诉不是针对第二者进行的而已。或者我们是否应当说,孤独的说者是在对他自己说,语词对他来说也是符号,即他自己心理体验的指号?我不相信可以提出这样的见解。当然,语词在这里和在任何地方一样,都是作为符号在起作用;而且我们甚至在任何地方都可以将语词看作是一种指向(Hinzeigen)。如果我们对表达和含义的关系进行反思,并且为此目的而将意义充实了的表达的复合的、同时也是紧密统一的体验划分为语词和意义这样两个要素,那么语词本身在我们看来就是自在地无关紧要的,而意义则在我们看来就是用此语词所“指向”的东西,就是借助于这个符号所意指

的东西；因此，表达似乎将兴趣从自身引开并将它引向意义，将它
指向意义。但这种指向（Hinzeigen）不是我们在前面所阐述过的
意义上的指示（Anzeigen）。符号的此在并不会引发含义的此在，
A 36 更确切地说，并不会引发我们对含义此在的信念。被我们用作指
B1 36 号（记号）的东西，必定被我们感知为**在此存在着的**。这一点也适
用于在告知的话语中的表达，但不适用于在孤独的话语中的表达。
在孤独的话语中，我们并不需要真实的语词，而只需要被表象的语
词就够了。在想象中，一个被说出的或被印出的语词文字浮现在
我们面前，实际上它根本不实存。我们总不能将想象表象，甚或将
那些为它奠基的想象内容与被想象的对象混为一谈吧。这里实存
着的不是被想象的语词声音或者被想象的印刷文字，而是对这些
声音或文字的想象表象。这里的区别和在被想象的半人半马怪与
关于半人半马怪的想象表象之间的区别是相同的。语词的不实存
并不妨碍我们。但它也不会引起我们的兴趣。因为就表达之为表
达的作用而言，这根本就是无关紧要的。而在语词的实存事关重
要的地方，意指的作用则是与传诉的作用相结合的：思想不仅仅应
当以意指的方式被表达，并且也应当通过传诉而被告知；这当然只
有在现实的说与听中才是可能的。

诚然，在孤独的话语中，人们在某种意义上也在**说**，而且，他自
己将自己理解为说者，甚至将自己理解为对自己的说者，这肯定也
是可能的。就像某人对自己说：你这事儿干糟了，你不能再这样干
下去。但在真正的、交往的意义上，人们在这种情况中是不说的，
他不告知自己什么，他只是将自己想象为说者和告知者。在自言
A 37 自语时，语词不可能以对心理行为此在而言的指号（Anzeichen）

的作用而服务于我们，因为这种指示(Anzeige)在这里毫无用处。B1 37 我们自己就在同一时刻里体验着这些相关的行为。

第9节　从现象学上区分物理的表达显现、意义给予的行为与意义充实的行为

如果我们现在撇开那些专门属于传诉的体验不论，而是就表达本身所包含的差异而言来考察表达——无论表达是在孤独的话语中，还是在交往的话语中起作用，表达都包含这些差异——，那么有两样东西似乎会保留下来：一是表达本身，二是它所表达的作为其含义(其意义)的东西。在这里有许多关系交织在一起，与此相符，关于“被表达出来的东西”的说法和关于“含义”的说法都是多义性的。如果我们立足于纯粹[13]描述的基地之上，那么意义激活了的表达这个具体现象便可以一分为二，一方面是物理现象，表达在物理现象中根据其物理方面构造起自身；另一方面是行为，它给予表达以含义，且有可能给予表达以直观的充盈，而且在行为中构造起与被表达的对象性的联系。正是由于这些行为的缘故，表达才比一个单纯的语音更多。表达在意指某物，而且正是因为它意指某物，它才与对象性的东西发生联系。这个对象性的东西或者由于有直观相伴而显现为现时当下的，或至少显现为被当下化的(例如在想象图像中)。在这种情况中，与对象性的关系便得到实现。或者情况并非如此；表达的作用也是含有意义的，即使表达

[13]　在A版中为：首先立足于心理学。

缺乏奠基性的、给予它以对象的直观，它也仍然比一个空乏的语音更多。表达与对象的关系是包含在单纯的含义意向之中的，就此而论，这种关系现在尚未得到实现。例如，**名称**在任何情况下都在指称它的对象，也就是说，只要它**意指**这个对象，它也就在指称这个对象。但在单纯的意指中，如果对象不是直观地矗立于此，因而
A 38 也就不是**作为**被指称的对象（即作为被意指的对象）矗立于此，那
B1 38 么情况就会不同。由于首先被充实的是**空乏**的含义意向，因而对象关系也就得到实现，指称便成为名称和被指称者之间现时被意识到的联系。

如果我们将无直观的含义意向和充实了的含义意向之间的根本差异作为我们的基础，那么根据对那些感性行为的划分，即对表达作为语音显现于其中的那些感性行为的划分，我们便可以将两种行为或两个行为序列区分开来：一方面是那些对于表达来说本质性的行为，只要表达还是表达，就是说，只要表达还是激活意义的语音，这些行为对于表达来说就是本质性的。我们将这些行为称作**含义赋予的行为**，或者也称作**含义意向**。另一方面是那些尽管对于表达来说非本质的，但却与表达在逻辑基础上相关联的行为，这些行为或多或少合适地充实着（证实着、强化着、说明着）表达的含义意向，并且因此而将表达的对象关系现时化。我们将这些在认识统一或充实统一中与含义赋予的行为相互融合的行为称作**含义充实的行为**。我们可以将它简称为**含义充实**，但这个简称只有在排除了那种容易产生混淆的可能性之后才能使用，这种混淆是指将含义充实这个简称与**整个**体验混为一谈，在此整个体验中，一个含义意指在相关的行为中找到充实。在表达与其对

象性[①]的业已实现的关系中,被激活意义的表达与含义充实的行为达到一致。语音首先与含义意向达到一致,含义意向又(与意向和其充实达到一致的方式相同)与有关的含义充实达到一致。现
在,只要不是指“单纯”表达,人们通常就把**整个表达**都理解为那种 A 39
意义**被激活**的表达。因而人们实际上不能(像我们常见的那样) B₁ 39
说,**表达所表达的是它的含义**。较为恰当的是另一种关于表达的说法,即:**充实的行为显现为一种通过完整的表达而得到表达的行为**;例如,陈述就意味着对一个感知或想象的表达。

几乎无需再次指出,在告知的话语中,传诉既可以包括意义赋予的行为,也可以包括意义充实的行为。赋予意义的行为甚至构成了传诉的本质核心。告知意向的兴趣必定首先在于使听者了解这些赋予意义的行为;只有当听者将这些告知的意向附加给说者,听者才能理解说者。

第 10 节　含义意向行为的现象学统一

前面所区分的表达现象的行为是一个方面,含义意向、有可能也包括含义充实是另一个方面,这两个方面并不仅仅是在意识中聚合在一起,就好像它们只是同时被给予而已。毋宁说它们构成了一个具有特殊性质的密切交融的统一。每个人都可以从他的内经验中意识到这两个组成部分的不等值性,它反映出在表达和通

① 我常常选用“对象性”(Gegenständlichkeit)这个比较不确定的表述,因为在这里所涉及的都不仅仅是狭义上的对象,而且也涉及事态、特征,涉及非独立的实在的形式或范畴的形式等等。

过含义而被表达的（被指称的）对象之间关系的不相等性。语词表象与给予意义的行为，这两者都被体验到了；但我们在体验语词表象的时候，我们完全不生活在对语词的表象中，而是仅仅生活在对语词的意义、对语词意指活动的进行中。而在我们这样做的同时，在我们完全投身于含义意向的进行并且有可能也投身于含义充实的进行的同时，我们的兴趣完全朝向在含义意向中被意指的并且
A 40 借助于含义意向被指称的对象。（确切地说，这两者指的是一回
B_1 40 事。）语词的作用（或者毋宁说，直观的语词表象的作用）恰恰就在于，引发我们的意义赋予的行为，指出那些在此行为"中"被意指的并且也许是通过充实的直观而被给予的东西，迫使我们的兴趣仅仅朝向这个方向。

这种指向并不能被描述成为一种仅仅是有规则地将兴趣从此物引向彼物的客观事实。一对表象客体 AB 借助于一种隐蔽的心理学的协调而处在这样一种关系之中：对 A 的表象会有规则地引起对 B 的表象，而且兴趣会从 A 转而向 B——这个情况还没有使 A 成为对 B 的表象的表达。毋宁说，表达的存在是一个在符号和符号所标志之物间[14]的体验统一中的描述性因素。

如果我们将兴趣首先转向自为的符号，例如转向被印出来的语词本身，那么在物理的符号显现和它的为它打上表达烙印的含义意向之间的描述性区别就会最清楚地表现出来。如果我们这样做，那么我们便具有一个与其他外感知并无二致的外感知（或者

---

[14] 在 A 版中还紧跟：，更确切地说，在激活意义的符号显现和充实意义的行为之间。

说，一个外在的、直观的表象），而这个外感知的对象失去了语词的特征。如果它又作为语词起作用，那么对它的表象的特征便完全改变了。尽管语词（作为外在的个体）对我们来说还是直观当下的，它还显现着；但我们并不朝向它，在真正的意义上，它已经不再是我们“心理活动”的对象。我们的兴趣、我们的意向、我们的意
指——对此有一系列适当的表达——仅仅朝向在意义给予行为中 A 41
被意指的实事。纯粹现象学地说，这无非意味着：如果物理语词现 B_1 41
象构造于其中的直观表象的对象愿意作为一个**表达**而有效，那么这个直观表象便经历了一次本质的、现象的变异。构成这个直观表象中对象现象的东西不发生变化，而体验的意向特征却改变了。无需借助于任何一个充实性的或描画性直观的出现，意指的行为就可以构造起自身，它是在语词表象的直观内涵中找到其依据的，但它与朝向语词本身的直观意向有着本质的差异。与这个意指行为特殊地融合在一起的常常是那些新的行为或行为复合体，它们被称作充实性的行为，而且它们的对象显现为在意指中被意指的对象，或者说，借助于意指而被指称的对象。

我们在下一章中必须进行一项补充性的研究，目的在于探讨这样一个问题：按照我们的阐述，“含义意向”构成了表达的现象学特征，使表达与空乏的语音相对立，这种“含义意向”是否在于将被意指对象的想象图像与语音单纯地联结在一起，也就是说，这种“含义意向”是否必然要在这种想象行为活动的基础上才能构造起自身；或者，我们毋宁应当说，相伴出现的想象图像属于表达的非本质性组成部分，并且它实际上已经属于充实的作用了，尽管这种充实在这里仅仅具有一种部分的、间接的、暂时的充实的性质。

为了使我们的主要思路能够具有一个较大的封闭性，我们在这里不去考虑对现象学问题进行更深入的探讨；与此相同，在这里进行的整个研究中，我们对现象学事物的探讨，仅仅是为了对首要的本质差异做出确定的需要。

从我们至此为止所提供的临时描述中已经可以明确地看出，要想正确地描述现象学的实事状态，麻烦是不会少的。只要人们明白，所有对象和对象关系对于我们来说只有通过那种与它们有本质差异的臆指行为才成为它们本身所是，在这种臆指行为
A 42 中[15]，这种对象和对象关系被表象给我们，它们正是作为被意指
B1 42 的统一而与我们相对立，那么我们就会感到，这些麻烦实际上是不可避免的。对于纯粹现象学的[16]考察方式而言，除了这些意向行为的交织物之外，别无它哉。只要占主宰地位的不是现象学的兴趣，而是素朴－对象的兴趣，只要我们还生活于意向行为之中，而

390 不是对这些行为进行反思，那么所有的说法当然都是简单明白和直截了当的。对于我们在这里所说的问题，人们会很简单地用表达和被表达之物、名称和被指称之物、注意力从此物向彼物的转移等等这样一些说法来解释。但凡在现象学兴趣占主导地位的地方，我们便会遭遇在[17]对所应描述的现象学状况方面的困难，这些现象学状况尽管已被我们无数次地体验到，但却通常是未被我们对象性地意识到，而且我们必须借助于表达来描述它们，而这些表达生来就只适用于通常的兴趣领域，即只适用于那些显现着的

[15] 在A版中加了重点号。

[16] 在A版中为：描述心理学的（纯粹现象学的）。

[17] 在A版中还紧跟：在引论中已说明的。

对象性。

第11节　观念的区分：首先是对表达与作为观念统一的含义的观念区分

至此为止，我们始终将可理解的表达作为具体的体验来考察。
我们现在不再将表达的两方面要素，即表达显现与意义赋予的或
意义充实的行为当作我们的考察内容，而是来考察那些以某种方
式在这些体验“中”被给予的东西：表达本身、它的意义以及隶属于
它的对象性。即是说，我们从行为的实在关系转向行为对象或行
为内容的观念关系。主观的考察让位于客观的考察。表达与含义
之间关系的观念性立即表现为：当我们在询问某个表达(例如：“二 A 43
次幂的余数”)的含义时，我们所说的表达显然不是指这个在**此时** B1 43
此地被发出的声音构成物，不是这个短暂的、作为同一物永不复返
的声响。我们所指的是**那个“种类的”**表达。无论谁说出“二次幂
的余数”这个表达，它都是同一的一个东西。这个情况也对**含义**的
说法有效，也就是说，含义显然不是指赋予意义的体验。

举任何一个例子都可以表明，这里所需做出的是一个本质的区分。

如果我(在现实的话语中，这是我们始终要设定的前提)陈述：“一个三角形的三条高相交于一点”，那么这个陈述的基础当然在于，我确实是这样判断的。谁听懂了我的陈述，他也就知道了这个判断，也就是说，他将我统摄为那个做出此判断的判断者。但是，我在这里**所传诉的**我的判断活动也是表达句的含义吗？它也是陈

述**所意谓的东西**（besagt），而且在这个意义上也就是陈述所表达的东西吗？显然不是。在通常情况下，人们几乎不会对陈述的意义和含义问题做出这种理解，以至于他会想到要回溯到作为心理体验的判断上去。毋宁说，每个人都会这样来回答这个问题：无论谁提出这个陈述，无论他在什么情况下和在什么时间里提出这个陈述，这个陈述所陈述的都是**同一个东西**；这个被陈述的东西就是“一个三角形的三条高相交于一点”——不比这更多，也不比这更少。因此，从根本上说，人们是在重复“同一个”陈述，而且人们之所以重复它，是因为对于这个同一之物来说，即对于这个陈述所具有的含义来说，这个陈述是这样一个尤为恰当的表达式。我们随时都可以在对陈述的重复中将这个陈述的含义作为同一之物唤入到我们的意识之中，在这个同一的含义中，我们始终无法发现任何一个判断活动和判断者的痕迹。我们相信，一个事态的客观有效
392 性已经得到保证，而且我们以陈述句的形式将这个有效性本身表
A 44 达出来。事态本身就是它之所是，无论我们是否声称它的有效性。
B1 44 它是一个自在的有效性统一。但这个有效性显现给我们，并且，就像它显现给我们的那样，我们将它客观地提出来。我们说：它就是这样的。不言而喻，如果它不是这样显现给我们的话，换言之，如果我们没有做此判断的话，我们也就不会这样说，我们就不能做出陈述；因而这是一同包含在作为心理学事实的陈述之中的，这属于传诉。但也仅仅属于传诉。因为传诉包含在心理体验之中，而在陈述中被陈述的东西始终不是主观之物。我的判断行为是一个短暂的体验，它产生又消失。但陈述所陈述的东西，“一个三角形的三条高相交于一点”这个内容不是一个产生又消失的东西。无论

我或其他人在同样的意义上对这同一个陈述做出多少次表达，无论人们对它做过多少次判断，而判断的行为也随情况的不同而各有差异；但判断行为所判断的**东西**，陈述所陈述的**东西**始终是同一个。它是一个在严格的语义上的同一之物，它是同一个几何学真理。

所有陈述的情况都是如此，哪怕它们所言说的**东西**是错误的，甚至是荒谬的。即使在这种情况中，我们也可以将认之为真的和陈述的短暂体验与它们的观念内容、与作为多中之一的陈述含义区分开来。我们在各种明见的反思行为中也可以认识到作为意向之同一的陈述含义；我们并不是随意地将陈述意向置入陈述之中，而是在陈述中发现它。

在缺乏“可能性”或“真理性”的情况下，陈述的意向当然就只是“象征性地”被实施；它无法从直观和根据直观进行证实的范畴作用中吸取到构成其认识价值的充盈。正如人们习惯说的那样，它不具有“真正的”、“本真的”含义。我们在后面还要进一步研究 A 45
在意指的意向和充实的意向之间的区别。要想描述这些互属的观 B_1 45
念统一构造于其中的各种行为，澄清它们在认知中现时“相合”(Deckung)的本质，就需要进行艰难而广泛的研究。但可以肯定，任何一个陈述，无论它是否处在认识作用之中（就是说，无论它在相应直观中和在构造它的范畴行为中是否充实了或是否能够充实其意向），它都具有它的意指，而在这种意指中，含义作为其统一的种类特征构造起自身。

当人们把“这个”判断称之为“这个”陈述句的含义时，人们所指的也是这种观念的统一——只是判断这个词的基本多义性常常会立即导致人们将这种被明晰地把握到的观念统一与实在的判断行为混为一谈,也就是将陈述所传诉的(kundgibt)东西与陈述所意谓(besagt)的东西混为一谈。

我们这里对完整陈述所做的说明也适用于现实的和可能的陈述部分。如果我做这样一个判断:“如果在任意一个三角形中内角之和与两直角不相等,那么平行公理也就无效”,那么前一个假言判断句自身就不是一个陈述;我实际上并不声称有这种不等性存在。这个假言判断句也可以说是意谓了什么,而它意谓的东西与它传诉的东西又是完全不同的。它所意谓的东西,不是我的假设的心理行为,尽管为了能够真实地说,我当然必须像我所做的那样已经进行这一心理行为;毋宁说,在这个主观行为被传诉的同时,一个客观之物和观念之物被表达出来,这就是**这个**假设连同其概念内涵,这个假设可以在杂多可能的思维体验中作为意向性的统一出现,并且在那种对所有思维进行刻画的客观观念的考察中明见地作为自身同一的东西而成为我们的对象。

这一情况同样又适用于其他的陈述部分,也适用于那些不具有命题形式的陈述部分。

A 46

B1 46

第12节 续论:被表达的对象性

根据至此为止所做的考察,关于“一个表达所表达之物”的说法已经具有几个不同的含义。**一方面**它与传诉一般(Kundgabe überhaupt)有关,并且在其中尤其是与意义给予的行为有关,但同时也与意义充实的行为有关(只要这种行为发生)。例如,在一个陈述中，我们表达我们的判断（我们传诉这个判断），但也表达感知以及其他意义充实的、将陈述的意指直观化的行为。另一方面，关于一个表达所表达之物的说法涉及这些行为的“内容”，并且首先涉及含义，它们常常被称之为被表达的含义。

值得怀疑的是：如果我们不立即对被表达状态(Ausgedrücktsein)的一个新的意义进行比较性的思考，那么对最后这个段落的范例分析是否足以提供对含义概念的哪怕是暂时性说明。“含义”、“内容”、“事态”以及所有与此相近的术语都带有如此起作用的多义性，以至于我们即使小心地选择表达式，我们的意向也会遭到误解。现在需阐述的被表达状态的第三个意义与在含义中被意指的并通过这种意指而被表达的对象性有关。

每个表达都不仅仅表达某物(etwas)，而且它也在言说某物(Etwas)①；它不仅具有其含义，而且也与某些对象发生关系。这种关系在一定的情况下是多重的关系。但对象永远不会与[18]含义完全一致。当然，含义与对象这两者只是因为给予表达以意义的心理行为的缘故才同属于表达。如果人们在这些“表象”方面区分“内容”和“对象”，那么这指的也就是在表达方面的区分：表达所 A 47
意指的或“所意谓的”东西以及表达所言说的东西。

如果我们通过对许多事例的比较而得以确信，多个表达可以 B_1 47

① 胡塞尔在第一句话中用的是以小写字母开始的代词“某物”(etwas)，在第二句中则用的是以大写字母开始的名词“某物”(Etwas)，以此强调被表述之物的概念中含义与对象的区别。——中译注

[18] 在A版中还紧跟：（这里对那种异常特殊的、逻辑上无价值的事例忽略不计）。

具有同一个含义，但却具有不同的对象，并且，多个表达可以具有不同的含义，但却具有同一个对象，那么，区分含义（内容）和对象的必要性就显而易见了。当然，与此同时还存在着这样的可能性，即：这些表达根据这两个方向而相互区分，它们也在这两个方向中相互一致。后一种情况表现在同义词重复的（tautologischen）表达中，例如表现在那些语言不同而含义和指称相同的表达中（“伦敦”、“London”、“Londres”；“二”、“zwei”、“deux”、“duo”等等）。

在区分含义与对象关系方面最清楚的例子是由名称提供给我们的。就对象关系而言，“指称”是在名称那里的一个常用说法。两个名称可以意指不同的东西，但却指称同一个东西。例如，“耶拿的胜利者”——“滑铁卢的失败者”；“等边三角形”——“等角三角形”。在这些对子中，被表达的含义显然是不同的，尽管这些对子两方面所意指的是同一个对象。那些由于其不确定性而具有一个“范围”的名称的情况也与此相同。“一个等边三角形”和“一个等角三角形”这两个表达具有同一个对象关系，同一个可能的运用范围。

相反的情况也可能出现，即：两个表达具有同一个含义，但却具有不同的对象关系。“一匹马”这个表达无论在什么样的语言关系中出现，它都具有同一个含义。但如果我们这一次说，“布塞法露斯是一匹马”[①]，另一次则说，“这匹拉车马是一匹马”，那么在从一个陈述转向另一个陈述的过程中，意义给予的表象显然发生了
A 48 变化。尽管这个表象的“内容”、“一匹马”这个表达的含义还没有

① “布塞法露斯”（Bucephalus）是著名的皇家军马。——中译注

改变，但对象关系却发生了变化。表达借助于同一个含义这一次 B1 48
表象出布塞法露斯，另一次表象出拉车马。所有通名，①即具有一定范围的名称的情况都是如此。“一”是一个始终具有同一含义的名称，但人们并不能因此而将各个不同的“一”不加区分地算作是同一的；这些“一”都意指同一个东西，但它们在对象关系上却各不相同。

专名的情况则与此不同，无论是个体客体的还是总体客体的专名。像“苏格拉底”这个词，只有当它可以意指不同的事物时，换言之，只有当它是一词多义时，它才能指称不同的事物。只要语词只具有一个含义，它也就只指称一个对象。同样，像“这个二”、“这个红”等等这类表达也是如此。我们正是要将多义的（歧义的）名称区别于多值的（大范围的、普全的）名称。

所有其它的表达式都与此情况类似，尽管在它们这里，关于对象关系的说法会因为其多层次性而造成一些困难。例如，如果我们考察具有“S 是 P”形式的陈述句，那么被看作是陈述对象的通常是一个主词对象，即被陈述的那个对象。但我们也有可能做出另一种理解，即把整体的、隶属于陈述的事态[19]都理解为那个在名称中被指称的对象的相似物，并且将它与陈述句的含义区分开来。如果这样理解，那么就必须把“a 比 b 大”和“b 比 a 小”这样一

① 亦即通常所说的“普全名称、全称”（universeller Name）。这里需要留意胡塞尔对“普遍的”（allgemein）、“总体的”（generell）、“普全的”（universell）的术语区分。第一个概念比较含糊，它隐约地将后两个概念包含在自身之中。——中译注

［19］ 在 A 版中为：在整个被陈述的事态。

类对句拿来做例子。它们不仅仅在语法上有差异，而且在“思想上”，即在它们的含义内容方面，也是有差异的。但它们表达的是这同一个事态，这同一个实事以双重的方式谓语地得到理解和陈述。无论我们现在是在这个意义上还是在另一个意义上（而每个意义都有其合理性）定义陈述的对象这个说法，涉及同一个“对象”而含义却不相同的陈述总是可能的。

A 49 B_1 49

第 13 节　含义与对象关系之间的联系

从这些例子来看，在表达的含义与表达忽而指称这个对象之物、忽而指称那个对象之物这一特性之间的区别（当然还有含义和对象本身之间的区别），可以被视为已确定的。此外很明显，在每个表达都包含的这两个可以区分的方面，彼此间还存在着相互的紧密联系；就是说，一个表达只有通过它的意指才能获得与对象之物的关系，因此可以合理地说，表达是**借助于**它的含义来标示（指称）它的对象，或者说，意指的行为就是意指各个对象的特定方式——只是含义意指的这种特定方式以及含义本身可以在对象方向保持同一的情况下发生变换。

只有通过对表达的认识作用和表达的含义意向的研究，我们才能对这些关系做出更为深入的现象学澄清。这些研究将会得出这样的结论：我们不能过于认真地对待在每个表达上都可以区分“两个方面”这种说法，更确切的说法应当是，表达的本质仅仅在于它的含义。但同一个直观（如我们在下面将要证明的那样）能够为不同的表达提供充实，只要这个直观能够以不同的方式被范畴地把握到并且可以与其他直观综合地联结在一起。我们将会听到，表达与它的含义意向在思维联系和认识联系中不仅使自己符合直观（我指的是在外感性和内感性的显现中），而且也使自己符合各种理智形式，通过这些形式，那些单纯被直观到的客体才成为合乎知性地被规定的、彼此相互关联的客体。由此看来，当表达不具备认识作用时，它也仍然作为符号（symbolisch）意向而指向具有范畴**形式**的统一。这样，在同一个（但在范畴上受到不同把握的）直 A 50
观中以及因此而在同一个对象中可以包含不同的含义。另一方 B_1 50
面，当数个对象的整体范围与一个含义相符合时，这个含义的特有本质就在于，它是一个**不确定的**含义，也就是说，它为可能的充实提供了一个领域。

但愿这些简短说明暂时够用了；它们只应当从一开始便防范这样一个谬误，即认为可以在意义给予的行为上区分两个方面，一个方面给表达以含义，另一个方面则给表达以对象方向上的规定性。①

第 14 节　内容作为对象、作为充实的意义和作为完全的意义或含义

“传诉”、“含义”和“对象”这些相关的说法**本质上**属于任何一个表达。随着每一个表达都会有某物被传诉，在每一个表达中都会有某物被意指并被指称，或以其他方式被标示。而在充满歧义

① 对此可以参阅特瓦尔多夫斯基在《关于表象的内容和对象的学说》（维也纳，1894 年，第 14 页）一书中所设想的“在双重方向上运动的表象活动”。

的说法中，所有这一切都叫作“被表达”。如前所述，对于表达来说，与一个现时被给予的、充实着它的含义意向的对象性的关系并不是本质性的关系。如果我们将这个重要的情况也考虑进去，那么我们会注意到，在已实现了的与对象的关系中还有一个双重性的东西可以被称之为是被表达的：一方面是**对象本身**，即作为以这种或那种方式被意指的对象；另一方面，而且是在更为本真的意义上，是在构造着对象的含义充实行为中的对象的观念相关物，即**充实着的意义**。也就是说，只要含义意向根据一致的直观而得到充实，换言之，只要表达在现时的指称中与被给予的对象发生联系，对象就会作为在某些行为中“被给予的对象”而构造起自身，而且对象在这样一些行为中是以**同一个方式**——只要表达确实是在使
A 51 自己符合直观被给予之物——**被给予的**，即是说，这个对象也是以
B_1 51 这种方式被含义所意指。在含义与含义充实之间的相合统一中，
400 含义作为意指的本质与含义充实的相关性本质达到一致，而这就是**充实的**意义和（我们也可以这样说）通过表达而被表达出来的意义。例如，在涉及感知陈述（Wahrnehmungsaussage）时，人们说，感知陈述在表达感知，但人们也说，它在表达感知**内容**，与任何一个陈述一样，在感知陈述方面我们也区分**内容**和**对象**，而且是这样来区分，即：内容被理解为同一的含义，它可以被听者（即便他自己不是感知者）正确把握到。我们在**充实着**的行为中，即在感知中和在其范畴形式中也正是进行相应的区分，通过这些行为，合乎含义地被意指的对象性作为被意指的对象性与我们直观地相对立。我认为，我们必须在充实着的行为中再次区分**内容**，即所谓（具有范畴形式的）感知的合乎含义之物，以及被感知的**对象**。在充实的统

一中，这个充实的内容与那个意指的“内容”相互“相合”，以至于在对相合统一的体验中，同时被意指和“被给予”的对象不是双重地，而是作为“一个”对象与我们相对立。

对意义赋予的行为的意向本质的观念把握使我们获得作为观念的意指着的含义，与此相同，对含义充实行为的相关本质的观念把握也使我们获得同样是作为观念的充实着的含义。在感知中，这是同一性内容，它属于那些以感知的方式意指着同一个对象（并且确实是作为同一个对象）的可能感知行为的总体。因而这个内 A 52
容是这一个对象的观念相关物，此外，这个对象完全也可以是一个 B1 52
臆想的对象。

我们可以这样来规整“表达所表达之物”或“被表达的内容”这些说法的多层歧义，即：我们区分在主观意义上的内容[20]和在客观意义上[21]的内容。在客观意义上的内容方面，我们必须划分：

作为意指着的意义的内容，或作为意义、绝然含义（Bedeutung schlechthin）的内容，

作为充实着的意义的内容，以及

作为对象的内容。

第15节 与这些区别有关的关于含义与无含义（Bedeutungslosigkeit）之说法的歧义性

如果我们将含义和意义这些术语不仅运用于含义意向（它与

[20] 在A版中还紧跟：（在现象学、描述心理学、经验实在的意义上）。

[21] 在A版中还紧跟：（在逻辑学、意向性、观念的意义上）。

表达本身是不可分的）的内容上，而且也运用于含义充实的内容上，那么自然就会产生一种非常令人不快的歧义性。因为从上面对充实事实所做的暂时的简短说明中已经可以看到，意指的和充实的意义在其中构造起自身的这个双方面的行为决不是同一个行为。但是，充实的统一作为认同的或相合的统一所具有的特性，迫使我们将原来仅用于意向的含义和意义这些术语又转用到充实上去。这样，尽管我们试图通过形容词的变化来消除歧义，这些歧义却几乎是不可避免的。不言而喻，我们要继续将“含义”全然（schlechthin）理解为这样一种含义，它作为意向的同一之物对表达本身来说是**本质性的**。

此外，“含义”（Bedeutung）对我们来说是**与**“意义”（Sinn）**同义**
A 53 **的**。这一方面是因为，在这个概念上有这两个平行的术语会非常
B1 53 402 方便，我们可以用它们来进行替换；尤其是在像我们现在进行的这些研究中，当“含义”这个术语的意义要受到探讨时，这种方便性就更为明显了。但我们之所以这样做，更多地的则是出于另一方面的考虑：将这两个词作为同义词使用，这已经是根深蒂固的习惯。考虑到这种情况，我们便会感到，以下的做法并非是毫无疑义的，这种做法就是：区分这两个术语的含义——例如，像 G. 弗雷格[①]所建议的那样——并且将一个术语用于我们所说的意义上的含义，将另一个术语用于被表达的对象。我们在这里要立即补充一点：这两个术语在科学用语中和在日常用语中一样带有歧义性，这

① G. 弗雷格：“论意义与含义”，载于：《哲学与哲学批判杂志》，第 100 卷，第 25 页。

些歧义性与我们在前面区分被表达这个说法时所涉及的那种歧义性相比毫不逊色，而且还更为复杂。以一种对逻辑明晰性来说极为后补的方式，而且常常是在同一个思维序列中，人们可以时而把握到被传诉的行为，时而把握到观念的意义，时而把握到作为有关表达之意义或含义的被表达的对象性。由于固有的术语划分已经破裂，所以现在概念本身含糊不清地交杂在一起。

与此相关还存在着一些根本性的混乱。例如，普全（universell）名称和多义（aquivok）名称不断地被混杂在一起，因为在缺乏固定概念的情况下，人们不知道怎样把多义名称的**多义性**和普全名称的**多值性**区分开来，后者也就是指普全名称所具有的与众多对象发生陈述关系的能力。另一方面，与此相关的是那些在涉及集合（kollektiv）名称和普全名称之间差异的真正本质时常常表现出来的不明晰性。因为，在集合含义得到充实的情况中，被直观到的是多个事物，换言之，充实可以划分为多个个别直观，这样，如果意向和充实没有被划分开来的话，人们确实会觉得，有关的集合表达具有众多的含义。

但对我们来说更重要的是，要仔细地将这些会造成严重后果 A 54
的关于**含义**和**意义**的说法的歧义性，或者说，关于**无含义**表达或**无** B_1 54
意义表达的说法的歧义性划分开来。如果我们将这些相互混淆的概念区分开来，我们就可以得到下面的序列：

1. 表达这个概念中含有这样的意思，即：它具有一个含义。如前所述，正是这一点才将它与其它的符号区分开来。因此，确切地说，一个无含义的表达根本就不是表达；它至多也只是一个要求，或一个初看是表达、细看却根本不是表达的东西。例如“Abraca-

dabra"这种听起来类似语词的发音就是这样一种东西;然而另一方面,还有一些真实表达的组合也属于这种貌似表达而又非表达的东西,它们与任何统一的含义都不相符合,但它们的外表又让人觉得它们是在陈述一个统一的含义。例如,"绿是或者"。

2.对象的关系在含义中构造起自身。因而,有意义地使用一个表达和在表达时与对象发生联系(表象这个对象),这两者是一回事。这里的问题根本不在于,对象是否存在或对象是否是臆想的,甚至是否是根本不可能的。但是,如果人们在本真的意义上,也就是说在包容了对象存在的意义上诠释下面这个命题,即:表达是因为具有含义才与对象发生关系,那么,若是有一个与它相应的对象实存,表达便具有含义[22],若是这样一个对象不实存,表达便不具有含义。实际上我们常常听到人们在谈论含义(Bedeutung),但他们以此指的却是被意指的(bedeutet)对象;这样一种用语是无法坚持下去的,即便在它之中掺杂着真正的含义概念。

B₁ 55 3.如果含义如上面所做的那样被视为与表达的对象性相同

A 55 一,那么像"金山"这样一类名称便是无含义的。但人们一般会将无对象性与无含义性区分开来。相反,人们却喜欢把那些充满矛盾的、带有明显不相容性的表达,例如"圆的四方形",称之为无意义的,或者在等值的措辞中否认它们具有一个含义。例如,在西格瓦特看来①,一个像"四方形的圆"这样的矛盾措辞不表达任何我们可以想象的概念,它只提出那种含有不可解决的任务的语词。

① 西格瓦特:《无人称动词》,第62页。

[22] 在A版中未加重点号。

他认为，“不存在圆的四方形”这个存在命题排除了将这些词结合成概念的可能性。同时，西格瓦特特别强调要把概念理解为“一个语词的普遍含义”，因此（如果我们理解正确的话），他所理解的概念也正是我们所理解的概念。埃德曼[①]以类似的方式做出判断，他举的例子是“一个四方形的圆是轻率的”。若要保持前后一致，我们就必须在将直接荒谬的表达称作无意义的同时也将间接荒谬的表达称作无意义的，这些间接荒谬的表达是指一大批被数学家们在繁杂而间接的证明中证实为先天无对象的表达，同样，我们也必须否认像“正十面体”等等这类概念是概念。

马尔梯对这两位研究者提出批评说：“如果语词无意义，我们怎么能够理解这类东西是否存在这样的问题，并且对此做出否定的回答？即使是为了提出这一问题，我们也必须以某种方式想象这样一类矛盾的质料。”[②]……“如果将这种荒谬性称之为无意义，那么这只能意味着，它显然不具有合理的意义……”[③]这些批评完 A 56
全是恰当的，因为前两位研究者的表达方式很容易引起这样的猜 B1 56
测：他们是否把真正的、在前面第1点中已标志出来的无含义性混同于完全另一种无含义性，即一个充实的意义的先天不可能性。因此，在这个意义上，如果一个表达的意向与一个可能的充实相符合，换言之，如果一个表达的意向与统一直观的可能性相符合，那么这个表达便具有一个含义。统一直观的可能性显然是指一种观

① B. 埃德曼：《逻辑学》，第一卷，第一版，第233页。

② A. 马尔梯：“论无主语语句以及语法与逻辑学和心理学的关系”，第六篇文章，《科学哲学季刊》，第19期，第80页。

③ 同上，第81页注。也可参阅第五篇文章，载于：同上，第18期，第464页。

念的可能性；它与表达的偶然行为和充实的偶然行为无关，而与它们的观念内容有关：即作为观念统一（在这里可以被标示为意指的意向）的含义和在某些关系上以它为标准而充实着的含义。这种观念关系是通过那些根据充实统一的行为而进行的观念化抽象[23]被把握到的。如果情况相反，那么我们把握到的便是含义充实的观念不可能性，即根据对部分含义在被意指的充实统一中的“不相容性”的体验所把握到的含义充实的观念不可能性。

对这些状况的现象学澄清要求我们进行困难而复杂的分析，这一点在后面的研究中将会得到表明。

4. 一个表达意味着什么，在这个问题上我们当然要回溯到这样一些案例上，在这些案例中，表达在行使着现时的认识作用，或者换言之，表达的含义意向借助直观而得到充实。以此方式，“概念表象”（即含义意向）获得其“清楚性和明白性”，它证实自己是“正确的”，是“现实”可行的。可以说，开给直观的汇票得到了兑现。由于现在意向行为在充实统一中与充实的行为相合，并因此而以最紧密的方式与它融合（即便这里还有一些差异性留存下来），因此，人们很容易会觉得，表达是在这里才第一次获得含义，表达是从充实的行为中才吸取到含义。也就是说，人们会倾向于
A 57 将**充实的直观**（人们在这里常常忽略了给这些直观以范畴形式的
B1 57 行为）看作含义。但是——对这些状况我们还将做更为深入的研究——，充实并不总是完善的充实。伴随着表达的常常是一些相距甚远的、只能做出部分描画的直观，即使它们仍然还是直观。但

[23] 在A版中为：是在事实性的充实统一中抽象地。

由于人们没有进一步考虑到各种情况的现象学差异，所以人们最后会把表达一般的意指性(Bedeutsamkeit)，包括那些不能要求得到适当充实的表达的意指性，都移置到相伴的直观图像中去。这里当然需要前后一致地否认荒谬表达具有含义。

因此，新的含义概念来自于对含义与充实直观的混淆。根据这个新概念，当且仅当表达的意向(用我们的说法是含义意向)确实得到充实时，无论是部分的充实，还是遥远的或非本真的充实，表达才具有一个含义；简言之，当且仅当对表达的理解通过某一个"含义表象"(像人们习惯说的那样)，即通过某些描画性的(illustrierend)图像而被激活时，表达才具有一个含义。

具有重要意义的是对与此相对立的和流行的观点的反驳，为此需要进行更广泛的考察。这将是下一章的任务，在这里，我们则继续逐一地列举各种不同的含义概念。

第16节　续论：含义与共称(Mitbezeichnung)

5.J. St. 穆勒还引入了关于无含义性的说法的另一层歧义，并且这个歧义是建立在又一个新的，即第五个关于含义的概念的基础上。他把名称的意指性的本质视为共称(connotation)，并且据此而提出，不被共称的名称是无含义的。(时而也有一些谨慎的，但却同样含糊的说法：在"本真的"或"严格的"意义上的无含义。)如所周知，穆勒所理解的共称的名称也就是那些称呼一个主语，而且自身包含一个定语的名称；而他所理解的不共称的名称 A 58 B_1 58 (not－connotative)则是指那样一些名称，它们称呼一个主语，但不(我们这里可以说更清楚些)指明一个定语是这个主语所带有的。[①] 专名以及属性的名称(例如：白)是不共称的。穆勒[②]将这种专名比喻为在《一千零一夜》的著名神话中强盗画在屋子上用来做分辨的那个粉笔符号[③]。他接着说："如果我们给出一个专名，那么我们就进行了一项工作，这项工作与那个强盗用粉笔划所打算做的工作在某种程度上是相似的。尽管我们不是在这个对象本身上做标记，但却可以说是在对这个对象的表象上做标记。一个专名只是一个无含义的符号，我们在精神中将这个符号与对这个对象的表象联结起来，以便这个符号一旦在我们眼前或在我们思想中出现，我们就可以想到这个个体的对象。"

在这部书的下一个段落中穆勒又说："如果我们陈述某一个事物的专名，如果我们指着一个男人说，这是米勒或迈耶，或者我们指着一座城市说，这是科隆，那么，仅仅如此，我们除了告知听者这是这些对象的名称以外，并没有告知他关于这些对象的任何知识……。而如果人们在共称的名称中谈及对象，那么情况就会两样。如果我们说：这个城市是用大理石建造的，那么我们就给听者以一

① J. St. 穆勒：《逻辑学》，第一卷，第二章，第 5 节。贡佩尔茨译本，Ⅰ，第 14 页和第 16 页。

② 同上书，第 19、20 页。

③ 这个例子取自神话传说"一千零一夜"中"阿里巴巴与四十大盗的故事"：阿里巴巴由于得知强盗藏匿宝物的秘密而引起强盗的杀机。强盗查询到阿里巴巴的住处，在屋子的门上画了一个圆圈作为记号，准备夜里来杀他。聪明的女仆麦儿卓娜知道了强盗的用心，便在所有人家的屋门上都画上圆圈，使强盗无法辨认。后来强盗头子自己查询到阿里巴巴的住处，记住了阿里巴巴房子的特征，才得以找到阿里巴巴。——中译注

个知识、一个对他来说可能是全新的知识，这个知识是通过多词的、共称的名称‘用大理石建造’而被给予的。”这种名称“不只是符号，它们比符号更多，它们是有含义的符号；而共称就是构成它们含义的东西”。①

如果我把穆勒的这些观点与我们自己的分析放在一起，那么 A 59
我们可以清楚地看到，穆勒混淆了那些原则上可以区分的[24]差 B1 59
异。他首先是混淆了指号与表达的差异。强盗的粉笔划只是一个指号（记号），专名则是一个表达。

像任何一个表达一样，专名作为指号也在发挥着作用，即发挥着它的传诉作用。在它和强盗的粉笔划之间确实存在着一种相似性。如果强盗看到粉笔划，他便知道：这就是他应当掠抢的屋子。如果我们听到专名，那么我们就会产生有关的表象并且知道：这个表象就是说者在自身中进行的并同时想在我们心中唤起的那个表象。但名称在这里除此之外还具有表达的作用。传诉的作用**仅仅**是含义作用的辅助手段。问题首先并不在于这个表象；关键并不在于把我们的兴趣引向这个表象或与它有关的任何东西，而是在于把我们的兴趣引向被表象的**对象**[25]，它也就是**被意指的**和**被指称的**对象，在于向我们提出这个对象本身。这样，它才在陈述句中显现为被陈述的对象，在愿望句中显现为被愿望的对象，如此等

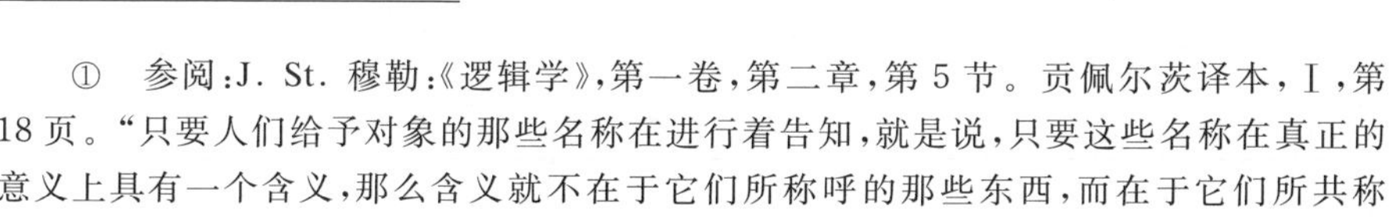

① 参阅：J. St. 穆勒：《逻辑学》，第一卷，第二章，第 5 节。贡佩尔茨译本，Ⅰ，第 18 页。“只要人们给予对象的那些名称在进行着告知，就是说，只要这些名称在真正的意义上具有一个含义，那么含义就不在于它们所称呼的那些东西，而在于它们所共称的那些东西。”

[24] 在 A 版中为：根本不同的和重要的。

[25] 在 A 版中未加重点号。

等。只是因为这个功效的缘故，专名才能和其它名称一样，成为复合的和统一的表达的组成部分，成为陈述句、愿望句以及其它类型句子的组成部分。但在与对象的关系中，专名不是指号。这是一目了然的，我们只要考虑到，指号的本质在于指出一个事实、一个此在，而被指称的对象却根本不需要被看作是实存着的对象[26]。如果穆勒在进行他的比较的过程中将专名与那个人的表象从本质上联结在一起，就像粉笔划与屋子从本质上被联结在一起那样，但同时却又补充说，这种结合的目的在于，一旦这个符号在我们眼前
A 60 或在我们思想中出现，我们就可以想到这个个体的对象——那么
B1 60 恰恰是这个补充使他所做的比较从中间断裂开来。

穆勒合理地将那些为我们提供关于对象的“知识”的名称与那些不提供关于对象的“知识”的名称区分开来；但无论是这种区分，还是与此等值的对共称名称和非共称名称的区分，都与有意指之物和无意指之物的区分无关。此外，从根本上说，前两个区分在逻辑上不仅是等值的，而且恰恰就是同一的。它们指的是在定语的和非定语的名称之间的区别。提供一个事物的“知识”和提供关于这个事物的定语，它们在这里指的是同一回事。一个名称是直接指称它的事物，还是通过它所具有的定语的中介来指称这个事物，在这两者之间肯定存在着一个重要的区别。但这个区别是在表达这个统一的属以内的区别，正如与此平行的和极为重要的称谓含义的区别，或者说，逻辑表象的区别一样，它把含义分为定语的含义和非定语的含义，而这个区别是在含义这个统一的属之内的区别。

[26] 在A版中为：存在。

穆勒本人以**某种**方式感觉到了这个区别，因为他时常不得不一方面谈专名的含义，另一方面，在涉及共称的名称时，他却谈到“本真的”和“严格的”意义上的含义；当然，在这里更好的做法是在一个全新的（而且绝不值得提倡的）意义上来谈含义。无论如何，在引入他对共称名称和非共称名称所做的富有价值的划分时，这位出色的逻辑学家所采取的那种方式会对刚才所接触到的完全另一类的区分造成极大的混乱。

除此之外，我们还要注意，穆勒对一个名称**所称呼的**东西和它 A 61
所共称的东西之间的区分不能被混同于那个只是与此相近的区 B_1 61
别，即在一个名称**所指称的**东西和它**所意指的**东西之间的区别。
穆勒的阐述尤其助长了这种混淆。

进一步的研究将会表明这些区别是多么重要，我们绝不能将它们当作“单纯语法的区别”而以蔑视的和浮浅的态度来对待它们；但愿进一步的研究将会澄清，没有我们所建议的对各个素朴区别的严格划分，就无法可靠地提取出逻辑意义上的表象和判断这两个概念。

第二章　对含义赋予行为的特征刻画

第17节　描画性的想象图像被误认作含义

我们对含义概念或含义意向概念的确定依据了这样一个现象学[1]特性，这个特性对于表达本身来说是本质性的，并且使得表达在意识中以描述的方式有别于单纯的语音。按照我们的学说，这个特性是可能的而且常常是现实的，即使表达不处在认识作用中，
412 不处在它与感性化直观的如此松散而疏远的关系中，它依然会具有这个特性。现在是对一种即使尚非主导的，但已然流行的观点进行批判分析的时候了，这种观点与我们的见解处于对立的状态，它认为，活的、有含义的表达所具有的全部成就都在于，唤起某种始终被归属于表达的想象图像。

根据这种观点，理解一个表达就意味着找到隶属于这个表达
A 62 的想象图像。如果这些想象图像不出现，那么表达就无意义。我
B_1 62 们经常可以听到人们把这种想象图像本身称之为语词含义，并且自认为这个称呼与通常所理解的表达的含义是相符合的。

[1]　在A版中为：心理的。

这种起初还易于理解的学说居然有可能存在，并且尽管早已受到无成见的研究者[2]的指责还仍然有可能存在，这证明了描述心理学是处于何种落后的状态之中。的确，在许多情况中，语言表达都伴随着一些与它的含义相近或相远的想象表象；但是，这正反驳了那些所谓最明显的事实，即：要想理解语言表达，就始终需要理解这样一种伴随。这同时也就是说：想象表象的此在并不构成表达的意指性（Bedeutsamkeit）（甚至不构成它的含义本身），想象表象的缺失也不会对表达的意指性造成妨碍。只要我们对那些时而被发现的想象伴随者（Phantasiebegleiter）进行对比考察，我们就会得出这样的看法：在语词含义不改变的情况下，这些想象伴随者会发生多重的变化，而且它们往往与语词含义只具有极为疏远的关系，而表达的含义意向是在更为本真的直观化中得到充实或增强的，要想完成这种直观化总要花费一些气力，而且甚至常常会劳而无功。人们在某些探讨抽象知识领域的著作中读到和观察到——在完全理解作者陈述的情况下——一些超出被理解的语词之外的东西。这种观察的状况对于对立的观点来说肯定是极为有利的。引导这种观察的就是那种想找到想象图像的兴趣，从心理学上来看，首先要有这种兴趣，然后想象图像本身才可能出现。而且，如果我们想将那些在后补的反思中可以被发现的东西直接就看作是原初的实际组成，那么所有在观察过程中新涌入的想象图像也就应当被视作这个表达所具有的心理学内涵。但是，即使这种受到反驳的观点、即将意指性的本质视为想象之伴随（Phanta-

[2]　在A版中为：考察者。

siebegleitung)的观点,在这些观察的状况上占有上风,它至少也必须在这类事例中放弃在心理学观察中寻找虚假的证实的打算。我们可以以被充分理解的代数符号或整个公式或定律为例,譬如,
A 63 “任何一个奇数次的代数方程式都至少具有一个实根”,这个方程
B_1 63 式让人们进行必要的观察。我可以介绍一下我自己刚才发现的东西:在后一个例子中我想到的是一本打开的书(我认出这是一本塞雷[①]的《代数学》),然后是用陶伯纳字体印出来的代数函数的感性原型,而在根这个词旁边的是著名的符号“√”。在此期间我将这个命题读了十几遍,并且完全理解了这个定律,但我没有找到一丝一毫属于这个被表象的对象性的伴随性想象(begleitende Phantasien)的痕迹。同样,在对例如“文化”、“宗教”、“科学”、“艺术”、“微分学”等等表达的直观化过程中,我们也同样没有发现属于这些对象的伴随性想象。

在这里还要指出的是,上述情况不仅关系到那些对极为抽象的和通过复杂的关系来中介的对象的表达,而且也涉及个体对象的名称,涉及名人、城市、风景的名称。直观当下化的能力也许是存在着的,但它在这个时刻并未被实现。

第 18 节　续论:论据与反论据

人们会指责说:在这些情况中,想象也是出现的,只是出现得

---

① 这里所说的塞雷(Serret),应当是法国数学家塞雷(J. A. Serret, 1819－1885年)。——中译注

极为短促而已，内图像（inneres Bild）一旦出现便马上消失。对此，我们会回应说：在图像消失之后，对表达以及对表达所具有的完整而生动的意义的整个理解还在持续着，因而这种理解恰恰不可能处在图像之中。

人们还会指责说：也许是图像变得无法被注意到，或者它一开始就无法被注意到，但无论它是否能够被注意到，它都在那里，并且是它使得持续的理解成为可能。对此，我们也将毫不怀疑地回答说：我们在这里并不想研究这样一个问题，即：是否有必要做出 A 64
这样一种出于发生心理学理由的假设，以及这种假设是否值得推 B_1 64
荐。对于我们的描述性问题来说，这种假设显然是毫无用处的。人们承认，想象图像常常是无法被注意到的。人们也不否认，即使在无法注意到它们的情况下，对表达的理解依然能够存在，并且这种理解能够很好地被注意到。但是，如果说，一个抽象的体验因素（即被认为在想象图像中构成意义的那个因素）可以被注意到，而这整个体验（即具体完整的想象表象）却无法被注意到，那么这难道不是一种谬误吗？我们还要继续问：如果一个**含义是荒谬的**，那么这里的情况又会如何呢？在这里，图像之所以无法被注意到，并不是由于心理力量在充实程度上的偶然性，而毋宁说是由于图像本身根本不可能实存，因为有关思想的**可能性**（含义的一致性）始终是靠明见性来担保的。

人们当然也可以指出，我们自己就在以某种方式将荒谬性加以感性化，例如自身封闭的直线、内角之和大于或小于两个直角的三角形。我们的确也可以在元几何学的论著中找到对这类构想物的描画。可是决不会有人真的认为，这种类型的直观可以被看作

是对有关概念的真实直观,而且可以进一步被看作是语词含义的拥有者。只有在想象图像作为被意指的实事之图像确实适合于这个被意指的实事时,才可以理解在这个图像中去寻找表达之意义的诱惑。但是,就算我们将这些具有自身意义的荒谬表达排除掉,这种适合性就会是规则了吗?笛卡尔就已经指出了“千角形”这个例子,并用它来说明想象和智性的区别。对千角形的想象表象并
A 65 不比封闭的直线、相交的平行线那样的图像更适当;在这两者那
B1 65 里,我们所发现的都不是充足的例证,而是对被思之物的粗糙的和仅仅是部分的图像化。我们说的是一条封闭的直线,而画出的是一条封闭的曲线,因而我们所做的仅仅是对封闭性的感性化。同样,我们思考的是一个千角形,而想象的是某个具有“许多”边的多角形。

此外,根本不需要对这些几何的例子进行特别挑选就可以证明,在含义一致的情况下直观化也会是不适当的。确切地看,如众所周知的那样,没有一个几何学的概念是可以被相即地感性化的(adäquat versinnlichen)。我们想象或描画一条线,而且将它说成是或将它看作是一条直线。我们对所有几何图形的做法都是如此。图像总是作为支撑而被理智所使用。它并不提供被意指的构想物的真实事例,而只提供那种感性方式的感性构形的事例,这些构形是几何学“观念化”的自然出发点。几何学构想物的观念正是在这种几何学思维的智性过程中构造起自身,这种观念表现在那些可定义的表达所具有的固定含义中。这个智性过程的现时进行是最初构成原始的几何学表达的前提,而且是对这些表达的认识证明,但这个智性过程却并不是重新唤起对这些表达的理解以及

继续有意义地使用这些表达的前提。这些短暂的感性图像是以一种在现象学上可把握和可描述的方式作为单纯的理解辅助工具来发挥作用的，它们并不是作为含义本身或含义载体本身而发挥作用的。

也许人们会指责我们的观点是极端唯名论，就好像我们的观点是在将语词与思想加以等同。有些人甚至会觉得我们的学说是荒谬的，因为根据我们的学说，一个象征[①]、一个语词、一个命题、一个公式被理解，而同时在直观上除了这个思想所具有的无精神的感性躯体（如写在纸上的这一划等等）之外却无物存在。可是，
前一章的阐述[②]能够证明，这根本不是将语词与思想加以等同。A 66
对于我们来说，当我们不借助于想象图像来理解象征时，在此存在 B_1 66
的不仅仅是象征；毋宁说，在此存在的是理解，是这个特别的、与表达有关、对表达进行释义（deuten）、赋予表达以含义并因此而赋予表达以对象关系的行为体验。我们从本己的经验出发而完全知道，是什么东西将作为感性复合体的单纯语词与有含义的语词区分开来。我们甚至可以不去考虑含义而单单朝向语词的感性类型。有时也会出现这种情况，即：一个感性事物首先自为地引起兴趣，随后我们才意识到它作为语词或其他象征所具有的特征。当一个客体被我们看作是一个象征时，这个客体的感性习性并不发

① “象征”（Symbol）与“符号”（Zeichen）在胡塞尔那里基本上是同义词。因此，对后面出现的象征性表象、象征思维、符号意识、符号功能等等概念也可做与此相应的理解。——中译注

② 例如可以参阅〔《逻辑研究》第二卷，第一部分，第一研究〕第 10 节，第 40 页以后。（胡塞尔在这里和以下所引的《逻辑研究》页码均为 B 版页码，即相当于中译本边码的 $B_1$40 或 $B_1$59 等等。——中译注）

生变化；或者反过来说，当我们不考虑一个通常被看作是象征的客体的意指性时，这个客体的感性习性并不发生变化。同样，在这里并没有什么新的心理内容附加到老的、独立的心理内容上去，就好像在这里现在有了平等内容的一个组合或联结似的。但是，这同一个内容却改变了它的心理习性，它给我们带来另一种感觉，不仅在纸上的一个感性笔划显现给了我们，而且这个物理显现被看作是我们所**理解**的符号。而在我们对它进行这种理解的过程中，我们并不进行一个与这个作为感性客体的符号相关的表象或判断，而是进行完全另一种表象与判断，即与这个被标志的实事有关的表象和判断。因此，含义就存在于这个意义给予的行为特征(Aktcharakter)中，随着兴趣指向的不同：或是朝向这个感性符号，或是朝向通过这个符号而被表象的(甚至无须借助于任何想象图像而被图像化的)客体，这个行为特征也是全然不同的。

第19节　无直观的理解

A 67 通过我们的观点可以完全清楚地理解，一个表达如何能够有
B_1 67 意义地，但无描画性直观地发挥作用。但在这个纯粹象征思维的事实面前，那些将含义因素误置到直观中去的人便会陷入不可破解的迷宫。对他们来说，无直观的言说也是无意义的。但真正无意义的言说根本就不是言说，这种言说无异于机器发出的噪音。无论如何，人们对一些熟记的诗句和祈祷句等等所做的有口无心的背诵就是这样一种言说；但我们在这里所要说明的那些情况却不属于这类言说。冷静的考察将会表明，我们决不能严格地对待

那些常见的比喻，如鹦鹉学舌或鹅的唠叨，还有著名的引文："在缺少概念的地方，语词会及时补上"，以及其他类似的用语。"无判断的言语"或"无意义的言语"这类表达可以并且必须根据像"无感情的、无思想的、无精神的人"等等这样一些类似的表达的标准来加以解释。"无意义的言语"所指的显然不是一个缺少判断的言语，而是一个没有表现出自己聪明的思考的言语。甚至连这个被理解为荒谬性（背谬）的"无意义性"也是在意义中构造起自身的：在背谬表达的意义中便包含着：意指某些客观上不相一致的东西。

对立的一派现在只能紧急地假设：存在着无意识的和未被注意到的直观，以此来寻找遁途。但只要看一眼在那些明显存在着奠基性直观的情况中这些奠基性直观所具有的成就，我们就可以知道这种假设是多么无用。在绝大多数的情况中，这种直观根本就是与意向含义不相符合的。这一事实并不会为我们的观点造成任何困难。如果意指性并不处在直观之中，那么无直观的言说并不因此而必定就是无思想的言说。如果直观消失，那么还会有一种行为仍然附着在表达上（或者说，附着在感性的表达意识中），这种行为恰恰与那种在直观未消失的情况下与直观相联系并且有可能提供对直观对象之认识的[3]行为是同一类的。因此，意指活动进行于其中的那个行为也就既存在于前一种情况中，也存在于后一种情况中[4]。

[3]　在A版中为：与直观相联系，提供对直观对象之认识的。

[4]　在A版中还紧跟：，或者，在前一种情况中和在后一种情况中至少存在着共有同一个含义本质的同类行为。

A 68
B1 68

第20节 无直观的思维与符号的“代表作用”

必须完全弄清这一点:直观化的图像性在那个不仅包容着散漫的日常思维,而且也包容着严格的科学思维的最广泛思维领域中所起的作用是非常微小的,甚至根本不起作用,而且我们能够在最现时的意义上根据“单纯象征性的”表象来进行判断、推理、思考和反驳。如果人们在这里用“符号的代表作用”来描述这一事态,仿佛符号本身在替代着某种东西,而在象征思维中的思维兴趣却朝向符号本身一样,那么这种描述就是极为不合适的。实际上这些符号并不以任何方式,也不以代表的方式是思维考察的对象,毋宁说我们是全然生活在含义意识或理解意识之中,即使没有伴随的直观,这种含义意识和理解意识也不会不存在。人们必须考虑到:象征思维只是因为新的“意向”特征或行为特征的缘故才是一个思维,这个特征使有含义的符号与“单纯的”符号得以区分开来,后者是指在单纯感性表象中作为物理客体构造起来的那个语音。这个行为特征乃是一个在对无直观的,但被理解的符号之体验中的描述性特征。

也许人们会指责这里所做的对象征思维的解释,人们会说,它们是与那些在符号算术思维的分析中所表现出来的,并且被我在其它地方(在《算术哲学》中)所强调过的最可靠的事实相违背的。在算术思维中,单纯的符号的确在替代着概念。用兰贝特的话来说,每一种计算术的成就都在于:将“实事理论还原为符号理论”。

算术符号“被如此地挑选出来并且被如此地完善化，以至于我们可以用这些符号的理论、组合、变化等等来做那些否则必须用概念来做的事情”。[①] A 69 B1 69

如果我们更进一步看，那么符号并不是在单纯的意义上的物理客体，这些物理客体的理论和组合等等对我们是毫无用处的。这类事物属于物理科学或实践的领域，而不属于算术领域。只有当我们将算术运算与有规则的游戏运算，例如象棋游戏运算进行比较时，那些符号的真正意指才会显示出来。在下棋时，棋子并不被看作是这个具有这样或那样形态和颜色的、由象牙或木材所制成的事物。它们在现象上和物理上的构造如何，这是完全无关紧要的并且可以随意变化。它们毋宁说是通过游戏的规则才成为象棋的棋子，也就是说，成为这种游戏的筹码，这些规则赋予它们以固定的游戏含义。同样也可以说，算术符号除了它们原本的含义之外还具有它们的游戏含义，这些含义是根据算术运算的游戏及其众所周知的运用规则而制定的。如果人们将算术符号纯粹地看作是这种规则意义上的游戏筹码，那么对算术游戏任务的解决就会导向数字符号或数字公式，在原本的和真正的算术含义的意义上对这些符号和公式的解释同时也就是相应的算术任务的解决。

因此，在符号算术思维和计算的领域中，人们用来运算的不是无含义的符号。它们不是“单纯的”符号，不是那种物理的、摆脱了所有含义的、作为那些带有算术含义的原初符号之替代物的符号；

① 兰贝特：《新工具论》，第二卷，1764年，第23和第24节，第16页。（兰贝特在这里没有明确地涉及算术。）

毋宁说,它们是在替代着算术上有含义的符号,但它们被赋予了一
B1 70 定的运算含义或游戏含义。一个自然地,而且可以说是无意识地
A 70 构成的多重含义系统将会是无限有效的;原本的概念序列所要求的那种无比繁大的思维工作通过较为简易的“象征性”运算而得以省略,这种“象征性”运算是在相应的游戏概念序列中进行的。

不言而喻,人们必须论证这样一种操作的逻辑权利并且精准地规定它的界限;这里的问题仅仅在于去除那种由于对数学的“纯粹象征性”思维的误解而容易引起的混乱。如果人们理解在上述意义上关于在算术中作为算术概念(或者说,作为那些带有其算术含义的符号)之“替代物”的“单纯符号”的说法,那么他们也就会明白,对算术符号的代表作用的指明实际上根本没有涉及我们所探讨的问题,即:一个不带有伴随性的——描画性的、例证性的(exemplifizierend)、明见化的——直观的明确思维是否可能。在这样一种无直观思维意义上的象征思维和在那种用替代性运算概念来进行的思维意义上的象征思维,这是两件不同的事情。

第21节 考虑这样一个必然性:为了澄清含义和为了认识建基于含义之中的真理而必须回返到对应性直观上去

A 71 人们可能会问:如果那些纯粹象征性地起作用的表达之含义
B1 71 是处于行为特征之中的,这种行为特征使对语词符号的理解有别于对一个无意义的符号的理解,那么,为了使含义的区别得到确定,使多义性得到明见的显露,或者使含义意向的偏差得到限定,

我们为什么要回溯到直观上去呢[5]？

而且人们可能还会问：如果这里所主张的对含义概念的理解是正确的，那么，为了明察那些纯粹地建立在概念之中的认识，也就是说，为了明察那些仅仅通过对含义分析而产生的认识，我们为什么也要运用相应性直观呢[6]？一般来说，这实际上就意味着：为了能够“明确地意识到”一个表达的意义（一个概念的内容），人们必须进行一个相应的直观；人们在此直观中把握到这个表达所“本真意指的”东西。

然而，起着象征作用的表达也在意指着某些东西，而且这种表达无非就是那种在直观上得到澄清的表达。意指并不是借助于直观才得以进行；否则我们就必须说，我们在极大部分的话语和读物中所体验到的东西只是一种对声音和光线组合的外部感知或虚构而已。我们无须再重复说，现象学被给予性的内容明见地[7]反驳了这种说法，也就是说，我们用声音符号和文字符号来意指这些和那些东西，而这种意指是一种尽管是纯粹象征的，但仍然是理解性的说与听的**描述性特征**。下列说明为我们提供了对第一个问题的回答：各种单纯象征的含义意向彼此之间常常没有清楚的区别，这使我们无法轻易地和可靠地对它们进行认同和区分，但这恰恰是我们要做出一个尽管不明见、但却在实践上有用的判断所必需的前提。为了认识例如在“蚊子”和“大象”这样的含义之间的区别，我们无须采取特别的措施。但是，只要含义在流畅地相互过渡，而

[5]　在A版中为：我们为什么必须回溯到直观上去呢。

[6]　在A版中为：不能放弃相应性直观呢。

[7]　在A版中为：明确的经验内容。

且只要含义的不被注意的偏差抹去了那些要想做出一个可靠的判
A 72 断所必须坚持的界限,那么直观化便提供了清晰化的自然手段。
B1 72 由于表达的含义意向在各种不同的和在概念上不互属的直观中得到充实,因此,随着充实方向的明确划分,含义意向的差异性同时也就明确地显示出来。

但是,在第二个问题上却需要考虑:判断活动(所有在确切意义上的现时认识活动)的所有明见性都以在直观上充实了的含义为前提。当我们谈到那些"产生于对单纯语词含义之分析"的认识时,我们所指的恰恰不是那些由语词所引起的东西。我们所指的是那种只需对"概念本质"进行当下化便可以获得的认识,在这些"概念本质"中,普遍的语词含义完整地得到充实,而关于那些与概念相符合的对象,或者说,那些从属于概念本质的对象的实存与否的问题则被排斥在外。但这种概念本质决不是语词含义本身,因而,"纯粹建基于概念(或本质)之中"以及"仅仅通过对含义分析而产生"这两个短语只是由于其多义性而可以表达同一件事情。毋宁说,这种概念本质无非就是充实性的意义,它是"被给予的",因为语词含义(更确切地说,语词的含义意向)最终落实在各种相应的、素朴直观性的表象中,以及最终落实在某些对这些表象的思维加工和构形中。这里所说的分析因而并不涉及空乏的含义意向,而是涉及为这些意向提供充实的对象性和形式。[8] 所以这种分析

[8] 在A版中为:我们所指的是那种产生于对普遍语词含义的"概念本质"的当下化之中的认识,而关于那些与概念相符合的对象存在与否的问题则被排斥在外。但这种概念本质决不是语词含义本身,因而,"纯粹建立在概念(或本质)之上"以及"仅仅通过对含义分析而产生"这两个短语由于其多义性而可以表达同一件事情。毋宁说,

也根本不提供对含义的各个单纯的部分和状况的陈述，而是提供有关那些在含义中被认为具有这样和那样规定性的**对象**一般的明晰必然性。

当然，这些考虑向我们指明了一个已经一再被看作是不可或缺的现象学分析的领域，这种现象学分析使那些在含义和认识之间，或者说在含义和澄清性直观之间的先天关系得以明见化，这 B1 73
样，这些分析便必定能够通过对**充实性**意义的区分以及通过对这种充实的意义的研究而完满地阐明我们的含义概念。

第 22 节　不同的理解特征与“相识性质性” A 73

我们的观点是以一种对含义赋予的行为特征的虽不完全明确，但却可靠的划分为前提的，即使在那些缺少这种直观化含义意向的情况中，这种划分也是我们的观点的前提。而且人们确实不能认为，那些主宰着对符号的理解或对符号的有意义使用的“象征表象”在描述上是等值的，它们就在于一种**无区别的**、对于**所有**表达都同一的特征：仿佛只有那些单纯的语音、那些偶然的感性含义载体才构成差异。人们可以通过多义表达的例子而轻易地证实，我们无须丝毫伴随性的直观化活动便可以进行突然的含义变化并认识这种变化。在这里所明见地表现出来的描述性差异不可能与

毋宁说，这种概念本质无非就是充实性的意义（被理解为种类），它是“被给予的”，因为语词含义具体地存在于各种相应的、感性直观的表象中以及具体地存在于某些对这些表象的思维加工和陈述中。这里所说的分析因而并不涉及空乏的含义意向，而是涉及这些充实性的对象化和形式化。。

同一个感性符号有关，它必定与那种会发生特别变化的行为特征有关。在这里还要指出这样一些情况，在它们之中，含义始终是同一的，而语词则在变化着。例如，在那些存在着方言差别的案例中。在这里，感性上各不相同的符号被我们看作是同义的（我们甚至有可能言说“同一个”仅仅属于不同语言的语词），在再造的想象为我们提供有关对含义直观化的图像之前，这些符号已经使我们直接地感到它们是“同一个”。

A 74 在这些例子上，人们同时还可以看出：有人认为理解特征最终

B_1 74 无非是被里尔[①]称之为“相识性特征”以及被赫夫玎[②]不太合适地称之为“相识性质性”的东西，[③]这种想法起初看起来是可信的，但实际上是不可取的。没有被理解的语词也可以向老相识一样出现在我们面前；那些被熟记的希腊诗句在记忆中保留得比对它们意义的理解更为持久，它们还显得是熟识的，但却已经不再被理解了。缺失的理解常常是在以后才为我们突然想起（很可能是早在母语的翻译表达或其他含义依据出现之前），这样，除了相识性特征之外，我们现在又有了作为显然是一个新事物的理解特征，它在感性上并不改变内容，但却赋予了一个新的心理特征。人们也可以回忆一下，当我们在偶尔不假思索地阅读或朗诵早已熟悉的诗作时，这种阅读或朗诵会以一种方式转变为理解。这类例子还有很多，它们使理解特征所具有的特性成为明见性。

① A. 里尔：《哲学的批判主义》，第二卷，第一部分，第 199 页。

② H. 赫夫玎：“论再认识，联想和心理主动性”，载于：《科学哲学季刊》第八卷，第 427 页。

③ 对此也可参阅：福尔克特：《经验与思维》，第 362 页。

第23节　表达中的统觉和直观表象中的统觉

在理解的[①]立义[②](verstehende Auffassung)中进行着对一个符号的意指,就每一个立义在某种意义上都是一个理解或意指而言,这种理解的立义与那些(以各种形式进行的)客体化的立义是很接近的,在后者之中,对一个对象(例如“一个外部”事物)的直观表象(感知、虚构、反映)借助于一个被体验到的感觉复合而对我们产生 B1 75
出来。然而,这两种立义的现象学结构[9]却是根本不同的。如果臆造一个先于所有经验的意识,那么从可能性上来看,这个意识**所感觉到的**与我们**所感觉到的**是同一个东西。但它不直观任何事物和事物性的事件,它不感知树木和房屋,不感知鸟的飞翔或狗的吠叫。A 75
人们马上会尝试这样来表达这个事态,即:对于这样一种意识来说,感觉不**意指**任何东西,感觉不**被看作**是一个对象特性的**符号**,感觉的复合不被看作是这个对象本身的符号;感觉始终被体验到,但却缺少一种(产生于“经验”之中的)客体化**释义**(Deutung)。在这里与在表达和相近的符号那里一样,我们都可以谈论含义与符号。

① 我对“理解”一词的使用并不是在那种限定的意义上,也就是说,它不仅仅只是表明一个说者和一个听者之间的关系。自言自语的思维者也理解他的语词,而这种理解简单地说就是现时的意指。

② “立义”,即赋予一堆感觉材料以意义,在胡塞尔的哲学术语中与来源于康德的“统摄”概念是同义的。——中译注

[9] 在A版中为:构造。

然而，如果我们在这里所谈的是感知的情况（简单起见我们仅以感知为例），那么这种说法就不能被误解为：意识先看到感觉，再使感觉本身成为一个感知的对象，然后又成为一个建立在感知基础上的释义的对象；这种过程发生在实际上已被对象性地意识到的客体那里，这些客体，例如语音，在真正的意义上是作为符号而起作用的。感觉显然只是在心理学的反思中才成为表象客体，而它在素朴直观性的表象中尽管是表象体验的**组成部分**（是其描述性内容的部分），但决不是表象体验的**对象**。感知表象之所以得以形成，是因为被体验到的感觉复合是由某个行为特征、某个立义、意指所激活的（beseelt）；正因为感觉复合被激活，被感知的**对象**才显现出来，而这个感觉复合本身却显现得极少，就像这个被感知的对象本身构造于其中的行为也显现得极少一样。现象学的分析还表明，感觉内容可以说是为这个通过感觉而被表象的对象的内容提交了一个类似建筑材料的东西：因而我们一方面谈到被感觉的颜色、广延、强度等等，另一方面谈到被感知的（或者说，被表象的）
B1 76 颜色、广延、强度等等。这两方面相应的东西并不是一个同一之
A 76 物，而只是一个在种类上很接近的东西，人们可以通过一些例子来轻易地证明这一点：我们**看到的**（感知到的、表象到的等等）这个球的**均匀的**色彩并没有为我们**感觉到**。

那些在表达意义上的符号就是以这样一种“释义”为基础的，但这种释义仅仅是一种**第一**立义（erste Auffassung）。如果我们考察一个较为简单的情况，即：表达被理解，但并未被描画性的直观所激活（belebt），那么通过这种第一立义，**单纯符号**便显现为在此时此地被给予的物理客体（例如，语音）。但这个第一立义奠定

了一个第二立义的基础，这个第二立义完全超越出被体验的感觉材料，并且不再在这个材料中为**现在**被意指的和全新的对象性找到其建筑材料。这个新的对象性在一个新的**意指**行为中被意指，但并不在感觉中被体现（präsentiert）。这个意指、这个表达性符号的特征恰恰是以符号为前提的，而这个意指就显现为是对这个符号的意指。或者，纯粹现象学地说：这个意指是一个被染上了这样或那样色彩的行为特征，它将一个直观表象的行为当作必然的基础。在这个直观表象的行为中，表达作为物理客体构造起自身。但是，这个表达只有通过被奠基的行为才会成为完整的、真正的意义上的表达。

这是无直观地被理解的表达的最简单情况。对最简单的情况有效的东西，必定也对最复杂的情况有效。在最复杂的情况中，表达与**相应性的**直观相互交织在一起。如果一个表达时而伴随着描画性的直观、时而不伴随着这种直观而被有意义地使用，那么这个表达也就无法从各种不同的行为中获得其意指性的来源。

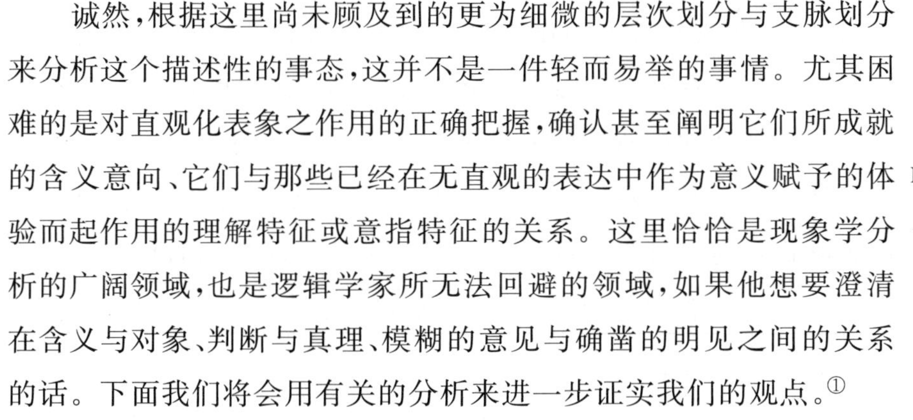

诚然，根据这里尚未顾及到的更为细微的层次划分与支脉划分来分析这个描述性的事态，这并不是一件轻而易举的事情。尤其困难的是对直观化表象之作用的正确把握，确认甚至阐明它们所成就的含义意向、它们与那些已经在无直观的表达中作为意义赋予的体 B1 77
验而起作用的理解特征或意指特征的关系。这里恰恰是现象学分 A 77
析的广阔领域，也是逻辑学家所无法回避的领域，如果他想要澄清在含义与对象、判断与真理、模糊的意见与确凿的明见之间的关系的话。下面我们将会用有关的分析来进一步证实我们的观点。[①]

① 参阅本书第二卷，第二部分，第六研究。

第三章　语词含义的偏差与含义统一的观念性

第24节　引论

我们在前一章中探讨的是意指(Bedeuten)的行为。但在第一章所得出的结论中,我们将含义本身(Bedeutung selbst)与作为行为的意指(Bedeuten als Akt)区分开来,含义本身是相对于各种可能行为之杂多性而言的观念的统一性。这种区分以及其它与此有关的区分——区分在主观意义上和在客观意义上的被表达的内容,区分在客观意义上的作为含义的内容和作为名称的内容——都明确无疑地存在于无数的情况中。因而,它们也存在于所有那些与某个合适地被阐述的科学理论相关的表达情况中。可是除此之外还有一些其他的不同情况。我们需要格外地注意这些情况,因为它们带有一种将这些已经获得的区分重新搅乱的趋向。这是一些在含义上有偏差的表达,尤其是它们还带有机遇性和模糊性,
B1 78 这些表达在这里会给我们造成极大的困难。这一章的研究课题就在于:在有偏差的意指行为与观念统一的含义之间做出区分,以此来解决这些困难。

第25节　传诉内容与名称内容之间的相合关系 A 78

正如表达可以涉及其它对象一样，它们同样也可以与表达者的当下心理体验有关联。据此，表达可以分为两种：一种表达是那些同时也传诉着它们所指称的（或者就是它们所标示的[1]）对象之物的表达，而在另一种表达那里，被指称的内容和被传诉的内容是分离开来的。疑问句、愿望句、命令句便提供了第一类表达的例子；第二类表达的例子则是由那些与外部事物、过去的本己心理体验、数学关系等等有关的表达所提供的。如果有人说出这样一个愿望："我想要一杯水"，那么这对于听者来说就是说者愿望的一个指号。但这个愿望同时也是陈述的对象。被传诉之物与被指称之物在这里达到了局部的相合。我之所以说局部的相合，这是因为传诉显然延伸得更远些。在它之中还包含着"我想要等等"这些语词中所表达出来的判断。那些关于说者的表象、判断、猜测的陈述的情况也与此相同，也就是说，它们具有"我表象，我认为，我判断，我猜想，等等……"初看起来，甚至连完全的相合的情况也似乎是可能的，例如，"在我现在正表达的语词中所传诉的心理体验"，即便我们在进一步观察中可能会发现，对这个例子的解释是不可信的[2]。与此相反，在像"2×2＝4"这样一类陈述中，　传诉与被陈 B₁ 79

[1]　在A版中为：所描画的。

[2]　在A版中为：对这个例子的解释并非毫无问题。

述出来的[3]事况是完全分离的。这个命题与下面这个命题是完全不同的："我判断，2×2=4"。这两个判断甚至都不是等值的；一个可以为真，另一个可以为假。

当然还需要说明，如果我们对传诉概念做较为狭窄的理解（即
A 79 在前面所限定的意义上来理解传诉概念①），那么在上述例子中所说的那些对象便不再属于被传诉的体验的领域。谁对自己的瞬间心理体验进行陈述，他也就通过一个判断而传达了这些体验的现存。正是因为他传诉了这个判断（即这样一个内容的判断：他希望、期望这个或那个等等），他才被听者统摄为希望者、期望者等等。这样一个陈述的含义就在于这个判断之中，而有关的内心体验则属于那些被判断的对象。如果现在仅仅在狭义上将那些自身带有表达含义的被指示的体验算作传诉，那么传诉的内容和指称的内容在这里和所有地方一样，都始终是被分离开来的。[4]

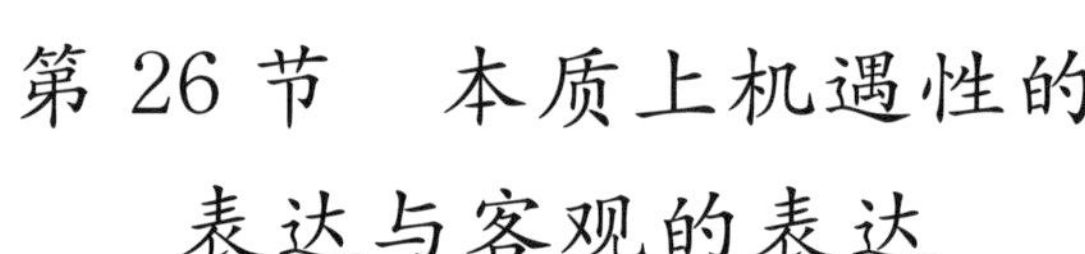

第 26 节　本质上机遇性的表达与客观的表达

那些与传诉的瞬间内容具有指称关系的表达属于表达的更广

① 参阅：本书第二卷，第一部分，第 7 节，第 33 页。

[3] 在 A 版中为：被指称的。

[4] 在 A 版中还紧跟一个段落：指称与含义的关系也和传诉与指称的关系相类似。在通常的情况中以及在那些仅仅对于客观认识来说重要的情况中，含义与对象是分离的。下面这个例子表明，这两者完全有可能处在相合关系中：我现在（在这些语词中）所说出的第一个名称的含义。

泛的组成，它们的含义随情况的不同而变化。但这种变化是以一种极为特别的方式发生的，以至于人们不得不怀疑，他们在这里所说的是否是一些多义词。我现在用“我希望您幸福”这些语词来表达一个愿望句，这些语词可以被无数个其他人用来表达具有“同一个内容”的愿望。但不仅这些愿望本身随情况的不同而变化，而且这些愿望所陈述的含义也随情况的不同而变化。这一次是A这个人面对B这个人，而另一次则是M这个人面对N这个人。如
果A对B做出与M对N“同样的希望”，这个愿望句的意义显然 A 80
仍是各不相同的，因为在这个愿望句中还包含着面对面的人的表 B_1 80
象。但这种多义性完全不同于像“Hund”这个词所具有的多义性，这个词可以是指一种动物[狗]，也可以是指一种小矿车(在矿山作业中常用的那种)。当人们在谈及多义性时，它们所看到的首先是在这个例子中所表现出来的这类多义性表达。这种多义性并不能动摇我们对含义的观念性和客观性的信念。因为我们可以随意地将这种表达限制在**一个**含义上，并且，无论如何，这种表达所具有的各个含义虽然被附以同样的称呼，但这个偶然的状况并不会影响到这些含义中的任何一个含义的观念统一。但前面所说的另一种表达是怎样的呢？在那些表达那里，我们曾经说明，相对于人及其体验的变化而言，它们的含义统一是同一的，但由于现在含义恰恰随着人及其体验的变化而改变，那么在这些表达那里，我们还能坚持说，它们具有同一的含义统一吗？显然，我们在这里所涉及的不是一些偶然的多义性，而是一些不可避免的多义性，这种多义性是无法通过人为的措施与协定而从语言中删除的。

我们对下列区别做出这样的更为明确的定义：一方面是**本质**

上主观的和机遇性的表达，另一方面是客观的表达。为了简单起见，我们将限制在正常起作用的表达上。

我们将一个表达称之为客观的，如果它仅仅通过或能够仅仅通过它的声音显现内涵而与它的含义相联系并因此而被理解，同时无须必然地考虑（Hinblick auf）做陈述的人以及陈述的状况。一个客观的表达有可能以不同的方式是多义的；这样，它便与多个含义处于上面所描述的那种关系中，同时，这个表达每一次实际上引起的或意指的是这些含义中的哪一个，这要取决于心理学状况（取决于听者的偶然思想方向，取决于那些已经处在流动状况中的
A 81 语序以及由语序引起的倾向[5]等等）。对说者以及他的境况的考
B1 81 虑在这个关系中也可能同样在发挥着有益的作用。但语词究竟能否在这些含义的一个含义中被理解，这并不是以那种必不可少的条件（conditio sine qua non）的方式取决于这种考虑。

另一方面，我们将这样一种表达称之为本质上主观的和机遇性的表达，或简称为本质上机遇性的表达，这种表达含有一组具有概念统一的可能含义，以至于这个表达的本质就在于，根据机遇、根据说者和他的境况来确定它的各个现时含义。只有在观看到实际的陈述状况时，在诸多互属的含义中才能最终有一个确定的含义构成给听者。因而，由于理解在正常的情况下随时都在进行自身调整，所以在对这些状况的表象中以及在它与表达本身的有规则的关系中便必定包含着对于每一个人来说都可把握到的而且是充分可靠的支撑点，这些支撑点能够将听者引导到在这个情况中

[5] 在A版中为：话语的更全面的思想联系的内部一致性。

被意指的含义上去。

在客观的表达中包含着例如所有理论的表达，也就是“抽象”科学的原理和定理、证明和理论建立于其上的那些表达。现时话语的状况丝毫不会影响到例如一个数学表达意味着什么。我们读到它并且理解它，同时无须去思想某个说者。而那些被用来满足日常生活之实际需要的表达则与此完全不同，而且，那些在理论科学中被一同用来为科学结论做准备的表达也与此完全不同。后一类表达是指这样的表达：这些表达或是伴随在研究者自己的思维
活动之中，或是研究者通过它们来向其他人传诉他的思考和努力、B1 82
他的方法上的措施和暂时的信念。

每一个含有**人称代词**的表达都缺乏客观的意义。“我”这个词 A 82
在不同的情况下指称一个不同的人，并且它是借助于不断更新的含义来进行指称的。它的含义每一次是什么，这只有从生动的话语中以及从它所包含的直观状况中才能得知。如果我们读了“我”这个词而不知道，写这个词的人是谁，那么这个词即使不是一个无含义的词，也至少是一个脱离了它的通常含义的词。诚然，这个词不会被猜测为是一个随意的阿拉贝斯克①；我们知道这是一个语词，并且是一个当时的说者为了标示自己所用的语词。但是，这个被引起的概念表象并不是“我”这个词的含义。否则我们就完全可以用“这个当时标示着自己的说者”来替代“我”。显然这个替代不仅过于异常，而且也会导向一些具有不同含义的表达。例如，我们不说“我很愉快”，而是说，“这个当时标示着自己的说者很愉快”。

① 阿拉贝斯克(Arabeske)是一种阿拉伯风格的装饰图形。——中译注

标示出当时的说者，这是“我”这个词的普遍含义作用，但我们用来表达这一作用的概念却并不是直接地和本身地构成这个词的含义的概念。

在孤独的话语中，“我”的含义本质上是在对本己人格的直接表象中完成的，因而在这个表象中也包含着在交往话语中的“我”这个语词的含义。每一个说者都具有他的“我”的表象（以及他的个人的“我”的概念），因此在每一个说者那里，这个词的含义都是不同的。但由于每一个谈论自己的人都说“我”，所以这个词具有
B1 83 一种对此事实而言普遍有效的指号特征。借助于这一指示，听者
A 83 便形成了对这个含义的理解，他现在不仅将这个与他直观相对的人立义为这个说者，而且也将他理解为这个说者之言说的直接对象。“我”这个词自身并不具有那种能够直接唤起特殊的、在有关的话语中规定着“我”的含义的“我”表象的力量。它并不能像“狮子”这个词那样发挥作用，这个词能够自在自为地唤起狮子表象。毋宁说，在“我”这个词那里有一个指示性的功能在发挥作用，它好像在对听者呼唤：你的对立者指的是他自己。

但是我们在这里还需要做一补充。确切地看，人们不能这样来理解此事，仿佛对说者的直接表象自身便具有“我”这个词的完整含义。我们当然不能将这个词看作是这样一种多义词：它的各个含义必须借助于所有那些可能的人的专名才能被辨认出来。在这个词的含义中显然还以某种方式一同包含着这个自身意指的表象，以及在其中进行的那种指向（Hindeuten）对说者的直接个体表象的表象。我们必须承认，在这里有两个含义以一种特别的形式互为基础地建造起来。第一个是与普遍作用有关的含义，它与

这个词相联结，以至于在现时表象中可以完成一种指示性的作用；这个含义就其自身而言是对另一个个别表象有利的，并且它同时还以一种概括的方式将这个表象的对象标明为是一个此时此地(hic et nunc)被意指之物。我们可以将第一个含义标示为**指示性的**含义，将第二个含义标示为**被指示的**含义。①

对于人称代词来说有效的东西，当然对指示代词也有效。如果有人说“这个”，那么他在听者那里所直接引起的并不是他所指 B1 84
之物的表象，而首先是这样一个表象或信念：他在指某个处于他直观领域或思维领域中的东西，他要将这个东西指给听者看。在话语的具体状况中，这个思想会成为充分指明真正被意指之物的准绳。被孤立地读到的“这个”还是缺乏它的真正含义，它之所以被 A 84
理解，只是因为它引起了它的指明性作用的概念(那个被我们称之为语词的指示性含义的东西)。但是，在此词发挥正常作用的任何一个情况中，只有在对它的对象性相关物强行表象的基础上，这个词的完整的和真正的含义才能得到阐明。

当然还要说明：指示代词常常是以一种方式来发挥作用，我们

① 与进一步澄清这个区分有关的阐述可以参阅：本书第二卷，第二部分，第六研究，第5节。[6]

[6]B本的附加与修改：可惜我在对第26节的修订中以及在付印时也仍然没有注意到，在这里所做的阐述中，那些旧的(在我研究的进程中被修正了的)观点仍然没有被彻底删除掉并且因此而与[《逻辑研究》第二卷、第二部分、第四研究的]第5节不完全相一致。因此，对指示性含义和被指示的含义之间的区分还应参阅在第494、495页上[对这个第5节]的附加中所做的更明确、更出色的阐述。

可以将这种方式当作与客观方式相等值的东西来加以运用。在数学关系中,一个“这个(dies)”以一种在概念上固定的方式指明一个这样和那样被确定了的东西,无须顾及到现时的表达就可以将它理解为一个这样被意指的东西。例如,在明确地提出一个定理之后,数学的阐述会这样继续进行:“由此而得出这个,即……”在这里可以在无须改变意义的情况下用这个有关的定理本身来替代“这个”,并且从阐述本身的客观意义来看,这一点是自明的。当然我们还要注意贯穿在这个阐述中的联系,因为这个指示代词自在自为地所包含的并不是这个指明的被意指的含义,而只是这个指明的思想。通过这个指示性含义来进行的介绍只是对思想性意指之主要特征的简称以及对此特征的较为简易的管理。但在那些通常的情况中显然不能说同样的话,在这些情况中,指明性的“这个”

和其他的形式并不意指例如说者所面对的这间房子、他面前飞翔的鸟等等。在这里必须假设这样的(随情况的不同而变化的)个体直观,仅仅回顾以前所陈述的客观思想是不够的。

此外,在这些本质上机遇性的表达领域中还包含着与主体有
B_1 85 关的那些规定:“这里”、“那里”、“下面”,或者“现在”、“昨天”、“明天”、“后来”等等。我们最后再考虑一个例子:“这里”标志着说者所具有的范围模糊的空间环境。谁运用这个词,他就在根据对他这个人及其地点性的直观性表象和设定来意指他所处的位置。这
A 85 个地点性随情况的不同而变化并且也随人的不同而变化,但每一个人都可以说“这里”。指称这个说者的空间环境,这又是这个语词的普遍作用,而且这种指称是这样进行的:这个词的本真含义是

根据在当时对这个地点的表象才构造起来的。[7]当然，只要“这里”始终是指称一个地点本身，那么这个含义的一个部分就是普遍概念性的含义；但与这个普遍之物相衔接的，而且是以一种随情况不同而变化的方式相衔接的，是一个直接的[8]地点表象，这个直接地点表象在已有话语的状况中通过对这个“这里”的指示性的概念表象而得到理解性的强调，并且被归属于这个指示性的概念表象。

当然，这个本质上机遇性的特征也可以转移到所有那些部分带有这些表象或类似表象的表达上，这还包括所有那些杂多的说话形式，说者以这种说话形式将某种与他有关的或者通过与他本身的关系而被思考到的东西正常的表达出来。也就是说，所有那些在感知、信念、思考、愿望、希望、担忧、命令等等方面的表达也具有这种本质上机遇性的特征。所有与定冠词的联系也是如此，在这些联系中，定冠词只是通过种类概念或属性概念而与个体之物发生联系。如果我们德国人说“这个”皇帝(dem Kaiser)，那么我们所指的当然是当今的德国皇帝。如果我们晚上要“这个”灯(die Lampe)，那么每个人指的都是他自己的灯。

注释：在这一段落中所探讨的那些带有本质上机遇性含义的表达并不能被纳入到保罗所做的那种有益的分类中去，他将表达 B1 86

[7] 在A版中为：这个词的第一性含义包含在当时对这个地点的表象之中。A本的附加与修改：与第85页第5行的“这里”这个例子有关，这句话必须自然地并且也与第84页的正确理解相一致地意味着：“这个词的真正含义是根据当时对这个地点的表象才得以构造起来的。”

[8] 在A版中为：直观的并且至少是直接的。

分为具有通常性含义的表达和具有机遇性含义的表达。他的分类理由在于，“语词在每次被使用时都具有一个含义，这个含义并不
A 86 必须与这个语词通常自在自为地所具有的那个含义相一致。”[①]但保罗也考虑到了在我们的意义上本质上机遇性的含义。他说[②]：“有一些[在机遇性使用中的]语词，它们在本质上是被用来标志某些具体事物的，但尽管如此，与一个特定的具体事物自身的关系并不附着在它们身上，而是必须通过个别的使用才能被给予它们。人称代词、物主代词、指示代词以及指示副词便是这种语词，像‘现在’、‘今天’、‘昨天’这类语词也是如此。”[③]但我觉得，在这个意义上的机遇性事物已经脱离出这个定义上的对立之外。表达所具有的这种通常性含义是根据机遇来获得其含义统一的，因而在某种其他的意义上也是机遇性的。人们完全可以将具有通常性含义的表达分为具有通常单义性的表达和具有通常多义性的表达；通常多义性的表达又可以分为通常在确定的含义与事先可指定的含义之间摇摆不定的表达（如偶然性的多义词“Hahn”、“acht”[④]等等）和不发生这种动摇的表达。只要后者是根据个别情况来确定它们当时的含义，而它们确定其含义的方式则是通常性的，那么这种表达就是我们所说的具有本质上机遇性含义的表达。

① H.保罗：《语言史原理》，第三版，第68页。

② 同上书，最后一个段落。

③ 这种限制在具体事物上的情况当然不是本质性的。例如指示代词也可以指明抽象事物。

④ 在德语中，“Hahn”具有公鸡、开关等多种含义；“acht”具有八、注意等多种含义。——中译注

第27节　其他类型的有偏差的表达

本质上机遇性的表达常常将说者的意见不完整地表现出来， B_1 87
这种不完整性还进一步提高了这类表达的偏差。对本质上机遇性
的表达与客观表达的区分是与其他那些同时标志着多义性的新形
式的区分交叉在一起的；例如在完整的表达与不完整的（省略性 A 87
的）表达之间的区分，在正常起作用的表达与非正常起作用的表达
之间的区分，在精确的表达与模糊的表达之间的区分。那些由于
省略性的简称而看上去固定和客观的表达实际上是一些主观的和
动摇的表达，对此，通常说法中的无人称动词提供了很好的例证。
没有人会像理解数学定理“有多面体”那样来理解“有蛋糕”这句
话。后者所指的并不是普遍绝对地有蛋糕存在，而是指“此时此
地”——“在喝咖啡时”——“有蛋糕”。“在下着雨”所指的不是普
遍地在下着雨，而是指“现在”“外面”在下着雨。在这个表达中所
缺乏的东西并不只是被隐瞒不说，而是根本没有被明确地考虑到；
但它肯定属于那个在此说法中被意指的东西。显然，在加入这些
补充之后，那些在上面所确定的意义上可以被标明为本质上机遇
性的表达就得以产生。

如果表达极为**简略**，以至于它们没有偶然性的机遇就不能够表达一个完整的思想，那么在一个话语的真正被表达的内容，即通过有关词语的始终相同的含义作用而被显示出的和被把握的话语内容与它们的机遇性意指之间的差异就会更大。例如，“走开！”“喂，这位！”“哎呀！”“可是——可是！”等等。这些一部分是残缺不

全的、一部分是主观不定的含义通过说者和听者身处的直观事态而得到相互补充或相互区分；它们使这些有欠缺的表达成为可理解的表达。

在那些与表达的多义性有关的区分中，我们还提到在**精确的**
B_1 88 表达和**模糊的**表达之间的差异。在日常生活中的大多数表达都是
模糊的，例如“树”和“灌木”、“动物”和“植物”等等，而所有在纯粹
理论和规律中作为其组成部分出现的表达则是精确的。模糊表达
A 88 不具有一个在任何使用情况中都同一的含义内涵；它们根据一些
典型的、但仅仅部分清晰的和不确定地被立义的事例来决定它们的含义，这些事例在各种不同的情况中，甚至在同一个思想进程中都会发生多重变化。这些事例产生于一个在实事上统一的（或者至少看上去是统一的）领域之中，它们规定了各种不同的、在通常是相近的或密切相关的概念，随话语状况的不同以及话语所经历的思想引发状况的不同，从这些概念中便显露出这个概念或那个概念，但这种事情大都是在不能可靠地进行认同或区分的情况下发生的，这种可靠的认同和区分可以防止相关概念的暗中混淆。

与这种模糊表达的含混性有关的是另一些表达的含混性，这些表达是对那些显现出来的[9]规定性的相对简单的种属的表达，这些规定性以空间的、时间的、质性的、强度的规定性的方式始终在相互过渡着。那些根据感知和经验而显现出来的典型特征，例如空间形态和时间形态、颜色形态和声音形态等等，规定着有含义的表达，由于这些类型处在流畅的相互过渡之中（这是一种在它们

[9] 在A版中为：现象上的。

的较高种属范围之内进行的相互过渡），因此这些表达本身也必定是变动不居的。尽管我们在一定的距离和界限的范围内能够可靠地运用这些表达，也就是说，在这样一些领域中，在那里，类型得以清楚地表现出来，它可以明见地被认定并且明见地区别于其他相距甚远的规定性（“鲜红”与“乌黑”、“行板”与“急板”）。但这些领域的边界是模糊的，它们溢入到广泛种属的相关性领域之中，并且 B1 89
制约着那些过渡领域，在那里，对这些表达的运用是有偏差的和不可靠的。①

第 28 节　含义的偏差作为意指的偏差 A 89

我们已经认识了各种类型的表达，它们的含义变动不居，而且就话语的偶然状况会对这种变化产生影响而言，它们总地说来是主观的和机遇性的。与它们相对立的是另一些表达，只要这些表达的含义通常不具有[10]任何偏差，那么它们就是在相应广泛的意义上的客观的和固定的表达。如果我们非常严格地理解这种无任何偏差状况，那么在这方面便只有精确的表达，在另一方面则是那些模糊的并且还出于各种其他原因随机变化的表达。

但现在要考虑这样一个问题：含义偏差的这些重要事实是否会动摇我们对含义的理解，即：含义是观念的（并且因此而是固定

① 参阅：B. 埃德曼，“类型划分理论”，载于：《哲学月刊》，第三十期。

[10] 在 A 版中为：不因为对语词的固定联想，或同时不因为对有关话语的形式的固定联想而产生。

不变的)统一,或者,它们是否会在这种理解的普遍性方面造成根本性的限制?尤其是那些在前面被我们标志为**本质上**主观的或机遇性的多义表达以及在模糊表达和精确表达之间的区别有可能在这方面给我们带来怀疑。因而问题在于:含义是否分为客观含义和主观含义、固定的含义和随机变化的含义?并且,初看起来,这个区分换而言之只能这样来理解:一些含义以固定种类的方式体现了观念的统一,它们始终不为主观表象和思维的变化所动;而另一些含义则处在主观心理体验的变动之中并且作为暂时的事件时而在此,时而又不在此?

B1 90 人们[11]必定会做出决断说:这样一种观点是不确切的。与一
A 90 个固定的表达所具有的内容一样,那些被主观的、其含义随机而定
的表达在特定情况中所意指的内容恰恰在此意义上是一个观念统
一的含义。这一点明确地表现在这样一个状况中:从**观念上**说,在
444 同一地坚持其暂时具有的含义意向的情况下,每一个主观表达都
可以通过客观表达来代替。

当然,我们在这里必须承认,这种可替代性不仅是因为实践要求的缘故而未得到实现,例如由于它的复杂性的缘故,而且这种可替代性事实上在最广泛的程度上也是无法实现的,而且甚至永远无法实现。

实际上很明显,我们所持的主张,即每一个主观表达都可以用一个客观表达来取代,从根本上说无非意味着**客观理性的无局限性**。所有存在着的东西都是"自在地"可认识的,它们的存在是在

[11] 在A版中还紧跟:也许。

内容上被规定了的存在，它们在这些和那些“自在真理”中表明自己。所有存在着的东西都具有自在地确定不变的属性与关系，而且，如果它是在事物性自然意义上的实在存在，它便都具有它在空间和时间中确定不变的广延和位置，它的确定不变的保持方式和变化方式。但是，所有自身确定不变的东西都必然可以受到客观的规定，而所有可以受到客观规定的东西，从观念上说，都可以在确定不变的语词含义中被表达出来。与自在存在相符合的是自在真理，而与自在真理相符合的又是固定的和单义的自在陈述。诚然，为了始终能够真实地表达出自在真理，不仅需要有足够多的、各不相同的**语词符号**，而且首先需要有足够多的精确的、有含义的**表达**——在这个词的完整意义上理解的表达。我们必须有能力构造所有这些表达，即这些与理论有关的所有含义的表达，并且有能力明见地辨认或区分它们所具有的与这些含义相关的含义。 B$_1$ 91

445

但这个理想离我们还无限地遥远。人们只要想一想在时间规定和地点规定上的缺陷性就够了：我们只能通过已有的个体实存的关系来规定它们，除此之外，我们没有其他能力，而这些个体实存本身又无法受到一种精确的、不带有任何（由于对本质上主观表 A 91
达的使用而造成的）混浊的规定。人们可以将那些本质上机遇性的语词从我们的语言中删除出去，并且可以试图用单义的和客观固定的方式来描述某个主观体验。但任何一种尝试显然都是徒劳的。

然而，这一点是明白无疑的[12]：就含义本身来看，在它们之间

[12]　在A版中为：我觉得，例如，每一个地点规定和时间规定从理想的可能性来

不存在本质区别。实际的语词含义是有偏差的,它们在同一个思想序列中常常会变动不居;并且就其本性来看,它们大部分是随机而定的。但是,确切地看,含义(Bedeutung)的偏差实际上是**意指活动**(Bedeuten)**的偏差**。这就是说,发生偏差的是那些赋予表达以含义的主观行为,并且,这些行为在这里不仅发生个体性的变化,而且它们尤其还根据那些包含着它们含义的种类特征而变化。但是,含义本身并没有变化。这种说法的确有些背谬,除非我们像
A 92 在统义的和客观固定的表达那里一样,也在多义的和主观混浊的表达那里始终坚持将含义理解为观念的统一[13]。而那种倾向于固定表达的通常说法认为,无论谁来说出同一个表达,含义都始终是同一个;这种关于同一含义的说法要求我们这样来理解含义,不仅如此,我们分析的主导目的首先也要求我们这样做。

第29节　纯粹逻辑学与观念含义

实际上,只要纯粹逻辑学涉及概念、判断、推理,它所从事的便

说都可以成为一个从属于它的本己含义的基质。每一个地点必然都自在地与任何一个其他的地点有区别,正如每一个颜色质性都区别于任何一个其他的颜色质性一样。如果一个直接地(并且不以改造的方式、甚至是在与一个已有的个体性的相互关系中)意指着与它同一的质性的表象是先天可能的;然后,如果一个对此表象的可能重复在继续保持其同一意指的情况下也是先天可能的,最后,如果这个作为含义的同一的意指与一个表达的联结又是先天可能的,那么,个体化的规定必定也是先天可能的,无论它们此外与其他的规定还有哪些重要的区别。

无论如何,我们刚才所考虑的这种理想的可能性以及那种作为认识论之基础的、明见地先天可靠的可能性使我们明白这样一点。

[13]　在A版中还紧跟:即种类。

仅仅是这些在这里被我们称之为**含义**的**观念**统一[14]；而且，由于我们竭力想从心理学的和语法的结合之中发掘出含义的观念本 B₁ 92
质；由于我们此外还致力于澄清那种建立在这种本质之中的、先天的相即关系，即与被意指的对象性的相即关系，因此我们现在已经处在纯粹逻辑学的范围之中了。

这一点从一开始就很明显，只要我们**一方面**考虑到逻辑学相对于众多科学所具有的地位——它是一门以科学本身的观念本质为目的的法则论(nomologisch)科学；或者也可以说，纯粹就其理论内涵和联系而言，它是一门关于科学思维一般的法则论科学；而且如果我们**另一方面**注意到，一门科学的理论内涵无非就是它的那些独立于所有判断者和判断机遇之偶然性的理论陈述的含义内涵，这种陈述在理论形式上是一致的，而理论之所以具有客观有效性，乃是因为它的统一作为含义统一与被意指的(并且在明见的认识中“被给予”我们的)对象性在观念规律上是相符合的。无可置
疑，在此意义上叫作含义的东西，完全含有观念的统一，这些观念 A 93
统一在杂多的表达中得到表达，并且在杂多的行为体验中得到思考，而且正如它们有别于偶然的表达一样，它们也必定有别于思维者的偶然体验。

如果所有现有的理论统一按其本质都是含义统一，而且如果逻辑学是关于理论统一一般的科学，那么同时也就很明显，逻辑学必定是关于含义本身的科学，是关于含义的本质种类和本质区别以及关于纯粹建基于含义之中的(即观念的)规律的科学。因为在

[14]　在A版中为：纯粹逻辑学所从事的仅仅是这些在这里被我们称之为含义的观念统一。

B₁ 93 那些本质区别中也包含着那种在对象性的和无对象的含义之间的、在真的和假的含义之间的区别，并且因而在这些规律中也包含着纯粹的“思维规律”，它们所表达的是含义的范畴形式与含义的对象性或真理性之间的联系。

传统逻辑学的一般言说方式和探讨方式是与这种将逻辑学理解为一门关于含义的科学的观点相对立的，前者用心理学的术语或用可做心理学解释的术语，如表象、判断、肯定、否定、前提、结论等等来进行操作，而且传统逻辑因此会认为，它所确定的是真正单纯的心理学区别，它所探讨的是与这些区别有关的心理学规律性。尽管如此，在进行了《纯粹逻辑学导引》的批判性研究之后，传统逻辑的这种观点无法再迷惑我们。这种观点仅仅表明，逻辑学距离对那些构成它本己研究领域的客体的正确理解还多么遥远，并且，它还需要从那些它本打算从理论上对其本质加以澄清的客观科学那里学会多少东西。

只要科学是在阐释系统理论，只要科学不是在传达主观的研究和论证的单纯进程，而是在展示被认识为是客观统一的真理的成熟果实，那么判断、表象和其它心理行为便无从谈起。客观的研究者当然会定义表达。他会说：“人们将活力、质量、积分、正弦等

A 94 等理解为这个和那个。”但他以此仅仅指明他的表达的客观的含义，他在这些他所看到的并且在区域真理中作为构造性因素起作用的“概念”上打上自己的标签。他所感兴趣的不是理解，而是这个被他看作是观念的含义统一的概念以及这个本身由概念构成的真理。

客观的研究者而后会提出命题。他在这里当然要提出主张和

做出判断。但他并不想谈论他的或某个其他人的**判断**，而要谈论 B1 94
有关的**事态**，如果他在批判性的思考中涉及命题，那么他所指的是观念的陈述含义。他称之为真或假的不是判断，而是命题；命题对他来说是前提，并且命题对他来说是结论。命题不是由心理行为构成的，不是由表象行为或认之为真的行为构成的；相反，即使命题不重又由命题所构成，它们最终也是由概念所构成。

命题本身是**推论**的基石。在这里也存在着推理行为和这种行为的统一内容之间的区别，后者也就是推论，即某些复合陈述的同一**含义**。那个由推论形式所构成的必然结论的关系不是判断体验的经验心理学联系，而是可能的陈述含义的观念关系，命题的观念关系。它"实存"或"存有"[15]，这意味着：它有效，而这种有效性是一种与经验判断者无任何本质关系的东西。如果自然研究者从杠杆定律、重力定律等等出发推导出一个机器的作用方式，那么他当然在自身中体验到各种主观行为。但他统一地思考的并加以连结的东西则是概念和命题，连同它们的对象关系。在这里，与这种主观的思想连结相符合的是客观的（即与那个在明见性中"被给予的"客观性以相即的方式相符合的）含义统一，无论是否有人在思维中将这种含义统一加以现时化（aktualisieren），它们都仍然是它们所是。

这是普遍的情况。即使科学研究者在这里没有机会将语言性 A 95
的东西和符号性的东西与客观性的东西和含义性的东西明确地分离开来，他却肯定知道，表达是偶然性的东西，而思想、观念同一

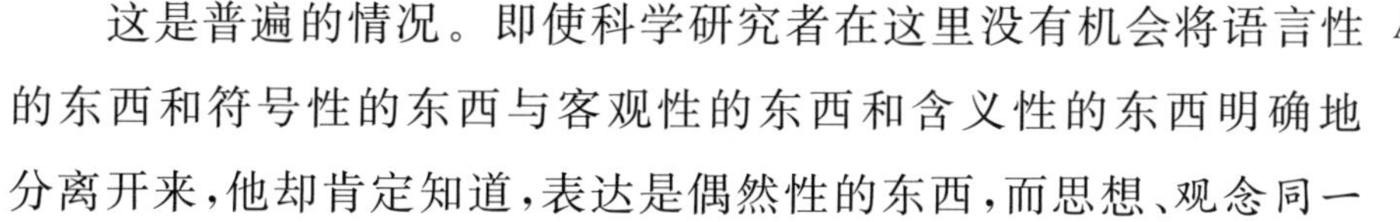

[15]　两个引号为B版所加。

B_1 95 的[16]含义是本质性的东西。他也知道，他并不**造出**思想和思想联系的客观有效性，并不**造出**概念和真理的客观有效性，就好像这种客观有效性与他的精神或普遍人类精神的偶然性有关似的；相反，他是在**明察**、**发现**这种客观有效性。他知道，这种客观有效性的观念存在不具有一种“在我们精神中的”心理“存在”的含义，因为用真理和观念之物的真正客观性可以扬弃所有实在的存在，其中也包括主观的存在。即使有个别的研究者时而会对这些事情做出其他的判断，这种情况也是在他们专业科学联系之外以及在后来进行的反思中发生的。如果我们可以像休谟那样判断说，人的行为能够比人的话语更好地证明人的真实信念，那么我们就必须批评这些研究者说，他们自己不能理解自己。他们没有做到无成见地注意那些他们在其素朴的研究和论证中所意指的东西；他们听任那些逻辑学的冒牌权威用心理主义的虚假推论以及主观主义的错误术语将他们引入歧途。

就其客观内涵来看，所有科学都是由这同一个同质材料而构造成一门理论的，它是[17]**含义**的观念复合体。我们甚至还可以说，这整个被称之为科学理论统一的杂多含义交织物本身又归属到一个包含着它的所有组成部分的范畴之中，它本身在构造着一个含义统一。

A 96 因此，如果在科学中具有本质决定意义的东西是含义而不是意指，是概念和命题而不是表象和判断，那么它们在那门探讨科学本质的科学中便必定是一般的研究对象。实际上，所有逻辑事物

[16] 在A版中为：种类同一的。

[17] 在A版中还紧跟：种类。

都包含在含义和对象[18]这个互属的范畴中。所以，如果我们以复数的形式谈到逻辑范畴，那么这只能是指那些在含义这个属（Gattung）之内相互区分的纯粹的类（Artung），或者是指那些范畴性地被把握的对象性本身[19]的互属形式。然后，那些需由逻辑学来陈述的规律便建立在这些范畴中：一方面是那些不去顾及含义意向和含义充实之间的观念联系，即不去顾及含义的可能认识作用，而是与含义的单纯复合有关的规律，即复合为新的含义［无论是"实在的（real）"，还是"虚象的（imaginär）"新含义］。① 另一方面则是在更确切意义上的逻辑规律，它们在含义的对象性和无对象性、含义的真与假、含义的一致性和背谬性方面与含义有关，只要它们受含义的单纯范畴形式所规定。与后一种规律相符合的是在等值的和相关的措辞中的对象一般的规律，只要它们被设想为是仅仅通过范畴而被规定的东西。所有那些能够在对各种认识质料的抽象中根据单纯含义形式而被提出的、关于存在和真理的有效陈述都包含在这些规律之中。 B₁ 96

① 在本书第二卷，第二部分，第六研究中有对这个问题更为详细的论述。

［18］ A本的附加与修改：含义、直观（作为含义充实）和对象。

［19］ A本的附加与修改：充实性直观和通过它而构造起来的、范畴性地被把握的对象性本身。

A 97 第四章　含义体验的现象学内容和观念内容

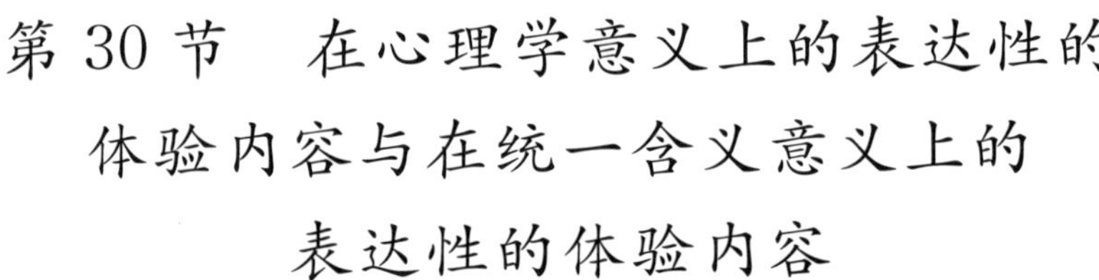

第 30 节　在心理学意义上的表达性的体验内容与在统一含义意义上的表达性的体验内容

在我们看来，含义的本质并不在于那个意义赋予的体验，而在于这种体验的“内容”，相对于说者和思者的现实体验和可能体验
B₁ 97 的散乱杂多性而言，这个体验内容是一种同一的、意向的[①]统一。在这种观念意义上的有关含义体验的“内容”完全不是心理学所理解的那种内容，即不是一个体验的某个实在部分或某个方面。如果我们理解一个名称——无论它指称的是物理之物还是心理之物，是存在之物还是不存在之物，是可能之物还是不可能之物——，或者，如果我们理解一个陈述——无论它在内容上是真还是假，是一致的还是背谬的，是被判断的还是被臆造的——，那么，

① “意向的”(intentional)这个词，就其构造来说，既可以用在含义上，也可以用在意向对象上。因此，意向的统一并不必然意味着被意指的统一、这个对象的统一。

这个表达或那个表达所表明的东西（一言以蔽之，那个构成逻辑内
容并在纯粹逻辑联系中恰恰被标志为表象或概念、判断或定理等
等的含义）就决不是那种在实在的意义上能够被看作是有关理解
行为之部分的东西。这种体验当然也具有它们的心理学成分，它
是内容并且由内容组成——这是指在通常的心理学的意义上的内
容。在这个体验中首先包含着体验的感性组成部分，语词在纯粹
视觉、听觉、动觉内容方面的显现，此外还包含着对象性的释义的
行为，这种释义将语词纳入到空间和时间之中。从这方面来看，心 A 98
理学组成如所周知是一个非常繁杂的、随个体的不同而变化很大
的组成；但对于同一个个体而言，它也随时间的不同而变化，并且
这种变化是在“同一个”语词方面的变化。我在这些伴随着并支持
着我的语词表象中想象各种由我的声音说出的语词，在这些想象
中也时而出现我的速记的和正常的书写文字符号等等——这些都
是我个人的特性，并且它们只属于我的表象体验的心理学内容。
在心理学的意义中此外还包含着杂多的和无法通过描述而轻易把
握的、在行为特征方面的区别，这种行为特征构成在主观方面的意 B1 98
指或理解。如果我听到“俾斯麦”这个名字，那么要想理解这个词
的统一含义，我是否将这个伟人表象为一个戴着宽边软呢帽、穿着
长大衣的人，还是在想象中根据这个和那个图像描绘的标准来表
象他，这是完全无关紧要的。甚至直观化的或间接激活含义意识
的想象图像是否是当下的，这也是无足轻重的。

在对一种常见的观点所做的反驳中，我们曾经论证过①，表达

① 参阅本书第二卷，第一部分，第一研究，第二章，第 17 节，第 61 页以后。

活动的本质存在于含义意向之中，而不存在于那些有可能在充实过程中加入到这个含义意向之中的、或多或少完善的、或较为切近或较为遥远的图像化（Verbildlichung）之中。但只要这些图像化存在着，它们也就与含义意向密切地交融在一起；由此可以理解，就各种不同的情况来看，那个在按其意义发挥作用的表达的统一体验同样在含义方面表现出重大的心理学差异性，但这个表达的含义却始终不变。我们也曾经指出[①]，确实有某种东西与含义在
A 99 所属行为中的所具有的这种同一性（Selbigkeit）相符合；因此，被我们称之为含义意向的东西不是一种无差异的、通过与充实性直观的联系才能得以区分，即得以外在区分的特征。毋宁说，在不同的含义中，或者说，在含义以不同方式发挥作用的表达中还包含着内容不同地被描述的含义意向，而所有被同义地理解的表达都带
B1 99 454 有同一个含义意向，即一个具有同样规定的心理特征。由于这一特征，那些在表达的心理学内涵方面有极大差异的表达体验首先成为对同一个含义的体验。不言而喻，意指的偏差决定了在这里会有某些限制产生，但这些限制不会造成对这个实事之本质的任何改变。

第31节　意指的行为特征与观念-同一的含义

虽然我们指明了这种相对于心理学上的变换之物而言的心理

① 参阅本书第二卷，第一部分，第一研究，第22节，第73页。

学上的共同之物，但我们还没有标明我们在各个表达或各个表达性的行为那里所想澄清的差异，即在它们的心理学内涵和它们的逻辑内容之间的差异。因为在心理学的内涵中当然包含着在任何情况中都相同的东西，同样也包含着随机变化的东西。因而我们也根本不主张：始终保持不变的行为特征本身就是已经含义了。例如，陈述句“π 是一个超越数”所表明的东西——我们在读这个句子时所理解的东西，以及在说这个句子时所意指的东西——并不是我们思维体验的一个个体的、仅仅随时可重复的特征。在不同的情况中，这种特征在个体上也各不相同，而这个陈述句的意义却应当是**同一的**。如果我们或某一个其他人带着同一个意向来重复同一个命题，那么每个人都具有他自己的现象、他自己的语句和理解因素。但与个体体验的这种无限杂多性相对的是在这些体验中被表达出来的东西，它始终是一个同一之物，是在最严格词义上的同一个。命题含义并不随人和行为的数量而增多，在观念的逻 455 A 100
辑的意义上的判断是同一个判断。

我们在这里坚持含义所具有的这种严格同一性，并且将它区别于意指所具有的那种恒固的心理特征，这种做法并不是出于一 B1 100
种对细微差异的主观偏好，而是出于这样一种可靠的逻辑信念，即：人们只有用这种方式才能正确地理解逻辑的基本事态。我们在这里所做的也不是一个要通过大量说明才能论证的单纯假设；相反，我们将它作为一个直接可把握的真理来运用并在这里遵循所有认识问题中的最后权威，即：明见性。我明见到，我在重复的表象行为、判断行为中所意指的或所能意指的是同一个东西，即同一个概念或同一个命题；我明见到，在谈到例如“π 是一个超越数”

这个命题或这个真理的地方，我所看到的决非是某个人的个体体验或体验因素。我明见到，这句反思性的话语的确是以在素朴话语中那个构成含义的东西作为其对象的。我们最后还明见到，我在这个命题中所意指的东西，或者，（如果我是听到这个命题的话）我在这个命题中作为其含义而把握到的东西，始终是同一的，无论我是否在思考，无论我是否存在，无论所有思维的个人和思维的行为是否存在。同样的情况也适用于任何一个含义，适用于主语含义、谓语含义、关系含义和联结含义等等。它首先也适用于那些原初属于含义的观念规定性，在这些观念规定性中包含着——这里我们仅举几个特别重要的为例——“真的”与“假的”、“可能的”与“不可能的”、“总体的”与“单个的”、“确定的”与“不确定的”等等谓语。

456 我们在这里所主张的这种真正的同一性无非就是种类的同一性。这样，而且只有这样，它才能作为观念的统一性包容个体个别
A 101 性的散乱杂多性（ζυμβάλλειν εἰς ἕν）。当然，这些与观念－同一的含义相关的杂多个别性就是各个相应的意指行为因素，就是各个含义意向。因此，含义与各个意指行为的关系（逻辑表象与表象行为的关系，逻辑判断与判断行为的关系，逻辑推理与推理行为的关系）就与种类的“红”与这里放着的纸条都“具有”同一种“红”的纸
B_1 101 条的关系一样。每一张纸条除了其他构造因素之外（广延、形式等等）都具有它的个体的“红”，即这个颜色种类的个别情况，而“红”本身则既不实在地存在于这张纸条之中，也不实在地存在于任何世界之中，而且也更不存在于“我们的思维之中”，因为这个思维也一同属于实在存在的领域，一同属于时间性的领域。

我们也可以说，含义构成了一组在“普遍对象”意义上的概念。它们因此而不是那种若不在“世界”的某处实存就会在一个天国(τόπος οὐράνιος)中或在上帝的精神中实存的对象；因为这种形而上学的假设是荒谬的。谁习惯于将存在仅仅理解为“实在的”存在，将对象仅仅理解为实在的对象，他就会认为有关普遍对象及其存在的说法是根本错误的；而我们在这里却不会感到有任何不妥，我们首先用这种说法来指示某些判断的有效性，即一些关于数字、命题、几何构成物等等的判断的有效性，而且我们现在问自己，在这里是否像在其他任何地方一样，必须给作为判断有效性之相关物的被判断之物赋予“真实存在的对象”的称号。实际上，[1]从逻辑上看，七个多面体是七个对象，七首曲子也同样是七个对象；力的平行四边形定理是一个对象，巴黎城也同样是一个对象。①

第 32 节 含义的观念性不是在规范意义上的理想性

含义的观念性(Idealität)是种类一般观念性的一个特殊情况。因而含义的观念性决不具有规范的理想性(Idealität)的意义，就好像它涉及的是一种完善的理想、一种理想的极限价值，而 A 102
它的对立面则是对此理想或多或少切近的现实化的个别情况似 B_1 102

① 有关普遍对象之本质的问题可以参阅本书第二卷，第一部分，第二研究。

[1] 在 A 版中为：(即使它只是假设的有效性)，或者说，将它理解为这些判断的主体。

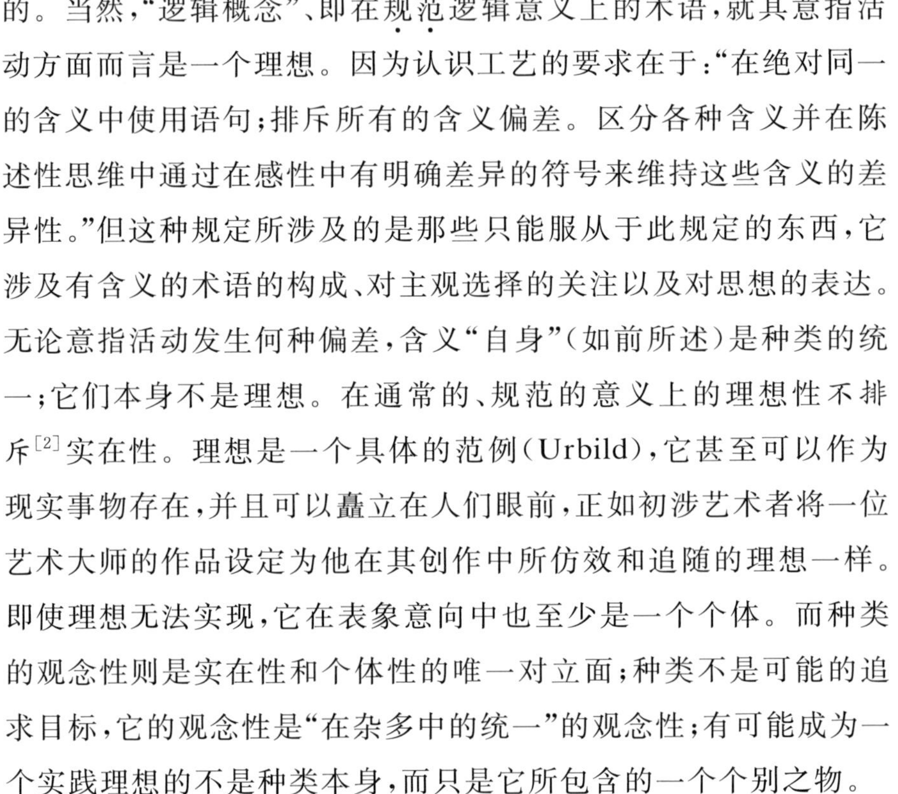

的。当然，“逻辑概念”、即在规范逻辑意义上的术语，就其意指活动方面而言是一个理想。因为认识工艺的要求在于：“在绝对同一的含义中使用语句；排斥所有的含义偏差。区分各种含义并在陈述性思维中通过在感性中有明确差异的符号来维持这些含义的差异性。”但这种规定所涉及的是那些只能服从于此规定的东西，它涉及有含义的术语的构成、对主观选择的关注以及对思想的表达。无论意指活动发生何种偏差，含义“自身”（如前所述）是种类的统一；它们本身不是理想。在通常的、规范的意义上的理想性不排斥[2]实在性。理想是一个具体的范例（Urbild），它甚至可以作为现实事物存在，并且可以矗立在人们眼前，正如初涉艺术者将一位艺术大师的作品设定为他在其创作中所仿效和追随的理想一样。即使理想无法实现，它在表象意向中也至少是一个个体。而种类的观念性则是实在性和个体性的唯一对立面；种类不是可能的追求目标，它的观念性是“在杂多中的统一”的观念性；有可能成为一个实践理想的不是种类本身，而只是它所包含的一个个别之物。

第 33 节 “含义”与种类意义上的“概念”这两个概念并不相合

我们曾说过，诸含义构成一组“普遍对象”或种类。当我们想要谈论种类时，每个种类都预设了一个它在其中被表象出来的含义，而这个含义本身又是一个种类，尽管如此，一个种类在其中被

[2] 在A版中为：包含着。

思考的那个含义，以及这个含义的对象、即这个种类本身，这两者 A 103
不是同一个东西。我们在个体领域中例如对俾斯麦本身和对他的
各种表象进行区分，类似“俾斯麦——最伟大的德国政治家”等等； B_1 103
与此完全相同，我们在种类领域中例如也对 4 这个数和对关于这
个数的各种表象、如“数字 4——在数列中的第二个偶数”等等进
行区分。也就是说，一方面是我们所思考的普遍性，另一方面是我
们思考它时所置身于其中的含义普遍性——前者不会消解在后者
之中。无论含义本身是否是普遍对象，它们在**它们所涉及的对象**
方面都分为**个体含义**和**种类含义**；出于可以理解的语言原因，我们
也可以将种类含义称作**总体含义**。因此，例如，作为含义统一的个
体表象是总体性的，而它们的对象则是个体性的。

第 34 节　含义在意指的行为中并不对象性地被意识到

我们曾说过，在现时的含义体验中，与统一的含义相符合的是作为种类之个别情况的个体特征：正如在红的对象中，与种类的差异“红”相符合的是红的因素。如果我们进行这个行为，而且如果我们仿佛就生活在这个行为中，那么我们所指的当然是它的对象而不是它的含义。如果我们例如做出一个陈述，那么我们所判断的是有关的实事，而不是这个陈述句的含义，不是在逻辑意义上的判断。对我们来说，在逻辑意义上的判断要在一个反思的行为中才成为对象，在这个反思行为中，我们不仅仅回顾这个被做出的陈述，而且也进行必要的抽象（或者毋宁说，实施观念化）。这种逻辑

A 104 反思不是一个在人造的条件下形成的行为，也就是说，不是一个在例外的情况下进行的行为；相反，它是逻辑思维的一个正常组成部分。它的特征在于理论联系和对此联系的理论思考，这种思考是
B₁ 104 在对刚刚进行的思维行为之内容的反思中逐步进行的[3]。我们可以举这种思考的一个非常普通的例子："S 是 P 吗？这是可能的。但这样的话，从这个命题中就会导出，有 M；而这是不可能的；因而我开始时认为可能的那个东西，即 S 是 P，就必定是错误的，如此等等。"人们须注意在这里加了重点号的那些语词以及在这些语词中被表达出来的观念化。"S 是 P"这个命题作为课题贯穿在这个思考之中，它显然不仅仅只是在我们的思想首先出现于其中的第一个思维行为中的一个短促的含义因素；而在进一步的发展中，逻辑反思得以进行，那个被我们在统一思维联系中观念化地和认同化地立义为同一个东西的命题含义还在继续被意指。只要一个统一的理论论证在进行之中，情况便总是如此。因此，如果不去观看前提的含义内涵，我们就不能进行陈述。由于我们对前提进行判断，所以我们不仅生活在判断中，而且我们也对判断内容进行反思；只有在观看到这些内容的情况下，结论句才显得是有理由的。正是因为如此并且仅仅是因为如此，前提句的逻辑形式（不过它没有得到那种普遍的、概念的强调，这种强调是在结论式中才表达出来的）才能成为对结论句之推论的明见规定。

[3] 在 A 版中为：构造起来的。

第35节　含义"自身"和表达性的含义

我们至此为止所谈论的主要是含义，正如含义这个词的通常
相对意义已表明的那样，含义是表达的含义。但在那些作为含义
而实际起作用的观念统一与它们所联结的、即那些使它们在人类 A 105
心灵生活中得以现实化的符号之间并不自在存在着一个必然联
系。因此我们也不能主张：所有这类观念的统一都是表达性的含
义。每一个新的概念构成的情况都告诉我们，一个原先从未实现
过的含义是如何实现自身的。数字——在算术所设定的那种观念意 B1 105
义上的数字——不是在计数行为中产生和消失的，因此，无穷数列
具有一个客观确定的、由观念规律性所严格划定的总体对象的总
和，任何人都无法将这个总和增加或减少；观念的、纯粹逻辑的单
位、概念、命题、真理，简言之：逻辑含义，它们的情况也与此相同。
它们构成一个观念完整的总体对象的总和，对于这些对象来说，它
们的被思考和被陈述是偶然的。因此，有无数个含义在通常的、相
对的词义上仅仅是可能的含义，但它们从来没有被表达出来，并且
由于人类认识能力的局限性而永远无法被表达出来。

第二研究

种类的观念统一与现代抽象理论

引　论 A 106 B1 106

根据前一项研究的阐释，我们在对意指活动的行为特征的观看中把握到含义的观念统一，这种意指具有其特定的着色作用(Tinktion)，它使一个已有表达的含义意识有别于一个含义不同的表达的含义意识。这当然不是说，这个行为特征就是具体项(Konkretum)，作为种类的含义就在它的基础上对我们构造起来。毋宁说，这个被理解的表达的全部体验才是这种具体项，行为特征作为赋予活力(beseelend)的着色活动正是寓居于这个体验之中。含义与意指性表达之间的关系，或者说，含义与这个意指表达的含义着色(Bedeutungstinktion)之间的关系，就是一种与例如在红的种类与直观的红的对象之间的关系，或者说，就是一种在红的种类与在一个红的对象上显现出来的红的因素之间的关系。当我们在意指红的种类时，一个红的对象对我们显现出来，我们在这个意义上观看这个对象(我们尚未意指这个对象)。同时，在它身上显现出红的因素，因此我们在这里又可以说，我们朝此观看(wir blick- A 107
en darauf hin)。但我们也并不意指这个因素、这个在此对象上的 B1 107
个体确定的个别特征，就像我们陈述一个现象学说明时所做的那样：这个显现对象的不相交(disjunkt)表面部分的红的因素同样也是不相交的，在做此陈述时，我们并不意指那些红的因素。红的对

象和在它身上被突出的红的因素是显现出来的，而我们所意指的却毋宁说是这同一个红，并且我们是以一种新的意识方式在意指这个红，这种新的意识方式使种类取代于个体而成为我们的对象。因此，同样的情况也适用于含义与表达和对表达之意指的关系，无论表达是否与相应性直观有联系。

所以，作为种类的含义是通过抽象而在被标明的底层上形成的；但这里所说的抽象显然不是那种在非本真意义上的抽象，这种非本真的意义一直主宰着经验主义的心理学和认识论，用这个意义是根本无法把握到种类之物的；而且，这个意义没有被用来从事对种类之物的把握，这对后人实在可以说是一件幸事。在对纯粹逻辑学进行哲学奠基时，要对抽象问题做双重考虑。这一方面是因为，纯粹逻辑学必须从本质上顾及对含义的范畴划分，与个体对象和普遍对象之对立相符合的划分便属于这种划分。另一方面则尤其是因为，含义一般——即在种类统一意义上的含义——构成了纯粹逻辑学的领域，因而对种类本质的任何误认都会涉及它自己的本己本质。所以，在这里有必要在一系列的引论性研究中立即来解决抽象问题，并且通过维护与个体对象并存的种类（或观念）对象的固有权利来确定纯粹逻辑学和认识论的主要基础。这里就是相对主义的和经验主义的心理主义与观念主义（Idealismus）的分界点，观念主义才是一门自身一致的认识论的唯一可能性。

A 108 观念主义这个说法在这里当然不是指一种形而上学的教条，
B_1 108 而是指这样一种认识形式，它不是从心理主义的立场出发去排斥观念之物，而是承认观念之物是所有客观认识的可能性条件。

第一章 普遍对象与普遍性意识

第1节 普遍对象是在一种与个体行为有本质差异的行为中被意识到

我们在前面曾用几句话阐释了我们自己的立场。应当无须多做阐释便可证明这一立场的合理性。因为我们所确保的所有那些东西——对种类对象和个体对象之划分的有效性和不同的表象方式，即这些和那些对象被我们清楚地意识到的不同方式——，都是用明见性来向我们担保的。而这种明见性是随着有关表象的澄清而自身被给予的。我们只须回到个体表象或种类表象在其中得到直观充实的情况上去，我们就可以在这些问题上获得最清楚的明晰性：这些表象所意指的究竟是什么，而且在这些表象的意义中的哪些东西必须被视为根本不同的，哪些东西必须被视为根本相同的。然后，对这两方面行为的反思将会使我们看到，在这些行为的进行方式方面是否存在着本质的区别。 467

现在，就行为的进行方式而言，比较性的考察告诉我们，我们意指种类之物的行为与我们意指个体之物的行为事实上是根本不同 A 109
的；无论我们在后一种情况中所意指的是整个具体之物，还是意指一个在这个具体之物上的个体部分或个体标记(Mermal)。这两方面肯定具有某种现象的共同性。同一个具体之物在这两个方面都
B1 109 显现出来,而且由于它的显现,同一种感性内容是在同一个立义方式中被给予的;这就是说,现时被给予的感觉内容和想象内容的同一总体都受到同一个"立义"(Auffassung)或"释义(Deutung)",在这种"立义"或"释义"中,对象的现象连同那些通过这些内容而被体现出来的属性对我们构造起自身。但是,这一个相同的现象却承载着两种不同的行为。这一次,这现象是一个个体的意指行为的表象基础,这个个体的意指行为是指我们在素朴的朝向中意指显现者本身,意指这个事物或这个特征,意指事物中的这个部分[1]。另一次,这现象是一个种类化的立义与意指的行为的表象基础;这就是说,当这个事物,或毋宁说,当事物的这个标记显现时,我们所意指的并不是这个对象性的标记,不是这个此时此地,而是它的内容、它的"观念";我们所意指的不是在这所房屋上的这个红的因素,而是这个红。这个意指就其立义基础来看显然是一个被奠基的意指(参阅《逻辑研究》第二卷,第六研究,第46节),只要一个新的、对红这个观念的直观被给予性而言构造性的立义方式是建立在对这个个体房屋或对它的红的"直观"基础之上。[2] 正

[1] 在A版中为:将显现者意指为这个事物,意指为这个特征或意指为这个事物中的这个部分。

[2] B版的附加。参阅A本的附加与修改:关于对个体意指与普遍意指的划分:根据第六研究,个体意指与一个素朴行为有关,即与那个显现有关,在这项研究第三章第26节中被定义为展现的那些东西,是与一个设定性的或不设定的质性相联结的;但在普遍意指的情况中,在素朴行为的基础上,或者说,在素朴展现的基础上,一个新的质性建造起来,连同它一起建造起来的是一个新的立义方式,在这个新的立义方式中,与普遍对象的关系得以构造出自身。

如作为普遍对象的种类通过这种立义方式[3]的特征而得以成立一样，与此密切相关的种属的产生也是这样进行的，例如一个红的东西（即一个在自身中包含着红的东西）、这个红（这所房屋的红），以及如此等等。那种在种类和个别之间存在着的原始关系在这里得以显露出来，那种通过比较来统观杂多个别的可能性得以形成，并且我们有可能明见地判断：在所有这些情况中，个体因素都是一个不同的因素，但在“每一个”情况中实现的都是同一个种类；从种类上看，这个红与那个红是同一个红，即它们是同一个颜色，而从个体上看，这个红与那个红又不是同一个红，即它们是不同的对象性特征。就像所有基本逻辑学[4]区别一样，这个区别也是一个范畴区别。它隶属于可能的意识对象性本身的纯粹形式。（参阅《逻辑研究》第二卷，第六研究，第六章和第七章。）[5]

第2节　普遍对象之说法的必不可少性　A 110

B₁ 110

概念实在论的偏激所导致的结果在于，人们不仅否认了种类的实在性，而且也否认了种类的对象性。这当然是不合理的。是否有可能或有必要将种类理解为对象，要想回答这个问题，我们显然只有回溯到那些指称着种类的名称的含义（意义、所指）上去，以及回溯到那些要求对种类有效的陈述的含义上去。如果人们可以

[3]　在A版中为：考察方式。

[4]　在A版中为：认识论。

[5]　在A版中为：“意识的形式”。它的“起源”在于“意识方式”，而不在于变动不居的“认识质料”。

这样来解释这些名称和陈述,或者说,如果人们可以这样来理解那些给予它们以内在含义的称谓思想和陈述思想的意向,即:意向的真正对象是个体的,那么,我们就必须采纳对立派别的学说。如果情况不是这样,如果在对这些表达的含义分析中表明,它们的直观的和本真的意向明见地不是指向个体客体,而且尤其是如果在这种分析中表明,在这些表达中所包含的与某一个范围的个体客体的普遍性关系只是一种间接的关系,这种关系指向这样一些逻辑联系,这些逻辑联系的内容(意义)在新的思想中才得以展开,并且要求得到新的表达,那么,对立派别的学说就明见地是错误的。事实上,在个体的个别性和种类的个别性之间进行区分完全是不可避免的,例如,经验事物是个体的个别性,数学中的数和流形、纯粹逻辑学中的表象和判断(概念和命题)是种类的个别性。

我们曾经一再强调,“数”是一个自身包含着 1、2、3……这些个别性的概念。例如一个数是 2 这个数,而不是两个个体个别性的随意组合。如果我们所指的确是后者,并且即使是完全不确定地意指后者,我们也必须说明这一点,而且这样一来,随着陈述的改变,思想也必定发生变化。

A 111 B₁ 111 与个体的和种类的个别性之间区别相符合的是同样本质性的个体的与种类的普遍性[普全性(Universalität)]之间的区别。这些区别完全也可以适用于判断领域并且贯穿在整个逻辑学的始终:单个的判断分化为个体单个的判断和种类单个的判断;前者例如有:“苏格拉底是一个人”,后者例如有:“2 是一个偶数”,“圆的四方形是一个背谬的概念”;普全判断分化为个体－普全的判断和种类－普全的判断;前者例如有:“凡人都会死”,后者例如有:“所有解析函项都是可分的”,“所有纯粹逻辑学的命题都是先天的”。

这些区别和类似的区别都是绝对无法被消除的。它们不是一些单纯的简略表达,因为任何繁杂的描述都无法消除这些区别。

此外,我们可以通过对每个案例的亲眼观察来使自己相信,一个种类在认识中真实地成为对象,而且与种类有关的对同类逻辑形式的判断是可能的,就像与个体对象有关的判断也是可能的一样。我们还可以从我们特别感兴趣的群组中举出一个案例。我们曾说过,逻辑表象、统一含义都是一些观念对象,无论它们本身所表象的是普遍之物还是个体之物。例如,“柏林市”作为在一再重复的话语和意指中的同一个意义;或者,在无须对毕达哥拉斯定律做精确陈述的情况下,对这个定律的直接表象;或者,还有对“毕达哥拉斯定律”的表象本身。

就我们的立场而言,我们需要指出,每一个在思想中的这样的含义无疑都可以被看作是统一,而且在一定的情况下,甚至可以对它做出明见的判断:它可以与其成他的含义相比较并且与其他的含义相区别;它可以是一个对于许多谓语而言的同一主语,对于杂多关系而言的同一关系点;它可以与其他含义相加并且作为一个单位被计数;作为同一含义,它自己重又是一个与杂多新含义有关的对象——所有这些都与其他那些不是含义的对象,如马、石头、 A 112
心理行为等等,完全相同。只是因为这个含义是一个同一之物,它 B_1 112
才被当作同一之物来对待。这对我们来说是一个不容反驳的论据,而且这当然适用于所有种类统一,同样也适用于那些不是含义的统一。

第3节　种类的统一是否可以被理解为是一种非本真的统一。同一性和相同性

我们想在旧传统意义上坚持种类之物的严格同一性，而流行的学说则依据于广泛流传的关于同一性的非本真说法。我们常常把相同的事情说成是“同一件”事情。例如，当一些产品出现在我们面前，它们按照同一个模式被生产出来，看上去完全相同，也就是说，它们在我们所感兴趣的所有方面都相同，这时，我们会说，“同一个柜子”，“同一件短裙”，“同一顶帽子”。在这个意义上，人们也谈及“同一个信念”，“同一个怀疑”，“同一个问题”，“同一个愿望”等等。人们认为，这种非本真性也包含在“同一个种类”这样的话语中，尤其是包含在“同一个含义”的话语中。就一个**始终相同的**含义体验而言，我们说“同一个含义”（“同一个概念”和“同一个命题”），就一个始终相同的色彩而言，我们说“同一个红”（普遍的红），“同一个蓝”等等。

我要对这个论据提出异议，关于相同事物之同一性的非本真说法作为一种非本真说法恰恰需要回溯到相应的本真说法上去；但这样也就回溯到了同一性上。我们的确发现，在相同性存在的地方，也存在着严格的和真正意义上的同一性。我们不能将两个事物标示为相同的，同时却没有给明这两个事物在哪个方面（Hinsicht）是相同的。我所说的这个“方面”就是同一性之所在。每一个相同性都与一个种类有关，被比较之物隶属于这个种类；这个种类对于这两个事物来说都不只是一个相同之物，而且也不可

能只是相同之物，因为否则就无法避免最背谬的无穷后退（regre- A 113
ssus in infinitum）。由于我们标示出比较性的关系，因而我们也 B_1 113
就借助于一个普遍的种属术语而指出了种类差异的范围，那个在被比较的成分中同一地显露出来的种类差异就处在这个范围之中。如果两个事物在形式方面是相同的，那么这个有关的形式种类便是同一之物；如果它们在颜色方面是相同的，那么这个有关的颜色种类便是同一之物，如此等等。诚然，并不是每个种类都可以在语词中得到清晰的表露，因而我们常常在这方面缺乏合适的表达，也许很难对它们做出明确的说明；但我们可以看到它们，而且它们规定着我们关于相同性的话语。当然，如果人们要从本质上将同一性**定义为**是相同性的临界状况，哪怕仅仅是在感性领域，我们也会觉得这是一种对真实事态的颠倒。同一性是绝对无法定义的，但相同性却并非如此。相同性是隶属于同一个种类的诸对象的关系。如果人们不再被允许谈论种类的同一性以及谈论相同性产生的关系，那么关于相同性的说法也就丧失了自己的基础。

第 4 节　对将观念统一还原为分散的杂多这一做法的异议

我们还要将注意力引到其他方面去。如果有人想将关于一个属性的说法回溯到某些相同性关系的组成上去，那么我们就必须提出在对比中产生的如下区别来加以考虑。我们比较一下我们的两种意向：

1. 当我们在直观的相同性中对某一组客体做出**统一的立义**

时，或者当我们一下子认识到它们的相同性本身时；或者当我们在**比较性的**个别行为中认识到一个特定客体与这组的其他个别客体
B1 114 以及最后认识到与这组的所有客体的相同性时，我们所具有的意向。①

A 114 2. 当我们——也许甚至是根据同一个直观基础——将那个构成相同性关系，或者说，将那个构造比较性关系的属性理解为一个**观念统一**时，我们所具有的意向。

在这里明见无疑的是：我们这两方面意向的目标、即那个被意指并且作为我们陈述主体被指称的对象之物是完全不同的东西。无论有多少客体在直观或比较中浮现在我们面前，它们以及它们的相同性在第二种情况中都肯定没有被意指。在这里被意指的是“普遍之物”，是观念的统一，而不是这些个体之物和杂多之物。

这两方面的意向的事态不仅在逻辑学上是完全不同的，而且在心理学上也是完全不同的。在第二种情况中根本不需要进行相同性直观，甚至不需要进行比较。我将这张纸认作纸，认作白的，我在这里无须进行某种相同性直观和比较就可以明确地理解“纸”和“普遍的白”这两个表达的一般意义。此外，尽管人们可以说，如果那些相同的、通过相同性而发生相互直观联系的客体没有一同显现，在心理学上就永远不会产生出概念表象。但是，这个心理学的事实在这里是完全无关紧要的，这里的问题在于，属性在认识中是作为什么在起作用，以及它在认识中必须明见地作为什么起

① 参阅在我的《算术哲学》中关于直观的集合立义的较为详细的论述，尤其参阅在第十一章中关于直观的相同性认识的论述。

作用。

最后还有一点很明显：如果有人想以下列方式来说明对一个种类的意向，即：这个意向是一种不断地被把握到的对相同性群组的个别性的表象，那么每次被表象的个别性就只能包含这些群组中的少数几个成分，也就是说，它们永远无法穷尽这些群组的整个 B_1 115
范围。因此人们会问，如果我们不具有种类的统一，从而也不具有 A 115
那种使此统一能够获得与在思想上被表象的（在 A 的大全表达意义上被意指的）全部 A 的杂多[6]之联系的大全（Allheit）的思维形式，那么是什么使这个范围的统一得以成立，是什么使这种统一对我们的意识和知识来说成为可能。仅仅指明"同一个"始终共同的因素当然是无济于事的。它在数量上有如此之多，远远超过我们所能表象的这个范围的个别客体。本身还需要统合（einigen）的东西怎么能够进行统合？

同样，认识到这个范围的所有成分是彼此相同的，这样一种客观可能性也无济于事；它无法为我们思维和认识的范围提供统一。这种可能性如果不被思考到或者明察到，它对于我们的意识来说根本就是无。但在这里，一方面范围统一的思想已经被预设了；另一方面，范围的统一本身又作为观念统一与我们相对立。显然，任何一种将观念之物的存在曲解为一种可能的实在存在的企图都必定要失败，因为可能性本身重又是观念对象。就像在实在[7]世界中无法找到普遍的数、普遍的三角形一样，我们也无法找到可能性。

[6] 在 A 版中为：大全。

[7] 在 A 版中为：所有。

因此,经验主义的观点想通过向种类对象之范围的回溯而省略对种类对象的设定,这种做法是行不通的。它无法告诉我们,是什么为我们提供了这个范围的统一。下面的指责将会使这一点更加清楚。经验主义观点诉诸于“相似性区域”,但却对这里的困难估计不足:任何一个客体都属于众多的相似性区域,因而现在必须回答的问题在于,这些相似性区域本身是怎样相互区分的。可以明显地看到,如果没有已经被给予的种类统一,那么无穷后退(regressus in infinitum)便不可避免。一个客体 A 与其他客体相似;从 a 的角度来看,它与这些客体相似,从 b 的角度来看,它又与那
B_1 116 些客体相似,如此等等。但角度本身并不意味着,一个创造出统一
A 116 的种类在此存在着。因此,是什么使那个例如由“红”所决定的相似性区域统一地相对于由“三角形”所决定的相似性区域呢?经验主义的观点只能说:这是两个不同的相似性。如果 A 和 B 在红的方面相似,并且如果 A 和 C 在三角形方面相似,那么这两种相似性是不同种类的相似性。但我们在这里又遇到了种类。相似性本身被比较并且构成种和属以及构成它们的绝对成分。因此我们又要回溯到这些相似性的相似性上去,并且如此无限地进行回溯。

第 5 节　续论:J.St.穆勒与 H.斯宾塞之间的争论

诚然,人们常常已经感觉到,心理主义观点将种类统一分解为包含在此统一中之杂多的做法不是没有困难的;但在解决这些困

难时，人们会过早地自我安慰。观察J. St. 穆勒[①]的做法是很有趣的：他坚持属性的同一性的说法，并且试图在斯宾塞面前证实这种说法，这与他自己的心理主义教义是相矛盾的；而斯宾塞则只承认完全相同的属性这种说法。[②] 在看到不同的人时，我们所具有的感官感觉并不是同一的，而只是完全相同的，因此，斯宾塞认为，在每一个人中的人属（Menschentum）也只能被标志为是一个不同的属性。但是，穆勒指责说，这样一来，同一个人的人属在此时和在半小时以后也是不同的了。他认为这是不对的[③]，“如果每个普遍表象都不被看作是‘杂多中的同一之物’，而被看作是与它可以运用于其上的事物同样多的表象，那么普遍的表达也就不存在了。如果当‘人’被运用于汉斯时是一个自为的事物，而当它被运用于彼得时又是另一个事物，那么，即使它所标志的是两个完全相似的事物，一个名称也根本不会具有普遍的含义。” B₁ 117 A 117

这个指责是正确的，但也完全适用于穆勒自己的学说。他在几行之后不久又说：“每一个普遍名称的含义都是一个外现象或内现象，它最终是由感觉构成的，并且，一旦这些感觉的联系中断，它们便不再是个体同一性意义的同一感觉了。”穆勒相信自己能轻易地避开在这里明显地暴露出来的困难。他问道，“现在，给予一个普遍名称以其含义的共同之物究竟是什么呢？斯宾塞只能回答说：这是感觉的相似性；而我却要反驳说：属性就是这种相似性。

① 穆勒：《逻辑学》，第二卷，第二章，第3节，结尾部分的注释（贡佩尔茨译本，Ⅰ，第一版，第185－186页）。

② 斯宾塞：《心理学》，第二卷，第294节注释（费特译本，Ⅱ，第59－60页）。

③ 同上书，第186页。

属性的名称分解到最后就是**我们感官感觉**（或其他感觉）**之相似性的名称**。每一个普遍名称，无论它是抽象的还是具体的，都标志着或共同标志着一个或几个这样的相似性。”[①]

这真是一个特别的解决方式。也就是说，“共同标志”不再是由通常意义上的属性所组成的，而是由相似性所组成的。但这种转换又有什么用处呢？任何一个这种相似性都不是指个体的和短暂的相似性感觉（feeling），而是指那个同一的“杂多中的同一之物”，因此，在这里被排斥掉的东西恰恰是被设为前提的东西。当然，这些无法解释的问题也并没有因此而得以减少。每一个不同的属性都与一个不同的相似性相符合。但是，由于任何一个个别的比较情况都与一个特殊的相似性相符合，也就是说，任何一个属
B1 118 性都包含着无数的可能相似性，因此，我们究竟能在多大程度上谈
478 A 118 论一个相似性呢？这个问题会将我们导向在前面已经讨论过的问题，即：所有这些相似性的统一联系是通过什么而得到论证的，这是一个为了认识相对主义观点的谬误性而必须提出的问题。

穆勒自己已经对他的解释有所顾虑，因为他在后面又补充说：“很难否认这样一个事实，即：如果上百个感官感觉彼此相同，无法区分，那么就应当将它们的相似性称之为唯一的相似性，而不是上百个仅仅与一个别的感官感觉相似的相似性。相互**比较的**事物是**多**，但那个对所有这些事物来说都**共同的**东西则必须被看作是‘**一**’，与此完全相同，无论一个名称被说出多少次，并且尽管每次

① 穆勒：《逻辑学》，第二卷，第二章，第3节，结尾部分的注释（贡佩尔茨译本，Ⅰ，第一版，第186页）。

在数量上都与不同的声音感觉相符合，但这个名称却被理解为‘一’。”这真是一种独特的自欺欺人之法；就好像我们可以公布一种说话方式，以此来规定：行为的杂多性是否与被思之物的统一性相符合；就好像赋予话语以统一意义的并不是意向的观念统一。被比较的“事物”当然是多，对它们来说的共同之物当然也必须被理解为一；但之所以有此“必须”，是因为那个共同之物恰恰就**是**一。而且，如果这一点对于“相似性”有效，那么它对于那些不加修饰的属性本身也有效，这些属性从而也就与那些感觉（feelings）从本质上区别开来。所以，这样的说法是不可取的。人们毕竟是在研究概念而不是在从事心理学。

穆勒在《逻辑学》第 185 页上说：“斯宾塞与我之间的争论仅仅是一个语词上的争论，因为我们两人……都不相信属性是一个具有对象性存在的实在事物；我们只将属性看作是一种指称我们感官感觉（或我们对感官感觉之期待）的特殊方式方法，这种指称是 B_1 119
根据这些感官感觉与引发这些感觉的外在对象所具有的关系来进行的。因此，由斯宾塞所引起的这个争论问题并不涉及某个现实存在事物的特性，而是涉及名称相对于哲学目的而言较大或较小的适合性，这些哲学目的具有**对一个名称的两种不同的使用方** A 119
式。”我们当然也不提倡属性**实在**论的观点，但我们要求做出更加明确的分析：在这种“对一个名称的两种不同的使用方式”后面还隐藏着什么？是什么为“名称相对于哲学目的”以及相对于思维“所具有的适合性”提供了论证？穆勒忽视了一点，即：一个名称的统一意义以及任何一个表达的统一意义都是一个种类的统一，因此，如果将种类的统一还原为语词含义的统一，那么问题只不过是被推延了而已。

第6节　向下面各章的过渡

在前面的观察已经可以看出，有必要对一个对立的观念进行批判。这里所涉及的是一系列与经验主义抽象理论的形式相一致的思想，无论它们在内容上是多么不同。但看起来有必要现在就赋予这个批判以一个较大的活动场所，以便使我们关于普遍对象和普遍表象之本质的观点能够运用于对近代抽象理论的各种主要形式的检验分析。对其他观点之错误的批判性指明将会给我们提供机会，对我们自己的观念做补充性的建构并且同时检验它的可靠性。

经验主义的“抽象理论”①与大多数近代认识论的学说一样，将两种本质不同的科学兴趣混为一谈：一种兴趣与对体验的心理
B1 120 学说明（Erklärung）有关，另一种兴趣与对体验的思想内容或意义的“逻辑学”澄清（Aufklärung）以及对它们的可能认识成就的批判有关。前一种兴趣所涉及的是对经验联系的指明，这些经验联系
A 120 将被给予的思维体验与那些在实在发生的河流中的其他事实相联结，这些事实或者是引起此体验的原因，或者是由此体验所造成的结果。而相反，后一种兴趣的目的则在于那些属于语句的“概念的起源”[8]；也就是说，它的目的在于，通过对在充实意义上的——这

① 在这里说“理论”并不十分合适，我们在下面就会看到，这里没有什么可以理论化，或者说，没有什么可以解释的东西。

[8] 在A版中为：概念“分析”。

个意义是我们借助于合适的直观[9]才得以实现的——概念意向的明见证实来澄清概念的“真正意指”或含义[10]。对这些现象学联系的本质的研究提供了从认识批判上澄清认识“可能性”的必不可少的基础；因而在我们这里，它也为我们提供了必不可少的基础，使我们能够从本质上说明那些关于普遍对象（或者说，关于作为相应的普遍概念之对象的单个对象）的有效陈述的可能性，而且与此相关地对这样一种合理意义做出明晰规定，在这个意义上，普遍之物能够作为存在之物而有效，个别之物能够作为一种隶属于普遍谓词的东西而有效。任何一门想成为认识论的、即想进行认识说明的抽象学说，如果它不是去描述那些种类之物在其中为我们所意识到的直接性的、描述性的事态，借助于这种事态去解释属性名称的意义，并且进一步去明见地解决种类本质所遭受的误释，而是迷失在对抽象过程的因果性的、经验心理学的分析之中，对抽象意识的描述性内涵一掠而过，将其兴趣主要朝向无意识的心 B₁ 121
境、朝向假定性的联想混杂体，——那么这门抽象理论从一开始就偏离了自己的目标。我们在这里通常可以发现，普遍意识的内在本质内涵[11]根本没有被注意到以及被标示出来，而我们所要进行那种心理学的说明却恰恰是在这种普遍意识中进行的。

同样，一门抽象理论，如果它的目的虽然在于那些内在地处在所有真正的（即直观的）抽象之中[12]的事物的领域，并因此而避免

[9] 在A版中为：形象化。

[10] 在A版中为：澄清含义。

[11] 在A版中为：本质核心。

[12] 在A版中为：常常内在地处在意识中的所有现时抽象之中的。

了将本质分析和经验分析[认识论的澄清(aufklärend)分析和心理学的说明(erklärend)分析][13]加以混淆的错误;但它却陷入到由普遍代现(Repräsentation)这种说法的多义性所引起的另一种相近的混淆中去,即落入到对现象学分析和客观分析的混淆中去:那个原来仅仅是由意指的行为归派给其对象的东西,现在却被当作实项的构成要素(reelles Konstituens)而划归给了这些行为本身,——那么这门抽象理论也就从一开始就偏离了自己的目标。于是,在这里[14]至关重要的意识及其内在本质[15]的领域重又被默默地遗弃,一切重又陷入到混乱和迷惘之中。

A 121 下面的分析将要表明,最具影响的近代的抽象理论恰恰具备以上这些概括性特征,这些理论出于上面所概述的原因实际上已经偏离了自己的目标。

[13] 在A版中为:认识论的澄清性分析和心理学的解释性分析。

[14] 在A版中为:从理性上说唯一。

[15] 在A版中为:直接被意识之物。

第二章　以心理学方式对普遍之物所做的实在设定[①]

第7节　以形而上学方式和心理学方式对普遍之物的实在设定。唯名论

在关于普遍对象学说的发展中，有两种错误解释占据了统治地位。第一种错误解释在于以形而上学的方式对普遍之物做实在设定，在于设想处于思维之外的一个实在的种类存在。

第二种错误解释在于以心理学的方式对普遍之物做实在设定，在于设想处在思维之中的一个实在的种类存在。 B1 122

第一种错误解释的基础是（在传统观点意义上的）柏拉图实在论，而与这种错误解释正相反对的是老的唯名论，不论是极端的唯名论，还是概念论的唯名论。与此相反，对第二种错误解释的反抗，尤其是洛克式的反抗，规定了自贝克莱以来的近代抽象理论的发展并且使得这种发展决定性地朝向了极端唯名论一边（如今人

---

① “实在设定”并不是理想的中译。德文原文为：Hypostasierung，源于拉丁文、希腊文名词 hypostasis，意为：基础、实体、实在。动词化后该词的原义应为：将……视为实在的或实存的，将……实体化。——中译注

们将这种唯名论统称之为唯名论并且将它与概念论对置起来）。因为人们相信，为了避免洛克抽象观念的荒谬性，必须完全否认普遍对象是特殊的思维统一，并且完全否认普遍表象是特殊的思维行为。由于人们误解了普遍直观（除了那些抽象观念以外，人们通常也将传统逻辑学视为普遍直观）与普遍含义之间的区别，因而他们会将这后一种“概念表象”（这一说法虽然不是他们的原话，但却是他们的原意）连同其特殊的表象意向加以拒绝，并且将个体的、
A 122 仅在心理学上特殊的个别表象视为“概念表象”之基础。

这样，又有第三个唯名论的错误解释与前两种错误解释相衔接，这种唯名论相信，它能够以各种形式在对象和行为方面将普遍之物转释成个别之物。

只要人们对这些错误解释还有现实兴趣，我们就必须对它们逐个地进行分解。我们至此为止的考虑已经表明，这里的问题的本质在于：关于普遍对象之本质的有争议问题与关于普遍表象之本质的有争议问题是不可分割的。如果我们不去清除这样一种怀
B_1 123 疑，即：普遍对象如何能够被表象出来，而且更进一步说，如果我们不去反驳那种似乎能够通过科学的、心理学的分析来加以证明的理论，即：只有个别表象存在，我们因而仅仅意识到并且也仅仅能够意识到个别客体，我们因而也必须把关于普遍对象的说法理解为**臆造的**或完全**非本真的**，——那么，我们就根本没有可能令人信服地说明关于普遍对象之说法的特殊有效性。

我们可以将那种柏拉图化的实在论看作是早已完结了的东西置而不论。相反，那些似乎趋向于心理学化的实在论的思想动机在今天显然还有效用，这一点，从人们对洛克通常所采取的批判方

式上便可以看出。在这一章中，我们将详细研究这些思想动机。

第8节　一个迷惑人的思路

人们也许会针对我们的观点提出如下想法，这些想法并不是出自严肃的信念，而只是为了间接地证明关于种类就是普遍对象之说法的不可行性：

如果种类不是实在之物，并且也不是思维中的东西，那么它们 A 123
就什么也不是。我们怎么能谈论某种甚至不存在于**我们思维**之中的东西呢。因此，不言而喻，观念之物的存在是意识中的存在。所以我们可以合理地说：意识内容。与此相反，实在的存在不仅仅是意识之中的存在或内容－存在（Inhalt-Sein），而是自在存在（An-sich-Sein）、超越的存在、意识之外的存在。

然而，我们不要迷失在这种形而上学的歧途上。对我们来说，意识的“之中”和意识的“之外”同样都是**实在的**。个体连同它的所有组成部分都是实在的；它是一个此地和此时。对我们来说，时间性（Zeitlichkeit）就足以是实在性的特征标志。虽然实在的存在和时间性的存在不是同一概念，但却是范围相同的概念。当然我们并不是说，心理学的体验是在形而上学意义上的事物。然而，如果老的形而上学信念在这一点上是合理的，即：所有时间性的存在 B_1 124
都必然是一个事物，或者一同构造着事物，那么心理学的体验和形而上学意义上的事物也就同属于一个事物性的统一。而如果所有形而上学的东西都应当始终被完全排斥的话，那么人们便只能通过时间性来定义实在性了。因为这里的问题仅仅取决于一点，即：

这是观念之物的非时间性“存在”的对立面。

此外很明显,只要我们谈论普遍之物,它就是一个被我们所思之物;但它却并不因此而就是一个在思维体验中的实在组成部分意义上的思维内容,它也不是一个在含义内涵意义上的思维内容,毋宁说,当我们谈论普遍之物时,它便是一个被思的对象。难道人们会看不出,一个对象,即使它[1]是一个实在而真实地实存着的对象,也不能被理解为是一个思维着它的行为所具有的实在组成部分?而臆想之物和荒谬之物,只要我们谈论它们,也就是一个我们所思之物?

A 124 我们的目的当然不在于,将观念之物的存在(Sein)与臆想之物或背谬之物的被思存在(Gedachtsein)置于同一个层次之上。①后者是根本不实存的(existieren),人们实际上绝对无法对它们进行任何陈述;而且即使我们去谈论它们,就好像它们具有其本己的存在方式、即“单纯意向性的”存在方式一样,但只要我们对这些话语做略为详细的考察就会发现,它是一种非本真的话语。事实上,在“各个无对象的表象”之间仅仅存在着某些规律性的有效联系,但由于这些联系与那些与对象性表象相关的真理具有相似性,因此它们才得以引出有关那些实际上并不存在的、单纯被表象的对象的说法。相反,观念对象则真实地实存着(existieren)。我们不

B₁ 125 仅可以明见无疑地谈论这些对象(例如,谈论 2 这个数,谈论红这

① 对此可以参阅 B. 埃德曼:《逻辑学》第一卷,第一版,第 81 和 85 页。K. 特瓦尔多夫斯基:《关于表象的内容和对象的学说》,第 106 页。

[1] 在 A 版中还紧跟:一般说来。

个质，谈论矛盾律以及其他等等），并且可以想象它们是带有谓词的，而且我们还可以明晰地把握到与这些对象有关的某些范畴真理。如果这些真理有效，那么所有那些作为这种有效性之客观前提的东西也都必然有效。如果我明察到，4 是一个偶数，而这个被陈述的谓语的确与 4 这个观念对象相符合，那么这个对象也就不是一个单纯的臆想，不是一个“单纯的说法（façon de parler）”，不是一个真正的虚无。

这一点并不会排除以下的可能性，即：这个存在的意义，而且随之还有这个谓词陈述的意义在这里就完全地和特别地等同于这样的情况：一个实在的主词被附加了或被剥夺了一个实在的谓词、它的特性[2]。换言之：我们并不否认，而是强调这一点：由于在观念存在与实在存在之间存在着区别，因而我们要考虑到，在存在之物（或者也可以说：对象一般）的这个概念统一内部就存在着一个根本的范畴区别：作为种类的存在和作为个体的存在的区别。与此相同，随一个个体之物究竟是被附加了还是剥夺了其各个特性[3]、一个种类之物究竟是被附加了还是被剥夺了其各个总体规 A 125
定性的不同情况，谓词陈述的概念统一也分为根本不同的两种。但这个区别并没有扬弃对象概念中的最高统一，并且没有与此相关地扬弃[4]范畴的命题统一的对象概念。无论如何，某种东西（一个谓词）会附加给或不附加给一个对象（主词），而这种最一般的附加的意义连同它所包含的规律便规定着这个存在或这个对象一般

[2]　在 A 版中为：属性。

[3]　在 A 版中为：属性。

[4]　在 A 版中为：扬弃在对象概念中的。

的最普遍意义；就像总体性的谓词陈述的较为特殊的意义连同它所包括的规律也规定着（或设定了）观念对象的意义一样。如果所有那些存在着的东西都合理地被我们视为存在着，而且是我们在思维中借助于明见性而把握为存在着的那样存在着，那么我们就不可
B₁ 126 能去否认观念存在的特有权利。实际上在这个世界上还没有一门诠释术能够将这些观念对象从我们的言说和思维中消除出去。

第 9 节　洛克的抽象观念学说

如我们所闻，洛克哲学对普遍之物做心理学实在设定的做法（Hypostasierung）曾具有特殊的历史影响。它是通过如下的思路而产生的：

在实在现实中不实存着像普遍之物这样一类东西，实在地实存着的只有个体的事物，它们根据其种、属方面的相同性和相似性而依次排列。如果我们维持在直接被给予之物、被体验之物的领域内，用洛克的话来说，维持在“观念”的领域内，那么事物现象就是在如下意义上的“简单观念”的复合：同一种简单观念、同一类现象特征通常会以个别的或群体的方式一再地回归到这些复合中。现在我们指称这些事物，并且不仅用专有名称来指称它们，而且主要是用共有名称来指称它们。但事实在于，我们可以用同一个普遍名称来同义地指称许多事物，而这个事实表明，必然有一个普遍意义、一个“**普遍观念**”与这个普遍名称相符合。

A 126 如果我们进一步看到，这个普遍名称以何种方式涉及相应类型的对象，那么随之就会表明，它与这些对象的联系是借助于同一

个、对所有这些对象来说共同的特征(或复合特征)来进行的,而且这个普遍名称的同义性只能在这样一个范围内有效,即:对象只是借助于这个特征,而不是借助于另一个特征(或者说,只是借助于这个特征观念,而不是借助于另一个特征观念)而得到指称。

因此,普遍含义中进行的普遍思维具有一个前提:我们具有抽象的能力,即具有那种从作为特征复合被给予我们的现象事物中分离出(abtrennen)局部观念、个别特征观念,并且将它们与作为 B₁ 127 其普遍含义的语词相联结的能力。这种分离的可能性和现实性通过这样一个事实而得到了保证:每一个普遍名称都具有其本己的含义,即负载着一个仅仅与它相联结的标记观念(Merkmalidee);同样,我们可以随意地抽取出某些标记并使它们成为新的普遍名称的特殊含义。

当然,"抽象观念"或"普遍观念"的形成、精神的这种"虚构"和"造作"的形成并不是轻而易举的,它们"呈现出来时并不像我们所以为的那样容易。以三角形为例:要想形成三角形的普遍观念(这还不属于最宽泛、最困难的观念),非得需要一些辛苦和技巧不可,因为这个三角形观念既不是斜角的,也不是直角的,既不是等边的,也不是等腰的,又不是不等边的;它既同时是所有这一切,又不是它们其中的某一个。实际上,观念是一种不能实存的不完善之物;各种互不相同和互不相容的观念的某些部分都混杂在这样一个观念中。诚然,为了便于知识的传达和知识的增长,精神[①]在它 A 127

① 洛克所用的英文原文是"mind",对此较为公认的中译应是"心"或"人心"。但胡塞尔在这里所采用的是德译文,而在德译文中,"mind"大都译作"Geist",即"精神"。这里为上下文的统一起见,一律将"mind"按德译文译作"精神"。——中译注

的这种不完善的状况下需要运用这些观念，并且试图尽快地获得这些观念……，我们还是有理由认为，这些观念正是我们的不完善性的标志。”[①]

第10节　批评

在这个思路中交织着许多基本错误。洛克认识论以及整个英国的认识论的基本缺陷、即在“**观念**”这个观念上的含糊性，都在其结论中表现得非常明显。我们可以记录下这样几点：

1. 观念被定义为内感知的每一个客体：“我将精神在自身中直接观察到的任何东西，或感知、思想、理解等等的直接对象称作观
B1 128 念。”[②]在可以理解的扩展中——无须进行现时的感知——，内感知的任何**可能**客体，而且最后在内在心理学意义上的任何内容、任何心理体验一般都被纳入到观念的标题下。

2. 但在洛克那里，观念同时也具有较为狭窄的含义，即：**表象**，这个含义明显地是指一个非常有限的体验的种类，进一步说是指意向体验的种类。每个观念都是指关于**某个东西**的观念，它表象某个东西。

---

① 洛克：《人类理解论》，第四卷，第七章，9。——这里采用的是雷克拉姆(Reclam)出版社“总文库系列”中Th. 舒尔策的仔细的德译本。（但仍有些许小的缺陷。中译文根据英文原文做了补充修正。——中译注）

② 洛克：《人类理解论》，第二卷，第八章，8。也可参阅洛克致沃克斯特的第二封信（《哲学著述》，主编：J. A. St. 约翰，伦敦，1882年，第二卷，第340页和第343页）：“只要他思考某物，他就必然在他思想中具有他精神的直接客体，这也就是说，他就必然具有观念。”（这里引用的是英文原文。——中译注）

3.然后，洛克还将表象与被表象之物本身、显现与显现物、行为（作为意识流实项－内在组成部分的行为现象）与被意指的对象[5]混为一谈。这样，显现的对象便成为一个观念，它的诸标记（Merkmale）便成为局部观念。

4.与在第3点中所标明的那种[6]混淆有关的是，洛克将那些属于这个对象的标记混同于那些构成表象行为之感性内核的内在内容，即混同于**感觉**（Empfindungen），立义的行为对它们进行对象性的解释，或者，立义的行为误以为可以通过它们而感知到或以 A 128
其它方式直观到那些对象性的标记。

5.此外，在“普遍观念”的标题下还混淆了作为种类属性的标记和作为对象性因素的标记。

6.最后，尤为重要的是，洛克根本没有区分在直观表象（显现、浮现的“图像”）意义上的表象和在含义表象（Bedeutungsvorstellung）意义上的表象。与此同时，人们既可以把含义表象理解为含义意向（Bedeutungsintention），也可以理解为含义充实（Bedeu- B_1 129
tungser-füllung）；因为洛克同样也从未区分过这两者。

只是因为这些混淆（认识论直到今天还仍然为它们所累）的缘故，洛克关于抽象的、普遍的观念的学说才给人造成一种假象，就好像它是明白无疑的一样。直观表象的对象、即那些如其正在显现给我们的那样而被把握到的动物、树木等等（因而并非作为那种在洛克看来就是真实事物的“第一性质”和“力”的构造物——因为

[5] 在A版中为：行为与被意指的对象、显现与显现物。

[6] 在A版中为：这种。

它们无论如何也不是那种在直观表象中显现给我们的事物)，绝不能被看作是“观念”[7]的复合，并且因此也绝不能被看作是“观念”[8]本身。它们并不是可能的“内感知”的对象，就好像它们在意识中构成了一个复合的现象[9]内容，于是可以作为实项材料而在意识中被人们发现[10]一样。

我们这是在含糊的话语中用同样的语词来标示感性地显现着的事物规定性和展示着的感知因素，因此，我们时而是在客观特性的意义上、时而又在感觉的意义上谈论“颜色”、“光滑”、“形态”，但我们不能受这些话语的误导。在这两者之间原则上存在着对立。感觉在相关的事物感知中借助于激活它们的立义来展示客观规定性，但它们永远不会是这些客观规定性本身。显现的对象，正如它所显现的那样，对于作为现象的显现来说是超越的。即使我们可以出于某种原因而将显现的规定性本身区分为单纯现象的规定性和真实的规定性，就像在传统意义上的第二性的规定性和第一性

B1 130 的规定性；第二性规定性的主体性永远不可能意味着这样一个背谬：它们是现象的实项组成部分。外直观的显现客体是被意指的统一，但它们不是在洛克话语意义上的“观念”或观念复合。所以，通过普遍名称来进行的指称并不在于从这些观念复合中提取出个别的、共同的观念，并将它们与作为其“含义”的语词联结起来。尽管指称作为本真的、根据直观进行的指称可以特别地指向某一个

[7] 在A版中未加引号。

[8] 在A版中未加引号。

[9] 在A版中为：心理。

[10] 在A版中为：在意识中被人们现实地发现。

别的标记,但这种指向是一种意指,它的意义与对一个具体对象本身的指向的意义是类似的。而且这种意指在**自为地**意指着某个在对具体事物意指中以某种方式被一同意指的(mitgemeint)东西。但这并不意味着,意指是在进行一种分离。[11]

我们可以一般地说:一个意向所朝向的东西会通过这种朝向而成为行为自己的对象。它成为**自己的**对象和它成为一个与其他对象**相分离**的对象,这是两个根本不同的主张。只要我们将标记理解为属性因素,那么标记便与具体的基底(Untergrunde)是明见不可分的。这类内容不可能是自为的。但正因为如此,它们可以自为地被意指。意向不进行分离,它进行意指,而且只要它意指的仅仅是这个东西而不是其他东西,它就显然锁定了其意指的东

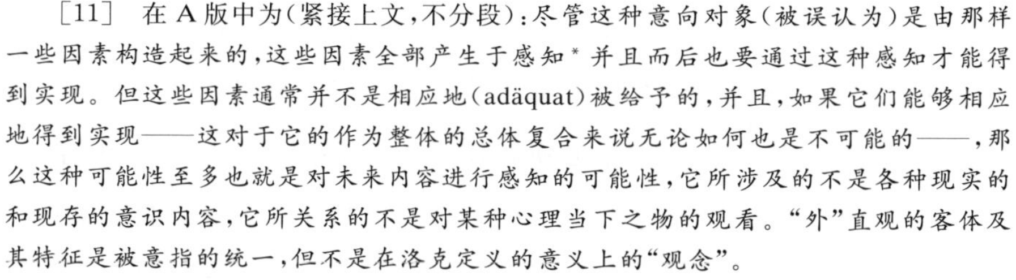

[11]　在A版中为(紧接上文,不分段):尽管这种意向对象(被误认为)是由那样一些因素构造起来的,这些因素全部产生于感知*并且而后也要通过这种感知才能得到实现。但这些因素通常并不是相应地(adäquat)被给予的,并且,如果它们能够相应 A 129 地得到实现——这对于它的作为整体的总体复合来说无论如何也是不可能的——,那么这种可能性至多也就是对未来内容进行感知的可能性,它所涉及的不是各种现实的和现存的意识内容,它所关系的不是对某种心理当下之物的观看。"外"直观的客体及其特征是被意指的统一,但不是在洛克定义的意义上的"观念"。

从这一实际状况可以明显地看出,一个自为地朝向个别特征的意向可能性绝不以对这个特征的分离,或者说,绝不以它作为孤立之物的被给予存在为前提。如果整个对象只是以一种被意指之物的方式被给予我们,同时,这个对象作为一个如此被意指的东西在意指本身中根本不是实在的,那么,即使对象的这些特征没有在本真的意义上被给予,也就是说,即使它们没有在意指本身中再次是实在的,一个朝向对象的这些特征的意指也将会是可能的了。这不仅仅以直观的方式,例如以局部感知的方式,是可能的,而且以另一种意向的方式,例如以某种含义意向的方式,也是可能的。但如果这特征本身实际上根本没有被给予,那么人们也就不可能说,它是或它必须是作为被分离之物而被给予的。

*　虽然在这里所涉及的根本不是对心理行为的反思,但我仍然用内感知来称呼这些行为,我之所以这样做的原因将在关于外感知和内感知的附录中得到说明。

西。这对于任何意指来说都是有效的。必须明白，并非每一个意
A 130 指都是一个直观，而且并非每一个直观都是一个相应的、将其对象完整无遗地[12]包容在自身之中的直观。

但所有这些还不足以解决我们的问题[13]。个体、个别的对象因素还不是种类的属性。如果被意指的是前者、即因素，那么这种意指便具有个体意指的性质；如果被意指的是种类，那么这种意指便具有种类意指的性质。不言而喻，对属性因素的强调即使在这里也并不意味着对这个因素的分离。尽管在后一种情况中，意指在某种程度上也朝向显现的因素，但这种朝向是以一种根本全新的方式进行的；在同一个直观基础上，有区别的只可能是行为特

B_1 131 征。在通常意义上的属表象（如树木、马等等）和直接事物表象（对具体事物的直接表象）之间也可以注意到类似的区别。我们在任何地方都必须区分：一方面是素朴的整体直观和局部直观，它们构成基础，另一方面是变动不居的行为特征，它们作为思想性的东西建造于直观的基础上，同时无须对感性－直观内容做丝毫更动。

当然，如果分析得更详尽一些，那么我们还可以看到比为了批评洛克而必须考虑的更为杂多的行为区别。这个直观个别之物这一次是直接被意指为这里的这个，而后它又被意指为一个普遍之物的载体、一个定语的主语、一个经验属的个别之物；另一次它又被意指为这个普遍之物本身、例如一个在局部直观中被强调的标记的种类；再一次却是一个这样的种类被意指为一个（观念的）属

[12] 在A版中为：实项地。
[13] 在A版中为：还不够。

的**一个类**，如此等等。在所有这些立义方式中，在一定情况下起着基础作用的可以是同一个感性感知。

杂多的范畴形式是在“本真”思维的各种区别中现时地构造起来的，现在紧随这些“本真”思维之后的还有诸表达的**象征意向**（symbolische Intentionen）。所有那些以陈述的和意指的方式被 A 131
陈述和被意指的东西，也许根本没有以本真的、直观充实的方式被现时化（aktualisiert）。这种“思维”就是一种“单纯象征的”或“非本真的”思维。

洛克无法公正地对待这一现象学事态。我们在前面说过①，含义意向是借助于感性－直观的图像而充实自身的，而这个感性－直观的图像被洛克看作是含义本身。我们最后的考察证实了并说明了我们对他所做的这一批评。因为，无论我们将含义理解为意指着的含义，还是将它理解为充实着的含义，洛克将感性－直观的图像等同于含义本身的做法都是错误的。意指着的含义就在于表达本身。表达的含义意向构成普遍意指意义上的普遍表象，而 B_1 132
这种普遍意指无须任何现时的直观基础便有可能进行。但从我们以上的考虑中已经可以得出：在一个充实有可能得以完成的情况下，感性－直观的图像并不是含义充实本身，而仅仅是这个充实行为的基础。这样，与这种仅仅“象征地”进行的普遍思想、即与普遍语词的单纯含义相对应的就是那种“本真地”进行的思想，这种思想自身奠基于一个感性直观的行为之中，但它并不与这个行为相等同。

① 参阅前面列举的洛克所做之混淆中的最后一点。

现在我们便完全理解了在洛克思路中发生的错误混淆。他认为,每个普遍名称都具有它自己的普遍含义,这是不言自明的,他由此自明性出发而主张:在每个普遍名称中都包含着一个普遍观念,而这个普遍观念对这个普遍名称来说无非只是对标记的一个**直观性的特别表象**(该标记的一个特别显现)。洛克提出这一主张的必然原因在于:由于语词含义是根据这个标记的显现才**充实**自身的,因此他便将语词含义和这种显现本身混为一谈;这样,被区分的含义(无论它是意指性的含义,还是充实性的含义)变成了对
A 132 标记的被区分的直观。由于洛克同时也没有将标记的**显现**和显现的**标记**区分开来,[①]正如他也没有区分作为**因素**的标记和作为**种类**属性的标记一样,[②]所以他提出的"普遍观念"实际上是一种**对普遍之物的心理学实在设定**,普遍之物变为实项的意识材料。[③]

496 B₁ 133

第11节 洛克的普遍三角形

正是由于这些错误的缘故,这位伟大的思想家在举一个三角形的普遍观念为例时便陷入了荒谬。这个观念是**一个**三角形的观念,它既不是直角,也不是锐角,以及如此等等。当然,人们似乎很容易首先将三角形的普遍观念理解为这个名称的普遍含义,而后

① 参阅前面第127页,3。

② 参阅前面第128页,5。

③ 奇怪的是,甚至洛采(我们有义务感谢他对柏拉图观念论的解释)也落入了那种对普遍之物的做实在设定的错误的陷阱。人们可以在他1874年的《逻辑学》第509页以后,尤其是第316节中读到这方面的观点。

将直观的特别表象、或者说将意识中所属的标记复合体的直观特别存在归诸于这个普遍含义。现在我们具有一个内图像，它是一个三角形并且此外什么也不是；属标记(Gattungsmerkmale)从种差中被分离出来，并且自身独立成为一个心理实在。

我们几乎无须说，这种观点不仅是错误的，而且是背谬的。普遍之物的不可分离性，或者说，它的不可实现性是先天有效的，它建立在这个属本身的本质中。在涉及[14]三角形的例子时，人们也许会更有力地说：根据对三角形的定义，几何学先天地证明，每一个三角形或者是锐角，或者是钝角，或者是直角等等。几何学不关心在“现实”的三角形和“观念”的三角形，即作为图像浮现在精神中的三角形之间的区别。凡先天不相容的东西，就始终是不相容的，也就是说，它在图像中也是不相容的。一个三角形的相应图像 A 133

本身就是一个三角形。所以，如果洛克以为，他可以明确地承认一个实在的普遍三角形明见地不实存，并把这种承认与这个三角形在表象中的实存联结在一起，那么他就错了。他没有看到，心理的存在也是实在的存在，而且当我们将被表象的存在(Vorgestellt-sein)与现实的存在(Wirklich-sein)相对立时，那么这并不是指、也不应当是指心理之物和心理以外之物的对立，而是指在单纯被意指之物意义上的被表象之物和在与意指相应之物意义上的真实之物之间的对立。但被意指的存在(Gemeint-sein)并不意味着心理实在的存在(Psychisch-real-sein)。

首先，洛克必定也会说：一个三角形(Dreieck)是一个具有三

[14]　在A版中为：建立在这个属的概念中。尤其是在涉及。

B₁ 134 角性(Dreieckigkeit)的东西。但这个三角性本身并不是一个具有三角性的东西。因此，关于三角形的普遍观念作为三角性观念是关于每一个三角形本身都具有的东西的观念；但它不是一个三角形本身的观念。如果人们将普遍含义称之为概念，将定语本身称之为概念内容，将这些定语的每一个主语称之为概念对象，那么人们也可以这样来表达：将概念内容同时也理解为概念对象是荒谬的，或者，将概念内容纳入到概念范围之中是荒谬的。[①]

此外还可以注意到，洛克的谬误不止这些，因为他将普遍三角形不仅仅理解为一个缺乏所有特殊差异的三角形，而且还将它理解为一个同时也将所有这些差异统一在一起的三角形，[②]也就是说，他把分有这个三角形的各个种类所具有的范围归诸于三角形概念的内容。但这在洛克那里只是一个短暂的小过失。无论如何很明显，普遍含义的"困难性"并未给我们理由来严肃地抱怨人类精神的"不完善性"。

A 134 **注释：**一部关于普遍对象学说的新论述以及其他一些情况表明，[③]至今为止，洛克关于普遍观念之学说的错误所得到的阐明是多么微乎其微。这部关于普遍对象的新著是根据埃德曼的程序来展开的，它除了承认个体对象以外，也承认普遍对象——但这当然

---

① 因此我并不认为迈农的观点是正确的，他批评洛克混淆了概念内容和概念范围。参阅：《休谟研究》第一卷，第 5 页（维也纳科学院哲学历史类会议文献，1877 年，第 187 页）。

② 参阅前面第 9 节、第 126 页引文中最后强调的部分。

③ 例如也可参阅这一研究的第五章的附论。

不是在我们所主张的那种意义上。特瓦尔多夫斯基是这样说的："通过普遍表象而被表象的东西是一个对这个普遍表象来说尤为特别的对象"，[①]而且"它是一组对许多对象来说共同的组成部分"。[②] 普遍表象的对象是"一个从属于这个普遍表象的表象所具有对象的一个部分，这个部分与其他个别表象的对象的某些部分之间存在着一种相同性关系"。[③] 普遍表象在某种程度上是"非本真的表象"，因为在许多人看来，它是无法进行的。"尽管如此，那些承认可以对普遍表象的对象进行陈述的人，也必须承认有这种表象。而情况显然是如此。人们无法在直观上表象一个三角形：一个既非直角、又非钝角、又非锐角的三角形，一个既不具有颜色、有不具有一定大小的三角形。但肯定有一种对这类三角形的间接表象，就像也肯定存在着对白色的黑马、木制的钢炮等等的间接表象一样。"我们接下来还读到，"柏拉图的观念无非就是普遍表象的对象。柏拉图赋予这种对象以实存。今天我们不再如此行事。普遍表象的对象是被我们所表象，但它并不实存……"[④]

B₁ 135

很明显，这是洛克式的背谬的重返。我们当然具有关于"一个普遍三角形"的"间接表象"；因为这仅仅是指那个背谬的表达的含义。但我们绝不会承认，对三角形的普遍表象就是对一个普遍三角形的间接表象，或者，就是对一个藏在所有三角形之中，但既非 A 135

① 参阅特瓦尔多夫斯基：《关于表象的内容和对象的学说》，第 109 页。

② 特瓦尔多夫斯基：《关于表象的内容和对象的学说》，第 105 页。

③ 同上。

④ 最后的两段引文引自特瓦尔多夫斯基：《关于表象的内容和对象的学说》，第 106 页。

锐角、又非钝角等等的三角形的表象。特瓦尔多夫斯基十分坚定地否认普遍对象的实存——若是为了他所强加的荒谬性，那么这
B1 136 种做法还是合理的。但像“有概念、命题”、“有代数的数字”等等这样一类真正的实存命题的情况会如何呢？在特瓦尔多夫斯基那里和在我们这里完全一样，实存都不是指**实在的**[15]实存。

还有一点也很难理解：普遍对象既然应当是从属的具体之物的一个“组成部分”，那它怎么可能会缺乏直观性，而不是必定与这个具体之物一起分有直观。如果一个整全内容被直观到，那么它的所有个别特征也会随此内容以及在此内容中一同被直观到，而且其中的许多个别特征会自为地显示出来，它们“突出自身”并因此而成为自己直观的客体。我们难道不可以说，我们看到绿色的树，同样也看到在这树上的绿色？当然，我们无法看到“绿”这个概念，既无法看到在含义意义上的概念，也无法看到在属性、在绿这个种类意义上的概念。但把概念理解为个体客体的部分、“概念对象”的部分，这也是荒谬不堪的。

第12节　共同图像说

在做出这些思考之后，我们无须再做新的分析便可以表明，在传统逻辑学中，任何以其他形式在“共同图像”标题下起作用的对普遍之物的实在设定都带有背谬性，并且都是由于与洛克所做混淆相似的错误才得以产生的。共同图像在种差方面的含混不清与

[15] 在A版中未加重点号。

匆促草率丝毫也不会改变这些共同图像的具体化。含混不清的是 A 136
某些内容的规定性，它在于质性过渡之连续性的形式。而匆促草率则丝毫不会改变这些变动不居的内容中的任何一个个别内容的具体性。这个问题的本质并不在于这些变动不居的内容，而在于那个朝向恒定标记的意向的统一。

B₁ 137

第三章　抽象与注意力

第13节　唯名论理论将抽象理解为注意力的功用

502

我们现在过渡到对一门极具影响的抽象理论的分析上去，这门理论首先是在J. St. 穆勒反驳汉弥尔顿的那篇文章中形成的。这门抽象理论认为，抽象仅仅是注意力的一个作用。穆勒说，尽管既不存在普遍表象，也不存在普遍对象；但我们在直观地表象个体具体之物的同时，我们也可以将唯一的注意力或唯一的兴趣朝向对象的不同部分或不同的方面。那个自在和自为的标记，即那个分离的，既不能是现实的，也不能被表象为现实的标记，则可以受到自为的关注，它成为一个唯一的，并因此而对所有其他相关标记忽略不计之兴趣的客体。我们可以如此理解对抽象一词的双重运用，即这种时而肯定性、时而否定性的运用。

而后，穆勒对这些主要思想的补充又提供了两方面的考察，一方面是关于普遍名称与直观对象所具有的这些突出的个别特别之联想性联结的考察，另一方面是关于名称通过对这些特征以及对这个注意力的习惯性集中的再造性唤起而对这些联结所造成的影响的考察。穆勒指明，这些联想性联结是如何主要通过显著的标记来规定进一步联想的进程，并且因此而如何推动了在思想运动 A 137
中的**实事性**统一。我们最好是从刚才提到的穆勒争论文章中获取对这些思想的更为详细的论述。此外，穆勒从他的概念论对手汉弥尔顿那里接受了那种将抽象理解为注意力之作用的观点。我们读到：

“一个‘概念’的构成并不在于：将那些自身表明是组成这个概 B_1 138
念的属性从同一客体的所有其他属性那里分离出来，并且使我们有可能脱离开任何其他属性来想象这些属性。我们既不将它们想象为、也不将它们思考为、也不以任何方式将它们认识为是与一个事物相分离的东西，而是仅仅把它们当作是一种在与许多其他属性之组合中对一个个体客体之观念的构形。但是，尽管我们只将它们看作是一个大的聚合体的一个部分，我们仍然能够将我们的注意力集中在它们上面，同时忽略那些我们在对它们进行组合思考时与它们相连的其他属性。在集中注意力的过程中，如果这种集中足够强烈，那么我们有可能会暂时意识不到所有其他的属性，并且我们有可能在短暂的时间里实际上意识不到任何当前的东西，但我们仍可以意识到构成这个概念的那些属性。总的说来，注意力无论如何也只能完全专注到这样一种程度，即：它仍然还意识到属于这个具体观念的其他因素：尽管如此，精神在均衡其集中努力的力量方面是虚弱的，而且在注意力放松时，如果这个完整的具体观念继续受到注视，它的其他构造因素便显现出来而被意识到。因此，严格地说，我们不具有总体概念；我们只具有具体客体的复合观念：但我们有能力仅仅只注意这个具体观念的某些部分，并且

在这种唯一的关注中，我们可以使这些部分来完全地确定我们通过联想而被唤起的思维过程；并且我们能够继续进行一系列仅与这些部分有关的沉思或推理，正如我们能够撇开其余部分而构想出它们一样。

使我们能够做到这一点的主要是对符号的使用，尤其是对那种最有效的和熟悉的符号、亦即名称的使用。”[①]

A 138 而且，与汉弥尔顿《逻辑学讲座》中的一段文字有关，我们还进一步读到[②]：“它的基本原理在于，如果我们希望能够从客体的某些属性方面来考虑这些客体——我们所回忆的客体总是带有这些属性，而且我们对客体的回忆将我们的注意力仅仅引导到这些属性上——，我们就必须赋予这个属性的复合以一个种类名称，或者

B₁ 139 赋予具有这些属性的客体种属以一个种类名称，这样才能达到我们的目的。我们在这些属性和某个清晰的声音组合之间制造一个人为的联想，这种联想可以保证：当我们在听见这个声音或看到传达这个声音的书写符号时，它们会使某个具有这种属性的客体的观念出现在精神中，在这个观念中，唯有这些属性可以被生动地唤入到我们的精神之中，即唤入到在我们的意识中已经模糊的那个具体的观念的残余之中。由于这个名称仅仅与那些属性相联结，因此，这个名称自身既有可能在这一个具体组合中，也有可能在另一个具体组合中唤起那些属性。在特殊的情况下，它所唤起的组合依赖于最新的经历、偶然的记忆、其他一些在精神中已发生过

① 穆勒：《对威廉·汉弥尔顿爵士哲学的考察》，第393、394页。（此处引用的是穆勒的英文原文。——中译注）

② 同上书，第394、395页。（此处引用的是穆勒的英文原文。——中译注）

的，甚或正在发生的思想的影响，据此，这个组合并不始终是相同的，然而它很少与那个暗示它的名称强烈地联结在一起；在名称与那些构成这种约定符号的属性之间的联结是逐渐变得强烈起来的。对这一组特殊的属性与一个给定的语词的联结用一根有力的纽带将它们在精神上加以结合，这根纽带较之于那根将它们与具体影象之残余联结在一起的纽带要更为有力。我们也可以用 W. 汉弥尔顿爵士的术语来表达这一观点：这种联结在我们的意识中赋予属性和名称以统一。只有做到这一点，我们才具有 W. 汉弥尔顿爵士所定义的'概念'。这就是与此相关的精神现象的全部。我们具有一个具体的再现（representation），我们具有某些通过标记而得以区分的组成因素，这些标记将这些因素标明给特别的关注；而这种关注在极度剧烈的情况下会将所有关于其他事物的意识都排除出去。"

A 139

第 14 节　指责，这些指责同时也涉及任何一种形式的唯名论。a）一种对目标点的描述性确定的缺陷

在这些和类似的阐述中首先引起我们注意的是，尽管这些阐述十分详细，但它们却根本没有试图去准确地标示描述性的被给予之物和须被澄清之物，没有试图将这两者置于相互关系之中。B1 140
我们扼要地重复一下我们自己的、肯定是清晰的和自然的思路。对我们来说，**被给予的**是在名称领域中的某些区别；其中包括那些指称个体之物的名称和指称种类之物的名称。如果我们为了简单

起见而限制在直接名称上（在较宽泛意义上的专名），那么，一方面是像“苏格拉底”或“雅典”这些名称，另一方面是像“4”（作为数列的一个**个别**成分的 4 这个数）、“c”（作为音序的**一**成分的 c 调）、“红”（作为**一**颜色的名称）这些名称，这两个方面就会相互对立起来。与这些名称相符的是某些含义，借助于这些含义，我们可以与对象相联系。人们会想，关于这些被指称的对象是什么的问题，是根本不会引起争议的。一方面是苏格拉底这个人，雅典这个城市或其他一个**个体**对象；另一方面是 4 这个数，c 这个音调，红这种颜色或一个其他的**观念**对象[1]。我们在对这些语词的有意义使用中所意指的是什么，我们所指称的对象是什么，它们在这里被我们看作是什么——这些是任何人都无法反驳我们的。因此**明见无疑的**是，当我在总体的意义上，例如在“4 是 7 的相对质数”的定律中说“4”时，我指的恰恰是 4 这个种类，我在我的逻辑目光中对象性地拥有**它**，也就是说，我对作为对象（主项（subjectum））的它做出判断，但却不是对某个个体之物。因而我也不是对一个由四个实事构成的个体群组或对某个构造性因素进行判断，不是对这样一个群组的某个部分或某个方面进行判断；因为每一个部分作为一
A 140 个个体之物本身的部分重又是个体的。但是，使某物成为对象，成为谓语陈述或定语陈述的主语，这只是对**表象**的另一个表达而已，即在那种在所有逻辑学中都决定性的（尽管不是唯一的）意义上的表象。因此，我们的明见性就意味着：既存在着“普遍表象”，即关于种类之物的表象，也存在着关于个体之物的表象。

[1] 在 A 版中为：一个其他的**种类**。

我们曾谈及明见性。在含义的对象差异方面的明见性预设了一点：我们超越出对表达的单纯象征使用的领域之外，而且以相应性直观（korrespondierende Anschauung）为我们的最终教益。我们根据直观表象来进行与单纯含义意向相符的含义充实，我们实现它们的“本真”意指。如果我们在前面所举的例子中这样做了，那么当然就会有某个个别的四的群组在图像（im Bilde）中浮现在我们面前，在这个意义上，它是我们的表象行为和判断行为的基础。但我们并不对它们进行判断，我们并不在对上述例子的主语表象中意指它们。当我们说，它是 7 的相对质数时，我们指的不是图像群组，而是这个种类的统一。而这个种类统一，实际地说，当然也不是在显现的群组之中和之旁的东西，因为这种东西重又会是一个个体之物，一个此时此地（ein Jetzt und ein Hier）。但是，尽管我们的意指本身是一个现在－存在之物，它意指的却不是一个现在，它意指的是 4，是这个观念的、无时间的统一。 B₁ 141

现在，进一步的现象学描述就在对个体意指和种类意指——对纯粹直观性的、纯粹象征性的，以及象征的同时又充实着它的含义意向的意指——之体验的反思中进行。它们的任务在于，指明在盲目的（即纯粹象征的）意指和直观的（本真的）意指之间的、对于认识之澄清而言基础性的关系，并且说明，在直观意指的领域中，随意向的朝向不同——或朝向个体之物或朝向种类之物——， A 141
个体图像如何以不同的方式合乎意识地[2]起作用。我们因此而不得不回答例如这样的问题：普遍之物如何以及在何种意义上在个

[2] 在 A 版中为：作为意识基础。

别行为中成为主观意识并有可能成为明晰的被给予性,而且它如
B₁ 142 何能够获得与那些隶属于它的个别性的无限的(因而无法通过合适的图像性而被表象的)领域之关系。

在穆勒的分析中与在其他类似的分析中一样,都没有做出对那些通过明见性而被给予之物的素朴承认,并且与此相符地也没有踏上刚才所描画的思路。那个在反思的澄清中必须被看作是确定之点的东西,在穆勒的分析中被漠不关心地撇在一边,这样,理论便偏离了它的那个事先已经从目光中丧失的目标,或者不如说,那个从未被明确看到过的目标。这些分析所告诉我们的东西,在有关这些或那些心理学前提的方面或在有关直观地得以实现的普遍意识所具有的这些或那些成分方面是富于教益的,或者说,在有关符号在对统一的思想特征的调整中所具有的心理学作用方面是富于教益的,以及如此等等。尽管如此,这与普遍含义的客观意义以及包含在普遍对象(主语、个别性)的话语中和在与其有关的谓语陈述中的无疑真理根本没有直接的关系;而间接的关系也还尚待澄清。显然,穆勒的观点与所有经验主义观点一样,都无法依据于那些明见的出发点或目标点,因为这种观点急于想证明:那些明见性所想让人明察到的真实存在之物是虚无的。这些东西就是普遍对象以及它们于其中合乎意识地构造起自身的普遍表象。"普遍对象"、"普遍表象"这些表达当然会让人重新回想起过去的严重错误。但无论它们在历史上经历过多少误解,必定会有一个对它们做出合理论证的规范诠释。而经验心理学[3]无法为我们提供这

[3] 在A版中为:发生心理学。

种规范诠释；要想得到这种诠释，我们就必须回复到那些通过总体 A 142
表象而得以构造并与作为其谓语陈述之主语的普遍对象相关的定律所具有的明见意义之上。

第15节　b）现代唯名论的起源是对洛克关于普遍观念之学说的过度反应。这种唯名论的本质特征与通过注意力进行抽象的学说 B1 143

穆勒的抽象理论以及他的经验主义追随者完全与贝克莱和休谟的抽象理论一样，顽固地反对“抽象观念”的错误。洛克曾在对普遍表象的诠释中陷入到他的荒谬的普遍三角形而不能自拔，这一偶然状况促使他的这些后继者们顽固地认为，有关普遍表象的严肃话语必然会导致人们做出荒谬的诠释。人们没有看到，这个错误主要是产生于“idea”（观念）这个词——同样还有“Vorstellung”（表象或观念）这个德文词——的含糊多义性之中，而且对于一个概念来说是荒谬的东西，对于另一个概念则能够是可能的和合理的。人们在洛克的各个斗士这一边也可以看到这一点，因为观念这一概念在他们那里也始终处在由洛克所误导的那种含糊性之中。由于这一事态，人们陷入到*新的唯名论*中，用反对实在论这样一种说法已经不再能够规定这种唯名论的本质了，对它的本质之规定现在在于反对概念论（Konzeptualismus）：人们不仅反对洛克的荒谬的总体观念（generelle Begriffe），而且也反对在完整和真正词义上的普遍概念（Allgemein-begriffe），即在这样一种意义

上的普遍概念：它可以通过对思维的客观含义内涵的分析而得到明见的指明，并且是作为一种对于思维统一的观念来说构造性的概念而得到指明。

人们之所以会产生这种看法，乃是因为对心理学分析有所误解。将目光始终仅仅朝向原本的直观之物以及朝向所谓逻辑现象的可把握之物，这是一种自然趋向；它诱使人们将那些与名称并存

A 143 的内图像（innere Bilder）理解为这些名称的含义。但如果人们弄

B_1 144 清了：含义无非就是我们用表达所意指的东西或我们对表达所做的理解，那么人们就不可能再坚持这种观点。因为，[4]如果意指是处在直观性的个别表象之中，这些表象向我们“说明”普遍名称的意义，那么这些表象的对象就是被意指之物，并且完全就像它们直观地被表象的那样是被意指之物，这样，每一个名称就都是一个歧义的专名。为了合理地对待这一差异，人们说：当直观性的个别表象在与普遍名称相联系出现时，它们就是新的心理学作用的载体，以至于它们或是规定了其他类型的表象进程，或是以其他方式并入到思维进行的过程之中，或是以其他方式来管理（regieren）这个过程。

510

然而，这里根本还没有说出，在现象学的实事状态中究竟包含着什么。在此地和在此时，即当我们有意义地陈述这个普遍名称的时候，我们所意指的是一个普遍之物，而这个意指与我们对一个个体之物的意指不同。这个区别必须在个别化了的体验的描述内涵中、在总体陈述的个别而现时的进行中得到证明。与这些体验

[4] 在A版中为：然后。

具有因果联结的是什么，各种体验会导致何种心理学效果，这些问题与我们毫不相干。它们与抽象心理学有关，但与抽象现象学无关。

在我们这个时代的唯名论思潮影响下，概念论的概念当然会面临偏移的危险，以至于人们甚至会争论：坚定地自称为唯名论者的J. St. 穆勒是否属于唯名论。① 但我们不能将唯名论的本质理解为，它带着澄清普遍之物的意义和理论功能的意图迷失在作为 A 144
单纯语音的名称的盲目联想游戏之中；而应理解为：它带着这种澄 B1 145
清的目的完全忽略了那个特殊的意识，这个意识一方面展示在生动地被感觉到的符号意义中，展示在对它们的现时的理解中，展示在可理解的陈述意义中；另一方面展示在那些构成对普遍之物的"本真"表象的相关性的充实行为中。换言之，展示在普遍之物于其中"自身"被给予我们的那种明晰的观念化（Ideation）中[5]。这种意识对我们来说就意味着它所意指的东西，无论我们是否知道所有那些心理学，是否知道心理的前提和结论，是否知道联想的素因以及其他等等。如果唯名论者将这种意识经验地解释为人类本性的事实[6]，如果他说这种意识因果地依赖于这些或那些因素，依赖于这些或那些先行的体验、无意识的素因等等，那么我们对此提不出原则性的指责。我们只会注意到，逻辑学和认识论对这些经验心理学的[7]事实没有兴趣。但唯名论者的说法并非如此，他们

① 例如参阅 A. v. 迈农的《休谟研究》，I，第 68 页[250]。

[5] 在 A 版中为：现时抽象。

[6] 在 A 版中为：对这种意识进行发生的解释。

[7] 在 A 版中为：发生的。

认为，关于与个体表象相对的普遍表象的各种不同话语实际上都是无意义的。并不存在一种在特有的、为普遍名称和含义提供明见性的普遍意识之意义上的抽象；实际上只存在着个体直观和一种有意和无意的过程游戏，这些过程并不将我们引导出个体之物的领域之外，并不构造出本质上新的对象性，即不会使本质上新的对象性被意识到并在可能的情况下成为自身被给予性。

与任何心理体验一样，任何思维体验从经验上看都具有其描述性内涵，并且从因果方面看都具有其原因和结果，它以某种方式干预生活的运转，并且行使着它的发生（genetisch）作用。但属于

B1 146 现象学并且主要属于认识论（作为对观念思维统一或体验统一的

A 145 现象学澄清）领域的唯有本质和意义[8]：即我们在陈述时所意指的什么；根据其意义而构造出这个意指本身的是什么；它如何根据其本质而用局部意指建造出自身；它指明了哪些本质[9]形式和差异，

以及其他类似的东西。认识论所感兴趣的必定是那些仅仅在含义体验和充实体验本身的内涵中，并且作为本质之物被指明的东西。如果我们在这些可被明见地指明的东西中也发现普遍表象和个体－直观表象之间的差异（它无疑是存在着的），那么，关于发生[10]作用和联系的话语便不会对它们发生任何影响，甚至不会有助于对它们的澄清。

但如果人们像穆勒所做的那样，把对直观对象的一个个别的属性规定性（一个不独立的特征）的唯一注意力看作是处在现时意

[8] 在A版中为：这样一些东西。

[9] 在A版中未加重点号。

[10] 在A版中加有重点号。

识中的行为，这个行为在被给予的发生事态中赋予名称以“普遍”含义，那么他们在这方面就无法获得显著的进展并且无法摆脱我们的指责。如果与穆勒持相同观点（尽管不持相同的极端经验主义倾向）的较为新近的研究者们之所以将自己称之为概念论者，是因为普遍含义的存在是用那种使“属性”对象化的兴趣来加以保证的，那么这些人的学说就实际上仍然还是而且永远会是唯名论的。

普遍性对他们来说始终还是符号的联想功能的事情，它存在于“同一个符号”与“同一个”对象之物的联结之中——或者毋宁说，与那个在始终相同的规定性中一再回返的，而且有时是通过注意力而得以突出的因素的联结之中，这种联结是在心理学上受到规整的联结。但这种**心理学作用的普遍性**并不是属于**逻辑体验本身的意向内容的普遍性**；或者客观地和观念地说，不是属于**含义和** B1 147
含义充实的普遍性。唯名论者已经完全丧失了后一种普遍性。

第 16 节　c）心理学作用的普遍性和作为含义形式的普遍性。 A 146
普遍之物与一个范围之关系的不同意义

为了充分清楚地说明在心理学作用的普遍性与属于含义内涵本身的普遍性之间的重要差异，完全有必要注意普遍名称和含义的不同逻辑作用，并且与此相关地注意关于它们的普遍性或关于它们与个别性的范围之关系的话语的不同意义。

我们确定以下三个并列的形式：“一个 A”、“所有 A”、“A 一般”（A überhaupt）；例如“一个三角形”、“所有三角形”、“三角形”，后者[“三角形”]是根据“三角形是一种[11]形态”的定律而得到解释的。①

在谓语陈述的功能中，“一个 A”的表达可以在无限多的范畴陈述中被用作谓语，而这类真实的或自身可能的陈述之总和规定着所有那些可能的主语，它们或者真实地就是“一个 A”，或者能够在不带有不相容性的情况下是“一个 A”；一言以蔽之，它规定着“A”这个“概念”的真实的或可能的“范围”。这个普遍概念“A”，
B1 148 或者说，这个普遍谓语[15]“一个 A”关系到这个范围的所有对象（我们为了简单起见在真理的意义上理解这个范围），这就是说，它对这里所标示的全部定律都有效；而从现象学上说[16]，关于相符内容的判断有可能是明见的判断。因而这种普遍性属于谓语的逻
A 147 辑作用。在个别行为中，在含义“一个 A”的各种进行中，或者在相符的形容词谓语的进行中，这种普遍性是无（nichts）；它在其中被

① A 这个字母在这些联系中所象征的那个语词必定是作为合义的（synkategorematisch）而有效[12]。狮子、一头狮子、这头狮子、所有狮子等等表达肯定共同具有，甚至明见地共同具有一个含义因素；但是，这个含义因素[13]是不可孤立的。尽管我们可以只说“狮子”，但这个词只有根据那些形式中的一个形式才能具有独立的意义。这些含义中的某一个含义是否并不包含在所有其他的含义中，对属于 A 的种类的直接表象是否并不隐含在所有其他的含义中，对这些问题的回答必须是否定的：A 这个种类“隐含在”这些含义之中，但只是潜在地，而非作为被意指的对象。[14]

[11] 在 A 版中为：个。

[12] 在 A 版中为：似乎首先必定被看作是共同有关的。

[13] 在 A 版中还紧跟：，人们会这样想，。

[14] 在 A 版中为：这些含义中的某一个含义是否并不包含在所有其他的含义中，对属于 A 的种类的直接表象是否并不隐含在所有其他的含义中？。

[15] 在 A 版中为：普遍含义“A”，或者说，。

[16] 在 A 版中为：从主观上说。

不定性的形式所替代。“一个”这个词所表达的是一个形式，这个形式明见地隶属于含义意向或含义充实[17]，即在它所意指的东西方面隶属于含义意向或含义充实。这是一个最终无法还原的[18]因素，它的特性只能被人们承认，而不能通过任何心理学-发生学的考察而被抹消。观念地说，这个“一个”表达了一个原始的逻辑形式。类似的情况显然也适用于“一个A”的构成(Bildung)，它同样意味着一个原始的逻辑构成形式。[19]

我们曾说过，我们这里所说的普遍性属于谓语的**逻辑**形式，它是作为某种类型的定律的**逻辑可能性**而成立的。对这种可能性的逻辑特征的强调意味着：这里所关涉的是一个先天可明察的、属于作为种类统一的含义、但不属于在心理学上偶然行为的可能性。如果我们明察到，“红”是一个普遍的，即与许多可能主语[20]相联结的谓语，那么意指便不是朝向那些根据对时间性体验的发生和消失进行规整的自然规律而能够在实在意义上存在的东西。在这里根本没有谈到体验，而只是谈到同一个谓语“红”，以及谈到这同一个谓语出现于其中的那些命题在同一个意义上的统一定律之可能性。

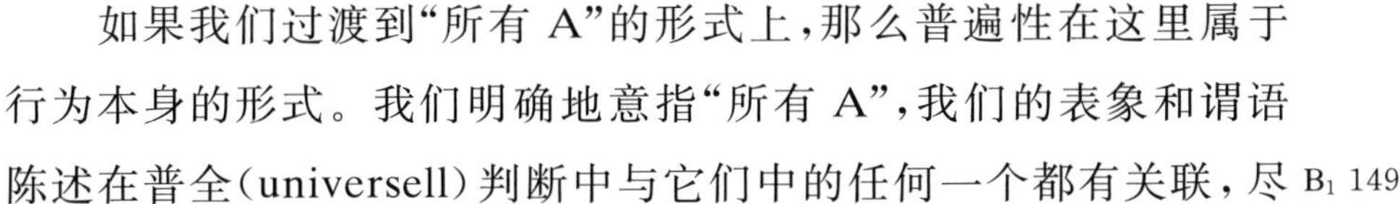

如果我们过渡到“所有A”的形式上，那么普遍性在这里属于行为本身的形式。我们明确地意指“所有A”，我们的表象和谓语陈述在普全(universell)判断中与它们中的任何一个都有关联，尽 B1 149

[17] 在A版中还紧跟：的行为特征。

[18] 在A版中为：意识因素。

[19] 在A版中为：类似的情况显然也适用于“一个A”的在复合中的联结方式，它同样意味着一个原始的逻辑复合形式。。

[20] 在A版中为：客体。

管我们也许连唯一的一个"A""本身"都不表象,或不"直接"表象。这种对范围的表象恰恰不是对这个范围的各个成分的表象之复
A 148 合,因此,浮现着的(vorschwebend)个别直观也根本不属于"所有A"的含义意向。在这里,"所有"这个词也指明一种特殊的含义形式,而对它是否可以分解为更小的形式的问题则可以置而不论。

如果我们最后再考察一下"A(种类)"的形式,那么普遍性现在也属于含义内涵本身。但我们在这里面临的是一个完全不同类型的普遍性,即种类之物的普遍性,它与范围普遍性处在非常切近的逻辑关系之中,但却与范围普遍性有着明见的区别。"A"和"所有A"(同样:"某个A一般"——无论是哪一个)在含义上并不是同一的;它们的差异性不是"单纯语法差异",而且最终甚至是只能通过语音来规定的差异。这是在逻辑上有别的形式,它们表达出本质性的含义区别。种类普遍性的意识必须被看作是"表象"的一种本质上的新的方式,并且被看作是这样一种方式,它不仅意味着一种对个体个别性的新的表象方式,而且还使一种新的个别性被意识到,即种类的个别性。这是什么样的个别性以及它们与个体个别性的先天关系如何,或者说,与个体个别性的区别如何,这些当然可以从逻辑真理中得知,这些建立在纯粹形式之中的逻辑真理对于这些和那些个别性以及它们的相互关系是先天(即根据其纯粹本质、根据观念)有效的。在这里不存在模糊性和可能的混乱,只要人们坚持这种真理的素朴意义,或者也可以说,坚持有关含义形式的素朴意义,对这些含义形式的明见的诠释就叫作逻辑
B1 150 真理。只有在心理主义和形而上学思路中的错误越度(μετάβασις)才会带来模糊性;它制造出虚假问题并且又制造出解

决这些问题的虚假理论。

第17节 d)在唯名论批判上的运用

如果我们现在再回到唯名论的抽象理论上，那么，正如我们根据如上所述可以得知，这门理论的错误首先在于，它完全忽略了意 A 149
识形式（意向形式和与它们相关的充实形式）的不可还原特性。由于缺乏描述分析，它没有明察到，逻辑形式无非就是这种被提高到统一意识的形式，即本身又被客体化为观念种类的含义意向形式。而普遍性恰恰也属于这种形式。此外，唯名论混淆了普遍性的各种概念，我们前面已对它们做过划分。唯名论单方面地偏好那种属于在谓语陈述作用中的各个概念的普遍性，它在这里是一种可能性，即通过谓语陈述而将这些概念与诸多主语联结在一起的可能性。但由于唯名论误识了这种可能性所具有的逻辑－观念的、根植于含义形式之中的特征，因此它把那些对于有关谓语与命题的意义来说必然陌生的，甚至与这种意义不可比的心理学联系强加给这种可能性。由于唯名论同时声称在这些心理学分析中完全阐明了普遍含义的本质，因此它的混淆以尤为粗暴的方式涉及普遍之物的普遍性和种类表象的普遍性。我们已经认识到，这两种普遍性作为寓居于自为的个别行为之中的含义形式而属于这种行为的含义本质。在现象学上属于个别行为之内在本质的东西[21]，现在看起来已经被解释成这样一些心理学事件的游戏，这些事件

[21] 在A版中为：共同构造着个别行为的东西。

对于个别行为（而整个普遍性意识恰恰活跃于个别行为之中）不能做出任何言说，除非是以原因或结果的方式。

B₁ 151

第18节　关于作为总体化力量的注意力的学说

诚然，上面的批判性说明并没有涉及几位近代的、与穆勒（或进一步回溯到贝克莱）相联系的研究者，因为他们把作为相对于杂
A 150 多性的无差异统一性之种类如何产生这样一个问题单独地提出来，而不试图通过或是将它回归为联想作用的普遍性，或是回归为对同一名称和概念在其范围的所有对象上的一般运用的方式来解决这个问题。

这里的思想是这样的：

抽象作为唯一的兴趣当然会引发普遍化（Verallgemeinerung）。事实上，被抽象的属性显然只是在我们称作现象对象的属性复合之显现中的一个组成部分。但在无数个这样的复合中能够出现“同一个”属性，即一个内容完全相同的属性。使这同一个属性的各个重复得以区分的仅仅是个体化的联结。因此，抽象作为唯一的兴趣便会导致被抽象之物的差异性的丧失，它的个体性的丧失。与集中的朝向相反而形成的对所有个体化因素的忽略则提供了事实上始终作为同一之物的属性，因为它在所有应当进行抽象的情况中都无法表明自身是有差异的。

人们说，在这种观点中同时包含了为理解普遍思维所必需的一切。——我们在这里最好是让那位天才的克罗因的主教来说

话，他在刚才所阐述的学说方面是第一个发起者，尽管他在自己的学说中不仅对这里所涉及的思想，而且还对其他的思想发生过影响。他认为，起先看上去很困难的是：“如果我们不是首先在一个三角形的抽象概念上看到，一个关于所有个别三角形的定律被证明为是对所有个别的三角形都同样有效的，我们如何还能用其他方法知道这个定律为真呢。因为，即使我们看到，一个特性属于某 B₁ 152
个个别的三角形，我们仍然无法从中得出，这个特性也以同样的方 A 151
式属于另一个并非在所有方面都与前一个三角形相同一的三角形。即使我例如指出，一个等腰直角三角形的三个角等于两个直角，我仍然无法从中推导出，这也适用于所有其他的具有一个直角和两条等边的三角形。由此**看来**，为了确定这个定律是普遍为真的，我们必须或是对每一个个别的三角形提供一个特殊的证明，或是必须一劳永逸地指明三角形的普遍观念，这个观念被所有个别不同的三角形所分有，并因此而相同地代表着所有这些三角形。”

“对此我的回答是，尽管我在进行证明时所看到的观念，例如一个等腰直角三角形的观念，它的各个边具有一定的长度，我也仍然可以有把握的知道，同一个证明也可以运用于所有直角三角形，无论它们具有何种形式和大小。这是因为在提供证明时**所考虑**的既不是直角，也不是两条边的相等性，也不是这些边的一定长度。尽管我所看到的这个构成物本身带有所有这些特性，但**在对这个定理的证明中绝不会提到这些特性**。这里并没有说，这三个角之所以等于两个直角，是因为它们中间的一个角是直角，或是因为包含着这个角的那些边的长度是相等的；在这里得到充分指明的是，
这个直角也可以是一个斜角，那些边也可以是不等的，而这个证明 B₁ 153

却依然有效。正是由于这个原因，而不是因为我从一个三角形的抽象观念那里获得证明的缘故，我才推导出，被一个个别的直角等腰三角形所证明的东西对于任何斜角不等边的三角形也为真。在这里必须承认，人们可以在不关注角的特殊特性或边的状况的情况下将一个图形仅仅看作是三角形。人们可以在这个程度上进行
A 152 抽象；但这绝不证明，人们可以构造出抽象的、普遍的、带有内部矛盾的三角形观念。与此相同，只要彼得是一个人，我们能够观察他，同时却不必去构造前面所说的那种一个人或一个生物的抽象观念，因为并非所有被感知之物都受到观察。”①

第 19 节　批评。a）对一个特征因素的关注并不取消它的个体性

只要我们回想一下抽象论所要达到的目标，即澄清普遍含义和个体含义之间的区别，也就是要把握出这个区别的直观本质，那么我们立刻就会明白，我们必须拒绝这种初听起来非常诱人的观点。我们应当回想一下直观行为，在这些行为中，单纯的语词含义（象征含义）随直观而充实自身，并且是如此地得到充实，以至于我们能够看到，表达和含义“究竟所指的”是什么。根据上面的观点，抽象是这样一种行为，在这个行为中，普遍意识是作为对普遍名称

① 贝克莱：《人类认识原理》，引论，第 16 节（根据于贝韦格的翻译，第 12－14 页）。

的意向之充实而得以进行的。我们必须始终关注这一点。现在让我们来看一下，这种突出的抽象是否具有这种刚才被阐述过的能力，尤其是它是否在这样一种前提下具有此种能力，这个前提乃是一个在理论中起着本质作用的前提，即：抽象的注意力所突出的那个内容是具体直观对象的**构造性因素**，一个实项地寓居于这个具 B1 154
体直观对象之中的标记。

无论人们怎样来刻画注意力的特征，它都是一种以特殊的描
述方式偏好意识的对象并且（撇开某些程度上的差异不论）在各种 A 153
情况中也只是根据它所偏好的对象的不同而自身各有分别的作用（Funktion）。因此，按照那种将抽象等同于注意的理论，在对个体之物的意指（例如那种属于对专名之意向的意指）和对普遍之物的意指（附着于属性名称上的意指）之间不存在本质的差异；它们之间的差异仅仅在于，精神目光所确定的这一次可以说是整个的个体对象，而另一次则是属性。但我们现在要问，由于属性在理论的意义上应当是**对象的一个构造性因素**，因此，它是否也完全像整个对象一样必定是一个个体的个别之物。设想一下：我们将我们的注意力集中于刚才还在我们面前的树的绿。如果有人能够做到这一点，甚至将这种集中进一步提高到被穆勒设想为对所有一同相关的因素都无意识（Bewußtlosigkeit）的地步，那么，如人们所说，所有那些对于个体化区分的进行来说可把握的支撑点就都会消失殆尽。即使有一个其他的、带有完全相同颜色的客体突然被强加给我们，我们也不会注意到这个区别。我们唯一所朝向的这个绿对我们来说始终是同一个。让我们承认以上所说的一切都有效。但这个绿和那个绿**现实上**是同一个绿吗？我们的健忘或有意的盲

目是否有可能造成如此的影响，以至于客观不同的东西不再像以前那样不同，以至于我们所关注的对象因素可以不再是此时和此地存在着的这个，而是另一个东西？

B1 155 我们总不能怀疑，这个差异是否现实地存在着。只要对两个
A 154 具体有别的、带有“同一个”质性，例如“同一个”绿的现象进行比较，我们就会明见地看到，每一个现象都有它自己的绿。这两个现象并非相互连生，好像它们共同具有“同一个”作为个体－同一之物的绿一样；毋宁说这一个事物的绿实在地区别于另一个事物的绿，正如它们所寓居于其中的整体也相互区别一样。否则，如何会存在那种统一的质性的构建（Konfigurationen），在这种构建中，同一个质性可以重复出现，而关于“一个颜色在整个面积上的展开”的说法还有什么意义呢？任何一个在几何学上对面积的分割都明见地与对一个统一颜色的划分相符合，然而，我们却在完全相同颜色的前提下声称并且允许自己声称：“这个”颜色始终是“同一个”。

据此，这门理论根本没有使我们弄清关于一个同一的属性之话语，关于作为杂多中统一的种类之话语的意义何在。明见无疑的是，这种话语所指的不是那个作为种类的个别情况而进入到感性现象之中的对象因素。那些对于个别情况来说具有意义和真理的陈述，对于种类来说则是错误的并且简直就是背谬的。色彩具有其地点和时间，它展开自身并且具有自己的强度，它产生并且消失。如果将这些谓语运用在作为种类的颜色上，那么它们只会产生纯粹的悖谬。如果房屋被烧毁，所有的部分也就化为灰烬；个体的形式和质性、所有构造性部分和因素也都不复存在。现在，例如

有关的几何学的、质性的和其他的种类已经被烧毁了吗，或者，这样的说法并不是纯粹的荒谬？

我们总结一下以上所说。如果注意力的抽象理论是正确的，而且如果在这门理论的意义上，对整个客体的注意和对它的部分和特征的注意本质上是同一个行为，只是通过它们所朝向的客体才得以相互区别，那么对于我们的意识、我们的知识、我们的陈述 B1 156
来说就不存在种类。无论我们是进行区分还是进行混淆，意识始终朝向个体的个别之物，而且它作为个体个别之物对于意识来说是当下的。但由于人们现在无法否认，我们是在清楚的意义上谈 A 155
论种类，我们在无数的情况中所意指和指称的不是个别之物，而是它的观念，我们同样可以对这个作为主语的观念的一(dieses ideale Eins)做出陈述，就像我们可以对个体的个别之物做出陈述一样，因此，这门理论便偏离了它的目标：它想澄清普遍性意识，却在其澄清的内容中放弃了普遍性意识。

第 20 节　批评。
b)[22]对来自几何学思维的论据之反驳

现在，这种对普遍思维做出理解的理论提供了哪些有利条件呢？贝克莱曾急切地阐述说，我们在对一个与所有三角形有关的定理的几何学证明中只能看到一个个体三角形，即这个描画的三角形，而且我们在这里只能运用那些将一个三角形一般标示为三

[22]　B 版的附加。

角形的规定，而所有其他的规定则被忽略不计，贝克莱的这一阐述难道不是正确的吗？我们只运用这些规定，这就是说，我们只关注这些规定，我们使它们成为一个唯一的注意(Aufmerken)的客体。因此我们不设定普遍观念也可以过得去。

最后的这个结论是确定无疑的——只要我们将普遍观念理解为洛克学说所主张的那种观念。但为了避开这个暗礁，我们根本无须误入唯名论学说的歧途。我们可以在本质上赞同贝克莱的阐述；但我们必须拒绝他强加于这些阐述的解释。他将抽象的基础
B1 157 与被抽象之物混为一谈；将具体的个别情况、即普遍性意识从其中吸取其直观充盈的个别情况与思维意向的对象混为一谈。按照贝克莱的说法，几何学的证明似乎是对写在纸上的墨水三角形或对
A 156 写在黑板上的粉笔三角形的证明，而且在普遍思维中偶然浮现在我们面前的个别客体似乎是我们思维意向的客体，而不是我们思维意向的单纯依据。这样，一个在贝克莱意义上朝向被描绘图形的几何学的运算就会产生出奇特的结果，但很难是令人满意的结果。对于在物理意义上的被描绘之物来说，任何几何学的定律都是无效的，因为它实际上根本不是而且从不可能是一条直线图形、一个几何学的图形。观念的几何学规定性不处在这个被描绘之物中，正如颜色不处在对有颜色的物体的直观中一样。数学家当然要观看被描画的东西，而且它会像其他直观客体一样显现给他。但他在其任何一个思维行为中**所意指的**都不是这个被描画的东西，不是在它之中的一个个体个别特征；相反，只要他不偏离课题，他意指的就是“一条直线一般”(eine Gerade überhaupt)。这个思想就是他的理论证明的主语成分。

因此，我们所关注的东西既不是直观的具体客体，也不是这个客体的一个“抽象的部分内容”（即一个**不独立的因素**），毋宁说，它是在种类统一意义上的观念。它是在逻辑意义上的抽象；据此，在逻辑学上和[23]认识论上被标示为抽象的不是对一个部分内容的单纯突出，而是那种在直观基础上直接把握种类统一的特殊意识。

第21节　对被直观对象的一个不独立的因素之关注与对相应的种类属性之关注之间的区别

也许这里有必要进一步分析一下这门有争议的理论的困难。在对立的进行中，我们自己的观点可以得到表明。

在这门学说看来，对一个属性因素的集中注意（Aufmerken）应当构成对普遍含义的直观充实，即对从属的属性之名称所带有  525
的那个普遍含义的直观充实（“本真的”意指）。对这个种类的直观 B1 158
意指与对集中注意的进行，这两者应当是一回事。但是，我们现在 A 157
要问，当**我们的目光明确指向个体因素**时，情况会是怎样的呢？这两方面的区别何在？如果对象上的某个个体特征、它的特殊的色彩、它的高雅的形式等等引起我们的注意，那么我们便特别地关注这个特征，但我们却并不进行普遍表象。同一个物体也涉及完整的具体之物。一方面是仅仅注意个体显现的形态，另一方面是对那个可以直观地把握在无数实在形态中实现的相应观念，它们两

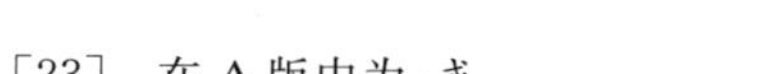
[23]　在A版中为：或。

者的区别何在？

对立的一方也许会回答：在个体观察的过程中，个体化的因素属于兴趣范围，而在种类观察的过程中，这些因素始终是被排斥的；“兴趣仅仅指向普遍之物”，即朝向一个自身还不足以受到个体划分的内容。我们现在不在上述批评的基础上做进一步追究——对个体化规定的关注才造成了个体性，而对它的不关注则取消这种个体性吗？——，而是提出这样一个问题：在个体观察中，那些被我们共同关注到的个体化因素是否也必然被我们**所意指**。个体的专名是否也隐含地指称个体化的规定，例如指称时间性或地点性？这里是朋友汉斯，我称他为汉斯。他无疑是个体地被规定的，一个特定的地点、一个特定的时间段被归属于他。但如果这些规定性也一同被意指，那么他的名字就会随着朋友汉斯迈出的每一步，随着我称呼他的每一个个别情况的不同而改变其含义。人们很
526 B₁ 159 难做出这样的声称，也不会想采用这样的遁词，即：这个专名实际上是一个普遍名称：似乎它所专有的普遍性在与同一个事物性个体的杂多时间、情况、状态[24]的关系中并不在形式上不同于事物属性或种属观念“事物一般”[25]的种类普遍性。

A 158 无论如何，在对对象的一个部分或一个特征进行注意观察时，此地和此时对我们来说常常是无关紧要的。也就是说，我们并不特别地注意到它们，同时我们却并没有想到要在一种普遍表象的意义上进行抽象。

也许人们在这里还会借助于这样一种设定，即：个体化的规定

[24] 在A版中为：现象。

[25] 在A版中为：属性的或事物性种属观念。

受到附带的关注。但这对我们来说也没有什么用处。附带地被留意到的东西有许多，但它们还远不会因此而被意指。只要普遍性意识以直观的方式、作为真实的和真正的抽象在进行着，奠基性直观的个体对象就肯定会一同被意识到[26]，尽管它根本还没有被意指。穆勒关于在抽象唯一规定方面的无意识的说法是一种无用的，并且确切地说，甚至是[27]荒谬的臆想。① 在许多情况中，当我们就一个直观的个别事实来陈述与之相符的普遍性时，我们所看到的始终是这个个别之物，我们对这个情况中的个体之物不是突然变得盲目无视；例如，当我们观看着盛开的茉莉花，嗅着它的芬芳陈述说：茉莉花具有一种醉人的芳香，这时我们肯定不会对这个个体的茉莉花视而不见。

如果人们最后还想抓住这样一个新的出路[28]，即：尽管个体化之物不像那个我们主要感兴趣的东西那样受到特别关注，也不像那些完全处在主导兴趣之外的客体那样受到附带关注，而更多地是作为属于此兴趣的并且以一种特有的方式隐含在它的意向之中的东西而一同被关注（mitbeachtet），——那么人们就已经离开了这门理论的基地。这门理论原先的要求是：只要对被给予的具 B_1 160 A 159

① 人们很容易看出，这种所谓的"无意识性"（Bewußtlosigkeit）会导致洛克式的对普遍观念的荒谬分离（χωρισμός）的重返。没有"被意识到的"东西不能区分被意识到的东西。如果对三角形因素一般的唯一关注是可能的，以至于须被划分的特征从意识中消失了，那么这个"被意识到的"对象、这个直观的对象就会是三角形一般，仅此而已。

[26] 在A版中为：一同被关注到。

[27] 在A版中为：，确切地说，无用的和。

[28] 在A版中为：遁途。

体对象或对在对象中被给予的特性进行单纯强调性的观看就够了，而现在的结果却是：它在假设那些它本应省略掉的各种不同的意识形式。

第22节　在对注意力的现象学分析中的基本缺陷

这同时也将我们引向这门理论的最要害之点。这个要害在于这样一个问题：什么是注意力？我们当然不是在指责这门理论没有为我们提供一门得到实施的注意力现象学和注意力心理学，而是指责它没有在就其目的而言必要的程度上澄清注意力的本质。[29]它必须确证，是什么东西赋予注意力一词以统一的意义，然后再看，它的运用范围有多广，以及哪些对象可以在正常的意义上被看作是受到关注的对象。而且它首先也必须探问，注意活动与那些使名称和其他表达具有意义的意指活动（Bedeuten oder Meinen）处在何种关系之中。这样一种有争议的抽象理论只有借助于那个由洛克引发的偏见才成为可能，这个偏见就是：意识在其行为中直接地和本真地所朝向的那些对象、特别是注意的对象，必然是意识的心理内容、意识的实项（reell）事件。看上去完全显而

[29]　在A版中还紧跟一个脚注：A.v.迈农在他的具有推动作用的《休谟研究》（第一卷，16，第198页，1877年）作出不同的判断。他说，“如果注意力也属于精神生活的那些事实，而心理学对这些事实所做的澄清最少，那么我们借助于内经验却完全可以了解注意力，以至于只要抽象可以被回归为注意力现象和观念联想现象，而这几乎是毫无疑问的，那么抽象问题便至少可以被看作是一个已经解决了的问题。”。

易见的是:意识行为只能在那些在意识中现实被给予的东西上、即在意识自身实项地作为其组成部分所蕴含的那些内容上[30]才得以直接地进行。未被意识的东西因而只能是一个行为的间接对 A 160
象,而整个过程的发生非常简单:行为的直接内容、它的第一对象 B1 161
是作为那个未被意识之物的代表、作为它的符号或图像而起作用。

如果习惯了这种观察方式,那么人们就很容易做出这样的举动,即:为了澄清那些属于行为意向的客观关系和形式,人们首先去观看那些作为被误认为直接对象的在场(präsent)意识内容,然后,由于受到那种关于代表或符号之话语的虚假自明性的迷惑,人们又将那些本真的、貌似间接的行为对象完全忽略不计。现在,人们在暗中将所有那些通过行为根据其素朴的意指而被置入到**对象**之中的东西附加给**内容**;然后,它的属性、它的颜色、形式等等被直截了当地标示为内容,并且在心理学的意义上被现实地解释为内容,例如被解释为感觉。

我们还有机会可以充分地观察到,这整个观点与清晰的现象学事态[31]是多么相违背,而且它在认识论中造成了多少危害。在这里只需指出这一点便够了:如果我们例如表象或评判一匹马,我们所表象和评判的恰恰是这匹马,而不是我们的各种感觉。我们显然只是在心理学的反思中才表象和评判我们的感觉,我们不能将这种心理学反思的理解方式加入到直接的事实组成中去。这里所包含的感觉(Empfindungen)或想象材料(Phantasmen)的总和

[30]　在A版中为:在意识所构造的那些内容上。

[31]　在A版中为:最清晰的经验陈述。

被体验到并且在这个意义上被意识到，这并不意味着，并且也不能意味着：这个总和就是一个意识的**对象**，即一个在指向它的感知、表象、判断意义上的意识的**对象**。

这种错误的观点而今也在对抽象理论发挥着有害的影响。由于受到那些被误认的自明性的迷惑，人们会将被体验的内容当作我们所关注的正常客体。显现着的具体之物被看作是诸多内容、
A 161 亦即诸多属性的复合，它们组合成一个直观图像。而这些被理解
B_1 162 为（被体验到的、心理的）内容的属性意味着，由于它们是不独立的，因而它们无法与具体完整的图像相分离，而只能在这个图像上被关注到。我们无法理解，这类属性规定的抽象观念应当如何通过这样一种抽象理论而产生出来，这些观念尽管可以被感知到，但却按其本性来说永远不能相即地（adäquat）被感知，甚或[32]永远不能以一个心理内容的形式被给予。我仅提醒人们注意一下三维的空间形态，尤其是封闭的物体面积或整个物体，如球体和立方体。而概念表象（begriffliche Vorstellungen）在任何时候都是借助于感性直观而得以实现的，并且没有一个直观因素作为个别情况与它们相符，即使在**内**感性的领域中也没有，那么无数个这样的概念表象的情况又是怎样的呢？这里肯定谈不上对在（感性）直观中的被给予之物，甚至对被体验的内容的单纯关注。

在我们的立场上，我们首先要在至此为止大都因为简单而受到偏好的**感性**抽象的领域中进行区分，即区分两种行为，在一种行为中，一个属性因素直观地“被给予”，另一种行为是建立在前一种

[32] 在A版中为：亦即。

行为之上的行为，它们不是单纯对这个因素的注意，而毋宁说是一种新的、总体化地（generalisierend）意指着从属种类的行为。这里的问题并不在于，这种直观是否以相应性的方式提供属性因素。我们还要进行补充性的区分，即区分两种抽象的情况，一种情况是那些素朴地和有可能相应地以感性直观为依据的感性抽象；另一种情况是非感性的或至多是部分感性的抽象，即这样一些抽象情况：已经实现了的普遍性意识一部分建立在感性直观的行为上，[33]另一部分建立在非感性的行为上，并因此而与思想的（范畴的）形式有关[34]，这些思想形式按其本性无法在任何感性中得到充实。来自外感性和内感性的、未经混淆的概念提供了第一种情 B1 163
况，如颜色、声响、疼痛、判断、意愿；第二种情况则是由系列、数目、 A 162
对立、同一、存在以及其他合适的例子提供的。在下面进行的研究中，我们还必须对此区别进行认真的探讨。

第23节 关于注意力的有意义说法不仅包含了直观领域，而且也包含了思维的整个领域

关于注意的话语的统一意义并不要求在心理学意义上的（作为我们所注意的对象的）“内容”[35]，以至于这种意义超越出直观

[33] 在A版中为：并且。

[34] 在A版中为：自身包含思想形式。参阅A本的附加与修改：与思想（=范畴）形式有关。参阅本书第六研究，第60节，第654页以后。。

[35] 在A版中未加引号和括号。

的领域而包含了整个思维领域。在这里，思维的进行方式是无关紧要的，无论它是以直观奠基的方式，还是以纯粹象征的方式进行。如果我们在理论上探讨“文艺复兴时期的文化”、“古希腊的哲学”、“天文学观念的发展”，探讨“椭圆弧的函数”、“n 次曲线”、“算术运算的规律”等等，那么我们会关注所有这一切。如果我们进行“某个 A”这样一种形式的思想，那么我们所关注的恰恰是“某个 A”，而不是这里的这个东西。如果我们的判断具有“所有的 A 都是 B”的形式，那么我们的注意力便属于这个普全的（universell）[36]实事状态，我们所涉及的便是全体性（Allheit）而非这个或那个个别性。情况处处都是如此。当然，任何一个思想，或者说，任何一个自身一致的思想都可以成为直观性的思想[37]，只要它以某种方式建立在“一致性”直观的基础上。但在直接直观基础上、在内感性或外感性基础上进行的注意并不能意味着对此直观的现象学[38]内容的注意，同样也不能意味着对在此直观中显现的对象的注意。“确定的某个”或“随意的某个”、“所有”或“任何”，
B₁ 164 “和”、“或”、“不”、“如果”、“所以”以及其他等等，它们是无法在一
A 163 个奠基性的感性直观的对象上被指明的东西，它们不是可以被感觉到、甚或可以得到外在的展示和描画的东西。当然，所有这一切都有某些行为与之相符；语词总会具有其含义；只要我们理解这些含义，我们就在运用某种属于对象意向的形式。但这些**行为**[39]并

[36] 在 A 版中为：普遍的（allgemein）。

[37] 在 A 版中为：明见的。

[38] 在 A 版还紧跟：（描述－心理学的）。

[39] 在 A 版中未加重点号。

不是我们所意指的客体之物[40]；它们是意指活动(表象活动)本身，它们在心理学的反思中才会成为对象。意指的客体之物[41]随情况不同而可以是普全的实事状态[42]“所有A都是B”，可以是总体的实事状态“这个A(种类)是B”，也可以是不确定的单个实事状态“某个A是B”等等。我们所注意的，既不是那种例如伴随着思维表象而成为明见性奠基的个体直观，也不是那种为直观构形或在被构形的直观中自身得到充实的行为特征，而是在行为进行中在此基础上得以“明见的”思想客体，在思想上受到这样或那样理解的对象与实事状态。而且我们在“抽象”中不是单纯地观看个体直观之物(注意地感知它们等等)，而是把握一个思想性的东西、一个合乎含义的东西，这样一种“抽象”当然只能意味着：我们生活在对这种思想性的、时而这样、时而那样被构形的行为的明晰进行之中。

因而，注意力这个统一概念的范围是如此宽泛，以至于它无疑地包含了直观意指和思维意指的全部领域，即包含了在一个具有确定限制的，但足够宽泛地被理解的意义上的表象的领域，它包容直观，同样也包容思维。最后，这个领域所延伸的范围与关于某物的意识所具有的范围一样广。因此，关于作为在意识领域中的某种偏好的“注意”(Aufmerken)的各种说法关涉到某个不依赖于意识类型的种类(不依赖于意识方式)的差异。我们进行某种“表象”，然而我们却不“集中于(konzentrieren)”它们的对象，而是“集 A 164

[40]　在A版中未加重点号。

[41]　在A版中未加重点号。

[42]　在A版中未加重点号。

中于”其他表象的对象。[43]

B₁ 165 如果人们将留意（Bemerken）想象为一种素朴的、无法进一步描述的方式，即：那些在意识统一中得到综合的内容如何被我们特殊地意识到的方式，它们如何向我们“突现出来”或被我们“发现”的方式；如果我们在类似的意义上否认在表象方式中的所有差异，而后把注意力看作是在这个范围内占支配地位的一种昭示性和强调性的作用；那么人们对这些概念的理解便过于狭窄，而这些概念所具有的更宽泛的含义是无法消除的，因此人们不可避免地要回落到这些更宽泛的含义之中。由于受到对对象和心理内容之混淆的迷惑，人们没有看到，我们所“意识到的”对象在意识中并不是像在一个盒子里一样简单地在此存在，以至于人们仅仅可以在其中发现它，并且可以去抓住它；相反，它是在对象意向的各种形式中才首先自身构造[44]为一种东西，即对我们而言存在并有效的东西。人们没有看到，从对一个心理内容的[45]发现，即对一个心理内容的纯粹内在（immanent）直观[46]，直至对不是或不能内在地[47]被发现的对象的外直观和想象，从这里开始，直至最高的思

[43] 在A版中为：我们也可以不说表象，而说“留意”（Bemerken）——我们在这里必须在一种相应宽泛的、完全合乎语言的，并非经过人为扩展的意义上来理解“注意”。（与其同义的还有意识，这当然是一个极为多义的词。）因此，关于作为在意识领域中的某种偏好的“注意”的各种说法关涉到某个不依赖于表象类型的种类（不依赖于表象方式）的差异。我们进行某种表象，然而我们却不“集中于”这些表象的对象，而是“集中于”其他表象的对象。。

[44] 在A版中未加重点号。

[45] 在A版中还紧跟：审慎。

[46] 在A版中为：内直观。

[47] 在A版中为：真实地。

维形态连同其杂多的范畴形式和以其为依据的[48]含义形式，都贯穿着一个本质统一的概念；无论我们是感知地、想象地、回忆地进行直观，还是以经验和逻辑-数学的形式进行思维，都有一个意指、一个意向存在着，它指向一个对象，它是一个关于此对象的意识。但是，一个在心理联系中的内容的单纯此在并不是这个内容的被意指(Gemeintsein)。心理内容的被意指首先是在对这个内容的“留意”中生成的，这种留意作为对此内容的指向恰恰是一种表象。将一个内容的单纯被体验状态(Erlebtsein)定义为它的被表象状态(Vorgestelltsein)，并且转而进一步将所有被体验的内容称为表象，这是哲学所知道的最严重的概念混乱了[49]。无论如 A 165
何，这种概念混乱所造成的认识论和心理学错误极为众多。如果 B1 166
我们坚持意向的、对于认识论和逻辑学来说唯一具有权威性的表象概念，那么我们就不会再做这样的判断，即：表象与表象之间的所有区别都可以还原为被表象的“内容”的区别。与此相反，明见无疑的是，尤其是在纯粹逻辑的领域中，任何原初的逻辑形式都与一种特有的意识方式[50]或与一种特有的“表象方式”相符合。诚然，在这个意义上，任何新的意向关系[51]也以某种方式始终与对象[52]有关，即构造着新的形式[53]，对象性恰恰是以这些形式而被

[48] B版的附加。参阅A本的附加与修改：范畴形式和以它们为依据的。
[49] 在A版中为：这是在哲学中无可类比的概念混乱。
[50] 在A版中未加重点号。
[51] 在A版中未加重点号。
[52] 在A版中未加重点号。
[53] 在A版中为：制造着思想形式。

意识到[54],因而人们可以说,表象的所有区别都在被表象之物中。但这样的话,人们就必须注意,被表象之物的区别、客观性的区别恰恰是双重的[55],即范畴形式[56]的区别和“实事本身”[57]的区别,实事本身可以在大多数形式中作为[58]一个同一的实事而被意识到[59]。下面的研究将会对此做更详细的论述。

[54] 在A版中为:在这些形式中被思考。

[55] 在A版中未加重点号。

[56] 在A版中为:含义形式。“形式”二字在A版中未加重点号。

[57] 在A版中未加重点号、引号。

[58] 在A版中未加重点号。

[59] 在A版中为:显现出来。

第四章　抽象与代现[①]

第24节　普遍表象作为思维经济的技艺手段(Kunstgriff)

如果人们乐于将普遍概念和名称看作是单纯的技艺手段，这

① 这里需要强调：

1."Repräsentation"这一概念在胡塞尔术语中通常与"Präsentation"和"Appräsentation"相对。"Präsentation"意味着事物在意识中的原本被给予方式，相当于在意识中对事物的感知或当下拥有(gegenwärtighaben)；而"Repräsentation"则反之，它是指事物在意识中的非原本被给予方式，相当于在意识中对事物的想象或当下化(vergegenwärtigen)；而"Appräsentation"则又有别于前两者，它既可以包含在"Präsentation"之中，却又本质上属于一种"Repräsentation"。我将"Präsentation"译作"体现"，将"Repräsentation"译作"再现"，最后将"Appräsentation"译作"共现"，它的确切意义为：随一起"体现"或掺杂在"体现"中进行的"再现"。

2.但胡塞尔在这里提到的"Repräsentation"不是他本人现象学术语上的"再现(Re-präsentation)"，而是在受英国经验主义影响的心理学代现论(Repräsentationstheorie)意义上的"代现"。英文中的"Representation"大都被译作"表象"或"表征"。但在德文中，"Repräsentation"则被用来标示"表象"(Vorstellung)的本质特征：表象是一种对非当下被给予之物的当下化；表象的对象只是某个事物或某一类事物的"代表"(Repräsentant)。为区别起见，我在这里将"Repräsentation"译作"代现"。当然，在涉及胡塞尔意义上的"Re-präsentation"时，我仍采用"再现"的中译。——中译注

种技艺手段可以使我们省去对所有个体事物的个别观察和个别命名,那么他们就犯了一个从中世纪唯名论那里承袭而来的错误。人们说,通过概念作用,思维着的精神便克服了由于个体个别性的
A 166 无限杂多性而给它造成的限制。借助于它的思维经济功能,它间
B1 167 接地达到了认识目标,而这个认识目标通过直接的方式是永远无法达到的。普遍概念赋予我们以这样一种可能性,即:可以说是以一捆、一索的方式(bündelweise)来观察事物,一下子(mit einem Schlag)将整个种属、即一下子将无数客体都陈述出来,而无须去理解和判断每一个客体自身。

将这个思想带给近代哲学的是洛克。例如在《人类理解论》第三卷第三章的结束部分,洛克认为:"……人们构造出抽象观念,并且将它们与名称相联结,从而在精神中确定这些概念,这样,人们就有可能仿佛是一捆、一索地来观察事物和阐述事物。关于事物的知识的增长和传达就更为容易和迅速。相反,如果人们的语词和思想仅仅局限于个别事物,那么知识的扩展就会缓慢。"①

这种阐述会表明自己是背谬的,只要人们考虑到:没有普遍含义,所有陈述都无法进行,因而个体陈述也无法进行,而且,根据单纯的直接个体表象而进行的思维、判断、认识在逻辑上的重要意义也就无从谈起。人类精神对杂多个体事物的最理想的适应、对相

① 也可参阅本书前一研究第 9 节,第 127 页[1]。在新近的哲学家中我要提及李凯尔特(H. Rickert)的文章"论自然科学概念构成的理论",载于:《科学哲学季刊》,第 XVIII 期。(此处引用的是洛克的英文原文。——中译注)

[1] 在 A 版中为:第 126 页。

应的个别理解的现实的,甚至是不费力的实施并不会使思维成为多余。因为如此而可达到的成效根本就不是思维的成效。

在直观的道路上例如并不存在规律。虽然为了思维生物的维持而需要有对规律的认知,这种认知有利地调节着直观期待表象(Erwartungsvorstellung)的形成,并且这种调节较之于联想的自然特征所做的规整要更为有利。但思维功能与思维生物之维系的 A 167
关系,在我们这里是指思维功能与人类之维系的关系,隶属于心理 B_1 168
人类学,而不属于认识批判。作为观念统一的规律所具有的功能就在于,以普遍陈述含义的方式将无数可能的个别情况**逻辑地**包含在自身之中,而这是直观所无法做到的,即使是神的直观也无法做到。直观恰恰不是思维。思维的完善性显然在于作为“本真”思维的直观思维;或者说,在于这样一种认识,在这种认识中,思维意向仿佛是得到满足地过渡为直观。然而,根据前一章所做的简短阐述,我们已经可以得出这样的结论:如果人们想把直观——在通常的外感性或内感性的意义上所理解的直观——理解为本真的智性作用,而概念理解的(begreifend)[2]思维的真正任务就在于,借助于间接的、省略直观的手段来克服这种智性作用所带有的、可惜是过分狭窄的局限性,那么,这就是一种对这个事态的根本错误的解释。诚然,我们习惯于将一个大全直观(allerschauend)的精神看作是逻辑理想;但这只是因为,我们也将大全知识、大全思维和大全认识默默地附加给大全直观。据此,我们将大全直观的精神想象为一种不仅仅进行着(无思想的、即便是相即的)直观,而且也

[2] 在A版中为:代现性的(repräsentative)。

在范畴上为它的直观构形并对它们进行联结的精神,现在,这种精神还在这种被构形和被联结的直观中获得它的思维意向的最终充实,并据此而实现大全认识的理想。因而我们必须要说:目的、真实的认识不是单纯直观,而是那个相应的、在范畴上被构形并因此[3]而与思维完全相符的直观,或者反过来说,是那个从直观中吸取着明见性的思维。只有在思维认识的领域之内,“思维经济学”——它更多地是一种认识经济学——才具有意义,并且也就具有其广阔的区域。①

A 168
B1 169

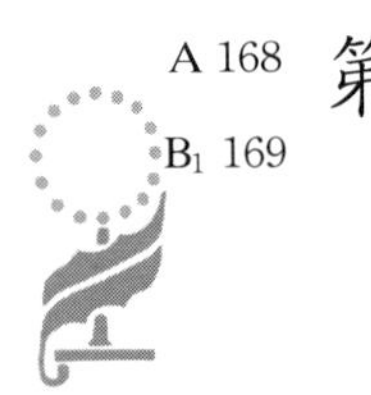

第25节 普遍代现(Repräsentation)是否可以作为普遍表象的本质特征而被运用

540

刚才所描述的将普遍概念理解为省略思维的技艺手段的做法,通过代现理论而获得了进一步的提高。人们说,实际上只存在着直观的个别表象,所有思维都是在这些表象中进行的。但是,出于迫不得已的情况或为了方便起见,我们用某些其他的表象作为代表(Stellvertreter)来替代实际上应当进行的表象。普遍的、与整个等级(Klasse)有关的代现运用这种发明性的技艺手段可以得出这样一种结果,就好像真正的表象始终是当下的;或者毋宁说是可以得出一种集中作用的结果,即:把我们根据现实表象能获得的所有个别结果都归集到一起。

① 也可参阅本书第一卷《纯粹逻辑学导引》,第九章。

[3] 在A版中加有重点号。

不言而喻，我们在前面所做的指责也一同涉及这个学说。但代现的思想在那些并不十分注重或根本不注重代表（Stellverstretung）作用之思维经济价值的抽象学说中也发挥着作用。问题于是在于，这个与思维经济学学说相分离的思想是否能够有助于对普遍含义的本质描述。无论如何，代现一词具有变动不居的多义性。毫无疑问，人们可以冒险做此表达[4]：普遍名称或奠基性的个别直观就是这个等级的“代表”（Repräsentant）[5]。但必须考虑，这个词的不同含义是否相互混淆，因此，用它来进行描述，而不是对它进行澄清，这种做法是否会造成混乱，或者会恰恰有利于错误的学说。

根据我们的阐述，普遍表象（无论我们在这里所理解的是普遍含义意向还是相应的含义充实）与直观的个别表象的区别并不是心理学功能的区别，并不是那种在我们心理生活过程的联系中被赋予某些外感性和内感性的个别表象的作用区别。与此相符，我们就没有必要再去分析代现理论所做的阐述，这些阐述将代现仅 A 169
仅说成是一种心理学的作用，同时却根本不涉及基本的现象学事 B_1 170
实，不涉及那些赋予普遍表达和思维的个别体验以其全部特征的新型意识方式。这个基本点有时被顺带地接触到；从个别表达中可以看出，人们并未完全忽略现象学的东西。甚至大多数阐述会对我们的批评回答说：我们所强调的正是他们的观点。诚然，代现作用显示在一种从现象上说极为特别的特征中。但普遍表象在这

[4]　在A版中还紧跟：可以在一种好的意义上说。

[5]　在A版中未加引号。

里无非只是一个以另一种方式被着色的(tingiert)个别表象而已；直观被表象之物在这种着色(Tinktion)中被我们看作是彼此类似个体的整个等级的代表。然而，如果人们将这样一种在逻辑上和认识论上最重要的东西当作个体直观的少许附加品来对待，这种附加并不对体验的描述性内容有任何重要影响，那么上面所做的那种承认仍然于事无补。尽管人们在这里并未完全忽略那个首先在思想上激活了语音和描画性图像的新的行为特征，但人们仍然认为没有必要带着特殊的描述性兴趣来面对它；人们以为，只要做出关于代现的那些肤浅[6]讨论，所有事情便都已得到了解决。人们没有意识到，在这些和类似的行为特征中包含着所有逻辑之物；

B1 171 只要在逻辑意义上谈到“表象”和“判断”及其杂多形式，那么规定着这种行为的就是概念。人们没有注意到，这些行为特征的内在本质就在于，它们是关于普遍之物的意识，而且所有那些被意指的

普遍性样式，只要它们是在形式和规律方面涉及纯粹逻辑学，它们

A 170 就只能借助于这种意向特征的相符样式而成为被给予性。人们也没有看到，虽然个体直观以某种方式为新的、建立在它们之上的思想表象行为(无论是“象征的”表象，还是“本真的”表象)提供了基础，但它们本身连同它们本己的感性－直观意向却根本不进入到思想内容之中，因此，有关代现的话语的主要意义、亦即代现理论的倡导者们所主张的那个意义预设了前提，而在这里所缺乏的恰恰是这个前提。

[6] 在A版中为：不十分清楚的。

第 26 节 续论：普遍性意识的各种变异与感性直观

在这里做更为详细的阐述并非无益。我们强调，那种赋予名称或图像以代现特征的新观点是一种新的表象行为；在意指中（并且不仅是在普遍意指中）进行着一种相对于“外”感性或“内”感性的单纯直观而言新的意指方式，它具有与单纯直观中的意指完全不同的意义并且常常也具有完全不同的对象。而且，根据普遍名称的逻辑作用的不同，根据它出现于其中并有助于其定形的那个含义联系的不同，这个新的意指的内容（如我们有时已经注意到的那样）①也各不相同，它在其描述性本质方面具有杂多的差异性。个体被直观的东西不再完全像它所显现的那样被意指；相反，这里被意指的忽而是一个在其观念统一中的种类（Spezie）（例如“音阶c”，“数字 3”），忽而是一个作为分有普遍之物的个别性总体的阶别（Klasse）（“这个音阶上的所有声音”；从形式上说：“所有 A”）， B1 172
忽而是这个种类（“一个 A”）中或这个阶别（“在 A 中的某个东西”）中的一个不定个别之物，忽而是这个被直观的个别之物，但被看作是属性的载体（“这里的这个 A”），如此等等。每一个这样的变异（Modifikation）都对意向的“内容”或“**意义**”[8]有所改变；换 A 171

① 参阅本书第三章，第 16 节，第 147 页以后[7]。

[7] 在 A 版中为：第 146 页以后。

[8] 在 A 版中未加重点号。

言之，每走一步，那种在逻辑学[9]意义上叫作“表象”[10]的东西，即就像在逻辑上被理解和被意指地那样被表象的东西，都会发生变化。各种相伴的个体**直观**是否保持不变，这是无关紧要的；如果意指（表达的意义）发生变化，逻辑表象就会变化，而只要对它的意指不变，逻辑表象也就保持同一。我们在这里甚至无须强调，奠基性的显现可以完全忽略不计。

思想的和感性的“立义”（Auffassung）之差异是一个本质性的
差异；它并不像我们例如时而将“这个客体”立义为蜡像，时而（在
受到迷惑的情况下）立义为活人那样，仿佛只有两个个体-直观的
立义在相互变换。我们也不应受这样一种状况的迷惑，即：表象性

的意向也能够以思想性的个别表象、多数表象和总体表象的形式
指向**个体的**个别性（指向一个、多个或所有这类个体个别性）。明
见无疑的是，意向的特征完全不同于任何一个直观的（感性的）表
544 象，因而含义内涵也完全不同于直观的表象。意指“一个 A”不同
于素朴直观地表象一个“A”，又不同于在直接的意指和指称（即通
过专名的指称）中关涉到“A”。对“一个人”的表象不同于对“苏格
B_1 173 拉底”的表象，而对“苏格拉底这个人”的表象又与前两种表象不
同。对“几个 A”的表象不是对“这个 A”或“那个 A”的直观之和，
也不是一个将已有的个别直观聚为一体（尽管这种对对象相关物、
对总和的聚合是一种超越出感性直观领域的额外功能）的相加行
为。当这些个别表象作为示范性直观而成为基础时，我们的目的

[9] 在 A 版中未加重点号。

[10] 在 A 版中未加引号。

并不在于这些显现的个别性和它们的总和；我们所意指的恰恰是“几个 A”，而这是无法在任何外直观、也无法在任何内直观中被直 A 172
观到的。这种情况当然也适用于其他的普遍含义形式，例如适用于“二”或“三”的数字形式，也适用于“所有 A”的总体形式。一旦我们理解“所有 A”的表达并且合乎意义地使用它，这个总体就是在逻辑学的意义上被表象的。也就是说，它是以统一思想的方式被表象的，而且它只有以这种方式或以一种相应的“本真的”形式才能被意识到。因为我们只能直观这个东西和那个东西。无论我们经历了多少个别性，无论我们如何起劲地将它们相加，我们最多只能表象所有的“A”，倘若这个概念范围确实已被穷尽的话；但“所有 A”并未被表象，逻辑表象并未被进行。另一方面，如果逻辑表象被进行，那么它就会达到直观，可以企盼并获得对自身的澄清。但人们可以看到，使我们能够看到能够“本真地被意指”之物的，并不是那种对被表象的对象性的感性－直观的建立，即对这里所说的全部“A”的感性－直观的建立。毋宁说，思想的意向必须以其形式与内容所要求的方式与直观相关联，并且必须在直观中得到充实，这样便产生出一种复合行为，它获得清楚和明晰的优点，但它并不会取消思想，并不会用单纯的图像来取代思想。

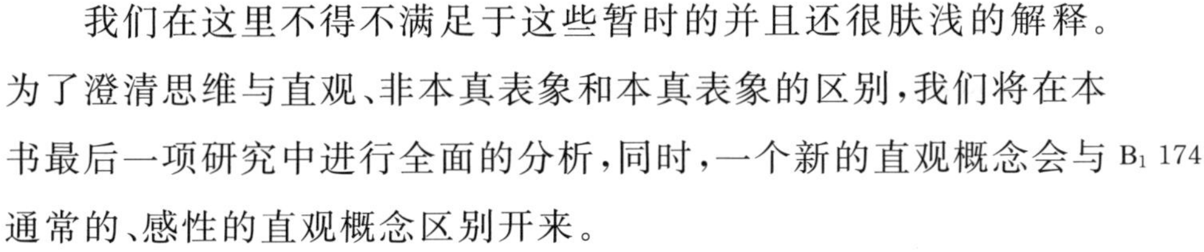

我们在这里不得不满足于这些暂时的并且还很肤浅的解释。为了澄清思维与直观、非本真表象和本真表象的区别，我们将在本书最后一项研究中进行全面的分析，同时，一个新的直观概念会与 B_1 174
通常的、感性的直观概念区别开来。

第 27 节　普遍代现的合理意义

根据这些考虑,我们现在根本不会想再去熟悉那些早已为人
A 173 们所好的关于普遍符号与直观图像的代现作用的话语。由于带有多义性,而且尤其是带有在对它所做的通常解释中的多义性,这些话语无法有助于我们对在普遍形式中活动的思维所做的描述刻画。

表象的普遍性应当包含在代现的普遍性之中。倘若我们将代现的普遍性理解为那种在直观基础上进行的新的意识方式,或者更确切地说,理解为那种变换不定的变异,而普遍性意识就是在这些变异中得到描述的,无论它被描述为对种类之物的意识,还是被描述为全体性意识(Allheitsbewußtsein),或是被描述为不确定的统一性意识(Einheitsbewußtsein)或多数性意识(Mehrheitsbewußtsein)等等,——那么一切都还正常。关于直观图像的代现作用之说法还可以在这个意义上被使用,即:直观图像在自身中只是将有关种类的一个个别之物表象出来,但这个直观图像是作为建立在它之上的概念意识的支点在起作用,以至于对种类的意向、对概念对象之总体的意向、对这一种类中的一个个别之物的意向以及如此等等,都借助于它才得以成立。这样,在对象方面,直观对象本身也可以被称之为代表,即对种类、等级、不定地被意指的个别之物等等的代表。

对于描画性的直观图像有效的东西,对于那些无须形象的帮助而“代现”地起作用的名称来说也是有效的。正如含义意识可以

在不相应的和最终远离本真示范的直观基础上展开自身一样，它们也可以在单纯的名称上展开自身。名称是代表，这无非意味着，B₁ 175
它的物理显现是有关意指着概念客体的那个含义意向的载体。

在这种理解中不可能含有唯名论的位置。因为思维现在已经不再还原为某种对名称和个别观念的外在使用，甚至无意识联想的机械过程，在这种机械过程中，个别性就像一个计算器上的数字号码一样当场显示出来；与此相反，存在着一种与直观表象（作为那种直接关涉到显现对象的意指）具有描述性差异的概念表象：一 A 174
种根本上全新的意指，它本质上包含着"一"与"多"、"二"与"三"、"某物一般"、"所有"等等形式。而且，其中还包括着这样一种形式，在这种形式中，种类以被表象对象的方式构造自身[11]，以至于它可以作为可能的定语陈述或谓语陈述的主语而起作用。

第28节　代现作为代表（Stellvertretung）。洛克与贝克莱

但在历史上的抽象理论中，关于普遍代现的说法并不具有刚才所阐述的、而且是唯一合理的内容，对于这些内容来说，代现这个名称当然已不再合适。这里所指的毋宁说是符号对被标示之物的代表（die Stellvertretung des Zeichens für das Bezeichnete）。

洛克已经在与其抽象观念学说相关的方面赋予代表以本质性的作用，贝克莱及其后继者们的抽象理论从洛克那里接受了这一

[11]这一段中的三处重点号为B版所加。

思想。例如我们在洛克那里读到[①]："显而易见……，普遍(general)与普全(universal)不属于事物的实在实存；它们毋宁说只是理智的发明和创造，而且它们是为了理智自己的用途而被理智构造

B₁ 176 出来的，它们只与符号有关，不论这些符号是语词还是观念。……如果语词作为符号而服务于普遍观念，并且可以无分别地运用在许多个别事物上，那么语词便是普遍的；……如果观念作为许多个别事物的代表而被提出，那么观念就是普遍的；……它们的普遍特性仅仅存在于由理智赋予它们的那种能力之中，即那种能够标示或代表许多个别性的能力。因为它们所具有的含义仅只是人的精神附加给它们的一种关系而已。"

A 175 贝克莱对洛克抽象论的生动抨击涉及洛克的"抽象观念"，但洛克附加给这些观念的代现作用则被贝克莱转加给各种在场的(präsent)个别观念或自在、自为的普遍名称。我在这里引用《人类认识原理》导论中的下列阐述："如果我们将我们的语词与一个特定的意义相联结而且只谈论概念性的东西，那么我相信，我们必须承认，当一个自在和自为地是个别观念的观念被用来代现或替代所有其他的这类个别观念时，它便成为普遍观念。为了举例说明这一点，人们可以想象一下：一个几何学家要证明，一条线如何被分成相等的两部分。他画一条一英寸长的黑线；这条线自在和自为地是一条个别的线，尽管如此，它在它所标示的东西方面却是普遍的，因为它在这里被用来代表所有个别的线，无论这些线的状

① 洛克：《人类理解论》，第三卷，第三章，第 11 节。（此处引用的是洛克的英文原文。重点号应为胡塞尔所加。——中译注）

态如何，以至于被它所证明的东西也就被所有的线所证明，换言之，被一条普遍的线所证明。同样，正如个别的线由于被用作符号而成为普遍的线，线这个自身是个别的名称也是由于被用作符号才成为普遍的。并且，正如任何观念的普遍性都不建立在这样的
基础上，即：它是一个抽象的或普遍的观念的符号；而是建立在这 B1 177
样的基础上，即：它们是所有能够存在的个别直线的符号，因此，我们必须认为，线这个词之所以具有普遍性，原因是同一个，即它无差异地标示着各种不同的个别的线。”①

“根据我的理解，普遍性并不处在某物的绝对实证的本质或概
念[nature or conception]之中，而是处在一种关系之中，这种关 A 176
系是指某物与它所标示或代现的其他个别之物的关系，通过这种标示或代现，那些按其本质来说是个别的名称、事物或概念[things or notions]②便成为普遍的。”③

“看起来……一个语词之所以成为普遍的，不是由于它被用来作为一个抽象普遍观念的符号，而是因为它被用来作为许多个别观念的符号，它可以在精神中无差异地唤起这些个别观念中的任

① 我引用的是于贝韦格的译文(带有细微的更动)，第 9－10 页(第 12 节)。(这段以及后面两段引文的重点号应为胡塞尔所加。——中译注)

② “Things or notions”。人们知道，“事物”对贝克莱来说无非就是“观念”的复合而已。但无论如何，“notions”在这里是指与精神及其活动相关的表象(Vorstellung)，或者是指那些其客体“包含着”这些活动的表象，正如所有关系都带有这种包含性质一样。贝克莱将这些表象从根本上区别于感性观念，并且有意不把它们称为观念(参阅第 142 节)。这些表象因而与洛克的反思观念是一致的，并且它们既包含纯粹的反思观念，也包含混合观念。此外，我们对贝克莱的“notion”概念几乎无法做出统一和清晰的确定。

③ 同上书，第 15 节，第 12 页。

何一个[any one of which it in differendly suggests to the mind]。例如，如果说，‘运动变化与使用的力成正比’，或者说‘所有具有广延性的东西都是可分的’，那么人们可以将这些关于运动和广延的规则理解为普遍的；尽管如此，人们却并不能得出，它们在我的精神中引起一个对无运动物体或无确定方向和速度之运动
B_1 178 的表象……。相反，在这些规则中仅仅包含着，无论我观察哪些运动，无论这些运动是慢还是快，是垂直还是水平还是倾斜，无论它们是这个客体还是那个客体的运动，与它们有关的公理都同样会证实自身。与此相同，另一个定律也会在任何一个特殊的广延上证实自身……”①

第29节　对贝克莱的代现论的批判

我们针对这些阐述可以做如下批评。贝克莱声称，个别观念
A 177 是被用来代表所有其他同类的个别观念，这个声称从“代表”这个词的正常含义来看是站不住脚的。只有当一个对象接受了否则应当是由其他对象来进行（或经历）的事情时（或者是这些事情的客体时），我们才谈论“代表”。所以，一个被授以全权的律师作为代表来进行他的代理人的业务，使者代表统治者，简略的象征代表复杂的算术表达，以及如此等等。我们现在要问，在我们这里所涉及的情况中，暂时的、生动的个别表象是否行使着代表作用，它是否

① 同上书，第11节，第89页。（参阅，A. C. 弗莱瑟（Fraser）主编的《G. 贝克莱著作集》，第144页。）

接受了一件本应由一个其他个别观念，甚至是由任何一个同一级的个别观念来完成的事情？根据贝克莱的清楚表达，这当然是确定无疑的，但实际上却并非如此。显而易见的仅仅是，这个现有的个别观念所做的事情，同样也可以由另一个个别观念来进行；就是说，每一个个别观念都可以被用来作为抽象的基础，作为普遍含义的直观奠基。有关代表的思想因而是通过这种反思才产生出来，即：每个个别观念在这种作用中都是等值的，而且如果我们选择了其中的一个，那么任何一个其他的观念都可以代表它，反之亦然。只要我们直观地进行一个普遍意指，这种思想就是可能的，但它绝 B1 179
不因此而是现实的，尤其是因为它自己恰恰是更多地预设了那个它所要取代的普遍概念。据此，个别观念也只能是它们自己的可能代表，而不是现实代表。

但贝克莱却认真地看待这种代表，而且在这里一方面依据普遍陈述的意义，另一方面依据在几何学证明中的形象作用。前一个依据是指前面引自《人类认识原理》导论第 11 节中的文字。如果我们判断说："所有具有广延性的东西都是可分的"，那么我们就 A 178
是指，无论我们观察的是什么，任何一个具有广延性的东西都将被证明是可分的。普遍名称（或者说，始终相伴的个别观念）根据这个定律的意义而代现着任何一个个别的具有广延性的东西，无论它们是什么，——因此，这个给定的个别观念"在精神中以无差异的方式"唤起了这个等级中的任何其他个别观念。

可是贝克莱在这里混淆了两个根本不同的事物：

1. 符号（名称或个别观念）是在概念范围中的任何一个个别之物的代表，它在贝克莱看来甚至唤起了（suggests）对这些个别之物

的表象;

2.符号具有含义,具有意义,“所有 A”或“无论哪一个 A”。

就后者而言,这里没有谈到在代表意义上的代现。可以有一
个或几个 A 被唤起或被完全直观地表象出来;但我正在看(但并
不带着看的目的)[12]的这个个别之物并不指明任何其他的、它所
替代的东西,它更不会指明任何一个这一类的个别之物。所有
“A”或任何一个随意的“A”是在完全另一种意义上被代现,即:**在
思想上被表象**。在一个统一的脉动(Pulse)中,在一个同质的和特
有的行为中,“所有 A”的意识被进行;这个行为不具有任何与所有
个别的“A”有关的成分,而且它不可能通过对个别行为或个别唤

B_1 180 起的组合与交织而被制作出来或被替代。通过它的“内容”、它的
可从观念上把握的意义,这个行为关系到这个范围中的任何一个
成分,但并非以实在的方式,而是以观念的、即逻辑的方式。我们

对所有“A”所做的陈述,即在一个具有“所有 A 都是 B”这种形式
的统一定律中所做的陈述,对于每一个确定存在的 A_0 都自明地和
先天地有效。从普遍到个别的推论可以在每一个给定的情况中进
行,并且谓词“B”可以逻辑合理地对 A_0 进行陈述。但是普遍判断
并不因此就将特殊判断实项地(reell)包含在自身之中,普遍表象
A 179 并不因此就将隶属于它的个别表象实项地包含在自身之中,无论
这里所说的实项是在哪一种心理学的或现象学的[13]意义上的实
项;因而前者也不会以一捆、一索的代表的方式包含后者。所有这

[12] 在 A 版中为:观察。

[13] 在 A 版中为:描述的。

些“纯粹的”、未与经验此在设定相混淆的普遍概念，如数、空间构成物、颜色、强度，它们构成的范围是无限的[14]，这种无限性就已经将这种阐释标示为背谬。

第30节　续论：贝克莱从几何学证明过程中得出的论据

其次，贝克莱还依据于被几何学家在证明中加以使用的画线的例子。贝克莱在这里和在其他地方一样将那些为数学思维提供支撑的感性个别情况（或者毋宁说是观念个别情况的感性相似物）作为证明的主语来运用，这一点表明，他受到经验主义倾向的错误引导，这种倾向处处使感性-直观的[15]个别性优先于本真的思维客体[16]；就好像这种证明是对纸上的笔划、黑板上的粉笔三角形进行的，而不是对直线、对绝对和“普遍”三角形。我们在前面①已经纠正了这个错误，并且指出，这个证明实际上不是对被描画的个别性的证明，而是从一开始就是对普遍性的证明：对所有普遍的和在一个行为中被思考的直线的证明。这一事实也不会因为几何学家的说话方式而改变，他们普遍地提出他们的定律，并且例如用这些话来开始他们的证明：“AB是任意的一条直线”……。这并不

B1 181

① 参阅本书第20节，第155页。也可参阅洛克，《人类理解论》，第四卷，第一章，第9节。

[14] 在A版中为：未混淆的普遍概念所构成的范围是有限的。

[15] 在A版中为：直观的。

[16] 在A版中为：思维行为。

是说,证明首先是对这个"AB"直线(或对一个特定的、通过它来代表的观念的直线)而进行的,然后这个"AB"又作为任何其他直线的代表而起作用;相反,这只是说,这个"AB"在直观象征化中将一
A 180 个样本表象出来,然后,它被用来作为对"一条直线一般"这个思想的最可能直观性设想[17]的支点,这种思想构成逻辑联系的真实的和连续贯穿的组成部分。

这种代表论对于澄清普遍思维并无许多帮助,这也表现在这样一个问题中,即:普遍思维与那些在对纸上的直线之证明中必然会出现的杂多普遍表象的关系如何。与这些普遍表象相一致的直观性并不能同样被理解为证明着的思维的客体。因为否则连一个唯一的定律也无法得到构成;我们就只有代表性的个别观念,但却不具有思维。难道人们相信通过对这些个别性进行某种混杂就可以使一个谓词判断成立?普遍名称以及它在谓语中的普遍含义的作用显然不同于它们在主语中的作用,而且如我们已经注意到的那样,这种作用随逻辑形式、即思想联系形式的不同而各有差异,普遍含义与这些形式相融合,但它们在融合过程中仍然同一地保留着一个核心内涵并且由于不同的句法作用而发生变异(modifizierend)。① 在所有这些形式中,"思维"自身的构造得以显示,或者客观地说,含义的观念本质得到先天的展开(就像数字的本质在数的形式中得到展开一样),人们用所谓代表的空话又怎么能够解释这些形式呢?

① 参阅本书第 147 页的注释。

[17] 在 A 版中为:构造。

第31节　被指出的这些谬误的主要起源[18]

B₁ 182

如果人们指责洛克和贝克莱说，他们完全忽略了在个体意向中的个别观念与在普遍意向（作为概念意识的基础）中的个别观念之间的描述性区别，那么人们就走得太远了。我们在各种表达中可以确定：是“精神”赋予个别观念以代表作用，是“精神”将显现的个别性作为代表来使用；而且这两位伟大的思想家肯定也已承认，这种精神活动是有意识的，并因此而从属于反思的领域。但是，他 A 181
们的基本认识论错误或混乱是从一个前面①已揭示过的动机中产生出来的，即：他们在进行现象学分析时几乎仅仅坚持直观个别之物，可以说是仅仅坚持思维体验中伸手可及的东西，仅仅坚持名称和示范性的直观，而他们同时却不知道如何从行为特征开始，因为

① 本书第142页及以后各页[19]。

[18]A本的附加与修改：不言而喻，在这些段落中，在含义的标题下所包含的不仅是含义意向的意向本质，而且也包含含义充实的意向本质。这种表达方式具有一定的方便性，但它要求对含义概念做类似的扩展，正如我们在本书第六研究的第八章中已经在思维、判断、表象、抽象等等术语上所承认的那样，应当区分“非本真的”和“本真的”含义。（当然，尤其是从对含义作用的流行理解方式来看，运用这样一种说法并非毫无顾虑。）据此，在研究的进程中，大都需要对普遍含义这个概念作广义的理解，它既包含对普遍之物的象征性的意指，也包含对普遍之物的直观性观视（intuitive Erschauen）。尤其在结尾一章必须做这种理解。。

[19] 在A版中为：第143页以后。

这些行为特征恰恰不是伸手可及的东西。所以他们一再地寻找某些更进一步的感性个别性以及某种对这些个别性的感性可表象的使用方法,以便能够赋予思维以一种实在,他们对于这种实在抱有偏见,而这种实在现在又不愿在现实的[20]现象中显示出来。他们无法做到,将思维行为看作是纯粹现象学地[21]展示出来的东西,并因此将它们视为一种全新的行为特征,一种相对于直接直观而言新的意识方式。他们没有看到,对于那些不受传统偏见之迷惑[22]来观察事态的人来说,这一点是显而易见的,即:这些行为特征就是对这些和那些含义内涵的意指(Meinen, Bedeuten),除了意指之外,人们在它们后面再也无法找到任何其他的东西或能够是其他的东西。

B1 183 作为"含义"的东西可以如此直接地被给予我们,就像作为颜色和声音的东西是直接被给予我们的一样。[23]它无法再进一步被定义,它是描述上的终极之物。只要我们进行或理解一个表达,这个表达就对我们意指某物,我们现时地意识到它的意义。这种[24]理解、意指、实施一个意义,它们都是对这个语音的听或对某一个同时的想象材料的体验。在显现的声音之间的现象学差异是如何明见地被给予我们,含义之间的差异也就如何明见地被给予我们。

---

[20] 在A版中为:素朴的。

[21] 在A版中为:现象的。

[22] 在A版中为:不带传统偏见之眼镜。

[23] 在A版中为:作为"含义"的东西可以如此直接地为我们所知,就像作为颜色和声音的东西是直接为我们所知的一样。。

[24] 在A版中为:理解一个表达,这个表达就对我们意指某物,我们实施它的意义。而这种。

当然，含义的现象学并未因此而达到了它的终点，相反，它由此才得以开始。人们一方面必须确定在象征－空泛的含义与直观充实的含义之间所存在的那个在认识论上的基础性区别，另一方面必须研究含义的本质种类和联结形式。这便是现时的含义分析的各个领域。人们通过对有关行为及其被给予性的当下化来解决这个领域中的问题。[25]在纯粹现象学的认同与区别、联结与划分中，以及通过总体化的抽象，人们获得本质性的含义种类和含义形式；换言之，人们获得逻辑的基本概念，这些概念不是别的，就是对原始含义区别的观念把握。 A 182

然而，人们没有对含义进行现象学的分析，以便确定逻辑的基本形式，或者反而言之，人们没有弄清，逻辑形式无非就是行为的典型特征和（在复合意向的构造中）它们的联结形式，而是进行通常意义上的逻辑分析；人们考虑，在含义中就对象方面而言被意指的是什么，以便在行为中实项地[26]寻找这个被意指为对象的对象。人们的思考是在含义之中的思考，而不是关于含义的思考；人们探讨的是被表象和被判断的实事状态，而不是表象和判断（即称谓的和陈述的含义）；人们宣称并相信已经进行了描述性的行为分析[27]，而实际上人们早已离开了反思[28]的基地，并把客观分析当作现象学分析的基础。而且，纯粹－逻辑的分析也是客观的，这种分析所探讨的是那些“包含在单纯概念（或含义）中的东西”，即：那 B₁ 184

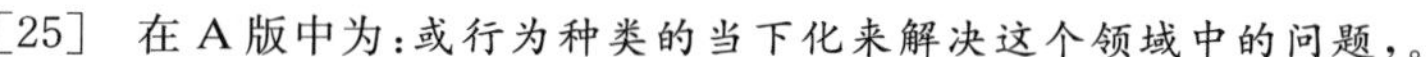

［25］　在A版中为：或行为种类的当下化来解决这个领域中的问题，。

［26］　在A版中未加重点号。

［27］　在A版中为：描述－心理学的分析。

［28］　在A版中为：心理学反思。

些作为在这种形式中被思考之物而先天地被归给对象一般(Gegenständen überhaupt)的东西。在这个意义上，纯粹逻辑学和纯粹数学的公理是“通过单纯的概念分析”才产生出来的。在完全不同的意义上，现时的含义分析所研究的是“那些包含在含义之中的东西”。只有这里的表达方式才是本真的表达方式：含义以反
A 183 思的方式成为研究的对象，受到探问的是含义的现实部分和形式，而不是对含义对象来说有效的东西。洛克提出其普遍观念论的方式，也包括他提出代现论的方式，同样，贝克莱关注和维护这种代现论的方式，尤其是他对普遍定律之意义的考虑方式①，它们都为以上所说提供了充足的例证。

① 可以参阅前面第 177 页[29]所引用的他的例子分析，引自《人类认识原理》导引第 11 节。

[29] 在 A 版中为：第 176 页。

第五章　关于休谟抽象理论的现象学研究[1]

第 32 节　休谟对贝克莱的依赖性

今天已经不再需要强调，休谟的抽象观绝然不同于贝克莱的抽象观。① 然而，这两种观点又是如此相近，以至于我们不会完全不理解，休谟在《人性论》第七节的阐述的开端上会将他自己的命题强加给贝克莱。他写道："一位大哲学家已经反驳过……传统观 B_1 185
点，并且主张，所有普遍观念都只是个体观念，它们与某些名称相联结，这些名称赋予它们以较为广泛的含义，并且在有些情况下会将其他相似的个别观念唤入到回忆之中。我认为这一见解是近年

① 参阅迈农：《休谟研究》，I，第 36 页[218]。

[1] A 本的附加与修改：在第五章中，也许在这整个研究中都必须考虑冯·迈农关于"抽象与比较"的最新论述(《心理学与生理学研究杂志》，第二十四卷)。可惜我在完成这部书后以及在付印期间无法再进行新的研究。迈农所引用的马里(E. Mally)关于"抽象与相似性认识"的文章(《系统哲学文库》，第六卷)我至今尚未见到。.

A 184 来科学王国中最伟大、最值得尊敬的发现之一。"[①]这当然不完全是贝克莱的见解。贝克莱并未像休谟所希望的那样,相信普遍观念有力量使相伴的个别观念成为其他同一等级的个别观念的代表。在贝克莱看来,普遍名称可以不通过相符的个别观念而自为地发挥代现的作用,而个别观念也可以不通过名称来发挥代现的作用,最后,这两者可以同时发生,但名称在与代现性的表象的联结中并不具有优越性。然而主要的问题始终在于:普遍性是在代现之中;而休谟将代现理解为显现的个别性对其他个别性的代表,这些其他个别性是指那些如贝克莱所说通过前者而从心理上"被唤起"的,或如休谟所说被唤入到回忆之中的其他个别性。

这样,我们的指责便也一同涉及休谟,甚至是更尖锐地涉及他,因为对代表以及对代现的个别表象之引发的语词理解在贝克莱那里看起来还有些模糊不清,而在休谟这里则显得赤裸裸地明确无疑。

B1 186 第33节 休谟对抽象观念的批判及其误认的结果。他对现象学要点的忽略

因此,贝克莱学说的精神在主要之点上为休谟所接受。但休

① 我引用的是利普斯(Th. Lipps)的功德无量的德译本《人性论》(第一卷,第一章,第七节,第30页),但用"观念"(Idee)取代了"表象"(Vorstellung)。我们仍可以继续保留利普斯用特殊的表象概念(Vorstellungsbegriff)来翻译休谟这个术语[idea]的做法。[胡塞尔仅在这段引文中用"Idee"(观念)来替代利普斯的德译"Vorstellung"(表象),在以后各段引文中则仍维持利普斯的原译。为保持前后一致,我在这里仍按中译的习惯将休谟的"idea"概念统一译作"观念"。——中译注]

谟并不是仿效性的人物，他继续发展了这一学说；他试图更精确地构造它，尤其试图在**心理学上**深化它。从这方面看，我们所要探讨的并不完全是休谟所提出的那些反对这门抽象观念学说的论据，而更多地是他将这门学说与之相联结的联想－心理学的考察。他用来反对抽象观念说的论据本质上没有超越出贝克莱的思想范围，而且，如果休谟正确地确定了证明目标，那么这些论据完全是 A 185
无可辩驳的。**在洛克哲学意义上**的抽象观念，即通过对源于具体图像的特征观念的分离而产生的抽象图像已经被肯定地证明为是不可能的。但休谟自己用这样一句话来概括他的**结论**：“因此，抽象表象（观念）自身是个体的，无论在它们所表象的东西方面如何普遍。在我们精神中的图像仅仅是一个个别对象的图像，即使它们在我们判断中得到如此的运用，就好像它是普遍的一样。”①休谟的批判显然不能证明**这些**命题。它所证明的是：抽象图像是不可能的；而且它可以与此相关地得出结论，如果我们尽管如此仍然在谈论普遍表象，这些普遍表象作为普遍名称的含义（或含义充实）而从属于普遍名称，那么在具体图像上还必定添加了某些创造出这种含义普遍性的东西。这种附加的东西不可能（如果这个思考是在正确进行的话）存在于新的具体观念之中，因而也不可能存在于名称－观念之中；具体图像的混杂体所做的恰恰只能是将它所含图像的具体客体表象出来。如果我们现在没有忽略，意指活动（Bedeuten）的普遍性（无论它是含义意向的普遍性，还是含义 B1 187

① 休谟：《人性论》，第 34 页[在格林和格罗瑟（Green and Grose）主编的版本中为：第一卷，第 327－328 页]。

充实的普遍性）是以可感受的方式寓居于每一个我们在其中理解普遍名称并与直观发生有意义联系的个别情况之中的东西，而且是一种以直接明见的方式使这种普遍表象区别于个体直观的东西，那么结论就只能是：构成这个差异的是意识方式，是意向方式。一个新的意指活动特征表现出来，在这种意指活动中被意指的不是那个直观显现着的绝然对象，既不是语词－观念的对象，也不是相伴的实事－观念的对象，而是在实事－观念中得到示范的质性或形式，而且它被普遍地理解为种类意义上的统一。

A 186 然而休谟仍然坚持贝克莱的代现思想并且将它完全肤浅化了，因为他不去观察（在含义意指和含义充实中的）含义特征，而是迷失在那些发生性的联系之中，这些联系赋予名称以联想关系，即与这一等级的对象的联想关系。普遍性显示在主观体验之中，并且，如其所强调的那样，显示在一个普遍意指的个别进行之中；对此他只字未提并且也未做过有效的说明。他同样也没有注意到，在这里所显示的东西表明自身具有明确的描述性差异："普遍性"意识或是带有总体（generell）普遍性的特征，或是带有普全（universell）普遍性的特征，或者它根据这些或那些"逻辑形式"[2]而带有不同的色彩。

"观念形态"的心理学（"ideologische" Psychologie）和认识论企图将一切都还原为"印象"（感觉）和对"观念"的聚合排列（想象材料，作为"印象"的淡化了的影子），这样一种心理学和认识论当然会对意识方式、意向体验意义上的行为感到不舒适。我在这里

[2] 在A版中为：在这些或那些"逻辑形式"中。

要提醒人们注意，休谟是如何徒劳无益地在存在信仰(belief)概念上费心尽力，并且一再试图将此意识行为的特征作为力度或与力度类 B1 188 似的东西纳入到观念之中。所以，“代现”也必须以某种方式被还原为伸手可及的东西。据说发生－心理学的分析可以做到这一点；据说它可以表明，我们如何将我们所体验到的单纯个别图像“超出它的本性之外”而运用在我们的判断中，“就好像它是普遍的一样”。①

以上被加了重点号的措辞并未特别地标示出休谟立场的含糊性特征。从根本上说，休谟以这个“就好像”承认了他的伟大前辈洛克的观点：普遍观念的理论——如果这些观念是可能的——实 A 187 现了它们的目的。他没有注意到，洛克的普遍观念作为脱离开具体内容的小品词(Partikeln)本身又将意味着个体的个别性，而且鉴于它们与它们同类(无论它们是分离于具体观念，还是寓居于具体观念之中)的不可区分性这一状况，它们还无法获得思想的普遍性。他没有注意到，对此需要特有的行为，特有的意指(Meinen oder Bedeuten)方式。即使在预设了洛克的抽象物的前提下，也需要总体思想的形式才能以统一的方式去意指一个由诸多无法实项地表象的个别性所组成的范围。同样，对我们来说，属(Genus)是通过总体(generell)思维的行为才自身构造为对意识而言的同一性统一[3]；如此等等。客观的相同性关系存在着，它无须主观地显

① 休谟：《人性论》，第34页［在格林和格罗瑟(Green and Grose)主编的版本中为：第一卷，第327－328页］。

［3］ 在A版中为：属(Genus)是通过总体思想的行为才作为同一性统一而产生出来的。

示出自身；但这种相同性关系与个别被意识到的[4]相同之物并不相干；能够赋予个别之物以相同性范围思想联系的不是别的东西，恰恰是**思想**。

第 34 节　休谟的研究与两个问题的回溯关系

如果我们现在来看一下休谟心理学分析的内容，那么我们便能够通过两个问题来表达他用这些分析所想获得的结果：

B1 189 1. 个别观念如何会具有其代现作用；它如何从心理学上产生这种能力，即：作为同一等级的其他类似观念，并且最终是同一等级的所有可能观念的代表而起作用的能力？

2. 同一个个别观念可以纳入到许多相似性范围（Kreis）之中，而它在每一个**特定的**思想联系中只是代现**一个**这样的范围的观念。因此，为什么恰恰是这个代现的范围在这个联系得到突出，是什么在以这种方式限制着个别观念的代表作用，并且从而使意义的统一成为可能？

显然，如果人们放弃那个在这里至关重要的代现概念，并且用易于理解的和真正的普遍表象之概念来替代它，即用普遍含义或
A 188 含义充实（在本书第六研究，第 52 节所述意义上的普遍直观）[5]的概念来替代它，那么这个心理学问题就会保持其好的意义。一般

[4]　在 A 版中为：被体验到的。

[5]　B 版的附加。参阅：A 本的附加与修改：或**含义充实**（在本书第六研究，第 52 节，第 633 页所述意义上的普遍直观）。

认为[6],普遍观念是从个体－直观[7]表象中发生形成的。但是,尽管对普遍之物的意识一而再、再而三地是由个体直观所引起的,而且它从个体直观中吸取其清晰性和明见性,这种意识也并不因此就是直接从个别直观中产生的。因而我们如何做到:超出个体直观,不去意指显现的个别之物,而是意指其他的东西,意指那个在个体直观中得以个别化的,但却非实项地包含在它之中的普遍之物?所有那些赋予普遍之物以变换的对象关系并构成逻辑表象方式之区别的形式是如何产生的?然后,一旦我们对联想关系进行解释,我们也会涉及心境的(dispositionell)相似性群组以及与它们外在相联的符号。这样,第二个问题也就成为现时的,即:相似性范围如何可能保持它们的确定一致,而不在思维中发生混乱。

在这个问题上,如果我们一方面将休谟对抽象的探讨称之为 B1 190
一种极端的错误,另一方面却要求赋予这些探讨以其应得的荣誉,即:它为心理学的抽象理论指明了道路,那么这种做法并非是一个矛盾。休谟对抽象的探讨在逻辑学和认识论的方面是一个极端的错误;逻辑学和认识论的问题在于:纯粹现象学地研究认识体验,观察自为存在的和自为包含的思维行为,以便对基本的认识概念做出澄清。而休谟的发生分析显然无法达到理论上的完善性和最终有效性,因为它缺乏作为基础的充分描述分析。但这并不妨碍它包含着一系列极具价值的思想,这些思想能够一如既往地受到关注,而它们的有益影响也已得到了发挥。

[6]　在A版中为:可以肯定。

[7]　在A版中为:直观。

A 189 此外,与休谟完全缺乏一种对思维的严格描述分析这一状况有关,或者说,与他用经验-心理学的[8]研究来替代认识论研究的做法有关,由于休谟将思维理解为一种认识-经济学的作用,因而他也以为自己具有一个对思维进行认识论澄清的视点。在这方面,休谟是洛克哲学的真正学生。我们在前一章①中已经充分说明,对此应当提出何种批评。

第35节 休谟抽象论的主导原则、结论和阐述性思想

休谟对其心理学阐述的主导原则做了如下表达:

"如果那些[对我们的精神来说任何时候都是当下的]观念按

B1 191 其本性来说只是个体的,而且它们的数量在同一时间是有限的,那么它们就只是根据习惯才在它们所代现的东西方面成为普遍的,并且自身包含无数其他的观念。"②

结论是:

"一个个别观念通过与普遍名称的联结便成为普遍的,这个普遍名称根据习惯而与许多其他的个别观念有[联想]关系,以至于

---

① 参阅本书第24节,第166页及以后[9]。

② 休谟:《人性论》,第39页(在格林和格罗瑟主编的版本中为:第一卷,第332页)。

---

[8] 在A版中为:发生-心理学的。

[9] 在A版中为:第165页。

它会乐于将这些个别观念引导给想象力。”①

下面这段引文标示出这些阐述的主要思想：

“这种对观念超出其本己本性之外的运用，乃是基于我们能够 A 190
在精神中以一种不完善的，但却与生活目标相符合的方式将所有可能程度的量与质集中在一起……如果我们发现，许多我们经常遇到的对象都具有相似性，那么我们对所有这些对象就用一个名称，无论我们在它们的量和质的程度上感知到何种差异，也无论在它们那里还会产生哪些差异。如果这对于我们来说已经成为习惯，那么一旦那个名称响起，它就首先会唤起那些对象中的一个对象的观念，并且会导致想象力对它以及它的所有确定特性和比例进行把握。但是，正如我们已经预设的那样，同一个语词常常也被用在其他个别事物上，这些事物在某些方面不同于那些对精神来说直接当下的观念。而这个语词又不能唤醒所有这些个别事物的观念。但——如果我可以这样说——它接触到心灵，并且唤醒了 567
我们在观察这些观念时所养成的习惯。这些个别事物对于精神来 B_1 192
说并非现实地和实事地当下，而只是潜能的；我们并不是在我们的想象力中将它们全部取出，而只准备根据当前的意图和必要去观察它们其中的任何一个。这个语词唤起一个个别观念，并且随此观念一同唤起某个合乎习惯的观念趋向（custom）。然后，这种合乎习惯的趋向唤起另一个我们恰恰可能需要的个别观念。由于在大多数情况下不可能唤起这个名称所指的所有观念，因而我们便以一种仅仅是局部的观察来简化我们的工作。我们同时确信，这

① 同上书，第37页（在格林和格罗瑟主编的版本中为：第一卷，第330页）。

种简化仅只会给我们的思维带来微小的不利。”①

但愿这些引文可以有助于我们以一种对于我们的意图而言足
A 191 够的清晰性来回忆休谟理论的主要内容。我们在这里无法深入地对它进行批判分析，因为发生问题不属于我们的任务范围。

第36节 休谟关于“理性的区分”(distinctio rationis)的学说，对此学说的温和诠释和极端诠释

我们对休谟关于理性的区分的学说尤为感兴趣，通过这一学说，前面所说的第二个问题也同时间接地得到了解决。这里的问题在于，我们如何能够将那些无法成为(即无法通过一种在洛克所说的分离意义上的抽象而成为)自为的观念的抽象因素区别于直观客体。如何区分刚才直观到的“白色球体”与“白色”或“球形”，因为“白色”和“球形”不能作为(在洛克意义上的)观念而起作用，这些观念作为特殊的、可与具体观念相分离的部分被包含在具体观念之中。贝克莱通过对注意力的强调力量而回答了这个问题。

---

① 同上书，第34页[10](在格林和格罗瑟主编的版本中为：第一卷，第328－329页[11])。[“某个合乎习惯的观念趋向”这一中译是根据利普斯的德译文翻译的。休谟的英文原文仅为“a certain custom(某个习惯)”。在后面的论述中，胡塞尔也沿用了利普斯的德译，并且将“habits”(习性)也称作“合乎习惯的趋向”。——中译注]

---

[10] 在B版中为：第40页。
[11] 在B版中为：第332页。

休谟在这里想更深入一步，他提供了如下的解答：① B₁ 193

如果我们将这个白色球体与一个黑色球体相比较，并且另一方面与一个白色立方体相比较，那么我们便会注意到两个不同的相似性。通过许多次这类比较，我们将客体划分为各个相似性范围，并且，我们通过形成着的合乎习惯的趋向（habits）而学会“**从不同的视点观察**”每一个客体，这些视点与那些能使此客体被纳入到不同的，然而确定的范围之中的相似性相符合。当我们时而将我们的目光朝向单纯的颜色时，我们并没有区分颜色，但却带着一种反思来进行事实上统一的和不可分割的直观，“但由于习惯我们只是非常模糊地意识到这种反思”。在这种模糊的意识中，例如白 A 192
色的立方体[12]浮现在我们面前，由此而产生出一种相似性（即颜色方面的相似性），我们的目光朝向这个相似性，以至于被感知的白色球体仅仅被纳入到颜色的相似性范围中。随这种反思方式的不同，或者说，随在反思中被给予的相似性的种类的不同，在同一个直观客体上，一个不同的“因素”被关注；或者与此本质上相一致：同一个直观被用作普遍表象的所谓抽象的基础；在每一个相似性范围中都以联想的方式包含着一个特殊名称，以至于通过内反思，普遍名称也受到观察视点的[13]规定。

心理学研究在这里不是我们的实事课题，因而我们实际上并不打算对这种理论尝试的重要价值以及另一方面它的不成熟做出

---

① 同上书，第40页（在格林和格罗瑟主编的版本中为：第一卷，第332－323页）。

---

[12] 在A版中为：黑色的球体。

[13] 在A版中为：观察“方面”（Hinsicht）的。

批判性的把握。但我们必须在某种程度上探讨它，这种探讨要考
B₁ 194 虑一个对休谟的陈述看起来具有推动作用的背谬思想，这个思想同时又在现代休谟主义者们那里得到明确的倡导。对这个思想可以作如下的陈述：

标记、内属性并不是在真实的意义上寓居于那些“拥有”它们的对象之中的东西。或者用心理学的术语来说，一个直观内容的各种不同的、相互不可分割的方面或因素，例如色彩、形式等等，它们被我们当作在这个内容中现存的东西而加以把握，但它们事实上根本不在这个内容之中。毋宁说只存在着一种现实的部分，即那种也可以自为地有分别地显现出来的部分，一言以蔽之：块片(Stücke)。所谓抽象部分内容，也就是那些虽然不能自为存在(或自为地被直观)，但却可以自为地受到关注的部分内容，在某种程度上只是具有实在根据的(cum fundamento in re)臆想。并不是颜色在有色之物中，形式在有形之物中，而是在事实上只存在着那种可将有关的客体纳入到它们之中的相似性范围，某些包含在对
A 193 此客体直观中的习性(habits)，通过直观而引发或策划的那些未被意识的素质(Dispositionen)或未受关注的心理过程。

更确切地看，这里的疑问是双重的：一个客观的怀疑和一个主观的怀疑。在客观方面，这个怀疑涉及显现的对象与其内属性的关系；在主观[14]方面则涉及显现本身(被理解为内在体验)[15]与它们在感觉方面的内涵的关系，以及它们在整个感性内容方面的

[14] 在A版中还紧跟：或心理学。
[15] 在A版中为：、现时的心理体验。

内涵的关系，这些感性内容是指在直观行为中经历着客体化“立义(Auffassung)”(统觉)[16]的内容。在这种立义[17]中，相应的对象性特征或属性得以显现[18]。因此，这里的问题一方面涉及球体本身以及它的内属性，例如它的均匀的白色；另一方面又涉及这个球体的显现[19]以及包含在这个显现中的感觉复合；其中包括例如连 B₁ 195 续映射出来的白色感觉——那个在感知中均衡地显现出来的客观白色的主观相关物。但休谟在这里和在其他地方一样忽略了这个区别。显现与显现之物在他那里融为一体。

我无法肯定，这些命题是否切中了休谟本人的见解，或者，他是否只是(在对洛克的反驳中)认为，具体的客体在其特征方面始终是简单的，即在这些特征的不可分割性意义上的简单，而这些特征作为“一致性因素”①仍然是在个别的、同类的客体本身之中现存的东西。如果这个解释正确，那么休谟在这个问题上便始终与贝克莱相一致，只是休谟的目的在于：从心理学上澄清“理性的区分”得以成立的方式。

这个问题显然具有好的意义，即便人们坚持将抽象因素看作 A 194 是真实内居的东西。人们所探问的恰恰是：由于个别特征只能在最紧密的相互渗透中出现并且永远不能自为地单独出现，因此，它

① 参阅同上书，第 35 页(在格林和格罗瑟主编的版本中为：第一卷，第 338 页，注)。

[16] 在 A 版中为：解释(Deutung)。

[17] 在 A 版中为：解释。

[18] 在 A 版中还紧跟：给我们。

[19] 在 A 版中还紧跟：(球体观念)。

们如何能够成为直观意向和思维意向的唯一客体；而在直观意向方面，应当如何解释注意力的偏好，它现在恰恰留意（Bemerken）垂青于这个标记，而后则留意垂青于另一个标记。

第 37 节　对这门学说之极端诠释的指责

由于我们在这里不能受心理学兴趣的引导，因而我们不必对这样一些批评做出说明，这些批评是指在预设了对休谟阐述之温和理解的前提下所形成的批评。这里需要说的仅只是：在休谟这
B1 196 些思想的基础上，再加以适当的变化，也许就可以构建一门可以使用的理论。人们首先不应认真地对待神秘的“内反思”。G.E.米勒（Müller）［在由 F. 舒曼（Schumann）[①]发表的笔录中］以一种极为清晰和敏锐的方式对休谟的理论做了更为仔细的组建，而且尽管他本人似乎偏好极端的解释，休谟的出发点或萌芽的有益性在这个组建中仍然明显地表现出来。

我们现在转向对休谟学说的极端解释之批判上去。它正处在认识论兴趣领域的中心。它在受到彻底的实施时会陷入到相当多的困难之中。

如果与绝对标记相符合的抽象内容在具体直观中本身就是虚无，那么联结内容和联系内容在对相应的统一形式之总和的直观
A 195 中就更是虚无了。不言而喻，“理性的区分”的问题以及解决这个

① F. 舒曼：“论时间直观的心理学”，《心理学与感官生理学杂志》，第十七卷，第 107－108 页。

问题的原则对于所有抽象内容来说都是同一个。因此,它们对于关系内容和联结内容来说以及对于绝对内容来说都是同一个。因此,在有色对象上的(或有色对象所具有的)颜色的虚假现存(Vorfinden)或区别是如何成立的,对这个问题,人们不能通过向这个有色对象与其他有色对象之间相似性之现存的回溯来回答。因为,如果我们前后一致地将这个说明进行下去,那么这种现存就必须被回归为这个相似性与其他相似性之间的相似性之现存(以颜色为例:由那些在有色客体之间存在着的相似性组成的相似性群组);说明原则必须再次被运用在这个相似性上,如此等等。

这个论据从抽象内容——我们将这些内容理解为在具体直观的统一中实项地被体验到的诸因素——转而运用到对"外部"对象的标记和复合形式的表象上去。因此,我们在前面相对于休谟而强调的区别应当在这里发挥作用,即:在作为实项当下的对象显现 B1 197

(作为体验)[20]的具体直观与被直观(被感知,被想象等等)的对象之间的区别。这里必须注意,这个对象不应被归属为某种自然科学的或形而上学的超越[21],它就是被意指为它在这个直观中所显现的东西,也可以说是被意指为它对这个直观来说有效的东西。因此,球体的显现与显现的球体相对立。同样,球体显现的被感觉的内容(作为在现象学上可以为描述分析[22]所发现的因素)与显现的球体的(被感知的、被想象的)部分或方面又相互对立;例如对白色的感觉和球体的白色相互对立。

[20]　在A版中为:心理体验。

[21]　在A版中为:不应被当作某个自然科学的或形而上学的基础。

[22]　在A版中为:可以为心理分析。

A 196 在做了以上陈述之后，我们可以说：如果有人将有关对那些抽象的、对象的规定性的直观表象的说法解释成单纯的虚假话语，并且声称，每当我们相信，我们正在感知例如一个属性白色时，实际上被感知的或被表象的都仅仅是这个显现的对象与其他对象之间的相似性而已；那么，他就陷入到了一个无穷后退（unendlichen Regreß）之中，因为关于这个被表象的相似性也需要受到与此相应的解释。

但这个有争议观念的荒谬性也直接表现在：尽管存在着所有这些明见性，意向客体还是被归属于一个与它明见不同的客体[23]。在一个直观的意向中所包含着的东西，我认为在感知中所把握的东西，在想象中所虚构的东西，它们都是毋庸争议的。我可能会误识感知对象的存在，但我不可能误识这一点，即：我将这个感知对象作为带有这样或那样规定性的东西来感知，并且它在这个感知的意指中不是一个完全不同的东西，例如它不会不是一只金龟子，而是一棵圣诞树。这种在规定性描述中或在对意向对象本身的认同与区分中的明见性尽管具有其局限性，这是显而易见的，但它是真实和真正的明见性。没有这种明见性，甚至连享有盛
B₁ 198 誉的内直观[24]的明见性——只要“内感知”被理解为对意向体验的感知，这种内感知的明见性就[25]常常被混同于前一种明见性——都是毫无用处的；只要表达性的话语得到提出，而且对被内感知的体验[26]的描述区分得以进行，这个明见性就已经被预设了，

[23] 在A版中为：还是被当作一个与它明见不同的客体的基础。

[24] 在A版中未加重点号。

[25] 在A版中为：它。

[26] 在A版中为：材料。

就此而论，对意向体验的区分和描述不可能不关涉到这些意向体验的意向对象[27]。①

这种明见性在这里对我们是有用的。直观这个对象的红与直观某个相似性关系，这两者有明见的不同。如果人们将后一种直观归结为未被注意或未被意识到的东西，那么结果只能是不利因素的增加，因为人们为了一个不可被关注之物而牺牲了这个明见被给予的意向。

只要内容在反思的现象学[28]分析中成为感知客体，前面所做 A 197
的思考便一同进入到当下的、与显现客体有关的思考之中。即使我们不再将并且不再能够将球体显现（体验）称之为事物并且不再将那些寓居于它之中的抽象内容称之为特性[29]或标记，在这里所涉及的这个描述性事态的方面就仍然保持不变。这种在事物与特性之间的差异是本体论的差异，它们不是体验特征，它们不是以一
个实项因素的方式包含在各种被给予的现象本身之中并在其中可 B1 199
被指明的东西；毋宁说，它们回指到这样一些意识体验的联系之上，在这种联系中，它们一致地显现出来，它们被经验到，而且受到自然科学的规定。[30]

① 参阅这一节结尾的“注释”2。

[27] 在A版中为：或者就根本谈不上明见性。

[28] 在A版中为：心理。

[29] 在A版中为：属性。

[30] 在A版中为：这种差异是形而上学的差异（或者也可以说是自然科学的差异）；事物性不是现象学的特征，它不是以一个实项因素的方式包含在各种被给予的现象本身之中并在其中可被指明的东西；相反，它回指到经验的联系之上，最终地和客观地回指到自然规律性的统一之上。。

在顾及这个事态的情况下，我们也可以将这个对于区分普遍意向对象有效的明见性运用于对内部材料的意向区分。在这样一种临界情况中，即：当被意指的对象从属于（完全具体的）体验本身的实项内容时，“内”感知[31]的明见性便起作用了；我们不仅具有被意指材料之差异性的明见性，而且也具有关于它们的现实此在的明见性。当我们将我们分析的兴趣不是朝向例如显现的球体，而是更多地朝向球体的显现，并且在**这个球体显现**上区分部分和方面，并且任意地将那个通过被感觉的内容而对我们所意谓的东西忽略不计，这时，我们不仅具有这样的明见性，即：这个颜色内容、这个总体内容等等被感知到[32]，而且我们同时也具有这样的明见性，即：它**是**[33]现实的。即使我们不能始终做到对释义（Deutung）忽略不计，并且我们更少能够做到对被体验的内容进行随意宽泛的分析；但这两者无论如何在大致上都是可能的。正如在意向对象差异方面的明见性并不因为这个原因而被取消，即：我们一旦超出这个大致的差异的领域便容易在我们的意向上产生误识；
A 198 也就是说，正如像在金龟子和圣诞树之间的差异——这两者纯粹地被看作是它们在我们的意向中作为意向客体而被意识到的那样——是一个真正的明见性，与此相同，同样有一个真正的明见性常常在告诉我们：颜色因素、感觉是**在**统一的直观**中**实项**现存的**，有某种东西在共同构造着这个直观，而且这个东西在直观中是一个不同于总体因素的东西。它并不会因为下列情况而受到影响，

[31] 在A版中为：“内感知”。

[32] 在A版中为：这个构形内容等等显现出来。

[33] 在A版中为：是在此。

即：不可思议的是这些因素的分离、它们的自为存在，而不是它们的单纯附着状态或被拥有状态。

人们说，某些心理过程，如未被注意的相似性序列的引发是自在存在的，有关的绝对简单的具体之物因此而仅仅获得某种特征、某个色彩，获得一个詹姆斯(James)①的“边缘”(fringe)，但这种说法仍然没有公正地对待上面所说的这个明见的事态。因为，首先，“边缘”也具有其实在性，就像那些被假设的无意识过程一样，而它们此外在纯粹现象学的考察中根本与我们无关；其次，“边缘”是一种附加物，它们既可以在此，也可以不在；因此，如果我们在这里将这些被假设的“边缘”等同于在具体之物上可以被明见地注意到的因素，那么后者整个地就会成为在一个载体上的附属品，而这个载体就会完全带有那种漂亮的无质性实体的特征，再也不会有人拿它当回事。 B_1 200

感觉因素、颜色因素、形态因素和其他内在的[34]规定性确实作为构造直观的因素而从属于直观的统一，这个明见性是无法用任何方式被否定掉的。人们至多只能将它们解释为某种融合的结果，或者也可以解释为实项地，但却以不被注意的方式包含在这些结果的要素本身之中的产物；但是，无论这在心理学的角度上是多么有趣[35]，这个描述性的直接成果，这个为了澄清概念和澄清认

① 这里指的是美国哲学家和心理学家W. 詹姆斯(1842－1910年)。——中译注

[34] 在A版中为：统一的色彩、形态以及这类内部。

[35] 在A版中还紧跟：和多么重要。

识而受到考察的东西却并不会因此而有丝毫改变。从理论上排斥这些抽象内容以及抽象概念,这就意味着企图将那些事实上是所有明晰思维和明晰证明之前提的东西证明为是臆想的。

A 199 也许,在放弃这些假设性考虑时,人们还会指责说,“理性的区分”只是在判断中被给予。这个绝对统一的现象存在于这一方面,然后有一个陈述附加上去,这个陈述将内部的差异判归给这个现象。但这并不说明,这个现象就确实具有内部差异。

B₁ 201 我们将会回答:显而易见,只要我们对一个体验进行判断,就会有两样东西在此:体验和陈述。但陈述也可以是正确的,而且只要它是明晰的,它就是正确的。如果有人承认,一个包含状态(Enthaltsein)真实地被给予并且被体验到,这种情况是存在着的,那么他只可能是根据明见性来作出这种主张的。而如果明见性曾经指明过一个包含状态,那么它肯定就是在这里做出的指明。当然,人们不应对包含的概念进行不必要的限制,即把它限制在“分割成相互脱离的块片”的概念上。如果人们坚持这个狭义的概念,那么这个语词就会消失,但这个实事却仍然是清晰的。

注释

1. 有一个思想系列与我们在这里所探讨的思想系列相近,这个思想系列我们在前面①已经遇到过。这个思想系列所涉及的问题是:种类是否能够作为对象来考察,或者,如果说,事实上只存在着那些根据相似性来排列的个体对象,那么这种说法是否

① 参阅本书这一研究第一章,尤其是第 3 节至第 5 节,第 112-118 页。

[36] 在 A 版的目录中缺。

更正确些。相反,在刚才所作的阐述中没有涉及种类问题,而只涉及种类的个别情况。人们不仅否认可以普遍地谈论一个思维客体——红,而且也否认可以谈论红的一个个别情况,一个作为此地此时出现的直观因素的红。种类在明见普遍性意识中仿佛就是自身被给予的,如果个别情况——它的直观被给予是现实进行抽象的前提——受到相对主义的曲解,那么这种明见的普遍性意识当然就无法构造自身,所以这些相似的论据本质上是相互联系的。 A 200

2. 正如我已补充说明的那样,在A.v.迈农的极为重要的研究"论更高序列的对象以及它们与内感知的关系"(可惜发表太迟,已无法对我在《逻辑研究》方面有所帮助)一文中,有关在对内在对象本身的明见的承认与内感知之间的关系方面,他做了一些论述(《心理学与感官生理学杂志》,第二十一卷,第二篇,第205-207页)。如果我理解正确的话,那么前一种明见性在迈农看来是与那个内部的、涉及实存(Existenz)的[37]表象的明见性相一致的。这样的话,他所指的明见性就不可能是我们在这里所说的明见性。当然,我也认为,所谓内在对象不可能是一个在表象中的对象(特瓦尔多夫斯基也曾论述过此事①);在表象方面实存着的东西无非只是对这个对象的意指,也可以说是表象的含义内容。但是,我用"圣诞树"的表象所意指的恰恰是一棵圣诞树、一棵通过这个或那 B₁ 202

① 在那部一再受到批判,但尽管如此仍然是仔细的和出色的论著中。(即:特瓦尔多夫斯基,《关于表象的内容和对象的学说》。可以参阅本书第一研究,第13节;第二研究,第8节和第11节。——中译注)

[37] 在A版中未加重点号。

个标记而被规定的这一种类的树,而不是指例如金龟子或其他任何东西——这样一种明见性永远不能被归派给一个单纯的感知,即便这个感知是与单纯表象体验有关的感知。毋宁说,这是一种陈述的明见性,它们的复合含义意向根据许多行为、根据许多表象、根据对这些表象进行联结的认同和划分而得到充实。而且即使不考虑在意向方面的行为,我们在充实方面仅靠内感知也仍然是不够的。对上述认同和划分行为的内感知显然不能用来说明同一性与差异性之存在的明见性。

A 201

第38节 怀疑从抽象的部分内容被转用到所有部分一般上

580

与在抽象部分内容方面的怀疑相符合的还有一种在具体部分内容方面、在块片方面的可能怀疑。一个同质的白色平面被我们
B₁ 203 看作是一个可分的客体,而所有在现时划分中可区分的部分都被我们作为事先就在它之中存在的部分而置入到它之中。我们将此也转用于感觉。在对这个白色平面的观察中被现时地体验到的内容[38]包含着块片,这些块片与总体内容的关系类似于客观平面块片与整个平面的关系。如果有人让我们注意:我们在对这个平面的直观表象中"使我们的目光受它的引导",而且我们由此而体验到不同的、相互流入的内容的杂多性,那么这并不会使我们产生迷惑。我们正好将这种观点转用于这些内容中的任何一个内容。

[38] 在A版中为:心理内容。

但我们如何知道，这个内容确实是一个复合呢？如果我们想象对这个统一白色的平面进行分割，那么与此相应的感觉内容可能真的会指明各个部分之间的联结；但原初的内容通过这种想象并不会保持不变。这个现在被给予的、复合的、被间断性所分片的内容与原初的、完全统一的、自身无差异的内容是不同一的。“人们可以想象在这些部分中分割一个统一，但这种部分只能是臆想出来的部分。”①我们在这些不可分割的意识内容的基础上进行某些想象活动和判断活动，并且将这些活动的产物归入到原初的内容本身之中。

但是，如果我们转向对那个起先尚未被反驳的情况的论述，即
转向那些已经由直观内容指明了划分的情况的论述，那么怀疑还 A 202
会继续在这里徘徊。这个体验在这里难道不也是首先向我们提供一个确定的统一内容[39]，然后我们将它标示为一个由各个部分所合成的内容，因为我们进行了一些恰恰使这种标示能得以成立的新的操作？通常的说法意味着，我们现在在这个内容上注意到这个部分，然后注意到另一个部分，再注意到另一个部分。但体验随着每一个步骤而发生变化。通过那种将被感觉到的内容与被感知
的或被想象的内容相混淆的趋向，那些极为不同的内容一步一步 B_1 204
地成为原初内容的基础；各次被注意到的部分不仅处在留意（Bemerken）的视点上，而且更确切地说，处在观看（Sehen）的视点上，而且它所提供的感觉不同于当它处在背景中时所提供的感觉。如

① F. 舒曼，同上，《心理学与感官生理学杂志》，第十七卷，第 130 页。

[39] 在 A 版中为：我们在这里难道不也会首先具有一个确定的统一内容。

果我们更严格地坚持这些内容，那么每次被偏好的内容便只能像是被一个与它不是分离，而是交织在一起的、模糊的、完全混乱的一堆东西所包围，或者说，被一个“边缘”，一个“晕”所包围，如果人们仍想命名这个不可命名之物的话。在从一个部分向另一个部分过渡时，这个事态一般说来还是相同的，但内容上却一再变化，即使我们对它目不转睛也会如此。如果人们想这样来阐述对这个间接的被看见之物（或相应的体验部分）的这个或那个部分的注意，就好像在同一的内容统一中只有一个个别的部分可以被注意到，同时无须顾及在体验本身中发生的变化一样，那么这是对这个描述性事态的一个粗糙描述。在这里与在抽象内容那里一样，发生原因将我们回指到某些经验联系之上，它们使自为的注意活动（Aufmerken）得以可能并在意识中预示其影响。这个间接的被看见之物是作为某个产生于一个经验有限的相似性领域之中的东西的符号而发挥作用；通过注意力的突出，一个释义被给予，并且在通常情况下，随此释义还有一个内容变化（“想象的加入”[40]）也被给予。

但是，如果人们指责说，对被体验到的内容的重复当下化
A 203 （Vergegenwärtigung）和对比告诉我们，关于部分的学说即使在内容那里也有其合理性，那么怀疑者就会退回到那些依据这类对比而经常发生的错误上去，退回到对显现的事物与被体验的内容的混淆、对对象对比和内容对比的混淆等等上去。

[40] 在A版中未加引号。

第39节　对怀疑的最后提升以及对它的反驳

B1 205

然而，如果我们在这个怀疑的方向上继续走下去，那么我们就必须怀疑，究竟是否有某一种部分存在；更进一步说，究竟是否有具体内容的复数存在，因为说到底（如果我们在这里敢于作出这个判断），在共存与延续中出现的内容始终在某种方式上是统一的。怀疑最后会在这样一个主张中达到顶点：意识是一个绝对统一的东西，关于这个意识，我们至少无法知道，它是否具有部分内容，它是否会在某个体验中展开自身，无论这体验是同时性体验，还是时间上相续的体验。

很明显，这样一种怀疑主义会使任何一门心理学都成为不可能。① 我在做过上述阐释之后无须再说明，这种怀疑论是如何出现的。所有内在[42]现象的河流都不会取消这样一种可能性，即：首先将这些现象纳入到模糊的、尽管完全清晰的（因为是直接根据直观而构造出来的）概念中去，然后在这些概念的基础上进行杂多的、实事上虽然粗糙，但仍然明见的划分[43]，这些划分足以使一项心理学的研究成为可能。

① 如果我没有看错的话，舒曼在他那种本身当然值得称赞的追求中，即对尽可能的严格和无成见性的追求中正走向这种怀疑。（参阅前面所引的[41]论述。）

[41] 在A版中还紧跟：极有价值的。

[42] 在A版中为：心理。

[43] 在A版中为：决断。

A 204 至于白色平面的例子，我们在对“白色平面”内容的对比观察中（我在这里所指的不是在事物性观察中的白色平面本身）可以注意到那些变化，但也可以随此变化一起注意到那个相同之物，甚至是同一之物。并非是那些被想象到其中的限制才构成了块片，而是这些限制仅仅划定了它们的范围。明见无疑的是，这些块片确
B_1 206 实是在“白色平面”内容的统一之中现存的，这个在同一意向中被确定的内容与同一的、仅仅通过那种想象而被改变的内容无限制地**相合**，前者与后者在被限定的部分方面**相合**。这些部分曾经在并且始终还在整体之中，只是不再作为被划分的自为的统一体。这些内容会发生一定的偏差和变动，我们没有把握，甚至没有可能对它作出完全同一的确定，但这并不会取消这些判断的明见性。它们与所有以关于直观被给予之物本身之忠实“表达”的方式而做出的纯粹描述的[44]判断一样有效，这种有效是在某个可能偏差的领域之内的有效，亦即带有一定含糊性标记的有效。① 不言而喻，我们仅仅考察这样一些情况，在这些情况中，所有关系都表明**大致的**差异，也就是说，现实地处在我们前面所说的那种大致的明见性的领域内。

如果我们在相反的方向上前进，想象一个现存的分片被取消，那么这种明见性也会显示出来。假如一个平面分裂为一个白色的和一个红色的截面，那么在单纯质性变化的情况下，这两个截面部分的同一性仍然会保留下来。我们只要想象一下，一个截面的白

① 这里当然还需有更仔细的研究。

[44] 在A版中为：关于心理体验的经验。

色和另一个截面的红色连续地相互转渡，这两个块片就会汇合为一个内部无差异的统一体；但即使如此，这一点还是明见无疑的：这里所得到的结果不是一个绝对简单的内容，而只是一个同质的统一，在这个统一中所有内部划分都丧失殆尽。这些部分还明见地存在于此，但是，尽管每一个部分都具有它的质性和所有那些属于具体性的东西，它们还是不具备那种相互脱离的质性间断性，并 A 205
因此也不具备那种与那些一同融合进来的部分相隔绝的分离特征。

如果我们将经验概念和关系转化为精确的概念和关系，如果我们构造出关于广延、平面、质性相同性和连续性等等观念，那么先天精确的定理便会产生，它们会将那些建立在严格概念意向中的东西分解开来。与它们相比，纯粹描述的[45]陈述只是一些不准 B1 207
确的近似。但是，尽管含糊之物、全部单个的、现象的个别性领域[46]不属于精确认识的领域（这种认识是用纯粹的观念之物来操作的），它却并不因此而被排除在认识一般的领域之外。

据此也就可以看出，我们必须如何对待那些更进一步的，而且最终导向对所有部分和差异之否定的怀疑。在个别情况下，在感性（也包括特殊心理）[47]体验流动时，产生怀疑是非常可能的；但这种怀疑不是在任何情况下都可能。只要有大致的区别，那种排除了任何合理怀疑的明见性就是可以达到的。

---

[45]　在A版中为：经验的。

[46]　在A版中为：经验。

[47]　在A版中为：在心理。

附论　现代休谟主义

休谟的哲学富含天才的心理学分析,并始终贯穿着认识论方面的心理主义,它与我们这个时代的主导趋向极为相符,因而不可能不具有鲜活的影响。甚至人们可能会说,休谟的影响从未像在今天这样强烈过。完全可以将一大批研究者称之为休谟主义者。同时,人们在这里重又可以观察到,在这种历史影响的扩散中,它所造成的混乱与它所具有的长处相当,甚至前者几乎要超过后者。尤其是在“理性区分”的理论方面,我们在新的著述中常常可以见到与这门学说的极端意义相符的个别表达和阐释。① 但 H. 科内
A 206 利乌斯[48]则是带着特别的坚定性和详尽性来倡导这个理论。他的《心理学作为经验科学》体现了一种企图,即在现代心理学的基

B₁ 208 础上,以有史以来最为极端的方式全面地实施一门心理主义认识论。就这部著作是心理学而言,它包含了一些非常有趣的和富有启发的个别阐释;但就这部书是认识论而言,我认为可以提出这样的主张:属于认识的**意向内容**(属于它的观念意义,属于它所意指的并因此而必然共同设定之物)的东西被混同于属于认识的**意向对象**的东西,而它们两者又被混同于那种或近或远地属于认识体验的单纯**心理学构造**的东西(有可能是仅仅属于意向的伴随现象的东西,或者属于它的未知的或未被注意的发生原因的东

① 参阅例如 B. 埃德曼:《逻辑学》,第一卷,第一版,第 80 页。

[48] 在 A 版中还紧跟:新近。

西)。——我认为,在科内利乌斯的论述中所做的这些混淆的范围如此之大,这在哲学文献中几乎是前所未有的,它们为认识论问题的整个探讨方式打上了如此清晰的烙印,这也是史无前例的。① 这一点尤其表现在我们在此所谈论的问题领域中。为了这些问题的缘故,我们要在这里逗留一下,并且根据几段(一些出自这位作者的《心理学作为经验科学》,一些则出自他的一篇补充论文)引文来说明这一点。要想证明一个科学学派误入了歧途,那么最为有益的做法就是去研究:在它的代表人物那里得以贯彻的结论究竟是什么,并且同时去确证:他们认为已经达到的那种最终理论是否恰恰会使他们纠缠到明见的不利状况中去。 A 207

科内利乌斯在涉及 G. E. 米勒的笔录并且完全赞同其内容时说②:"各种特征的差异……建立在这样一个基础上,即:内容根据其相似性而被归纳到群组中并且被标以共同的名称。因此,当我们谈到一个内容所具有的各种特征时,我们所指的无非是一个内容对各种这样的群组的从属性,这些群组是由相互相似的并因此而被相同指称的内容所构成的。"我们在休谟那里还没有读到过如此明确的表达,也许这位大哲学家会犹豫,是否要赞同这句话。 B₁ 209

① 科内利乌斯从威廉·詹姆斯那里接受了对"马赛克心理学"(Mosaikpsychologie)的批判,接受了"边缘"学说,但未接受[49]认识论的立场。詹姆斯没有将休谟哲学现代化,而我认为,科内利乌斯却这样做了。人们在本书中可以看出,詹姆斯在表象体验的描述心理学领域中的天才考察并不会迫使人们接受心理主义。因为,我从这位出色的研究者那里所获得的在描述分析上的促进恰恰有利于我摆脱心理主义的立场。

② H. 科内利乌斯:"论构形质(Gestaltqualität)",《心理学与感官生理学杂志》,第二十二卷,第 103 页。

[49] 在 A 版中为:小心的。

“我们所指的”正是意义。难道人们能够做出这样的主张,哪怕是在片刻中:“这个声音很弱”这句话的意义与“它属于一个相似性群组,无论此群组被称为什么”这句话的意义是同一个?如果人们说,为了能够谈论这个声音的弱度,我们必须回忆几个在弱度方面相似的声音,那么我们就无须为此争论了。事情可能就是如此。但我们所指的是对这个群组的从属性,例如对 n 个客体的从属性吗?即使无数多的相似客体能够作为一个群组站在我们面前并且现实地站在我们面前,这个可疑表达的意义难道就会在于对这个群组的从属性吗?当然,“这个声音很弱”与“它属于那些在弱度方面相似的客体的总和”这两个表达在含义上是等值的。但等值性不是同一性。如果人们说,假如我们没有注意到弱的声音的相似性,那么关于声音弱度的说法就永远不可能产生;而且如果人们继
A 208 续说,每当我们有意义地谈论弱的声音时,对这样一些较早体验的

记忆残余便会以某种方式被引发,它们在心境的(dispositional)持续作用中规定着现在体验的特征:**那么事情可能就是如此**[50]。但
B₁ 210 所有这些与意义有何干系呢?与我们用语词所意指的东西又有何关系呢?现在的意指是一个直接被给予的和特有的体验,它如何会连同它们的明见内容一起产生出来?它在发生方面必然地包含着哪些东西?它在未被意识到和未被注意到的东西中以什么作为它的生理学和心理学基础?——研究这些问题可能是极为有趣的。但通过这种途径来寻找关于我们所意指的东西的答案,这却是背谬的。这个错误与日常唯物主义(Alltagsmaterialismus)所犯

[50] 在 A 版中为:那么我们确实无法反驳。

的错误相似，这种唯物主义向我们保证，声音事实上只是空气震动、音响引发等等。在这里，**对被给予之物的发生解释的理论假设也被混同于这个被给予之物本身**[51]。

进一步的阐释表明，这里所涉及的并非是科内利乌斯在表达上的暂时不确切性。所以我们读到："几乎无须提到，根据前面所陈述的理论，简单内容的'共同特征'不能被用来一般地说明在这些内容之间存在的相似性——正如人们习惯于将一张墙纸与另一张墙纸的相似性……回归为颜色的相同性一样。因为，根据上述理论，关于那种颜色相同性的主张无非只**是**对这两个内容与以前熟悉的其他内容之间的相似性的主张而已。"①这一个主张就"**是**"[52]（而"是"这个词是由科内利乌斯本人加的重点号）那一个主张，那么这两个主张就是同一的主张。在这个阐释的意义中甚至还包含着这个可疑的相同性主张对每一个人都有不同的意义，并且在不同的时间里具有不同的意义。它取决于"其他的熟悉的内容"，即取决于以前所体验到的内容，这些内容随个人的不同和随时间点的不同而发生变化。

如果科内利乌斯补充说，②"谓词的含义并不需要每次都以分 A 209
离表象的形式出现，而可以在'剩余的联想'中……被给予"，那么 B_1 211
这也不会对他有多少帮助。现时联想无法做到的事情，剩余联想

① 同上，第104页。
② 同上，注释3。

[51] 在A版中为：对体验的发生解释的理论假设也被混同于这个体验本身。
[52] 在A版中未加重点号。

也不会做到,后者甚至只应被看作是代用品。科内利乌斯**用他的理论遮蔽了事实**[53],以至于他几乎要说,①"抽象内容"或"抽象表象"的表达是对"一个内容与其他内容在某些方面存在的相似性之表象"的"缩写"。每一次标示出一个内容所具有的不同特征中的哪一个特征,这个内容在哪个方向上或根据哪个方面受到观察,这要取决于,"那些不同的相似性中哪一个相似性被我们意识到(被我们'内部地感知到')"。②

科内利乌斯不愿人们将他的观念称之为唯名论。然而,极端唯名论也始终将普遍名称与所属等级的关系看作是通过相似性而获得的关系,而且在它[54]那里与在科内利乌斯这里一样,普遍名称都只是一种模棱两可。在这门理论的意义上,对名称在等级上的运用出于心理学的原因而受到限制,但名称的含义则处在各次被体验到的单个相似性中,因此随情况不同而发生变化。这个等级的观念统一虽然限制了含义的杂多性,但它不创造并且不能创造这个泛义概念的一个含义。此外,我们应当如何知道这个观念统一,如何知道这一组通过一个相似性而被聚拢的客体,这在这门理论的基地上始终是个谜;③这门理论在其内容中取消了它自身

① 同上,第 108 页。

② 同上。

③ 从根本上说,这可以是迈农的论据(同上,《心理学与感官生理学杂志》,第二十一卷,第 235 页),尽管在他的学说中缺乏观念的统一意识。只有在兼顾到意向同一性及其特有形式的情况下,迈农的指责[55]才会有说服力。

[53] 在 A 版中为:将他的理论强加于事实。

[54] 在 A 版中为:他们。

[55] 在 A 版中还紧跟:,如果我的看法正确,。

的前提。

在科内利乌斯那里常常可以发现一种特定的感受，即：普遍意 A 210
识[56]也是一种在**描述上**有效的并且要求说明的东西。例如我们 B_1 212
读到："谓词就其起源和含义而言并不标示这个或那个个别内容，也不标示一定数量的部分内容，而是更多地标示着某种对于所有这些内容来说共同的东西：与谓词相联并决定着谓词含义的'普遍表象'就是（那种无法进一步描述、但对每一个人来说都在内感知中直接熟悉了的）**对相似性的回忆，它将所有那些内容都相互联结在一起**。"当然，这个"无法进一步描述、但对每一个人来说都在内感知中直接熟悉了的东西"恰恰就是那个特殊的含义意识，就是普遍意指[57]的**行为**。但这里所引的语句还是以某种方式对这个无法描述之物进行了描述，并且在我看来是不正确的描述，因为**行为特征**被一个感性内容所替代，而且是被一个臆想的内容所替代，它至少在现象学上[58]是无处寻觅的。

假如我们无法完全从字面上来理解这一处引文，那么我们还可以寻找科内利乌斯在对心理学的陈述中更为准确的论点；我们可以在其中探寻，科内利乌斯如何来论证这个含义赋予的行为特征，这个特征必须明确地被确定为真正需要说明的东西，它必须在其本质变化中得到区分，并且根据这些确定的区别而在所有发生分析之前得以明示。这样，我们就会观察到两个基本混淆。第一

[56]　在A版中还紧跟：（它在我们看来是一个从本质上构造出普遍表象的特殊行为特征）。

[57]　在A版中为：释义。

[58]　在A版中为：通过内感知。

个是对客观事实与主观事实的混淆,前一个事实是指普遍名称通过联想关系而被限制在相似性范围上,后一个事实是指我们在个别行为中意指普遍之物,因而在一个意向中与这个等级、与一个作为此等级环节的不确定的个别之物、与这个统一的种类等等产生关联。极端唯名论似乎与这个混淆十分接近。唯有这种混淆才使
A 211 得极端唯名论成为可能,它们两者是同生同灭的。我们在科内利
B1 213 乌斯的《心理学作为经验科学》中还可以遇到与前一个混淆交织在一起的第二个混淆,在这个混淆中,根本不同的事物重又被混为一谈;这就是对记忆的不精准性或"含糊"被再造的想象材料的含混性和流动性与那种作为普遍意识的行为形式而属于普遍意识[59]的普遍性特征的混淆,或者是与在那些意向的内容中的不确定性的混淆,这种不确定性构成了"不定"冠词的确定含义。下列引文可以为证。

"相似的内容被体验的次数越多,它们的记忆图像也就越少……被回归为时间上确定的内容,这些内容也就越多地获得普遍表象的特征,越多地被用作在特定相似性界限内的任何一个随意内容的象征。"①我们再加上这样一段引文:②"一个初次听到的语词还无法被理解……但只要在回忆这个语词时,当时与这个听到的语音相联结的其他内容中的任何一个内容也被回忆起来,那

① 科内利乌斯:《心理学作为经验科学》,第58页。
② 同上书,第62-63页。

[59] 在A版中为:作为表象意向的行为形式而属于表象意向。

么这个语词的第一个含义便随之而被给予。[①] ……与含义的……不精准性相符，语词含义起先也是不精准的：由于与这个语词相联的记忆表象不仅可以被用作一个完全确定的体验的象征，而且还使这个语词的特性在一定的界限内不确定，因此这个语词也必然因为那种记忆表象的联想而成为一个多义的语词。反过来，一个后来的内容据此也能够与这个语词相联结，只要它和以前与此语词相联的内容之间的差异性没有超越出那个界限……因此，随着 A 212
一个语词含义的产生……一个抽象的和多义的象征也必然被创造出来，它以同样的方式标示着一系列不同的、在某些方面相似的内容；这个语词含有概念性含义，因为通过其含义的产生，它作为象 B₁214
征被用来向这个个体标示所有那些在一个特定的相似性系列中处在某个界限之内的内容。"[②]在同一篇的结尾处我们还读到：[③]"我们认为……不仅语词，而且表象也可以在这样一个意义上是普遍的（并且甚至随时都能够在某种界限内是普遍的），在这个意义上，概念论也声称有这种普遍性；但是，这种普遍性始终被包容在某种通过这个划分的已有精细性所规定的界限之内，而语词的普遍性则不以任何方式受这种被联想的想象材料之普遍性界限的限制。"

"不存在这样一个三角形的表象，在这个表象中，锐角三角形

① 一个 α 回忆一个 β，这个状况会使 β 成为 α 这个"表达"的"含义"吗？若是，那么教堂就成为教士住宅的"含义"了，如此等等。

② 紧接于此，含义被定义为可能指称的范围——与"含义的产生"之说法形成对照，这里的含义涉及在每一个个别情况中的生动语词意义。但作为意义的含义与作为指称的含义之间的区别在科内利乌斯那里根本没有得到明确的划分。

③ 同上书，第 66－67 页。

和钝角三角形的特性得到统一，在这点上，我们绝对赞同贝克莱而反对洛克；但是，**在任何一个三角形的表象中**都表象出边和角的**完全确定关系**，在这点上，我们只能同样确定地做出**否定**。我们无法用一个确定的、完全准确的边的比例将一个三角形的想象材料构造出来，正如我们在任何时候都不能描画一个这样的三角形一样。我们先提到的那个三角形之所以是不可能的，乃是因为锐角三角形和钝角三角形的形式差异是如此之大和如此为我们所熟悉，以至于我们在任何一个三角形那里都无法对相应的特性产生怀疑。
A 213 但是，对一个完全确定的三角形的表象——被阐释的那个表象——是由于其他的原因才成为不可能，即因为我们对三角形形式的区分永远不可能是一个完全准确的划分，相反，在回忆中至少有一些小的差异总是为我们所忽略。”

B$_1$ 215 从这些引文中完全可以明晰地看出前面所标明的混淆。在科

内利乌斯看来，由于我们始终将这个个别之物混同于类似的个别性的缘故，一个个别之物的象征会标示在一个相似性系列中的每一个环节，也就是说，它被认为能够使人们回忆起每一个环节，而这样的一个象征已经是普遍象征了。此外，普遍概念的无差异性，即在那些不属于此概念内容的各个概念对象的规定性方面的无差异性，被等同于回忆图像的模糊性。而在结尾一段中，科内利乌斯相信可以通过以下方式来调解在贝克莱和洛克之间关于普遍三角形观念的争论，即：他把另一个问题强加给一个带有矛盾规定性的三角形的感性可表象性问题，这另一个问题是指：我们是否能够在想象中准确地设想一个几何学上具有各种给定关系的确定三角形（即洛克的三角形观念），或者，我们是否能够认识一个被设想为与

几何学理想相符的三角形并且将它区别于不太理想的三角形；同时，作为模糊性的不确定性似乎又被混同于对这个理想之例证的不准确性。科内利乌斯认为，一个感性的三角形观念有可能在自身中将矛盾的特性，而且将无数矛盾特性统一起来；它只是不能将一些过于粗糙的区别统一起来，例如钝角三角形和锐角三角形的特性这样的区别。我们很难赞同这种对洛克三角形观念的心理主义复兴。我们无法使自己确信：在逻辑学和几何学上背谬的东西会在心理学上是可能的。

A 214

B_1 216

第六章　对各种抽象和抽象物的概念的划分

第 40 节　对两种关于抽象和抽象物的概念的混淆，一种是与不独立的部分内容有关的抽象和抽象物概念，另一种是与种类有关的抽象和抽象物概念

主张通过注意力进行抽象的理论所预设的东西，也正是关于“理性区分”的学说所否定的东西，即：**在内容本身之中存在着某种区别，这种区别与抽象物和具体物的区别相符合**。在这门关于“理性区分”的学说看来，只存在一种部分、一些块片（Stücke）、一些可分离的或可被想象为是分离的部分。而对立的一方则将这种“**独立的**”部分（施通普夫的术语）区别于不独立的“**部分内容**”，并且将一个内容的内部规定性也算作不独立的“部分内容”，但同时将那些块片以及在此内容中可注意到的（客观地说，在其中现存的）统一形式排除在外，这些形式使这些内容得以联结成为一个整体的统一。与这个区别有关，人们也谈论**具体的**和**抽象的**内容或内容

部分。①

自洛克以来的抽象理论将在突出强调这些“抽象内容”意义上的抽象问题混同于在概念构成意义上的抽象问题。在后一个问题上所涉及的是一种对这样一种行为的本质分析，在这种行为中，一个种类被我们明见地意识到；或者说，在后一个问题上所涉及的是通过向充实性直观的回溯来澄清一个普遍名称的含义；但是，在经 B1 217
验－心理学[1]方面，探讨这个问题的目的则在于研究在人类意识 A 215
联系中的相应的心理学事实，它涉及人类普遍表象在素朴直向生活(Dahinleben)的自然过程中或在任意的和逻辑的概念构造的人为过程中的发生起源[2]。这里所探讨的抽象表象是这样一些表象，它们的意向朝向种类，而不是朝向那些不独立的或抽象的内容。如果这些意向在直观上得到充实，那么它们的基础就在于具体直观连同它们的那些似乎是被强调了的抽象内容；但被意指的种类并非是这些部分内容本身，后者在受到任何强调的情况下本身也不会在普遍意识中成为被意指的内容，不会成为本己关注行为的客体。[3]然而，从前面的批判性研究中已经可以明晰地看出，在对象中的抽象因素或不独立因素常常被混同于种类，相应的、主

① 本书的第三研究是对他(在对象与一般对象部分之区别的必然扩展方面)的更为仔细的探讨。

[1] 在A版中为：发生。

[2] 在A版中为：人类普遍表象在经验的自然过程中或在任意的和逻辑的概念构成的人为过程中的发生起源。

[3] 在A版中为：如果这些含义在直观上得到充实，那么它们的基础就在于具体直观连同被突出的抽象内容；但它们并不是这些内容本身。。

观上**被体验到的**抽象内容被混同于抽象概念(某些名称的含义),还有,对这些抽象内容的强调,或者说**关注的行为**又被混同于**普遍表象的行为**。例如,在洛克那里,抽象观念就是普遍含义;但它们被描述为标记,并且被心理学化(psychologisiert)为抽象的、与具体直观相分离的感觉内容[4]。注意力理论同样指出对这种抽象内容进行本己关注(同时无须对此内容作出分离)的可能性,并且它因此而相信自己澄清了普遍观念(作为含义)的起源。以同样的方式,人们否认抽象内容的直观性①,尽管这些内容作为具体直观的因素也一同被直观到;人们之所以这样做,是因为他们受到普遍概
B1 218 念的感性的非直观性的迷惑。这些概念当然不能作为图像制作出来。如果说,那种想画出声音或想通过气味来反映颜色,以及一般说来,通过异质(heterogene)内容来反映异质内容的做法是荒谬的,那么,想感性地表现一个本质上非感性之物的做法就是加倍的荒谬。[6]

各种不同的抽象和抽象物的概念需要得到划分,我们现在来探讨这些概念的差异。

---

① 例如赫夫勒-迈农:《逻辑学》,第25页。也可参阅前面第134-135页[5]对特瓦尔道夫斯基的批判说明。

---

[4] 在A版中还紧跟:抽象内容。

[5] 在A版中为:第135页。

[6] 在A版中为:,正如声音不能被画出或颜色不能通过气味来反映,以及一般说来,异质的内容不能通过异质的内容来反映一样。

第41节　对围绕不独立内容概念的各种概念之划分

如果我们将那些在近代抽象理论中关于内容的随意说法保留下来，那么我们就可以说：

a)“抽象的”内容是不独立的内容，“具体的”内容是独立的内容。我们将这个区别想象为客观规定了的区别；即：具体内容按其自然本性来说能够是自在自为的，而抽象内容只有在具体内容之中或之旁才是可能的。① A 216

很明显，关于内容的说法在这里可以并且必须得到比在现象学意义上的实项意识因素[7]更为广泛的理解。现象的外部对象(der phänomenale äußere Gegenstand)显现出来，但它不是一个实项的意识材料[8](至少在这种情况下不是，即：如果人们不是错误地将“意向的”对象，即仅仅被意指的对象解释为这个意向在其中得以进行的那个体验的实项组成部分[9])。这个现象的外部对象作为整体是具体的；那些寓居于它之中的规定性，如颜色、形式等等，即那些被理解为它的统一性的构造因素的东西，它们是抽象的。这个在具体与抽象之间的对象性区分[10]是更为一般的区分；

① 在本书的下一项研究中有对这个规定的根据和内涵的更详细说明。

[7] 在A版中为：在心理学意义上的被体验的意识因素。

[8] 在A版中为：心理内容。

[9] 在A版中为：那个心理体验的组成部分。

[10] 在A版中为：对象性区分。

因为内在[11]内容仅仅是对象的种类等级（这当然不是指，事物的
B1 219 种类等级）。这个可疑的区别因此被标示为抽象的和具体的**对象**或对象部分之间的区别更合适。如果我在这里继续谈论内容，那么这是因为我不想引起大多数读者的持续反感。在这个从心理学基地上形成的区分中，直观化始终自然而然地去抓住感性的事例，对象一词在这个区分中过多地被解释为事物，以至于那种将一个颜色或形式标示为对象的做法并没有让人觉得是有害的，甚至没有让人觉得是混乱的。可是我们必须明确地看到**关于内容的说法在这里绝不局限在实项意义上的意识内容领域，而是一同包括了所有个体对象和对象部分**[12]。即使是那些对我们直观化了的对象的领域也不会限制我们。毋宁说，这个划分也具有本体论的[13]

A 217 价值：有可能存在着这样的对象，它们实际上（faktisch）[14]处在对所有人类意识来说可及的显现（Erscheinung）的彼岸。简言之，这个区分涉及在无限普遍性中的个体对象一般并且本身属于先天形式本体论的范围。

b）如果我们现在以“抽象内容”的客观（本体论）概念为基础，那么**抽象**所指的便是这样一种**行为**，通过这种行为，一个抽象的内容“被区分”，也就是说，通过这个行为，一个抽象的内容虽然没有被分离，但却成为一个朝向它的直观表象的本己客体。它在有关的具体之物中并随着这个具体之物显现出来，它从这个具体之物

[11] 在A版中为：心理。

[12] 在A版中未加重点号。

[13] 在A版中为：形而上学的。

[14] 在A版中为：按其**种属**来说。

中被抽象出来，但它受到特殊的意指，而且在这里还不仅仅被意指（如在一个“间接的”、单纯象征性的表象中），而是作为它被意指的东西同样直观地被给予。

c）但我们在这里还要考虑到一个重要的并且已多次强调过的①区别。如果我们注意一个立方体的“显现出来的”一个平面， B1 220
那么这就是我们直观表象的“抽象内容”。但那个与此显现的平面相符的、真实被体验到的内容是与这个平面本身不同的；它只是一个“立义”（Auffassung）的基础，借助于这个基础，在它被感觉的同时，那个与它不同的立方体平面得以显现出来。被感觉到的内容在这里不是我们直观表象的客体，它只是在心理学或现象学的“反思”中才成为客体。尽管如此，从描述分析中可以得知，它不仅被一同包含在具体的立方体显现的整体中[16]，而且，相对于在这个对有关平面的表象中所有其他没有发挥再现作用的内容而言，它以某种方式得到突出和强调。当然，如果它本身成为[17]一个特别 A 218
朝向它的表象意向的对象[18]，那么它也会受到突出和强调，只是这时（即在[19]反思中）又附加了这个意向。因此，对这个内容的突出（Hebung）——它本身不是一个行为②，但却是那样一些行为的

① 也可参阅本书第六研究，第15节[15]。

② 在本书第五研究，第9－11节所严格确定的意义上。

[15] 在A版中为：第五研究，第二章。参阅A本的附加与修改：第六研究（第15节，第525页以后。）。

[16] 在A版中还紧跟：在具体的立方体显现的整体中一同被给予。

[17] 在A版中未加重点号。

[18] 在A版中未加重点号。

[19] 在A版中还紧跟：心理学。

显现方面的描述性的特性,在这些行为中,这个内容成为一个本己意向的载体——可以被称之为抽象。但这样便规定了一个全新的抽象概念。

d)如果人们认为,抽象是一个特殊的行为,甚或是一个在描述方面特殊的体验,它使抽象的内容从其具体基础中突出出来,或者,如果人们认为这种突出的方式就是抽象内容本身的本质,那么这里就会产生出另一个抽象之物的新概念。人们不是在内容的本己本性中,而是在被给予方式中寻找抽象之物相对于具体之物的区别;只要一个内容在进行抽象,它就叫做抽象的,只要它不进行抽象,它就叫做具体的。

B1 221 人们很容易注意到,那种将内容差异的特征回归为行为的倾向是由于对以下抽象概念和具体概念的混淆所致,在这些概念那里,实事的本质是在行为之中。

e)如果人们把在积极意义上的抽象理解为对一个内容的偏好关注,把在消极意义上的抽象理解为对同时一起被给予的内容的忽略,那么抽象这个词便失去了它与那些在不独立内容意义上的抽象内容的唯一联系。人们在具体内容那里也谈论抽象,诚然只是在消极的意义上谈论;例如人们“在摆脱基础的抽象中”关注这些具体之物。

第42节　对围绕种类概念的各种概念之划分

a)人们区分抽象概念和具体概念,并且将概念理解为名称的

含义。据此，与这个划分相符合的是这样一个对名称的划分，并 A 219
且，在唯名论逻辑学中，通常也只有这种语法的划分得到阐释。我们可以很方便地以此为出发点。名称可以指称个体，如“人”、“苏格拉底”；名称也可以指称属性，如“德行”、“白色”、“相似性”。前者被人们称之为具体名称，后者被称之抽象名称。与后者相符的谓语表达，如“有德行的”、“白的”、“相似的”，被人们归入到具体名称中。我们必须更准确地说，如果它们与之有关的可能主体是具体的主体，它们就是具体的。情况并非总是如此：像“属性”、“颜色”、“数”等等名称在谓词上与属性（作为种类的个别性[20]）有关，而与个体无关，或者至少是在谓词意义发生变化的情况下才与个体具有间接的关系。

在这种语法区分的后面显然还隐藏着一种逻辑的区分，即对指向属性的称谓含义与指向分有这些属性的对象的含义之区分。

如果人们与赫巴特一起将所有逻辑表象（我们可以说，它们是指称 B_1 222
谓含义）都称之为概念，那么这种概念就分解为抽象概念和具体概念。但如果人们偏好关于概念之说法的另一个意义，即：概念＝属性，那么这就是一个在表象着概念的那些含义与表象着概念对象本身的这些含义之间的区别。这个区别是相对的，只要概念对象自身重又能够具有概念的特征，即在与某些新对象的相关性中具有概念的特征。但这不可能无限（in infinitum）地进行下去，最终我们必然会走向概念与那些不能再作为概念起作用的概念对象之间的绝对区别；因此，一方面是属性，另一方面是“具有”属性、但本

[20] 在A版中为：统一性。

A 220 身不是属性的对象。这样，这个含义的区别便与一个在对象领域中的区别形成一致，换言之，这是一个个体对象和种类对象（“普遍”对象）之间的区别。但是，无论普遍对象，还是普遍表象（普遍含义），更准确地说，对普遍对象的**直接**表象，它们都双关性地意味着“**概念**”。红这个概念或者是指红本身——当人们将这个概念与它的杂多对象、红的事物相对置时所做的那样——或者是指红这个名称的含义。显然，这两者所处的关系与“苏格拉底”的含义和苏格拉底本身所处的关系相同。当然，由于对这些区别的混淆，“含义”这个词也是模糊不清的，以至于人们毫无顾忌地忽而将表象对象、忽而将表象的“内容”（名称的**意义**）称之为含义。此外，只要含义也意味着概念，那么关于概念和概念对象的相关说法便是 B₁ 223 模棱两可的：它时而涉及属性（红）与具有此属性的对象（红的房子）之间的（在先具有决定性的）关系；时而又涉及逻辑表象（例如“红”这个词或“忒提斯”这个专名的含义）与被表象的对象（属性红、女神忒提斯）之间的关系。

b）但是，也可以以另一种方式来把握具体表象和抽象表象之间的区别，即：如果一个表象**直接地**、不借助于概念（属性）表象来**表象一个个体对象**，那么**这个**表象就被称之为**具体的**；而在相反的情况中，它被称之为抽象的。这样，在含义领域中，一方面是**专名的含义**，另一方面是**所有其他的称谓含义**。

c）与以上所标示的抽象一词的诸含义相符的还有一个关于**抽象**之说法的新含义圈。它包含着那些使抽象“概念”得以产生的行 A 221 为。更准确地说，它关系到这样一些**行为**，**在这些行为中，普遍名称获得与种类统一的直接联系**；而且，它又关系到从属于这些在其定语或谓语作用中的名称的行为，就是在这些名称中，像“一个A”、“所有A”、“几个A”、“一个是A的S”等等这样一类的形式被构造出来；最后，它还关系到这样一些行为，在这些行为中，对于我们来说，在杂多思维形式中被把握的对象是明见地作为如此被把握的而“被给予的”，换言之，它关系到这样一些行为，在这些行为中，概念意向得到充实，获得其明见性和清晰性。这样，我们便根据对一个红的事物的单个直观而直接地把握“红”这个种类统一“本身”。我们观看这个红的因素，但却进行一种特别的行为，这个行为的意向朝向“观念”，朝向这个“普遍之物”。在这种行为意义上的抽象完全不同于对红的因素的单纯关注或突出；为了说明这个区别，我们已经一再地谈及观念化的(ideeierend)抽象和总体化的(generalisierend)抽象。关于抽象的传统说法便是以这个行为为目标；我们在这个意义上通过“抽象”所获得的不是个体特征，B₁ 224 而是普遍概念(对作为思维统一的属性的直接表象)。无论如何，同一个关于抽象的说法也延伸到对已说明的、较为复杂的形式的概念表象上；在表象中，“一个A”、“多个A”等等从所有其他特征中被抽象出来；这个抽象表象A接受了新的“形式”，但并未接受新的“质料”。

第三研究

关于整体与部分的学说

A 222
B₁ 225

引　　论

“抽象”内容与“具体”内容之间的区别表明自身是与不独立内容与独立内容之间的施通普夫式区别相同一的，这个区别对于所有现象学研究来说都具有如此重要的意义，以至于看上去不可避免地要预先对它进行详尽的分析。我在前一项研究①中已经提到，可以将这个首先是在感觉材料的描述心理学领域中显示出来的区别理解为一个普遍区别的特例。然后它超出意识内容的领域，在对

象一般的领域中成为一个理论上极为重要的区别。因此，对这个 609
区别之阐释在对象本身之纯粹的（先天的）理论[1]中占有体系性的地位，这门理论所探讨的是那些从属于对象范畴[2]的观念，如整体与部分、主体与属性、个体与种类、属与种、关系与集合、统一、数字、序列、序数、数值等等，以及与这些观念有关的先天真理[3]②。B_1 226

① 本书第 218－219 页。

② 有关这些“形式对象范畴”以及从属于它们的形式－本体论本质真理可以参阅《纯粹逻辑学导引》的结尾一章（本书第一卷，第二版，第 67－68 节，第 244－246 页）。

[1] 在 A 版中未加重点号。

[2] 在 A 版中未加重点号。

[3] 在 A 版中为：整体与部分、主体与属性之间的关系，并列的部分或属性以及其他等等关系。

A 223 我们的分析研究在这里也不能接受实事系统学的规定。我们不能对那些在澄清认识的研究中被我们所使用，并且在某种程度上是作为杠杆来运用的困难概念不加检验，然后等待它们出现在逻辑领域的系统联系之中。我们在这里并不进行对逻辑学的系统阐述，而是要以认识批判的方式澄清逻辑学，并且为所有这类未来的阐述提供一个准备。

对独立的和不独立的内容之间区别的更深入论证会如此直接地导向一门关于整体与部分的纯粹（属于形式本体论的）学说，以至于我们不得不对这些问题进行较为详尽的探讨。

第一章　独立对象与不独立对象的区别

第1节　复合对象与简单对象，有环节对象与无环节对象

由于下列研究在主要实事方面是围绕部分关系进行的，因此我们首先对这些关系做一个完全一般的阐释。

对象可以相互处在**整体**与**部分**的关系中，或者也可以处在一个整体的并列部分的关系中。这是先天建基于对象的观念之中的关系种类。每一个对象都是现实的或可能的部分，就是说，存在着
包含着这个对象的现实的或可能的整体。另一方面，也许并非每 B₁ 227
一个对象都必须具有部分，由此而产生出对对象的观念划分，即划分为**简单**对象和**复合**对象。

“复合的”和“简单的”这两个术语通过下列规定而得以定义：具有部分－不具有部分。但我们可以在第二种或许较为自然的意义上理解它们，在这个意义上，复合性——也恰恰与这个
词的词源相近——指明这个整体的许多分离部分，以至于那些不 A 224
能被“分解”为许多部分的东西，即那些不能被划分为至少是两个

分离[1]部分的东西，就必须被标示为是**简单的**。在一个感性显现者的统一中，我们可以发现例如作为因素的完全确定的红的色彩(Rotfärbung)，然后又可以发现颜色(Farbe)这个属因素(Gattungsmoment)。但颜色和确定的红不是分离的因素。然而另一方面，红的色彩和覆盖它的广延则是分离的因素，因为它们就其**内容**来说相互间无共同之处可言。如果我们将这里的一般划分关系、将一个整体以内的各个分离部分的关系称作**联结**，我们便可以说，它们在最宽泛的意义上是相互**联结**的。首先可以理解，必须将被联结的部分称之为联结的**环节**(Glied)，但如果对一个整体的环节作如此宽泛的理解，那么颜色和形态就必须被看作是在一个有色的广延之物的统一中被联结的诸环节。这与语言的使用是相背的。在这个整体那里，环节彼此间相互“不独立”，并且我们可以发现
612 它们是如此紧密地统一起来，以至于我们恰恰可以谈论一种“**渗透**”(Durchdringung)。在那些自身**分为块片**(zerstückt)或**可以分为块片**(zerstückbar)的**整体**那里，情况则不同，在这里只有关于**环节**或分为环节的说法才是唯一自然的说法。在这里，部分不仅是分离的，而且是彼此间相互“**独立的**”，它们具有相互联结的“**块片**”的特征。

我们在对部分关系的考虑的最初起点上便可以看到，这些部分关系处在特征各异的形式中，而且我们预感到，这些形式取决于
B1 228 独立的对象性与不独立的对象性之间的基本区别，我们在这一篇

[1] 在A版中未加重点号。

中所要讨论的就是这个区别。[2]

第2节　引入对不独立对象和独立对象(内容)的划分

我们在最宽泛的意义上理解"部分"的概念，这个最宽泛的意 A 225
义允许我们将所有在一个对象"之中"[3]可区分的部分，或者客观地说，所有在它之中"现存的"东西都称之为部分。对象——而且是自在和自为的对象，即从它交织于其中的所有联系中抽象出来的对象——在"实在的"意义上，或更确切地说，在实项的意义上所"具有"的一切，在一个现实地建造它的东西的意义上所"具有"的一切[4]，都是部分。据此，每一个不相关的"实在"谓词都指向这个

[2]　在A版中为：人们在这里也可以不说简单对象与复合对象，而毋宁与此有别地谈论无环节对象和有环节对象。这第二个对简单之物与复合之物的区分关涉到一个较少普遍的、尽管还是原始的划分关系；即关涉到在联结整体和联结环节之间的关系。因此，我们将联结整体，或简言之：联结，理解为一个整体，它具有多个分离的部分。这些部分本身叫作环节。在这个定义的宽泛意义上，颜色和形态必须被看作是在有色的广延之物的统一中被联结的环节。在较窄的意义上，人们将彼此间相互"独立的"分离的部分，换言之，将一个整体的分离"块片"称之为环节。我们很快将会仔细地确定这些概念。

例如，与亚里士多德的属与种之关系相符的、在直观因素之间的关系，布伦塔诺术语中的"逻辑"划分关系已经告诉我们，必须将这两个不同的概念对子现实地分离开来。一个由最小种类所规定的颜色事例在第二个意义上是简单的(即无环节的)，在第一个意义上是复合的：这里的这个红，撇开它的空间延展不论，不能被分化为分离的部分，但它仍然含有部分。在红这个抽象中包含着颜色的因素，但并非是另一个新的因素对颜色进行补充，使它成为红，相反，只是颜色自身"类化"(speziert)成为红，这个红是颜色，但却不等同于颜色。。

[3]　在A版中加有重点号。

[4]　在A版中为：对象在实在意义上所"具有"的一切。

主体对象的一个部分,例如,“红的”和“圆的”,但不会是“实存着的”或“某物”。同样,每一个在同样意义上“实在的”[5]联结形式,例如空间构形的因素,都应当被看作是整体的一个本己部分。

在通常的话语中,“部分”这个术语并没有在如此宽泛意义上被理解。如果我们试图精确地表达出我们对此概念范围的限制,从而使得通常话语中的“部分”概念有别于我们的“部分”概念,那么我们就会遇到那个基本区别,它被我们称之为在独立部分和不独立部分之间的区别。每当谈及绝然的部分(Teile schlechthin),人们所看到的常常是独立的部分(我们标示性地称作:块片)。由于每一个部分都可以成为一个本己的对象(或者,如我们通常所说的那样:“内容”),即那个朝向它的表象的对象,并且因此而能够被称之为对象(内容)[6],所以刚才提到的那个对部分的区分指明了一个对对象(内容)普遍的区分。“对象”这个术语在这里始终是在

614 最宽泛的意义上[7]被运用。

诚然,通常在谈到对象时与在谈到部分时完全一样,人们会不

B1 229 自觉地想到独立对象。在这方面,“内容”这个术语所受的限制较少。人们也一般地谈及抽象内容。相反,关于内容的说法通常仅仅是在心理学的领域中活动,尽管我们在现在有待研究的这个区分上要提出一种限制,但我们不滞留在这个限制上。①

① 在现在的研究范围中,对两种意义上的被表象内容的混淆还不是一个威胁,这两种意义是指:在一个随意被表象的对象(在心理学领域中为:任何一个心理学材料)意义上的被表象的内容与在表象的合乎含义的“何物”(Was)意义上的被表象内容。

[5] 在A版中为:实在的。

[6] 在A版中为:(或者也可以说:内容)。

[7] 在A版中为:是在适当宽泛的意义上。

独立与不独立内容的区别是在心理学领域中，更确切地说，是在内部经验的[8]现象学领域中历史地形成的。在对洛克的论战中，贝克莱阐述说①：我们有能力将过去感知到的事物再当下化(Vergegenwärtigung)，但也有能力在想象中将它们复合起来或分割开来。我们可以表象一个双头人，可以表象一个半人半马，或者也可以表象自为的个别块片，一个头、一个鼻子、一只耳朵。相反，构想一个"抽象的观念"却是不可能的，例如构想一个脱离开运动物体之运动的运动"观念"。在洛克的分离意义上，我们只能抽象出一个被表象的整体的这样一些部分，这些部分虽然事实上与其他部分合为一体，但也可以不带有其他部分而现实地存在。但是，由于在贝克莱看来，存在(esse)始终意味着被感知(perzipi)，所以这个不能实存(Nicht-existieren-können)无非也就意味着不能被感知(Nicht-perzipiert-werden-können)。尤其还要注意，对于他来说，被感知之物就是观念，亦即在实项被体验内容意义上的意识内容。 A 226

据此，贝克莱的这个区分的本质意见可以被看作是一种容易理解的术语变化，也可以被理解为以下的话语：② B1 230

从共属性的观点来看，共同被表象的(或者说，在意识中共存

① 贝克莱：《人类认识原理》，引论，第10节。

② 并且几乎可以根据施通普夫的《论空间表象的心理学起源》(1873年，第109页)而得到逐字逐句的理解。

[8] 在A版中还紧跟：纯粹。

的）内容可以被划分为两个主要等级：独立内容和不独立内容。① 凡是在一个表象复合体［内容复合体］的因素按其本性来说可以分开被表象的地方，那里就会有独立内容现存（vorhanden）；如果情况并非如此，那么现存的就是不独立的内容。

A 227 第3节 不独立内容的不可分性

为了对“能够分开被表象”和“不能分开被表象”做出进一步的描述，我们可以利用施通普夫的敏锐的和未受到足够关注的说明来进行下列阐释：②

我们在某些内容方面具有这样的明见性：在连同这些内容一起被给予的（但不包含在它们之中的）内容中至少是一个内容的变
616 化或取消必定导致这些内容本身的变化或取消。在另一些内容那里则缺乏这种明见性；我们可以想象，在所有与它们共存的内容随意变化或取消的情况下，它们仍然不受影响地保持原状；而这种想法并不含有不一致性。第一种内容只能被想象为一个包罗万象之整体的部分，而后一种内容则显现为可能的，即使在它们之外根本不存在其他的东西，就是说，没有任何东西与它们一起联合成一个

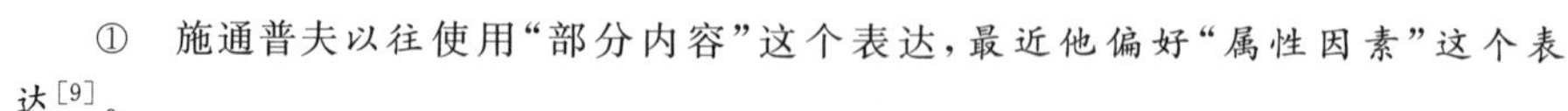

① 施通普夫以往使用“部分内容”这个表达，最近他偏好“属性因素”这个表达[9]。

② 我在下面的论述中将采用我的论文“论抽象内容与具体内容”（“对基础逻辑学的心理学研究”，第一卷，《哲学月刊》，1894年，第三十期）。

［9］ 在A版中为：但它几乎无法在这个特定的意义上得到确定。

整体。

任何一个现象事物及其它的任何一个块片都在刚才所做精确 B1 231
阐述的意义上是**可分开表象的**。我们可以“分开地”或“自为地”表象一匹马的头部，这就是说，我们可以在想象中抓住它，同时可以随意地使这匹马的其他部分以及整个直观环境发生变化并使它们消失。确切地看，这个现象事物或事物块片，即这里的这个感性显现物本身（这个用感性质性来充实的显现着的空间形态）在其描述内涵方面永远不会保持绝对的同一；但在这个“显现”的内容中无论如何也不含有任何这样的东西，这种东西明见地要求：这个变化在作用上必然地依赖于那些与它共存的“显现”的变化。我们可以说，这一点在显现着的客体本身的显现方面是有效的，而且对于作为现象事物在其中显现的体验本身的显现来说也是有效的，同时还对于在这些体验中被对象地“立义”的感觉复合体来说有效。音 A 228
响和音响构成物的显现、气味和其他体验的显现在这里提供了有利的合适例证，我们可以轻易地想象它们是与所有事物性此在的关系相分离的。[10]

---

[10] 在A版中为：确切地看，被抓住的这个现象事物在其描述内涵方面永远不会保持绝对同一；但无论如何在这个“显现”的内容中不含有任何这样一种东西，这种东西明见地要求，这个变化在作用上必然地依赖于那些与它共存的“显现”的变化。我们可以说，这一点在显现着的客体方面是有效的，而且对于被体验的显现来说也是有效的，同时还对于在这些显现中被对象地“释义”的感觉复合体来说有效。音响和音响构成物的显现、气味和其他主观体验的显现在这里提供了有利的合适例证，我们可以轻易地想象它们与所有事物性此在的关系相分离。。

第4节　根据施通普夫所做的事例分析

我们现在来看几个不可分的内容的例子。我们可以用**视觉的**
质①与**广延**之间的关系，或者将这两者与限定**形态**的关系作为这
样的例子。以某种方式可以肯定的是：这些因素可以彼此**互不倚**
赖地变更。颜色变更时，广延可以不变；在广延和形态随意变更
时，颜色可以不变。但确切地说，这种不倚赖的变更性仅仅涉及在
它们的属（Gattungen）中的因素的**种**（Arten）。在颜色的因素就
因素种类方面而言保持不变时，其扩展和形式可以在种类上随意
地变化，反之亦然。同一个（种类上相同的）质和质的映射可以超

B1 232 出**任何**广延而延展（aus dehnen）或扩展（aus bereiten）；反过来，同
一个广延也可以用任何质来加以“覆盖”。但作用的依赖性在这样
618 一些因素变化中仍然具有一个活动空间[11]，必须注意的是，这些
因素并不仅仅是种类在观念上所包含的那些东西。颜色因素作为
被直观的具体之物的[12]直接部分在两个具体直观中已经不是同
一个东西了，即便质、颜色这个属的最小的差（Differenz）还是同

① “质性”的德文原文是“Qualität”，一般译作“质”。与此相对的概念是“量”（Quantität），例如在黑格尔的逻辑学中。但在胡塞尔哲学中，“Qualität”是一个与“质料”（Materie）和“充盈”（Fülle）相对的概念，它们构成意向本质的核心要素。胡塞尔在本书的第五、六研究中对此有详细论述。所以，这实际上涉及“Qualität”所具有的传统意义和在胡塞尔那里的现时意义，但这两个意义又如此密切地交织在一起。这里和以后的译文只能根据情况的不同而做出相应的选择。——中译注

[11]　在A版中为：空间。

[12]　在A版中为：具体直观的。

一个。施通普夫做了一个重要说明："**质**(Qualität)**以某种方式参与广延的变化**。我们在语言上对此的表达为：颜色在减少，在变小，直至消失。增长和减少是对量的(quantitativ)变化的标示。

事实上，通过广延的变化，质也一同受到侵袭，尽管它所特有的变化方式并不取决于广延的变化。它在这里不会变得较为不绿 A 229
或变为红；它本身没有程度，只有类，自身无法增长或减少，而只能变换。但尽管如此，如果我们根据它的这种特有的方式而使它保持完全不变，例如使它仍然是绿色的，那么它就会通过量的变化而受到侵袭。这并不只是语言的非本真表达或一种错误的引申运用，这一点表现在：它**逐渐减少直至消失为止**，它最后**通过量的单纯变化而成为零**。"①

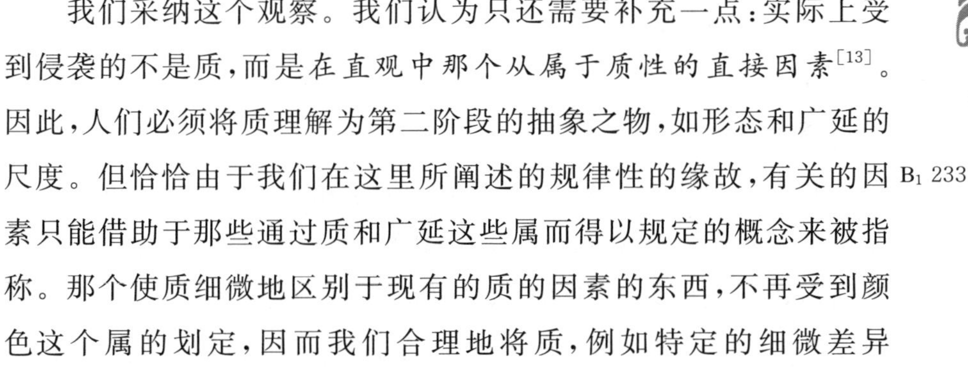

我们采纳这个观察。我们认为只还需要补充一点：实际上受到侵袭的不是质，而是在直观中那个从属于质性的直接因素[13]。因此，人们必须将质理解为第二阶段的抽象之物，如形态和广延的尺度。但恰恰由于我们在这里所阐述的规律性的缘故，有关的因 B1 233
素只能借助于那些通过质和广延这些属而得以规定的概念来被指称。那个使质细微地区别于现有的质的因素的东西，不再受到颜色这个属的划定，因而我们合理地将质，例如特定的细微差异(Nuance)红，称之为**最小的**差。同样，特定的形态是形态这个属的最终的差，尽管直观的相应直接因素还可以受到进一步的细微区分。但一个最终的差的联结在形态和颜色的属之内完全确定了

① 施通普夫，同上书，第 112 页。

[13] 在 A 版中为：那个从属于质性的直接直观因素。

这些因素，它们有规律地一同确定了那些在各种情况中可能相同和不同的东西。直接因素的依赖性因而涉及这些因素的某种规律性关系，这种关系纯粹是通过这些因素的更高一层的抽象之物而得以确定的。

施通普夫还补充了以下阐述①，这些阐述对我们来说是极有价值的：

A 230 “从这里[即从前面所描述的质与广延这些因素在作用上的依赖性中]可以得出，这两个因素**就其本性而言是不可分的**，它们以**某种方式构成一个整体内容**，它们只是这个内容的部分内容。如果它们只是一个总和的环节，那么也许可以想象，简单地说，当广延离开时，质也会离开（它不能独立存在）；但质以这种方式仅仅通过量的减少和消失而逐渐减少并消失，同时它作为质在这里又不以它的方式受到改变，这是不可理喻的……。无论如何，它们不可能是独立的内容，它们**就其本性而言不可能分离地和相互独立地在表象中存在**。”

对强度与质的关系也可以做类似的阐述。一个声音的强度并非是一个对于它的质来说无关紧要的东西，一个对它的质来说陌生的东西。
B_1 234 我们无法将强度如其所是地自为保留下来，并且随意地改变质，甚或湮灭质。随着对质的取消，强度也无可避免地被取消，反之，随着对强度的取消，质也同样会被取消。并且，这一点明见无疑地不仅是一个经验事实，而且也是一个先天的、建基于纯粹本质之中的[14]必然性。此外，在变化的过程中也表现出与前面所

① 施通普夫，同上书，第 113 页。

[14] 在 A 版中为：明见的。

讨论的情况相似的状况：我们也将强度向零的界限的连续接近感觉为质的印象的减弱，而质本身（在种类上）则保持不变。

直观内容的统一因素还提供了大量的进一步例证，这些因素是指建基于那些原本可区分的因素之上的因素，它们对这些原本可区分因素进行时而同类、时而不同类的联结，亦即将它们联结成为一个感性－直观的整体。就这些因素而言，我们获得了关于整体、联结等等的第一个较窄的概念，此外还获得了关于外部感性整体或内部感性整体的不同的属和类的不同概念。

显而易见，这些统一因素无非就是这样一些内容，它们被埃伦菲尔斯（Ehrenfels）称之为“构形质”（Gestaltqualität），被我自己称之为“形态的”（figurale）因素，被迈农称之为“被奠基内容”。① 但在这里还需要对现象学的统一因素和客观的统一因素进行补充区分，前者赋予体验或体验部分本身（实项的现象学材料）以统一，后者则属于意向的、一般说来超越出体验领域的对象和对象部分。——对我来说，里尔时常建议的表达“统一因素”在其直接的可理解性中具有阐明性的长处，因而可以希望它被普遍地接受。[15]

A 231

B1 235

① 参阅埃伦菲尔斯：“论构形质”，《科学哲学季刊》，1890 年；笔者的《算术哲学》，1891 年，尤其是整个第十一章；迈农，“心理分析理论文献”，《心理学与感官生理学杂志》，第十六期，1893 年。

[15] 在 A 版中为：但在这里还需要对现象学的统一因素和客观的统一因素进行补充区分，前者赋予心理体验或体验部分以统一，后者则属于意向的，一般说来非心理的对象和对象部分。——里尔向我建议的“统一因素”这一表达在其直接的可理解性中具有阐明性的长处，因而可以希望它被普遍地接受。。

第5节　对不可分性这一概念的客观规定

施通普夫的这种思考的目的在于证明广延与质的相互不可分性，即它们的不独立性，而我们则更多地是希望从这些思考中获得益处，以便定义这种不可分性或不独立性，或者说，从另一方面定义可分性或独立性。施通普夫本人在上述引文的最后一段为我们提供了依据。① 我们可以"自为地"、"分离地"表象一个内容，这意味着什么？这意味着，针对[16]现象学领域而言，针对[17]现实被体验内容的领域而言，这样一个内容可以从所有与共存内容的融合中解脱出来，并且最后从意识统一中挣脱出来？显然不是。在这个意义上，所有内容都是不可分的。而且这同样也适用于在显现者本身的整体统一方面的显现的事物内容。如果我们表象一个"马头"这样一个内容，那么我们为此不可避免地要在一个联系中[18]想象它，这个内容从一个共同显现的对象性背景中突显出来，它不可避免地要连同杂多的[19]其他内容一起被给予，并且以某种方式与它们联合在一起。因此，通过表象可以将这个内容脱离出来，这意味着什么？我们对此只能做出如下回答：

① 参见被我们加了重点号的语句（A 230/B_1 233："它们[质与广延]就其本性而言不可能分离地和相互独立地在表象中存在。"——中译注）。

[16] 在A版中为：局限于。

[17] 在A版中为：局限于。

[18] 在A版中为：会在意识联系中。

[19] 在A版中为：千百种。

可分性无非意味着，在共同联结的并且共同被给予的内容的无限的（任意的、不为任何建基于内容本质[20]中的规律所妨碍的）变更中，我们可以在表象中同一地坚持这个内容；并且这也意味着，它始终不会因为这些共同被给予的内容的任何一个随意组成的消除而受到影响[21]。 A 232 B1 236

但在这里还明见地包含着：

这个内容的实存就其自身、就其本质而言[22]根本不取决于其他内容的存在，它就像它本身所是的那样，能够先天地、即按其本质而言存在，即使除它之外[23]根本不存在任何东西，或者，即使在它周围的所有东西都发生随意的、即无规律的变化。

或者，显然与此完全等值的是：对其他内容的依赖性并不建基于内容本身的"本性"之中，并不建基于它的观念本质之中，它在其本质中（它正是通过这个本质才成为它所是）并不关心所有其他内容。也许，其他内容事实上正是连同这个内容的此在并根据经验规则而被给予的；但在其可从观念上把握的本质中，这个内容是独立的，这个本质通过它本身、亦即先天地不需要一同混杂的其他本质。[24]

[20]　在A版中为：本性。

[21]　在A版中为：，以至于它最后甚至不会受到对这些内容之突出的影响。

[22]　在A版中为：这个内容的存在在表象中以及在意识中。

[23]　在A版中还紧跟：在意识中。

[24]　在A版中为：当然需要考虑，我们是否能够绝对地提出此类主张。在我们的例证中，我们并未赋予独立性的情况以明见性，毋宁说，我们仅仅谈到不独立性的非明见性。人们可以怀疑，我们是否曾真正地具有过这样一个肯定的明见性，即：一个内容相对于所有一同被结合的内容而言是独立的，它同一地作为它之所是而保持下来，与所有共存内容的随意变化相容。但是我们无疑可以假定，缺乏明见地可注意到的依赖性就意味着独立性；可分性的意义仅仅在于这样一个思想：在内容本身的本性中并不建立着对其他内容的依赖性，它就如它所是的那样，不关心所有其他内容。。

与此相符，不独立性的意义是在依赖性的肯定思想中。这个内容按其本质[25]来说与其他内容结合在一起[26]，如果没有其他内容与它同时存在，它就不能存在。这里无须再强调，它们与它是结为一体的。因为，难道会存在着一种不带有如此松散的结合或“融合”的本质共存吗？所以，不独立的内容只能作为内容部分存在。

我们可以不说内容和内容部分，而只说对象和对象部分（如果
A 233 我们将内容这个术语看作是较为狭窄的、限制在现象学[27]领域中的术语），并且我们已经获得了一个客观的区分，这个区分摆脱了所有的关系，即一方面与立义行为的关系，另一方面与某个有待立
B_1 237 义的现象学[28]内容的关系。因此，我们无须回涉到意识上、例如回涉到“表象方式”的区别上[29]就可以规定这里所探讨的“抽象之物”与“具体之物”的区别。所有运用这种关系而进行的规定要么是（由于混淆了抽象的其他概念）不正确的，要么是误解性的，或者，它们无非只是对纯粹客观的和观念的事态的主观表达而已，无论这类表达在其他情况下是如何易解和如何常见。

[25] 在A版中为：本性。

[26] 在A版与B版中均为：不结合在一起。在第三版中已得到纠正。第四版再次与A版和B版相符。

[27] 在A版中为：心理。

[28] 在A版中为：心理。

[29] 在A版中为：回溯到表象方式上。

第6节　续论：与对一个流行规定之批判相联结

所以我们有时听到人们用下列公式来表达独立内容与不独立内容之间的区别：独立内容（或内容部分）可以自为地（für sich）被表象，不独立内容只能自为地被注意到，但不能自为地被表象。但对这个公式可以做这样的指责："自为"在这些划分性表达（"自为地被注意"-"自为地被表象"）中起着不同的作用。自为地被注意的是一个特别朝向它的注意（一个强调的关注）的对象；自为地被表象的是一个特别朝向它的表象的对象——至少是当"自为"在这里和在那里一样具有相似的作用时。但在这个前提下便无法坚持这个在可以自为地被注意的东西和可以自为地被表象的东西之间的区别。难道在这一类情况中，突出性的关注与表象不相容并因此排斥表象？但不独立的因素，如特征或关系形式，与独立内容，如"窗户"、"脑袋"等等一样，同样是（如前所述）那些朝向它们的表 A 234
象的对象。否则我们根本就无法谈论它们。自为地关注和自为地表象（在前面所预设的意义上）并不相互排斥，以至于我们可以将 B_1 238
它们聚合在一起：在感知性的"立义"（wahrnehmende Auffassung）中，自为地被关注的东西同时确然地被表象；而自为地被表象的复合内容，例如"脑袋"，同样也自为地被关注。

"自为"在表象那里实际上意味着一些与我们刚才所设想的完全不同的东西。"分离地表象"这个等值的表达已经清楚地指明了这一点。这指的显然是这样一种可能性，即：将这个对象表象为一

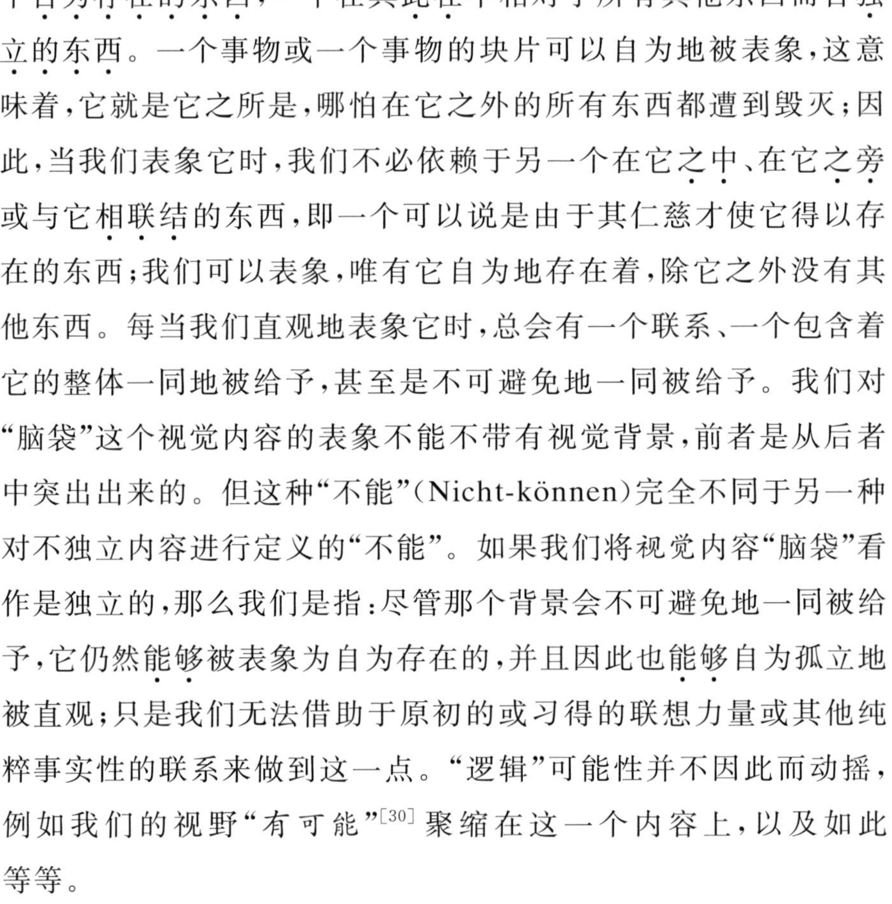

个**自为存在的东西**，一个在其**此在**中相对于所有其他东西而言**独立的东西**。一个事物或一个事物的块片可以自为地被表象，这意味着，它就是它之所是，哪怕在它之外的所有东西都遭到毁灭；因此，当我们表象它时，我们不必依赖于另一个在它**之中**、在它**之旁**或与它**相联结**的东西，即一个可以说是由于其仁慈才使它得以存在的东西；我们可以表象，唯有它自为地存在着，除它之外没有其他东西。每当我们直观地表象它时，总会有一个联系、一个包含着它的整体一同地被给予，甚至是不可避免地一同被给予。我们对“脑袋”这个视觉内容的表象不能不带有视觉背景，前者是从后者中突出出来的。但这种“不能”（Nicht-können）完全不同于另一种对不独立内容进行定义的“不能”。如果我们将视觉内容“脑袋”看作是独立的，那么我们是指：尽管那个背景会不可避免地一同被给予，它仍然**能够**被表象为自为存在的，并且因此也**能够**自为孤立地被直观；只是我们无法借助于原初的或习得的联想力量或其他纯粹事实性的联系来做到这一点。“逻辑”可能性并不因此而动摇，例如我们的视野“有可能”[30]聚缩在这一个内容上，以及如此等等。

“表象”一词在这里所表达的东西，更精确地被称作“思维”①。
A 235 我们不能将一个特征、一个联结形式和类似的东西**思维**为自在、自

① “思维”的德文原文是“Denken”，它和“表象”（Vorstellen）一样具有“想象”（Phantasieren）的含义。在有些地方，“Denken”和“Vorstellen”实际上应当译作“想象”。但为了突出这三个概念的差异，我在前面已经并且在后面仍然在中译文中区分这三个概念，即使这种译法会显得生硬。——中译注

[30] 在A版中未加引号。

为存在着的,思维为与所有其他东西相分离的、因而唯一存在的东西;我们只能在事物类的内容那里进行这种思维。每当“思维”这 B₁ 239
个词在这种特有的意义上出现时,我们都可以发现在前面已经暗示过的那些对客观的、而且是先天的事态的主观陈述之中的一个陈述。一个对象(我们现在还是选择这个较为普遍的术语,它也包含可体验到的直观内容)可以自在、自为地存在,另一个对象则只能在其他对象中或其他对象旁存在,这样的区别并不涉及我们的主观思维的实际性(Faktizität)。这是实事性的、建基于实事的纯粹本质之中的区别,但是,由于这些区别存在,而我们知道它们,所以它们促使我们做出这样的陈述:一个与此相偏离的思维是不可能的,也就是说,一个与此相偏离的判断是错误的。我们不能思维的东西,就不可能存在,不可能存在的东西,我们就不能思维。——这种等值性规定了在“思维”的确切概念与在通常的主观的意义上的表象和思维之间的区别。

第7节　通过引入纯粹规律概念和纯粹属概念[31]来更明确地刻划我们的规定

因此,只要“能够(Können)”这个词是在与“思维(Denken)”这个精确的术语的联系中出现,它指的就不是主观的必然性,即那种“不能够表象为别样的(Sich-nicht-anders-vorstellen-können)”[32]

[31] 在A版中为:规律思想。

[32] 在A版中未加重点号。

主观无能力(Unfähigkeit),而是指那种“不可能是别样的(Nicht-
anders-sein-können)”的客观－观念[33]必然性。① 后者按其本质
在绝然的(apodiktische)明见性意识中成为被给予性[34]。如果我
们维持对这个意识的陈述,那么我们就必须坚持:在这样一个客观
必然性中相关地包含着一个分别确定的纯粹规律性。首先,显然
普遍有效的是,客观必然性完全是与在客观规律性基础上的存在
B1 240 相等值的。[35]一个自为的单个个别性在其存在方面是偶然的。它
是必然的,这是因为[36],它处在规律性联系之中。[37]禁止别样存
在(Anders-sein)的恰恰是规律,这就是说,它不仅是在此地和此
A 236 时是这样的,而且完全是这样的,在规律性的普遍性中是这样的。
但现在必须注意,正如我们在这里、即在对“不独立”因素的阐述中
所谈到的必然性具有一个建基于实事性本质中的观念或先天必然
性的含义一样,这个规律性也相关地具有一个本质规律性的含义,
即一个绝对普遍有效的规律性的含义。任何与经验此在的关系都
不能限制规律概念的范围,任何经验的此在设定都不能被纠缠到

① 随这个命题一起得到突出的是,明见性的思想从本体论上转变为纯粹本质规律性的思想,这对进一步研究的内容来说具有决定性的作用。在我的“关于1894年德国逻辑学著述的报告”(《系统哲学文库》,第三卷,第225页,注释1)中,我已经十分明确地做出了这一转变。

[33] 在A版中为:客观的。

[34] 在A版中为:在绝然的明见性中被我们主观地(虽然只是例外地)意识到。

[35] 在A版中为:任何客观必然性的本质都处在一个分别确定的规律性中并且在其中找到对它的定义。换言之,客观必然性无非意味着客观规律性,或者说,在客观规律性基础上的存在。。

[36] 在A版中为:这意味着。

[37] 在A版中还紧跟:在其中。

规律意识之中，在经验一般的规则和规律那里，情况便是如此。“自然规律”、在经验科学意义上的规律不是本质规律（观念规律、先天规律），经验必然性不是本质必然性。[38]

据此，一个不独立部分的“不能自为实存（Nicht-für-sich-existieren-können）”就意味着，存在着一个本质规律，根据这个规律，一个关于这个部分的纯粹的种（例如颜色、形式等等的种）的内容之实存预设了某些从属的纯粹的种的内容之实存，这些内容（如果还有必要补充的话）是指：这个不独立的部分作为部分、作为某种附在这些内容上的东西、作为与它们相联结的东西所应归属的那些内容。我们可以更简单地说，不独立的对象是这样一些纯粹的类的对象，在这些对象方面存在着这样一个本质规律：只要它们实存，它们就只有作为某些从属的类的全面整体的一个部分实存。

这恰恰就是这个更简练的表达所指的：它们是部分，这些部分仅仅作为部分而实存，而不能被思维作某种自为存在的东西。这张纸的色彩是这张纸的一个不独立的因素；它不仅事实上是部分，而且就其本质、就其纯粹的类而言注定是部分存在（Teil-sein）；因为一 B_1 241
个色彩一般和色彩纯粹的自身只能作为因素实存于一个有色之物中。在独立的对象那里则缺乏这样一种本质规律，它们可以被纳入到全面的整体之中，但它们并不必须被纳入到全面的整体之中。

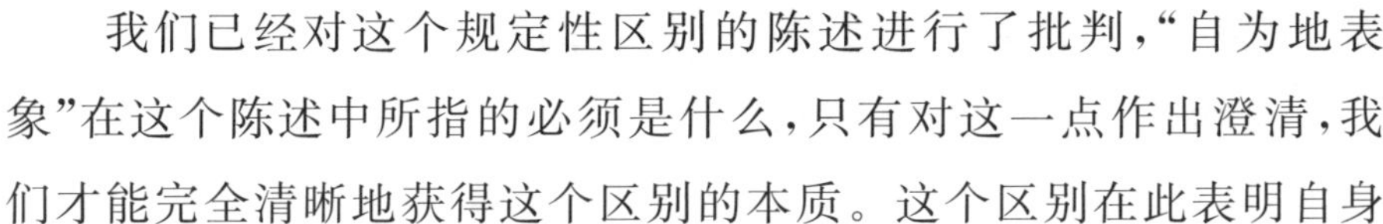

我们已经对这个规定性区别的陈述进行了批判，“自为地表象”在这个陈述中所指的必须是什么，只有对这一点作出澄清，我们才能完全清晰地获得这个区别的本质。这个区别在此表明自身

[38]　B版的附加。在A版中未分新段落。

是一个客观的、在有关客体（或部分内容）本身的纯粹本质[39]之中被论证的区别。现在人们要问，那个陈述的剩余部分情况又是如何的呢，即是说，“不独立的对象或因素‘仅只’能自为地被注意，或者只有通过唯一的关注才**区分于**共同联结的对象或因素[但不是自为地被表象]”，这样一个陈述能够对这个区别的规定起到什么

A 237 作用。我们在这里只能回答：没有任何作用。因为，如果这个“仅只”唯独与那个“自为表象”相关，那么它的排斥性的对立面已经做完了所有可做之事。确切地说，肯定性的规定当然处在不独立之物这方面，否定性的规定处在独立之物这方面；由于我们将前者称之为不可自为表象的，所以我们在双重否定中只是回到了本来的出发点上。但无论如何，我们不需要回溯到那种强调性的关注上去，并且我们看不出它对我们有什么用处。当然，一个脑袋可以与具有此脑袋的人相分离地被表象。一种颜色、形式等等不能以这种方式被表象，它们需要有一个基底（substrat），它们虽然可以在这个基底上独个地被注意到，但却不能与这个基底相分离。但是，例如在视觉方面[40]，脑袋也“仅只”能够“自为地被注意到”，因为它不可避免地作为一个总的视野的组成部分而被给予[41]；而如果

B_1 242 我们不是将它理解为一个组成部分，如果我们将背景当作是某种对它来说在实事上陌生的和无关紧要的东西，从这个背景中“抽象”出来，那么这并不是因为这个内容的特殊性的缘故，而是因为这个事物立义的状况的缘故。

[39] 在 A 版中为：本性。

[40] 在 A 版中为：作为视觉内容。

[41] 在 A 版中为：是一个总的视野的组成部分。

第7节a　独立的和不独立的观念

我们的区分首先涉及"在观念普遍性中"被思维的个体个别性的存在，即那些纯粹被理解为观念个别性的存在。但它们显而易见也引申到观念本身上，这些观念可以在一种相应的、即使是有所改变的意义上被标示为独立的和不独立的观念。例如，在纯粹的种(Art)的直至最高的属(Gattung)的阶段系列方面，一个最高的纯粹属的最低的差(Differenz)可以叫作相对独立的，而且在这里，每一个较低的种相对于较高的种都是相对独立的。就某些属而言，与它们相应的个体个别性无法先天存在，除非这些个体个别性同时属于其他属的个体的、但纯粹被思维的范围；这样一些属在关系到后一类属时是不独立的。其他例证领域的情况在经过必要的修正后(mutatis mutandis)亦是如此。

第8节　将独立内容与不独立内容之间的区别分离于直观上突出的内容和直观上融合的内容之间的[42]区别

我们[43]还必须准备应对一个指责。人们也许会坚持认为，一个独立内容如何作为自为有效的和隔离于所有周围事物的统一而

[42]　在A版中还紧跟：现象学。

[43]　在A版中为：我。

得以贯彻,另一方面,一个不独立的内容如何被刻画为某个只是根据其他的,而且独立的内容才被给予的东西,在这两种方式中存在着一个现象学区别,[44]我们没有充分地考虑这个区别。

在这里首先要考察以下描述性的事态。不仅直观的不独立因
A 238 素是部分,而且我们也必须以某种(在概念上无法中介的)方式将
B_1 243 它们理解为部分;也就是说,如果它们所处于其中的具体的总体内容没有得到统一的突出,它们就不能自为地被注意;但这并不意味着,它们在确切的意义上成为对象。我们不能自为地注意到一个形态或颜色,除非具有这个形态和颜色的整个客体得到突出。有时,尽管看起来只有一个"显眼的"颜色或形式突现出来,但对这个过程的当下化会表明,这里得到现象性突出的也是整个客体,但恰恰是借助于那种显露给我们的,并且唯一在真正意义上是对象性的特殊性[45]。对一个感性统一因素的突出——例如对空间构形因素的突出,这个因素与其他统一因素一起论证了那个作为统一而涌现出来的感性集合体的内部封闭性——①与对这个感性-统

① 参阅笔者的《算术哲学》,第一卷(1891年),第十一章,第228页(一"大道"的树、一"群"鸟、一"行列"的鸭)。

[44] 在A版中还紧跟:一个直接可感受到的区别,。

[45] 在A版中为:不仅直观的不独立因素是部分,而且,我们也必须以某种(即在概念上无法介绍的)方式将它们理解为部分;如果没有先行地注意到它们所处于其中或与其联合为一体的其他内容,它们就不能自为地被注意到;我们不能自为地注意到一个形态或颜色,除非具有这个形态和颜色的整个客体被注意到。有时,尽管看起来只有一个"显眼的"颜色或形式直接突现出来,但对这个过程的当下化或许会表明,这里首先显露给我们的是整个客体,但恰恰是借助于那种不断地和独个地受到关注的特殊性。

一整体本身的把握也处在类似的关系之中。所以，以此方式对一个内容的突出[46]时而也是对另一个紧密从属于它的内容之注意的基础。①

如果我们研究这个事态的更深层原因，那么我们便会注意到，在现象学领域中或在直观被给予性本身的领域中[47]，与独立和不独立内容之区别相交叉的还有与第一个区别混在一起的第二个区别，即：直观地“被划分的”、从相连的内容中“突显出来”或“隔离开来”的内容和那些与此相连内容相融合的、不带分界地过渡到它们 B₁ 244
之中的内容之间的区别。诚然，这些表达是多义的，但它们合在一起便可以说明，这实际上关系到一个本质上全新的区别。

因此，一个内容在与共存的内容的关系中受到直观上的划分， A 239
它不是“无区别地”过渡到这些共存的内容之中，以至于它创造出一个与它们相并列的特有属，并且能够自为地得到突出[48]。直观上未被划分的内容与其他共存的内容一起构成一个整体，它自身并不从这个整体中分离出来，它与它的伴侣不仅联结在一起，而且“融合”在一起。如果我们在以上意义上思考独立内容，即思考那些无论其环境如何变化仍然是它们所是的独立内容，那么它们并不会因此就必然具有完全另一种划分的独立性。一个具有均匀的或连续映射的白色的直观平面的各部分是独立的，但不是被划分的。

① 取自笔者的“对基础逻辑学的心理学研究”，《哲学月刊》，1894 年，第三十期，第 162 页。

[46] 在 A 版中为：注意。

[47] 在 A 版中为：，但也仅仅在现象学领域中。

[48] 在 A 版中为：得到注意。

如果我们问，这种直观的划分包含着什么，那么过渡和交流的图像首先会将我们引向那些内容连续划分自身层次的情况。这尤其是对感性具体之物的领域而言(更确切地说：对在外部感性领域中的独立内容而言)。在这里，划分多重地建立在**间断性**的基础上。可以对这个[49]命题做如下陈述：

两个同时的感性具体之物，如果其中一个具体之物的全部直接构造因素“持续地”过渡为另一个具体之物的相应构造因素，那么它们必然构成一个“无差异的统一”。某些相应因素的相同性情况在这里应当被看作是这种持续性的可靠临界点，即被看作是持续“向自身的过渡”。

这一点能够以显而易见的方式引申到多数具体之物上：在这些多数的具体之物中，如果总合的具体之物可以排成这样一个序列，以至于它们可以持续地、一步一步地连结在一起，那么每一个

B_1 245 个别的具体之物就始终是不划分的，也就是说，我们刚才所详细标
A 240 志出的东西对于这些相邻的对子来说是有效的。**但只要一个个别之物不突出于所有其他个别之物中的一个个别之物，那么它就始终是与它们无所区别的。**

第9节 续论：指明融合现象的更广泛领域

诚然，这些命题在某种意义上[50]提供了对事实的理想化的表达。连续性和间断性当然无法在数学的精确性上得到把握。那些

[49] 在A版中还紧跟：[强烈地被理想化了的(idealisiert)]。

[50] 在A版中为：仅仅。

中断之处不是数学的局限，而间隔不一定会“过于微小”[51]。

我们还可以对清晰的和含混的划分或划界之间作出更为细致的区分，而且是在经验模糊的意义上进行划分，就像人们在日常生活中谈论与钝的甚或抹圆的尖端和棱角相对的锐的尖端和棱角一样。显然，所有直观被给予性本身的本质构形原则上都不能纳入到像数学概念那样的“精确概念”或“观念－概念”之中。被感知的树本身，确切地说，那个被把握的、在对其意向对象的有关感知中可以作为因素被分析的树，它的空间构形不是一个几何学的构造物，不是在精确几何学意义上的“观念之物”或“精确之物”。同样，直观性的颜色本身不是观念颜色，后者的种类是在“颜色物体”中的观念点（Punkt）。在直观被给予性上通过直接的观念化（Ideation）而把握到的本质是“不精确的”本质，它们不能混同于“精确的”本质，后者是在康德意义上的观念，它们（如“观念的”点、观念的面、空间构形或在“观念”颜色物体中的“观念”颜色种类）是通过一种特殊的“理想化”（Idealisierung）而产生出来的。因此，所有纯粹描述的描述概念，亦即与直观直接地和忠实地相符合的描述概念，也就是所有现象学描述的描述概念，都原则上不同于客观科 B₁ 246
学的规定概念。现象学的任务就在于澄清这些事态，这个任务尚未得到严肃的把握，而且在这里所进行的研究中尚未得到解决。[52]

[51]　在A版中未加引号。

[52]　在A版中为：前者是处在几何学理想概念的路线上，而后者则根本不能被理想化为在几何学上精确的概念。但人们完全可以间接地借助于精确概念来进一步描述它们。现象学的任务就在于，借助精确的概念来尽可能清晰地描述直观的模糊构成物，这个任务很久以来一直未得到充分的把握，并且在这里所进行的研究中尚未得到解决。。

同样肯定的是，这种通过间断而产生的划分，或者说，这种通过连续而产生的融合仅只包含着一个非常有限的领域。

我还记得施通普夫对奇特的融合（Verschmelzong）事实的研究，①我们在这里显然是在这个研究领域中活动。当然，我们所偏好的那些事例在融合现象的范围中起着一种特有的作用。如果我
A 241 们更切近地观察一下这些事例，那么我们在这里就会从具体之物、从独立的“感觉整体”回溯到它们的直接的、不独立的因素上去，或者说，回溯到首先属于它们的种类上去。间断性本身与在同一个仅高于它的纯粹属[53]中的最低的种类差有关；也就是说，例如与在与颜色质的比较中的颜色质有关。但我们并不将间断性定义为共存内容在这些最低差方面的单纯间距。同时的声音具有间距，但缺少在确切意义上的间断性。只有当这种间断性超出一个连续变更的因素，即空间或时间的因素而“相邻地扩展开来”时，它才会涉及那些种类差因素。例如，在一个空间界限或时间界限“旁”，视觉的质过渡到另一个质中。在从空间部分向空间部分的连续过渡中，我们并非同时也在覆盖的质中继续行进，相反，“相邻的”质至
B1 247 少在一个空间位置上具有一个有限的（而且不是过于微小的）间距。同样，在现象学相续中的间断性那里，情况也是如此。在这里得到划分的不仅是质，例如颜色与颜色，毋宁说，整个具体之物都

① 如所周知，施通普夫首先在较窄的意义上将“融合”定义为各个同时的感觉质（Empfindungsqualitäten）之间的关系，它们借助于这种关系而显现为一个感觉整体所含的各部分。但他没有放弃指明那个较宽的、对我们来说在这里是决定性的融合概念。参阅施通普夫，《声音心理学》，第二卷，第 17 节，第 64 页以后。

[53] 在 A 版中为：属（亚里士多德意义上的）。

在相互界分,视野划分为局部。在这个相合关系中(只有涉及这个关系时才可谈论间断性)的颜色间隔恰恰同时也使一同联结的因素——在我们的例子中这是指被覆盖的空间部分——得以划分。否则这种划分根本无法从这种融合中挣脱出来。空间性必然会持续地变更。只有当一个间断性通过被覆盖的因素创造出来,而且只有当那个与此变更的一个块片相符的整体随之而被划分出来,这个变更的块片才能自为地受到注意,并且首先在意识中得到"突出"①。

我们在这里首先将空间性理解为例如感觉因素,对它的客观统摄才构造出显现着的和本真的空间性。但另一方面,我们在这里也可以将它理解为根据对显现事物本身的各个直观而可把握的"空间之物";也就是将这个空间之物理解为这样一种意向因素,在这种意向因素中恰恰直观地宣示出,而且是以不同的方式在不同的直观中宣示出这个物理"事物本身"的客观的、在客观测量中可规定的空间构形。[54]

如果感性直观的具体之物是借助于相邻因素的间距才得以划分的,那么这整个具体之物的自身突出[55]就是相对于它的内容所具有的相互弃置的诸因素而言较早的那个因素[56]。这也许取决 A 242

① 参阅本书第二研究,第 217 页,我们在那里形象地谈到不独立因素在观念化的抽象意识中的单纯"被强调",相对于另一些情况而言,在那些情况中,它们本身是被意指、被关注的客体。

[54] 在 A 版中为:不言而喻,我们将空间性理解为感觉因素,对它们的客观统摄才构造出显现着的和本真的空间性。

[55] 在 A 版中为:在现象学角度上对这整个具体之物的自为注意。

[56] 在 A 版中为:自为注意。

B₁ 248 于在这个具体之物的各个因素[57]之间尤为密切的融合，即取决于它们之间的相互“渗透”，这种渗透在变化和毁灭过程中的相互依赖性中宣示出来。这种融合不是一种以连续性方式或以另一种取消划分的方式进行的相互混合；但它仍然是一种尤为密切的共属性。一旦有一个因素通过间断性而为此提供了准备，这种共属性就必然地会将这些相互渗透的因素的整个复合体一举（mit einem Schlag）突显出来。

更为深入和透彻的分析还能够证明许多有趣的描述性区别；对于我们的目的来说，这些相当粗糙的阐述就已经够了。我们的研究已经可以使我们看到，我们带着这个在阐述中所探讨的在突出的和不突出内容（或者也可以说，在自为可表象内容和自为不可表象的内容、独立内容和不独立内容——因为这些表达也在这里出现）之间的区别是在模糊的“主观”直观性[58]领域中活动，这个领域恰恰也具有其奇特的本质特性，因此，我们带着这个区别根本无法接近在抽象内容和具体内容之间，或者，如我们在前面所偏好说的那样：在独立内容和不独立内容之间的普遍本体论[59]区别。在前一种情况中，即在对统一地自身划定之内容与混合在背景中之内容的区分中所关涉的[60]是分析和融合的事实，被划定的内容

A 243 在这里既可以是独立内容，也可以是不独立内容。因此，人们不应混淆这两个区别。而如果人们例如将一个有均匀色彩之平面的无

[57] 在A版中为：方面。

[58] 在A版中为：主观体验。

[59] 在A版中为：基础客观的。

[60] 在A版中还紧跟：仅仅。

区别部分[61]的不独立性与**抽象因素**在描述上完全不同的另一种不独立性放在一起，或者，如果人们想通过那些属于行为领域的现象学事实[62]来论证在“具体”和“抽象”之间的本体论区别之本质：B_1 249 在具体之物上的表象行为是直接的行为，因此，只要它不需要其他表象作为基础，它也就是独立的行为；然而把握抽象内容的行为却是一个间接的和不独立的行为，因为它的基础必须是由对一个所属的具体之物的表象所构成；——如果人们这样做，那么他们就正是在混淆这两个区别。但从我们的分析中可以得出，在**这个**描述性事态上可把握到的那些东西还与完全不同的事物联系在一起，而且这些东西无论如何还不足以揭示出本体论区别的本质。[63]

第10节　属于各种不独立性的规律之杂多性

根据至此为止的思考，在不独立性中任何时候都包含着一个先天**规律**，这个规律的概念基础是在有关部分和整体的普遍之中。但这个规律可以在较大的和较小的规定性中被把握并且被说出。要想确定不独立性的概念，我们只需要说：一个不独立的对象作为它之所是（即由于它的本质[64]规定性）只能存在于一个较广泛的整体之中。但它有可能时而是这种、时而又是那种对象，因此它为

[61]　在A版中未加重点号。

[62]　在A版中为：主观事实。

[63]　在A版中为：但我们已经认识到，这个描述性事态还与完全不同的事物联系在一起，并且，这个事态无论如何还不足以揭示出这个区别的本质。。

[64]　在A版中为：一般。

了能够存在下去而所需要的补充方式也会变换。如果我们现在例如说:感觉质的因素,如感觉颜色的因素,[65]是不独立的,它需要一个它在其中得以现身(verkörpern)的整体,那么在这里起主导作用的规律性只是在一个方面得到规定,即在这个部分方面得到规定,它的特征被给定为感觉质。相反,这个整体的方式,即一个这样的质作为部分存在的方式,以及它为了能够存在而需要的补
B1 250 充方式则始终是不确定的。如果我们说,一个感觉质只能处在一个"感觉领域"中,更进一步说,一个感觉颜色只能处在视觉的感觉领域中,或者它只能作为一个"广延"的"质化"(Qualifizierung)而存在,那么情况就完全不同。在这里,规律性也是在各个不同的方面得到规定的;视觉的感觉领域这个概念是一个被给予的概念,它在这个整体的各个可能的种中标示着一个确定的和特殊的种。同样,"质化"概念和"广延"概念在各种不同可能性中标示着一个特殊的可能性,这些可能性是指一个不独立之物如何规律性地寓居于一个整体之物中的可能性。这个特殊性通过感觉质的**本质**或通过广延的本质而受到普遍的规定,但每一个不独立之物都以**它自己的**方式包含在视觉感觉的本质统一之中,或者说,包含在视觉领域的本质统一之中,所有这些统一性都被纳入这个领域。这个方式是无法进一步得到描述的。因为,例如,什么东西使"是'感觉因素'"的规定性与"以'质'的方式是感觉因素"的规定性得以区分开来,对这个问题无法做出进一步的回答[66],我们无法指明一个附

[65] 在A版中为:质。

A 244 [66] 在A版中为:如果我们说,一个质只能处在一个客体之中,这个客体以一个内部因素的方式,更进一步说,一个内部特征的方式在自身中承载着这个质,那么情况

加的、不含有质的概念的规定性；就像对这样一个问题：什么东西附加到“颜色”之上才能使“红”这个种类产生出来，我们对此只能再回答说：是“红”。

无论如何，不独立性的概念连同定义它的、但只是间接地和一般地标示出来的规律性指明了在实事上确定的并多重变换着的本质规律。这并非是某些部分种（Teilarten）所具有的特别性（Absonderlichkeit），即：它们只须是部分即可，而无须顾及与它们相混杂的是什么，它们被纳入于其中的联系是何种状况；相反，存在着某种确定的必然性关系，即**在内容上确定的**纯粹规律，这些规律随着不独立内容的**纯粹的种**的不同而有所变换，并且因此而规定了对这种内容给予这些补充，对那种内容给予那些补充。在这些规律中被联结的种类、即为那些（恰恰从这些规律的立场来看）偶
然个别性的领域划界的种类有时是、但不始终是最低的差。如果 B1 251
一个规律例如规定“颜色”这个种的内容与“广延”这个种相关，那 A 245
么它并不是在规定一个特定的广延具有一个特定的颜色，反过来它也不在规定一个特定的颜色具有一个特定的广延。因此，最低差的值在这里并不处在任何作用关系中。规律仅仅指称最低的种

就完全不同。在这里，规律性也是在不同的方面得到规定；内部特征这个概念是一个被给予的概念，它在这个整体的各个可能的种中仅仅在各种不同的可能性中标示着一个可能性，这些可能性是指一个不独立之物如何规律性地寓居于一个整体之物中的可能性。质具有其种类确定的方式，它以这种方式是内部特征，因为，根据这个寓居者是质，还是广延，或其他等等的不同情况，“是内部特征”这个普遍规定性也会各不相同——诚然，这会使对这个规律的表达成为一种表达绝对确定的表达；但它已经可以充分满足我们的必要的和可能的要求。因为，什么东西使“是‘内部特征’”的规定性与“以‘质’的方式是内部特征”的规定性得以区分开来，对这个问题无法作出进一步的回答。

(即自身直接具有最终种差之杂多性的种)。如果我们另一方面对质的间距对奠基性的质的依赖性进行观察,那么我们可以看到,这个间距是通过奠基性的质的最低种差而得到单义的规定,即规定为最低的差。

据此,不独立性的概念是与在统一联系中的观念规律性的概念相等值的。[67] 如果一个部分处在观念规律性的联系中,而非仅仅处在事实性的联系中,那么它就是不独立的;因为这样一种规律性联系无非意味着,这样的一个部分就其本质来说只能规律性地存在于它和某些这种或那种相属的其他部分的联结之中。即使当一个规律所陈述的不是必然性,而更多地是一种联结的不可能性时,当它例如陈述:一个部分 A 的此在将一个部分 B 的此在作为与它不相容的东西而加以排斥;——即使在这时,我们也被引回到不独立性上去。因为只有当 A 和 B 两者以相互排斥的方式要求同一个东西时,A 才能排斥 B。一个颜色排斥另一个颜色,也就是说,在同一块平面上,它们都应当完全覆盖这块平面,但恰恰却都不能完全覆盖这块平面。每一个对特定范围的本质规律性的排斥都有一个对相应性划界的肯定性的、本质规律性的要求与之相符合,反之亦然。

[67] 在 A 版中为:因此,不独立性的概念是与在统一联系中的规律性的概念相合的。

第 11 节 这种“质料”规律与“形式”规律或“分析”规律的区别

我们已经一再强调，那些对不独立性的某些等级做出定义的 B₁ 252
必然性或规律是建立在内容的本质特殊性的基础上，建立在它们 A 246
的特性基础上；或者更确切地说，它们建立在纯粹的属、种、差[68]的基础上，有关不独立的和补充的内容作为偶然的个别性便从属于它们。如果我们思考这些观念对象的总体，那么我们随之就会具有所有观念可能的个体个别性（存在）的纯粹“本质”、“实质”(Essenz)的总体。与这些实质相符合的此外还有“含有实事的概念”，或者说，那些明确区分于“单纯形式概念”的命题和不带有任何“含有实事的质料”的命题。在后一类概念中包含着在《纯粹逻辑学导引》的最后一章中曾谈到过的“形式逻辑学范畴”以及与它们具有本质联系的“形式本体论范畴”，还包含着从这些范畴中产生出来的句法构成。相对于“房屋”、“树木”、“颜色”、“声音”、“空间”、“感觉”、“感受”等等这些表达出实事内涵的概念而言，像“某物”、“一个东西”、“对象”、“属性”、“关系”、“联结”、“多数”、“数量”、“序列”、“序数”、“整体”、“部分”、“数值”等等这样一些概念就具有根本不同的特征。后者围绕在某物或对象的空泛观念周围并通过形式本体论的公理而与这个某物或对象相联结，而前者则排列在各个最高的含有实事的属（“质料范畴”）的周围，“质料本体论”

[68] 在 A 版中为：（亚里士多德的）种或差。

便根植于这些属中。这个对“形式的”本质领域和“含有实事的”或质料的本质领域的主要划分给出了在“分析－先天的学科”与“综合－先天的学科”的真正区别，或者说，给出了在“分析－先天的规律和必然性”与“综合－先天的规律和必然性”之间的真正区别；对此，下一节将会作出系统的规定。

B₁ 253 现在已经很明显，所有属于各种不独立性的规律或必然性都将自身纳入到综合先天的领域之中，而且人们现在已经完全理解，是什么将它们区分于那种作为不含实事的单纯形式的先天。[69]一方面是那种像因果规律那样规定着各个事物的－实在的变化之不独立性的规律，或者是那种（通常没有受到充分表达的）规定着单纯的质、强度、广延、界限、关系形式等等的不独立性的规律；另一方面是纯粹分析的普遍性，如：“如果没有部分，一个整体就不能存在”，或者是分析的必然性，如：“如果没有臣民、仆人、子女，一个国王、一个主人、一个父亲就不能存在”，如此等等；人们不能将这两方面的东西置于同一层次之上。在这里可以这样一般地说：相关之物相互需要对方，如果它们相互丧失，它们就不能被思维，或者说，它们就不能存在。如果我们将对立一方的某个命题与上述命题相并置，例如“如果没有一个具有颜色的东西，一个颜色就不能存在”，或者“如果没有某个被颜色覆盖的广延，一个颜色就不能存在”等等，——那么我们立即就会看出这里的区别所在。“颜色”并不是一个相对的表达，其含义包含着对它与其他东西的关系的表象。尽管没有具有颜色的东西，颜色就不存在，但某个有色之物的

[69] 在A版中为：这样，那种将这些“综合必然性”与“分析必然性”（在某种意义上可以说：将“质料必然性”与“形式必然性”）分离开来的本质区别也同时得到标示。。

存在，更进一步说，一个广延的存在并不是在颜色概念中得到“分析”论证的。

下列思考揭示出这个区别的本质。

如果没有整体，一个是此整体之部分的部分**本身**根本不能存在。但另一方面我们又说（即与**独立的**[70]部分相关）：如果没有整体，一个是此整体之部分的部分常常能够存在。这里当然不存在矛盾。它所指的是：如果我们根据它的**内部内涵**，根据它的本己本质来观察这个部分，那么拥有同一个内涵的东西也就可以存在，即使它在其中的那个整体不存在；它可以在不带有与其他东西之联结的情况下自为地存在，而这时它也恰恰就不是部分了。这种联结的变化和完全取消在这里并不关涉到这个部分的本己的、带有

这种或那种[71]内涵，并不在其此在中取消它[72]，只是它的相关性 A 247
丧失了，它的部分－存在[73]丧失了。而在其他部分那里，情况则 B$_1$ 254

相反；在所有联结之外，它们作为非－部分**由于其内涵的特性**是无法被思考的。因此，这种不可能性，或者说，这种可能性是建立在内容的本质特殊性基础上的。用“分析的”公式来表达：如果没有整体，一个是此整体之部分的部分就不能存在，情况则会完全不同。将某物称作部分，同时又缺乏相属的整体，这将是一个“矛盾”，即一个“形式的”、“分析的”背谬[74]。这里所涉及的不是一个

[70] 在A版中未加重点号。
[71] 在A版中为：内部。
[72] 在A版中为：取消它的存在。
[73] 在A版中为：部分存在。
[74] 在A版中为：“背谬”。

部分的内部内涵，在这里作为基础的“形式”规律性与前面所说的含有实事的规律性没有相同之处，因而不会干扰它。

诚然，相关之物的相互制约性指明了某些相互要求的因素，即指明了在每一个相关性上都必然互属的关系和关系规定。但它仅仅是在形式的非规定性中做出这种指明。这里起主导作用的规律性是一个对所有关系本身来说都起主导作用的规律性；它恰恰只是一个形式规律性，它建基于“分析本质”之中，在这里是指建立在关系这个形式范畴中的本质中。它自身从关系和关系环节的含有实事的特殊性中不接受任何东西并且仅仅将这些关系和关系环节称之为“某些”。[75]例如，在只有两个关系环节的简单情况中，这个规律性意味着：如果“某个α”与“某个β”具有“某种”关系，那么这个β就与那个α具有“某种相应的”关系。α和β在这里是无限的变项（Variable）[76]。

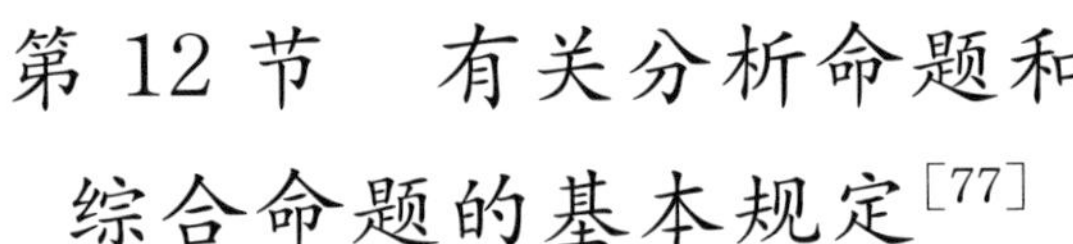

第12节　有关分析命题和综合命题的基本规定[77]

我们一般可以做如下的定义：

“分析规律”绝对是普遍的（因而是摆脱了所有明确的和隐含

---

[75]　在A版中为：但它仅仅是在间接地、不确定地作出这种指明。这里起主导作用的规律性是一个对所有关系一般（überhaupt）来说都起主导作用的规律性；它恰恰只是一个形式的规律性，它自身从关系环节的特殊性中不接受任何东西并且仅仅将这些关系和关系环节称之为“某些”。。

[76]　在A版中未加重点号。

[77]　在A版中为开始新的一节。参阅本章版本注[83]。

的对个体之存在设定）命题，它们除了形式概念之外不含有任何其他命题，如果我们回溯到原始的概念上，那么这也就是说，它们除了形式范畴之外不含有任何其他范畴。与分析规律相对立的是它们的殊相化（Besonderungen），这些殊相化是通过引入含有实事的概念以及可能的设定个体存在的思想（例如，“这个”、“皇帝”）而产生的。就像规律的殊相化产生出必然性一样，分析规律也产生出“分析必然性”。人们所说的“分析命题”通常是分析的必然性。如果它们含有此在设定（例如，“如果这所房屋是红色的，那么红便属于这所房屋”），那么分析必然性就与这个命题的那些内涵有关，由于这些内涵的缘故，这个命题是分析规律的经验殊相化，也就是说，分析必然性与经验的此在设定无关。[78] B1 255

我们可以这样来定义：“分析的必然命题”是这样一些命题，它们具有完全独立于它们的（确定地被思考或在不确定的普遍性中被思考的）对象性以及完全独立于可能的情况实际性，完全独立于可能的此在设定之有效性的真理；也就是说，它们是这样一些命题，它们可以将自身完整地“形式化”，并且将自身把握为特殊情况或对通过这种形式化而有效形成的形式规律或分析规律的经验运用。在一个分析命题中必定有可能做到：完全保留这个命题的逻辑形式，用“某物”这样一个空泛的形式来取代任何一个含有实事的质料，并且通过向相应的判断形式“绝对普遍性”或规律性的过渡来排斥任何一个此在设定。[79]

[78]　B版的附加。

[79]　在A版中为：“分析命题”是这样一些命题，它们具有完全独立于它们对象的内容特性（并因此也独立于对象的联结形式）的有效性；因而它们是这样一些命题，

A 248 例如,“这所房屋的存在包含着它的屋顶的存在、它的墙的存在以及它的其他部分的存在”是一个分析定理。因为分析的公式是指:一个整体 G(α、β、γ……)的存在完全包含着它的部分 α、β、γ……的存在。这个规律并不包含着任何表达一个含有实事的属
B₁ 256 或类的含义。人们可以看到,包含着例如“此物”的个体存在设定通过向纯粹规律的过渡而丧失。而这是一个分析规律,它纯粹是由形式－逻辑的范畴和范畴形式所构成。[80]

如果我们具有分析规律和分析必然性的概念,那么当然(eo ipso)也就可以得出“先天综合规律”的概念和“综合先天必然性”的概念。每一个以一种方式包含着含有实事概念的纯粹规律都是一个先天的综合规律,这种方式是指:在保真的要求下不允许将这些概念形式化。这些规律的殊相化就是综合的必然性:其中当然也包含经验的殊相化,如:“这个红不同于那个绿”。[81]

这里所做的陈述应当足以表明一个本质区别,即建基于内容的种类本性之中的规律与分析的和形式的规律之间的区别,前者是与不独立性相关的规律,后者则作为纯粹建基于形式[82]“范畴”

它们可以将自身完整地形式化,并且将自身把握为特殊情况或对通过由此而形成的形式规律或分析规律的单纯运用。所谓形式化就在于,在已被给予的分析命题中,一切含有实事的确定都被不确定之物所取代,并且这些不确定之物而后被理解成无限制的变项。。

[80] 在 A 版中为:这所房屋的存在包含着它的屋顶的存在、它的墙的存在以及它的其他部分的存在,这是一个分析定理。因为分析的公式是指:一个整体 G(α、β、γ……)的存在完全包含着它的部分 α、β、γ……的存在。这个规律并不包含着任何表达一个内容的属或类的含义,它纯粹是由“范畴”所构成。。

[81] 在 A 版中为:对此后面还会有进一步的论述。。在 A 版中未分新段落。

[82] 在 A 版中为:建基于纯粹。

之中的规律而对所有“认识质料”都无动于衷。

注释一：可以将这里所给出的规定与康德的规定相比较，后者在我们看来绝不应当被称作是“古典的”。我们认为，前者已经满意地解决了一个最重要的科学理论问题并且同时向系统地划分各种先天本体论迈出了关键性的第一步。在我日后出版的著述中将会有进一步的阐述。

注释二：显而易见，如果那些主要是在这一节中为我们所探讨的概念：“整体”和“部分”、“独立性”和“不独立性”、“必然性”和“规律”不是在本质事件的意义上被理解，即不是被理解为纯粹概念，而是被解释为经验概念，那么它们的意义就遭受了改变。但对于我们以下的研究目的来说，没有必要再深入地阐释这些经验概念以及它们与纯粹概念的关系。[83]

[83]　B版的附加。在A版中紧跟第12节：

第12节　具体之物与事物。
将独立性和不独立性的概念引申地
运用于延续性和因果性的领域，
以此使这对概念更为普遍化

具体之物的概念作为独立的内容（内容在这里被理解为最宽泛意义上的对象一般）并不例如与事物的概念相重合，正如不独立的内容也不能简单地被看作是事物特性一样。在事物统一中所包含的不仅仅是一个个别化的具体之物；它还包含着（观念地说）一个从可能性上来看无限的杂多性，这个杂多性是指同一个形式所具有的在时间上延续着的、在变化和保持这两个概念的意义上始终相互过渡的具体之物的杂多性，这个杂多性（无论它是自为地，还是连同相同构造的确定相属的杂多性一起）被包含在因果性的统一之中。这就是说，存在着一个与这些杂多性有关的规律性，它使在

B₁ 257

第 13 节　相对的独立性和不独立性

我们至此为止将独立性看作是一种绝对之物,看作是某种对所有一同被联结的内容的不依赖性;不独立性则被我们看作是矛

A 249 某一个时间点上共存的具体之物单义地依赖于那些在变化或保持的意义上被划归给它们的、在一个确定的、但可以随意选择的过去时间点上的具体之物。如果我们就每一个具体的变化过程或保持过程来谈论同一个变化和保持的具体之物,那么我们也就可以说:事物就是那些统一包含在因果规律中的具体之物,即是说:它们受一个规律性的制约,根据这个规律性,这些在某一个时间点上的具体之物的值(即在被给予的构造规定性的时间点上的具体之物的值)可以借助于在任何以后的时间点上的"同一些"具体之物的值而得到规定,后一种值从而也可以借助于前一种值而被阐释为单义的时间作用。

这样一个规律联系将一组具体之物标明为所有受因果规律性制约的事物的总和或体系。如果我们想较为公式化地、更为仔细地规定这个规律联系,那么我们例如可

650 以列出以下式子:

$$G_1(\alpha^{(1)}、\beta^{(1)}、\cdots\cdots;t),G_2(\alpha^{(2)}、\beta^{(2)}、\cdots\cdots;t)\cdots\cdots G_n(\alpha^{(n)}、\beta^{(n)}、\cdots\cdots;t)$$

"n"是随意的具体之物。在它们之中,时间规定性"t"始终具有同一值并且在将要进行的变更过程中发生一致性的变化。"α"、"β"……这些象征一般说来将必定意味着各种不同的规定性,正如"G_1"、"G_2"……G_n一般说来意味着具体之物的不同统一形式一样。但这并不排除这样一种可能性,即:在这些关系中存在着同形性(Gleichförmigkeit)。只是当例如所有"G_λ"都是同一个类型"G"时,在各种"G"中相一致的规定性便不可能同一到这样一种程度,以至于产生的结果不是单纯的相似性(Ähnlichkeit)或相同性(Gleichheit),而是同一性(Identität)了。

如果我们现在将 $\alpha^{(1)}$、$\beta^{(1)}$……$\alpha^{(2)}$、$\beta^{(2)}$……思考为变项,那么因果规律首先在于,

A 250 一种自由的变更是不可能的;相反,通过一个随意的、但确定的值"t",例如"t_0",以及属于这些变项的值 $\alpha_0{}^{(1)}$、$\beta_0{}^{(1)}$……$\alpha_0{}^{(2)}$、$\beta_0{}^{(2)}$……,这些变项的值得到单义的规定。这个规律性不仅涉及"n"次被观察的"G",而且还关系到具有"G"形式的所有具体之物,这就是说,包含在统一属于因果观念的具体化形式等级中的随意具体之物。因此,由这种规律性所构成的基本规律是这样一种规律,在这些规律的基础上,每一个可以在先

盾的对立面,看作是相应的、至少对一个内容的依赖性。但至关重要的是,我们也应当将这些概念定义为相对的概念,从而也就将绝对的区分刻画为相对区分的极限状况。促使人们做出这种定义的原因在于实事本身。在单纯感觉被给予性的领域之内(也就是说,现在不是那个在它们之中展示的、显现的事物本身),视觉延伸的

给定的个别具体之物的变化状况都能够得到单义的给定,无论它是在其全面的此在的前提下,还是在它与随意的其他具体之物的共存的前提下受到观察。当然,无论如何还要补充的是对本质统一的因果系统概念,即一个被包含在统一的相互作用中的事物群组概念的确定。这里所关涉的是这样一种情况:一个特殊的规律性以这样一种统一的方式将这个群组中的所有事物都联结在一起,以至于只要其中的一个事物失落,那么所有其他事物的变化序列就必定会发生变更,而且,我们不可能将整个群组分解为多个相互间无关的群组(即分解为带有单纯时间上共存、但相对独立的变化序列的群组)。

在因果性中,一个瞬间的具体之物,无论它是自为的,还是与其他共存的具体之物相连的,都依赖于以前的瞬间——因而在某种意义上是不独立的。但必须注意,独立 651 性这个概念至此为止只是被我们定义为在共存中的独立性。这里也谈到过变化;但这仅仅具有在与几何学中所谈变化相似的意义,也就是说,在共存中的作用关系通过对共合性(konkomitierend)变更的观念思考而得到澄清,然而这种作用关系所指的并不是因果的依赖性。在几何学变化中所关涉的仅只是一种从确定的个别价值到规律的 A 251 变更置换以及一种对一同被规定的价值系列的思想关注。我们所涉及的情况也与此相似。然而,独立内容和不独立内容的概念可以轻易地被普遍化,以至于人们能够区分共存的情况和相续的情况。我们只需适当地扩展整体的概念(以及那些分析地从属于它的概念),使人们不仅可以谈论共存的整体(统一、联结),而且也可以谈论相续的整体。这样,我们的概念就完全可以引申地运用于事物,而在此同时被关注的只是那个特殊的内容,即关于存在和共存的话语在事物那里所接受的内容。独立性,在这里是指绝对意义上的独立性,恰恰可以在笛卡尔的实体定义中得到陈述:"能自己存在而其存在并不需要其他事物的一种事物"(res quae ita existit, ut nulla alia re indigeat ad exsitendum)。但我们在这里无法再兼顾由因果关系所带来的那些复杂性,这将会使我们远离自己的论题。我们将局限在那些仅仅是从一个瞬间到另一个瞬间的过程中现实的并且汇合成时间性整体的具体之物,它们提供了事物性规律的基础。因此我们仍然不涉及事物,但从现在起,普遍的、延伸到相续统一之上的概念将是决定性的概念。。

因素①连同它的所有部分都被我们看作是不独立的，但在受到抽
A 252 象观察的延伸之内，它们的每一个块片都被看作是相对独立的，它们的每一个因素，例如与“状态”和“大小”②相区别的形式，都被我们看作是相对不独立的。[84]因此，关于独立性的话语、即关于那个可以是绝对地或在其他相关性中被接受的不独立性的独立性之话语，所关涉的是一个整体，这个整体通过它的所有部分的总和（也包括这个整体本身）构造出一个领域，那些以前曾是无限制地进行的区分必须在这个领域之内活动。我们因此可以定义：

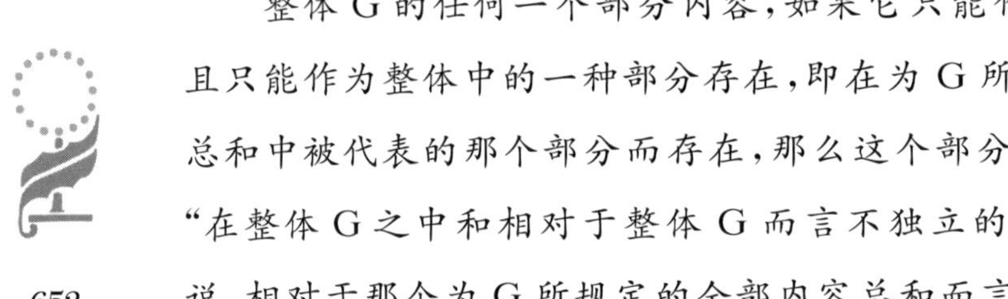

整体 G 的任何一个部分内容，如果它只能作为部分存在，并且只能作为整体中的一种部分存在，即在为 G 所规定的全部内容总和中被代表的那个部分而存在，那么这个部分内容就意味着是“在整体 G 之中和相对于整体 G 而言不独立的”部分内容，或者说，相对于那个为 G 所规定的全部内容总和而言不独立的部分内

B1 258 容。任何不处在此种状况中的部分内容则意味着是“在整体 G 之中和相对于整体 G 而言独立的”部分内容。我们常常也简称为“这个”整体的不独立部分或独立部分，并且在相应的意义上简称为整体之部分（部分整体）的不独立部分和独立部分。[85]

---

① 对于显现的有色空间形态的空间广延来说展示性的因素。

② “状态”和“大小”在这里当然标志着感觉领域中的事件，标志着对于在未修正的意义上的意向（显现）状态和大小而言的展示性因素。

---

[84] 在 A 版中为：在意识内容的领域之内，广延的因素连同它的所有部分都对我们显现为不独立的，但在受到抽象观察的广延之内，它们的每一个块片都显现为相对独立的，它们的每一个因素，例如与状态和大小相区别的形式，都显现为相对不独立的。。

[85] 在 A 版中这一段全部加有重点号。

这个定义显然还可以得到进一步的普遍化。人们可以轻易地将这个定义理解为[86]：不仅[87]设定了一个部分内容与一个更广泛的整体的关系，而且还完全一般地设定了一个部分与另一个部分的关系，即使这两个部分是相互分离的。据此，我们做如下定义：

如果存在着一个建基于有关内容属的特殊性中的纯粹规律，根据这个规律，这个纯粹属的一个内容α先天地只能够在其他内容之中或与其他内容相联结地存在，这些其他内容是指那些为β所规定的全部纯粹内容属的总和内容，那么，一个内容α"相对于一个内容β来说"，或者相对于为β以及它的所有部分所规定的全部内容总和来说，"是不独立的"。如果这个规律不存在，那么我们便把α称作是"相对于β独立的"。[88]

我们可以简单地说：如果存在着一个建基于属的本质α、β中的规律，根据这个规律，纯粹属α的一个内容只能够在属β的一个内容中或与这个内容相连结地存在，那么这个内容α相对于内容β来说便是不独立的。我们在这里显然不用去考虑，α和β这两个属也可以是两个复合体的属，以至于多种多样的属也可以与这些复合体因素相符地相互交织在一起。从这个定义中可以得出，一

[86]　在A版中为：改造为。

[87]　在A版中为：不再。

[88]　在A版中为：如果存在着一个建立在有关内容属的特殊性中的"规律"，根据这个规律，这个属的一个内容α只能够在其他内容之中或与其他内容共同地存在，这些其他内容是指那些为β所规定的全部内容属的总和内容，那么，一个内容α"对于一个内容β来说"，或者对于为β以及它的所有部分所规定的全部内容总和来说，"是不独立的"。如果这个规律不存在，那么我们便把α称作是"相对于β独立的"。。

个 α 本身在绝对普遍性中依赖于某个 β 的统一的一同被给予(Mitgegebensein)，或者换言之，纯粹的属 α 在与其相符的个体个别性的可能此在方面依赖于属 β，或依赖于与它的范围的个别性相联结的一同被给予。我们可以简短地说：一个 α 的存在就 β 属而言是相对独立的或不独立的。

在此定义中谈到的必然相关存在(Zusammenbestehen)或者
A 253 是与随意的时间点有关的[89]共存(Koexistenz)，或者是在延伸的
B₁ 259 时间中的相关存在。在后一种情况中，β 是有关时间性的整体，而时间规定性就会(亦即作为时间相关性、时间距离)一同出现在为 β 所规定的内容总和中。所以，一个自身含有时间规定 t_0 的内容 κ 可以要求另一个带有 $t_1 = t_0 + \Delta$ 时间规定的内容 λ 的存在，并且可以就此而言是不独立的。在现象学的"意识流"事件中，最后提到的对不独立性的示范性证明提供了这样一个本质规律：每一个现时的、被充实了的意识－现在必然会并且始终会过渡到一个刚才的曾经存在者(Gewesen)之中；因此，意识当下对意识未来提出连续的要求；与此相关，这个刚才的曾经存在者本身具有现时现在的内在特征，这个曾经存在者的滞留(retentional)意识恰恰在要求这个被意识为曾经存在过的现象的曾经存在。当然，我们这里所说的时间就是那个属于现象学意识流本身的内在时间形式。

此外，我们还可以列举一些在其他方向上的例证：在我们定义的意义上，每一个块片、即视野的每一个具体充实的片断，在视觉的因素直观的具体整体中并且相对于这个整体而言都是独立

[89] 在 A 版中为：时间性的。

的[90]，而这样一个块片的每一个颜色，这个整体的颜色构成等等都是不独立的。而被充实的视野、被充实的触域等等在瞬间、感性的整个直观的整体中并且相对于这个整体而言重又是独立的，质、形式等等则不独立，无论它们是附着在整体之上，还是附着在个别环节之上；我们同时注意到，所有那些被看作是相对于前例中的整体而言不独立和独立的东西，同样也必须被看作是相对于这个现在是决定性的整体本身而言的不独立的和独立的。也就是说，这样一个普遍真理是有效的：

相对于一个β而言是独立的或不独立的东西，也会相对于任何一个整体β′而言始终保留这个特性，这个β′是指：相对于这个β B1 260
′而言，那个β是独立的或不独立的，——这样一个命题反过来当然不成立。[91]因此，尽管随我们划分界限的方式不同，相对性也会发生变化；而且尽管相对概念也随之而发生变化，刚才所提到的那个对于处在上述联系之中的各个内容群组而言的规律仍然会提供某种关系。因此，例如，如果我们将某个属于任何时间点的共存群组与包含着它们的相续群组进行比较，并且在可能的情况下也与无限完满的（现象学）时间进行比较，那么我们就会看到这种状况。
相续群组的独立之物是较为全面的东西，也就是说，并非所有那些 A 254
在共存的序列中被看作是独立的东西都必定会在相续的序列中也

[90]　在A版中为：例如，在我们的定义的意义上，每一个块片，即视野的每一个具体充实的片断，在视觉的瞬间直观的整体中都是独立的。

[91]　在A版中为：相对于一个整体β而言是独立或不独立的东西，相对于任何一个整体β′而言也会始终保留这个特性，这个β′是指：相对于这个β′而言，那个β是独立的——这样一个定理反过来当然不成立。。

被看作是独立的；但反之则然。事实上，共存的一个独立之物（例如视觉领域中[92]的一个具有具体充盈的有限块片）相对于被充实的时间整体而言是不独立的，只要我们将它的时间规定性思考为单纯的时间点。因为一个时间点本身如前所述是不独立的，它只能在一个被充实的时间延伸的联系中[93]、在一个绵延中得到具体的充实。但如果我们用一个时间绵延来取代这个时间点，在此时间绵延中，有关的具体内涵被思考为绝对不变的，那么这个绵延的共存在此扩展了的领域中也可以被看作是独立的[94]。

[92] 在A版中为：视野中。

[93] 在A版中为：在一个时间延伸中。

[94] 在A版中为：甚至也可以被看作是独立的——只要它没有被附加的因果关系所涉及。

第二章 关于一门整体与部分的纯粹形式之理论的思想 B₁ 261

第14节 奠基概念与相关的原理

在前一节的最后一段中所陈述和使用的那个规律不是一个经验规律，另一方面，它也不是一个直接的本质规律，[1]它和一些相近的规律一样，被允许使用一个先天证明。唯有那种能够在新的面目中向我们演绎论证已知定理的可能性才能更清晰地揭示严格[2]规定的价值。我们在这里要稍作滞留，以便能够关注这样一个巨大的科学方面的兴趣，这个兴趣在任何领域中都要求对演绎的理论化进行构建。

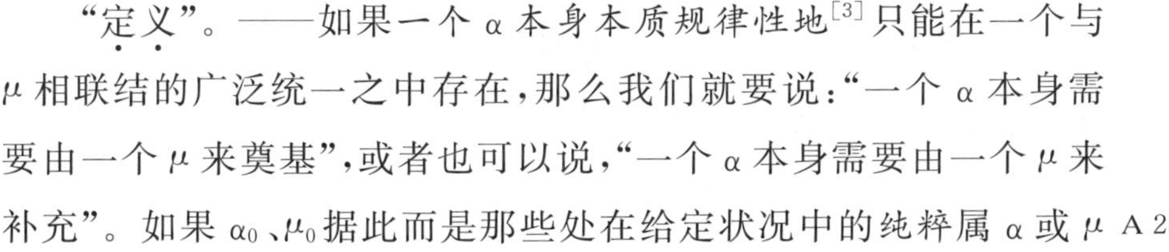

“定义”。——如果一个 α 本身本质规律性地[3]只能在一个与 μ 相联结的广泛统一之中存在，那么我们就要说：“一个 α 本身需要由一个 μ 来奠基”，或者也可以说，“一个 α 本身需要由一个 μ 来补充”。如果 α_0、μ_0 据此而是那些处在给定状况中的纯粹属 α 或 μ A 255

[1] 在A版中为：相反，。

[2] 在A版中为：精确。

[3] 在A版中为：一个§本身(即规律性地)。

所具有的确定的、在一个整体中实现了的个别情况,那么我们就说,α_0“受到”μ_0的“奠基”,并且,如果 α_0 的补充需要只能通过 μ_0 来得到满足,那么 α_0 便“仅仅”受到 μ_0 的奠基。我们当然也可以将这些术语引申地运用于种本身。这里的多义性是完全无害的。此外,我们更不确定地说,这两个内容,或者说,这两个纯粹的种处在一个“奠基关系”之中,或者也处在“必然联结”的关系之中;当然,在这里并未指定在这两个可能的和不相互排斥的关系中的哪一个关系。α_0 需要补充,它奠基于某个因素之中;这两个不确定的表达显然与 α_0 是“不独立的”表达同义。

B₁ 262 “定理 1”。——如果一个 α 本身需要由一个 μ 来奠基,那么每一个含有一个 α,但不含有一个 μ 的整体就同样也需要这样一种奠基。

658 这个定理是十分明晰清楚的。如果一个 α 没有 μ 的补充就不能存在,那么一个含有 α 并且不含有 μ 的整体也就无法满足 α 的补充需要,那么现在这个整体本身也就分有这种补充需要。

我们可以在顾及前一节的定义的情况下陈述这样一个系定理:

“定理 2”。——如果一个整体将不独立因素作为部分包含在自身之中,但又不含有这个不独立因素所需求的补充,那么这个整体同样是不独立的,并且,相对于任何一个自身含有那些不独立因素的更高序列的独立整体而言,它是不独立的。

“定理 3”。——如果 G 是 Γ 的[也就是说,[①]相对于 Γ 的]一

① 即在前一节中所定义的简称方式的意义上。这里处处都要注意这个简称。

个独立部分,那么 G 的每一个独立的部分 g 也就是 Γ 的一个独立部分。

这就是说,如果 g 相对于 Γ 而言需要一个 μ 的补充,即在 Γ A 256 的领域内具有一个 μ_0 的奠基,那么这个补充或奠基必定也一同包含在 G 之中。因为否则 G 根据"定理 1"就会在 μ 方面需要补充,而由于 μ_0 是 Γ 的一个部分,根据"定理 2"相对于 Γ 是不独立的,这就与前提发生矛盾。然而根据这个前提,g 是 G 的一个独立部分,因而相对于 G 也是独立的;所以,在 G 的领域中不可能存在某种可以为 g 奠基的东西;故而在整个 Γ 的领域中也不可能存在这种东西。

这个定理在对字母进行合适的修改之后也可以得到这样的陈述:

如果 α 是 β 的一个独立部分,β 是 γ 的一个独立部分,那么 α 也就是 γ 的一个独立部分。

或者还可以更简略些: B_1 263

一个独立部分的一个独立部分就是整体的一个独立部分。

"定理 4"。——**如果 γ 是整体 G 的一个不独立部分,那么它也就是任何一个 G 是其部分的其他整体的一个不独立部分。**

γ 相对于 G 是不独立的,这就是说,它在一个属于 G 领域的 μ_0 中具有一个奠基。当然,这同一个 μ_0 也在任何一个比 G 更高的序列的整体领域中出现,即在一个将 G 作为部分包含于自身的整体领域中出现;因此,γ 相对于这些整体中的任何一个都必然是不独立的。(相反,我们可以附加一句,γ 就一个更低序列的整体而言则完全可以是独立的;我们只需这样来划定它的界限,即:它始

终将必须的补充 μ 排斥在外。所以,抽象地看,当一个显现的广延的一个块片被看作因素时,它相对于这个广延是独立的,[4]但这个广延本身相对于被充实的广延的具体整体而言是不独立的。)

我们的这个定理可以用与前一个定理相似的方式陈述出来,即:

A 257 **如果 α 是 β 的一个不独立部分,β 是 γ 的一个不独立部分,那么 α 也就是 γ 的一个不独立部分。**

一个不独立部分的一个不独立部分就是整体的一个不独立部分。

"定理 5"。——**一个相对不独立的对象也是绝对不独立的,而一个相对独立的对象则可以在绝对的意义上是不独立的。**

对此的证明可以参阅前面几节。

"定理 6"。——**如果 α 和 β 是某一个整体 G 的独立部分,那么它们自身也是相互独立的。**

B1 264 因为,如果 α 需要受到 β 的补充或受到 β 的某个部分的补充,那么在受 G 规定的各部分总和中就会有 α 奠基于其中的部分(即 β 的部分),那么 α 相对于它的整体 G 就会是不独立的。

第 15 节 转向对更重要的部分关系的考察

让我们现在来考察一下在整体与部分以及在同一个整体的各个部分的先天关系中几个值得注意的差异。这些关系的普遍性为

[4] 在 A 版中为:抽象地看,一个广延的一个块片相对于这个广延是独立的,。

各种最为繁杂的区别留下了丰富的活动空间。并非每一个部分都以相同的方式包含在整体中，而在整体的统一中，并非每一个部分都以相同的方式与任何一个其他部分交织在一起。我们在对不同整体中的部分关系进行比较的过程中，甚至在对同一个整体中的部分关系进行比较的过程中就已经发现明显的区别，它们是通常谈论的那些有关各种不同整体和部分的基础。例如手是人的一个部分，但其方式完全不同于：这只手的颜色是人的一个部分；心理行为是人的一个部分，以及，这些现象的内部因素是人的一个部
分。广延的各个部分相互联合，但其方式完全不同于：它们本身与 A 258
它们的颜色联合在一起，如此等等。我们很快会看到，这些区别完全属于我们现在的研究领域。

第16节　相互间奠基和单方面奠基，间接奠基和直接奠基

如果我们来观看一个整体的任意一对部分，那么会有如下可能性存在：

1.在这两个部分之间存在着一种奠基关系。

2.不存在这种关系。在前一种情况中，奠基可以是

a)一种**相互间的**奠基， B_1 265

b)一种**单方面的**奠基，它根据相关的规律性而是可逆的或不可逆的。所以，颜色和广延在一个统一直观中[①]相互奠基，因为不

① 更确切地说：在一个视觉的被直观之物本身的统一中。

带某种广延的颜色，不带某种颜色的广延是无法想象的。相反，一个判断特征是单方面奠基于作为基础的表象之中，因为表象无须作为判断基础起作用。布伦塔诺对“相互间可分离性”部分和“单方面可分离性”部分的区分在范围方面与这里的区分相一致，但在定义方面不一致。布伦塔诺关于“相互间可分离性”的补充说法相当于对所有奠基关系的取消。

现在我们感兴趣的还有这样一个问题：这些部分的相对独立性或不独立性究竟处在何种状况之中，这里所说的相对当然是指相对于它们在其中受到观察的那个整体。如果在两个部分之间存在着一个相互间的奠基关系，那么它们的相对不独立性便是毫无疑问的；例如在质性和地点的统一之中。如果在两者之间仅仅存在着单方面的奠基关系，那么情况便会不同；在这种情况下，奠基

A 259 性的内容（尽管不言而喻地不是被奠基的内容）能够是独立的。所662 以，在一个广延中，一个块片的形态奠基于这个块片之中，也就是说，一个相对于这个整体而言[5]不独立之物奠基于一个对它来说独立的东西之中。

此外，一个部分在另一个部分之中的奠基还可以是：

α)一个**直接的**奠基，或者

β)一个**间接的**奠基，这要取决于这两个部分是处在直接的联结之中，还是处在间接的联结之中。当然，这个关系与前一个关系

B₁ 266 一样，它并不束缚在个体现有的因素上，而是根据其本质组成[6]与

[5] 在A版中为：（即相对于这个广延的整体而言的）。

[6] 在A版中为：普遍组成。

奠基关系有关。如果 α_0 直接地奠基于 β_0 之中，但间接地奠基于 γ_0 之中（只要 β_0 是直接地奠基于 γ_0 之中），那么普遍的并且根据纯粹的本质来说有效的是：一个 α 直接地奠基于 β 之中，间接地奠基于 γ 之中。其原因在于：只要一个 α 与一个 β 联结在一起，它们就是直接地联结在一起，而且还有，只要一个 α 与一个 γ 联结在一起，它们就是间接地联结在一起。**间接性和直接性的次序是在纯粹的属中得到规律性论证的。**① 例如“颜色”这个属因素，以及“亮度”这个因素，它们只能以完全不同的方式在一个最低的差的因素中并随这个因素——例如“红”、“蓝”等等——而实现。而“亮度”因素又只有在与某个广延规定性的联系中才能实现。这些在任何时候都是直接的联结和奠基决定了在“颜色”因素或“亮度”因素和“广延规定性”因素之间的间接联结和奠基。[7] 这些从属于间接奠基的联系规律显然是分析规律，而且它们是那些从属于直接奠基的联系规律的推断结果。

① 这句话的德文原文为：“Die Ordnung der Mittelbarkeit und Unmittelbarkeit ist in den reinen Gattungen gesetzlich begründet.”

由于“begründen”一词具有“给出根据（基础）”、“论证”等等含义，所以这里的译文也可以是：“**间接性和直接性的次序规律性地奠基于纯粹的属之中**。”——中译注

[7] 在A版中为：间接性和直接性的次序是在纯粹的属中得到规律性论证的。例如“颜色”这个因素只能以完全不同的方式在一个最低的差的因素中并随这个因素而实现，例如“红”、“蓝”等等。而“红”、“蓝”这些因素又只有在与某个地点规定性的联系中才能实现。这些在任何时候都是直接的联结和奠基决定了在“颜色”因素与“地点规定性”因素之间的间接联结和奠基。。

第17节　对块片、因素、物理部分、抽象、具体这些概念的精确规定

我们现在也可以将其他一些熟悉的和基本的概念还原为前面所确定的那些概念，并且由此而赋予它们以精确的（exakt）规定性。如前所述，即使有些个别的术语值得考虑，然而无论如何，下面将要划归给它们的那些概念却极为重要。

A 260 我们首先确定对“部分”这个概念的基本划分，即划分为**最狭窄意义上的**“块片”或**部分**，以及划分为整体的“因素”[8]或“抽象部分”。我们将**任何一个相对于整体G独立的部分**称作“**块片**”，将**任何一个相对于它不独立的部分称作这同一个整体G的“因素”**（[9]一个抽象部分）。在这里，这个整体本身——绝对地或相对于

一个更高的整体来看——是否独立，这是无足轻重的。**因此，抽象**

B_1 267 **部分可以再具有块片，而块片也可以再具有抽象部分**。我们谈论一个时间绵延的块片，尽管这个时间绵延是抽象的东西，我们同样也谈论一个广延的块片。这些块片的形式就是寓居于这些块片之中的抽象部分。

我们将那些不共同具有同一块片的各个块片称作**相互排斥的**（“分离的”）块片。我们将那种把一个整体划分为多个相互排斥之块片的做法称作对此整体的“分片”（Zerstückung）。两个这样的

---

[8]　在A版中还紧跟：（方面）。

[9]　在A版中还紧跟：一个方面或。

块片还可以共同具有同一个因素。所以，这个共同的界限就是对于一个被划分的连续所具有的划界块片而言的同一因素。如果块片在严格的意义上是分离的，也就是说，它们不再同一地含有一个因素，那么它们就叫作“被分开的”。

由于一个抽象部分在与每一个整体的相关性中，并且在包含此整体的对象[10]之总和的相关性中都是抽象的①，所以，一个在相对观察中的抽象之物在绝对观察中当然也是抽象的。绝对的观察可以被定义为相对观察的极限情况，在这种情况中，相关性受对象[12]普遍的全部总和的规定；因此，我们无须对在绝对意义上的抽象之物或不独立之物作出先行的定义。据此，一个绝然的抽象就是一个对象[13]，相对于它，有一个整体存在，它是这个整体的一个不独立部分。

如果一个整体可以用这样一种方式被分片，以至于这些块片从本质上来说就是那个最低的属，即由这个未划分的整体所规定的属，那么我们就将这个整体称作“扩展的整体”，将它的块片称作“扩展的部分”。[14]例如，将广延划分为广延，尤其是将空间线段划分为空间线段，将时间线段划分为时间线段，以及如此等等，都属 A 261

① 根据定律 4，第 263 页[11]。

[10] 在 A 版中为：内容。

[11] 在 A 版中为：第 256 页。

[12] 在 A 版中为：内容（对象）。

[13] 在 A 版中为：内容。

[14] 在 A 版中为：如果一个抽象可以用这样一种方式被分片，以至于这些块片从本质上来说就是那个最低的属的抽象，即由未划分的整体所规定的属，那么我们就将这个整体称作物理整体，将它的块片称作物理部分。。

于这类分片。

我们在这里还可以继续做如下定义:

B₁ 268 一个对象[15]在与其抽象因素有关时叫作“相对的具体”,并且在与其最切近的因素有关时叫作“它们的最切近的具体”。(我们在后面几节中将会更确切地规定这里所预设的这个在较切近和较疏远因素之间的区别。)一个本身在任何方面都不是抽象的具体可以被称作“绝对的具体”。每一个绝对独立的内容都具有抽象的部分,这个定理是有效的,因此,每一个这样的内容也可以被看作是和称作是绝对的具体。也就是说,这两个概念具有相等的范围。出于相同的理由,人们也可以将块片称之为具体部分,当然,根据整体本身或者仅仅具有抽象部分,或者本身就是抽象的不同情况,这里的具体应当被理解为绝对的具体或相对的具体。凡在仅仅使用“具体”的地方,它通常所指的都是绝对具体。

第18节 一个整体的间接部分和直接部分的区别

与块片和抽象部分之区别密切相关的是间接部分和直接部分之间的区别,或者说得更明确些,切近部分和疏远部分的区别。因为,关于直接性和间接性的说法可能会在双重的意义上被理解。我们首先讨论这个说法的最贴近意义。

A 262 如果 θ(G)是整体 G 一个部分,那么这个部分的一个部分,如

[15] 在 A 版中为:内容。

θ(θ(G))，就重又是整体的一个部分，然而是它的**间接部分**。这样，θ(G)便可以叫作这个整体所具有的一个**相比较而言的直接部分**。这个区别是一个相对的区别，因为θ(G)本身又可能是一个间接的部分，即在涉及它作为部分包含于其中的这个整体的另一个部分时。如果我们将**绝对间接的部分**理解为这样一些部分，与这些部分相关，在整体中存在着一些它们本身作为部分寓居于其中的部分；如果我们将**绝对直接的部分**理解为这样一些部分，这些部 B_1 269
分不能被这个整体的任何一个部分看作是部分，那么前面这个相对的区分就变为绝对的区分了。一个广延所具有的任何一个几何学部分都在这个绝对的意义上是间接的；因为它一再地（几何学地）具有包含那些部分的部分。列举绝对直接部分的恰当事例则要更困难。我们可以举这样一个例子：如果我们在一个视觉直观中突出所有内部因素的统一复合体，这些因素在单纯的地点变化的情况下始终保持同一，那么这个复合体就是这个**整体**[16]的一个部分，这个部分不再可能具有更高序列的部分。这一点也应当适用于它们的单纯广延的整体，这是就那个几何学的、不依赖于位置而完全一致的立体而言。如果我们将这个区分局限在同一类的各个部分上，那么统一的色彩因素就是一个绝对直接的部分，只要这个整体不具有这样一些同类因素，即对此整体来说重又可以作为部分而加以分割的因素。与此相反，附着在整体的一个块片上的色彩可以被看作是间接的，只要它参与了整体的总体色彩。在涉及“广延”这个种时，这一点适用于总体广延，它是一个绝对直接的

[16]　在A版中未加重点号。

部分，同样也适用于这个广延的一个块片，它是这个广延事物的一个绝对间接部分。

第 19 节　这个区别的一个新的意义：整体的较切近和较疏远的部分

如果我们注意到某些在对整体和间接部分之间的关系进行比
较性观察时会涌现出来的奇特区别，那么关于直接部分和间接部
A 263 分的说法便会获得一个全新的内容。① 如果我们想象一个扩展性
的[17]整体被分片，那么块片就可以继续被分片，块片的块片又可
B_1 270 以再次被分片，如此等等。部分的部分在这里和原初的[18]部分一
样，它们以完全相同的方式也是整体的部分；并且我们不仅注意到
与部分关系的类有关的相同性，这种部分关系的类决定了就整体
而言关于同类部分的说法——块片的块片又是整体的块
片②——，而且，这样两种关系的相同性：一方面是在整体和间接
部分之间的关系，另一方面是在整体和（相对）直接部分之间的关
系，也在以下情况中宣示出来，即：同一个部分通过可能的划分而
得以产生，它可以时而作为较先的部分，时而作为较后的部分产

① 参阅鲍尔查诺，《科学论》，第一卷，第 58 节，第 251－252 页，以及特瓦尔多夫斯基，《关于表象的内容和对象的学说》，第 9 节，第 49－50 页。

② 这是对前面第 14 节，第 262 页[19]定律 3 的一个新表达。

[17] 在 A 版中为：物理的。

[18] 在 A 版中为：直接的。

[19] 在 A 版中为：第 255 页。

生，由于这些可能划分的差异性，我们没有理由以包含在整体中的方式使一个部分绝对地优先于其他部分[20]：这种划分的等级次序在这里并没有一个在部分与整体关系方面实事确定的和固定的层次与之相符。关于间接和直接部分的说法并不是一个缺乏客观根据的随意说法。物理整体确实具有那些首先被观察到的部分，而这些部分又同样确实地具有在它们之中各不相同的、因而在与整体的关系中间接的部分；在继续进行的每一次划分中，情况都是如此。但是，这些部分中的最疏远部分自身并不比最切近部分距离整体更远。部分的层次次序无论如何也是[21]由划分的层次次序所决定的，而划分的层次次序则缺乏客观基础。在扩展性的[22]整体中不存在作为第一划分层次的自在第一划分，也不存在具有确定范围的划分群组；实事的本性没有规定从一个已有的划分导向另一个新的划分的进程或划分层次的进程。我们可以在不轻视内部优先的情况下以任何一个划分为开端。随人们所偏好的划分方式的不同，每一个间接部分都可以被看作是直接部分，每一个直接 A 264
部分也可以被看作是间接部分。

如果我们观察其他的例子，情况就会完全不同。一个直观统一的音序，如一个旋律，是一个整体，在其中我们可以发现作为部 B1 271
分的个别声音。任何一个这样的声音又具有部分，具有质的因素、强度因素等等，它们作为部分的部分也是这个旋律的部分；但很明显，个别声音的质因素以间接的方式寓居于整体之中，这种间接性

[20] 在A版中为：使后者以某种内部的方式优先于前者。

[21] 在A版中为：仅仅是。

[22] 在A版中为：物理的。

不能被归诸于我们主观的划分次序或其他的主观动机。尽管可以确定,如果个别声音的质的因素自为地被注意到,那么这个声音本身必定会得到"突出"。对这个间接部分的特殊把握(Sondererfassung)预设了对直接部分的特殊突出。但人们不会将这个现象学关系混同于在这里被观察的客观实事状态;[23]明见无疑的是:只有当质是个别声音的部分时,它自身才是这个旋律的部分;它直接地属于这个个别声音,但却只是间接地属于这整个的声音构成物。因而这个"间接"在这里与那种随意的、甚或受心理学压迫所决定的对某个划分进程的偏好无关,这个进程是指我们必定会首先遇到声音,然后才遇到它的质的因素;相反,自在地看,在这个旋律的整体中,声音是较早的部分,它的质是较晚的、间接的部分。声音的强度情况也与此相同;甚至在这里看上去几乎是这样一种情况,就好像强度使我们进一步远离旋律的整体,就好像它不是声音的直接因素,而是更切近声音的质一样,也就是说,在与声音的关系中已经是第二性的部分(这个观点当然不是毫无疑义的,因而需要受到更为仔细的考虑)。如果我们合理地在被观察的声音的质中,例如在 c 中设定一个部分,这个部分展示出它与所有其

A 265 他的声音所共有的东西,即它们的属因素,那么这个部分就第一性

B1 272 地寓居于质之中,第二性地寓居于声音之中,第三性地才寓居于这整个声音构成物之中;如此等等。同样,寓居于一个视觉被直观之

[23] 在 A 版中为:尽管可以确定,为了自为地注意到个别声音的质的因素,我们首先必须突出这个声音本身;因此,对这个间接部分的特殊立义(Sonderauffassung)在这里预设了对直接部分的特殊立义;但人们不会将这个主观必要性混同于明见客观的实事状态;。

物(本身)的扩展部分[24]之中的颜色因素或形态因素首先被加入到这个部分之中,其次才加入到这个直观整体之中。与整体关系更为间接的是寓居于有形广延[25]之中的“量”(volumness),是首先从属于这种广延在量的方面的东西(Größenartige)(在纯粹直观被给予性本身的领域中当然谈不上真正量的规定性)[26]。

根据这些阐述,对间接部分和直接部分之区分的新的和重要的意义便能够变得明晰起来。但只要在任何一个整体中都存在着一些直接属于它本身,而非首先属于它的一个部分的部分,那么这个区别就不只是一个相对的区别。对于个别部分来说,它是一个在现在的意义上的间接部分或不是这样一个部分,并且如果是,那么它是在第一层次上,还是在第二层次和更进一步的层次上是间接的部分,这是已经自在地固定确定了的。为了在术语上进行区别,人们可以说整体的“较切近的”和“较疏远的”部分;而为了更确切的加以规定,人们也可以说整体的“第一性的”、“第二性的”……部分;间接部分和直接部分这两个术语可以在更普遍的、可运用于任何部分的意义上保留下来。第二性的部分是第一性部分的第一性部分,第三性的部分是第二性部分的第一性部分,如此等等。这一系列的概念显然是彼此互不相容的。

第一性部分能够是,甚至一般说来将会同时是绝对间接的。然而也有一些第一性部分是绝对直接的部分,也就是说,它们不会作为部分包含在任何整体的部分之中。一个广延所具有的任何一

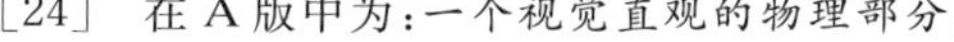

[24] 在A版中为:一个视觉直观的物理部分。

[25] 在A版中为:形态。

[26] 在A版中为:(即先于所有量的规定性)。

个块片都第一性地包含在这个广延之中，尽管它始终可以被理解为这个广延的间接部分。客观上始终存在着一些部分，它就是这些部分的部分。与此相反，一个广延的形式却不会作为部分而包含在这个广延的某个部分之中。

第 20 节　彼此相对较切近和较疏远的部分

A 266 我们在前面谈及在与**整体**的相关性中并从属于这个整体的间
B_1 273 接部分和直接部分、切近部分和疏远部分。但是，在我们观察那些**处在相互关系之中的部分**时，我们也常常使用这些术语，尽管是在完全不同的意义上；我们谈到部分之间的直接联系和间接联系，在间接联系中我们还进行区分。我们说，某些部分相互间较为切近，某些部分相互间较为疏远。这里需要考察下列关系。一个通常的情况是：一种联结形式将两个部分 α、β 特定地组合为**一个**部分统一，这个部分统一排斥其他的部分；而且，不是 α，而是 β 以同样的方式与 γ 相联结。在这种情况下，α 现在也与 γ 联结在一起，这是通过一个复合的、由 α⌢β 和 β⌢γ 的联结所构成的统一形式来完成的。这样，我们便将这种 α⌢β 和 β⌢γ 的联结称作直接的联结，而将 α 与 γ 之间以 α⌢β⌢γ 的形式进行的联结称作间接的联结。如果还进一步存在着 γ⌢δ、δ⌢ε 等等联结，那么我们会说，它们的终极环节 δ、ε……是在不断提高的间接性中与 α 相联结，δ 是比 γ 更疏远的一个部分，ε 则是比 δ 更疏远的一个部分，如此等等。在这里所描述的显然只是一个简单的特殊情况。每一个字母 α、β、γ……例如都可以组合一个复合的部分统一，即一个由各个统一联

结的环节所组成的完整群组，这样，在这种将部分统一作为整体加以衔接的连锁（Verkettung）之基础上，不同群组的环节也显现在这些较为切近和较为疏远的联系的关系中。

在这里并没有谈到，是否还存在着其他的联结，尤其是没有谈到，在间接地相联结的环节之间是否还存在着直接的联结（甚至是与那种在直接相联结的环节之间的联结属于同一个属的联结）。我们仅仅根据那些受基本联结规定的复合关系的**形式**来观察这些环节。当然，对这些形式的观察在那些已标明的情况中将会具有特别重要的意义，这些情况绝大多数都已在理论上和实践上受到考察，它们的特性可以简单地用一条直线内的各个点的联结来加 A 267
以说明。如果我们将随意的一串点从一条直线中突出出来，那么 B_1 274
我们就会注意到：各个间接被联结的环节与直接邻近环节的直接联结属于同一个最低的联结属，而且前者与后者的区别仅仅在于它们最低的种差，而这个差本身又受到各个中介性联结的差的单义规定。这种状况表现在时间序列中，表现在空间构形中，简言之，只要联结可以通过同一个属的**被指向的线段**而得到描述，这种状况便会表现出来。一言以蔽之：处处都存在着**线段加法**。但在这里，在我们所做的纯粹形式的观察中，我们可以对所有这些都忽略不计。

我们可以用下列方式从概念上进行本质性的把握。如果两个联结共有某些环节，但并非共有所有环节（也就是说，彼此不相合，就像是同一些环节通过多种联结而得以联合一样），那么它们便构成一个“连锁”（Verkettung）。每一个连锁而后都是一个复合联结。联结现在分为含有连锁的联结和不含连锁的联结；前一种联结是后一种联结的复合体。一个不含连锁之联结的各个环节就意味着是“直接相联结的”或“相邻的”。在每一个连锁中,并因此而在每一个含有连锁的整体中都必定存在着直接相联结的环节,即从属于那些不再包含连锁的部分联结(Teilverknüpfungen)的环节。这样一个整体所具有的所有其他环节都意味着是彼此“间接相联结的”。一个“简单的连锁”α⌒β⌒γ(它之所以简单,是因为它不含有作为部分的连锁)的共同环节在这些规定的意义上是与它的相邻环节直接地相联结的,这些相邻环节本身是间接地相联结的;如此等等。彼此相距较切近或较疏远的说法始终与连锁有关:按照有关形式上可以轻易规定的补充,“邻居”(=直接相联结的环节)、“邻居的邻居”等等这些概念提供了“疏远”的等级,并因此而
A 268 无非只是一、二等等这样一些“序数”而已。当然,这个补充的目的
B1 275 在于考虑:是否能够通过对一个“进程方向”的确定来保证这些概

念的单义性;例如通过列举一组概念构成关系的本质**不等边性**,就像“A 的右邻”(A 右边第一个)、“A 的右邻的右邻”(A 右边的第二个)等等。——这项研究的本质目的并不要求我们对这个自身不无重要意义的问题做出更为详尽的分析。

第 21 节　借助于奠基概念来精确地规定整体与部分的确切概念及其本质类别

在以上所进行的考察中,我们的兴趣在于整体与部分之间,或者说部分与部分之间(相互结合成为一个“整体”的内容之间)的最普遍的本质关系。在我们所做的与此相关的定义和描述中**预设了**

整体这个概念。但这个概念处处都可以省缺[27]，人们可以用那些被称之为部分的内容的简单共存来替代它。例如人们可以这样来定义：

如果一个 α 按其本质[28]来说（也就是说，规律性地，根据它的特殊特性）没有一个 β 的存在就不能存在，而是否需要某个 δ、ε 的共同存在又悬而未定，那么，一个 α 类的内容便奠基于一个 β 类的内容之中[29]。

其他定义的情况与此相似。综观所有这一切，人们可以用一种值得注意的方式借助于奠基概念来定义“整体的确切概念”：

我们将一个“整体”理解为那些由一个统一的奠基所涵盖的、A 269
并且不依靠其他内容的内容之总和。这样一个总和的内容被我们 B_1 276
称作部分。关于“奠基统一”的说法应当表明，每一个内容与每一个内容都通过奠基而相互联系，无论这是直接的，还是间接的联系。这种联系可以这样发生：所有这些内容都不依靠外部的力量而直接或间接地相互奠基；或者也可以这样发生：反过来，所有内容一起为一个新的内容奠基，并且同样不依靠外部的力量。在后一种情况中不排斥这样的可能，即：这个统一的内容是由一些部分内容所构成，这些部分内容以某种方式奠基于这个预设的总和的部分群组中，这种奠基的方式与总体内容奠基于整个总和之中的方式相类似。最后，中介性的情况也是可能的，在这种情况中，奠

［27］　在 A 版中为：我们至此为止在我们的定义中、在演绎定理中和描述中始终谈到整体，我们在整体中将内容理解为部分。但整体这个概念现在处处都可以省缺。

［28］　在 A 版中为：本性。

［29］　在 A 版中未加重点号。

基的统一例如可以这样形成：α与β为一个新的内容奠基，β然后又与γ，γ再与δ为一个新的内容奠基，如此等等，简言之，以连锁的方式奠基。

人们立即注意到，对整体的本质划分是如何受到这类区别的规定的。在首先被标示的情况中，各"部分"（被定义为有关总和的环节）是"相互渗透的（durchdringen）"；在另一些情况中，各部分是"相互外在的"，但却规定着实在的联结形式，无论是以全部连锁的方式，还是以成对连锁的方式。只要谈到狭义上的"联合"、"联结"以及如此等等，人们就是在指第二种整体；即是说，彼此相对独立内容（整体而后被分离为这种作为其块片的内容）为新的内容，即为那些作为它们的"联合形式"的内容奠基。关于整体与部分的说法通常也以这些情况为依据。

同一个整体可以在某些部分上是渗透，在另一些部分上是联合：例如，感性显现的事物、被感性质所覆盖的直观被给予空间构形（完全如其显现的那样）就其相互奠基的因素如色彩、广延而言是渗透，这个显现的事物就其块片而言则是联合。[30]

B_1 277

第22节　感性的统一形式与整体

A 270 在进一步的研究开展之前，我们有必要明确地指出：根据我们定义的标准，在每一个整体中并不必须包含着一个在特殊的、联合

[30] 在A版中为：显现的事物就其面（Seiten）而言是渗透，就其块片而言是联合。。

所有部分的“统一因素”意义上的特有形式。如果这个统一例如是通过连锁而形成的，以至于每一对相邻的环节都为一个新的内容奠基，那么我们定义的要求就已经得到满足，这里并不需要有一个特有的、共同奠基于所有部分之中的因素，即统一因素存在；而且人们几乎不能先天地主张：必须假设这样一个因素。我们的整体概念根本没有提出这样的要求，即：这些部分也只有以群组的或成对的方式通过特有的统一因素联结在一起。只有当整体是一个“扩展性的”[31]整体并且完全可以分解为块片时，这些统一因素才不言自明地是先天必需的。

看起来不可思议的是，我们仿佛满足于这些定义，甚至竟敢认为，所有整体——只有可分片的整体除外——都缺乏联合的统一形式，例如，广延与色彩的统一、声音的质与声音强度的统一，或者，在一个事物感知的感觉组成与那个与它相对而在特殊的现象学因素方面被感知意识所加入的东西之间的统一，以及其他的统一等等，它们都仅仅建立在单方面的或相互间的奠基之基础上，除此之外，并没有一个特有的形式内容、一个特有的统一因素通过它们的共在而得到奠基。[32]无论如何这是一个醒目的事实：每当联结的形式能够作为特有的因素而在直观中[33]现实地得到表明时，

[31] 在A版中为：“物理的”。

[32] 在A版中为：看起来更不可思议的是，我甚至认为，或许所有整体——只有可分片的整体除外——都是感性无形式的，例如，广延与色彩的统一、声音的质与声音强度的统一，感觉与对象释义的统一等等，它们都仅仅建立在单方面的或相互间的奠基之基础上，除此之外，并没有一个特有的形式内容、一个特有的统一因素通过它们的共在而得到奠基。。

[33] 在A版中为：感性的因素而通过内感知或外感知。

有关的被联结之物彼此总是相对独立的部分；例如在旋律统一中的各个声音，或在颜色构形统一中以块片形式被划分的各个色彩，
B₁ 278 或在复合形态的统一中各个局部形态，以及如此等等。相反，如果我们在视觉显现的统一中努力地寻找那种与赋予块片以统一的形式内容相并列的形式内容，这种形式内容将不独立的因素[34]，例如色彩与广延，相互联结在一起，或者，如果在色彩中努力地寻找
A 271 色调和亮度，在广延中寻找形式因素和量值因素[35]，以及如此等等，那么这些努力都将会是徒劳的。不言自明，我们现在绝不会将这个"找不到"（Nicht-vorfinden）硬说成是一种"不存在"（Nicht-sein）。但无论如何，在这里至关重要的是，详细地考虑那种"不带有"抽象感性形式的感性统一之可能性，并且在可能的情况下澄清这种可能性。

在这点上，也许首先令人感到奇特的是，单纯的共存必然性和补充要求——它们无非在于，某些种类内容的存在决定了某些被划归的种类的内容的同时存在——在我看来应当在发挥着赋予统一的作用。人们立即会反驳说：尽管如此，这些内容难道不能在完全分离的情况下相互并列，在它们的此在中相互依赖，但却仍然可以完全不相联合？情况并不像这里所声称的那样：奠基就意味着联合的统一。[36]

---

[34] 在A版中为："各个面"。

[35] 在A版中为：形式和量（volumness）。

[36] 在A版中为：随意地散布在所有地方，而并不是像它们现实所做的那样在直观统一中浮现给我们吗？

我们则与此相对地指出：只要一个α奠基于一个β之中，就不可能有一个含有α而不含β的独立存在，因而也不可能有这样的独立意识、独立封闭行为体验。无论我们对

我们的回答很明确。关于分离的说法[37]蕴含着分离内容的相对独立性的思想;我们恰恰已经排斥了这些内容。相邻的图像为我们提供了证明;它显然预设了相对独立的内容,这些内容仅仅因为是这样的内容就能够为这种相邻的感性形式奠基。这个不合 A 272
适的图像(其所以不合适是因为它想通过感性形式的事例来说明 B_1 279
感性的无形式性)所极力推荐的,就是在单纯的空间共处中被给予内容的相互无关性。这样,人们将这样一个思想强加进来:不是在没有松散的形式进行统一的情况下,而是在根本没有任何形式进行统一的情况下,各个内容之间才相互无关;也就是说,它们永远不会相聚,它们永远是分散的。想将内容束缚在一起,但却没有一条束带,这难道不是一个矛盾?——当然对于那些被此图像所预设的内容来说,这是完全正确的。但我们所说的那些内容却相互间极为有关,它们是相互奠基的,因而它们不需要索链和束带就可以相互连锁或相互联结,可以相互抵达[38]。甚至所有这些表达对它们来说实际上都毫无意义。但在谈论分离无意义的地方,如何克服分离的问题也就是无意义的。

不言而喻,这个观点不仅适用于我们所举证的直观对象的领

一个心理的自为存在P进行多么狭窄的划界,只要α得以实现,β必然也同时实现。它的自为存在、它的独立性恰恰在于,它仍然是它所是,即使其他的实在之物被毁灭。但β一旦消失,α也就不存在,P从而也就发生变化。

对方将会回答:我们可以承认这一点。但因此却并不会给出任何实在的统一,不会在心理领域中给出直观的统一。在后一种情况中,这两种内容尽管必然处在同一个意识中,但却是完全分离地相邻相处。。

[37] 在A版中还紧跟:,无论它是通过不同意识而产生的分离,还是在同一个意识之内的分离,它都。

[38] 在A版中还紧跟:以及如此等等。

域（尤其是现象学内容的领域），而且也适用于对象一般的领域[39]。我们恰恰要说，**所有真正进行统合的东西**（Einigende）**都是奠基关系**。因此，独立对象的统一只有通过奠基才能成立。由于它们作为独立的对象并不相互奠基，因此它们本身只能一起为新的内容奠基，这些新的内容恰恰因为这一事态而在奠基性的“环节”方面被称之为赋予统一的内容。然而，相互（无论是双方面还是单方面）奠基的内容也具有统一——一个由于很少带有中介、因而无比密切的统一。这种“密切性”恰恰在于，它们的统一并不是通过一个新的内容才产生的，这个新的内容本身也只是由于它同
A 273 时奠基于许多自身相互分离的环节之中才得以“产生”。如果人们将这个内容称作“统一”，那么统一显然就是一个“实在的谓词”，一个“实证的”、“实在的”[40]内容；这样的话，其他的整体在**这个**意义上便不具有统一；我们甚至都不能说，这个特有的[41]统一因素是
680
B1 280 与每一个被统一的环节相一致的。但如果我们不接受这个如此错误和实际上必然会导致歧义的术语，那么我们就必须在一个统一性奠基所能达到的范围内谈论各个统一和整体。这样，我们便可以对任何一个以此方式被统一的内容总和进行这样的陈述：它**具有**统一，即使那个被划归给它的谓词并不是“实在的”谓词，就好像在整体中的某处会有一个“统一”的组成部分被凸现出来一样。**统一**恰恰**就是一个范畴的谓词**。

[39] 在A版中为：不言而喻，这个观点也可以从我们至此为止所观察的现象对象领域（尤其是现象学内容的领域）被转用到对象一般的领域上。。

[40] 在A版中还紧跟：、“感性的”。

[41] 在A版中为：感性的。

由于对在整体学说中一个早已为人熟知并令人感到压抑的困难的清除，我们的观点能够保证提供理论上的优势，这个并不微小的理论优势也将是人们所需要考虑的。这个困难是指那些部分关系的无限复杂性，它们似乎会导致统一因素的无限复杂性，并且是在每一个整体中的统一因素的无限复杂性。我们所反对的那种观点是以一个被误认的自明性为出发点的，即：只要两个内容构成一个实在整体，在那里必定有一个特有的部分（统一因素）存在，它将这两个内容联结起来。如果现在统一因素 ε 属于 a 和 b，那么，一个新的因素 ε_1 也属于 a 和 ε——因为这两者也是一致的——；属于 b 和 ε 又有一个新的因素：ε_2；而属于 ε 和 ε_1 以及同样属于 ε 和 ε_2 的又是新的因素 $\varepsilon_1{}^2$ 和 $\varepsilon_2{}^1$；如此无限地进行下去。如果人们现在对联结与联系、“感性质料”和“范畴形式”不加区分，如果人们更多地是将那些无穷繁杂的、先天可能的、根据一个观念规律性而导 681
向无限复杂的立义区别纳入到作为实在因素的对象中去，那么就 A 274
会产生像特瓦尔多夫斯基在其“心理学”研究中为我们所展示的那种既细腻又奇异的分析。①

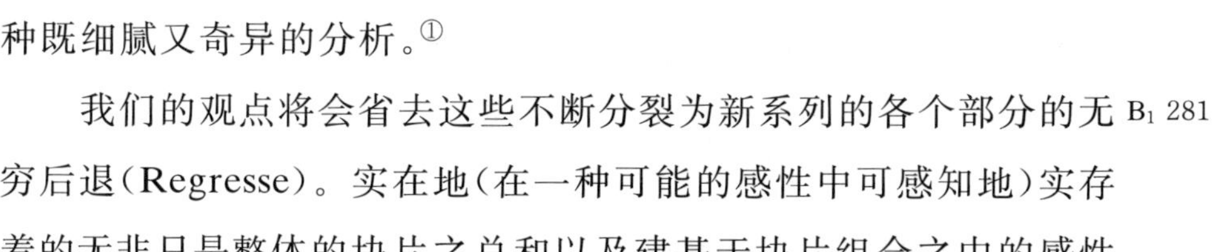

我们的观点将会省去这些不断分裂为新系列的各个部分的无 B1 281
穷后退（Regresse）。实在地（在一种可能的感性中可感知地）实存着的无非只是整体的块片之总和以及建基于块片组合之中的感性统一形式。但是，为那些在块片之内的因素以及为那些**带有**块片的统一因素提供统一的东西，则是在我们所做定义之意义上的奠基。

① 参阅特瓦尔多夫斯基：《关于表象的内容和对象的学说》，第 10 节，第 51－53 页。

最后还要谈一下"统一因素"这个概念。我们将它区分于那个赋予整体以统一的"形式"概念。我们在前面已经顺带地定义了这个概念。明确地说,我们将它理解为一个内容,这个内容通过许多内容而被奠基,并且是通过所有这些内容,而不仅仅是通过它们其中的个别内容被奠基。(我们显然在这里预设了我们的奠基概念。)如果我们局限在现象领域,那么这个内容会随其奠基本性的不同而既可以是一个外部感性的内容,也可以是一个内部感性的内容。

注释:统一因素与所有其他抽象内容一样将自身按序纳入到各个纯粹的[42]属和种之中。① 所以,"空间形态"的属分化为"三角形",而"三角形"又分化为新的种"特定的三角形",这是指在任何移动和反转过程中保持"同一"的特定三角形。[44]在这些例证上可

以清楚地看出,统一因素的属单义地受到那些为它们奠基的内容属的规定,同样,前者最低的差也单义地受到后者最低的差的规

A 275 定。人们此外还注意到,在统一因素那里可以区分第一、第二、第三……阶段的因素或形式,这种区分是根据以下情况的变化来进行的,即:这些统一因素究竟是直接奠基于绝对内容之中,还是已

① 参阅我的《算术哲学》,1891 年[43],第 232 页。

[42] 在 A 版中为:真正的(亚里士多德的)。

[43] 在 A 版中为:第一卷。

[44] 在 A 版中为:所以,空间形态的属分化为三角的种,而三角又分化为更低的种:确定的三角,这是指在任何移动和反转过程中保持"同一"的确定三角。这个最终可能的区别又使人们能够下降到那个在其绝对状态方面也确定了的三角,这个三角始终还是一个抽象之物,并且在涉及其他更高层次的种时是一个相对的具体之物。

经奠基于第一阶段的这种形式之中，还是进一步奠基于那些本身已奠基于第一阶段形式之中的形式中。人们此外还可以看到，较高阶段的形式内容必然会与较低阶段形式的一整个系列交织为一个整体，并因此而在这种交织中随时展示出相对于最终奠基性的绝对因素而言的复合形式。在复合感性构形的领域中，尤其是在视觉和听觉构形的领域中，人们很容易便可以举证这一点，同时还 B1 282
可以从概念中先天地明察到这个普遍事态。

第23节　范畴的统一形式与整体

在这里所尝试的对整体概念之规定的意义上，由某些内容构成的一个单纯的总和（一种单纯的一同存在[45]）不能被称作整体，就像一个相同性（作为同一种存在）或相异性（作为不同种的存在，或在另一种意义上：不同一的存在）也不能被称作整体一样。① 683

① 与作为范畴统一的相同性相区别的是感性的相同性因素，后者与前者所处的关系完全相同于那些被我们用来标示多和非同一性的间接符号的感性数量特征与多和非同一性本身所处的关系。参阅我的《算术哲学》，第233页。本书在总和、统一因素、复合体、整体和更高层次对象方面的所有论述都可以参阅我的这部处女作（它是对我的没有出版、仅仅部分印刷出来的1877年任教资格论文的加工）。许多较新的关于"构形质"的论述都始终没有注意到这部著作，尽管在这部著作中已经可以在相当大的程度上发现以后科内利乌斯、迈农等人在分析、对多的理解、复合体这些问题上虽然术语各异、但基本思想相同的论述。——对此我不得不表示遗憾。我觉得，即使在今天，为了有关现象学和本体论的问题去仔细阅读《算术哲学》仍然是有益的，尤其是因为这部著作是第一部对较高序次的行为和对象进行评价和深入研究的著作。[46]

[45]　在A版中还紧跟：或一同被意指。

[46]　在A版中为：《算术哲学》，第一卷，第233页。。

“总和”是对一个“范畴的”、仅仅与思维“形式”相符合的统一[47]的表达，它标志着某个与各自客体相关的意指统一(Einheit der
B1 283 Meinung)的相关物[48]。只要客体仅仅是在思想上被聚合在一起，它们本身就既不会以客体群组的方式，也不会以所有客体一同的方式为一个新的内容奠基；它们不会通过统一的意向而获得实事性的联结形式，它们也许是“自身无联合的和无关系的”。这一点表现为：相对于它们的质料而言，总和形式完全是无关紧要的，
A 276 也就是说，总和形式可以在那些被把握的内容发生完全随意变更的情况下继续存在。[49]但一个被奠基的内容依赖于奠基性内容的特殊“本性”；存在着一个纯粹的规律，这个规律使被奠基内容的属依赖于奠基性内容的特定被标示出来的属。一个在完整和真正意义上的整体完全就是一个受最低的“部分”属规定的联系。在每一个实事性的统一中都包含着一个规律。根据不同的规律，换言之，根据各种不同的、作为部分而起作用的内容，各种不同的整体得以规定自身。因此，同一个内容不能随意不拘地忽而作为这种整体的部分、忽而作为那种整体的部分起作用。这个部分的存在，更确切地说，这样一类部分的存在(形而上学类的、物理类的、逻辑类的部分或任何其他可以区分的部分)根据规律是建基于有关内容的纯粹属的规定性之中的，这些规律在我们的意义上[50]是先天规律

[47] 在A版中为：与各自的所有客体相关的意指统一。

[48] A本的附加与修改：这里所涉及的与范畴相对立的质料概念在本书，第二部分，第六研究、第42节、第608页上将会以材料(Stoff)的标题区别于质料的其他概念。。

[49]在A版中为：或一个“纯粹的思维形式”。

[50] 在A版中为：在某种意义上甚至。

或“本质规律”。这是一个基本的明察，必须完全根据其含义来探讨它，并且因此而最终表达它。随此明察的获得，整体与部分的系统关系理论之基础也同时在其纯粹形式方面、在其可从范畴上加以定义并可从整体的“感性”质料中得到抽象的类型方面被给予。

在探讨这一思想之前，我们还必须消除一个顾虑。总和概念是一个纯粹范畴的概念，而整体的形式、奠基统一的形式正是在与它的对立中作为一个质料的形式显现给我们。但在前一节中不是已经说过，统一（并且说的恰恰是由奠基而形成的统一）是一个范畴的谓词吗？然而在这里必须注意，从我们的学说来看，统一这个观念或整体这个观念是建立在奠基之上，而奠基又建立在纯粹规 B_1 284
律之上；其次，**规律一般**的形式是一个范畴形式（规律不是含有实事之物，即不是可感知之物），而且就此而言，奠基整体的概念也是一个范畴概念。但包含在任何一个这样的整体中的规律之**内容**是受那些奠基性内容类和进一步被奠基的内容类的质料特殊性所规定的；正是这个内容上确定的规律赋予整体以其统一。因此，我们 A 277
将这种统一的观念的任何一个观念可能的殊相化（Besonderung）都合理地称作一个质料的统一，或者也称作实在的统一。

根据我们以前的论述[①]，那些对于各种不同的整体来说建构性的规律是综合先天的规律，它们与那些属于单纯范畴形式的分析先天的规律，例如属于整体一般的形式观念的规律以及属于这个观念的单纯形式殊相化的分析先天规律，处于对立之中。我们

① 参阅本项研究第11－12节，第251页以后。

在下面尤其要关注这种殊相化。[51]

第 24 节　整体和部分的纯粹形式类型。先天理论的假设

整体与部分的**纯粹形式**是按照**规律的形式**而被规定的。在这里起作用的仅只是奠基关系的形式普遍之物——这在定义中已经显示出来——以及它能够实现的那些先天复合体。只要我们从有关内容类的殊相中“抽象出来”，我们就从某一个整体上升到它们的纯粹形式、它们的范畴类型之上。更明确地说，这种“形式化的”“抽象”完全不同于我们通常在抽象标题下所理解的那种东西，也就是说，它是一种完全不同的功能，不同于那种例如将普遍的“红”

686 从一个具体的视觉被给予性中或将属因素“颜色”从一个已被抽象
B1 285 出来的红中突出出来的功能。我们以形式化的方式用一些不确定的表达，如“某个内容类”、“某个其他的内容类”等等，来取代那些标示着有关内容类的名称；与此同时，在含义方面也进行着相应的替代，即纯粹范畴思想对质料思想的替代。①

人们从我们前面所做的规定中完全可以明显地看到，必须对

① 关于形式化对一门作为普遍数理模式（mathesis universalis）的逻辑学观念之构造所起的作用可以参阅本书第一卷《纯粹逻辑学导引》，第 67－72 节。——需要强调的是，每当我们自己谈到抽象时，我们至此为止所指的是对一个不独立的内容因素的突出，或者说，在观念化抽象的标题下所指的是相应的观念化，而不是形式化。

[51] 在 A 版中为：因此，我们将这个统一合理地称作一个质料的统一，或者也称作实在的统一。但另一方面这并不意味着，它是一个带有感性可抽象形式的统一。

抽象部分和块片之间的区别进行形式的、在这个意义上纯粹范畴性的描述。只是这些规定必须根据我们现在的形式化趋向而得到合适的解释,它们必须以那个在我们最后定义意义上的纯粹整体观念为其基础。我们在前面①[52]根据例证仅仅描述性地说明了在较为切近和较为疏远的部分之间的区别,这个区别现在也被还原为明显奠基关系的单纯形式,并因此而被形式化。

前面我们已经在这些例子中看到,在某些直观整体的分片(Zerstückungen)顺序中一再地产生出整体本身的块片,所有这些 A 278
块片都与这个整体相切近,并且同样可以被看作是一个第一性分片的结果。分片的结果在这些例子中没有通过整体的本质而得到在先的标示[53]。这里的问题首先在于**整体的块片的块片重又是整体的块片**[54]这个定理——我们在前面②已经(只是用其他的语 B1 286
言)[56]纯粹形式地证明了这个定理。其次,在这里还涉及这样一些块片,划片(Abstückungen)的顺序对于这些块片来说是无意义的,因为在**奠基**中没有一个阶段顺序与这个划片顺序相符合。所有块片都始终与整体处于同一个奠基关系之中。所以,在与整体关系的**形式**中不含有任何区别,所有部分都“以相同的方式包含在

① 参阅本项研究第19节,第269页。

② 本书第262页[55],定理3(参阅前面第270页)。

[52] 在A版中未加脚注,而是:(第19节)。

[53] 在A版中为:只是某种主观之物,在实事本身之中并不存在自然的秩序。

[54] 在A版中未加重点号。

[55] 在A版中为:第255页。

[56] 在A版中未加括号。

整体之中”。如果我们对美学统一进行分片，例如对一个星形进行分片，这个星形本身又是由多个星形所构成的，而这些星形则又是由线段，最后是由点所组成的——那么情况就会完全不同。点为线段奠基，线段则为作为新的美学统一的个别星形奠基，这些星形最后又为那些作为在此现有情况中最高统一的星形构成物进行奠基。点、线段、星形以及最终的星形构成物现在并不像一线段的部分线段那样相互并列；在它们之中包含着一个固定的奠基层次顺序，在此顺序中，一个层次上的被奠基之物逐次成为下一个较高层次上的奠基之物，而且在每一个层次上都规定了新的，而且只能在此层次上被达到的形式。我们在这里可以附加这样一个普遍定理：

块片本质上是整体的间接的或疏远的部分，它们就是这个整体的块片，只要它们通过联合的形式而与其他块片统一为整体，这些整体本身又通过新的形式而构造出更高阶段的整体。

因此，在相对于整体较为切近和较为疏远的部分之间的这个区别，其本质根据就在于那种可从形式上加以表达的奠基关系的差异性之中。

A 279 类似的情况也表现在不独立因素的范围中，只要我们考虑在这样一些因素之间的本质形式区别，即在那些**只能在完整的整体中**满足其补充要求的因素与那些**只需在整体的块片**中即可满足此
B_1 287 要求的因素之间的区别。这一情况又造成了在共属性的方式中、在**奠基形式**中的一个区别：根据这个区别，一些部分，如一个被直观之物的整个广延，都仅仅属于作为整体的这个事物，另一些部分，如块片的广延，则特别属于这个块片，并且以较为疏远的方式才属于整体。这个间接性已经不再像在线段划分中第二层次的块

片的间接性那样是一个非本质的间接性了，相反，它是一个本质的、可以通过这些关系的形式本性而得到描述的间接性。基于明晰可见的相似理由，**由不独立的因素和与整体最切近的因素所构成的块片较之于这些因素本身距整体更远**；至少在这样一种情况下是如此，即：我们在直观领域所发现的那个有效定理是确切的：这些块片只能直接地奠基于整体的一个块片之中。下一个定理也可以从形式上得到表达：**由抽象部分所构成的抽象部分较之于前者本身距整体更远**。我们可以在形式上一般地说，**如果抽象部分的补充要求仅仅在一个部分中便得到满足，那么抽象部分就是距整体较远的部分，是本质上间接的部分**。而后，这个部分或者就已经是整体的一个块片，或者还需要进一步的补充。在后一种情况中的间接性就在于，包含着奠基形式的那个补充规律在原初被观察的抽象部分那里指明了一个整体，这个整体根据一个新的补充

689

规律而是并且必定是一个更广泛的整体的部分：这个整体就是完整的整体，它因此而只是间接地含有前一个部分。据此我们也可 A 280
以说：**整体的抽象部分，即那些不是整体之块片的抽象部分，较之于块片的抽象部分距整体更近**。

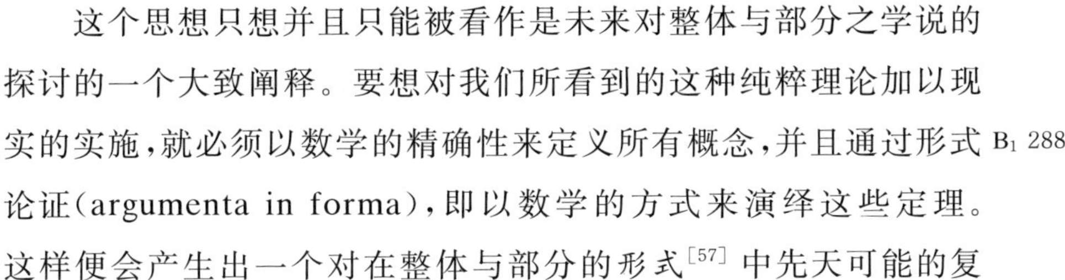

这个思想只想并且只能被看作是未来对整体与部分之学说的探讨的一个大致阐释。要想对我们所看到的这种纯粹理论加以现实的实施，就必须以数学的精确性来定义所有概念，并且通过形式 B1 288
论证（argumenta in forma），即以数学的方式来演绎这些定理。这样便会产生出一个对在整体与部分的**形式**[57]中先天可能的复

[57]　在A版中未加重点号。

合体的规律性的全面概观（Übersicht），以及对在这个领域中的可能关系的一种精确认识。在这一章中初现端倪的这些纯粹形式探讨已经表明，这个目的是伸手可及的。无论如何，在这里和在任何地方一样，从模糊的概念构成和理论向数学精确的概念构成和理论的进步是对先天联系之充分明察的前提条件和无可避免的科学要求。

第25节　有关通过对整体之因素的分片来对整体进行分片的补充

最后我们还要做一个或许是有趣的说明。

如果在与整体的相关性中观察这个整体的块片，那么这些块片不可能是相互奠基的，既不能单方面奠基，也不能双方面奠基；
690 既不在整体方面，也不在其部分方面奠基；这是一个分析定理。另一方面，从这些决定性的定义的内容中绝不可能推导出这样一种不可能性，即[58]：就一个更广泛的整体而言——所有这些块片在其中都只能被看作是不独立的因素——这些块片不可能论证一种奠基关系。但在我们所能达到的纯粹直观和明见性的领域中，我们确实（de facto）找不到一个例证，而各种奇特的部分又恰恰是
A 281 在这个领域中发生联系。我们可以陈述一个在较宽泛意义上的现象学定理：在一个相对抽象物中的每一个块片都与在这个抽象物的每一个相对具体物中的一个块片相符合，并且是以这样一种方

[58]　在A版中为：但先天可能的是。

式相符合，即：相对抽象物的这些相互排斥的块片论证着在每一个相对具体物的块片中相互排斥的块片。换言之：对一个不独立因素的分片决定了对这个具体整体的分片，因为相互排斥的块片在本身不进入相互奠基关系的情况下便将新的因素引向自身，通过这些新的因素，它们便个别地补充为整体的块片。[59] B1 289

我们举几个例子来说明。对一个视觉的、持续不变的、但抽象于时间因素的内容而做的拟(quasi-)空间性扩展之分片也规定了对这个内容本身的分片。对于与空间分片有关的空间直观被给予性来说也是如此。被划分的空间块片为相互独立的补充因素奠基：一个块片的色彩并不是由例如某个其他块片的色彩所奠基的；在这个意义上人们也可以说，这些补充是通过对那些为它们奠基的空间之物本身的分片而被分片的，或者说，它们将自身分片为空间之物的块片。这些块片的色彩与块片本身处在同一种划分关系(排斥、蕴含、交叉)中。对一个因素的分片同时也导致对整体的分片，这个特殊事态的根据显然在于，这个因素的块片即使在更广泛的整体中也并不相互奠基，相反，它们的奠基各自需要新的因素；然而这个特殊事态的根据同时还在于，这些新的因素本身又只有

[59]　在A版中为：诚然，在纯粹直观和明见性的领域中，我们找不到一个例证，而各种奇特的部分又恰恰是在这个领域中发生联系。我们可以陈述一个现象学定理：在一个相对抽象物中的每一个块片都与在这个抽象物的每一个相对具体物中的一个块片相符合，并且是以这样一种方式相符合，即：相对抽象物的这些相互排斥的块片是在每一个相对具体物的块片中论证着相互排斥的块片。换言之：对一个不独立因素的分片决定了对这个具体整体的分片，因为相互排斥的块片在本身不进入相互奠基关系的情况下将新的因素引向自身，通过这些新的因素，它们便个别地补充为整体的块片。。

在那些块片中才能找到它们的必要奠基，但它们却不能进行相互的奠基。

在直观的时间整体那里，情况也与此相同：如果我们对一个具体的过程的绵延进行分片，那么我们也就将这个过程本身分片了：与时间片断相符合的是运动片断（我们可以在最宽泛的亚里士多德意义上理解运动这个术语）。同样的情况也适用于静止；它也
A 282 有其片断，这些片断必须被看作是在我们的规定意义上的块片，因为在一个部分绵延过程中的静止以及在其他部分绵延过程中这一个部分绵延，它们两者在任何方面都不处在明见的奠基关系之中。

如果我们不是局限于必须在直观中进行研究的本质被给予性
B_1 290 领域，而是更多地考虑自然的经验－实在联系，那么情况就会完全不同。

但这种过渡需要对概念进行扩展。我们使所有概念构成都与纯粹本质领域相联系，奠基规律服从于纯粹本质规律，总的说来，这些部分**本质上**是一致的，是以那些与部分和因素相符的观念的先天联系为根据的。另一方面，自然连同其所有事物性也肯定具有它的先天，对此先天进行系统的把握和展开，这是一门自然本体论尚未完成的任务。但从一开始便明见无疑的是，在通常意义上的自然规律不属于这个先天，不属于自然的这个纯粹的和“普遍的”形式，它们不具有本质真理的特征，而只具有事实真理的特征。它们的普遍性因而不是“纯粹的”或“绝对的”普遍性，同样，所有服从于它们的事物性发生的“必然性”也都带有“偶然性”。自然连同其所有物理学规律恰恰是一个事实，这个事实也可能是另外一种样子。如果我们眼下在不考虑其附带的偶然性的情况下将自然规

律作为现实的规律来对待，如果我们将所有那些由我们所创造的纯粹概念与这些自然规律相联系，那么我们便获得经过修改的观念：经验的奠基、经验的整体、经验的独立性和不独立性。但如果我们想象一个普遍的事实自然的观念，它的单个的殊相化（Besonderung）就是我们的现有的自然，那么我们就会获得普遍的和不束缚在我们的自然上的关于经验的整体、关于经验的独立性等等的观念，而且这些观念对于一个普遍自然的观念来说显然是构造性的，它们连同它们所包含的本质关系都必须纳入到一门普遍的自然本体论之中。

在预设了这一点之后，我们要返回到我们的特殊问题上去。B1 291 我们在质料的本质领域中无法找到这样一个例证，即：对一个不独立因素的分片，例如对一个空间和时间因素的分片，并不导致对具体整体的分片（对事物或对实在包含过程的分片），然而在所有共存和相续的经验－实在联系的领域中，情况则完全相反。只要我们考虑一下这个将空间和时间上的分离之物相互联结在一起的经验必然性关系的意义，那么这一点就会得到清楚的表明。[60]如果根据一个确定的因果规律在时间段 t_1-t_0 上进行的具体变化序列必然与某个在相邻的时间段 t_2-t_1 中的变化序列相衔接，那么前者便会因此而丧失相对于后者的独立性。如果眼下在每一个具体

[60]　在A版中为：如果我们不是局限于直观内容和明见地建基于它们之中的规律性，而是更多地考虑那些我们只能通过后天的归纳方式而认识的在共存与相续中的实在联系，那么情况就会完全不同。只要我们考虑一下这个并不明见清楚，但却在或然性中被假定的必然性关系的意义，这种必然性关系将空间和时间上分离之物相互联结在一起，那么我们就可以明确地看到，对空间和时间因素的分片并不一定导致对具体整体的分片（对事物或对实在变化过程的分片）。

的变化过程中都本体论地（在普遍自然观念的范围内）包含着这样
一种确定的、并且就其本质来说只能经验地被认识的规律，这些规
律为此过程指定某些必然的、时间上相邻的结果，而且不用说，每
一个过程本身又是在先发生之原因（Anzedenzien）的一个必然结
果，那么由此而已经得到表达的是，自然的每一个具体变化过程就
它在其中得以实现的那个更广泛的时间整体而言是不独立的，并
且，对一个时间段的分片并不决定着对它所属的那个**具体**时间整
体的分片。然而，对变化过程的限制是无必要的，而且严格地说甚
至是不可行的。正如力学在同一个观点上观察静止与运动，正如
它将静止也一同理解为有规律的运动的极限情况和特殊情况，人
们也应当对这些在亚里士多德术语意义得到扩展的观念进行类似
的操作。即使是一个脱离了所有世界的僵滞“静止”[61]的臆想情
A 283 况也无法不受这个得到恰当表达的因果规律的制约。如果我们想
694 B1 292 象一个带有具体内涵的极短时间段在僵滞的无变化中得到充实，
假设自然的观念还允许这种思维的可能性，如果我们将在此时间
延续期间的整个具体现实都还原为这个无变化的存在，那么这个
因果规律肯定会要求说，[62]这个存在由后而来（a parte post）必定
是永恒地僵滞不变的（然而它由前而来（a parte ante）却是产生出
来的，无论是产生于永恒的静止之中，还是产生于规律性的变化之
中）。由此，在顾及到那些制约着所有时间性存在的因果联系的情
况下，我们可以主张，对时间因素的分片永远不会导致对具体时间

[61] 在A版中未加引号。

[62] 在A版中为：肯定会存在着一个因果规律，根据这个规律，。

整体的分片。尽管那些包含在分片中的补充因素按照时间块片而得到划分，但这种划分并没有在时间具体之物中完成任何分片；恰恰是在时间上被划分的内容的相互因果奠基阻碍了这个分片的进行。

当然，空间分片的情况也与此相同，至少在这样一些整体方面是如此，在这些整体中，空间和时间的延展（Ausdehnung）达到相合，以至于随着每一个对一个因素之分片的进行，对另一个因素的分片也同时被给予，反之亦然。对一个运动的空间因素的分片与对这个运动的时间因素分片一样，它们并不决定着对这个运动本身的分片。

从这些思考中可以得出，如果我们观察那些作为不独立因素[63]而寓居于一个具体充实的时间性统一之中的时间段，并且是在与此统一的相关性中观察这些时间段，即那些在任何一个包含它们的时间延展方面抽象地（in abstracto）具有块片特征的时间段，那么可以看到，一旦这些时间段失去了这种块片的特征，它们也就同时在客观时间之内、在自然时间之内丧失了它们之间的相互独立性。“每一个客观的时间绵延[64]都只是一个时间部分，这个部分不仅可以进行，而且也要求进行两方面的无限（in infini- A 284
tum）伸展”——这个定理显而易见仅只是因果性的一个结果并因此而与时间充实发生关系。通过这种时间充实，这个时间部分不 B_1 293
仅就它的自为的充实来看，而且就相邻的时间部分及其充实来看

[63] 在A版中未加重点号。

[64] 在A版中为：时间段。

都成为不独立之物。时间部分的这种不独立性以及时间部分的相互奠基服从于一些规律，这些规律并不是一种仅仅将时间段与时间段联结在一起的规律，而是[65]一种将具体充实的时间整体与完全相同的时间整体联结在一起的规律。由于在这些规律中，除了其他一些展示着充实性时间内容因素的变项之外，还有时间或者说时间段作为相互影响的变项在起作用，因而这些时间段也在与更广泛的具体统一的相关性中间接地获得了奠基关系。空间块片与更广泛的空间统一的关系以及最终与整个无限的自然空间的关系当然也与此相类似。“每一个空间块片都要求全面的扩展，或者我们在这里可以更确切地说，要求有全面扩展的可能性，直至这一个空间的无限性”——这个定理也是某些因果关系，更进一步说，某些自然规律的结果。我们可以在想象中随意地扩展空间段和时间段，我们可以在想象中将自己置身于任何一个幻想的空间界限或时间界限，与此同时，新的空间和时间不断地展现给我们的内部目光——所有这些都没有证明空间块片和时间块片的相对奠基，它们没有证明这样一个必然性，即：空间和时间必须是实在(realiter)[66]无限的，或者也只能够是实在无限的。它们所能证明的仅仅是一个因果规律，这个因果规律预设并因此而要求：任何一个现
A 285 有的界限都是可以继续超越的。[67]

[65] 在A版中为：是间接的，因为不存在一种将时间段与时间段联结在一起的规律，而仅仅存在着。

[66] 在A版中未加重点号。

[67] 在A版中还紧跟一个段落：人们通过归纳和或然性的方式将因果联系理解为后天的；无论如何，这些因果联系是先天可能的，它们作为可能性是明见的。因此，如果我们在这里局限在那些能够先行于特别科学研究，因而不是预设这种研究的东西

上，那么我们至少可以区分以下两种情况，一种情况是刚才还被我们看作现实情况的可能情况，即：一个不独立因素的块片——从一个更广泛和更具体的整体的立场来看——可能进入到一个奠基关系之中；另一种情况则与此相对，即：这种块片不能进入到奠基关系之中，并且对这个不独立因素的分片有可能引起对这个具体整体的分片。。

第四研究

独立的与不独立的含义的区别以及纯粹语法学的观念[1]

A 286

B_1 294

---

[1] A本的附加与修改：对本书第四研究，尤其是对引论最后一个段落的补充与修改：如果我们对充实性含义的概念做足够宽泛的理解，以至于它包含直观的整个领域，无论是完善的直观，还是象征性含糊的直观，同时我们在本书，第二部分，第六研究，第45节所进行的扩展的意义上来理解直观概念，即把直观一直扩展到范畴之物的领域——那么我们就可以将所引最后一个段落第二行中的"大都"全部删去。这样，"含义"就是"一个客观化行为之意向本质"的一个等值物，而第四研究的全部结果都对这个含义概念有效（撇开某些自明的修正不论）。参阅本书，第二研究，第31节，第180页（即A180/$B_1$182。——中译注）上的"A本的附加与修改"，以及整个第二研究；此外还可参阅本书，第二部分，第六研究，第八章（尤其是第62－65节）。。

引　论

在以下的思考中，我们要将注意力朝向在含义领域（Gebiet der Bedeutungen）[2]中的一个基本区别上，这个区别隐蔽在不可见的语法区别之后，亦即隐蔽在那种在自义的（kategorematisch）与合义的（synkategorematisch）表达①、完备的与不完备的表达之间的区别之后。对这些区别的澄清会导致我们将那种对独立和不独立对象[3]的普遍划分运用于含义领域，以至于在这项研究中所探讨的这个区别可以被描述为独立与不独立含义的区别。它为确 701
定本质性的含义范畴提供了必要的基础，而那些**先天的、不考虑含义客观有效性**（实在的或现实的真理或对象性）的**含义规律**便植根于这些含义范畴之中。这些规律在含义复合体的领域中起着支配作用，并且具有将它们的意义与无意义分离开来的功能，但这些规律还不是在确切意义上的所谓逻辑规律；它们赋予纯粹逻辑学以

① “自义”与“合义”是源自亚里士多德的一对概念。一个含义（或范畴、词项），如果自身就有含义，它就是自义的；如果一个含义（或范畴、词项）只有在与其他含义相联时才有含义，它就是合义的。我们也可以将它们翻译为：“可独立意指的”和“不可独立意指的”。——中译注

[2] 在A版中为：含义领域（Bedeutungsgebiet）。

[3] 在A版中为：内容。

A 287 可能的含义形式，即复合的、具有统一意义的含义的先天形式，这些形式的“形式”真理或“对象性”[4]才是由确切意义上的“逻辑规
B_1 295 律”来制约的。前一种规律所抵御的是无意义（Unsinn），而后一种规律所抵御的则是形式的或分析的背谬（Widersinn）[5]、形式的荒谬性。如果后一种纯粹逻辑规律所陈述的是对象的可能统一根据纯粹的形式[6]所先天要求的东西，那么前一种含义复合体规律所规定的则是意义的单纯统一[7]所要求的东西，即：根据哪些先天形式而将不同含义范畴的含义联合为一个含义，而不是制作出一个杂乱的无意义。

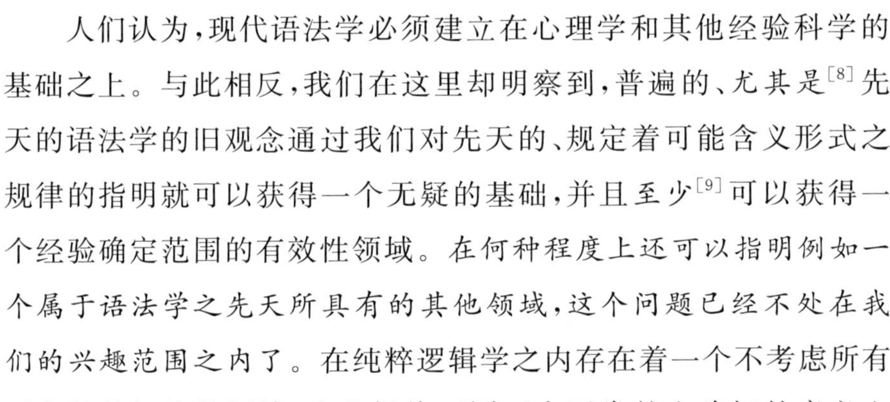

人们认为，现代语法学必须建立在心理学和其他经验科学的基础之上。与此相反，我们在这里却明察到，普遍的、尤其是[8]先天的语法学的旧观念通过我们对先天的、规定着可能含义形式之规律的指明就可以获得一个无疑的基础，并且至少[9]可以获得一个经验确定范围的有效性领域。在何种程度上还可以指明例如一个属于语法学之先天所具有的其他领域，这个问题已经不处在我们的兴趣范围之内了。在纯粹逻辑学之内存在着一个不考虑所有对象性的规律的领域，这些规律不同于在通常的和确切的意义上的逻辑规律，它们有充分的理由可以被称之为纯粹逻辑语法学的

[4] 在A版中未加引号。

[5] 在A版中为：背谬，即形式矛盾。

[6] 在A版中未加重点号。

[7] 在A版中未加重点号。

[8] 在A版中为：甚至是。

[9] 在A版中为：同时。

规律[10]。更好的做法是将“含义的纯粹形式学说”与预设它们的“纯粹有效性学说”对置起来。[11]

第1节　简单的与复合的含义

我们以对含义的一个首先是不言自明的划分为出发点，即将含义划分为简单含义与复合含义。这个划分与对简单的与复合的表达或话语的语法划分相符合。只要一个复合表达具有一个含义，它就是一个表达；它作为复合表达是由部分所构成，这些部分本身也是表达并且作为表达而具有其自己的含义。如果我们例如读到，“一个铁一般的男人”；“一个赢得其臣仆热爱的国王”以及类似的东西，那么我们就会感受到作为部分－表达的部分－含义：“男人”、“铁”、“国王”、“爱”等等。 A 288 B₁ 296

如果我们现在在一个部分－含义中又发现部分含义，那么在这些部分－含义中，含义也是作为部分出现；但这显然不能无限地(in infinitum)继续下去。我们在继续进行的划分中最后必然会处处遇到作为因素的简单含义。确实存在着简单的含义，“某物”(Etwas)就是一个确凿无疑的例证。在对这个词的理解中进行的表象体验肯定是组合的，但含义却不带有丝毫复合的成分。

[10]　在A版中为：纯粹语法的规律。

[11]　在A版中为(另起一个新段落)：这里需要说明的这个区别的本性会导致这样一种结果，在这个区别的范围内，在含义这个标题下被理解的大都既可以是意指的含义，也可以是充实的含义。其原因在于，在意向行为和充实行为之间，或者说，在它们的观念内容之间存在着一致性，这种一致性已经得到大致的说明，并且在本书的后面部分还会得到更仔细的划定。。

第 2 节　含义的复合性是否仅仅是对象复合性的反映（Reflex）

无论所有这些看起来如何明白清楚，仍然会有各种问题和怀疑产生出来。

首先是这样一个问题：含义①的简单性和复合性是否只是那些在它们之中以意指的方式“被表象的”[12]对象的复合性或简单性的反映。起初人们会这样来理解。表象所表象的是对象并且是对象的精神映象（Abbild）。然而只要稍作考虑便可看出，这种映象的比喻在这里和在其他一些情况中一样是一种假象，而且那种预设
A 289 的平行在任何方面都是不成立的。首先，复合含义可以“表象”[13]简
B1 297 单对象。我们的表达“简单对象”本身便提供了一个既清楚又关键的例证。在这里，是否有这样一个对象，这是完全无关紧要的。②

但反之也依然有效的是，简单含义同样能够“表象”复合对象，能够以意指的方式与复合对象发生关系[14]。人们会怀疑（尽管在

① 我们同样也可以说：表象。因为随着对这个特殊问题的回答，更普遍的、与表象一般（客体化行为一般）有关的问题显然也就得到了回答。

② 当特瓦尔多夫斯基指责鲍尔查诺（我们在这里所遵循的正是鲍尔查诺）说，简单对象是不存在的，这时他（《关于表象的内容和对象的学说》，第 94 页）显然已经离开了须待决定的整个基地。参阅特瓦尔多夫斯基自己的提问，同上书，第 92 页，他在这里明确地谈到**被表象**的对象。这里所涉及的是被意指的含义**本身**。

[12] 在 A 版中为：被表象的。

[13] 在 A 版中未加引号。

[14] 在 A 版中为：表象对象。

我看来这种怀疑是没有理由的),在前面所举的例子中,简单名称(“男人”、“铁”、“国王”等等)确实表达了简单含义[15];但像“某个东西”(Etwas)和“一个东西”(Eins)这些名称必须被看作是有效的。在这些名称那里可以看出,它们可以在其不确定性中与所有可能之物发生关系,即与任何一个复合对象发生关系[16],虽然是以一种完全不确定的方式进行的,即作为单纯的某物。

此外还很明显的是:即使一个复合含义所涉及的是一个复合对象[17],在含义的每一个部分中也不包含着对象的一个部分,反之则更是如此。虽然特瓦尔多夫斯基反驳了鲍尔查诺所举的合适例证“无山的田野”;但这种反驳的原因在于,特瓦尔多夫斯基将含义与对被意指对象的直接-直观表象等同起来[18],同时他完全没有把握住关于含义的基本的、逻辑上唯一具有决定性的概念。因此,他的失误在于把含义的组成部分(“无山”)理解为“根据词源(Etyma)的种类来进行的辅助表象”。①

第3节 含义的复合性与具体意指的复合性。被蕴含的含义[19]

怀疑还会从另一个方面涌现出来,并且是从大量的情况中涌

① 特瓦尔多夫斯基:《关于表象的内容和对象的学说》,第98页。

[15] 在A版中为:“简单表象”。

[16] 在A版中为:意指所有可能之物,即意指任何一个复合对象。

[17] 在A版中为:与一个复合对象相符合。

[18] 在A版中为:把对被意指对象的直接-直观表象看作是含义。

[19] 在A版中为:含义的复合性的确切意义。蕴含性的含义。

现出来；这就是要[20]决定：一个现有的含义是否必须被看作或是复合含义，或是简单含义。如果我们例如将从属于专名的含义，简

B₁ 298 言之：专有含义，理解为简单含义，那么这就会与以下状况相背，

A 290 即：我们可以在一个确定的和显然合理的意义上进行陈述，我们例如用舒尔茨这个专名（被理解为一个我们所认识的[21]人的名字）来表象一个确定的人，即一个这样的生物，它具有我们所表象的所有那些属于一个普遍的人的部分和属性，并且具有一些使这个人突出于所有其他人的个体特性。但另一方面人们却可能会怀疑，在专有含义之内的这个专门被意指之物（Eigenbedeuten）和这个或多或少被清晰表象的对象的那些相续得到突出的属性规定是否应当被归属为部分含义[22]，或者甚至是否可以认为，这个专有含义与那个复合含义是同一的，后者是指我们在从对象方向上分析"舒尔茨"表象的内容的过程中逐步以"一个是 α、β、γ……的 A"的形式组合起来的那个复合含义。

[23]在进一步的思考中我们注意到，这里必须区分简单性和复合性的双重意义，即：在一个意义上的简单性并不排斥另一个意义上的复合性。我们首先必须无疑地拒绝将专有含义理解为一个被划分为各个含义的，并以此方式而是复合的含义；但我们必须承认，在这里，含义意识[24]自身确实带有一个确定的、当然是非常需

[20] 在 A 版中还紧跟：无疑地。

[21] 在 A 版中为：所熟悉的。

[22] 在 A 版中为：专有含义的那些相续得到突出的属性规定是否可以被看作是部分－含义。

[23] 在 A 版中未分新段落。

[24] 在 A 版中为：这个含义。

要得到澄清的复合。尽管可以肯定，所有那些被后加的阐释和概 B$_1$ 299
念的把握而从被指称的、并带着某个内容被表象的“舒尔茨”中突出规定了的东西，都会不断地提供新的含义，而不是提供一些例如在原初的含义中已经实项蕴含着、只是未得到突出的部分含义。专有含义无疑是简单的。此外还很明显的是：表象内涵、即这个“舒尔茨”在与这个专名相一致地受到表象时所带有的内涵，可以发生多重变化，而专名却是在同一的含义中起作用，始终“直接地”指称着同一个“舒尔茨”。另一方面，这里的问题并不在于对含义意识的**偶然**表象附加物，而是在于必然的、尽管内容上变化不定的表象组成，没有这些表象组成，现时的含义不可能获得朝向被意指的对象性的方向，它也就根本不可能作为含义存在。在有意义地运用专名时，我们必须将专门被指称之物，在这里是指“舒尔茨”这个确定的人，表象为这个确定的、带有某个内容的人。无论对这个人的表象是多么非直观，多么贫乏、模糊、不确定，这个表象内容不能完全没有。这种不确定性——此外它在相当大的程度上甚至是必然的（因为即使是对一个事物实在的直观最生动和内容最丰富的表象也只是不完整的和单面的表象）——永远不可能是完全无内容的。它自身在其本质中显然包含着进一步规定的可能性，而且这种规定不是在随意的方向上，不是在其他人的方向上，而恰恰是就在这个同一的、在可能情况下被意指的“舒尔茨”的方向上。或者我们也可以与此相等值地说：通过其本质，在完全的具体性中所把握的各个含义意识论证了与某些群组而非其他群组的直观达到充实相合（Deckung）的可能性。由此可见，这种意识，即使它是完全非直观的意识，也必然会带有某些意向内容，通过这些内容，

这个个体不是作为某个完全空泛的东西,而是作为以某种方式确定了的并且可以根据某些类型(作为物理事物、作为动物、作为人等等)来加以确定的东西而被表象,即便不是被意指。

据此,在这个从属于专名的含义意识方面首先表现出一种确
B1 300 定的双重性、一个双重的方向,在这个方向上可以谈到复合性或简单性。含义本身的简单性或复合性规定了一个方面。这个方面就是意指本身的纯粹本质所在的那个方面,只有具体完整的含义意识所具有的**这样一个**意向本质才属于这个方面,如果对这个意向本质作特殊理解,那么它就是含义。在我们这个专门意指的事例中,这个方面是简单的。但它必须预设一个更宽泛的意向内涵作为基础,这正好符合这样一个状况,即:在同一意义上的同一个被意指之物(或者说,通过同一个专名而单义地被指称之物)能够以极为不同的方式,带着变化不定的组成而在规定性特征方面"被表象",并且必须带着某个组成而被表象——而这种变化和这个组成的复合却并不涉及含义本身。

这个方面恰恰提供了分析的可能性,而后提供了谓词的含义理解的可能性。如果我们试图回答例如这样的问题,即:被称作"舒尔茨"的对象在现有的事例中是作为什么、作为何种确定之物而被表象的,那么我们就在进行这种分析和谓词理解。只有将这些对原初含义意识加以复合的构成与此原初意识本身进行对照,我们才可以弄清这里所探讨的区别,即在两种(具体)含义赋予的体验之间的区别:一种含义赋予的体验在其意指方面纯粹作为意指是复合的(或简单的),而另一种体验则仅仅在第二个方面,即在被意指之物被意识到时所带有的表象内涵方面才是复合的(或简

单的)。正如我们前面所见,那些在对各个被表象之物本身进行谓词分析时所出现的含义是新构成的含义,它们并不以某种方式实项地蕴含在原初的含义、蕴含在自身完全简单的特有含义之中。专名E可以说是在一个射束中(in einem Strahl)指称对象(或者说,专有含义E在一个射束中意指对象),这个射束自身是单一的,因而在同一个意向对象方面不需要被区分。阐释性的含义,如 B1 301
"E是a";"(Ea)是b","Eb是a"以及如此等等,它们是多射束的,至少是在许多阶段上并且以各种形式构造起来的,以至于它们可以带着不同的内容朝向同一个对象。多层次性并不妨碍它们的统一性:这是统一的、复合的含义。相应的含义意识在纯粹的含义方面是一个意指,然而是一个复合的意指。[25]

我们在前面预设,专名[26]是一个已认识的人的专名。其中还包含着,它正常地发挥作用,也就是说,它不仅仅在一个间接的意

[25] 在A版中为:由于专有含义所表象的恰恰是这个人,并且是直接地表象这个人,所以这个人的杂多规定性必然展示在表象的意向中;也就是说,它以某种方式被表象;但它们却可以说是在一个脉动中被表象,它们只是"隐含地",而非"显露地"被表象。专有含义不是由那些作为被划分意向而指向对象规定性(即指向那些构造着被表象对象本身的规定性)的含义所复合成的。只有逐步的分析和根据这种分析而进行的定语判断与谓语判断行为才为每一个隐含地被意指的特征提供了一个被分离的含义。

但是,以此方式而产生的被划分的表象不单在主观上不同于原初被划分的表象: A 291
好像这些原初被划分的表象的个别因素只会对我们主观的注意分离开来一样;毋宁说,我们通过比较可以看到,这两方面的行为在其本质内容方面,即在其含义方面是不同的。专有含义作为含义是简单的,它们不具有含义方面的划分和形式,尽管它们自身也带有不同的因素,这些因素与某些作为阐释性含义的部分而起作用的含义相符合。区别也表现在,对同一个简单含义有许多在逻辑形式方面并因而在含义内涵方面各不相同的阐释。人们应当注意到,直接等值的形式,如"一个α是βχδ……","一个αβ是χδ……","一个β是σχδ……"以及如此等等,它们在含义方面已经各不相同。。

[26] 在A版中还紧跟:在我们的例子中。

义上被理解为“一个确定的、叫作舒尔茨的人”。后面这个含义当然是复合的。

显然,在以下的情况中也存在着类似的困难和解决的企图,这些情况所涉及的是一些其他实体性的含义,最后是某些属性含义和其他的含义[27];例如“人”、“德行”、“正义”等等。此外还要提到的是:逻辑定义,即我们在其中为划分性分析的困难设定界限,但首先是为语词含义的波动设定界限的逻辑含义,当然只是一个实践-逻辑学的工艺概念,这个概念并不能在真正的意义上划定含义,而且不能从内部划分含义。毋宁说,含义在这里,正如它之所是,是与一个关于被划分的内涵的新含义相对置的,这个新含义是我们在依据有关含义而进行的判断中所应当遵循的规范。为了避

A 292 免逻辑上的危害,我们将这样一些判断作为不可靠的判断排斥出去,在这些判断中,有关含义不能为它们的正常等值物所替代;同

710 时我们还建议运用这样一个规则,即:在认识活动中尽可能利用这些正常的语词含义,或者经常用正常语词含义来进行测定,并在它们的认识作用中做出合适的使用安排,以此来调整已有的语词含义。

附注:在对这一节的首次加工中已探讨过的含义意向双重性,在这一次的加工中受到了更清楚的和在现象学上更深入的理解。

B_1 302 在对本书的原初设想中,笔者并没有穷尽这个区分的完整意义,因而也没有穷尽它的有效范围。仔细的读者会发现,本书第二部分

[27] 在A版中为:语词含义。

的第六研究并未对这个区分做出应有的顾及。[28]

第 4 节　关于复合表达的“含义”组成部分之有含义性(Bedeutsamkeit)问题

对复合含义的考察立即导致一个新的和基础性的划分。在通常情况下,这些含义是作为被划分的语词复合体的含义而被给予我们的。但在这些语词复合体方面产生出一个问题,是否复合体

[28]　在 A 版中为(未用小字体,未分新段落):作为这些考虑的重要结果而涌现给我们的是一个复合性的双重概念,从而又有一个简单性的双重概念。在一个意义上,复合性是由部分所组成,这些部分本身又具有含义的特征。这恰恰是一个最终的事实:许多含义能够理解成一个含义。我说的是“能够”,因为我们将会看到,并非在任何一群含义那里情况都是如此;在相反的情况下,我们具有的是一堆含义,但不具有统一的含义。另一方面,当含义的统一缺乏这种复合性时,含义便必须被看作是简单的。人们在这个正常的意义上来谈论复合含义,就像谈论复合的机器、数字、形态等等一般:人们将那些由机器复合成的机器同样理解为机器,将那些由数字复合成的数字同样理解为数字,将那些由形态复合成的形态同样理解为形态,以及如此等等。因此,如果有必要强调这个复合性的特殊意义,那么我们谈论那些作为含义而是复合的含义是最合适不过了。

其次还存在着这样的含义,这些含义自身带有某些可分因素的含义,但并非以被划分的特别含义的形式;它们不是含义,但作为内容却显然是复合的。关于这些含义,我们说:它们是隐含性的并且具有一个被隐含的内容。这样,下列定理显然是有效的:

对于每一个隐含性的含义来说都存在着另一个对它内容进行划分或阐释的含义。

关于复合含义与简单含义的说法也可以在一个普遍的意义上被理解,这个普遍意义也对称地包含着刚才所进行的那个划分,以至于只有那些带有部分的含义与不带含 A 293
义的部分处在相互对立中。而后,这个普遍性可以使我们区分,这些部分本身是否又是含义。(显然,“某个东西”这个含义在这个最普遍的意义上,亦即在任何意义上都是简单的;它不仅作为含义是简单的,而且也不带有丝毫隐含的内容的痕迹。)然而,在这里与其他地方一样,不值得推荐在这个最普遍意义上来谈论复合性和简单性。我们将继续以这个说法的正常意义为基础,也就是说,在这个意义上,复合的含义是由含义复合而成的。。

的**每一个语词都应具有一个专门的含义**，并且是否应当将语言表达的所有划分和形式都看作是对含义的一个相应划分或含义的一个相应形式的特殊标记。在鲍尔查诺看来，“语言中的每一个语词”都被用来“标示一个专门的表象”，“有些语词也”被用来“标示完整的定理”；[①]也就是说，他也赋予每一个连词和介词以专门的含义。另一方面，人们常常听到有关这样一些语词和表达的谈论，这些语词和表达是“**单纯共同意指着的**”（bloß mitbedeutend），也就是说，它们自为地不具有任何含义，而只是在与其他语词和表达
A 294 联系时才获得含义。人们区分对表象的完整的和不完整的表达，也进一步区分关于判断、感情现象和意志现象的完整和不完整表达，并且在这个区别的基础上区分**自义符号或合义符号**的概念。所以马尔梯用自义符号或自义名称来标示“所有那些语言的标示手段，这些表达手段不是单纯共同意指性的（例如‘父亲的’、‘为

B1 303 了’、‘不更少’等等），但它们也不自为地构成对一个判断（陈述）或对一个感情和意志决定等等（请求、命令、提问等）的完整表达，而只构成对一个表象的表达。‘伦理学的创立者’、‘一个侮辱了他父亲的儿子’就是名称。”[②]由于马尔梯以及其他的作者在同样的意义上理解“合义的”和“共同意指的”这些术语，也就是在符号的意义上来理解，“这些符号只有与其他话语组成部分一起才具有一个完整的含义，无论它们是有助于唤起一个概念，即仅仅作为一个名称的

---

① B. 鲍尔查诺：《科学论》，苏孜巴赫，1837 年，第一卷，第 57 节。“表象”在这里所指的是“表象自身”，它与我们的含义概念相符合。

② A. 马尔梯：“论无主语语句以及语法与逻辑的关系”，第三篇，《科学哲学季刊》，第八期，第 293 页注。

部分，还是有利于对一个判断（一个陈述）的表达，或是有利于对一个情感运动或一个意志（一个祈求式、命令式等等）的传诉”，①因此，如果更为彻底的话，他们应当对自义表达的概念做相应宽泛的理解，使它伸展到某些意向体验（在布伦塔诺意义上的“心理现象”）[29]所具有的所有自为地有含义的或完整的表达之上，这样便可以个别地划分：关于表象或名称的自义表达，关于判断或陈述的自义表达等等。当然，这个附加的顺序是否合理，例如名称是否在同一个意义上是关于表象的表达，就像祈使句是关于祈求的表达，愿望句是关于愿望的表达等等一样；还有，那些所谓通过名称和定律而“表达出来的”东西是否就是意指本身的体验，它们与含义意向或含义处在何种关系之中——这些问题还必须受到我们的认真探
讨。[30]但无论如何，对自义的和合义的表达的划分以及通常对它 B1 304
们的引进所做的陈述肯定具有某种合理性[31]，因此在合义的语词 A 295
方面我们得出一个见解，这个见解反驳了前面提到的鲍尔查诺学说。也就是说，由于自义之物与合义之物之间的区别是一个语法区别，因此看上去作为这个区别之基础的实事状况是一个“单

① A. 马尔梯：“论语法与逻辑的关系”，载于：《符号论文集》。为维也纳1893年第42届语言学家和教师大会出版的布拉格德国古代文化研究学会纪念文集，第121页，注2。

[29] 在A版中为：心理现象。

[30] 在A版中为（在一个脚注中）：当然，这个附加的顺序是否合理，例如名称是否在同一个意义上是关于表象的表达，就像祈使句是关于祈求的表达，愿望句是关于愿望的表达等等一样——这个问题还应当受到我们的认真探讨。。

[31] 在A版中为：但即使在这里选择了这些术语，这个区分本身也肯定不缺乏某种合理性。

纯的语法实事状况”。我们常常使用许多语词来表达一个“表象”[32]——可以说，这里的原因在于各个语言的偶然特性。在表达中的划分与在含义中的某个划分没有任何关系。因此，那些协助构造这个表达的合义语词实际上是完全无含义的，只有整个表达才真实地带有一个含义。

但对语法区分还可以做另一种解释，只要人们决定，将表达的完整性或不完整性理解为对含义的完整性或不完整性的表现，也就是说，只要人们将语法区别理解为对某个本质性的含义区别的表现。① 语言为表达一个表象而使用的例如多词的名称并非出于
B₁305 偶然和情绪，而是为了将许多互属的部分表象[33]与不独立的表象形式在独立完整的表象统一内表达出来。② 一个不独立的因素，
A 296 例如一个使两个表象聚合为一个新表象的意向联结形式，也可以
714 找到其含义表达，也可以规定[34]一个语词或一个语词复合体的特有含义意向。很明显，无论是哪一种表象、哪一种可表达的“思想”，只要它们应当在含义意向的领域中**忠实地**映现自身（sich

① 在这里所引的后一篇论文中，马尔梯将一个自义的符号定义为这样一个符号：它自为地单独唤起一个**完整的**表象并通过这个表象的中介而指称一个对象。但对合义符号的这个附加定义（参见前面）并没有完全清晰地表达出，语法划分应当建立在含义领域中的一个本质划分的基础上，马尔梯肯定持有这一观点。

② 更确切地看，“表象”一词在这里并不是指“表象行为”，而是指那个在表象中被表象的东西本身，连同其各个划分和形式，它恰恰是连同它们一起而在表象中被意识到的。因此，“表象形式”是被表象之物的形式，在以后的研究中也应注意这一点。

[32] 在 A 版中未加引号。

[33] 在 A 版中为：部分－表象。

[34] 在 A 版中为：构成。

spiegeln),那么,无论先天如何发生,每一个在表象方面的形式都有一个在含义方面的形式与之相符合。[35]而且,如果语言应当在其言语材料中忠实地反映(widerspiegeln)先天可能的含义,那么它就必须拥有语法形式,这些形式可以赋予所有可区分的含义形式以一个可区分的“表达”,现在这是指一个感性可区分的标志。

第5节 独立的与不独立的含义。感性语词部分的不独立性与表达性语词部分的不独立性

这个观点显然是唯一正确的观点。我们不仅必须区分自义的与合义的表达,而且也必须区分自义的与合义的含义;①但我们谈论独立的与不独立的含义更具有标示性。当然,并不排除这样一种可能,即:在含义移动的过程中,一个未划分的含义取代了原初被划分的含义,以至于现在在整个表达的含义中不再有任何东西与各个表达环节(Ausdrucksglieder)相符合。但在这种情况下,表达丧失了一个在真正意义上的复合表达的特征,即使它在语言的发展中通常还融合在一个语词中。我们现在不再将它们的环节看

① A.马尔梯最近在其《普遍语法学与语言哲学基础研究》(萨尔河畔的哈勒,1908年)中谈到“自义的”(autosemantisch)与“合义的”(synsemantisch)的符号(第205页以后)。

[35] 在A版中为:很明显,如果“本真的”表象应当在含义意向的(“符号性”含义的)领域中忠实地映现自身,那么,无论先天如何发生,每一个在表象方面的形式(可能充实的形式)都有一个在含义方面的形式(意向形式)与之相符合。。

B₁ 306 作是合义的表达，因为它们根本不再是表达。只有有含义的符号才被我们称作表达，并且只有那些**由表达**所复合成的符号才被我们称作复合的表达。没有人会因为“国王”这个词是一个由多个元音和辅音组成的词就将它称作是一个复合的表达。与此相反，我们却可以将多词的表达看作是复合表达，因为词的概念就在于表
A 297 达某物；只是这个词的含义并不必须就恰恰是一个独立的含义。正如不独立的含义只能作为某些独立含义的因素而存在一样，不独立含义的语言表达也只能作为独立含义的表达形式组成部分起作用，因而它们成为**语言上**不独立的表达，成为“不完整的”表达。

首先产生出来的对自义与合义表达之区别的理解纯粹是一种外在的理解，它把表达的合义部分与完全不同类的表达部分，即那些一般说来无含义的字母、元音和辅音，置于一个层次之上。我之所以说“一般说来”，这乃是因为即使在这些表达部分中也存在着许多真正的合义，如屈折变化前缀和屈折变化后缀。但在无比多的情况中它们都不是作为表达之表达的部分，即不是意指的部分，而是作为一个感性现象之表达的部分。因此，即使合义分散地存在，它们也得到理解；它们被理解为在内容上确定的含义因素的载体，这些因素需要得到某种补充，这个补充尽管在质料方面是不确定的，但在形式方面却受到被给予内容的一同规定并因此而受到规律性的限定。另一方面，只要合义正常地起作用，就是说，只要它在与一个独立封闭的表达的联系中出现，那么，正如对任何一个
B₁ 307 例子的回忆都会告诉我们的那样，它总是会与整个思想具有一个**确定的**含义关系，它是思想的某个不独立环节的含义载者，并且因此而对这个表达本身作出特定的贡献。如果我们考虑到，同一个

合义的表达可以在无数不同的组合中出现，而且处处展开同一个合义功能，那么这个说明的正确性便会明见无疑；所以我们能够在合义的歧义性中理性地进行思考、怀疑，或者对此进行争论，同一 A 298
个小品词、同一个关系词或谓词在那里和在这里所意指的是否是同一个东西。因此，对一个像“但是”这样的小品词，对于像“父亲的”这样一个第二格，我们可以在好的意义上说：它们具有一个含义；而在像“bi”这样一个词的块片那里，我们就不能这么说。尽管前者与后者对我们来说都需要；但这两种需补性(Ergänzungsbedürftigkeit)是完全不同的：在前者那里，它所涉及的不仅仅是表达，而且首先是思想；在后者这里，它所涉及的则只是表达，或者毋宁说，只是那些尚待成为表达、尚待成为一个思想的可能引发者的表达块片。随着复杂的语词构架的相续构成，整体含义也逐步地构造起来；①在语词的相续构造中所构造的仅仅是语词，只是在语词形成后才会附有思想。尽管语词块片已经以一种方式引发着思想，即：它是语词块片，对它的补充必须是怎样的；但这当然不是块片的含义。并且，如果出现这样或那样的补充
[bi——billig(便宜的)、bissig(尖刻的)、Bimsstein(浮石)、Birne B_1 308

① 人们不应像马尔梯一样(《普遍语法学与语言哲学基础研究》，第 211 - 212 页。)从字面上理解这个表达式，并且把这样一个思想强加给这个表达式，这个思想是指：整体含义是用部分含义构造起来的，就像是有那些能够自为存在的“砖石”构造起来的一样。我所详细论证的关于不独立含义之学说的课题恰恰在于说明，这个思想是错误的！我不能认为，在本文中的论述可以引起这样一种解释，并且不能认为，整个阐述以某种方式被马尔梯的指责所切中。参阅在后面对脱离出来的合义之理解的说明。[36]

[36] 在 A 版中为：马尔梯：《符号论文集》，第 105 页，注。。

（梨）、Gebilde（构成物）……]，那么含义就会变化，但在含义的杂多性中却并不能发现可以作为共[37]含义而划归给这个语词部分[bi]的共同之物；我们在个别的语词含义中也无法找到这样一个划分，这个划分根据这一个环节而建立在这个语词部分的有含义性上：它恰恰是无含义的。

第6节　其他区分的对立。不完备的、异常简略的和欠缺的表达

718 在我们对独立含义与不独立含义之间的区别进行必要的澄清，通过与更普遍概念的联结来对这个区别进行更详细的描述[38]，以及与此相连地确定在含义领域中的最重要事实、确定在这个领域中主宰着的规律性的存在之前，有必要将我们用来作为出发点的语法区别[39]区分于其他的、与它相混淆[40]的区别。

A 299 合义的表达作为不独立表达以某种方式需要补充，就此而言，人们也将它称作不完整的表达。但不完整的说法还有另一个意义，这个意义不应与这里所考察的需补性（Ergänzungsbedürftigkeit）混为一谈。为了说明这一点，我们首先注意，独立含义和不独立含义的划分与简单含义和复合含义的划分相互交错。例如，“比一间房更大”；“在上帝的自由天空下”；“生活的忧虑”；“但你的信使们”

[37] 在A版中未加重点号。

[38] 在A版中为：在我们通过与更普遍概念的联结来对独立含义与不独立含义之间的区别进行更详细的描述。

[39] 在A版中为：有关区别。

[40] 在A版中为：相交错。

(doch deine Boten);"先生";"尊敬";这些含义都是不独立的,它们虽然具有许多不同的组成部分却仍然是统一的含义。因此,许多不独立的含义,或者部分独立、部分不独立的含义可以交织成一个相对完备的统一,这个统一作为整体却只具有不独立含义的特征。复合的、不独立的含义的这个事实在语法上表现在复合的、合 B1 309
义的表达的相对封闭的统一之中。每一个这样的表达之所以是一个[41]表达,乃是因为它包含着一个含义,而它之所以是一个复合表达,乃是因为它以划分的方式表达一个复合含义。就这个含义而言,它是一个完整的表达。如果我们仍然将它称作不完整的,那是因为它的含义虽然具有统一性,却仍然需要得到完整化。由于这个含义只能在一个更广泛的含义联系中存在,所以对它的语言表达也指明一个更广泛的语言联系,即指明一个对一个独立、完备的话语的补充。

完全不同的情况表现在那些异常简略的话语那里,这些话语赋予思想——无论它是独立的,还是不独立的思想——以一个不完整的、即使在话语的某些状况中可能是完全得到理解的表达。我们在这里也可以举欠缺的表达为例,在这些表达中由于一个语 A 300
言联系①的连续性而缺乏个别的句法环节,而"分肢"(disjecta membra)的某个共属性却仍然可以被认出。这些欠缺的话语的需补性显然具有与含义的需补性完全不同的特征。并非因为这个

① "语言联系"的德文原文为"Sprachzusammenhang",通常亦被译作"语境"。——中译注

[41] 在A版中加了重点号。

所属的含义不独立,而是因为一个统一的含义发生断裂,欠缺的话语才无法作为完备的话语,甚至根本无法作为话语起作用。如果我们辨认一段欠缺的碑文"Caesar... qui... duabus...",那么外在的依据表明,这里所涉及的是某个语句的统一,某个含义的统一;但这个间接的思想并不是这个残篇的含义,实际上它根本不具有统一的含义,并且因此也不构成表达;一个部分由独立含义、部
B1 310 分由不独立含义构成的无联系的相互并列,与此相关的一个对这样的含义来说非本己的附带思想,即:它们可能属于某个含义统一。——这就是被给予的一切。

关于不完备的、不完整的、需要补充的话语显而易见地包含着非常不同的东西。一方面是合义的表达,另一方面是异常简略的表达,最后是欠缺的表达,它们根本不是表达,而只是表达的碎片。这些概念相互交错。一个简略的表达可以是自义的,一个合义的表达可以是无欠缺的,如此等等。

第7节　将不独立含义理解为被奠基的内容

我们已经认识到,将表达区分为自义表达与合义表达,这一看似无关紧要的区分是与在含义领域中的一个根本区分相符合的。尽管我们将前一个区分作为我们的出发点,后一个区分仍然表明
A 301 是一个原初的区分,也就是说,前一个语法区分是通过它才得到论证的。

表达这个概念,或者说,单纯语音的和完全感性的表达部分与

真正词义上的部分表达之间的区别，或者我们可以更确切地说，前者与句法（词干、前缀、后缀[①]、语词、协调的复合词）之间的区别——它只有通过向含义区别的回溯才能得到确定。如果含义区分为简单的和复合的含义，那么这种复合性必然也会回归到最后有含义的部分上，回归到句法部分上，因此也又回归到表达上。相反，对作为单纯感性现象的表达的分解永远只会产生出单纯感性的和不再是有含义的部分。同样的情况也表现在以此为基础而对表达进行的区分那里，即：将表达区分为自义的表达和合义的表达。人们当然可以这样来描述它们，即：它们中间有一些可以自为地单独作为完整的表达、作为完成的话语来使用，另一些则不能。但如果人们想限定这个描述的多义性，并且想规定这个描述的有关意义并同时规定内部的理由，即：为什么有些表达可以作为完成的话语而自为地单独存在，其他的表达则不能；那么，正如我们所见，人们就必须回溯到含义领域，并且在其中指明那种附在某些含义上，即附在“不独立的”含义上的需补性。 B₁ 311

将合义的含义标示为不独立的含义，这就已经意味着，我们在其中看到了这些含义的本质。在关于不独立内容的论述中，我们普遍地规定了不独立性的概念，这同一个不独立性也就是我们相信在含义领域中可以采纳的那个不独立性。我们论述说[②]，不独立的内容就是那些不能自为地，而只能作为一个更广泛整体的部 A 302

① 这些和前面提到的那些，只要它们在语言发展过程中没有失去它们的清晰含义。

② 参阅本书前面第三研究，第 5－7 节，第 235 页以后。[42]

［42］ 在 A 版中为：第 233 页以后。

分而存在的内容。这种"不－能"的先天[43]规律根据是在有关内容的本质天性[44]之中。每一个不独立性都包含着一个规律，根据这个规律，相关种类的内容，譬如说 α 这一类，只能在与整体 G（αβ……μ）的联系中存在，β……μ 在这里是特定内容类的符号。我们强调特定，因为没有一条规律会仅仅意味着：在 α 类和任意的
B₁ 312 其他类之间存在着联系，也就是说，一个 α 需要补充，无论是哪一种补充；相反，在规律性中包含着联系本性的确定性；不独立的与独立的变项具有其通过固定的种、属特征所划定的领域。当然，而且从本质规律上说，连同种类一起被规定的还有这个联系的属形式。我们尤其可以感性直观的具体之物为例。但我们也可以举其他领域、行为体验[45]及其抽象内容的领域为例。

我们在这里所感兴趣的只是含义。[46]我们将含义理解为观念统一；但不言而喻，我们的区分从实在领域引申到①观念领域。在具体的意指行为中与含义相符合的是某个因素，这个因素构成了这个行为的本质特征，也就是说，这个因素必然地从属于任何一个具体行为，即这个含义在其中得以"实现"的任何一个行为[47]。但是，考虑到对行为在简单行为和复合行为两方面的划分，一个具体行为现在也可以包含许多部分行为，而这些部分行为能够或是作

① 参阅本书前面第三研究，第 7 节 a，第 242 页。

[43] 在 A 版中为：客观的。
[44] 在 A 版中为：本性。
[45] 在 A 版中为：心理行为。
[46] 在 A 版中还紧跟：诚然，。
[47] 在 A 版中为：这个因素将此行为描述为意指性的。

为独立部分，或是作为不独立的部分寓居于整体之中。特别是一个意指行为本身也可以是复合的，即由含义行为所复合而成。这样，在整体中就包含着一个整体含义，而在每一个部分行为中就包含着一个部分含义(一个含义部分，它本身又是一个含义)。据此，如果一个含义能够构成一个具体意指行为的全部充分含义，我们 A 303
就将它称作独立的，如果不是这种情况，我们就将它称作不独立的。不独立的含义只能在一个具体意指行为的一个不独立的部分行为中得到实现，它们只能在于某些其他的、补充着它们的含义的联结中得到具体化，它们只能在一个含义整体中"存在"。根据我们的观点，如此定义的作为含义之含义的不独立性规定了合义(Synkategorematika)的本质。

723

第8节　这个观点的困难。a)含义的不独立性是否只是在于被意指对象的不独立性 B_1 313

然而我们现在也要考虑我们这个观点所具有的困难。首先我们要阐释含义的独立性和不独立性与被意指对象的独立性和不独立性之间的关系。人们起先会相信，前一个区分可以还原为后一个区分。① 含义赋予的行为作为"表象"，作为"意向"体验[49]而关

① 我们在前面(第2节，第296页以后[48])曾探讨过一个相似的、实事上相近的问题。

[48] 在A版中为：第288页以后。
[49] 在A版中为：作为表象。

系到对象。如果现在某个对象的组成部分是不独立的,那么它就不能自为单独地“被表象”[50];因而相应的含义便要求补充,它自己也就是不独立的。似乎由此而可以得出这样一个不言自明的规定:自义的表达指向独立的对象,合义的表达指向不独立的对象[51]。

人们很快便可以确信这个观点是错误的。“不独立的因素”这
A 304 个表达就已经提供了一个决定性的反驳。这个表达是一个自义的表达,但却表象着一个不独立之物。因此,每一个不独立之物都可以,并且也是以直接的方式,变成一个独立含义[52]的对象,例如,“红”、“形态”、“相同性”、“量值”、“统一”、“存在”。人们可以从这些例子中看出,不仅质料的[53]对象因素有独立的含义与其相符合,而且范畴的形式也有独立的含义与其相符合,这些独立的含义朝向这些形式,并且因此而使它们成为自为的对象;而这些对象并非在独立性[54]的意义上是自为存在的。独立的、朝向不独立因素

B1 314 的含义之可能性并不是什么令人惊诧的东西,我们只需考虑一下:虽然含义在“表象”一个对象之物,但它并不因此而具有一个映象的特征;相反,它的本质毋宁在于某种意向,这个意向能够以意向的方式[55]“朝向”任何东西,“朝向”独立之物和不独立之物。因此,任何东西都能够以意指的方式成为对象性的,即成为意向的客体。

[50] 在A版中未加引号。
[51] 在A版中还紧跟:(即对象性因素,无论它是特征,还是关系形式)。
[52] 在A版中为:表象。
[53] 在A版中未加重点号。
[54] 在A版中为:不独立性。
[55] 在A版中还紧跟:,以瞄向(abzielend)意指的方式。

第9节　b）对被分离出的合义之理解

一个严重的困难在于，如何理解那些从任何联结中被分离出来的合义。如果我们的观点是正确的，那么这种情况根本就不可能存在；根据我们的观点，自义完备的话语[逻各斯(λόγος)]的不独立因素是不可分解的。因此，怎么可能将这些因素放到所有联结之外进行考察，就像亚里士多德已经做过的那样？他在“无联结的表达”(τὰ ἄνεν συμπλοκῆς)、“非复合的语词”(τὰ κατὰ μηδεμίαν συμπλοκὴν λεγόμενα)这些标题下所把握的是所有语词种类，也包括合义。

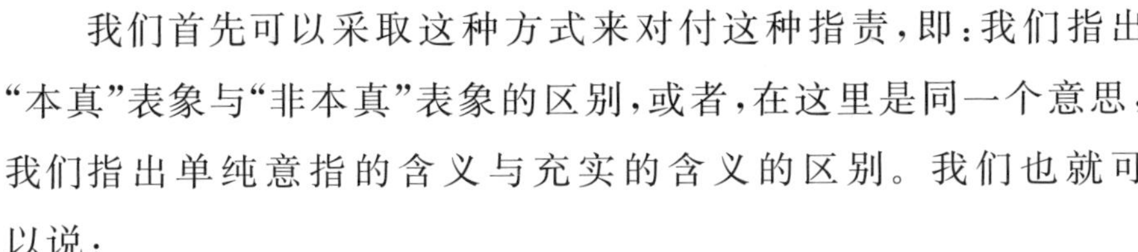

我们首先可以采取这种方式来对付这种指责，即：我们指出“本真”表象与“非本真”表象的区别，或者，在这里是同一个意思，我们指出单纯意指的含义与充实的含义的区别。我们也就可以说：

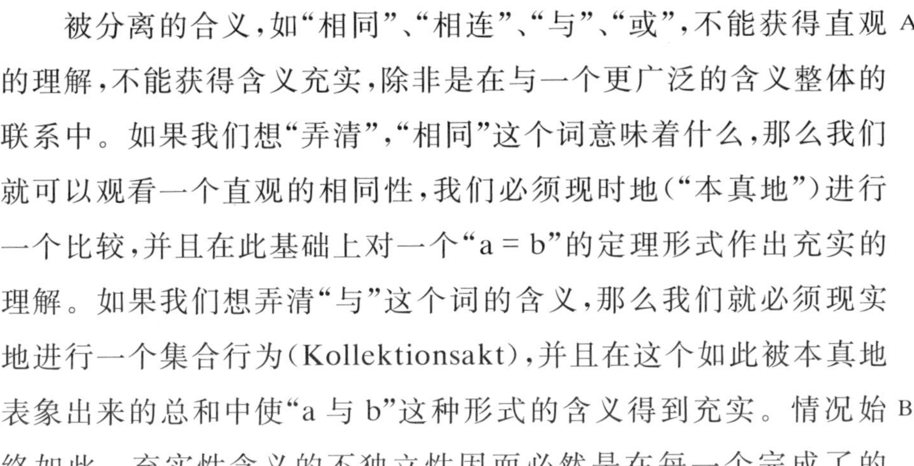

被分离的合义，如“相同”、“相连”、“与”、“或”，不能获得直观 A 305
的理解，不能获得含义充实，除非是在与一个更广泛的含义整体的联系中。如果我们想“弄清”，“相同”这个词意味着什么，那么我们就可以观看一个直观的相同性，我们必须现时地(“本真地”)进行一个比较，并且在此基础上对一个“a = b”的定理形式作出充实的理解。如果我们想弄清“与”这个词的含义，那么我们就必须现实地进行一个集合行为(Kollektionsakt)，并且在这个如此被本真地
表象出来的总和中使“a 与 b”这种形式的含义得到充实。情况始 B_1 315
终如此。充实性含义的不独立性因而必然是在每一个完成了的

充实中作为更广泛的内涵的一个充实性含义的组成部分起作用，这种不独立性现在决定着关于意向含义之不独立性的引申说法①。

在这里无疑有一个正确的和有价值的思想。我们也可以这样来表达它：任何一个合义的含义，即任何一个不独立的含义意向的行为，如果不与一个自义的含义相联系，就不可能具有认识作用。当然，我们也可以不说含义，而说表达，它通常被理解为语音与含义或意义的统一。但现在出现了一个问题，当我们对在这个充实状态中起作用的相合性统一（Deckungseinheit）、即对意指含义与充实含义之间的相合性统一进行思考时，我们是否可以认为：充实的含义是不独立的，意指的含义是独立的；换言之，是否可以认为，关于在直观未充实的含义意向和表达方面的不独立性的说法只是一个非本真的说法，即只是通过在一个可能的充实中[56]的不独立性而得到规定的。这几乎是无法接受的，这样我们又被带回到这

A 306 样一个观点上，即空泛的含义意向——“非本真的”、“象征的表象”，这些表象赋予在所有认识功能之外的表达以意义——自身带有独立性和不独立性。但开始时所提出的问题现在又回来了：如

B_1 316 何解释这样一个无可反驳的事实，即：单个的合义，例如单个的词“与”可以被理解？它们在其意向含义方面是不独立的，这恰恰意

① 显然，在整个阐述中，“充实”同时也代表着它的对立面“失实”（Enttäuschung），即代表着一种现象学上特殊的方式：在一个含义整体中矛盾地联结在一起的含义如何在直观澄清和明晰化的过程中把握到它的明见的“不相容性”，而被意指的统一则在直观的不统一性中达到“失实”。

[56] 在A版中为：充实的。

味着,这些意向只能在自义的联系中才能存在;因此,这个被分离的小品词,单个的"与"必定只是一个空泛的声响。

这个困难只能通过以下方式来解决:

这个被分离出来的合义或者是根本不具有与它在自义联系中所具有之含义相同一的含义,或者是具有同一个含义,但却经历了一个即使在实事上也完全不确定的含义补充,以至于它成为对暂时生动的和完整化了的含义的一个不完整表达。我们对这个孤立的"与"的理解有两种方式:或者是:"某个为我们所熟悉的小品词"的间接的、尽管在语词上未说出的思想,即作为异常含义的思想伴随着这个"与";或者是:一个"A 与 B"的思想借助于模糊的实事表象,并且在不带有任何语词的补充的情况下产生出来。在后一种情况中,只要"与"这个词本真地属于这个内部进行的完满含义意向的一个因素,并且是属于与在自义的联言表达联系中之因素相同一的那个因素,那么它所起的作用便是正常的;但如果它不处在与其他表达的联系中,即其他那些为现有含义的补充部分提供清晰显示的表达,那么它所起的作用便是不正常的。

通过这种方式,困难便得以消除,而我们可以认为,独立含义与不独立含义之间的区别既涉及含义意向的领域,同样也涉及充 A 307
实的领域,因而,意向和充实之间的相即(Adäquation)之可能所要求的那个作为必然的实事状态确实存在着。

第 10 节　含义复合体中的先天规律性

如果独立的与不独立的含义的区别关系到独立的与不独立的

对象[57]的区别，那么这里实际上已经包含着在一个含义领域中的
B_1 317 基本事实，即：**含义服从于这样一些先天规律，这些规律将含义的联结调整为新的含义**。根据我们对不独立对象[58]所做的完全普遍的阐述，在任何一个不独立含义的情况中都包含着某个本质规律，这个规律通过新的含义来调整这个不独立含义的需要补充性，即证明这个含义必然被纳入于其中的那些联系的种类和形式。由于没有联结形式就根本不能将含义聚合成新的含义，而这些联结形式本身又具有含义，亦即不独立的含义的特征，所以显而易见，在所有含义联结中都有本质规律性（先天的本质规律性）[59]在起作用。自然，我们在这里所面临的最重要的事实并不只是含义领域所特有的，而是在所有发生联结的地方都起着作用。所有联结都服从于纯粹规律，尤其是所有那些质料的、局限在一个实事统一的领域上的联结，在这些联结那里，联结的结果必定与联结的环节处在同一个领域：处在与形式的（“分析的”）联结的对立中，这些形式联结，如联言联结，并不依赖于一个领域的实事特殊性，并不为它们联结环节的含有实事之本质所束缚。我们在任何一个领域中都不能[60]将所有个别性通过所有形式加以统一，相反，个别性的领域先天地限制了可能形式的数量，并且规定了占取它们的规律性。但这个事实的普遍性并不会免除人们的这样一个义务，即：在

[57] 在A版中为：内容。

[58] 在A版中为：内容。

[59] 在A版中为：规律性。

[60] 在A版中为：所有联结都服从于规律，尤其是所有那些质料的、局限在一个实事统一的领域上的联结，在这些联结那里，联结的结果必定与联结的环节处在同一个领域：我们永远不能。

每一个被给予的领域中证明这些形式，并且研究它们之展开的特定规律性。

特别是在含义领域方面，最仓促的思考就已经可以表明，我们在含义与含义的联结中是不自由的，并且因此在有意义地被给予的联结统一中不能对各个因素进行随意的混合。各个含义只能以某种事先确定的方式相互搭配，并且重新构造出有意义的统一含义。联结的不可能性（Unmöglichkeit）是一个本质规律性的不可能性，这首先是指，它不仅仅是一种主观的不可能性，我们无法进行统一的原因并不仅仅在于我们的事实无能（Unfähigkeit）（不仅仅在于我们“精神组织”的压迫）。在我们于此所看到的[61]情况中，这种不可能性更多地是一种客观的、观念的、奠基于含义领域的“本性”和纯粹本质之中的[62]不可能性，并且它本身应当通过绝然的明见性来把握。更确切地说，这种不可能性并不附着在须统一的含义的单个特殊性上，但却附着在它们所属的本质的属上，即附着在含义范畴上。尽管个别的含义本身已经是种类之物，但相对于含义范畴而言，它还只是一个单个的特殊性[63]。在数学领域中也是如此，在数值上确定的数相对于数的形式和数的规律而言只是一个单个的特殊性[64]。因此，只要我们在被给予的含义那里明察到联结的不可能性，这种不可能性就会证明一个绝对普遍的规律，按照这个规律，如果在相同的顺序中并且根据对同一个纯粹

A 308 B₁ 318

[61] 在A版中还紧跟：无数。

[62] 在A版中为：先天地奠基于含义领域的本性之中的。

[63] 在A版中为：偶然的个别性。

[64] 在A版中为：偶然的个别性。

形式的标准对相应含义范畴的含义进行联结，那么它们必定不会产生出任何统一的结果——一言以蔽之，这是一种先天的不可能性。

当然，刚才所阐述的这一切既对含义联结的不可能性有效，也对含义联结的可能性有效。

我们现在考虑一个例子。“这棵树是绿的”这个表达是一个统一的有含义的表达。如果我们在形式化的过程中从被给予的含义
B1 319 （独立的逻辑命题）过渡到相应的纯粹含义内涵，过渡到“命题形式”，那么我们就获得“这个 S 是 p”这样一个形式观念，它在其范围中所包含的全都是独立的含义。现在很明显，可以说对这个形式的质料化、对规定着这个形式之殊相化的各个命题的质料化能够以无限多的方式进行，但我们在这里并不自由，而是被束缚在固定的界限上。并非任何一个随意的含义可以取代 S，而且并非任何一个随意的含义可以取代 p。我们可以在这个形式的框架内将“这棵树是绿的”这个例子改变为“这个金子”、“这个阿拉伯数字”、“这个蓝色的乌鸦”等等“是绿的”，简言之，我们可以用任何一个随意的、在某种扩展了的意义上是名词的质料来替代 S，同样也可以用任何一个随意的形容词质料来替代 p：我们而后还可以一再地获得一个统一的有意义的含义，并获得一个具有以上形式的独立命题——但一旦我们不遵守含义质料的范畴，这个意义统一便会丧失。凡一个名词质料所在之处，任何一个随意的名词质料都可以在此，但一个形容词的质料或一个关系质料或一个整体陈述的质料却不能在此；但这些范畴的一个质料所在之处，这样的一个范畴却可以一再地在此，即是说，在此的永远是这一个范畴的一个质料，而非其他范畴的质料。这一点对所有含义都有效，无论它们的

构形有多么复杂。

尽管在对质料范畴之内的质料进行自由交换的过程中会出现错误的、愚蠢的、可笑的含义(整个语句或可能的语句环节),但这里所产生的必然是统一的含义,或者说,这样一些语法表达,这些表达的意义可以得到统一的实施。一旦我们超出这些范畴,情况便不再如此。尽管我们能够将语词并置:“这个轻率的[1]是绿的”; B1 320
“更有力是圆的”;“这所房子是相同的”;我们可以在对“a是与b相似的”这样一个形态的关系陈述中用“马”来代替“相似的”,但这样的话,我们始终只会获得一个语词系列,在其中每一个词本身都有意义,或者指明一个完整的意义联系,但我们原则上没有获得一个统一的完备的意义。如果我们想在一个统一被划分的含义中对那些本身已经是形式统一的环节进行随意的交换,或者想用一个从其他含义中随意取出的环节来取代一个环节:例如,如果我们试图用一个名词环节来替换一个假言的前句(在一个被我们称作假言语句的含义整体中的一个单纯的环节),或者在一个选言判断中用一个假言后句来替换一个选言的环节,那么我们就更无法获得一个统一的完备的意义。我们无须具体地进行这类事情,但我们也可以在相应的纯粹含义构形(语句形式)中进行这种尝试:在这里很快就可以得出这样一个先天明察,即:这些有关纯粹形态的各

① 我们在这里有意将这个在主语位置上的形容词小写(dieses leichtsinnig),以此表明,形容词的含义例如在作为形容词谓语时同样应当取代已标明的主语位置。还可参阅下面第11节。(胡塞尔在这里所说的小写或大写问题是指:在德语语法中,形容词在主语位置上或作为名词被使用时应当与所有名词一样大写,例如这里的“这个轻率的”应当写作:dieses Leichtsinnig。但胡塞尔在这里并没有执此惯例。这个注释就是对此“破例”的说明——中译注)

个环节之本质决定了如此被意指的联结是不可能的，或者说，这种形式的环节只有作为特定构造的含义形态之环节才是可能的。

最后，不言而喻的是，形式的纯粹因素在一个含义的具体统一中永远不能与经验因素的构形相交换，即与那些为含义提供实事关联性的因素的构形相交换，或者说，对那些统一有意义的含义形态的殊相化——如“一个 S 是 p”；“如果 S 是 p，那么 Q 就是 r”，以及如此等等——原则上不可能如此发生，以至于这个“词项”，含义形态的这个实事相关的质料，被抽象地取出的形式因素所替代。虽然我们可以将语词相互排列：“如果这个或绿了”，“一棵树是与”等等；但这个含义系列无法被理解为一个含义。这是一个分析定
B_1 321 理：在一个整体中，形式根本不能作为质料起作用，质料根本不能作为形式起作用，显而易见，这也可以引申地运用到含义领域。

总的来说，在实施和思考这种事例分析时，我们认识到，每一个具体的含义都是一个材料（Stoff）和形式的相互包容，每一个具体的含义都服从于一个可以通过形式化而得到纯粹确定的形态观念，此外，每一个这样的观念都有一个先天的含义规律与之相符合。这是一个根据句法形式来用句法材料构造统一含义的规律；这些句法材料受固定的、先天属于含义领域的各个范畴的制约，而这些句法形式，正如人们很快就可以认识到的那样，是先天被规定的并且自身聚合成一个固定的形式系统。**在这里产生出一个重大的、对于逻辑学和语法学来说同样根本性的任务：证实这个包容着含义王国的先天基本状况（Verfassung），在一门“含义的形式论”中研究形式结构的先天体系，也就是说，研究那些将所有含有实事的含义个性置而不论的结构的先天体系。**

第 11 节　各种指责。植根于表达或含义本质之中的含义变异

但现在需要顾及到可能的指责。首先人们不应受到这样一种情况的迷惑，即：每一个范畴的含义，哪怕是合义的形式，如“与”，都可以被置于主语的位置上，而处在这个位置上的通常是主语的含义。如果人们更仔细地观看，那么这完全是通过含义变异的方式而发生的，借助于这种含义变异，那些例如取代名词位置的东西实际上重又是一个名词性的东西，并没有一个具有其他句法形态的含义（如一个形容词的含义，甚或是一个单纯的形式）被简单地移植过来。这样一种情况例如出现在像“‘如果’是一个小品词”、“‘与’是一个不独立的含义”这样的命题中。[65]确实，这些语词现 B₁ 322

[65] 在 A 版中为：例如，“如果是绿的”这个表达就是无含义的，并且由于明察到这一点，所以我们也认识到，如果不是用“如果”，而是用一个随意的含义来取代 S，那么从 S 是 p 的形式中所得出的就完全是一种无意义性。尽管“如果”通常是一个形式表 A 309
达，它在这里恰恰也不是作为形式表达起作用，而是作为可变的因素，这个因素在基本规律性的意义上可以被任何一个（出自不独立含义范畴的）因素所取代。但如果我们写下“如果这棵树是绿的”，那么这个“如果”就是与作为不可变形式的“是”一同在起作用，而其他的含义则构成可变的质料；这是就这样一种规律性而言，即：当且仅当 S 和 p 始终限制在某些含义等级（对此至今还没有足够普遍的并且同时是单义的名称）的范围内时，每一个“如果 S 是 p”这种形式的联结才会产生一个有意义的含义。

第 11 节　指责。质料的偷换 (suppositio materialis) 及其相似物

人们在这里几乎不会受这样一个指责的迷惑，即：每一个合义都可以被置于主语的位置上，例如在“‘如果’是一个小品词”，“‘与’是一个不独立的含义”这样的命题中。

在处在主语的位置上，但明晰无疑的是，它们的含义并不是它们在正常联系中所获得的含义。毫不奇怪，通过含义变化的途径，每一个语词、每一个表达都可以被置于一个自义整体的任何一个位置上。但我们在这里所看到的并不是语词的复合，而是含义的复合，至多是那些保持着恒定含义的语词的复合。从逻辑上看，所有含义变换都可以被评判为是异常性。朝向同一的－统一的（identisch-einheitlich）含义的逻辑兴趣要求含义作用的恒定性。但实事的本性却会导致：某些含义变化甚至就属于任何语言的语法正常组成。通过话语的联系，变异了的含义仍然可以轻易地被理解，而且，如果变异的动机具有彻底的普遍性，如果它们例如植根于表达本身的普遍特征之中，甚或植根于含义领域自身的纯粹本
A 310 质[66]之中，那么，有关的异常性类别就会一再回返，逻辑异常之物就会显现为是在语法上被证实的。

在这里包含着被经院哲学家们称作"偷换质料"（suppositio materialis）的东西。据此，每一个表达，无论它——在其正常含义中——是一个自义的还是合义的表达，都可以作为它自己的名称出现，也就是说，它将自己称作语法现象。如果我们说"'地球是圆的'是一个表达"，那么作为主语表象而起作用的不是陈述的含义，而是对表达本身的一个表象；被判断的不是地球是圆的这个实事状态，而是这个陈述语句，而这个语句本身是异常地作为它自己的名称在起作用。如果我们说"'与'[67]是一个连词"，那么我们并没

[66] 在A版中为：本性。
[67] 在A版中未加引号。

有将那个通常与“与”这个语词相符合的含义因素置于主语的位置
上，相反，处在这里的是独立的、指向“与”这个语词的含义。在这 B₁ 323
个异常的含义中，“与”实际上不是一个合义的表达，而是一个自义的表达，它将它自己称作语词。

当表达所承载的**不是它的正常含义**，而是**对此含义的一个表象**（即一个将此含义作为其对象来朝向的含义）时，这里便出现了一个与偷换质料（suppositio materialis）完全相似的东西。例如，当我们说“‘与’、‘但’、‘更大’是不独立的含义”时，情况便是如此。我们通常在这里说：“与”、“但”、“更大”这些词的含义是不独立的。同样，在“‘人’、‘桌’、‘马’是事物概念”的表达中作为主语表象起作用的也是对这些概念的表象，而不是概念本身。在这些情况中和在前面的情况中一样，含义变化通常至少会在文字表达中被指
示出来，例如通过引号或其他“异类语法的（heterogrammatisch） A 311
表达手段”而被指示出来。所有带有“**变异**”谓语而不带有“**限定**”谓语的表达都以刚才所标示的那种方式或以类似的方式异常地起作用：以或多或少复杂的方式，整个话语的正常意义可以被另一个意义所取代，无论这另一个意义通常是如何被构造的，它在一个就正常解释标准来看是虚假主语的位置上获得一个以这种或那种方式与此相关的**表象**，而且整个表象或是在逻辑－观念意义上的表象，或是在经验－心理学意义的表象，或者也可以是在现象学意义上的表象。以“半人半马是诗人们的一个臆造”为例。我们在略作修正后可以这样说：我们对半人半马的表象（即对“半人半马”整个
含义内涵的主观表象）是诗人们的臆造。“是”、“不是”、“是真”或 B₁ 324
“是假”等等这些谓语是变异性的。它们所表达的不是虚假主语的

属性，而是相应主语含义的属性。例如“2×2=5是错误的”；这意味着，这个想法是一个错误的想法，这个命题是一个错误的命题[68]。

如果我们在前一段的例子中将这样一些例子删去，在这些例子中，变异性表象是一个主观表象，更确切地说，一个在现象学或心理学意义上的表象，并且，如果我们在刚才所阐述的意义上来限制我们对这个与质料的偷换相似之物的理解，那么就会注意到，这里所关涉及的是含义的变化，或者更确切地说，关系到那些植根于含义领域本身之观念本性中的意指的变化。即是说，它们是在某种其他的、从表达中抽象出来的意义上植根于含义变化之中，这个意义与关于算术构成物之“变形”（Transformationen）的算术说法在某种程度上相似。在含义领域中存在着先天规律性，根据这种规律性，含义能够以某些方式在保持一个本质核心不变的情况下发生改变。[69]这里当然也包括那种先天就能够将任何一个随意的含义改变为一个与它相关的“直接表象”的改变，即改变为关于原初含义的专有含义的改变。与此相符，语言表达在变异了的含义中是作为它原初含义的“专名”而起作用的。这个变异[70]借助于它的先天普遍性而决定了一个[71]由普遍语法学的歧义性所构成的大群组，这些歧义性是动词性意指之变异的歧义性，它们超出了所有经验[72]语言的特殊性范围。此外，我们在进一步的研究中还将有机会遇到这种建基于含义本身之本质中的其他例证，譬如遇

[68] 在A版中为：“空泛的”想法。

[69]这里的重点号以及以某些方式为B版所加。

[70] 在A版中为：它。

[71] 在A版中为：那个。

[72] 在A版中为：个别。

到这样一些重要的例子，在其中整个语句都可以通过名词化出现在主语位置上，并且因此也可以出现在任何一个要求名词环节的位置上。这里还要指出形容词谓语名词化或定语名词化的情况， B1 325
以便消除一些对在前几节中所做阐述的怀疑。形容词可以说是注定要行使谓语的功能，并且进一步行使定语的功能。它通常是在“更原初的”、未变异的含义中起作用，就像我们前面的例子：“这棵树是绿的”。如果我们说“这棵绿树”，那么它自身——撇开它的句法功能不论——也没有发生任何变化。句法形式相对于句法材料始终具有一种变化方式，即使例如一个作为主语起作用的名词含义变得具有了宾语的功能，或者，即使一个作为前句起作用的语句变得具有了后句的功能，这种变化方式最先需要得到确定，并且是对含义领域的贯穿结构之描述的一个主要课题。但是，如果形容词不仅作为一个名词含义的定语因素起作用，而且自身还名词化，即成为一个名词，那么形容词方面的东西，即那些在谓语功能变化为定语功能的过程中保持同一的句法材料，就还要经历一个变异。例如，“绿是一种颜色”和“绿的存在(绿色)是颜色存在(颜色性)的一个差”。这两者所陈述的并非是绝对同一个东西，尽管这两个说法在发生模棱两可的变动；因为前一次所指的是一个出自具体对象之内容组成的不独立因素，而后一次所指的则是存在的名词化，这个存在是那个在范畴谓语陈述中在谓语环节方面做出的，而且被置于主语语句位置上的谓语语句的相关物。因此，同一个词“绿”在名词化的过程中改变了它的含义；至少是通过书写方式，即借助于开头的大写字母，这个变异的一个普遍特征在文字表达中显露出来(因此，书写方式绝不是在逻辑和语法上无价值的)。原

初的含义和名词化了的含义,“绿的”(grün)和“绿色”(Grün),“是绿的”(ist grün)和“是绿色”(Grün-sein)显然共同具有一个本质因素,一个同一的“核心”,它是一个抽象的东西,它在两方面都具有不同的“核心形式”,具有不同于“句法形式”(它们本身已经以某
B1 326 些核心形式并带着这些核心形式而预设了作为句法材料的核心内容)的形式。如果对形容词核心内容(核心本身)的核心形式之变异产生出一个名词类型的句法材料,那么这个自身具有确定构造的名词就会出现在所有那些句法功能中,这些句法功能恰恰根据形式的含义规律来要求作为句法材料的名词。这些简要的说明在这里已经足够了。更详细的说明将包含在对我们的形式论的系统阐述中。

A 312

第 12 节　无意义(Unsinn)与背谬(Widersinn)

当然,人们必须将规律性的不相容性,亦即我们在对含义的研究中所涉及的不相容性,区别于其他那些在“一个圆的四方形”的例子中所表明的不相容性。正如我们在第一研究中已经强调过的那样[①],人们不能将无意义之物(Unsinnige)与背谬之物(Widersinnige)混为一谈,人们在夸张的说法中也喜欢将后者称作是无意义的,尽管它不如说是构成了有意义之物的一个部分领域。一个“圆的四方形”的联结确实提供了一个统一的含义,这个含义

① 参阅本书前面第一研究,第 15 节,第 54 页以后,3。

在观念含义的“世界”中具有其“实存”(“Existenz”)、存在(Sein)的方式;但绝然明见的是,没有一个对象能够与这个存在的含义相符合。相反,如果我们说“一个圆的或者”;“一个人与是”;以及如此等等,那么就根本不会存在作为其被表达的意义而与这种联结相符合的含义。这些聚合在一起的语词尽管会引起我们对**某个**通过它而被表达的统一含义的间接表象;但我们同时具有绝然的明见性:这样一个含义是不可能存在的,这样一种联结的含义部分在一个统一的含义中是不相容的。人们不会将这个间接的表象作为那
些语词复合体的含义来运用。表达在正常地起作用时可以唤起它 B1 327
的含义;但如果理解不能进行,那么表达——例如借助于它与有含义或被理解的表达的感性相似性——所招来的就是对“某个”相属含义的非本真表象,而人们所失去的恰恰是含义本身。

这两方面不相容性的区别因而是很明显的:在**一种**情况中,某

些部分含义在统一含义中是不相容的,以至于这种状况关系到整
个含义的对象性或真理。不存在并且也根本不可能存在这样一个 A 313
对象(例如一个事物、一个实事状态),在这个对象中,所有那些由一个统一含义借助于彼此“不相容的”含义而表象为统一归属于此对象的东西,都联合为一;但这个含义本身是存在的。像“木质的铁”和“圆的四方形”这样的名称,或像“所有三角形都具有五个角”这样的命题,它们都与任何其他名称和命题一样是正当的名称或命题。在**另一种**情况中,统一含义本身的可能性不容某些部分含义在它之中共存。这样,我们便只具有一个间接的、瞄向这个综合——此综合是指把某些部分含义综合为一个含义的综合——的表象,并且因此而明察到,永远不会有一个对象与此表象相符合,

也就是说，像在这里被意指的这样一个含义不可能存在。不相容性的判断在这个情况中是针对表象，而在前一种情况中则针对对象；在这种情况中，出现在判断统一中的是表象的表象[73]，而在前一种情况中，出现在判断统一中的则是素朴的表象。

这里所探讨的先天不相容性以及另一方面所探讨的相容性或它们所包含的含义联结之规律性至少可以在这样一些规则中部分地找到它们的**语法**特征，这些规则主宰着话语部分的语法联结。
B₁ 328 如果我们询问，在我们的语言中，为什么某些联结被允许，而某些联结被拒绝，其原因何在，那么，我们诚然可以看到，相当大的一部分原因在于偶然的语言习惯，并且根本在于那些在一个语言共同体这里是这样、在另一种语言的发展那里又是那样的事实性。但另一部分的原因则会归结为在独立含义与不独立含义之间的本质区别以及与此密切相关的含义联结和含义变化的先天规律，在任
740 何一门发展了的语言中，这些规律必然会在语法的形式论中以及在一个从属的语法不相容性的种类中或多或少地显示出来[74]。

A 314

第 13 节　含义复合体的规律与纯粹逻辑－语法学[75]的形式论

一门已实施的含义科学的任务现在便在于，研究含义的本质

[73] 在 A 版中为：（用鲍尔查诺的话 * 来说）表象的表象；并加有脚注：* 鲍尔查诺，《科学论》，第一卷，第 19 节（鲍尔查诺也将它称作“象征表象”）。

[74] 在 A 版中为：得到论证。

[75] 在 A 版中为：逻辑。

规律构造以及建基于其中的含义联结和含义变异的规律[76]，并且将它们回归为最小数目的独立的原素规律。为此显然需要首先探究原始的含义形态及其内部结构，并且与此相关地确定那些在规律中划定了不确定之物的(或者在一个与数学完全相似的意义上：变项的)意义和范围的纯粹含义范畴。算术可以在某种程度上向我们说明，形式的联结规律的功效何在。[77]根据某些已有的综合形式，无论这是普遍的，还是仅仅在某些可给定的条件下，从每两个数中可以产生出诸多新的数。对 $a+b$、ab、a^b 等等的“直接运算”可以无限地将数作为结果提供出来，而对 $a-b$、a/b、$\sqrt[b]{a}$、$^{b}\log a$等等的“反向运算”则只能在一定限制下提供数。这种情况每次只能通过一个**实存命题**，或者更确切地说，通过一个实存**规律**
来确定，并且有可能从某些原始的公理出发而得到论证。从我们 B1 329
至此为止所能做的少数暗示中可以看出，类似的、即与含义的实存或不实存有关的规律存有于含义领域之中，而且，在这些规律中，含义并不是自由的变项，而是局限在这些或那些建基于含义领域本性的范畴范围之中。

纯粹含义逻辑学的更高目标在于含义的对象有效性，只要这种有效性是受纯粹含义形式的制约，在这门纯粹含义逻辑学中，关于含义的本质构造的学说为含义的形式构造规律奠定了必然的基础。传统逻辑学分散地提供了在关于概念与判断学说中的相关起

[76] 在A版中为：含义联结规律(以及紧密包含在它们之中的含义变异规律)。

[77] 在A版中为：首先划分那些在此规律中作为不确定之物(或者在一个与数学完全相似的意义上：作为变项)出现的本质含义范畴。算术可以在某种程度上向我们说明，这里所要求的究竟是什么。

点，但没有意识到普遍的以及隐藏在纯粹含义观念的观点后面的目标。此外，关于“判断”——现在应当理解为“命题”——的要素结构和具体构成形式的学说显然包含着整个含义形式论，因为，任何一个具体的含义内涵或者就是命题，或者作为可能的环节而归入到命题之中。始终需要关注的是，纯粹逻辑学本身是排斥“认识质料”的，在这种排斥的意义上，所有那些能够给予使含义形式（类型、形态）与实事性的存在领域发生**特定**联系的东西都始终是被排斥的。对总体的实事性（Sachhaltigkeit）、即在含义范畴上得到清楚确定的实事性（例如名词含义、形容词含义、直陈含义）的普遍表象，处处都被用来充当实事性的概念（也包括最高的概念，如物理事物、空间之物、心理之物等等）。

B₁ 330 因此，在一门纯粹逻辑学的含义形式论中，问题首先在于：在刚才被描述的纯粹性范围中对**原始**形式进行确定。进一步需要确定的是**独立含义、完整命题的原始形式，连同其内在的划分和划分中的结构**。**此外还要确定复合与变异的原始形式**，这些形式根据其本质而准许可能的环节具有不同的范畴（在此必须注意：完整的命题也可以在其他命题中成为环节）。接下来的问题就在于对其他那些由继续进行的**复合与变异所派生出的**无限杂多的形式做出系统的概览。[78]

[78] 在A版中为（另起一个新段落）：在纯粹逻辑学中，自然的领域致力于贯彻刚才所暗示的问题，致力于**关于含义形式的**学说，或者我们也可以说，致力于关于逻辑判断和命题的形式学说。（因为这门学说显然将关于逻辑表象的学说——在最狭窄的
A 315 意义上被理解为可能的主语含义——完完全全地包含在自身之中。）这里所涉及的问题在于对**原始**的形式进行确定，并且对其他那些由继续进行的复合与变异而从它们之中派生出的形式做出系统的概览。

当然[79]，这些需要确定的形式是“有效的形式”[80]；这就是说，它们是在任意的殊相化中提供了现实存在的含义——作为含义而存在的含义——的形式。因此，首先，在每一个原始的形式中都同时包含着某个先天的实存规律，这个规律陈述：每一个遵循此形式的含义联结也现实地产生出一个统一的含义，只要这些术语（不确定之物、现实的变项）属于一定的含义范畴。但对派生出的形式的演绎则可能同时也是对这些形式的有效性的演绎；也就是说，在这些派生的形式中必定也包含着存在规律，但这些规律是从原始形式的存在规律中演绎出来的。

例如，在每两个名词含义 M 和 N 中都有规律地包含着原始的联结形式“M 与 N”，这个规律在于：联结的结果又是这个范畴的一个含义。如果我们不用名词含义，而用其他的范畴，例如陈述含义或形容词含义，那么整个规律依然存在。以“M 与 N”形式联结起来的随意两个语句重又产生出一个语句，两个形容词重又产生出一个形容词（重又产生出一个含义，它可以作为一个复合的、但统一的定语或谓语而存在）。在两个随意的语句 M、N 中重又包含着原始的联结形式“如果 M，那么 N”、“M 或 N”，以至于这个结果又是一个语句。在一个名词含义 S 中和一个形容词含义 p 中 B_1 331
各自包含着原始的形式 Sp（例如，“红房子”），从规律上看，这个结果是名词含义范畴的一个新含义。我们还可以举出许多这样的例证。在所有这些问题中，必须注意与此有关的规律陈述，即：在设

[79] 在 A 版中为（未分新段落，直接紧跟前一段落）：显而易见。
[80] 在 A 版中未加引号。

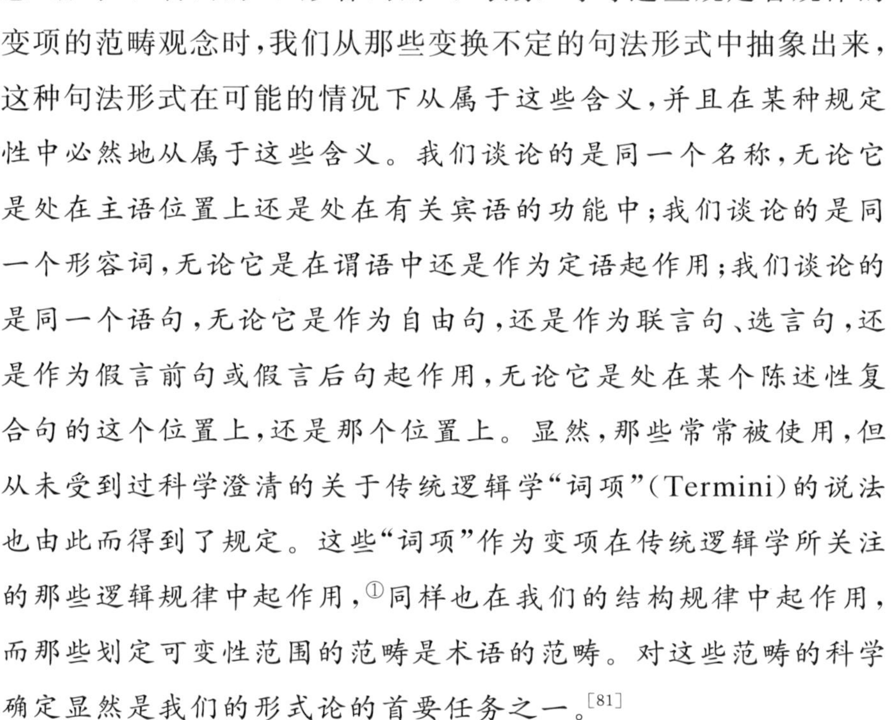

想“语句”、“名词的”、“形容词的”、“表象”等等这些规定着规律的变项的范畴观念时，我们从那些变换不定的句法形式中抽象出来，这种句法形式在可能的情况下从属于这些含义，并且在某种规定性中必然地从属于这些含义。我们谈论的是同一个名称，无论它是处在主语位置上还是处在有关宾语的功能中；我们谈论的是同一个形容词，无论它是在谓语中还是作为定语起作用；我们谈论的是同一个语句，无论它是作为自由句，还是作为联言句、选言句，还是作为假言前句或假言后句起作用，无论它是处在某个陈述性复合句的这个位置上，还是那个位置上。显然，那些常常被使用，但从未受到过科学澄清的关于传统逻辑学“词项”(Termini)的说法也由此而得到了规定。这些“词项”作为变项在传统逻辑学所关注的那些逻辑规律中起作用，①同样也在我们的结构规律中起作用，而那些划定可变性范围的范畴是术语的范畴。对这些范畴的科学确定显然是我们的形式论的首要任务之一。[81]

如果人们在这些被把握到的原始形式中有步骤地并且一再地用一个简单的术语来替代这些形式的联结，并且如果人们在这里所使用的始终是原始的存在规律，那么这样做的结果就是产生出新的、在随意的复合中相互套接的形式，它们具有在演绎上可靠的有效性。例如对于联言的并列复合句来说

① 它为真正的纯粹逻辑学教义所提供的，例如整个三段论学说，都被纳入到陈述含义的逻辑学[“陈述”(apophantisch)逻辑学]之中。

[81] 在A版中为：在原始形式M和N中包含着这样一个存在规律：每一对通过“与”而联结起来的名词含义(可能的主语含义)都重又产生出一个新的含义。。在A版中不再跟有新段落。

(M与N)与P

(M与N)与(P与Q)

{(M与N)与P}与Q

以及如此等等，对于选言的和假言的语句联结来说以及对于 B₁ 332
随意的含义范畴的其他联结形式来说也是如此。人们完全可以理解，这些复合以一种在组合理论上可概述的方式无限地继续进行下去，每一个新的形式，作为对它们的术语而言的可变性领域，都始终束缚在这些含义范畴方面上，而且只要这个领域被遵守，所有据此而构成的含义联结也就必然会实存，即必然会展示出一个统一的意义。人们也会看到，相关的实存句是从属于原始形式的语句的不言自明的演绎结果。我们并不始终使用同一个联结形式，而是显然可以在任意变异的过程中，在规律允许的范围内利用各种不同的联结形式来进行组合性的构造，并且如此而以有规律的方式来想象对复合形式之无限性的制作。我们可以使这些实事状态[82]以表达的方式被意识到，这样，我们便获得对含义领域在所
有那些形式方面的先天构造之明察，这些形式的先天源泉来自于 A 316
那些基本形式[83]。

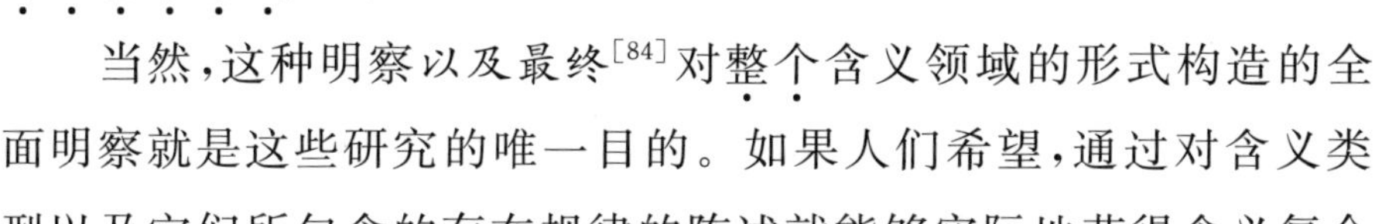

当然，这种明察以及最终[84]对整个含义领域的形式构造的全面明察就是这些研究的唯一目的。如果人们希望，通过对含义类型以及它们所包含的存在规律的陈述就能够实际地获得含义复合

[82] 在A版中为：平凡现象。

[83] 在A版中为：对意识领域在所有那些形式方面的先天构造之明察，这些形式的先天源泉来自于双重划分的集合联结的所具有那些素朴的基本形式。

[84] 在A版中为：或者毋宁说。

的重要规则，或者说，表达的语法复合的重要规则，那么这是不理智的。这里并不存在那种会使人们错失正确路线的诱惑，也就是说，这里并不存在对这条路线进行科学规定的实践兴趣。一旦偏离正常的形式，无意义就会如此直接地显示出来，以至于我们在思维和言说的实践中几乎[85]不会失足于这些偏离。但理论的兴趣
B₁ 333 却因此而更强烈，它附着在对所有可能的含义形式和原始结构的系统研究[86]上。更确切地说，这里的问题在于明察到：所有可能的含义都服从于范畴结构的一个固定的、在含义先天的总体观念中显示出来的类型论（Typik）[87]，而且在含义领域中有一种先天的规律性在起着支配作用，根据这种规律性，具体形态的所有可能的形式都处在对少量原始的、通过存在规律而确定的形式的系统依赖性中，因此，可以通过纯粹的构造而将前一类形式从后一类形式中推导出来。由于这个规律性是一个先天的和纯粹范畴的规律性，所以，随着这个规律性的被获得，我们便科学地意识到“理论理性”构建的一个基本的和主要的部分。

补充：我刚才曾谈到复合与变异。实际上在这个须划界的领域中也包含着变异的规律性。前面所讨论的类似偷换质料的东西已经说明，这指的是什么。那些根本不易澄清的关系作用（先天的
A 317 句法）的区别提供了其他的例证，例如主语名称何时被置于宾语的位置上；亦即这样一些区别，这些区别与经验区别发生多重的混

[85] 在A版中为：根本。
[86] 在A版中为：这些平凡性。
[87] 在A版中为：纳入到固定的范畴形式中。

淆，一起汇入到格的形式之中并完全汇入到语法句法的形式之中。这里也包含着在形容词含义的定语作用和谓语作用以及这类相似的东西之间的区别。①

第14节 须避免的无意义的规律与须避免的背谬的规律。纯粹逻辑语法学的观念

这里所讨论的形式含义规律提供了对有意义之物领域和无意义之物领域的划分，这些含义规律在宽泛的词义上当然必须被看作是形式逻辑的规律。自然[89]，在谈到逻辑规律时，人们所想到的绝不会是这些规律，而是仅仅会想到完全不同的规律，想到那些与我们实际的认识兴趣无比切近的规律，这些规律局限在那些与**对象可能性和真理**[90]有关的有意义含义上。让我们来更进一步地考虑这两种规律的关系。 B₁ 334

那些属于本质含义形式的先天规律并不决定，在这些形式中

① 在本书第一版中，我曾在此处对这门含义形式论的研究做了预告，在此期间，这些研究已经受到多次修改并在我自1901年的格廷根大学的讲座中得到阐释。我希望很快能在我的《哲学与现象学研究年鉴》中将它们提供给更多的公众。[88]

[88] 在A版中为：这部著作的续篇应当提供对含义形式论的研究，在这些研究中，我将会对所有这些问题进行更为深入的分析。。

[89] 在A版中为：此外，我们绝不想声称，这些提供了对有意义之物领域和无意义之物领域的划分，并且在宽泛的词义上必须被看作是形式逻辑的规律已经包容了逻辑规律的范围。相反。

[90] 在A版中未加重点号。

所应构造的含义是“对象性的”，还是“无对象的”，它们（如果事关命题形式）是否产生可能的真理。根据以上所说，这些规律仅只具有划分意义与无意义的功能。“无意义”这个词在这里（需要再次强调这一点）应当得到真正的和严格的理解；一堆语词，如“国王但是或者类似并且”，是无法受到统一理解的；每一个语词自身都具有一个意义，但并非每一个复合词都具有一个意义。意义的这些
A 318 规律，规范地说，须避免的无意义的这些规律将普遍可能的含义形式归诸于逻辑学，只有逻辑学才能首先规定它们的客观价值。而逻辑学是以这样一种方式来进行规定，即：它提出完全不同类的规律，这些规律将形式一致的意义与形式不一致的意义、形式的背谬划分开来。

含义的一致性或背谬性意味着相对于客观不可能性（不相容性）而言的客观的和同时是先天的可能性（一致性、相容性），换言之，它意味着被意指对象之存在的可能性或不可能性（被意指的对象性规定的存在相容性和存在不相容性），只要它受含义的本己本质的制约，并且可以从此本质中绝然明见地被明察到。通过我们
B1 335 的概念规定，这个在客观的、含义一致的意义与背谬之间的对立明确地被区分于在意义与无意义之间的对立（在这里必须注意，这两个概念在通常的松散的说法中相互渗透，并且任何一个背谬，甚至任何一个对经验真理的严重损害都常常被称之为无意义）。但在这里我们还需要划分质料的（综合的）背谬与形式的（分析的）背谬；为前一种背谬担负责任的是含有实事的概念（含有实事的最终含义核心），这种情况表现在例如“一个四方形是圆的”这样的命题中以及表现在任何一个错误的纯粹几何学命题中；在后一种背谬

中所包含的恰恰是所有那些单纯形式的，即建基于含义范畴的纯粹本质之中的客观不相容性，但不包含所有含有实事的“认识质料”。（相似的划分当然也贯穿在一致性意义的对立概念的始终。）[91]规范地说，像矛盾律、双重否定律或肯定前件假言推理(modus ponens)这样的规律都是避免形式背谬的规律。它们向我们表明，哪些对象之物可以借助于纯粹的“思维形式”[92]而有效，即是说[93]，根据那个含义在其中被思考的纯粹含义形式，对于含义的客观有效性[94]来说，哪些东西可以先于这个被意指的对象性的所有质料而被陈述出来。这些规律不应受到损害，否则在我们从其含有实事的特殊性方面来思考(in Rechnung ziehen)[95]对象之物之前就已经会有错误产生出来。它们在我们所做的第三研究①的意义上是“分析的”规律，与综合的“先天”规律处在对立之

中，后者包含着实事性的概念，并且在其有效性方面束缚于这些概 749
念之上。在分析规律的领域中，这些形式规律，即建基于纯粹含义范畴之中的客观有效性规律完全区别于“本体论的－分析的规

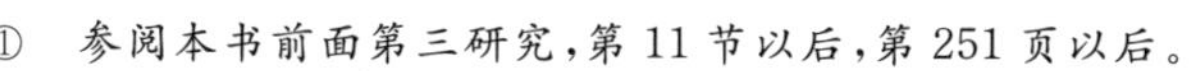

① 参阅本书前面第三研究，第11节以后，第251页以后。

[91] 在A版中为：这些规律将形式的（形式“可能的”）意义与形式的背谬划分开来。这个背谬虽然常常也被称作无意义，就像我们自己甚至也常常听到人们将一种对经验真理的严重损害称之为无意义一样；但这个无意义现在所指的是客观的，更确切地说，形式的、纯粹建基于逻辑范畴之中的不相容性，对于这种不相容性本身来说，所有“认识质料”都是无关紧要的。。

[92] 在A版中未加引号。

[93] 在A版中为：或者说。

[94] 在A版中为：客观性。

[95] 在A版中为：观察(ansehen)。

B₁ 336 律”,后一种规律建基于形式本体论的范畴(如对象、属性、多等等)之中,并且明确地规定着分析之物的第二个较狭窄的概念。我们可以将它标示为“陈述-分析之物”(das Apophantisch-Analytische),标示为“陈述逻辑学”意义上的“陈述-分析之物”。在这两种规律之间部分存在着等值关系,但仅仅是部分存在。对此我们在这里无法进行更深入的分析。

如果我们现在撇开所有客观有效性的问题不论,而将自己限制在那个纯粹植根于含义的类本质之中的先天上,即限制在这项研究所指明的这门学科上,这门学科所研究的是原始的划分类型和联结类型以及建基于其中的含义复合与含义变异的操作规律——那么我们同时就可以认识到,由17和18世纪理性主义所提出的一种普遍语法学的思想无疑是合理的。[96]在这个问题上,我们已经在引论中做了大致的说明,这里无须再进行详细的阐释。首先是一些较老的语法学者会本能地看到这个被标示的规律领域,尽管他们还无法从概念上对它进行澄清。在语法学领域中也存在着一个固定的标准、一个不可逾越的先天规范。正如在真正逻辑学领域中先天之物作为“纯粹逻辑”区别于经验的和实践的逻辑之物一样,在语法学领域中那些可以说是“纯粹”语法之物,即先

A 319 天之物(它被人们恰当地称作:语言的“观念形式”),也区别于经验之物。经验之物在两方面都是部分地通过普遍的、然而却是事实性的人类本性特征而得到规定,部分地也通过种族的偶然殊相化,

[96] 在A版中为(另起一个新段落):正是那些通过每一个在逻辑学意义上的“形式”所说明的先天含义规律才为由17和18世纪的理性主义所提出的一门普遍语法学的思想提供了一个可靠的依据。。

更确切地说，通过民族及其历史、个体及其个体生活经验的偶然殊相化而得到规定。但是，先天之物至少在其原始形态中在这里或 B1 337
那里以及在其他所有的地方是"不言自明的"，甚至是平凡的；但对它的系统指明、理论关注和现象学澄清却具有最重要的科学和哲学意义，并且也具有相当大的困难。[97]

人们当然可以引进经验意义上的普遍人类之物的（在某些方面还是模糊的）[98]领域，从而将这个普遍语法学的思想扩展到先天领域之外。在这个最宽泛意义上的普遍语法学能够存在并且必须存在，我毫不怀疑（也从未怀疑），这个扩展了的领域"富有重要的和充分的特定认识"①。但是，在这里和其他所有的地方一样，当哲学兴趣在起作用时，这便是一件极为重要的事情，即：对先天之物与经验之物进行明确划分，并且认识到，在这门在其最广泛的范围中被理解的学科内，对于语法学者来说十分重要的源自含义形式论的认识具有其本己的特征，它们恰恰从属于一门需要受到纯粹划分的先天学科。在这里和在其他地方一样，人们不得不服从于康德的明察，不得不完全实现这一明察的哲学意义：如果人们允许各门科学的界线相互交织，那将不会使科学增多，而只会使科学畸形。人们必须注意到，一种在此最宽泛意义上的普遍的语法学是一门具体的科学，这门科学恰恰以这种具体科学的方式为了

① 正如A.马尔梯——他奇怪地认为是在对我进行反驳——在其《普遍语法学与语言哲学基础研究》，第61页所述。

[97] 在A版中为：但对它的指明和理论关注却具有最重要的科学和哲学意义。。
[98] 在A版中为：较为模糊的。

解释具体事件的目的而将某些认识聚合起来,这些认识在本质不同的理论科学中具有其理论位置,也就是说,它的位置时而在经验科学之中,时而在先天科学之中。如今在我们这个科学时代,人们所担心的是,经验一般的研究在语法的事情上和在其他地方一样不要被疏忽。先天研究的情况则与此相反,它们的意义在我们这个时代已处于衰颓的危险中,尽管所有的原则性明察最终都必须
B1 338 回溯到它们之中。所以我在这里要为一门关于"总体的和理性的语法学"("grammaire générale et raisonnée")、一门关于"哲学语法学"的旧学说所具有的相当一部分权利辩护;亦即为这门学说中的这样一些东西辩护,它们——尽管是以含糊的、不成熟的意向的方式——的目的在于真正意义上的"理性之物",尤其是语言的"逻辑之物",在于含义形式的先天。①[99]

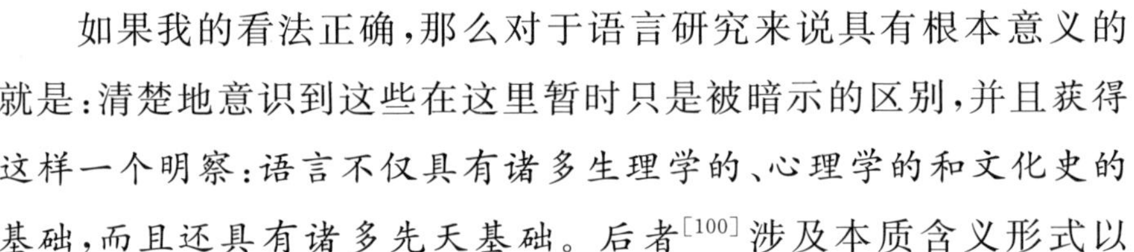

如果我的看法正确,那么对于语言研究来说具有根本意义的就是:清楚地意识到这些在这里暂时只是被暗示的区别,并且获得这样一个明察:语言不仅具有诸多生理学的、心理学的和文化史的基础,而且还具有诸多先天基础。后者[100]涉及本质含义形式以

① 我很乐意承认,A.马尔梯的指责(在我看来这些指责除此之外并不适用于此项研究——以及本书其他研究——的原则特性)在这一点上是合理的,即:我在本书第一版中的下列说法走得太远:"所有那些对一门关于'总体的和理性的语法学'('grammaire générale et raisonnée')的旧学说的指责都仅只切中了它的历史形态的模糊性以及对先天之物和经验之物的混淆。"

[99] 在A版中为:但人们必须弄清,所有那些对一门关于"总体的和理性的语法学"("grammaire générale et raisonnée")的旧学说的指责都仅只切中了它的历史形态的模糊性以及对先天之物和经验之物的混淆。。在A版中未分新段落。

[100] 在A版中为:唤起这样一个明察:语言不仅具有一个生理学的、心理学的和文化史的基础,而且还具有一个先天基础。它。

及它们的复合或变异的先天规律，并且，一个不受到这个先天[101]一同规定的语言是无法想象的。任何一个语言研究者都是以产生于这个领域之中的概念来进行操作，无论他自己是否明白这个事态。

我们最后可以说：在纯粹逻辑学内，含义形式论作为一个自在地看是第一性的和基础性的领域而划定了自身的范围。从语法学的立场来看，它揭示了一个观念的构架[102]，每一个事实性语 A 320
言——有的遵循普遍人类的动机，有的遵循偶然变换的经验动 B_1 339
机——都以不同的方式在用经验的质料来充塞和改装这个构架。无论历史语言的事实内容以及它们的语法形式以这种方式在经验上受到多少规定，任何一种历史语言都必定束缚在这个观念构架上；因此，对这个构架的理论研究必然构成对所有语言之最终澄清的基础之一。人们在这里只需始终牢牢地关注这样一个主要之点：所有在纯粹形式论中被把握到的、根据环节划分和结构而被系统研究的含义类型——例如，语句的基本形式、带有许多特殊形态和划分形式的命令句、陈述复合句的原始类型，如：联言的、选言的、假言的语句统一，或者，普遍性、局部性这一方面与单个性另一方面的区别、复数的句法、否定的句法、情态的句法等等——所有这些都完全是先天的、植根于含义本身的本质之中的存有(Bestände)，接下来，那些根据复合或变异的操作规律而被制作出来的含义形态也是这样一种存有。因此，相对于经验-语法学的

[101] 在A版中为：恰恰不受到这些规律。

[102] 在A版中为：；这就是关于纯粹含义范畴以及那些先天建基于它们之中的复合或变异规律的学说。它仅只搭起了这样一个观念的支架。

特征而言，它们是自身在先之物，并且事实上是与一个绝对固定的、在经验覆盖中或多或少完善地显示出来的"观念构架"①相同的。人们必须看到这一点，然后才能有意义地询问：德语、拉丁语、汉语等等如何表达"这个"存在句、"这个"命令句、"这个"假言前句、"这个""可能的"和"或然的"情态、这个"不"等等？语法学者是满足于他关于含义形式的前科学的私人见解，或者说，是满足于历史语法，如拉丁语法，所提供给他的经验含混的表象，还是看到了在科学确定的和理论联系的内涵中的纯粹形式系统，这不可能是无关紧要的；恰恰在我们的含义形式论中不可能是这样。[103]

B₁ 340 在我们这个逻辑领域中，关于真理、对象性、客观可能性的问题还始终被排除在外，在顾及到这一点并且在顾及到刚才所描述的这个领域在解释所有语言本身的观念本质所具有的功能的情况下，人们可以将这个纯粹逻辑学的奠基性领域标示为"纯粹逻辑语法学"[104]。

注释[105]

1. 在本书第一版中我曾说到"纯粹语法学"，这个名称是作为康德的"纯粹自然科学"的类似物而被考虑并且被明确地标示出来的。但是，我们绝不能主张，纯粹含义形式论包容了整个普遍－语法学的先天——例如，在那些在语法上极有影响的心理

① 与A.马尔梯对这种相同性之恰当性的反驳正相反对，参阅马尔梯：《普遍语法学与语言哲学基础研究》，第59页，注。

［103］ B版的附加。在A版中不再跟有新段落。

［104］ 在A版中加有重点号。

［105］ 在A版中未列入目录。

主体之间相互理解的关系中还包含着一个特有的先天——,所以关于纯粹逻辑的语法学的说法具有优先权。

2.[106]根据这里所做的阐释,没有人会将这样的想法归诸于我们,即:我们认为一种在普遍科学意义上的"普遍"语法学是可能的,这门语法学将所有特殊的语法作为偶然的特性包含在自身之中:就像普遍数学理论将所有可能的个别情况先天地包含在自身中并且一举予以解决一样。当然,在这里也谈到了在类似[107]意义上的普遍语法学,更确切地说,纯粹逻辑的语法学,同样也谈到普遍语言科学。这种普遍语言科学所探讨的是那些可以先行于关于特定语言之科学的普遍学说,尤其探讨对于所有这些特定语言都同样有效的前设和基础;与此相同,纯粹逻辑[108]语法学在其较狭窄的[109]范围内也是如此,它只研究这些基础中的一个基础,即:这个基础的理论家园就是纯粹逻辑学。当然,将这个基础纳入到语言科学之中的做法只会有助于在运用方面的[110]兴趣;在另一个方向上,心理学事件的那些基础也是如此。

当然,马尔梯在这方面有不同的观点,就像他在先天研究与经验研究的理论次序方面也见解相左一样。参阅《普遍语法学与语言哲学基础研究》,第 21 节,第 63 页以后。在该书第 67 页的注释中他认为,我划归给纯粹逻辑学的那些逻辑-语法认识,"从理论 B1 341

[106] 在 A 版中为:1.。
[107] 在 A 版中为:同一个。
[108] 在 A 版中为:普遍。
[109] 在 A 版中未加重点号。
[110] 在 A 版中未加重点号。

的观点来看","其自然的家园是在语言心理学之中。而逻辑学以及语言心理学的那些受规律确定的(nomothetisch)部分将从这些认识中吸取那些对它们的目的来说有益的和适当的东西。"我只能将马尔梯的这一见解看作是原则错误的见解。根据这个见解,我们就要将算术,并且进一步将形式数学的所有学科都纳入到——如果不恰好是在语言心理学之中的话——心理学之中。在我看来,形式数学的这些学科是与那门较狭窄意义上的纯粹逻辑学,即在含义有效性学说意义上的纯粹逻辑学本质统一的,而这门纯粹逻辑学又是与纯粹形式论本质统一的(参阅本书第一卷《纯粹逻辑学导引》的最后一章)。所有这些学科都必须在一种"普遍数学"的本质统一之中得到探讨,并且至少纯粹地区分于所有经验科学,无论它们被称作物理学,还是被称作心理学。数学家们确实就是在这样行事,尽管他们是在排除了专门的哲学问题的情况下,并且是以一种可以说是素朴的-独断论的方式在行事,他们没有去顾及哲学家们的指责——我认为这正有益于科学。[111]

3.[112]没有什么比对逻辑学和语法学这两个逻辑领域的混淆
A 321 给关于逻辑学与语法学之间的正确关系的问题讨论所带来的混乱更大了;我们将逻辑学领域和语法学领域明确地区分为较低层的和较高层的领域,并且通过它们的否定性对立面——无意义领域和形式背谬的领域——而描述了这两个领域。逻辑的东西、在较

[111] 在A版中为(未分新段落,直接紧跟前一段落):此外,我们自己则偏好纯粹语法学这个名称,它作为康德"纯粹自然科学"的类似物而指明所有语法的先天基础。。

[112] 在A版中为:2.。

高的、趋向于形式真理或对象性的领域的意义上的逻辑的东西对于语法学来说肯定是无关紧要的。并非所有逻辑的东西都是无足轻重的。但是，如果人们误以为这个较低的领域过于狭窄，不言自明，并且在实践上毫无用处，以此败坏这个领域的名声，那么对此我们首先必须回答：对于哲学家来说，对于一个有资格的纯粹理论兴趣的倡导者来说，受实践效益问题的左右是一件糟糕的事情。B1 342 他必定也知道，恰恰在这种“不言自明之物”后面隐藏着最困难的问题，以至于人们能够悖谬地，但不无深意地将哲学标示为关于平凡性的科学。无论如何，在这里初看起来如此平凡的东西在更仔细的观察中也成为一个深刻、复杂问题的源泉。由于这些问题对于逻辑学家来说，对于其兴趣在于客观有效性的逻辑学家来说，并不是最先被感受到的问题——尽管用亚里士多德的话来说是“自在第一的”问题——，所有毫不奇怪的是，在至此为止的逻辑学中（包括鲍尔查诺的逻辑学）还未对这些问题进行过科学的阐述或对一门纯粹逻辑形式论的观念进行过构想。逻辑学以此方式而缺失一个第一性的基础，缺失了一种科学严格的和从现象学上得到澄清的对原始含义因素和含义结构的区分，并且缺失了对相关本质的认识。这样也就说明，尤其是有许多在一个本质性的方面延伸到这个领域之中的“概念理论”和“判断理论”为什么还没有产生出可信的成果。事实上，之所以出现这种情况，很大一部分的原因在于缺乏正确的观点和目标，在于混淆了那些在此必须彻底划分开来的问题层次，在于那种时而公开、时而披着某些伪装起作用的心理主义。但在这种缺陷中（由于逻辑学家的目光始终关注于形式）

显然也证明了包含在这些实事本身之中的困难性。[113]

4.[114]有关相近的和对立的见解可以参阅 H. 施泰因哈尔的《心理学与语言科学引论》(引论,第四章,“说话与思维,语法学与逻辑学”,第 44 页以后)。尤其要指出的是对 W. v. 洪堡之观点的出色阐释(同上书,第 63 页以后),从这个阐释中可以得出,我们通过在这里所做的陈述而在某种程度上接近了这位伟大的,也为施泰因哈尔所崇敬的研究者。施泰因哈尔本人站在对立的一边,他所做的指责看起来已经通过我们所进行的区分而得到了明确的解决,因此我们可以不必考虑再进行深入的批判。

[113] 在 A 版中为:但其次还要考虑到,至今为止还缺少一门哪怕是得到粗躁勾画的形式论;更确切地说,至今为止还没有人能够对原始含义因素和含义结构进行科学严格的和从现象学上得到澄清的区分,并且对各个被推导出来的形式及其联结与改变进行科学的概览,因此,它们无论如何也不是一项极为轻易的任务。。

[114] 在 A 版中为,并且在 B 版中也错误地为:3.。

第五研究

关于意向体验及其“内容” A 322 B1 343

引　论

我们在本书的第二研究中澄清了种类一般的观念性(Idealität)的意义，并因此也同时澄清了纯粹逻辑学所考察的含义的观念性的意义。与所有观念的统一都有一个实在可能性与之相符合一样，与含义相符合的是实在可能性，有可能还包括现实性，与种类含义相符合的是意指的行为，而种类含义无非就是从意指的行为中观念地把握到的因素[1]。但现在产生出与心理体验的属有关的新问题，含义这个最高的属就是在这些体验中获得其起源、同时还产生出与这些体验的最低的种有关的新问题，本质不同的含义种类就是在这些体验中展开自己的。因此，这里所涉及的乃是对含义概念及其本质变种(Abartungen)之起源问题的回答，或者说，对这个问题做出一个较之于我们至此为止的研究所提供的更为深入和更为广泛的回答。与此密切相关的还有进一步的问题：含义应当处在一些可以在某些方面直观地显现出来的含义[2]
意向之中。我们多次谈到，含义意向通过对应性的(korre- B_1 344
spondierend)直观而达到充实，而且我们谈到，这种充实的最高形
式是在明见性中被给予的。因此而产生出这样一个任务：描述这 A 323

[1] 在A版中为：观念地把握到的意指的行为的特征。

[2] 在A版中为：行为。

个奇特的现象学[3]关系,并规定它的[4]角色,也就是说,澄清建基于这个关系之中的认识概念。对于分析研究来说,这个任务和前面那个与含义本质(尤其是逻辑表象和逻辑判断的含义之本质)有关的任务是根本不可分的。

这里的研究还不会从事这些任务;因为在我们解决这些任务本身之前,我们还必须进行一项更为一般的研究。“行为”(Akte)应当是意指的体验,而在各个个别行为之中的合乎含义之物恰恰应当处在行为体验[5]之中,而非处在对象之中,而且这个合乎含义之物应当处在那些使此个别行为成为一个“意向的”、“朝向”对象的体验的东西之中。同样,充实性直观的本质处在某些行为之中:思维与直观作为行为应当是不同的。当然,这个充实本身应当是一个特别属于行为特征的关系。如今在描述心理学中,没有什么比“行为”的说法更有争议的了;每当行为概念在我们至此为止的研究中被用来进行描述,被用来表达我们的观点时,它若不是甚而与立即的拒绝联结在一起,便是与怀疑联结在一起。因此,解决上述任务的一个重要前提在于,在说明所有其他概念之前,首先澄清行为这个概念。人们将会发现,在意向体验意义上的行为概念划定了在(以现象学的纯粹性而被把握到的)[6]体验领域中的一个重要的属的统一,并且因此,将含义体验纳入到这个属中的做法实际上提供了一个对这个属的极有价值的特征刻画。

[3] 在A版中为:现象的。

[4] 在A版中还紧跟:逻辑。

[5] 在A版中为:行为特征。

[6] 在A版中为:心理。

不言而喻，在对行为本身之现象学本质的研究中也包含着对 B₁ 345
行为特征与行为内容之间区别的澄清，并且包含着在行为内容方面对那些从根本上不同的含义的指明，在这些含义中谈到一个行为的“**内容**”。

如果人们不在相当大的程度上深入分析“表象”的现象学，那 A 324
么行为本身的本质就无法得到充分的说明。对这两者之间的紧密联系的联想是由这样一个著名的命题所唤起的：每一个行为或者是一个表象，或者以表象为基础。[①] 然而这里的问题在于：在这里应当采用这些非常不同的表象概念中的哪一个，于是，对这些相互混合的、本身构成歧义性之基础的现象的划分便成为这项任务的一个本质性部分。

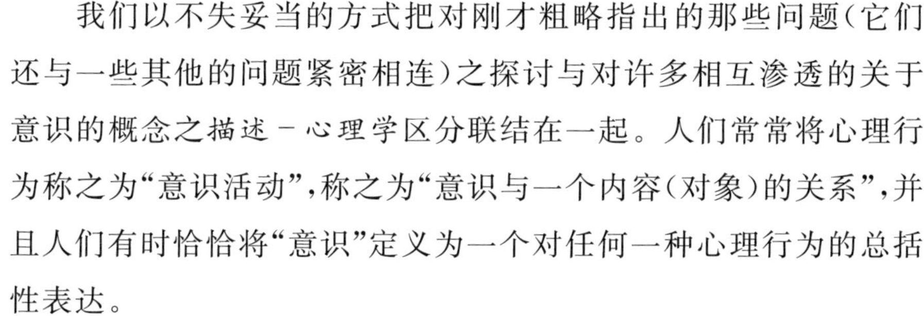

我们以不失妥当的方式把对刚才粗略指出的那些问题（它们还与一些其他的问题紧密相连）之探讨与对许多相互渗透的关于意识的概念之描述－心理学区分联结在一起。人们常常将心理行为称之为“意识活动”，称之为“意识与一个内容（对象）的关系”，并且人们有时恰恰将“意识”定义为一个对任何一种心理行为的总括性表达。

① 这是布伦塔诺的著名命题。胡塞尔在后面还会一再地回溯到这个命题之上。——中译注

第一章　意识作为自我的现象学组成与意识作为内感知

第1节　意识这个术语的多义性

人们在心理学中经常谈论**意识**，同样也经常谈论意识内容和
意识体验（通常会直截了当地说：内容和体验），这些谈论与对心理
B₁ 346 现象和物理现象的划分有关，随此划分而得到标志的一方面是属
764 于心理学领域的现象，另一方面是属于物理科学领域的现象。与
这一划分问题密切相关的是我们所面临的这样一个问题，即：根据
A 325 心理行为的现象学本质来界定心理行为的概念[1]，就此而论，这个
概念恰恰是在这个关系中产生的，亦即被误认为是对心理学领域的
划界。意识的**一个**概念现在合理地使用在对这种界定的正确实施
上，而意识的**另一个**概念则提供了对心理行为的规定。无论如何，
我们必须区分几个在实事上相近并因此而容易混淆的意识概念。

下面将会解释我们感兴趣的三个意识概念：

1. 意识作为经验自我所具有的整个实项（reell）的现象学组

---

[1]　在A版中为：对心理行为的概念进行适当的划界。

成、作为在体验流统一中的各种心理体验的交织[2]。

2.意识作为对本己心理体验的内觉知(inneres Gewahrwerden)。

3.意识作为任何一种“心理行为”或“意向体验”的总称。

几乎无须再说:意识概念的所有多义性并没有在这里得到穷尽。我想到的是,尤其在一些非科学的语言中还有一些常用的说法,例如:“进入到意识之中”,“达到意识”,“被抬高了的”和“被压抑了的自身意识”,“自身意识的苏醒”(最后一种说法在心理学中也常常出现,但却具有完全不同于日常生活中的意义),以及如此等等。

由于所有这些可能得到区分标示的术语具有多义性,因而我们只能通过一条间接的道路来对这些相互衬托的概念做出明确的 B1 347
定义,这就是将同义的表达加以并置,将不同的表达加以对置,并且对它们进行适当的修改和解释。也就是说,我们将会用得上这些辅助手段。

第2节　一[3]、意识作为自我体验的实项-现象学[4]统一。体验的概念 A 326

我们从下列总括开始:如果现代心理学家将他的科学定义为

[2]　在A版中为:意识作为精神自我所具有的整个现象学组成。[意识=现象学的自我,作为心理体验的“捆索”(Bündel)或交织(Verwebung)。]。

[3]　在A版中的目录中加了重点号。

[4]　在A版中为:现象学的。

或者说能够定义为一门关于作为具体意识统一[5]的心理个体的科学,或者定义为一门关于体验个体的意识体验的科学,或者定义为一门关于体验着的个体的意识内容的科学,那么,在这种情况下,这些术语的相互并列便规定了一个特定的意识概念,并且同时还规定了特定的体验概念和内容概念。在"体验"和"内容"这两个标题下,现代心理学家所指的是实在的事件(reale Vorkommnisse)[冯特合理地将它们称之为:事端(Ereignisse)],这些每时每刻都在变化的事件在杂多的联结和渗透中构成[6]各个心理个体的实项[7]意识统一。在这个意义上,只要感知、想象表象和图像表象、概念思维的行为、猜测和怀疑、快乐和痛苦、希望和恐惧、期望和意愿等等在我们的意识中发生,它们就是"体验"或"意识内容"。随着这些体验在其整体上和在其具体的充盈中被体验到,构成这些体验的各个部分和抽象要素也一同被体验到,这些部分和要素是实项的意识内容。当然,这里的问题并不在于:有关的部分是否能够以某种方式自为地被划分,它们是否被限定在与它们自身有关的行为中,尤其是它们是否自为地是并且能够自为地是"内部的"、在它们的[8]意识此在中进行把握的感知的对象。

766

B₁ 348 现在需要立即指出,我们可以"纯粹"现象学地把握这个"体验"概念,也就是说,我们可以在排斥所有与经验-实在此在(与人或自然动物)的关系的情况下来把握这个概念,这样,描述心理学

[5] 在A版中为:意识(或意识统一)。

[6] 在A版中为:构造出。

[7] 在A版中为:实在。

[8] 在A版中还紧跟:明见的。

意义上的(即经验－现象学意义上的)体验概念就成为纯粹现象学意义上的体验概念①。通过我们在下面将要进行的澄清性的举例说明,人们能够相信并且必须相信:我们随时都可以自由地进行这种为我们所要求的排斥,而且我们必须“纯粹地”把握那些首先是在这些举例说明上进行的或有待进行的上述意义的“描述－心理学”的指明,并且我们必须进一步将这些指明理解为纯粹本质明察(理解为先天本质明察)。自然,我们在所有类似的情况中都应当这样做。

因而,例如在外感知的情况中,颜色这个感觉因素构成了一个具体的看(在现象学的视觉感知显现意义上的看)的一个实项组成部分[9],一个“被体验的”或“被意识到的内容”,例如感知的特征以 A 327
及颜色对象的完整感知显现,也同样构成这样一个实项组成部分。与此相反,即使这个对象本身被感知到,它也没有被体验到或被意识到;同样,在这个对象上被感知到的色彩也没有被体验或被意识到。如果这个对象不存在,也就是说,如果感知批判性地[10]被评价为是假象、[11]幻觉、臆想等等,那么被感知的、被看到的这个对象的颜色也就不存在。在正常的和非正常的感知、正确的和虚假的感知之间的这些区别与内部的、纯粹描述的或现象学的感知特

① 关于这个问题可以参阅我的《纯粹现象学与现象学哲学的观念》,载于:《哲学与现象学研究年鉴》第一卷,1913年,第二篇。

[9] 在A版中为:因而,例如,在外感知的情况中,颜色因素构成了我的具体的看(在心理学的视觉感知显现意义上的看)的一个实在组成部分。

[10] 在A版中为:认识批判地。

[11] 在A版中还紧跟:心理学地被评价为。

征无关。被看到的颜色——即在视觉感知中作为这个对象的属性而在显现对象上一同显现出来的并且被设定为与这个对象相一致地当下存在着的[12]颜色——即使存在，也肯定不会作为[13]体验存在，而在这个体验中，即在这个感知显现中，与这个颜色相符合的是一个实项的组成部分。与颜色相符合的是颜色感觉，是有着质性规定的现象学[14]颜色因素，它在这个感知中，或者说，它在这个特别属于它的感知组元中（在“对象色彩的显现”中）经历了客体化的“立义”。人们常常将颜色感觉与对象的客观颜色混为一谈。恰恰是在我们这个时代有这样一种观点非常受欢迎，这种观点认为，这两者实际上是一回事，它们的差异仅仅在于人们对它们的考察的“角度和兴趣”不同；从心理学或主观的角度来看，它们叫作感觉；从物理学或客观的角度来看，它们又叫作外在事物的属性。但我们在这里只要指出这样一个易于理解的区别就可以了：一方面是这个球的在客观上被看作是同等的红，另一方面是在感知本身中主观颜色感觉的无疑的，甚至是必然的映射——这个区别一再地重复地表现在所有[15]类型的对象属性上以及表现在与这些属性相对应的感觉复合中。

B₁ 349

A 328 我们可以将在这里所做的关于个别规定性陈述引申地运用到具体的整体上去。从现象学上看，这样一种主张是错误的，这种主张就是：在感知中被意识到的内容与在它[16]之中被感知到的（感

[12] 在A版中为：作为这个对象的属性而被划归给这个显现对象的。

[13] 在A版中还紧跟：观看者的。

[14] 在A版中为：主观的。

[15] 在A版中未加重点号。

[16] 在A版中未加重点号。

知地被意指的)外在对象之间的区别仅仅是一种考察方式的区别，这种考察方式所考察的是同一个现象，但一次是在主观联系(在与自我有关的现象的联系)中进行考察，另一次则在客观联系(在实事本身的联系)中进行考察。这种含糊性使得人们不仅将客体的显现本身存在于其中的那种体验(例如，具体的感知体验，在这种感知体验中，客体被我们臆指为是自身当下的)，而且也将显现的客体本身都称作显相(Erscheinung)；对于这种含糊性，我们怎么明确强调都不为过。这种含糊性的假象会立即消失，只要人们以 B₁ 350 现象学的方式思考一下，在对这种显相的体验中，从显现的客体本身那里究竟能够发现哪些实项的东西。事物的显相(体验)不是显现的事物(即被我们误认为在生动的自身性中的“对立之物”)。显相被我们体验到，它们隶属于意识联系，事物对我们显现出来，它们隶属于现象世界[17]。显相本身并不显现出来，它们被体验到。

如果我们自身作为这个现象世界①的各个环节显现给我们，那么物理事物和心理事物(躯体和人格)就在与我们的现象自我的物理关系与心理关系中显现出来。不言而喻，现象客体(人们也喜欢将它们称之为意识内容)与现象主体(作为经验人格、作为事物

① 如果我们的整个考察不是描述心理学的考察，而是纯粹现象学的考察，那么现象世界在这里就仅仅是指显现的世界，而关于这个世界的存在与否的所有问题——连同在它之中显现的经验自我——都始终是被排斥的。因此，正如我们至今为止所做的那样，在任何一个新的、首先是以心理学方式进行的分析中也必须注意，这种分析的确能够进行那种赋予它以“纯粹”现象学价值的“纯化”工作。

[17] 在A版中为：在意识联系之中，我们体验到显现，作为在现象世界中的存在，事物对我们显现出来。

的自我）的这种关系必须与另一种关系区分开来，这就是在我们的体验意义上的意识内容与在意识内容之统一的意义上的意识（经验自我的现象学组成[18]）的关系。前者涉及两个显现着的事物之间的关系，后者则涉及个别体验与体验复合之间的关系。当然，反过来，自我这个显现的人格与外在显现的事物的关系同样也必须区分于作为体验的事物显象（Dingerscheinung）与显现着的事物

A 329 之间的关系。如果我们所说的是后一种关系，那么我们就应当明白，[19]体验本身并不是那个“在”它“之中”意向地[20]当下的东西；就像例如我们确定，显现活动的谓项并不同时就是在它之中的显

B1 351 现之物的谓项一样。这里还有一个新的关系，即客体化的关系，我们将这种关系归诸于在显现中被体验到的感觉复合与显现的对象的关系；也就是说，如果我们说：感觉复合在显现的行为中被体验

到，但同时以某种方式“被立义”、“被统摄”，而被我们称为对象之显现的东西①，恰恰就处在这种对诸感觉的赋灵（beseelend）立义的现象学特征中[21]。

我们认为，以上在感知方面所做的本质区分是必要的，这样才能将这两者区分开来，即：在感知之中的东西、即实项地组成[22]体

① 或者也被称之为在前面的意义上以及在更宽泛的意义上的显现，在这种显现中，（被现象学地理解的）体验本身就被称之为显现。

[18] 在A版中为：现象学的自我。

[19] 在A版中还紧跟：主观。

[20] 在A版中为：意指地。

[21] 在A版中为：对诸感觉的赋灵（beseelend）立义。

[22] 在A版中为：构成。

验的东西，以及那些在非本真的（即“意向的”）意义上“在它之中”[23]的东西；对其他的行为也应当做出类似的本质区分。我们很快就必须对这些区分进行更普遍的探讨。这里的关键仅仅在于，从一开始就将某些令人迷惑的思维方向消除殆尽，这些思维方向有可能使这些须待澄清的概念所具有的素朴意义产生混乱。

第3节　现象学的体验概念和通俗的体验概念

带着相同的意图，我们还要指出，**我们的“体验”概念与通俗的“体验”概念是不一致的**，而在这里起作用的又是刚才所简述的在实项的内容和意向的内容之间的差异。

如果有人说，我体验了1866年和1870年的战争，那么在这个意义上的“体验到”就意味着一些外在过程的组合，而体验在这里是由感知、判断和其他的行为所组成的，在这些行为中，这些过程成为对象性的显象（Erscheinung），并且常常成为某个涉及经验自我之设定的客体。对我们来说具有决定性现象学意义上的体 B1 352
验[24]意识，在自身中当然不是将这些过程以及将参与这些过程的事物当作它的“**心理体验**”、当作它的实项组成部分或内容来拥有。
包含在这种意识体验中的东西，实项地在它之中现存的东西，乃是 A 330
有关的感知的行为、判断的行为等等，连同它们变换不定的感觉材

[23]　在A版中未加引号。

[24]　在A版中还紧跟：自我或。

料、它们的立义内容、它们的设定特征等等。因此,体验在这里的含义与在前面的含义是完全不同的。体验外在的过程,这就意味着:具有某些朝向这些过程的感知行为、(无论应当怎样加以规定的)知识行为等等。这种拥有(Haben)立即在现象学意义上为完全另一种体验提供了一个例子。它仅仅意味着某些内容是一个意识统一的组成部分,是在一个经验自我的现象学统一意识流中的组成部分。这条意识流本身是一个实项的整体[25],它由杂多的部分所实项地合成,每一个部分都叫作"被体验"。在这个意义上,自我或意识所体验的东西也就是它的体验。在被体验或被意识的内容与体验本身之间不存在区别。例如,被感觉到的东西就是感觉。但如果一个体验"关系到"一个与它本身有区别的对象,例如,外感知关系到一个被感知的对象,称谓表象关系到一个被指称的对象,以及如此等等,那么,这个对象便没有在这里所确定的意义上被体验或被意识,而只是被感知、被指称等等。

这一事态证实了**内容**这个说法,它在这里是完全**本真**的说法。"内容"[26]这个词的通常意义是一个相对的意义,它完全一般地指向一个全面的统一,这个统一所具有的内容就在于其从属的各个部分的总和。在整体的内容中包含着那些可以被理解为一个整体
B1 353 之部分的东西以及事实上实项地[27]构造出整体的东西。在关于

[25] 在A版中为:这种具有(Haben)同时就是另一种完全不同的在内部(innerlich)上的体验的例子。它仅仅意味着某些内容是一个意识统一的组成部分,是一个"体验着的"主体的组成部分。这个主体本身是一个实在的整体。

[26] 在A版中未加引号。

[27] 在A版中为:共同地。

内容的通常的、描述－心理学的说法中，这个隐蔽的关系点，亦即相应的整体，就是实项的意识统一。它的内容是在场（präsent）“体验”的总和，并且，人们所理解的复数的内容，就是这些体验本身，这就是指所有那些作为实项的部分而构造出各个现象学意识 A 331 流[28]的东西。

第4节　体验着的意识与被体验的内容之间的关系不是现象学特有的关系种类

以上的阐述表明，我们所思考的体验与一个体验着的意识（或一个体验着的“现象学自我①”）[29]的关系**并不**归结为一个**特定的现象学结论**。在通常说法意义上的自我是一个经验对象，本己自我和异己自我都是如此，任何一个自我都像任意的一个物理事物一样，就像一所房子或一棵树等等一样。无论科学加工对这个自我概念进行怎样的改造，无论它如何远离臆想，自我总是一个个体的事物性的对象，它与所有这类对象一样，在现象上[30]不具有其他统一，而只具有这样一个统一性，这个统一性是通过被统一在一起的各个现象属性而被给予这个自我的，它[31]建基于这些现象属

① 在第一版中，整个意识流都被称作“现象学自我”。

[28] 在A版中为：自我或意识。

[29] 在A版中为：或心理个体或自我。

[30] 在A版中为：现象学的。

[31] 在A版中还紧跟：确然地。

性的本己内容组成之中。如果我们将自我身体从经验自我那里分离出来，并且，如果我们而后再将纯粹心理自我限制在它的现象学内涵上，那么它就还原为意识统一，即还原为实在的体验复合，我们（也就是说，每一个就其自我而言的人）可以在我们之中明见地发现它的一个部分，并且可以理由充分地假定它的其余部分。因而，在现象学上还原了的自我[32]不是一个在杂多体验的上空飘浮着的怪物，相反，很简单，它与这些体验自身的联结统一是同一的。

B₁ 354 某些联结形式便建基于这些内容的本性以及制约着这些内容的规律之中。这些形式以杂多的方式从一个内容跑到到另一个内容，从一个内容复合跑到另一个内容复合，最后，一个统一的内容总体便得以构成，这无非就是在现象学上还原了的自我本身。这些内

A 332 容恰恰与[33]内容一般一样，以特定的规律性的方式相互聚合，融合为更为全面的统一，在它们如此成为一体并且是一体的同时，

现象学的自我或意识统一便已构成，它除此之外不再需要一个特有的、负载着所有内容并将这些内容再次加以统一的自我原则。在这里和在其他地方一样，这样一种原则的功能是令人费解的。[34]①

① 对于在这个段落中所表达的对“纯粹”自我的反对意见，作者在这里〔即在第二版中〕不再持赞同态度，这从前面所引用的《纯粹现象学与现象学哲学的观念》的文字中已经可以看出。（参阅《纯粹现象学与现象学哲学的观念》，第 57 节，第 109 页；第 80 节，第 159 页。）

[32] 在 A 版中为：显而易见，自我。

[33] 在 A 版中还紧跟：实在的。

[34] 在 A 版中还紧跟新段落：如果我们想更严格一些，那么我们就应当区分这一瞬间的现象学自我、在绵延的时间中的现象学自我与作为滞留对象、作为变换中的

第5节　二[35]、“内”意识作为内感知

根据我们在前面三节中的考察，意识、体验、内容这些术语所具有的一个意义得到了规定，更确切地说，一个描述心理学的意义，而在进行现象学的“纯化”的过程中则是一个纯粹现象学的意义。此后，除非我们要明确地表明其他概念，否则我们将继续坚持这个意义。 A 333

意识的第二个[36]概念在内意识这个说法中得到表露。它就是人们所说的那种——无论是在一般情况中，还是在某些类别情况中——伴随着现时体现的体验并将这些体验作为其对象而与之相联系的“内感知”。人们通常认为这种内感知具有明见性，这种明见性表明，人们将这种内感知理解为相即(adäquat)感知，这种

恒久之物的自我。正如外部事物不是此刻的分散特征的复合体，而是在那个贯穿于杂多现实和可能变化之始终的统一之中才作为在变换中的滞留之物而构造出自身一样，自我作为生存主体也是在那个包容了体验复合体的所有现实和可能变化的统一之中才构造起自身。而这个统一已不再是现象学的统一了，它处在因果规律性之中。我们在这里当然不得不放弃讨论这样的问题，即：在意识内容的单纯统一的连续性中——借助于这种连续性，这些内容以统一变化的方式相互过渡，并且，它们首先当然在每一个瞬间都自为地是连续统一的——是否确实包含着一个因果－规律性的纽带，这个结论在这里产生出一个在形而上学意义上的(不是在神秘意义上的)事物性统一。我们在这里不得不完全放弃讨论这样一个问题：相互并列的心理事物与物理事物是否能够以及如何能够作为具有同等权利的事物性统一而得到区分。这里所关心的仅仅是现象学问题，而在这个问题上可以肯定：现象学还原的自我，即从其每时每刻不断发展的体验组成来观察的自我，它自身承载着它本身的统一，无论它在因果考察中是否必须被看作是事物。。

[35]　在A版的目录中加了重点号。

[36]　在A版中未加重点号。

相即感知并不把任何在感知体验自身中非直观被表象的和非实项地被给予的东西附加给它的对象；相反，这种相即感知完全就像它的对象事实上在感知中和随感知一同被体验到的那样来直观地表象和设定这些对象。每一个感知的特征都在于这样一种意向，即：
B1 355 将它的对象把握为一种在亲身的(leibhaft)自身性中的当下对象。与这种意向相符的是在显著的完善性中的感知，当对象的确是在感知自身之中并且是在最严格意义上"亲身"当下地、毫无遗留地被把握为它本身之所是时，也就是说，当对象实项地被包含在感知本身之中时，这种感知就是相即的感知。因此，显而易见，甚至可以从感知的纯粹本质中明见地得出，相即感知只能是"内"感知，它只能朝向那些与它一同被给予的、与它同属于一个意识的体验，而且确切地看，这只是对纯粹现象学意义上的体验有效。另一方面，人们绝不能反过来以心理学的说法声称：每一个朝向本己体验的感知(即根据自然词义而可以被称作内感知的体验)都必定是一个相即的感知。[37]对于在这里出现的"内感知"这个表达的双重含义，我们最好是坚持在术语上区分内感知(作为对本己体验的感知)和相即的(明见的)感知。这样，那种不当的认识论的和心理学上被误用的在内感知和外感知之间的对立也就会消失，它一直偷

[37] 在A版中为：每一个感知的特征都在于这样一种意向，即：将它的对象当作一种自身当下的东西来把握，完全当作与它自身所是的那样存在着和被意指的东西来把握。与这种意向相符合的是感知；当对象确实作为它之所是而在"此"，而是生动当下的时，亦即当它在感知中本身当下并与感知相一致时，这种感知就是相即的感知。因此，显而易见，甚至可以从感知的单纯概念中明见地得出，相即感知只能是内感知，它只能朝向与它一同被给予的、与它一同属于一个意识的体验；而反过来人们决不能以心理学的说法声称，每一个朝向本己体验的感知(即根据自然词义而被称之为内感知的体验)都必定是一个相即的感知。。

偷地取代着在相即[38]感知和不相即[39]感知之间的真正对立，后一种对立才建基于这些体验的纯粹现象学本质之中。①

在一些研究者那里，例如在布伦塔诺那里，这两个至此为止被 A 334
探讨的“意识”概念之间会形成一个密切的关系，因为这些研究者相信可以将第一个意义上的内容之被意识状态（Bewußtsein）（或被体验状态（Erlebtsein））同时也理解为第二个意义上的意识。在第二个意义上被意识到的或被体验到的东西，就是内部地（innerlich）（这在布伦塔诺那里也就意味着：相即地）被感知到的东西； B_1 356
在第一个意义上被意识到的东西是指作为在意识统一中的体验一般而[40]在场的（präsent）东西。这种含糊性驱使人们将意识理解为一种知识，即一种直观的知识，这种含糊性向人们推荐的是一种令人无法承受的观点。我提醒大家注意由以下状况而产生的那种无穷后退（unendlichen Regreß）：内感知本身重又是一个体验，因此需要新的感知，这个新感知同样又需要更新的感知，如此等等；布伦塔诺曾试图通过对第一性的和第二性的感知方向的划分来解决这个倒退。由于我们的目的在于纯粹现象学的确定，因此，只要我们还无法从现象学上证明对内感知连续活动之设定的必然性，我们就必须将这一类理论置而不论。[41]

① 参阅《逻辑研究》第二卷，第二部分关于“内感知与外感知”的附录。

[38] 在A版中未加重点号。

[39] 在A版中未加重点号。

[40] 在A版中为：心理上。

[41] 在A版中为：只要我们还无法从经验上证明对内感知连续活动之设定的必然性，我们就能够放弃这类人造理论。

第6节　第一个意识概念起源于第二个意识概念

很明显,第二个“意识”概念是“更原初的”[42]概念,并且[43]是“自在更早的”概念。按照科学有序的方式,我们可以从它出发,即从较为狭窄的“意识”概念出发,通过下列思考而进一步达到第一个和较为宽泛的“意识”概念:如果我们将“我思故我在”(cogito,ergo sum),或者毋宁说,将“我在”(sum)看作是一种在所有怀疑面前都能够声言其有效性的明见性,那么显而易见,这里不可能出现作为自我的[44]经验自我。由于我们另一方面必须承认,“我在”这个命题的明见性不可能依赖于对始终可疑的、哲学的自我概念

A 335 的认识和接受,因此我们最好是说:在“我在”这个判断中,明见性

取决于某个没有在概念的明晰中得到划界的、经验的自我表象的核心。如果我们再进一步提出这样的问题,即在这个没有从概念上得到理解并且因此而无法说出的核心中包含些什么,也就是说,
B1 357 在各种情况下明见无疑地构成在经验自我上的被给予之物[45]的东西是什么,那么,最切近的回答就是:内(=相即)感知的判断。不仅“我在”是明见的,而且,具有“我感知这个或那个”这样一种形式的无数判断也是明见的——也就是说,只要我在这里不是单纯

[42]　在A版中未加引号。

[43]　在A版中还紧跟:也。

[44]　在A版中还紧跟:完整的。

[45]　在A版中为:经验自我。

地进行意指，而是明见可靠地确定：被感知之物是作为它被意指的东西而被给予的；我将它本身把握为它之所是。例如，这个充实着我的快乐；这个刚刚浮现在我面前的想象显现，以及如此等等。所有这些判断都分有"我在"这个判断的命运，它们无法从概念上得到完整的理解和表达，它们只有在其生动的、但无法通过语词而得到恰当传诉的意向中才是明见的。无论这种相即被感知之物是在那种含糊的陈述中得到了表达，还是始终得不到表达，它都已经构成了一个在认识论上第一性的、绝对可靠的领域，这是一个由还原在相关瞬间中所给出的东西的领域，这个还原是指将现象的经验自我还原为它的纯粹现象学地可把握的内涵[46]；反之也是正确的：在"我在"这个判断中，正是这个在自我下面相即被感知的东西，才构成了那个最先使明见性成为可能并为明见性提供论证的核心①。在这个领域中还要加进另一个领域，对此，我们只须将所有那些与感知本质相衔接的滞留（Retention）看作是刚才当下的过去之物并对它们进行还原，同样，我们也须要将再回忆（Wie-

① ［这里仍然保留了《逻辑研究》第一版中原有的文字阐述，没有对它做根本性的改动。这个阐述在这一点上是不合适的，即：经验自我和物理事物一样，是同一个等级的超越。如果对这种超越的排斥以及向纯粹-现象学被给予之物的还原不保留作为剩余的纯粹自我，那么也就不可能存在真正的（相即的）"我在（Ich bin）"的明见性。但如果这种明见性确实作为相即的明见性而存在着——谁又能否认这一点呢？——，那么我们怎么能够避开对纯粹自我的设定呢？它恰恰是那个在"我思"的明见性的进行（Vollzug）中被把握到的自我，而这种纯粹的进行明确地将这个自我从现象学上"纯粹地"和"必然地"理解为一个属于"我思"类型的"纯粹"体验的主体。］（这是胡塞尔在《逻辑研究》第二版中补加的注释，方括号也为胡塞尔本人所加。——中译注）

［46］　在A版中为：由属于自我的东西所构成的领域。

dererinnerung)当作属于一个以前的体验现时性而宣示出的东西
B₁ 358 并对它们进行还原，将这两者还原为它们的曾在的现象学内涵，亦即通过在滞留与回忆“中”的反思回溯到再造性的现象学之物上去。同样，我们也如此对待那些[47]我们根据经验的理由可以设定为与每一时刻的相即被感知之物共存的东西，或设定为与滞留与回忆的反思性组成曾共存的东西，也就是说，设定为与它**连续统一**
A 336 **地相关联**的东西。如果我在这里说：“连续统一地相关联”，那么这就是指具体的现象学整体的统一，它的各个组成部分或者是在共存中相互奠基、即相互要求的各个**因素**，或者是通过其本己本性在共存中为统一形式进行奠基的各个**块片**(Stücke)，这些[48]形式是指那些作为实项地寓于整体之中的因素而一同现实地属于整体内容的东西。而这些共存的统一持续地从一个时间点过渡到另一个时间点，它们构造出一个变化的统一、意识流的统一，这种统一就其自身而言至少要求至少有一个对于整体的统一来说根本性的、即与它这个整体不可分割因素的持续固持或持续变化。扮演这一角色的首先是内在地包含在作为时间性显现统一的意识流中的时间展示形式(也就是说，不是事物世界的时间，而是与意识流一同显现出来的时间，而意识流也正是在这个时间中流动)。这个时间中的每一个时间点都在所谓“时间感觉”的连续映射中表现出自身；只要在这个意识流的现时阶段中展现出一个整体的时间视域，那么每一个这样的现时相位(Phase)便都会具有一个统握它的所有

[47] 在A版中为：在这个领域中还包含着那些被回忆展示为以前曾对我们明见当下存在过的、因而属于本己曾在的自我的东西。(“我曾是”的明见性或明见或然性。然后，在这个领域中还包含着)。

[48] 在A版中还紧跟：实在的。

内容的形式，这个形式始终是连续同一的，而它的内容则不断变化。

因此，这就构成了自我的现象学内容、构成了在心灵主体意义上的经验自我的现象学内容。向现象学之物的还原产生出这个实 B₁ 359
在地自身封闭的、在时间上不断发展的“体验流”的统一。[49]“体验”这个概念从“内部地被感知到的东西”和在这个意义上的被意识之物扩展成为一个意向地构造着经验自我的“现象学自我”的概念。[50]

---

[49] 在A版中为：具有这一功能的首先还有主观时间意识，它被理解为“时间感觉”的映射(Abschattung)，无论听起来有多么悖谬，这种主观时间意识展示出这个意识片刻所具有的一个无所不包的形式，亦即那些在一个客观时间点上共存的体验所具有的一个形式。

因而这就构成了作为心灵统一的自我、作为它的所有“体验”的统一的自我的内容，这个统一是实在地自身完备的、在时间上不断发展的统一。。

[50] 在A版中为：一个实项地构造着心灵或恒久自我之物的概念；因而由此也扩展为那个规定着作为关于“心理”体验或“意识内容”学说的心理学领域的概念。后面这句以及第7节在B版中被删除：这里是对心理学和关于物理自然的科学之间相互划界这个有争议问题表示态度的合适场所，这个问题已经受到诸多讨论并且与最切近的认识论兴趣相关。

第7节 心理学与自然科学的相互划界

心理学必须根据自我体验(或意识内容)的本质种类和复合形式来——描述地——研究这些自我体验(或意识内容)，然后才能——发生地——探寻它们的产生与消亡、它们的构造和改造的因果形式与规律。意识内容是它们的关于自我的内容，因此，心理学的任务也在于研究自我的实在本质[不是神秘的，而只是一个可以从经验上论证的自在(An-sich)]、心理因素向自我的合成，还有它们的发展与衰亡。

与经验自我相对立的是经验物理事物、非自我，它们同样是共存和相续的统一并 A 337
要求事物性的存在。对于本身是自我的我们来说，它们只是作为意向的统一而被给予，这些统一是在心理体验中被意指的统一，是被表象或被判断的统一。但它们自己却并不因此而仅仅是表象，正如它们也不作为表象而相对于我们这些陌生自我一样，而这种情况也适用于陌生自我。物理事物被给予我们，它们处在我们面前，它们是对象——这意味着，我们具有某些感知和与这些感知相符的判断，这些感知与判断“朝向这些对象”。与所有这些感知与判断的系统相符合的是作为意向相关物的物理世界。我

第 8 节　纯粹自我与被意识性

至此为止我们还根本没有思考过纯粹自我（“纯粹统觉”的自

们可以在个别之物那里、在个别之物的共同体（作为它们共有的判断系统）那里以及在科学的统一中考察这些判断的系统，随我们这些考察情况的不同，这里还应当进行进一步区分：个别自我的世界、经验社会共同体的世界，以及在可能的情况下还有知识者（Wissender）的观念共同体的世界：（在观念上完善了的）科学的世界、自在的世界。心理体验和诸自我也根据它们的意义和它们的规律性联系而只能在作为客观有效的表象和判断系统的科学中表明自身，并且它们只能作为自我中的意向体验的目的而被给予。但它们在一个确定的、极为狭窄的领域中确实是作为它们自身所是而被给予，然而这对于物理事物来说却是永远不会发生的。贝克莱－休谟的学说将显现的物体还原为“观念”的捆索（Bündel），这种学说无法正确地评价这样一个事实：即使这些捆索的要素观念在心理上可以得到实现，这些捆索本身、这些被意指的要素的复合体也不曾在、并且也永远不会在人类意识中作为复合观念而实项地当下。没有一个物体是可以被内感知到的——并非因为它是“物理的”，而是因为例如三维空间形式在任何一个

782 A 338 意识中都无法被相即地直观到。但相即直观与内感知是二而一的。各种现象主义理论的基本缺陷就在于，它们不能区分作为意向体验的显现和显现的对象（宾语谓语的主语），并且因此而将被体验的感觉复合体等同于对象特征的复合。无论如何，心理学的客观统一与自然科学的客观统一不是同一的，至少不像它们作为科学加工的第一被给予性所期待的那样同一。至于这两种科学在完善了的发展中是否可以被展示为相互分离的，这要取决于：是否在两方面所涉及的都确实是分离的，或至少是相互间相对独立的实在（而独立性在这里当然不意味着：这两方面的实在必须通过某些神秘的鸿沟、通过闻所未闻的区别而被分离开来）。也许我们最好还是反过来说：只有这两门科学的进一步发展才能告诉我们，这种分离是否存在。确定无疑的是，从它们的出发点来看，亦即从它们所从事加工的原本事实领域来看，这两门科学是在很大的程度上互不依赖的，而且在它们的上升发展中也将仍然如此。

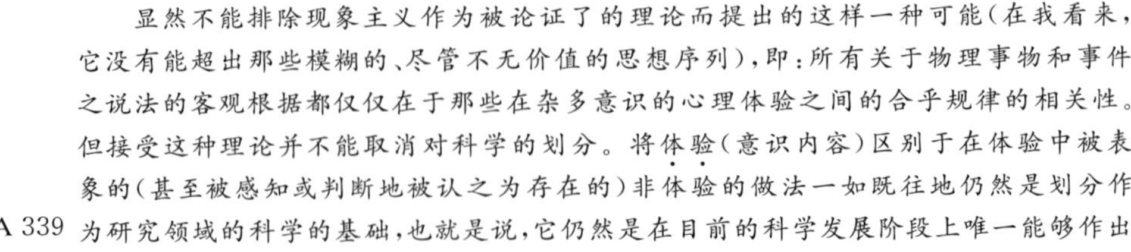

显然不能排除现象主义作为被论证了的理论而提出的这样一种可能（在我看来，它没有能超出那些模糊的、尽管不无价值的思想序列），即：所有关于物理事物和事件之说法的客观根据都仅仅在于那些在杂多意识的心理体验之间的合乎规律的相关性。但接受这种理论并不能取消对科学的划分。将体验（意识内容）区别于在体验中被表象的（甚至被感知或判断地被认之为存在的）非体验的做法一如既往地仍然是划分作
A 339 为研究领域的科学的基础，也就是说，它仍然是在目前的科学发展阶段上唯一能够作出

我)。一些与康德相近的研究者认为,而且还有一些经验[51]研究者也认为,这个纯粹自我意味着一个统一的关系点,所有意识内容本身都以完全特殊的方式与这个关系点发生联系。因而这个纯粹自我本质地包含在这个"主观体验"或意识的事实之中。"意识(Bewußt-sein)①就是与自我的关系",而且意识内容就存在于这个

① 胡塞尔在这里所引用的是纳托尔普的文字。纳托尔普将德文中的"意识"一词(Bewußtsein)用一个破折号分开:Bewußt-sein,其用意在于强调"意识"的本义是一种"被意识到"(bewußt)的存在(sein)。——中译注

出的划分的基础。对一门"无心灵的心理学"的要求与对一门"无物体的自然科学"的要求是一致的;前者所指的是这样一门心理学,它不去顾及所有那些与心灵有关的形而上学假设——之所以不顾及,乃是因为这些假设只有在完善了的科学中才能成为明察——;后者所指的是这样一门自然科学,它首先拒绝所有那些关于物理之物的形而上学自然的理论。但现象主义的理论也是这样的一门事先便受到形而上学束缚的理论。它不应走在对这两门科学的划分物体之前。这种划分必须建立在纯粹现象学的基础之上,而在这点上我相信,上述阐释可以用来完满地解决这个争议很大的问题。这些阐释所利用的仅仅是这样一个最基本的现象学区别,即在感知和"行为"一般的描述内容和被意指对象之间的区别。

不言而喻,心理学家们已经注意到了这个区别。我们在霍布斯、笛卡尔和洛克那里就发现了这个区别。人们可以说,近代的所有伟大思想家都时而接触到或探讨过这个区别。可惜他们对此只是偶尔为之,却没有以此区别为开端并且在每一步骤中都最仔细地关注它;换言之,没有使它成为科学认识论和心理学的基础。只有这样,言说方式和思维方式才会是科学准确的,尽管它们因此也自然会变得非常烦冗和不适。

在较为狭窄意义上的意识是显现之物(Erscheinendes);如果人们想以习惯的方式将它称作现象的话,那么它就是心理现象(Phänomen)。相反,在较为宽泛意义上的意识的很大一部分实际上都不是显现之物。因为人们肯定不能说,所有心灵的东西都被感知,或者哪怕是都可以被感知(即在实在可能性的意义上)。因此,将心理学定义为关于心理现象的科学,这种做法只能被理解为是将自然科学定义为关于物理现象的科学。有关的现象在两方面都没有标示出那些通过它们而得以穷尽的科学客体领域,而只标示出科学研究的最近切入点。如果做这样的理解,那么我们对这些定义当然也没有什么可以指责的了。。 A 340

[51] 在A版中为:经验主义的。

关系之中。“所有那些只要是[52]在意识中与自我有关的东西,我们都**称作**内容,无论它们还具有哪些其他的属性。”“这个关系对于所有那些有着复杂变化的内容来说都显然是同一个;实际上它就是构成意识的共性和特性的东西。我们要用**被意识到**(Bewußtheit)这个表达来强调这个关系(在这里我仍然还在引用纳托尔普的话),①以便将它区别于意识的整体事实。”“自我作为一个与被我所意识到的内容相关的**主观关系中心**以一种无法比拟的方式与这些内容相对立,自我与这些内容的关系与这些内容与自我的关系并不是同一种关系,自我并没有像内容被它所意识到那样也被内容所意识到;自我恰恰在这一点上表明自己是无与伦比的:他物可以被它意识到,但它却永远不能被他物意识到。它本身不能成
A 341 为内容并且与能够成为意识内容的东西毫不相同。正因为此,我
B_1 360 们也根本无法对它做出更进一步的描述;因为,如果我们试图描述自我或与自我的关系,那么所有那些被我们用来进行描述的东西都只能取自于意识内容之中,因而无法切中意识本身,无法切中自我或与自我的关系。换言之,我们对自我所做的任何**表象**都会使自我成为**对象**。然而,由于我们将自我看作是对象,我们也就已经不再将这个自我看作是自我了。‘我在’不是对象,而是一种与所有对象相对立的东西,只是相对于自我而言,某物才是对象。同样的道理也适用于与自我的关系。意识(Bewußt-sein)就意味着对

① 参阅纳托尔普《根据批判方法而做的心理学引论》(简称为《心理学引论》)的整个第 4 节,第 11 页以后。

[52] 在 A 版中还紧跟:始终。

于一个自我而言的对象：这个对象本身不能再成为对象。”

“尽管被意识到（Bewußtheit）这个事实是一个心理学的基本事实，它可以被断言为现存的事实，它可以通过区分而得到关注，但是它却不能被定义，不能从其他的东西那里被推导出来。”

无论这些陈述给人的印象有多么深刻，我在更仔细的思考中也无法证实它们的合理性。如果我们不能思考那个“心理学的基本事实”，那么我们又如何能够确定它；而如果我们不使作为被确定的客体的自我和意识“成为对象”，我们又如何去思考它？只要我们通过间接的、象征的思想朝向这个事实，这个事实就已经成为对象了；但在纳托尔普看来，它应当是一个必须本身在直接直观中被给予的“基本事实”。实际上他明确地主张，它可以“被断言为现存的事实”并且可以“通过区分而得到关注”。被断言的东西、被关注的东西难道不是内容吗？它难道不会成为对象吗？即使狭义上的对象概念被排除掉，这里的问题首先也在于广义上的对象概念。如果我们对一个思想、一个感觉、一个不舒服的感受等等进行关注，那么我们也就使这些体验成为内感知的对象，虽然这种对象**并不是在事物意义上的对象**；与此完全相同，那个被关注的自我的 A 342
关系中心以及自我与一个内容的确定关系**也是对象性地被给予的**。

我现在当然必须承认，我无法将这个**原始自我**绝对地看作是 B1 361
必然的关系中心。[①] 我唯一能够注意到、也就是**唯一能够感知到**

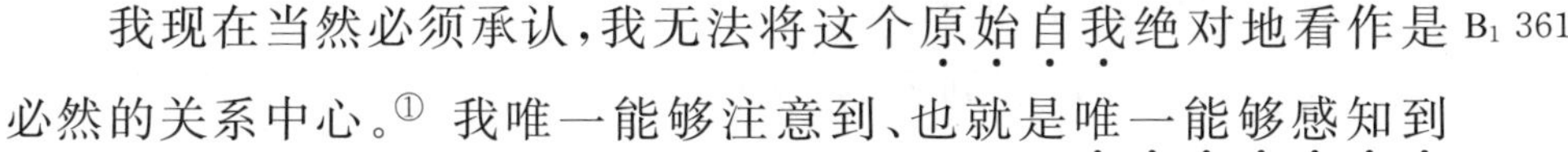

① ［在此期间我已经学会发现，这个自我就是必然的关系中心，或者说，我学会了，不应当因为担心自我形而上学（Ichmetaphysik）的各种蜕变而对被给予之物的纯粹把握产生动摇。参阅〔《逻辑研究》第二卷，第二部分〕第 6 节的注释，第 357 页。］（这是胡塞尔在《逻辑研究》第二版中补加的注释，方括号也为胡塞尔本人所加。——中译注）

的是经验自我和它与那些本己体验或外在客体的经验关系，这些体验和客体在被给予的一瞬间恰恰成为特殊"朝向"的对象，而在这里，无论是在"外部"，还是在"内部"，都始终留存一些不具有与自我的关系的东西。

我在这里找不到其他的澄清这一事态的途径，因而只能让经验自我连同它与客体的联系服从现象学的分析，这样就必然产生出前面所提出的那个观点。我们将自我－躯体（Ich-Körper）排斥掉，它和其他东西一样显现为物理事物，我们考察那个与这个躯体经验地联结在一起的并且显现为隶属于这个躯体的精神自我。在还原到现象学－现时的被给予之物上之后，这个被给予之物便为我们提供了在前面曾描述过的那种可以反思性地把握到的[53]体验复合。这个复合与心灵自我的关系类似于[54]一个被感知的外在事物的"被感知到的那个面"与这整个事物的关系。我只能这样来理解自我与它的对象的被意识到的意向关系：在意识统一的现象学整体组成中也包含着这样一些意向体验，在这些体验中，自我躯体、作为精神人格的自我以及整个经验自我主体（自我、人）是意向客体[55]，而且这些意向体验构成了现象自我[56]的本质现象学核心。

B1 362 这样，我们就面临着第三个"意识"概念了，这个概念是通过行为或意向体验而得到划界的，我们在下一章中将会分析这个概念。

[53] 在A版中为：心理。

[54] 在A版中为：相当于。

[55] 在A版中为：在体验复合体中恰恰也包含着意向体验。

[56] 在A版中加了引号。

谁否认意向体验的特性，谁不想承认这个事实，即：对我们来说最为可靠的就是：用现象学的语言来说，对象处在某些行为之中，某物作为对象在这些行为中显现出来或在这些行为中被思考；那么 A 343
他当然也就不会理解，对象本身如何又能够成为对象。在我们看来，事情很明显：行为“朝向”一些行为的特性，在这些行为中，某物显现出来；或者：行为朝向经验自我并且朝向它与对象的关系。[57]在这里，构成自我的现象学核心的是行为，它们使自我（经验自我）“意识到”对象，自我在它们之中“朝向”有关的对象。

我也无法明晰地看到，自我与意识内容的关系毫无区别这种说法如何可能有效；因为，如果内容被理解为体验（现象学自我的实项构成），那么内容加入到体验统一中去的方式就完全取决于内容的特殊性，就像部分加入到整体中去的情况一样。但如果内容所指的是某个对象，即作为感知、作为臆想、作为回忆或期待、作为概念表象或谓词判断等等的意识所朝向的对象，那么这里显然存在着区别，这些区别在这里所运用的表达的顺序中就已经体现出来。

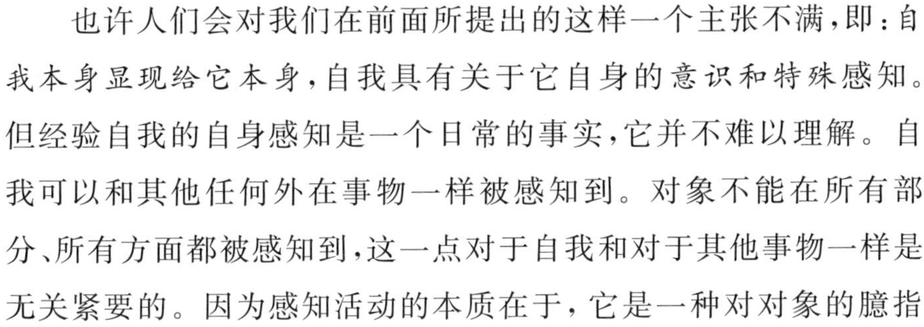

也许人们会对我们在前面所提出的这样一个主张不满，即：自我本身显现给它本身，自我具有关于它自身的意识和特殊感知。但经验自我的自身感知是一个日常的事实，它并不难以理解。自我可以和其他任何外在事物一样被感知到。对象不能在所有部分、所有方面都被感知到，这一点对于自我和对于其他事物一样是
无关紧要的。因为感知活动的本质在于，它是一种对对象的臆指 B_1 363

[57]　在A版中为：自我与对象的经验关系；而。

的(vermeintlich)把握，而不在于，它是一种相即的直观。尽管感知活动属于自我的现象学组成，但它显然与其他那些“被意识到”、但未被关注的东西一样，本身并不共同处在感知的把握性目光之中；这在某种程度上与下列情况相似：例如在一个被感知的外在事物那里，它的一些因素显现出来，但却未被把握到，这些因素也就
A 344 没有被感知到[58]。自我在那里、事物在这里都叫作被感知；并且它们事实上也确实是被感知到，以生动的自身当下的方式被意识到。

第二版的补充。必须明确强调，在这里对纯粹自我问题所持的(并且，如前所述，不再为我所赞同的)态度对于这一卷的整个研究来说始终是无关紧要的。尽管纯粹自我的问题不仅在其他领域中非常重要，而且作为纯粹现象学的问题也是一个非常重要的问题，我们也仍然可以在对整个自我问题不做表态的情况下系统深入地研究现象学的极为全面的问题领域，这些领域普遍地涉及意向体验的实项内涵以及它们与意向客体的本质关系。但我们在这里的研究仅仅限制在这些领域之中。因为考虑到纳托尔普在第二次加工后最新出版的《心理学引论》第一卷这部如此重要的著作对上面的论述做了深入分析，所以我在这一版中没有删除这些论述。

[58] 在A版中为：一个被感知的外在事物的背面没有被感知到。

第二章　意识作为意向体验[1]

第三个意识概念现在在现象学本质组成方面与“心理行为”的概念相一致，对这个概念的分析需要得到更为详细的阐述。与这个概念相关，关于意识内容的说法，尤其是关于我们表象、判断等等内容的说法获得了多重含义，最为重要的工作就在于对这些含义进行区分，并且进行最为详尽的研究。 B1 364

第9节　布伦塔诺对“心理现象”划界之意义

在描述心理学的类别划分中，没有什么比布伦塔诺在“心理现象”的标题下所做的，并且被他用来进行著名的心理现象和物理现象之划分的分类更为奇特，并且在哲学方面更有意义的分类了。我并不能[2]赞同那种引导着这位伟大[3]研究者的，并且在他所选择的这些术语中已表露出来的信念，即：已经获得了对“现象”的详尽分类，通过这种分类，心理学和自然科学的领域可以得到划分，

[1]　在A版中为：心理行为。书眉标题也与此相应地为：“意识作为心理行为”。

[2]　在A版中为：想。

[3]　在A版中为：出色。

并且关于对这些学科之研究领域的正确定义的有争议问题能够以
A 345 十分简单的方式得到解决。尽管将自然科学定义为关于物理现象的科学，将心理学相应地定义为关于心理现象的科学，这些定义是以一个好的意义为基础的[4]；但人们仍然可以有严肃的理由来反驳说，布伦塔诺之划分的概念就是在这些定义中以同样名称出现的概念。可以表明，并非所有在心理学的可能定义意义上的心理现象都是布伦塔诺意义上的心理现象，即心理行为，而且另一方面，在布伦塔诺那里模糊地起作用的标题“物理现象”也包含着很
B1 365 大一部分真正的心理现象。① 然而，布伦塔诺对“心理现象”概念之构想的价值根本不取决于：他想用这个构想来达到什么样的目的。我们在这里所遇到的是一个被明确划界的体验纲（Klasse），它将所有那些在某种**确切**意义上被描述为心理的此在、被意识的此在的东西都包含在自身之中。一个实在的生物，如果它缺乏这类体验，如果它自身仅仅具有像感觉体验这样一种内容②，同时它

① 在本书这一卷第二部分结尾[5]“附录”〔外感知与内感知。物理现象与心理现象〕的阐述中将会表明，布伦塔诺自己大概也意识到了这一素朴定义的不恰当性，从而认为有必要附加一个限制（参阅布伦塔诺《出自经验立场的心理学》，第一卷，第127页以后），但我的不同观点并不是在朝向这种限制的方向上运动。

② 我们不能再说：被体验的。体验概念的起源在于心理“行为”[6]的领域，而尽管对这个领域的扩展将我们引导到一个同样也包含着非行为的概念上，但那种与一个将这些非行为划归给行为或并入到行为中的[7]联系，简言之，与一个意识统一的关系，仍然是本质性的，以至于我们在没有行为的地方便不再谈论体验。

[4] 在A版中还紧跟：，而且我们自己在前面也曾暗示过这个意义。

[5] 在A版中还紧跟：第二。

[6] 在A版中为：“心理行为”。

[7] 在A版中为：实在。

无法对这些内容进行对象性的解释，或者无法通过它们而使对象被表象出来——并且更无法在进一步的行为中与对象发生联系，无法判断对象[8]，无法为对象感到高兴或沮丧，无法爱对象和恨对象[9]，无法欲求和讨厌对象，——那么就没有人会愿意将这样一个生物称作是一个心理生物。如果人们认为值得一问的是，究竟能否想象一个仅仅是感觉复合的生物，那么我们只需指出那些在现象上是外部的事物就够了，这些生物合乎意识地通过感觉复合而展示自身、但绝不自身显现出来，我们将这些事物称作是无灵魂的生物或物体[10]，因为它们都丝毫不具有在上述例证意义上的心理体验。如果我们不去考虑心理学，而是进入到较为狭窄的哲学范围之中，那么这类体验的基本重要性就体现在：唯有从属于它的那些体验才受到最高的规范科学的考察；因为，只有在这些体验中，而且仅仅当它们是在现象学的纯粹性中为我们所把握时，才能找 B_1 366
到抽象出这样一些基本概念的具体基础，这些概念在逻辑学、伦理学、美学中，并且是作为构造这些学科的观念规律的概念，而发挥着系统的作用。由于我们在这里也提到了逻辑学，所以我们同时也联想到那个促使我们更详尽考察这些体验的特殊兴趣。

---

[8]　在 A 版中为：无法对对象进行判断和推测。

[9]　在 A 版中为：无法期望对象和惧怕对象。

[10]　在 A 版中为：这个生物将会是一个与在现象上外部的事物同类的东西，它 A 346
们作为单纯感性内容的复合体而显现给我们。

如果人们认为值得怀疑的是，究竟能否想象一个仅仅是感觉复合的生物，那么我们只需指出那些在现象上是外部的事物就够了，这些生物合乎意识地通过感觉复合而展示自身、但绝不自身显现出来，我们将这些事物称作是无意识的生物或物体。

第10节　作为“意向体验”的行为所具有的描述性特征

但现在是对布伦塔诺分类的本质，即对在**心理行为**意义上的意识概念之本质进行规定的时候了。在上述分类方面兴趣的引导下，布伦塔诺本人将有关的区分引入到对他所设定的两个基本类型的“现象”之相互分离的形式之中，这两种现象是指心理现象和物理现象。他一共获得了六个规定，我们在这里从一开始就只能考察其中的两个，因为所有其他的规定都毁坏性地带有某些迷惑人的歧义，这些歧义使得人们无法再坚持布伦塔诺的现象概念，尤其是他的物理现象概念，而后还有他的内感知和外感知的概念。[1]

A 347 在这两个被偏好的规定中，有一个规定直接地表明了心理现象或行为的**本质**。这个本质在随意的例子中都可以明确无误地显露出来。在感知中有某物被感知，在图像表象（Bildvorstellung）中有某物形象地（bildlich）被表象，在陈述中有某物被陈述，在爱中有某物被爱，在恨中有某物被恨，在欲望中有某物被欲求，如此等等。布伦塔诺看到了在这些例子上可以把握到的共同之物，他说：“……每一个心理现象都可以通过这样一种东西而得到描述，中世纪经院哲学家们将这种东西称作一个对象的意向的（或心灵的）内实存（Inexistenz），而我们——虽然我们所用的表达也并非

① 详细论述可以参阅刚才所提到的“附录”〔外感知与内感知。物理现象与心理现象〕。

完全单义——则将它称作与一个内容的关系、向一个客体（在这里不应被理解为一个实在）的朝向，或内在的对象性。每一个心理现 B₁ 367
象自身都含有作为客体的某物，尽管不是以同样的方式。”①这种“意识与一个内容的关系方式”（正如布伦塔诺在其他地方也常常表达的那样）在表象中就是表象的方式，在判断中就是判断的方式，如此等等。如所周知，布伦塔诺将心理现象划分为表象、判断和情感活动（“爱与恨的现象”），他的这种分类尝试便建基于这种关系方式之上，布伦塔诺恰恰将这种关系方式区别于三种根本不同的（有可能多重地特殊化的）方式。

这里的问题并不在于，人们是否认为，布伦塔诺对“心理现象”的分类是妥当的，人们是否承认，它正像它的天才倡导者[11]所要求的那样对心理学的整个探讨具有奠基性的意义。我们只关注对我们来说至关重要的一点：意向关系具有各种本质特殊的差异性，或者简言之，意向——它们构成“行为”的描述性的种属特征——具有各种本质特殊的差异性。对一个实事状态的“单纯表象”[12]
意指它的这个“对象”的方式不同于那种将此事态认之为真或认之 A 348
为假的判断方式。重又不同的是猜测与怀疑的方式、希望与惧怕的方式、喜欢与厌恶的方式、欲求与逃避的方式；对一个理论怀疑做决定（判断决定）或对一个实践怀疑做决定（在考虑选择的情况中的意愿决定）；对一个理论意见的证实（对一个判断意向的充实） B₁ 368

① 布伦塔诺：《出自经验立场的心理学》，第一卷，第115页。

[11] 在A版中为：布伦塔诺。
[12] 在A版中未加引号。

或对一个意愿意见的证实（对一个意愿意向的充实），以及如此等等。当然，尽管并非所有行为都是复合体验，但大多数的行为都是复合体验，并且意向本身在这里常常也是多重性的。情感意向建基于表象意向或判断意向等等之上。但确定无疑的是，我们在化解这种复合的过程中始终会达到原始的意向特征，这些特征根据其描述性的本质[13]不能再被还原为其他的心理体验；同样明白无疑的是，"意向"（"行为特征"）这个描述性的属的统一表明了这样一些种类的差异性，这些差异性建基于这个属的纯粹本质之中，并且因此作为先天而先行于经验心理学的事实性[14]。存在着本质不同的意向的种和亚种。尤其不可能仅仅借助于那些不属于意向属的因素而将所有行为的区别还原为那些织入进来的表象和判断的区别。因此，例如美学的赞许与厌恶是一个意向关系的方式，这种方式表明自身相对于那种对美学客体的单纯表象或理论评价而言具有明见和本质不同的特性。尽管美学的赞许和美学的谓语可以被陈述，而且这种陈述是一个判断并作为判断而包含着表象。但这样一来，美学意向就与它的客体一样是表象和判断的对象了；它自身始终在本质上不同于这些理论行为。将一个判断评价为确切的，将一个情感体验评价为高尚的，这种评价预设了类似的和相近的，但却非种类同一的意向[15]。对判断决定和意愿决定的比较

[13] 在A版中为：在描述上。

[14] 在A版中为：而不能仅仅被理解为是将那些此类因素补充成为具体统一的体验的区别。

[15] 在A版中为：将一个判断认同或赞同为真实的，将一个情感体验认同或赞同为好的、高尚的，这种认同或赞同预设了类似的和相近的、但却非种类同一的意向。

等等也会表明这一点。

如果将意向关系纯粹描述性地理解为某些体验的内部特性，A 349
那么我们就把这种意向关系看成是“心理现象”或“行为”[16]的本质规定性了，这样，我们就会将布伦塔诺的定义即“‘心理现象’或‘行为’是‘在自身中意向地包含着一个对象的现象’”①看作是一个实质性的定义，这个定义的“实在性”[17]（在旧的意义上）当然可 B1 369
以通过举例而得到确证。② 换一种说法，并且同时从纯粹现象学上来理解就是：在这种体验的范例性个别情况中进行的观念化（Ideation）——而且这种观念化是这样进行的，它使任何经验－心理学的观点和此在设定都被排除在外，并且使受到考察的仅仅只是这些体验的实项现象学内涵——为我们提供了纯粹现象学的属观念（Gattungsidee）“意向体验”或“行为”，而后也进一步提供了它们的纯粹本性（Artung）。③ 感觉和感觉复合表明，并非所有体

① 布伦塔诺：《出自经验立场的心理学》，第一卷，第 116 页。

② 因而对我们来说，这样一类有争议的问题是不存在的，如：所有心理现象、例如感受现象、是否确实具有前面所标示的那种特性。我们所提的问题毋宁在于：有关现象是否是“心理现象”。这个问题的特殊性是由于这些语词的不合适性而产生的。关于语词的不合适性，我们在后面还会做进一步的说明。

③ 如果我们限制在心理学联想的范围以内，那么现象学的纯粹体验概念自身便接受了有关心理实在的概念；更确切地说，它变更为一个动物生物（无论这是一个事实自然的生物，还是一个带有各种观念可能“动物”生物的观念可能自然的生物——即在后一种情况中排斥了此在设定）所具有的心理状态的概念。进一步的结果是，“意向体验”这个纯粹现象学的属观念（Gattungsidee）变更为平行的和相近的心理学的属观念。根据对心理学联想的究竟是排出还是引入的不同情况，这同一种分析或是获得纯粹现象学的意义，或是获得心理学的意义。

[16] 在 A 版中为：“心理行为”。

[17] 在 A 版中未加引号。

验都是意向的[18]。无论被感觉的视野的某个块片（Stück）如何通过视觉内容而得到充实，这个块片都是一个体验，它自身可能包含着许多部分内容，但这些[19]内容并不是被整个体验[20]所意指的对象，并不是在它之中的意向[21]对象。

以下的思考将更仔细地说明在关于“内容”[22]的一种说法和另一种说法之间的根本区别。人们始终可以确信，在范例分析和比较中所把握到的两方面内容都作为纯粹的本质区别而可以在观念化中得到明察。我们在这里所力求达到的所有现象学确定都应（即使不做特别强调）被理解为本质确定。

B₁ 370 对于我们来说极有价值的第二个心理现象规定被布伦塔诺表
达为：“它们或者就是表象，或者建基于作为其基础的表象之
A 350 上”。① “如果一个东西没有被表象，那么它也就不能被判断，也不
796 能被欲求，不能被希望和被惧怕。”②在这个规定中，表象当然没有
被理解为被表象的内容（对象），而是被理解为表象行为。

这个规定看上去不是我们的研究的合适出发点，其原因在于，它预设了一个表象的概念，而我们首先需要将这个概念从这个术

① 布伦塔诺：《出自经验立场的心理学》，第一卷，第111页（第3节结尾）。

② 同上书，第104页。

[18] 在A版中为：在这个词义上的“心理现象”。

[19] 在A版和B版中加了重点号。在第三版中被纠正。第四版重又与A版和B版相符。

[20] 在A版和B版中为：整体。在第三版中被纠正。第四版重又与A版和B版相符。

[21] 在A版中为：被意指。

[22] 在A版中为：含有。

语所包含的多重的，并且根本不易区分的歧义中解脱出来。但对行为[23]概念的阐释在这里提供了一个自然的开端。无论如何，这个规定同时也陈述了一个重要的，并且在内容方面可以引发进一步研究的命题，我们必定还会回溯到这个命题上。

第11节　对那些在术语上相近的误释的抵制：a）"心灵的"或"内在的"客体

在我们坚持布伦塔诺的本质规定的同时，我们却不得不拒绝他的术语，因为，正如我们已经暗示了的那样，我们的信念与他的信念之间有偏差。在涉及有关类型的体验时，我们最好是既不谈论心理现象，也根本不去谈论现象。心理现象仅仅在布伦塔诺的立场上才有其合理性，根据这种立场，心理学的研究领域应当（主要是）以这类体验为界限的，然而从我们的立场来看，所有体验在 B1 371
这方面都是同样合理的。至于现象这个术语，它不仅带有相当不利的多义性，而且它还含有一个十分可疑的理论信念，我们在布伦塔诺那里可以明确地找到这种信念，即：每一个意向体验都是一个现象。由于现象在这个主要的，也是被布伦塔诺所接受的说法中标志着一个显现的对象本身，因此这就意味着，任何一个意向体验都不仅具有与对象的关系，而且本身也是某些意向体验的对象；人们在这里尤其会想到这样一些体验，这些体验会使某物在最特殊[24]意义上显现给我们，这种体验就是感知："每一个心理现象都

[23]　在A版中为：心理行为。

[24]　在A版中为：最有限。

是内意识的对象。”但我们已经说过,我们对能否赞同这个命题抱有极大的怀疑。

A 351 其他的批评则与一些表达有关,布伦塔诺或是与心理现象这个术语平行地使用这些表达,或是以限定的方式使用这些表达,此外它们也是一些常用的表达。无论如何,以下这些说法非常值得怀疑,而且足以令人误入歧途:被感知、被想象、被判断、被期望的对象等等(或者说,以感知、表象的方式等等)“进入意识”,或者反之,“意识”(或“自我”)以这种或那种方式与这些对象“发生关系”,这些对象以这种或那种方式“被纳入到意识之中”等等;但还有一些说法也同样如此:意向体验“自身含有作为客体的某物”等等。① 这类表达与两个误释相接近:第一个误释在于,这里所涉及的是一个实在的进程或在意识或自我与“被意识”的实事之间的一个实在关系;第二个误释在于,这里所涉及的是在两个可以用相同方式在意识中实项地找到的实事,即行为与意向对象之间的一种关系,是

B₁ 372 一种类似于一个心理内容与另一个心理内容之间的相互套接关系。如果在这里无法避免关于一种关系的说法,那么就必须避免这样一些表达,这些表达会正式邀请人们将这些关系误释为一种心理学－实在的关系,或误释为一种从属于体验实项内容的关系。[25]

① 参阅同上书,第 266、267、295 页以及其他各处。

[25] 在 A 版中为:这类表达与两个误释相接近:第一个误释在于,这里所涉及的是意识或自我对“被意识的”实事所做的一个实项行动(Aktion),至少涉及一个在每个行为中都可以描述性地发现的在这两者之间的关系;第二个误释在于,这里所涉及的是在两个可以用相同方式在意识中被发现的实事,即行为与意向对象之间的一种实项

我们再进一步考虑上述第二个误释。这种误释之所以会产生，乃是因为受到一些表达之大力推荐的缘故，这些表达是指被用来标示意向体验的本质特性的内在对象性这个表达以及一个对象的意向的或心灵的内实存这些同义的经院哲学表达。意向体验的特别之处在于，它们以不同的方式与被表象的对象发生关系。它们恰恰是在意向的意义上做这件事。一个对象在它们之中“被意指”①[26]、“被瞄向”[27]，并且是以表象的方式，或者同时也以判断的方式，如此等等。但在这里所包含的无非是，某些体验是体现性的，它们具有意向的特征，并且特殊地具有表象意向、判断意向、欲求意向等等特征。并非是（我们在这里撇开某些例外情况不论）两个实事合乎体验地[28]体现，并非是这个对象被体验到，并且与此平行，朝向这个对象的意向体验[29]也被体验到；并非是两个在部分的和较全面的整体的意义上的实事，而是只有一个东西(eines)[30]是体现性的，即意向体验，它的本质描述特征正是有关 A 352

① 突出的注意(Aufmerken)、留意(Bemerken)在这里没有在“意指”、“意向”的词义上被采纳。参阅这一章后面本章第13节。

关系，是一种类似于一个心理内容与另一个心理内容之间的实在相互套接关系。如果在这里永远无法避免关于一种关系的说法，那么就必须避免这样一些会正式邀请人们将这些关系误释为一种心理学－实在的关系，或误释为一种需要进行描述性理解的关系的表达。。在A版中还加有一个脚注：进一步的论述可以参阅本章结尾的附录，第396页以后。

［26］ 在A版中未加引号。脚注为B版的附加。

［27］ 在A版中未加引号。

［28］ 在A版中为：心理地。

［29］ 在A版中为：行为。

［30］ 在A版中为：一个实事。

的意向。随意向的种类殊相化(Besonderung)的不同，它完整而单独构成对这个对象的表象或对它的判断等等。如果这个体验是
B1 373 体现性的，那么——我要强调，这是它本己的本质所决定的——[31]与一个对象的意向关系便确然地得以进行，一个对象便确然地是“意向当下的”；因为它们所表达的完全是同一件事。这样一个体验当然可以连同它的这个意向处在意识之中，即使是在对象不存在，甚或根本不可能存在的情况下；对象被意指，即对它的意指是一个体验；但它这样仅仅是被意指，并且事实上是无(nichts)。

如果我表象朱庇特神，那么这个神就是被表象的对象，它在我的行为中是“内在当下的”，在它之中是“心灵的内实存”，无论那些在实际解释中的错误说法做何种说明。我表象朱庇特神，这意味着，我具有某个表象体验，在我的意识之中[32]进行着一个对朱庇特神的表象。人们尽可以在描述分析中划分这个意向体验，但人们当然不会在其中找到像朱庇特神这样一类东西；因此，“内在”、“心灵”对象不属于体验的描述(实项)组成，因此，它也根本不是内
A 353 在的或心灵的。它自然也不在心灵之外(extra mentem)。它根本就不在。但这并不妨碍那个对朱庇特神的表象是现实的[33]，是这样一种体验、这样一种特定的心绪(Zumutesein)方式，以至于每一个在自身经历它的人都可以说。他表象的是那样一个带有这些或那些虚构的众神之王。另一方面，如果被意指的对象实在地存在

[31] 在A版中为：在其心理的、具体的充盈中是体现性的，那么。

[32] 在A版中为：在我(我的意识)之中。

[33] 在A版中为：实在的。

着,那么从现象学的[34]角度来看也不会有任何变化。对于意识来说,被给予之物是一个本质上相同的东西,无论被表象的对象是实在存在的,还是被臆想出来的,甚或可能是背谬的。我对“朱庇特”的表象不会不同于我对“俾斯麦”的表象,对“巴比伦塔”的表象不会不同于对“科隆大教堂”的表象,对一个“等千角形”的表象不会不同于对一个“等千面体”的表象。①

如果这些所谓的内在内容更多只是一些意向的(被意指的)内容而已,那么另一方面,那些属于意向体验实项组成的真正内在内容就不是意向的:它们构建起行为,它们作为必然的基点而使意向得以可能,但它们自身并没有被意指,它们不是那些在行为中被表象的对象。我看到的不是颜色感觉,而是有色的事物,我听到的不是声音感觉,而是女歌手的歌,以及如此等等。② B1 374

① 我们在这里可以不去考虑那些构成[35]对被表象之物的存在信念的可能设定特征(Setzungscharakter)。——人们又可以确信,在这里所进行的考察中,所有对自然现实连同人和其他体验着的动物的前设都是可以被排斥的,以至于这些考察可以被理解为是对观念可能性的思考。最终人们会看到,这些考察采纳了方法上的排斥性考虑(Ausschaltungsüberlegungen)的特征,这种排斥性思考会将先验统觉的实事与设定划分开来,然后便可确定,哪些东西属于体验本身的实项本质组成。这样,体验便是纯粹现象学的体验,只要对体验的心理学统觉也一同被排斥。[36]

② 那种对内在对象与超越对象的貌似自明的区分是以一个旧传统的模式为依据的,即:从内部被意识到的图像 - 外部被意识到的自在存在。对此可以参阅本章结尾的附录〔对“图像论”和关于行为的“内在”对象之学说的批判〕,第 421 页及以后各页[37]。

[34] 在 A 版中为:心理学的。

[35] 在 A 版中为:隐含。

[36] 在 A 版中为:因为这种信念是可以缺失的,或者可能是错误的。。

[37] 在 A 版中为:第 396 页以后。

而对表象有效的东西，对于建基于它之上的其他意向体验也
有效。对一个客体进行表象，例如对“柏林宫殿”进行表象，我们会
说，这是一种在描述上这样或那样确定了的心绪。对这个宫殿进
A 354 行**判断**，对它的建筑美感到**喜悦**，或对能够这样做而抱有**希望**，如
此等等，这些是新的体验，在现象学上以新的方式得到描述。所有
这些体验的共同之处在于，它们是对象意向的方式，我们在通常的
说法中对这些方式只能做这样的表达，即：这个宫殿被感知，被想
象，在图像中被表象，被判断，它是那个喜悦的对象，那个希望的对
象，以及如此等等。

还需要做更详细的研究来确定，关于在表象中被表象的对象、
在判断中被判断的对象的形象说法的合理性何在，以及究竟如何
来完整地理解行为的对象关系[38]；但就我们至此为止所深入的境
B_1 375 地而言，无论如何已经很明显，我们最好是完全避免这种关于内在
对象的说法。放弃这种说法并不会造成困难，因为我们已经具有
“意向对象”这个表达[39]，它不会屈从于类似的怀疑。

如果顾及关于对象在行为中的意向“被包含”这种说法的非本真性，那么我们可以明确无疑地看出，这样一些平行的和等值的说法：对象是“被意识的”、“在意识之中”、“内在于意识”[40]等等，它们带有极为有害的歧义性；因为，“意识”在这里所指的东西，完全不同于它根据前面所阐释的两个意识含义的标准所能指的东西。整个近代心理学与认识论都受到这些以及与它们相近的歧义性的

[38] 在A版中为：如何理解意向行为一般的客观性。

[39] 在A版中为：在“意向对象”的表达中已经具有这样一个表达。

[40] 在A版中未加引号。

迷惑。在心理学思维方式和术语起主导影响的情况下，我们不便再用我们自己的术语去反驳当今心理学的那些术语。由于我们的第一个意识概念——这个概念，从经验－心理学来理解，将属于心理个体之实在统一的体验流以及所有实项地构造这个意识流的因素都同样地标记为被意识（bewußt）——已表现出穿越心理学的趋向，所以我们在前一章中就已经决定（但仅只是在排斥真正心理学之物的前提下，亦即在现象学的纯粹性中）偏好这个意识概念，这样，在无法避免的情况下（要想避免几乎是不可能的）我们就必须带着必要的谨慎来使用这种在内感知的意义上和在意向关系的 A 355
意义上关于意识的说法。[41]

第 12 节　b）行为以及意识或自我与对象的关系

类似的情况也表现在那个首先提到的误释上，①这种误释以 B_1 376
为，一方面是意识，另一方面是被意识到的实事，它们两者是在实

① 参阅本书前面第 371 页[42]

[41] 在 A 版中为：由于我们的第一个意识概念——这个概念将属于心理个体之实在统一的体验，即将所有实项寓居于它之中的体验、实项地构造它的因素都同样地标示为被意识（bewußt）——已表现出贯穿的趋向，所以我们在前一章中就已经决定坚持这个意识概念，这样，在任何一个要求术语之严格性的情况下，我们就必须避免这种在内感知的意义上和在意向关系的意义上关于意识的说法。。

[42] 在 A 版中为：第 351 页。

在的[43]意义上发生关系。人们常常不说"意识"[44]，而说"自我"[45]。显现在自然反思中的实际上不是个别行为，而是作为有关关系的一个关系点的自我，而这些关系的第二个关系点则处在对象之中。如果人们还注意到行为体验，那么自我看上去必然是通过这个行为体验或在这个行为体验之中与对象发生关系，在后一种看法中人们甚至会倾向于把自我作为本质的和始终同一的统一点附加给每一个行为。然而，这样我们便又回归到在前面已经被拒绝了的看法上去，即把纯粹自我看作是关系中心。

但如果我们可以说是生活在有关行为之中，如果我们沉湎于例如对一个显现的过程的感知考察之中，或者沉湎于想象的游戏，沉湎于阅读一个童话、进行一个数学证明以及如此等等之中，那么我们根本不会注意到作为这些被进行的行为之关系点的自我。虽然自我表象(Ichvorstellung)"随时准备着"尤为轻易地突出自身，或者毋宁说"随时准备着"以新的方式进行；但只有当它现实地被进行并且与有关行为融为一体时，"我们"才与对象发生关系，从而使某种可以得到描述指明的东西与自我的这种关系相符合。而描述性地处在现实体验之中的是一个相应的复合行为，它将自我表象作为一个部分，将对关涉实事的各个表象、判断、希望等等作为

A 356 第二个部分包含在自身之中。从客观方面来看(因而也是从自然反思的立场来看)，自我在每一个行为中都意向地与一个对象有关，这当然是正确的。这甚至可以说是一种纯粹的自明性，只要我

[43] 在A版中为：真正的。

[44] 在A版中未加引号。

[45] 在A版中未加引号。

们将自我仅仅看作是“意识统一”,看作是体验的“捆索”,或者从经验实在的理解和自然的理解出发,将自我看作是在意识统一中作为体验的个人主体而意向地构造起来的连续的事物性统一:即作为在体验中具有其“心理状态”的自我,作为进行着有关意向、有关感知、有关判断等等的自我。如果一个关于这个或那个意向的体 B_1 377
验是体现性的,那么自我当然就具有这个意向。[46]

因此,自我表象一个对象,它以表象的方式与一个对象发生关系,它具有作为其表象客体的对象——这个命题所陈述的东西[47]与以下命题相同:在现象学的自我中,在这个具体的体验复合体中,某个根据其种类特性被称作“对有关对象之表象”的体验是实项当下的。同样,自我对对象做判断,这个命题也就相当于:在自我中,有关带有这样或那样规定性的判断体验是当下的,如此等等。我们在**描述**中[48]无法回避这个与体验自我的关系;但各个体验自身并不处在一个包含着作为部分体验的自我表象之复合体中。描述是在客体化反思的基础上进行的;在这种反思中,对自我

[46]　在A版中为:这甚至可以说是一种纯粹的自明性,只要我们将自我仅仅看作是“意识统一”,看作是体验的“捆索”,或者最好是将自我看作是一个连续的事物性统一,这个事物性统一在属于一个“自我”的体验中构造起来,因为这些体验的种类的和因果的特殊性在规律上要求这种统一。自我这样一种构造部分包含在这个统一之中的还有有关的意向体验、有关的感知、判断等等。如果一个关于这个或那个意向的体验是体现性的,那么自我作为全面的整体当然就具有这个意向,正如心理事物具有那些作为部分内容而将它构造起来的属性一样。如果部分与统一的整体发生关系,那么结果就会是这样一种拥有关系:整体“拥有”部分;因此,自我也“拥有”意向关系,这是表象着的、判断着的自我,如此等等。。

[47]　在A版中还紧跟:完全。

[48]　在A版中还紧跟:当然。

的反思与对行为体验的反思联结成为一个关系行为,自我本身在
A 357 这个行为中显现为一个借助于其行为而与行为对象发生关系的自
我。显然,随此而发生了一个本质描述性的变化。尤其是原初的行为不再是简单地在此存在了,我们不再生活于其中,而是**对它进行关注**,并且**对它进行判断**。

因而必须远离、并且通过这些思考来排除这样一种误释,即认为:与自我的关系是一种属于意向体验本身的本质组成的东西。①

第 13 节 对我们的术语的确定

根据这些批判性的准备工作,我们现在来确定我们自己的术
B1 378 语,我们对术语的选择要做到,尽可能将那些有争议的前设和有干
806 扰的歧义始终排除在外。因此,我们将完全避免心理现象这个表达,而且,凡在需要正确性的地方,我们都使用"意向体验"这个说法。在这里,人们应当在前面所确定的意义上来理解"体验"[49]。"**意向的**"这个定语所指称的是须被划界的体验组所具有的共同本质特征[50],是**意向**的特性,是以表象[51]的方式或以某个类似的方

① 参阅此项研究第一章的补充,前面第 363 页[边码 B_1 363],以及参阅我的《纯粹现象学与现象学哲学的观念》第一卷上的有关章节(可以参阅该书第 57 节和第 80 节。——中译注)。

[49] 在 A 版中还紧跟:,即简单地理解为在心理个体统一中的实项的、构造的块片或因素。

[50] 在 A 版中为:种属特征。

[51] 在 A 版中为:意指。

式与一个对象之物发生的关系。作为简称，我们将迎合外来的和本己的语言习惯而使用“行为”(Akt)这个词。

这些表达当然也不是完全无可置疑的。我们常常在对某物进行特别关注和**注意**的意义上来谈论一个**意向**。然而**意向对象并非始终受到注意和关注**[52]。有时是许多行为同时当下，并且交织在一起，但注意力却是以一种突出的方式在这些行为中的一个行为中“活动”。我们同时体验到所有这些行为，但我们却可以说是沉湎于这一个行为之中。无论如何，如果我们考虑到从历史上流传下来并且通过布伦塔诺而又经常被使用的关于意向对象的说法， A 358
那么，在一种相关的意义上谈论意向也许并非不合适，尤其是对于在注意(我们有理由不把它看作是一个特殊的**行为**)①[53]意义上的意向来说，我们还具有“注意”(Aufmerken)这个术语。但这里还要考虑到另一个歧义。“意向”这个表达是在瞄向(Abzielen)的形象中表象出行为的特性，因而非常适合于那些可以顺当地、易懂地被标示为理论瞄向意图或实践瞄向意图的行为。但这个形象的说法并不同样也适合于所有行为；如果我们更仔细地关注在此项研究第 10 节中所罗列的例证，那么我们不会看不到，必须区分**关于**
意向的一个较为狭窄的和一个较为宽泛的概念。与瞄向的活动形 B₁ 379
象相符的是作为相关物的**射中**(Erzielen)的活动(发射与击中)。与此完全相同，与某些作为“意向”的行为(例如判断意向、欲求意

① 参阅此项研究第 19 节，第 410 页。

[52] 在 A 版中为：意向对象并非始终受到特别的注意和关注。

[53] 在 A 版中为：(我们根据以上所述不倾向于把它看作是一个特殊的**行为**)。

向）相符合的是另一些作为“射中”或“充实”（Erfüllungen）的行为。因此，这个形象的说法完全适合于第一种行为；但充实也是行为，即也是“意向”，尽管它们（至少一般说来）不再是那个较为狭窄的、指明一个相应充实的意义上的意向。这个歧义一旦被认识到便不再有害。不言而喻，只要涉及这个较狭窄的概念，就必须作出明确的说明。此外，“行为特征”这个平行的表达也可以帮助我们避开某些误解。

至于另一方面关于行为（Akt）的说法，人们在这里不应联想
A 359 到原初的词义“actus”（行动），关于行动（Betätigung）的想法必须始终被排斥。① 但“行为”这个表达在一大批心理学家的用语中是如此根深蒂固，而另一方面却又如此被用损，并且如此清楚地脱离了它的原初意义，以至于我们——尤其是在作出这个明确的保留之后——可以无所顾忌的继续使用它。如果我们不想引进全新的、有别于所有生动的语感和所有历史传统的人造语词，那么我们将几乎无法避免刚才所说的那一类不利因素。

① 如果纳托尔普（《心理学引论》[54]，第 21 页）针对那种将心理行为说成是意识活动或自我活动的做法指责说：“只是因为意识常常或始终伴随着努力，它看上去才像是一种活动，而它的主体则看上去像是活动者”，那么我们完全赞同他的观点。我们也拒绝“活动的神话”；我们将“行为”不是定义为心理活动，而是定义为意向体验。

［54］ 在 A 版中为：同上书。

第14节　对将行为设定为一类在描述上被奠基的体验之做法的疑虑 B₁ 380

在所有这些术语性的阐释中，我们已经相当深地进入到我们的逻辑学－认识论兴趣所要求的那种描述分析之中。但在我们继续这种描述分析之前，有必要顾及到某些涉及我们描述之基础的指责。

首先是对我们在行为或意向体验的标题下所描述的那一类体验的划界受到一组研究者的全力反驳。在这方面，布伦塔诺引入这种划界的原初方式，他用这种划界所想达到的目的，或许还有他所遭受的一些误解，都造成了一些迷惑，它们使人无法看到这种划界的极具价值的描述内涵。例如纳托尔普便坚定地反对这种划界。但如果这位出色的研究者指责说[①]："尽管我可以自为地或在与其他意识内容的关系中考察声音，同时无须继续顾及它对一个自我而言的此在，但我不能自为地考察我的听，同时却不去想到声音"，那么我们在其中并不会发现有任何能使我们产生迷惑的地 A 360
方。听无法与对声音的听相分离，就好像听在没有声音的情况下还可以是某种东西一样；这一点是确定无疑的。但这并不是说，我们无须再区分一个双重的东西：被听的声音、感知客体，以及对声音的听、感知行为。纳托尔普对被听的声音所做的陈述肯定是正确的："它的为我的此在，这就是我对它的意识。意识只能在一个

① 纳托尔普：《心理学引论》，第一版，第18页。

B_1 381 为我的内容的此在中被发现，如果有人除此之外还能以其他方式去发现意识，那么我是不会……去仿效他的。”但我觉得，这个“一个为我的内容的此在”是一个可以并且需要受到进一步现象学分析的实事。首先是在注意的方式中区别。内容对我来说可以根据以下情况的不同而以不同的方式此在，即：我究竟是仅仅隐含这个内容，而并不在整体中对它加以特别的突出，或是对它加以突出；再有，我究竟是[55]仅仅附带地注意到它，还是优先地注意它，特别地关注它。对我们来说更为重要的则是在以下两种内容的此在之间的区别，前者是指被意识到的，但本身未成为感知客体的**感觉**，后者则是指**感知客体**。对声音例子的选择稍许掩盖了这个区别，但并未[56]取消这个区别。“我听”，这在心理学中可以意味着，**我感觉到**；在通常的说法中则意味着，**我感知到**：我听到**小提琴的柔板、鸟儿的鸣叫**，如此等等。不同的行为可以感知同一个东西，但却可以感觉完全不同的东西。对同一个声音，我们这一次是在空间较近处听到，另一次是在空间较远处听到。反之亦然：对同一个感觉内容，“我们”这一次做这样的“立义”(auffassen)，另一次做那样的“立义”。[57]通常人们在关于“统觉”的学说中主要强调这样一种状况，即：在刺激相同的前设下，被感觉的内容并不始终是同一个，因为，由于从以往体验那里遗留下来的心境(Dispositionen)，在现实地为刺激所决定的东西上面布满了那些通过对这

[55] 在A版中为：还是。

[56] 在A版中还紧跟：完全。

[57] 在A版中为：不同的人可以感觉到同一个东西，但却可以感知为完全不同的东西。我们自己就将相同的感觉内容这一次做这样的“**释义**”(deuten)，另一次做那样的“**释义**”。。

种心境（无论是对所有的心境，还是对一些心境）的现时化而产生的各个因素。但仅仅做此强调是远远不够的，而且最主要的是，现
象学的问题根本不在于此。无论在意识中体现性的（被体验的）内 A 361
容如何产生，人们都可以想象，在意识中存在着相同的感觉内容，
但它们受到不同的立义，换言之，在同一内容的基础上可以有不同 B$_1$ 382
的对象被感知到。但是立义[58]本身永远不能被还原为新的感觉的涌入（Zufluß），它是一个行为特征，是“意识”的一种方式，是“心绪”的一种方式：我们将在这种意识方式中对感觉的体验[59]称作对有关对象的感知。以自然科学心理学的考察方式在自然此在的范围内所能确定的东西，在排除了所有经验－实在之物的情况下，为我们产生出它的纯粹现象学组成。如果我们观看纯粹的体验及其特有的本质内涵，那么我们便观念地把握住纯粹的种类和种类的实事状态，在这里是指纯粹的种类：感觉、立义、感知、与其被感知之物相关的感知，以及所属的本质关系。然后我们也可以明察到这样一个总体性的本质事态：被感觉的内容的存在完全不同于被感知的对象的存在，后者通过前者而得到体现（präsentiert），但却不是实项地被意识。[60]

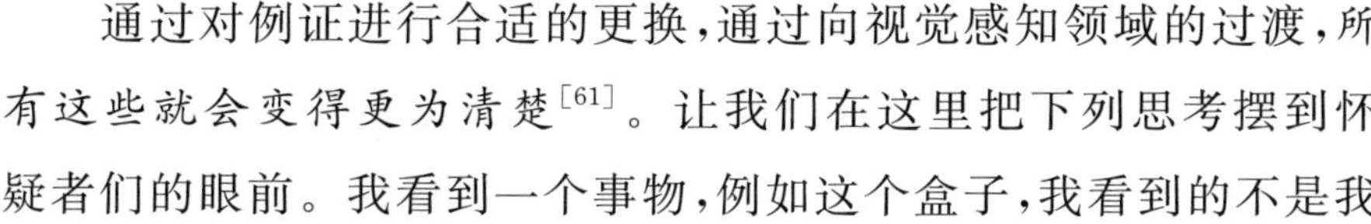

通过对例证进行合适的更换，通过向视觉感知领域的过渡，所有这些就会变得更为清楚[61]。让我们在这里把下列思考摆到怀疑者们的眼前。我看到一个事物，例如这个盒子，我看到的不是我

[58]　在A版中为：释义。

[59]　在A版中为：它。

[60]　在A版中为（一个新段落）：因此，被感觉的内容的存在完全不同于被感知的对象的此在，后者通过前者而得到体现（präsentiert），但却不是实项地被意识。。

[61]　在A版中为：人们还会更清楚地看到这一点。

的感觉。我看到的始终是这同一个盒子，无论它如何旋转和翻身。我在这里所具有的始终是这同一个“意识内容”——如果我喜欢将这个被感知的对象称之为意识内容的话。我随着每一次转动而具有一个新的意识内容，如果我在一种更为合适的意义上将被体验的内容称之为意识内容的话。因此，各种不同的内容被体验到，但却只有这一个对象被感知到。因此，一般说来，被体验的内容本身并不是被感知的对象。在此必须注意，对于感知体验的本己本质来说，对象的现实存在或不存在是无关紧要的；因而感知究竟是对这样显现还是那样显现的对象的感知，究竟是对作为这个还是作为那个而被意指的对象的感知，在这个问题上，对象的现实存在或不存在也是无关紧要的。此外，在被体验内容变换的过程中，我们以为（vermeinen）感知地把握到同一个对象，这个事实本身又属
B₁ 383 于体验的领域。我们体验到“同一性意识”，即体验到这个‘以为’
812 把握到同一性。我现在要问，这个意识的根据何在？下面这些回答是否可以说是确切的，即：尽管在这两方面都有不同的感觉内容被给予，但它们是在“同一个意义上”被立义、被统摄[62]，而根据此意义，这个立义是[63]一个体验特征，它首先构成“对象的为我的此在”？还有，同一性意识是在这两方面的体验特征的基础上作为这样一种直接的意识而进行，即关于它们所意指的是同一个东西的
A 362 意识？而这个意识又是一个在我们的定义意义上的行为，它的对象相关物处在上述同一性之中？我相信，所有这些问题都明见地要求得到肯定的回答。我认为，没有什么比在这里出现的内容与

[62] 在A版中为：被释义（被立义、被统摄）。

[63] 在A版中未加重点号。

行为的区别更为明见的了，更特殊地说，没有什么比在展示性[64]感觉意义上的感知内容与在立义性的并带有其他各种重叠特征的意向意义上的感知行为之间的区别更为明见的了；这种意向在与被立义的感觉的统一中构成了完整具体的感知行为。

当然，在体验的最宽泛的描述意义上的意识内容也是意向特征，并且同样是完整的行为；就此而论，我们所能发现的所有区别肯定都是内容的区别。但在这个可体验之物的最宽泛领域之内，我们相信能够发现在两种意向体验之间的明见区别：在一种意向体验中，意向对象[65]通过各个体验的内在特征而构造出自身，在另一种意向体验那里，情况则不是如此，也就是说，它们是这样一种内容，这种内容虽然可以作为行为的基石而起作用，但本身却不是行为[66]。

如果将感知与回忆[67]进行比较，并且再将这两者与借助物理图像（绘画、塑像等等）或符号的表象进行比较，我们就会获得可以进一步说明这个区别，并且可以使各种不同的行为特征得以相互衬托的有益例证。但最有益的例证是由表达提供的。如果我们想象，①例如，某些形态或阿拉伯图形（Arabesken）首先纯粹美学地 B_1 384

① 参阅[68]笔者“对基础逻辑学的心理学研究”（简称为“心理学研究”），载于：《哲学月刊》，第三十期，1894 年，第 182 页。

[64] 在 A 版中为：体现性。

[65] 在 A 版中未加重点号。

[66] 在 A 版中未加重点号。

[67] 在 A 版中为：想象表象。

[68] 在 A 版中为：我所引用的是。

作用于我们，而后我们突然领悟到，它们可能是一些象征或文字符号。这里的区别何在？或者我们来看这样一种情况：某人关注地倾听一个他完全不懂的词，把它当作单纯的声音复合，同时丝毫不
A 363 知这是一个词；我们再比较一下这个情况：以后，当他熟悉了这个词的含义时，他在一段对话中听懂了这个词，但并不带有对这个词的直观化。相对于那个无思想的(gedankenleer)[69]**语音**而言，这个被理解的，但仅仅象征性地起作用的表达所多出的部分究竟在哪里？我们是简单地直观一个具体的A，还是将它立义为“一个随意的A”的“代表”，这里的区别何在？在这些和无数类似的情况中，行为特征都发生了变异。所有逻辑区别，尤其是所有范畴形式的区别都建构在[70]意向意义上的逻辑行为之中。

在这类范例分析中表明，现代统觉学说是不充分的，它甚至忽略了对于逻辑学－认识论兴趣来说至关重要的方面。它没有正确地对待这个**现象学的**实事状态，它根本没有对这个事态进行分析和描述。然而立义的区别首先是**描述性的**区别；并且与认识批判者相关的唯有这些区别，而不是在无意识的心灵深处或在生理发生的领域中的某些隐蔽的和假设的过程。唯有这些区别才能受到像认识批判所预设的那种纯粹现象学的、排除了所有超越性设定
B_1 385 的把握。对我们来说，统觉就是在体验本身之中，在它的描述内容之中相对于感觉的粗糙此在而多出的部分(Überschuß)；它是这样一个行为特征，这个行为特征可以说是赋予感觉以灵魂(beseelt)，并且是根据其**本质**来赋予灵魂，从而使我们可以感知到这

[69] 在A版中为：无思想的(gedankenlos)。

[70] 在A版中为：范畴形式都包含在。

个或那个对象之物，例如看到这棵树，听到这个铃响，闻到这个花香等等。感觉以及这些对它进行“立义”或“统摄”的行为在这里被体验，但它们并不对象性地显现出来；它们没有被看到、被听到，没有带着某个“意义”被感知。另一方面，对象则显现出来，被感知，但它们没有被体验。不言而喻，我们在这里要排除相即感知(adäquate Wahrnehmung)的情况[71]。

类似的情况显然在其他地方也有效；例如对于那些属于素朴的和映象的(abbildend)想象[72]行为的感觉(或者我们也可以将它称之为作为立义基础起作用的内容)①也有效。图像化(verbildlichend)的立义使我们[73]不是具有一个感知显现，而是具有一个图像显现，在这种显现中，图像地被表象的对象(在一张画像上的半人半马)在被体验的感觉的基础上显现出来。② 人们同时 A 364

① 严格地说，感觉应当属于感知行为，而不属于想象行为。所以胡塞尔在这里又补加了括号中的说明，即：感觉在这里是“作为立义基础起作用的内容”。这是一个较为宽泛的表达。我们还可以做进一步的定义：作为感知立义基础起作用的内容是感觉；作为想象立义基础起作用的内容是想象材料，即：Phantasma。——中译注

② 由于缺乏经过充分准备的现象学基础，并且因此而缺乏清晰的概念和提问，关于感知表象和想象表象之间关系的诸多争论不会得出真正的结果。关于简单感知与映象意识和符号意识的关系问题也同样如此。我认为可以毫无疑义地证明，行为特征在这里是各不相同的，例如，带有图像性(Bildlichkeit)的体验成为一个根本全新的意向方式。[74]

[71] 在A版中为：只须排除相即感知的极限情况。

[72] 在A版中为：想象(Phantasie)和想像一般(Imagination überhapt)。(“想象”(Phantasie)和“想像”(Imagination)在胡塞尔的术语中基本上是同义词。——中译注)

[73] 在A版中还紧跟：现在。

[74] 在A版中为：我认为可以毫无疑义地证明，这两方面的行为特征是各不相同的。一旦弄清了这一点，人们就几乎不会决定再多此一举地去规定一个在感觉材料与想象材料之间的本质区别。。

理解了,在与意向对象关系中的表象(感知的、回忆的、臆想的、映象的、标示的对对象之意向)意味着什么,在与实项属于行为的感觉的关系中的立义、释义、统觉意味着什么。

B₁ 386 从这些被考察的例子来看,我认为这也是明见的:事实上存在着本质不同的"意识方式",即本质不同的与对象之物的意向关系的方式;在感知的情况中,在素朴"再造的"当下化情况中[75]、在通常对塑像、绘画等等之立义意义上的图像表象情况中,还有在符号表象和纯粹逻辑学意义上的表象情况中,意向的特征都是不同种类的特征。每一种逻辑上不同的、在思想上表象一个对象的方式都有一个意向上的差异性与之相符合。我认为同样无可争议的

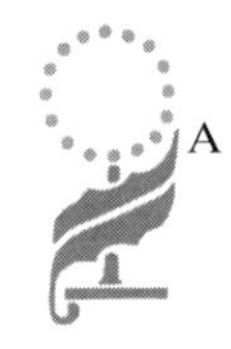

A 365 是,我们之所以知道所有这些区别,乃是因为我们在个别情况中观视到(erschauen)它们(即直接相即地把握到它们),在概念中对它们进行比较,并因此而在不同的行为中使它们重又成为直观客体和思维客体。我们也随时可以从这些被直观到的区别中通过观念化的抽象而相即地把握到那些在它们之中个别化的纯粹种类和那些从属的种类本质联系。如果纳托尔普反对说①:"毋宁说,意识的所有丰富多样性都在它的内容之中。一个简单感觉的意识作为意识在种类上丝毫不能区别于一个世界的意识;意识的因素在这两种意识中是完全相同的,区别仅仅在于内容",——那么我觉得,他没有区分意识与内容的不同概念,甚至想把它们的同一性提升为认识论原则。我们在前面已经阐明,我们自己在何种意义上主

① 纳托尔普:《心理学引论》,第 19 页。

[75] 在 A 版中为:在想象表象的情况中。

张，意识的所有杂多性都处在内容之中。在这个意义上，内容就是体验，它实项地构造着意识；意识本身是体验的复合。但世界永远 B₁ 387
不再是思维者[76]的体验。体验是对此世界的意指，世界本身是被意指的对象。我还要明确强调，对于这个区分来说，人们如何来对待以下的问题是无关紧要的，这些问题是指：构成世界或随意一个其他对象之客观存在和真实、现实的自在存在的是什么；人们如何将客观存在规定为相对于主观的被思状态（Gedacht-sein）连同其"杂多性"的"统一性"；以及在何种意义上可以将形而上学的内在存在与超越存在对立起来，如此等等。在这里所涉及的毋宁说是一个先于所有形而上学的并处在认识论的门口的区分，因此在这里没有什么问题被预设为是已回答了的，这些问题恰恰还应由认识论来回答才是。

第15节　同一现象学[77]属（并且尤其是感受这个属）的体验是否能够一部分是行为，一部分是非行为

在意向体验的种属统一方面产生出一个新的困难。

即人们可能会怀疑，将体验划分为意向体验和非意向体验的 A 366
观点仅只是一个外在的观点，以至于同一些体验或同一现象学[78]属的体验忽而具有与对象之物的关系，忽而又不具有这种关系。

[76] 在A版中为：思维这个世界的人。

[77] 在A版中为：描述。

[78] 在A版中为：描述。

有些文献已经对举证这种或那种观点的例子做了阐释，而且还部分地阐释了消除这些怀疑的思想，即在这样一个有争议的问题方面做了阐释：意向关系的特征是否足以划分"心理现象"(作为心理学的区域)。这个有争议的问题尤其涉及感受(Gefühle)领域的某些现象。由于意向性在其他的感受那里明显可见，因此人们有可
B₁ 388 能会产生双重的怀疑：或者人们也会怀疑这些感受行为：它们是否只是非本真地带有意向关系，它们是否更多地是直接地和真正地从属于那些与它们相交织的表象；或者人们只是怀疑，意向特征对于感受这个类别来说是否具有本质性，因为人们承认这一类行为具有这种特征，但否认另一类行为具有这种特征。这样，在通常被讨论的那个有争议问题与我们在这里所提出的问题之间的联系便得以明了。

我们首先要考虑，在感受这个种类的行为中能否发现这样一类体验，它们本质上具有一个意向关系；然后我们要观察，这个种类的其他体验是否有可能缺乏这种关系。

a)是否存在着意向感受[79]

在我们普遍称之为感受的许多体验那里都可以清晰无疑地看到，它们确实具有一个与对象之物的意向关系。这种情况表现在例如对一段乐曲的喜爱，对一声刺耳的口哨的厌恶等等方面。每一个快乐或不快都是对某个被表象之物的快乐或不快，它们显而

[79] 未列入A版的目录。

易见也是一种行为。我们也可以不说快乐，而说对某物的喜好，对某物的愉悦，对某物的偏爱；我也可以不说不快，而说对某物的反 A 367
感，对某物的厌恶等等。

否认感受之意向性的人说：感受只是心态（Zustände），不是行为、意向[80]。每当它们与对象发生关系时，它们总要借助于与表象的复合。

后一个命题自身是无可指责的。布伦塔诺一方面维护感受的意向性，①另一方面自己在并不自相矛盾的情况下主张：感受与所有不是单纯表象的行为一样，必须以表象为基础。② 我们在感受方面只能与那些通过交织在一起的表象而对我们表象出来的对象
发生关系。在争执的双方之间的差异只是表现在：其中的一方实 B1 389
际上是要说，感受就其自身来看不含有任何意向，它并不超出自身而指向一个被感受的对象；只是通过与一个表象的一体化（Vereinheitlichung），它才获得与一个对象的确定关系，但这个关系只能通过这种与一个意向关系的联结状况而得到规定，而且它本身不能被理解为是一种意向关系。而对立的一方所要否认的恰恰是这一点。

在布伦塔诺看来，这里有两个意向建造在一起，奠基性的意向提供被表象的对象，被奠基的意向则提供被感受的对象；前者可以脱离后者，但后者却不可脱离前者。而在对立的观点看来，这里只

① 布伦塔诺：《出自经验立场的心理学》，第一卷，第 116 页以后。

② 同上书，第一卷，第 107 页以后。

[80] 在 A 版中为：主动的意向。

有一个意向，即表象意向。

在现象学直观[81]中对这个实事状态所做的关注的当下化(vergegenwärtigen)表明，人们显然应当优先采纳布伦塔诺的观点。如果我们带着好感朝向一个实事，或者这个实事使我们感到
A 368 反感，那么我们是在表象它。但我们不只是具有表象，而后再加上感受，即再加上某个自在自为地与此实事无关的、然后仅仅通过联想[82]而被联结的东西；相反，喜欢(Gefallen)或厌恶(Mißfallen)指向这个被表象的对象，没有这种指向，它们就根本不能存在。如果两个心理体验，例如两个表象，在客观－心理学的意义上形成一个联想关系，那么，与对那些有可能以再造方式实现的体验在客观心境方面的调节(objektiven dispositionellen Reglung)相符合的就是一个在现象学上可指明的"联想统一特征"。除了每个表象所具有的那种与其对象的意向关系之外，我们还可以从现象学上发现一个联系关系(Zusammenhangsbeziehung)：一个表象，例如一个关于"那不勒斯"的表象，它会"带有""维苏威火山"的表象，前者与后者以特殊的方式结合在一起，以至于我们就这些被表象的对象而言——这里的根本问题在于它们如何以一种需要进一步加以描述的方式被表象——也可以说，这一个对象令我们"回想起另一
B₁ 390 个对象"(这句话现在可以被理解为对一个现象学事件的表达)。但人们现在很容易看到，即使在这里以某种方式也形成了一个新的意向关系，但一个联想的环节却并不会因此而成为另一个联想环节的对象。意向关系在联想中并不会乱作一团。因此，它如何

[81] 在 A 版中为：内部经验。

[82] 在 A 版中未加重点号。

从一个被联想的意向中为那个自身不是意向的东西创造出对象来呢？此外很明显，这种现象学－联想的关系是一个非本质的关系[83]，不能将这种关系与喜欢和被喜欢之物的关系置于同一个层次之上。再造性表象在不发挥再造功能的情况下也是可能的。但一个没有被喜欢之物的喜欢却是不可思议的。而且，一个没有被喜欢之物的喜欢之所以不可思议，这不仅仅是因为我们在这里所从事的是相关性表达；即这样一些表达，就像我们说一个没有原因的结果，一个没有父亲的孩子是不可思议的一样；而且还因为喜欢的种类本质要求这个与被喜欢之物的关系。与此完全相同，信念的因素是先天不可想象的，除非它是一个关于某物的信念。再又相同的是，没有一个欲求（根据其种类特征）不带有被欲求之物，没有一个赞同或准许不带有某些须得到赞同或准许的东西，以及如此等等。所有这些都是意向，都是我们所说的行为。它们的意向关系都要"归功于"（verdanken）某些作为其基础的表象。但在这种"归功"的说法中也完全正确地包含着这样的意思，即：它们自身现在也具有那些归功于他者的东西。

人们也看到，奠基性的表象引发（bewirken）被奠基的行为，这种说法绝没有正确地[84]描述这两者之间的关系。虽然我们说，对象引起（erregen）我们的好感，正如我们在其他情况下说，一个 A 369

[83]　在A版中为：结伴出现，那么它们就可能达成极为紧密的联结；但第一个表象并不会因此而成为对第二个表象的对象的表象；无论这种联结有多么紧密，它也不会扰乱意向关系。因此，它如何为那个自身不是意向的东西创造出一个意向来呢？对那不勒斯的表象带有对维苏威火山的表象；我们说，第一个表象令我们回想起第二个表象的对象。但任何人都可以看出，这是一个外在的关系。

[84]　在A版中为：没有充分地。

事态引起我们的怀疑，迫使我们赞同，激起我们的欲望等等。但这
B_1 391 些虚假的[85]因果性[86]的各种结果，即被引起的好感、被引起的怀疑或赞同，自身完完全全地具有意向关系。这并不是一种外在的因果关系，按照这种关系，结果作为它在自身被考察过程中之所是，即使在无原因的情况下也仍然可以想象，或者，原因的成就乃是在于，某个可以自为存在的东西被附加了进来。

更仔细地考虑一下便可以得出，在这里以及在任何地方将意向关系看作因果关系，也就是说，将一个经验的、实体－因果的必然性联系强加于意向关系，这都是一种背谬。因为意向客体，即被理解为“引发者(bewirkendes)”的那个客体，在这里只能是意向客体，但却不可能是在我之外现实存在并实在地、心理物理地规定着我的心理生活的东西。我在一个图像中或在想象中所表象出的一场半人半马之战同样可以像现实的秀丽风景一样“引起”我的美感，而如果我将现实的风景也心理物理地理解为在我心灵中被引起的这个状态的实在原因，那么这个“因果性”就完全不同于这样一种因果性，即：我将这个被看见的风景——恰恰借助于这种显现方式，恰恰借助于它的“图像”的这种显现颜色或形式——因果地看作是我的惬意(Wohlgefallen)的“源泉”、“根据”、“原因”。惬意状况(Wohlgefälligsein)或惬意感觉(Wohlgefallenempfinden)并

[85] 在A版中为：显现的。

[86] 在A版中还紧跟一个脚注：这当然不是指，这里有一个因果性“被内感知”。在这些情况中确实显现出一个因果性，它在这些情况中就是意向客体。但在这些情况中和在其他情况中一样，都包含着这样一个事实：这个意向之物是一个现实被给予之物，这个显现是相即的直观。。

不“从属于”作为物理实在、作为物理原因的风景，而是在与此有关的行为意识中从属于作为**这样或那样显现着的**、也可能是这样或那样被判断的、或令人回想起这个或那个东西等等之类的风景；它作为这样一种风景而“要求”、而“唤起”这一类感受。

b)是否存在着非意向感受。对感受感觉与感受行为的区分

现在，进一步的问题在于，除了那些意向体验的感受种类以 B1 392
外，是否还存在着其他不是意向体验的感受种类。初看起来，我们对这个问题也必须以一个自明的是(Ja)来加以回答。在所谓感性感受的宽泛领域中无法找到意向的特征。如果我们被灼，那么感性的疼痛显然不能与一个信念、猜测、意愿等等置于同一个层次上，而应当与粗糙或光滑、红或蓝这样一些感觉内容相提并论。如果我们再现这种疼痛或某些感性快乐(如一朵玫瑰的香味、一道菜的鲜味等等)，那么我们也会发现，这些感性感受与从属于这些或那些感官领域的感觉融合在一起，完全就像感觉自身相互融合一样。

自然，每一个感性感受，如灼热的疼痛与被灼，都与对象之物 A 370
有关；一方面与自我有关，更确切地说，与被灼的身体部位有关，另一方面则与灼热的客体有关。但在这里重又表现出与其他感觉的同形性(Gleichförmigkeit)。例如触觉也同样关系到接触的身体部位与被接触的异体。尽管这种关系是在意向体验中进行的，人们却不会想把这些感觉本身标示为意向体验。这里的事态毋宁说

是这样的：感觉在这里是作为感知行为的展示性（darstellend）[87]内容而起作用，或者（这种说法可能会造成误解），感觉在这里经历了有关对象性的“立义”或“释义”。因此，它们自己不是行为，但行为是用它们构造起来的，即当感知立义这一类的意向特征占据了它们，可以说是赋予它们以灵魂时。正是以这种方式，只要这种灼热的、扎刺的、钻心的疼痛从一开始就与某些触觉融合在一起，它
B1 393 似乎就必须被看作是感觉；无论如何，它看上去是以其他感觉的方式在起作用，即作为一个经验的、对象性的立义[88]的起点。

对此当然是无可指责的，因此人们会认为，这个被提出的问题已经解决。似乎已经证明，一部分感受可以被划归为意向体验，另一部分感觉应当被划归为非意向体验。

然而这里还会有这样的怀疑产生：这两方面的“感受”说法的确属于一个属。我们在前面谈到喜欢或不喜欢、允许或不允许、重视或[89]低估这样一些感受——这是一些明见地与赞同和拒绝、认为可能和认为不可能这样一些理论行为，或与深思熟虑的判断决
A 371 定和意志决定等等相近的体验。人们不可能将那种痛感和快感纳入到这个仅仅包含着行为的属的明确本质性之中；它们毋宁说在描述上，在其种类本质方面与那些触觉、味觉、嗅觉同属一类。它们至多只是展示性[90]内容或意向客体，而本身不是意向，在这里表明了一个如此根本的和描述性的区别，它使我们根本不可能再

[87] 在A版中为：体现（präsentierend）。

[88] 在A版中为：释义。

[89] 在A版中为：与。

[90] 在A版中为：统一之中；它们毋宁说在描述上与那些触觉、味觉、嗅觉同属一类。它们至多只是体现性。

去严肃地考虑坚持一个真正的属的统一的说法。诚然，在前面所说的行为和这里所说的感觉这两方面都同样有关于“感受”的说法。但这个情况并不会使我们产生怀疑，正如在涉及触觉时，通常有关在触摸意义上的感受活动（Fühlen）不会使我们产生误会一样。

布伦塔诺就已经在阐释有关感受的意向性问题时指出了这里所讨论的歧义性。① 他将——尽管不是用这些表达，但根据其意义上是如此——疼感与快感［“感受感觉”（Gefühlsempfindung）[91]］区别于在感受意义上的痛苦和愉悦。前者的内容——或者我干脆说，前者②——被他看作是（在他的术语中）“物理现象”，后者则被他看作是“心理现象”，因而它们属于本质不同的更高属。这个观点在我看来是完全确切的，我只是怀疑，感受这个词的主导含义趋向是否在于那种感受感觉，而且那些被称之为感受的杂多行为是否是由于那些本质上与它们交织在一起的感受感觉才获得了这个名称。当然，人们不能把术语的合适与否的问题与布伦塔诺之划分的正确与否的问题混为一谈。 B1 394 A 372

在分析所有感受感觉与感受行为的复合体时，人们也必须始终关注并充分利用这个区分。所以，例如对一个幸运事件的喜悦（Freude）肯定是一个行为。但这个行为不是一个单纯的意向特

① 同上书，第一卷，第111页。

② 我在这里一如既往地将疼感等同于疼感的“内容”，因为我根本不承认有特有的感觉行为。显而易见，我不能赞同布伦塔诺的这个学说，即表象这个属的行为以感受感觉的形式成为感受行为的基础。

［91］ 在A版中未加引号。

征，而且[92]是一个具体的和本身（eo ipso）复合的体验，它在其统一中不仅包含着对可喜之事的表象和与此相关的喜欢（Gefallen）的行为特征；而且还有一个快感与表象相联结，这种快感一方面被立义为和定位为（lokalisiert）对感受着的心理物理主体的感受引动，另一方面被立义为和定位为客观的特性：这个幸运的事件看上去像是有美妙的微光在闪烁[93]。这个以此方式而带有愉快色彩
B_1 395 的事件本身现在才是喜悦的朝向、喜欢、欣喜以及人们所说的其他这类状况的基础。同样，一个悲伤的事件也不仅仅根据它的事物性内涵和联系，根据那些自在和自为地作为事件而从属于它的东西被表象；相反，它看上去带有悲伤的[94]色彩。经验自我所涉及的（作为心中的痛苦）和定位的同一类不快感（Unlustempfindung）在对事件的特定感受立义[95]中与经验自我本身发生关系。**这个**关系是纯粹表象的关系；只有在敌意的厌恶、主动的不喜欢等等之中才存在着一个本质上新的意向形式。建基于快感和痛觉之上的行为特征丧失时，快感和痛觉仍可以持续。当引起快乐的事实退而为次时，当它们不再被立义为是带有感受色彩的时，甚或根本不再是意向客体时，快乐的引起（Lusterregung）却仍然还能持续更长的时间[96]；它有可能自己被感觉为是惬意的（wohlgefällig）；它不是作为一个在对象上被喜欢的特性之代表而起作用，而是仅仅

[92] 在A版中为：但却。

[93] 在A版中还紧跟：，愉快则显现为是附在这事件上的东西。

[94] 在A版中还紧跟：主观。

[95] 在A版中为：对此事件的朝向。

[96] 在A版中为：当我们已不再朝向引起快乐的事实时，快乐的引起则还在持续。

与感受着的主体相关，或者自己就是一个被表象的和被喜欢的客体。

在欲求和意愿的领域中也可以做类似的阐释。① 如果人们发 A 373
现，这里的困难在于，似乎并非每一个欲求都要求一个与被欲求之物的有意识联系，因为我们常常活动于一些含糊的要求与渴望之中，而且追求的是一个未得到表象的终极目标；而且尤其是如果人们指明那些自然本能的广泛领域，这些本能至少在原初时缺乏有意识的目标表象，那么我们会回答说：或者在这里仅只存在着欲求
感觉（我们可以根据类比来谈论欲求感觉，但不必主张，这种感觉 B₁ 396
属于一个本质上新的感觉属），即存在着那种确实缺乏意向关系并因此而在属上有异于意向欲求的本质特征的体验。或者我们说：这里所涉及的虽然是意向体验，但却是被刻画为具有不确定朝向的意向[97]的体验，在这里，对象朝向的“不确定性”不具有匮乏(Privation)的含义，而是必然标示着一个描述性的特征，亦即一个表象特征。所以，当“某物”在动，当“它”簌簌作响(“es” raschelt)，当“有人”摁铃以及如此等等时，我们所进行的表象，亦即那个先于所有陈述和所有动词表达而进行的表象，也是一个带有不确定朝向的表象；而这个“不确定性”在这里属于这样一些意向的本质，这些意向的确定性恰恰在于，表象一个不确定的“某物”。

当然，有可能是这种观点适合于一些情况，而另一种观点则适

① 这里需要指出，H. 施瓦茨在《意愿心理学》（莱比锡，1900 年）的第 12 节中也探讨了类似的问题，这些探讨可以用来参照，并且也许可以用来补充。

[97] 在 A 版中为：是一些作为不确定朝向的意向而构造起来的体验。

合于另一些情况,因此我们在这里也不会承认在意向的与非意向的欲望或欲求之间的属共同体(Gattungsgemeinschaft)关系,而只承认它们之间的模棱两可(Äquivokation)的关系。

还应注意的是,我们的分类说法朝向具体的复合体,而且这些
A 374 单位的整体特征可以时而显现为受到感觉因素(例如快乐感和欲望感)的规定,时而显现为受到以它们为依据的行为意向的规定。据此,表达在其形成过程中和在其被使用的过程中时而以感觉内容为依据,时而则以行为意向为依据,这样便为那些可疑的模棱两可状况提供了契机。

补充。这种观点带有这样一种自明的趋向,即:将所有强度区别都在第一性的和本真的意义上都看作是奠基性感觉的强度区别;而只有在行为的具体整体特征一同受到它们的感觉基础之强
B₁ 397 828 度区别的规定时,才在第二性的意义上将这些强度区别看作是具体行为的强度区别。行为意向、即那些不独立的因素,它们赋予行为以其作为行为的本质特性,并且将行为分类描述为判断、感受等等——这些行为意向自身是无强度的。但这里还需要有深入的分析。

第16节 描述内容与意向内容的区分

我们已经针对那些指责而确立了我们对行为本质的理解,并且承认它们的本质属统一在于意向特征之中(在唯一描述性意义上的被意识性)。在此之后,我们要引入一个重要的现象学区分。根据至此为止的阐释,这个区分很容易得到理解;它就是对行为的

实项[98]内容和行为的意向内容的区分。①

我们将一个行为的实项[99]现象学内涵理解为这个行为的无论具体还是抽象的部分的整体概念，换言之，实项地建造着（aufbauend）[100]这个行为所具有的部分体验的总体概念。阐明和描述这些部分，这是在经验观点中进行的纯粹描述心理学分析的任务。这种分析的目的完全就在于，对内部经验到的[101]自在自为 B1 398
的体验进行剖析，一如它们在经验[102]中实项地被给予的那样，而且同时不去顾及那些发生的（genetisch）联系，也不去顾及它在自 A 375
身之外可能意味着什么，以及它可能对什么有效。对一个被发出的语音构成的纯粹描述心理学[103]分析会发现语音和语音的抽象

① 在本书的第一版中为"实项或现象学内容"。事实上，"现象学的"这个词与"描述的"这个词一样，在本书的第一版中所意指的都仅仅与实项的体验组成有关，并且在这一版中至此为止也主要是在这个意义上被使用。这与心理学观点的自然出发点相符合。但是，在对已进行的各项研究的再次深思中以及在对被探讨的实事的更深入考虑中——尤其是从这里开始——，有一个问题会变得敏感起来，并且还会越来越敏感，即：对意向的对象性本身（就像它在具体的行为体验中被意识到的那样被理解）的描述展示了另一个描述的方向，即纯粹直观地和相应地进行的描述的方向，这个方向不同于对实项的行为组成的描述方向，并且这种描述也必须被标示为现象学的描述。如果人们遵循这些方法的暗示，那么，这里得以突破的问题领域就会得到必然的和重要的扩展，而且，通过对描述层次的完全有意识的划分，我们就会获得长足的进步。参阅我的《纯粹现象学与现象学哲学的观念》第一卷（尤其是在第三篇中关于意向活动与意向对象的阐述）。

[98] 在A版中还紧跟：或现象学的（描述心理学的）。

[99] 在A版中为：或。

[100] 在A版中为：构造着（konstituierend）。

[101] 在A版中为：感知到的。

[102] 在A版中为：感知。

[103] 在A版中为：现象学。

部分或统一形式，它不会发现像声音振动、听觉器官等等这一类东西；另一方面也不会发现使此语音构成成为名称的那个观念意义，更不会发现通过这个名称而可能被指称的那个个人。这个例子已经足够[104]清楚地表明我们所关注的东西。我们当然只有通过这种描述的[105]分析才能知道行为的实项[106]内容。在这里，由于直观的不完全的清晰性以及描述性观念的不完全合适性，简言之，由于方法的缺陷，我们可以用福尔克特的话来说，所有“虚构的感觉”都可能一同出现，这是无可否认的。但这只涉及在个别情况中的有关描述分析的可靠性。如果确有明见无疑的东西存在，那么它就是：意向体验包含着可区分的部分与方面，这里的关键仅在于此。

但是，现在让我们将心理学－经验科学的观点转变为现象学－观念科学的观点。我们排除所有经验科学的统觉和此在设定，我们根据其纯粹的体验组成来接受被内部经验到的东西或以其他方式被内部直观到的东西（如单纯想象），并且将它们当作观念化的单纯实例性基础；我们从它之中直观出观念一般的本质和本质联系——即在总体性的各个层次上的观念体验种类和观念有效的
B1 399 本质认识，它们对于有关种类的观念可能体验来说具有先天的和绝对普遍的有效性。这样，我们获得纯粹的（在这里是朝向实项组成的）现象学明察，它的描述是一种完全观念科学的明察，并且是纯粹明察，不带有任何“经验”，即对实在此在的共同设定（Mitset-

［104］ 在A版中为：可以。

［105］ 在A版中为：现象学的。

［106］ 在A版中为：现象学。

zung)。每当我们以简略的方式只说对体验的实项的(以及现象学的)分析与描述,我们都必须注意:在阐述中与心理学的东西所发生的联结仅只是一个中间阶段,从那些属于心理学的经验－实在观点和此在设定中(例如,从那些作为在一个实在的时－空世界中体验着的动物实在"状态"的体验中)不会有任何东西继续发挥效用,一言以蔽之,我们所指的和所要求的始终是纯粹现象学的本质有效性。

在实项意义上[107]的内容是对最普遍的、在所有领域中都有效的内容概念在意向体验上的素朴运用。如果我们将实项内容与意向内容对置起来,①那么意向内容这个词已经暗示,它所涉及的是意向体验(或行为)本身的特性。但在这里有不同的概念呈现出来,它们全都建基于行为的种类[108]本性之中,能够以并且也常常已经以相同的方式在"意向内容"的现象学标题下被意指。我们首先必须区分意向内容的三个概念:行为的意向对象,它的意向质料(与它的意向质性相对),最后是它的意向本质。我们将在以下一系列极为一般的(对于认识的本质澄清这个较为有限的目的来说也是不可或缺的)分析中了解这些区别。[109]

① "实在的"(real)听起来要比"意向的"更好,但它绝然带有事物性超越的思想,而这个思想恰恰是应当通过向实项体验内在的还原而被排除。我们最好还是有意识地将那种事物性关系划归给"实在的"这个词。

[107] 在A版中为(未分新段落,直接紧跟前一段落):在这种实项意义上。

[108] 在A版中未加重点号。

[109] 在A版中为:我们必须区分意向内容的三个概念:行为的意向对象,它的质料(与它的质性相对),最后是它的意向本质。我们将在以下一系列极为普遍的、对于认识澄清这个较为有限的目的来说也是不可或缺的分析中了解这些区别。。

A 376 B_1 400

第17节 在意向对象意义上的意向内容

意向内容的第一概念不需要繁琐的准备。它与意向对象有关，如果我们例如表象一间房屋，那么它便与恰恰这间房屋有关。我们在前面已经阐述过，一般说来，意向对象并不属于实项内容，并且毋宁说，意向对象完全不同于实项内容。这不仅对那些朝向“外部”事物的行为有效，而且也部分地对那些与本己在场的(präsent)体验有意向关联的行为有效：例如当我在谈及我的现时当下、但属于意识背景的体验时。只有当意向确实朝向那个在意向行为本身中被体验到的东西时，例如在相即[110]感知的行为中[111]，局部的相合才会出现。

在这个被理解为行为对象的意向内容方面可以做如下区分：一方面是那个**如其被意指的对象**(Gegenstand, so wie er intendiert ist)，另一方面就是那个被意指的绝然**对象**(schlechthin der Gegenstand, welcher intendiert ist)。在任何一个行为中都有一个对象“被表象”为这样或那样确定了的对象，而且正是作为这样的对象，它在可能的情况下是变换不定的意向目标，即判断的、感受的、欲求的意向等等的目标。但是，对于行为本身的实项组成来说外在的[112](现实的或可能的)认识联系现在可以通过它们汇合为一个意向统一的方式而赋予这个同一地被表象的对象以客观属

[110] 在A版中为：内(相即)。

[111] 在A版中还紧跟：；因此，每当一个现象学的个别分析确实达到其目的时。

[112] 在A版中为：对于行为本身来说完全陌生的。

性，这些属性与眼前这个行为的意向根本没有关系，或者说，有可能会产生出多种新的表象，所有这些表象恰恰根据这个客观的认识统一而能够提出这样的要求，即：它们表象的是同一个对象。于是，在所有这些表象之中，被意指的对象都是同一个，但在每一个表象之中，意向都是不同的，每一个意向都以不同的方式意指这个 B1 401
对象。所以，对“德国皇帝”的表象将它的对象表象为皇帝，并且表 A 377
象为德国的皇帝。而这个皇帝是弗里德里希三世皇帝的儿子和维克多利亚女皇的孙子，以及其他许多东西，它们在这里都是未被指称的和未被表象的特性。据此，人们在涉及一个被给予的表象时完全可以前后一贯地谈论它的对象的意向内容与意向以外的内容；但在这里也可以找到一些不带有特殊术语的合适而明晰的表达，如对象的被意指之物(das Intendierte vom Gegenstand)[113]等等。

与这里所讨论的区分相关联的还有另一个更为重要的区分，即在**对象性**(Gegenständlichkeit)与**对象**(Gegenstände)之间的区分，**前者受到一个完整的行为的朝向，后者则受到各种不同的、构成这个行为的部分行为的朝向**。每一个行为都意向地关系到一个从属于它的对象性。这一点既对简单行为有效，也对复合行为有效。**即使一个行为是由部分行为复合而成的**[114]**，只要它是一个行为，那么它就会在一个对象性中具有其相关物**。正是关于这个对象性，我们在**完整的**[115]和**第一性的**意义上陈述说，这个行为与

［113］　在A版中为：在对象上的被意指之物(das Intendierte am Gegenstand)。
［114］　在A版中未加重点号。
［115］　在A版中未加重点号。

此对象性有关。部分行为（如果它们的确不仅仅是行为的部分，而且是作为部分寓居于复合行为之中的**行为**）也与对象有关；这些对象一般不等同于整个行为的对象，尽管它们有时可以等同。当然，人们以某种方式也可以对整个行为陈述说，它与这些对象发生关系，但这只是在一种**第二性的**意义上有效；这个完整的行为是由那些第一性地意指这些对象的行为所构成；仅仅在这个意义上，它的意向才同样地指向这些对象。或者，从另一方面来看，这些对象协助构造出这个完整行为的本真对象，即以它被意指的方式；仅仅在这个意义上，它们才同样是这个完整行为的对象。这些对象大体上是作为各个关系的关系点而起作用，这个第一性的对象正是借
B1 402 助于这些关系而被表象为相关的关系点。例如，与“桌上的餐刀”
A 378 这个名称相符的行为显然是一个复合行为。整个行为的对象是一把餐刀，一个部分行为的对象是一张桌子。但只要整个行为所意指的恰恰是一把在桌子上存在着的餐刀，也就是说，只要这把餐刀是在与桌子的这种状态关系中被表象，人们也就可以在第二性的意义上说，桌子是这个称谓的整体行为的意向对象。为了说明另一类重要的事例，我们再来看“餐刀躺在桌子上”这个命题。在这里，尽管餐刀是被判断或被陈述的对象；但它仍然不是第一性的对象，即不是完整判断的对象，而只是判断主体的对象。与整个判断相符的是作为充分完整对象的被判断的**实事状态**，它作为同一的东西可以在一个单纯表象中被表象，在一个期望中被期望，在一个问题中被提问，在一个怀疑中被怀疑，以及如此等等。就后一种情况而言，尽管这个与判断相一致的期望“餐刀应当躺在桌子上”与餐刀有关，但我在这个期望中所期望的不是餐刀，而是餐刀躺在桌

子上，是实事的这种状态。而这个实事状态显然不能混同于有关的判断，更不能混同于对此判断的表象——我所期望的根本不是这个判断或任何一个表象。同样，相应的问题与餐刀有关，但被提问的不是餐刀（这根本没有意义），而是餐刀在桌子上的躺的状态；被提问的是：是否是这种状态。

关于意向内容之说法的第一个意义就暂时谈这些。考虑到这个说法的多义性，我们最好是在所有意指意向对象的情况中都不说意向内容，而只说相关行为的意向对象。

第 18 节 简单的与复合的行为、奠基性的与被奠基的行为 B1 403

我们至此为止只了解了关于意向内容之说法的一个含义。这 A 379

个说法的其他含义将会在以下的研究中展现给我们。在这些研究中，我们将要关注行为的现象学本质[116]的几个重要特性，并且要澄清那些建基于它们之中的观念统一。

我们接着刚才已经接触到的在简单行为与复合行为之间的区别来进行我们的研究。任何一个由诸多行为复合而成的统一体验并不会因此就已经是一个**复合行为**，正如并非任何一个对各个机器的任意连结都是一个复合机器一样。我们可以通过比较来说明：这里还需要什么。一个复合机器是一个由诸多机器复合而成的机器，并且这种联合在于，这个整体机器的功能是一个整体功能，

[116] 在 A 版中为：内容。

它包含着部分机器的功能。复合行为的情况也与此相似。每一个部分行为都具有它的特殊意向关系，每一个行为都具有它的统一对象和它与此对象的关系方式。但这些杂多的部分行为组合成一个整体行为，它的整体功能就在于这个意向关系的统一性。而个别行为通过它们的个别功能也在对此发挥作用；被表象的对象性的统一以及与它相关的意向关系的整个方式并非与部分行为相并列地构造起来，而是在它们之中并以联合它们的方式构造起来，通过这种联合而得以成立的不仅是一个体验的统一性，而且是一个统一的行为。如果部分行为不以它们的方式表象它们的对象，整体行为的对象也就不能像它事实上所显现的那样显现：这些部分行为应当在整体之中发挥作用，无论它们所表象的[117]是这个总体对象的部分，还是与这个对象相关的外在关系环节，还是它的关系形式等等。这同样也适用于那些行为因素，它们超出这种表象

B₁ 404 活动而构成部分行为的[118]质性的东西（Qualitative）以及它与整

A 380 体行为之质性的统一，并且因此而规定着这些和那些对象性"被接受到意识之中"的各种不同方式。

我们可以举断言的或假言的谓语陈述为例。整体行为在这里明确地划分为部分行为。断言[119]陈述的主语环节是一个奠基性的行为（主语设定），在这个行为上建立起谓语设定，对谓语的肯定或否定。同样，假言陈述的前设是在被明确划界的部分行为中构成的，结论的相对设定便建基于这些部分行为之上。而各个整体

[117] 在A版中为：所展示的。

[118] 在A版中还紧跟：可以说是。

[119] 在A版中为：关系。

体验在这里显然是一个行为，它是一个判断，带有一个整体对象性，即带有一个实事状态。正如判断不与主语行为和谓语行为、前设行为和结果行为相并列，也不处在它们之间，而是在它们之中作为持之以恒的统一一样，在被判断的实事状态的相关方面是客观的统一，它作为在这里所显现的东西而由主语和谓语所构成。由被前设的东西以及据此而被设定的东西所构成。

情况还可能更为复杂。在这样一个多环节行为（此外，这个行为的环节本身有可能[120]再次被划分）的基础上还可以建造起一个新的行为，例如，在对一个实事状态的觉察的基础上建立起一个喜悦，它因此而是对这个实事状态的喜悦。这个喜悦不是一个自为的具体行为，而且这个判断也不是一个并列存在的行为，相反，这个判断对于喜悦来说是一个奠基性的行为，它规定着喜悦的内容，它实现着喜悦的抽象可能：因为没有这个奠基，喜悦就根本不

能存在。① 判断又可以进行奠基，无论是为猜测，还是为怀疑、提 B1 405
问、期望、意愿行为等等奠基；反之亦然，后一类行为也可以作为奠 A 381
基出现。因此，存在着杂多的组合，行为在这种组合中汇合成整体行为；哪怕是最仓促的观察也可以得出，这些行为是通过基础性的和使它们有可能具体化的[121]行为而进行相互交织，或者说，相互奠基，在这种交织方式或奠基方式中存在着奇特的区别，它们需要

① 因而这里所说的是在我们本书第三研究的严格意义上的奠基，我们只能在这种严格性中使用这个术语。

[120] 在A版中为：常常会。
[121] 在A版中为：建造它们的。

受到系统的研究(哪怕是描述心理学的研究),但这种研究至今为止几乎还没有开始的迹象。

第19节 在复合行为中注意力的作用。以语音与意义之间的现象学关系为例

我们可以通过一个例子来表明,在这方面的差异性究竟有多大。我们对这个例子的兴趣并不亚于前面所分析的那些例子,我指的是那个已经考虑过的[①]表达与意义的整体。这个例子还将说明一个进一步的观察结果,这个观察结果是任何人都可以注意到的,即:组合起来的各个行为是主动地起作用的,在这种主动性方面可以说是能够产生极为重大的区别。在通常情况下,那个包含
838 着所有部分行为之统一并将它们纳入自身之中的行为特征——无论这里所涉及的是一个特有的行为意向,例如喜悦,还是一个贯穿在所有部分之中的统一形式——将会展开最大的主动性。我们首先生活在这个行为之中,也生活在从属性的行为中,但却只是根据它们对于整体行为及其意向所具有的作用含义的标准才生活在这些行为中。我们刚才曾谈到作用中的含义区别,这种说法本身显然只是以另一种方式表达了对有关方式的某种偏好,这种方式有利于一些部分行为而不利于其他的部分行为。

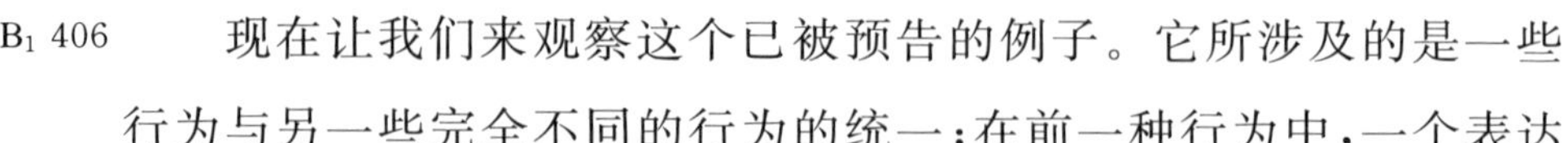

B_1 406 现在让我们来观察这个已被预告的例子。它所涉及的是一些行为与另一些完全不同的行为的统一;在前一种行为中,一个表达

① 本书第一研究,第9节和第10节。

作为感性的语音而[122]被接受、被构造，而在后一种行为中所构造的则是含义；这样一种结合显然在本质上不同于后一种行为与它们在其中通过直观而得到或切近或疏远之充实的行为的统一。并且，不仅是在联结的方式上存在着本质的差异，而且一种行为与另一种行为在被进行时所带有的主动性也各不相同。例如表达会被感知到，但“我们的兴趣并不生活在”[123]这种感知之中；如果我们不分心的话，我们不会去注意标示（Zeichen），而毋宁会去注意被标示之物（das Bezeichnete）[124]；因而，起主导作用的主动性应当属于赋予意义的行为。那些进行阐明或解释，或起着其他作用的直观行为，有可能伴随着这些赋予意义的行为，并一同被织入到整体行为的统一之中，这些直观行为在不同的程度上利用着这个主导“兴趣”[125]。这些行为可以占据主导地位，例如在感知判断和具有相似构造的图像性判断中便是如此，在那里我们只想表达我们生活于其中的那个感知或想象；或者在明见无疑的规律判断中也同样如此；它们更可以退让并且最后显现为是完全附带性的，例如在对主导思想的不完整的、甚或完全非本真的直观化[126]的情况中，这时，它们便只是一些几乎不带有任何兴趣的仓促的想象材料。（但人们在极端的情况下会怀疑：那些伴随着的直观表象[127]是否还属于表达行为的统一，或者，它们是否只是伴随者，与有关 A 382

[122]　在A版中为：物理地。
[123]　在A版中未加引号。
[124]　在A版中为：意义。
[125]　在A版中未加引号。
[126]　在A版中为：图像化。
[127]　在A版中为：图像表象。

行为共存,但并不与它们联结成有关行为。)

对在表达方面的实事状态进行尽可能的澄清,这对我们来说具有特别的价值,正因为此,我们想对几个要点做进一步的阐释。

B₁ 407 表达与意义是在某些行为中展示给我们的两个客观统一。表达自身,例如被书写的语词,正如我们在本书第一研究中所阐述的那样,①是一个和在纸上的任意笔划或墨迹相同的物理客体;因此,它与任何其他的物理客体一样,是在同一个意义上"被给予"我们,即是说,它显现;而它显现,这里的意思就相当于:某个行为是

A 383 体验,在其中这个和那个感觉体验以某种方式"被统摄"。与此相关的行为当然是感知表象或想象表象;在它们之中,表达在物理的意义上构造出自身。[128]

但如我们所知,使表达成为表达的东西是与它相联结的行为。

这些行为并非是外在地与表达相并列,好像只是与它同时地被意识到,毋宁说它们与表达是一体的,并且是如此地一体,以至于我们很难不承认,这种对一些行为和另一些行为的联结(因为在表达这个标题下面,我们以轻松而随便的方式所指的当然是那个表象着[129]这个表达的行为统一)确实产生出一个**统一的整体行为**。所以,例如一个陈述、一个断言是一个严格统一的体验,而且我们喜欢直截了当地说,是判断这个属的体验。我们在我们之中所找

① 本书第一研究,第10节,第40页[即 B_1 40]。

[128] 在A版中还紧跟:这些行为对于表达来说是非本质性的,因为它们同样也可以在非-表达那里出现。。

[129] 在A版中为:展示着。

到的并不是一批行为，而是一个行为，在这个行为上我们似乎划分出一个身体的方面和一个精神的方面。同样，一个表达性的愿望不是表达与愿望的单纯并列（此外并不再加上[130]一个对愿望的判断——这当然是有争议的），而是一个整体，一个行为；而我们恰恰将它称作愿望。即使物理表达、语音在这个统一中被看作是非本质的，而它也的确是非本质的，因为随意的一个其他语音都可以取代它并发挥同样的作用；它甚至可以完全消失掉。但一旦它在此并作为语音而发挥作用，它便会与附加的行为融合为一个行为。B_1 408
同样肯定的是，这里的这个联系在某种程度上是一个完全非本质的[131]联系，因为表达本身，即显现的语音（客观的文字符号等等）不应被看作是这个在整体行为中被意指的对象性组成部分，并且 A 384
根本不应被看作是某种“在实事上”属于这个对象性、以某种方式规定着这个对象性的东西。因此，语音构造行为对整体行为——例如对这个断言——所做的贡献在特征上完全不同于另一种贡献，即不同于奠基性行为根据前面所讨论的例子、即那些属于在完整的谓语陈述中的谓语环节的部分行为所做的贡献。但另一方面我们无须否认，在所有这些情况中都存在着某个在语词与实事之间的意向联系。例如，通过语词对实事的指称，语词又以某种方式显现为是与实事相一致的，是一种属于实事的东西，只是它当然不会显现为是实事的部分或实事的规定性。因此，这种实事的无关系性并不排斥一个确定的意向统一，这种统一与那种联结是相符的，这个联结是指相应的各个行为联结成一个唯一的、作为相关物

[130]　在A版中为：以及在两者之间的。

[131]　在A版中为：外在的。

的行为。[132] 为了证实这一点,我们还可以回忆一下那个难以消除的偏好,即夸大语词与实事之间的统一,并且强加给它一个客观的特征,甚至是以一种神秘统一的形式。①

在这个被联结的行为中,即在这个包含着表达显现(Ausdruckserscheinung)和给予意义的行为中,从本质上规定着整体行为特征的显然是后一种行为,或在它们本身之中主宰的行为统一。据此,我们用同一个名称来指称表达性的体验和相应的非表达性体验:判断、愿望以及其他等等。所以,在这个组合中,这一类行为
B1 409 以特有的方式占据支配地位。对此我们常常这样来表达:如果我们正常地进行一个表达本身,那么[133]"我们"并不"生活在"那些将表达作为物理客体而构造出来的行为之中;我们的"兴趣"并不属于这个客体,毋宁说,我们是生活在那些给予意义的行为中,我们明确地"朝向"[134]这个在它们之中显现的对象之物,我们的目

① 对这里所讨论的行为组合的更深入分析之尝试可以参阅本书第六研究,第6节和以后各节。

[132] 在A版中为:因此,动词行为对整个行为,如对这个断言,所做的贡献完全不同于另一种贡献,即不同于奠基性行为根据前面所讨论的例子,即那些属于在完整的谓语陈述中的谓语环节的部分行为所做的贡献。但另一方面我们无须否认,在所有这些情况中都留存着某种在语词与实事之间的现象联系。例如,通过语词对实事的指称,语词又以某种方式承担实事,* 它以某种方式又显现为是与实事相一致的,一种附在实事上的东西,只是当然不会显现为是实事的部分或实事的规定性。因此,实事的无关系性并不排斥某种现象的统一,这种统一指向一种联结,即相应的各个行为联结成一个唯一的、作为相关物的行为。* 参阅B.埃德曼:《逻辑学》,第一卷,第205页。

[133] 在A版中为:由于一个表达本身在发挥作用,因此。

[134] 在A版中未加引号。

标就在于它，我们在特别的、**确切的**意义上意指它。我们也指明，对物理表达的特别朝向也是可能的，但这种朝向会从本质上[135]改变这个体验的特征：它恰恰已经不再是一个在正常词义上的表达活动了。

我们在这里所涉及的显然是一个普遍的、尽管做了所有的努 A 385
力仍然未得到充分澄清的事实，即**注意力**的事实。① 在这里，对正确认识的最大妨碍肯定就在于对这个状况的误识：**注意力是一种突出作用，它属于在前面精确规定了的“意向”体验意义上的行为**；所以，只要人们仍然将那种在意识中一个内容之素朴此在意义上的被体验状况（Erlebtsein）混同于意向的对象性，那么对注意力的描述理解也就无从谈起。**行为**[136]必须在此存在，这样我们才能够在它们之中“生活”，在可能的情况下“融入到”它们的进行之中[137]，而且当我们（在需要得到进一步描述的各种进行**样式**中）这样做的同时，我们关注这些行为的对象，我们附带地或首要地朝向这些对象，在可能的情况下以这些对象为探讨的课题。前者和后者所指的同一件事，只是从不同的方面被表达出来而已。

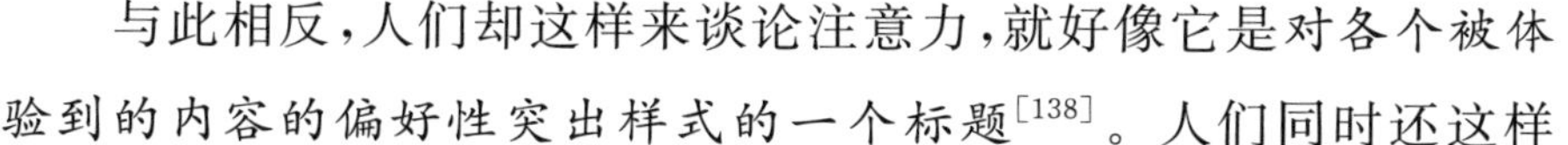

与此相反，人们却这样来谈论注意力，就好像它是对各个被体验到的内容的偏好性突出样式的一个标题[138]。人们同时还这样

① 在本书前面第二研究中（第 22 节，第 160 页以后），我们在对流行的抽象理论进行批判时已经遇到过这个事实。

[135] 在 A 版中为：完全。

[136] 在 A 版中未加重点号。

[137] 在 A 版中为：“融入到”它们的进行之中，在它们之中“生活”。

[138] 在 A 版中为：对各个被体验到的内容以及可以对随意的这样一些内容的一种偏好性突出。

说，就好像这些内容（各个体验本身）就是我们通常所说的被我们
B₁ 410 注意到的东西。我们当然不否认对被体验内容的注意的可能性，但每当我们注意到被体验的内容时，它们恰恰都是一个（“内部”[139]）感知的对象，而感知在这里并不是在意识联系中内容的单纯此在，而毋宁是一个行为，在这个行为中内容对我们来说成为对象性的。所以这完全是某些行为的意向对象，并且只是我们所注意和能够注意的意向对象。与此相一致的那些通常的说法，对这种说法所进行的哪怕最短促的反思也能够为我们提供有关的情况。根据这些情况，注意力的各个对象就是——内部的和外在
A 386 的——[140]感知、回忆、期待的对象，或者也是一个科学思考的实事状态，以及如此等等。确然，只有当我们“在意识中具有”我们所注意到的那些东西时，我们才能谈及注意力。那些不是“意识内容”的东西，也就不能被注意，不能被关注，不能成为意识的课题。这是不言自明的，但现在“意识内容”这个词的歧义性便是危险的。这种不言自明性绝不意味着，注意力的方向必然是一个朝向在体验意义上的意识内容的方向，就好像事物以及其他那些不是体验的实在对象或观念对象也不能被注意一样[141]；相反，这意味着，首先必须有某个基础性的行为，在这个行为中，我们所应关注的东西在最宽泛的词义上对我们成为对象，或者说，被表象给我们。这

[139] 在A版中未加引号。

[140] 在A版中未加破折号。

[141] 在A版中为：确然，只有当我们的“意识”“朝向”我们所注意的那些东西时，我们才能谈及注意力。但这种不言自明性并不意味着，注意力是一种行为，它必然朝向并且必然能够朝向意识内容（体验）；B版的这段文字的最后一句中也不能在第三版中被改为不能也。第四版重又与B版相符合。

种表象可以是一个非直观性的[142]表象，也可以是一个直观性的表象，它可以是一个不相即的表象，也可以是一个相即的表象。另一方面当然要考虑，当我们"生活在一个行为之中"并且首要地或附带地朝向它的对象，在可能的情况下"特殊地探讨"它们时，这个行为相对于其他同时的行为所受到的偏好是否本身应当被看作是一个行为[143]，这个行为因此而使所有占优势的行为都确然地成 B1 411
为复合行为；或者，在注意力的标题下所涉及的毋宁说只是（在其特有的殊相中还有待进一步描述的）行为的进行样式（Vollzugsmodi）——情况无疑正是如此。

但我们在这里并不想贯彻一门注意力的"理论"，而只想阐述注意力作为行为特征的突出性要素而在复合行为中所发挥的重要作用，通过这种作用，注意力在本质上影响着这些复合行为的现象学构形（Gestaltung）。

第 20 节　一个行为的质性与质料之间的区别

我们刚才所探讨的是在这两种行为之间的区别，一种是我们生活于其中的行为，另一种是并列进行的行为。在与此完全不同的方向上还存在着一个极为重要的，并且首先是完全自明的区

[142]　在 A 版中为：象征性的。

[143]　在 A 版中为：并且"特殊地探讨"它的对象时，这个行为相对于其他同时的行为所受到的偏好是否本身应当被看作是一个行为。

别[144]，即在行为的普遍特征与行为的"内容"[145]之间的区别，前者随情况的不同而将行为标示为单纯表象的或判断的、感受的、欲求的等等行为，后者将行为标示为对这个被表象之物的表象，对这个被判断之物的判断[146]等等。所以，例如"2×2=4"和"易卜生被看作是在戏剧艺术中现代现实主义的主要创始人"这两个断言
A 387 都具有一种断言的质性(qualifiziert)，每一个断言都具有断言[147]的质性。我们把这个共同之处称作判断质性(Urteilsqualität)。但这一个判断是对这一个"内容"的判断，那一个判断则是对那一个"内容"的判断；为了有别于其他的内容概念，我们在这里要说判断质料(Urteilsmaterie)。我们在所有行为那里都要进行这种在"质性"和"质料"之间的相似区分。

质料这个标题所涉及的不是对行为各个组成部分，如主语行为、谓语行为等等的划分和聚合性的再统一。根据这种统一而形成的是这个行为本身的统一整体内容。[148]我们在这里所关注的是完全不同的东西。质料意义上的内容是具体行为体验的一个成分，这个成分可以为这些行为体验以及完全不同质性的行为所共
B_1 412 同具有。因此，如果我们提出一系列同一性，在这些同一性中，质性发生变换，而质料则始终保持同一，这时，质料便会最清楚地表现出来。对此无须多做解释。我们回想一下这个常见的说法：同

[144] 在A版中为：比这个区别更为重要的还有另一个，并且首先是完全自明的区别。

[145] 在A版中未加引号。

[146] 在A版中为：这个表象、这个判断。

[147] 在A版中为：判断。

[148] 在A版中还紧跟：但。

一个内容这一次可以是一个单纯表象的内容，另一次则可以是一个判断的内容，在其他的情况中又可以是一个问题、一个怀疑、一个愿望等等的内容。如果有谁表象“火星上存在着智性生物”，那么他所表象的东西与陈述“火星上存在着智性生物”的人所陈述的，与提问“火星上存在着智性生物?”的人所提问的，以及与期望“愿火星上存在着智性生物!”的人等等所期望的是同一个东西。我们在这里十分谨慎而明确地列出这些完全相应的表达。在行为质性不同情况下的“内容”相同性在语法上得到了鲜明的突出，这样，语法构成的和谐便可以扼要地说明我们的分析方向。

因此，在这里叫作同一个内容的东西是什么呢？在不同的行为中的意向对象性显然是同一个。同一个实事状态在表象中被表象，在判断中被设定为有效的，在愿望中被期望，在问题中被提问。但这个说明还不能使我们得出通过以下的思考而确定的东西。对于实项现象学的考察来说，对象性本身什么也不是；一般说来，它 A 388
是超越于行为的。**无论在何种意义上，以何种权利谈论对象性的“存在”，无论对象性是实在的还是观念的，无论它是真实的、可能的还是不可能的，行为都“朝向对象性”**。[149] 如果人们要问，一个行为中的不存在者或超越者根本就不在这个行为中，却可以被看作是意向对象，这一点如何理解，那么对此的回答只能是那个我们在前面已经给出的，而且事实上也是足够充分的回答：对象是意向的对象，这意味着，一个行为在此存在，它带有确定地被描述的意 B_1 413
向，在这个确定性中的意向恰恰构成了被我们称作对这个对象之

[149]　在A版中未加重点号。

意向的东西。与这个对象的关系是一个属于行为体验的本己本质组成的[150]特性，而表明这种特性的行为体验（根据定义）就叫作意向体验或行为。① 所有在对象性关系方式中的区别都是有关意向体验的描述性区别。

然而现在首先需要注意，在行为的现象学本质中所宣示出来的特性，即：这个行为与某些对象性发生关系，与另一些则不发生关系，这个特性并不能穷尽行为的全部现象学本质。我们刚才谈到对象性关系方式中的区别。但在这种方式中聚合着各种根本不同的和完全相互独立变更的区别。一些区别涉及行为质性；诸如当我们谈及这样一些区别时，根据这些区别，对象性时而以被表象的对象性的方式，时而是以被判断、被提问的对象性的方式等等而是意向的。与这种变更相交错的是另一种完全独立于它的变更，即对象性关系的变更；这一个行为可以与这个对象之物发生关系，另一个行为可以与那一个对象之物发生关系，而在此同时，这些行

A 389 为是具有相同的质性还是具有不同的质性，这是无关紧要的：任何一个质性都可以与任何一个对象性关系相组合。这第二个变更因而关系到在行为的现象学内容中的第二个方面，一个不同于质性的方面。

这后一个变更涉及对对象之物的变换不定的朝向，但人们恰恰不习惯于将此说成是不同的“对象关系方式”，尽管方向上的区

① 参阅这一章结尾部分的附录，第 421 页以后[151]。

[150] 在 A 版中为：可体验的。

[151] 在 A 版中为：第 396 页以后。

别必定是被包含在行为本身之中的。

只要再做进一步的观察，我们便马上可以看到，这里把握到另一个独立于质性的变更可能性，这个变更可能性也与对象之物的不同关系方式有关；与此同时，我们注意到，刚才所进行的那种双重变更并不完全胜任这样一项工作，即：将那些被我们定义为质料的东西清楚地区别于质性。根据这种变更，我们需要在一个行为上做两方面的划分：质性——它将这个行为标示为例如表象或判断——以及质料——它赋予这个行为以对对象之物的确定朝向，例如使表象所表象的恰恰是这个东西，而不是其他对象。这无疑是正确的，但在某些方面却会引起误解。初看起来，人们会倾向于对这个事态做如此简单的解释：质料是在行为上的这样一种东西，它赋予行为以恰恰是对这个对象，而非对另一个对象的朝向，——因此，这个行为是通过它的质性特征和通过它的应当意指的对象而得到单义的规定。正是这种误认的自明性会表明自身是错误的。事实上显而易见的是，即使我们同时确定质性和对象性方向，仍然可能产生某些变更。两个同一的、例如都带有表象质性的行为可以显现为，而且是明见地显现为朝向同一个对象之物，而这两个行为在其完整的意向本质方面却无须一致。例如对“等边三角形”的表象与“等角三角形”的表象在内容上不同，但它们却明见无疑地朝向同一个对象。它们表象同一个对象，但却“以不同的方式”。类似的情况也适用于这样一些表象，如“a + b 的长度”与“b + a 的长度”；而且不言而喻，也适用于这样一些陈述，这些陈述只是在这些“等值的”表达上有所区别，除此之外在含义方面则是同一的。在对其他一些等值的陈述的比较中同样可以看到这种情

B1 414
A 390
B1 415

况，例如“将会有雨”和“天要下雨”。但只要我们列举以下一系列行为：判断“今天要下雨”、猜测“今天也许会下雨”、提问“今天会下雨吗？”、愿望“但愿今天会下雨！”等等，那么它们便示范性地证明，同一性的可能性不仅表现在对象性关系方面，而且也表现在这个从新的意义上被理解的对象性关系方式方面，因而这是一个不受行为质性所指定的方式。

质性只是确定了，那个以特定方式已“被表象出来的东西”（“vorstellig Gemachte”）是否作为被期望之物、被提问之物、被判断之物、被设定之物等等而意向地当下。据此，“质料”必须被我们看作是那个在行为中赋予行为以与对象之物的关系的东西，而这个关系是一个具有如此确定性的关系，以至于通过这个质料，不仅行为所意指的对象之物一般得到了牢固的确定，而且行为意指这个对象之物的方式也得到了牢固的确定。[152]① 我们还可以更清楚

地说，质料是包含在行为的现象学内容之中的行为特性，这个特性不仅确定了，行为对各个对象性进行立义（auffassen），而且也确

B₁ 416 定了，行为将这些对象性立义为何物[153]，它在自身中将哪些特

① 可惜有关确定性和不确定性的说法不可避免地带有多义性，这种多义性是有害的。当人们例如谈到感知表象的不确定性时，那么这里便包含着，这个被感知的对象的背面虽然一同被意指，但却是相对“不确定地”被意指，而清楚地被看见的前面则“确定地”显现出来；或者，当人们谈到在“局部”陈述中，如在“一个 A 是 B”，“几个 A 是 B”的判断中的不确定性——相对于在一个单个陈述，如在“这个 A_0 是 B”中的确定性而言——时，那么很明显，这种确定性和不确定性与在这里的正文中所说的确定性和不确定性具有完全不同的意义——后者属于可能质料的特殊性，这在后面还会更清楚地表现出来。

[152] 在 A 版中未加重点号。

[153] 在 A 版中为：确定了，行为将各个对象性立义为何物。

征、关系、范畴形式[154]附加给这些对象性。行为的质料决定了，对象被行为看作是这个而不是那个对象，它在某种程度上就是那个为质性奠基的(但无视那些质性区别的)对象性立义的意义(或简称为“立义意义”)。相同的质料永远不可能给出一个不同的对象关系;但不同的质料却能够给出一个相同的对象关系。后者已经通过前面的例子而得到表明，即:那些等值的，但非同语反复的表达的区别如何涉及这个质料。当然，与这些区别相符合的并不 A 391
是对这个质料的可能分片(Zerstücken)，就好像一个块片(Stück)与一个相同对象相符合，另一个块片则与对它的不同表象方式相符合一样。显然，先天的对象关系只有作为对象关系的确定方式才是可能的;它只有在一个完全确定的质料中才能成立。

我们还要附加一个说明:行为质性无疑是行为的一个抽象因素，这个抽象因素如果脱离开任何质料就绝对无法想象。或者，难道我们应当例如将这样一个体验认作是可能的，它是一个判断质性，但却不是对一个确定质料的判断？这样的话，判断也就丧失了它明见地作为本质特征而拥有的那个意向体验的特征。

类似的情况也适用于质料。人们也无法想象一个既非表象质料，也非判断质料以及其他等等的质料。

从现在开始，我们必须注意关于“对象的关系方式(Weise der gegenständlichen Beziehung)”之说法的双重意义。根据前面所进行的考察，这种关系方式时而与质性的差异性有关，时而与质料的差异性有关;我们将会通过一些合适的、兼顾到质性和质料这两

[154] 在A版中为:形式、关系。

个术语的措辞来对付这个双重意义。以后我们将会看到,这个说法还具有其他的重要含义。①

B₁ 417 第 21 节 意向本质与含义本质

我们眼下想推迟对这些有关的和相当困难的问题的进一步研究,立即转向对一个新的区分的探讨;在这个区分中我们又可以获得一个关于行为的“**意向内容**”的**新**概念,这个概念有别于行为的完全描述性的内容。

A 392 在每一个行为的描述性内容中,我们已将质性和质料作为两个相互要求的因素区分开来。如果我们再将这两者聚合在一起,那么初看上去我们似乎以此便可使这个相关的行为复原。然而在进一步的观察中我们会得出另一种观点,即:**这两个因素在达成统**

852 **一时并不能构成具体完整的行为**[155]。事实上,即使两个行为在质性方面和在质料方面相互相同,它们也仍然有可能在描述上相互不同。只要我们现在(正如我们将要听到的那样)必须将质性和质料看作是一个行为的完全本质性的并因此而永远不可或缺的组成部分,那么合适的做法便是将这两者的统一(它只构成完整行为的一个部分)标示为行为的“意向本质”。在我们坚持这个术语以及坚持与它相关的对事态之理解的同时,我们还要引进第二个术语。即:只要涉及那些在表达时作为或可以作为含义赋予的行为

① 参阅本书第六研究,第 27 节中对这些含义的列举。

[155] 在 A 版中未加重点号。

而起作用的行为——我们以后再研究，是否所有行为都能作为这种行为起作用——，我们就应尤为特别地谈及行为的“合乎含义的（bedeutungsmäßig）本质”。通过对这个本质的观念化抽象，在我们观念意义上的含义便产生出来。

为了论证我们的这个概念规定的合理性，我们首先可以指明以下一系列新的认同。我们通常在好的意义上说，一个个体在不同的时间，或者说，几个个体，无论在同一时间还是在不同的时间，可以具有同一个表象、回忆、期待，可以进行同一个感知、陈述同一 B_1 418
个断言、抱有同一个愿望、同一个希望等等。[①]

具有同一个表象，这虽然也意味着，表象同一个对象，但前者所意味着的东西并不等同于后者所意味着的东西。我对格陵兰的冰天雪地的表象肯定不同于南森[②]对它们的表象；但对象却是同一个。同样，“直线”和“最短线”这两个观念对象是同一的，但对它 A 393
们的表象（在对直线定义适当的情况下）却是不同的。

此外，关于同一个表象或同一个判断等等说法并不是指行为的个体同一性，就好像我的意识在某种程度上是与另一个意识生长在一起一样。这种说法同样不是指完全相同的状态，即在行为的所有内部构造物方面的不可区分性，就好像这一个行为仅仅是另一个行为的复制品一样。如果我们具有诸多表象，在这些表象中，实事不只是普遍地被表象给我们，而且是作为恰恰这同一个实

① 必须始终注意到，这些示范性举证所具有的任何经验心理学成分在对现象学本质区别的观念把握过程中都是不重要的，并且都被排斥在外。

② 南森（Fridtj of Nansen，1861－1930），著名的挪威探险家。1888 年首次横越格陵兰。著有《格陵兰横越记》等书。——中译注

事被表象给我们，按照前面的阐述也就是说：在同一个“立义意义”[156]上，或根据同一个质料被表象给我们，那么我们所具有的是关于一个面的这同一个表象。这样一来，尽管还存在着其他现象学差异，我们在“本质”中所具有的实际上还是这同一个表象。如果我们考虑一下表象对更高行为所具有的奠基作用，那么这样一种本质同一性的含义便会最清楚地表现出来。因为我们也可以将这个[157]本质同一性等值地称之为：如果在两个表象中的任何一个表象的基础上，并且纯粹自为地看（即分析地看），可以对被表象的实事作出完全同一而非不同的陈述，那么这两个表象在本质
B₁ 419 上便是同一个表象。其他类型行为的情况也与此相似。如果关于一个被判断的实事状态的一切在这一个判断看来（纯粹根据判断内容本身）都是有效的，并且这一切对另一个判断来说也必然有效，那么这两个判断在本质上便是同一个判断。它们的真值显然

是同一的，因为“这个”判断、作为判断质性和判断质料之统一的这个意向本质是同一的。

我们现在也要弄清：意向本质并没有在现象学上穷尽行为。以一个具有单纯臆想（Einbildung）之质性的想象表象为例：当那
A 394 些一同构造着它的感性内容的充盈和生动性发生增加或减少时，或者就对象来说：当对象时而较为清晰明白地[158]显现出来，时而又陷入到朦胧模糊之中，失去其色彩，以及如此等等时；这个想象表象在以上所考察的方面的变化是非本质的。无论人们在这里是

[156] 在A版中未加引号。

[157] 在A版中未加重点号。

[158] 在A版中还紧跟：形象地。

否设定强度变化，无论人们原则上是否否认在这里所出现的感性想象材料与在感知中的感觉材料的相同性[159]，既然只有行为的意向保持不变，或者说，行为的意指保持不变，那么这里的关键也就不会在于绝对的质性、形式等等。在臆想性的（fingierend）想象显现所发生的所有这些在现象学上如此重大的变化过程中，对象本身可以始终作为同一个不变的、带有同样规定性的对象站立在我们的意识面前（质料的同一性），然后我们不是将变化归诸于这个对象，而是归诸于"显现"（Erscheinung），我们将这个对象"意指为"恒定持久的；而且我们是以单纯臆想（Fiktion）的方式来这样意指它（质性的同一性）。相反，在对一个将自身给定为是变化的对象（虽然存在着贯穿的同一形式，在意向对象中与这个形式相符合的是"自身"变化的对象同一性）的统一表象过程中，质料会发生 B1 420

变换；如果在一个不变地被意识的对象方面，有一些新的特征进入到立义之中，这些特征先前还不属于对象的意向内容，不属于这个表象对象本身，那么类似的情况也会表现出来。[160]

感知的情况也并无二异。当我们共同进行"这同一个"感知或只是"重复"已进行的感知时，它所涉及的只是质料的同一统一，因

[159] 在A版中为：感觉与在感知中的感觉的相同性。

[160] 在A版中为：对象本身可以始终作为同一个对象站立在我们的意识面前（质料的同一性），我们不是将变化归诸于这个对象，而是归诸于图像显现（Bilderscheinung），我们将这个对象意指为恒定持久的；而且我们是以单纯臆想（Einbildung）的方式来这样意指它（质性的同一性）。当然，这需要有一个前提，即：有关的表象恰恰想要将一个恒定的对象形象化（verbildlichen）。但如果它的目的在于一个变化的对象，那么这个表象就会在一条表象流中随着相应变更的表象意向而展开；这样，我们在有关恒定之物的表象方面所说的东西，也适用于这个流动的表象。。

此也是意向本质的同一统一,它绝不排斥在体验的描述性内涵中的变换。这同样也适用于想象在感知上,或者说在被感知之物的表象化上所具有或所能具有的那个变换部分[161]。关于这个在我面前的烟盒的背面的想象表象[162]究竟是否会在我之中活跃起来,它在充盈、持续性、生动性等等方面是否是这样或那样的状况:
A 395 这些都无碍于感知的本质内容(立义意义),也就是说,无碍于在感知上的这样一种东西,这种东西(如果理解适当)可以解释,相对于许多在现象学上相异的感知行为而言的同一个感知,这种说法为什么是完全合理的。在所有这些方面,对象都以预设的方式是作为带有同一些规定性的同一个对象而被感知的,即以感知的方式“被意指”或“被立义”和被设定。

此外,只要一个想象表象以想象的方式(imaginativ)将对象或实事状态立义为这样一个东西,而一个感知以感知的方式(perzeptiv)将这个表象或实事状态立义为“恰恰是同一个东西”,那么这个感知也可以与这个想象表象一起共有这个质料,这样,如果那个想象表象没有在客观上为这个对象或实事状态附加任何东西,那么这个感知也不会附加任何东西给它。由于表象现在也同样具有质性(回忆),所以我们已经看到,直观行为的种类区别并不受意向本质的规定。

类似的情况当然适用于任何一种行为。几个人抱有同一个愿望,如果他们的愿望意向是同一个。也许在一个人那里,这个愿望

[161] 在A版中为:这一点已经从想象在感知上所具有或所能具有的那个变换部分中清楚地表现出来。

[162] 在A版中为:展示。

是明晰的，而在另一个人那里则不是；在一个人那里，这个愿望在奠基性的表象内涵方面是直观清楚的，而在另一个人那里则或多或少是非直观性的，如此等等。无论在何种情况下，这个“本质之 B1 421
物”的同一性都显然在于前面所区分的两个因素，即在于同一的行为质性和质料。因此，我们为那些明晰的，尤其是含义赋予的行为所要求的是同一个东西，并且是如此要求，即：如我们事先已经陈述过的那样，它们的合乎含义之物，即在它们之中构成观念含义之实项现象学相关物的东西，与它们的意向本质恰好是相同的。

为了证实我们对合乎含义的本质（具体的意指）的理解，我们回想一下那些被我们用来划分含义统一和对象性统一的同一性系列①[163]，并且回想一下那些常常被我们用来说明我们关于意向本质之普遍理解的明晰体验的例子。“这个”判断或“这个”陈述的同 A 396
一性在于同一的含义，这个同一的含义恰恰作为同一个东西而在杂多的个别行为中重复出现，而且它在这些行为中是由合乎含义的本质来代表的。在行为的其他组成部分方面还存在着极为重要的描述性区别，对此我们已经做了详细的阐述。②

① 参阅本书前面第一研究，第12节，第47-48页。

② 参阅本书前面第一研究，第17节和第30节，第96页以后[164]。

[163] 在A版中无脚注，而是：（第46页以后）。

[164] 在A版中为：第97页以后。

第11节与第20节的附录[165]
对“图像论”和关于行为的“内在”对象之学说的批判

在对行为与主体之间的关系进行现象学解释的过程中,人们必须防止两个基本的和无法根除的错误:

1. 人们必须防止**图像论**(Bildertheorie)的错误。这种理论认为,它只要说:事物本身是“在外面”,或者至少在一定的情况下是如此,而在意识之中的是一个作为事物之代表的图像,这样它便充分地澄清了(在每一个行为中都包含的)表象事实。[166]

B1 422 相反,人们必须注意到,这种观点完全忽略了最重要的一点,即:我们在图像表象中**根据**显现的“图像客体”(Bildobjekt)[167]所**意指的**是**被映象**(abgebildet)的客体[“图像主题”(Bildsujet)[168]]。但现在作为图像而起作用的客体的图像性显然不是内部的特征(不是“实在的谓语”),就好像一个客体,例如一个红色的和球形的客体,也是图像性的一样。因此,我们如何能够超越出在意识中唯一被给予的图像,并且将它作为图像而与某个外在于意识的客体联系起来呢?仅仅指明图像和实事之间的相似性是不够的。至少在实事确实存在的情况下,这种相似性作为一个客观事实无疑是现

[165] 未列入A版的目录。

[166] 在A版中还紧跟一个联结号,未分新段落。

[167] 在A版中未加引号。

[168] 在A版中未加引号。

存的。但对于一个被预设为只具有这个图像的意识来说①，这个
事实完全就是无；因此，它不能帮助我们澄清这个与其外在客体
（图像主题）的表象性关系的本质，更确切地说，这个映象化（ab- A 397
bildlichen）[169]关系的本质。无论两个对象之间的相似性有多大，
它都不会使一个对象成为另一个对象的图像。只有通过一个表象
自我[170]所具有的能力，即：将这个相似之物用来作为一个相似之
物的图像代表，直观当下地仅仅具有这一个行为之物，但却不意指
它而去意指另一个行为之物——只有通过这种能力，这个图像才
完全成为图像。但这里所包含的只能是：图像本身是在一个特别
的意向意识中构造自身，而且这个行为的**内部**[171]特征、这个“统
觉方式”的**种类**[172]特性，不仅构成了被我们称作图像表象的东
西，而且还根据特殊的并且同样是内部的规定性而造出被我们称
作对这个或那个**确定**客体之图像表象的东西。这种反思的和关系
的说法将图像客体与图像主题对立起来，但这种说法所指明的并 B1 423
不是两个在这个想象行为本身之中现实显现的客体，而是可能的
和在新的行为中进行着的[173]认识联系，在这些联系**之中**，图像意
向得到充实，并且图像和被当下化的实事之间的综合也随之而得

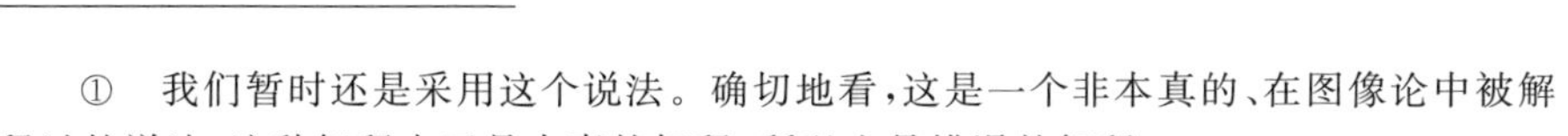

① 我们暂时还是采用这个说法。确切地看，这是一个非本真的、在图像论中被解释过的说法；这种解释由于是本真的解释，所以也是错误的解释。

[169] 在A版中为：想象性。
[170] 在A版中为：生物。
[171] 在A版中未加重点号。
[172] 在A版中为：内部。
[173] 在A版中为：的表象性。

到实现。关于内部图像(相对于外在对象)的粗糙说法在描述心理学中(更在纯粹现象学中)不应得到容忍。绘画对于一个构造图像的意识来说只是一个图像,也就是说,这个意识只是通过它的(在这里是奠基于感知之中的)想象性的(imaginativ)统觉才赋予一个原本地和感知地显现给它的客体以一个图像的“有效性”和“含义”。如果立义据此而已经将一个意向地被给予意识的客体预设为图像,那么这显然就会导致一个无穷后退(unendlichen Regreß),即:使这个客体本身得以构造并且是一再地通过一个图像而被构造,也就是说,就一个素朴的感知而言认真地谈论一个寓居于它之中的“感知图像”,感知借助于这个图像而与“实事本身”发生关系。另一方面,人们在这里无论如何必须学会明察:在任何情况下都需要对一个表象对象的某种“构造”,即对意识而言的,并且在意识之中的“构造”、在意识的本己本质内涵之中的“构造”;因此,一个对象对于意识来说是其所以是被表象的,这并非是因为,一个与超越的实事本身以某种方式相似的“内容”就存在于意识之中(确切地看,这纯粹是一种背谬),而是因为,意识与它的对象性的所有关系都作为与一个“超越的”实事的关系而包含在,并且原则上也只能包含在意识自身的现象学本质之中。如果这里所涉及的一个素朴的表象,那么这种与“超越的”实事的关系便是一个“直接的”关系;如果这里所涉及的是一个被奠基的表象,例如一个映象性的表象,那么这种关系便是间接的关系。

据此,人们不能这样说和这样想,就好像这个所谓的“图像”与意识的关系就相当于这个图像与放置这个图像的房间的关系一样,就好像用两个客体之相互包容的基本事实(Substruktion)就可以做出说明一样。人们必须上升到这样一个基本的明察上：唯有通过一种对相应行为的现象学的本质分析，我们才能获得这里所 B1 424 期望的那种理解，这些行为在这里所指的是在老的和极为宽泛意义上的“想象”(Imagination)行为体验(康德[①]和休谟的想象力)；而且首先是要上升到这样一个明察上：这些行为的(先天)本质特殊性就在于，在它们之中“显现出一个客体”，并且时而是素朴地、直接地显现，时而又如此显现，以至于这个客体不“被看作是”自为的，而“被看作是”对一个与它相似的客体的“图像性当下化”。而后，在这里不应忽视的是，这个代现性的(repräsentierend)图像客体与所有显现的客体相同，它本身又是在一个(首先为图像性特征奠基的)行为中构造起来的。

这个阐述在经过必要修正后(mutatis mutandis)显然可以引申地运用于在较宽泛的符号论意义上的代现论上。符号存在也不是一个实在的谓语，它同样也需要一个奠基性的行为意识，需要回溯到某些新的行为特征上去，这些行为特征是在现象学上唯一决定性的东西，而且就这个谓语而言，是唯一实项现象学的东西。

此外，所有这些“理论”都被这样一个指责所言中，即：它们根本无视那些为数众多的具有本质区别的表象方式之充盈，这些表象方式可以在直观表象和空泛表象这两个种类之内通过纯粹现象学的分析而得到指明。

2. 如果人们对“单纯内在的”或“意向的”对象这一方面以及与它们可能相符的“现实”的和“超越的”对象另一方面进行实项的区

① 在这里尤其要参阅康德的《纯粹理性批判》，A 120(正文与注释)。

分，那么，即使人们将这个区别解释为是一个在意识中实项地现存的符号或图像与被标示或被映象的实事之间的区别；或者，即使人们以随意的其他方式将某个实项的意识材料，甚至将那种在赋予含义因素的意义上的内容强加给这个“内在”对象，这都将是一个重大的错误。这种延续了许多世纪的错误（人们可以想一下安瑟伦的本体论证明）之所以产生的原因虽然也在于实际的困难，但它们的支撑点却在于有关内在性之说法以及其他类似说法的歧义性。[174] 只要人们对此做出陈述，那么任何人都会承认：表象的意向

[174] 在A版中为：正如绘画对于一个有素质的观众来说只是图像，他是通过他的（在这里是奠基于一个感知之中的）想象性统觉才赋予它以一个图像的有效性或含义；所以，想象图像也只是在想象表象中的图像，即借助于想象表象的特殊意向特征。

据此，人们不能这样说和这样想，就好像这个想象图像与意识的关系就相当于这个图像与放置这个图像的房间的关系一样，就好像用两个客体的相互包容就可以解决一切，甚至可以做出任何解释一样。人们必须上升到这样一个基本的明察上：想象的行为特征是一个绝对无法还原的现象学事实，它的唯一特殊性在于，在它之中“显现出一个客体”，并且是如此显现，以至于这个客体不被看作是自为的，而被看作是对一个

A 398 与它相似的客体的“图像性当下化”。在这里也不应忽视的是，这个代现性的（repräsentierend）图像客体与所有显现的客体相同，它本身又是在一个（首先为图像性特征奠基的）行为中构造起来的。

这个阐述在经过适当修正后（mutatis mutandis）显然引申地运用于在较宽泛的符号论意义上的代现论上。符号存在也不是一个实在的谓语，它同样也需要一个奠基性的行为意识，需要回溯到某些新的行为特征上去，这些行为特征是在现象学上唯一决定性的东西，并且，就这个谓语而言，是唯一的实在之物。

此外，所有这些“理论”都被这样一个指责所言中，即：它们根本无视那些为数众多的具有本质区别的表象方式，这些表象方式可以在直观表象和象征表象这两个种类之内无须特殊的分析工艺就得到指明。

2. 如果人们将“单纯内在的”或“意向的”对象这一方面以及与“超越的”对象另一方面的区别等同于一个在意识中（被误认为）是现存的符号或图像与被标示或被映象的实事之间的区别；或者，如果人们以随意的其他方式将某个实项的意识材料，甚至将那种在赋予含义因素的意义上的内容强加给这个“内在”对象，这都将是一个同样严重的错误。这种延续了许多世纪的错误（人们可以想一下安瑟伦的本体论证明）之所以产生，乃应归功于有关内在性之说法以及其他类似说法的歧义性。。

对象与表象的现实对象以及在可能情况下的外在对象是“同一 B1 425
个”，而且对这两者进行区分是一件背谬的事情。如果超越的对象不是表象的意向对象，那么这个超越的对象就根本不是这个表象的对象。而且显而易见，这只是一个分析定理。表象的对象、“意
向”的对象，这就是并且也就意味着被表象的、意向的[175]对象。A 399
如果我表象一个上帝或一个天使、[176]一个自在的智性存在或一个物理事物或一个圆的四角形等等，那么这个在这里被指称的和超越的东西恰恰是被意指的，因此是（只是用不同的语词来表达）一个意向客体；在这里，这个客体是否存在，是否被臆构，或者是否荒谬，这都是无关紧要的。对象是一个“单纯意向的”对象，这当然不意味着：它存在着，但只在意向（intentio）中存在（因而是意向的一个实项组成部分），或者在意向中存在着它的某个影子；而是意味着：意向、这个对一个具有如此属性的对象的“意指”（Meinen）[177]存在着①，但不是这个对象存在着。另一方面，如果意向对象存在着，那么不仅意向存在着，意指存在着，而且被意指之物也存在。——但对这些至今还受到许多研究者如此误释的自明性[178]，我们已经说得够多了。

① 需要一再强调，这个意指（Meinen）并不恰恰就意味着对这个对象的觉察（Merken），甚或意味着对它的课题性从事状况（mit ihm thematisch Beschäftigtsein），尽管这类情况也一同包含在我们关于意指的一般话语中。

[175] 在A版中为：被意指的。
[176] 在A版中为：或。
[177] 在A版中未加引号。
[178] 在A版中为：自明之理（Truismen）。

当然，前面所做的阐述并不排除这样的可能，即：（正如前面已涉及的那样）在被意指的绝然对象（Gegenstand schlechthin）与如其被意指的对象（Gegenstand, so wie er intendiert ist）（在立义意义中并且可能在直观的“充盈”中）之间存在着区别，并且需要对后者进行专门的分析和描述。

第三章　行为的质料与基础性的表象 B1 426

第22节　行为的质料与质性之间的关系问题

我们以下列思考来结束这些与整个意向体验的现象学建构[1]有关的一般研究，这个思考对于澄清我们那些尤其属于含义领域的主导问题而言是至关重要的。它涉及质性与质料的关系，以及涉及这样一个问题：每一个行为在何种意义上需要一个"表象"作为它的基础，而且也包含着这样一个表象。我们在这里立即会遇到一些基本的困难，这些困难至此为止①尚未被关注过，至少是尚未被表达过。在我们现象学认识中的这个漏洞是一个严重的漏洞，因为人们不得不做出这样的判断：如果这个漏洞不被填补，就谈不上对意向体验的本质[2]建构的确实理解，因此也谈不上对含义的确实理解。

① 当然是指本书第一版的出版时间而言。

[1] 在A版中为：构造。

[2] 在A版中为：内部。

A 400 我们将质性与质料作为两个因素、作为所有行为的两个内部构成物区分开来。这肯定是合理的。例如，如果我们将一个体验称之为判断，那么，将它与愿望、希望和其他类型的行为区分开来的必定是它所具有的一个内部的规定性，而非它的外在附加标号。它与所有判断共有这个规定性；但使它区别于任何一个其他的（或者说“本质”[3]不同的）判断的首先（撇开某些以后还须研究的因素不论）是质料。质料也展示了行为的一个内部因素。这一点通过比较的方式比通过直接的途径更能得到表明——因为人们例如不

B1 427 能轻易地[4]在孤立的个别判断中分析性地分解质性与质料——，这种比较是指在相应的同一性方面进行比较，在这些同一性中我们将质性不同的行为相互并列，并且在每一个行为中找到作为共同因素的同一质料，类似于在感性领域中找到相同的强度或颜色。问题只是在于[5]，这个同一之物是什么，以及它与质性因素的关系如何。这里所涉及的是否是行为的两个分离的、尽管是抽象的组成部分，就像在感性直观中的颜色和形态；或者它们处在另一种关系之中，处在属与差的关系之中，以及如此等等。这个问题极为重要，尤其是因为，质料应当是在行为中赋予行为以特定对象关系的东西。而只要回想一下，所有思维都是在行为中进行的，我们就可以看出，基本的[6]认识论的兴趣就在于，尽可能地澄清这个关系的本质。

[3] 在A版中未加引号。

[4] 在A版中为：没有人会想。

[5] 在A版中未加重点号。

[6] 在A版为：重大的。

第23节　将质料理解为一个“单纯表象”的奠基行为

最切近的答案是由那个被布伦塔诺用来规定他的“心理现象”
的著名命题所提供的，即：每一个心理现象，或者用我们的划界和 A 401
指称来说，每一个意向体验或者是一个表象，或者以一个表象为基础。更确切地说，这个奇特命题的意义在于，在每一个行为中，意向对象都是一个在一个表象行为中被表象的对象，而且如果这里所涉及的并非从一开始就是“单纯表象”，那么，一个表象就始终会与一个或多个行为，或者毋宁说，与一个或多个行为特征[7]如此奇特和紧密地交织一起，以至于被表象的对象会因此而同时作为被判断的、被期望的、被希望的等等存在于此。因此，这种多重的意向关系并不是在于各个行为的相互联结的并列与相续中进行的，
就好像对象会随着每一个行为都重新地，亦即一再地成为意向的 B1 428
当下；相反，这种多重的关系是在一个严格统一的行为中进行的，在这个行为中，一个对象只显现唯一的一次，但它在这个唯一的当下中是一个组合意向的目标。对这个命题，我们也可以用其他的语词来进行分析：一个意向体验，只有当一个为它表象出对象的表象的意向体验在它之中在场(präsent)时，它才能获得它与一个对象之物的关系。对于意识来说，如果它不进行那个使对象成为对象[8]，并且使对象有可能成为一个感受、一个欲求等等对象的表象，

[7]　在A版中为：行为质性。

[8]　在A版中为：对于我们来说，如果没有表象为我们表象出对象。

那么对象就是无。

这些新的意向特征显然不能被理解为完整的和独立的行为。如果没有客体化的表象行为,也就是说,如果它们不奠基于这个行为之中,它们甚至是无法想象的。如果一个被欲求的对象或实事状态不是在欲求中并随着欲求而同时被表象,那么它不仅事实上不会出现,而且它绝对是无法想象的。在任何情况下都是如此。

A 402 因此,这[9]是一个具有先天性(Apriorität)要求的事态;它所陈述的普遍定律是一个明见[10]清晰的本质规律。据此,我们例如不会将欲求的附加看作是这样一种东西的附加,这种东西作为在此存在者也是自为的东西,而且最主要的是,这个东西可能已经自为地是对一个对象之物的意向;我们毋宁须要将这种附加看作是一个不独立要素的附加,这是一个意向的要素,因为它确实具有与对象之物的关系,而且它没有这种关系就先天地无法被想象,但它只有通过与一个表象的紧密交织才能展开这个关系,或者才能获得这种关系。然而这种表象比一个单纯的行为质性要更多;与那个通

B1 429 过它而被奠基的欲求质性相对,它完全可以作为"单纯"表象而自为存在,即是说,它可以作为一个具体的意向体验而自为地存在。

我们对这些阐述再附加一个说明,这个说明应当为以后的考察所关注,即:(如我们所假设的那样,在布伦塔诺的意义上)[11]可以作为对"单纯表象"之举证而有效的是:所有单纯臆想表象(Einbildungdvorstellung)的情况,在这些情况中,显现的对象既不

[9] 在A版中还紧跟:甚至。

[10] 在A版中加有重点号。

[11] 在A版中为:在布伦塔诺的意义上。

被设定[12]为是存在的，也不被设定[13]为是不存在的，与此相关的所有其他行为都停止了[14]；同样可以作为对“单纯表象”之举证而有效的还有这样一些情况，在这些情况中，我们理解地接受一个表达，如一个陈述句，同时并不做出相信或不相信的决定。尤其是在这种与存在信仰(belief)特征——正是它的附加才使这个判断得以完善——的对立之中，单纯表象的概念得到了阐明，而这个对立在近代的判断理论中起着何种重要的作用，这是众所周知的。

如果我们现在回到我们的命题上，那么，正如在开始时已经提到的那样，人们很容易将这个在此命题中得到表达，并且刚才已得到阐释的实事状态运用在对质料与质性关系的解释上，并据此而对这个关系做这样的规定：在质性变换的情况下，质料的同一性就建基于奠基性表象的“本质”同一性。[15]换言之，只要行为具有同一个“内容”，并且，它们在意向本质上的区别仅仅在于，一个行为是对这个内容的判断，另一个行为是此内容的愿望，第三个行为是对此内容的怀疑等等，那么这些行为“本质上”就是以同一个表象[16]为基础的。如果表象是一个判断的基础，那么这个表象(在 A 403
质料现在的意义上)就是判断内容。如果它是一个欲求的基础，那么它就是欲求内容；如此等等。

刚才曾谈到“本质上”同一个表象。这并不是说：质料和奠基

[12] 在A版中为：意指。

[13] 在A版中为：意指。

[14] 在A版中为：取消了。

[15] 在A版中为：在质性变换的情况下，质料的同一性意味着奠基性表象的“本质”同一性。。

[16] 在A版中为：就是以同一个表象行为

性的表象确实就是同一个东西，因为质料只是行为的一个抽象因素而已。根据前面的思考，关于本质上同一个表象的说法所涉及
B_1 430 的毋宁是具有同一个质料的表象，这个质料当然还可以通过那些对此质料来说不重要的因素而从现象学上得到区分。由于质性也是同一个质性，所以，所有这些表象都具有同一个“意向本质”。[17]

因此而产生出以下的事态：

任何一个其他的意向本质都是一个质性与质料的组合体，而表象的意向本质仅仅是质料——或者人们也可以说，仅仅是质性。换言之：所有其他行为的意向本质都是**组合的**，而且是这样一种组合，即：它们必然将一个表象本质作为它们的一个组成部分包含在自身之中，唯有这个状况现在才论证了质性与质料的区别；而在质料的标题下所理解的恰恰是这个必然的奠基性的表象本质。正因为如此，在那些确然是单纯表象的简单行为那里，这个质性与质料

的区别完全消除了。因此人们也必须说：质性与质料之间的区别
A 404 并不标示着行为抽象因素的根本不同**种属**的区别。自在和自为地看，**质料本身无非就是“质性”而已，即表象质性**。被我们称作行为的意向本质的东西，恰恰就是在行为中的全部质性之物；这种质性的东西实际上就是在行为中相对于偶然变换之物而言的本质

[17] 在A版中为：那么表象和表象内容据此而是同一个吗，在单纯表象中因而就无须区分质性与质料吗？在某种意义上是如此。但我们必须更仔细些。根据我们前面的思考，“同一个表象”在不同的情况下会表现出现象学的区别。在这种关于“同一个”表象之说法中所说，并且为此表象奠基的那个同一性是表象的**意向**本质的同一性，简言之，是表象本质的同一性。如果我们在谈到奠基性表象以及在对多个行为进行比较考察的过程中谈到同一个表象或不同的奠基性表象时所指的是这个同一性，那么行为的质料与为它奠基的表象实际上就是一回事了。。

之物。[18]

这个事态可以以如下方式得到陈述：

如果一个行为是简单的行为，即单纯表象，那么它的质性[19]便与我们称作意向本质的东西相吻合。如果它是复合的行为——每一个不同于单纯表象的行为都属于这种行为，包括组合表象——，那么这个复合的意向本质无非就是那些统一联结在一起并且同时论证着一个统一的整体质性的各个质性的组合体；但这个组合体是这样的一个组合体，即：每一个在构成物中的原本的或 B1 431
组合的质性，只要它本身不是表象质性，就都必须通过一个表象质性而被奠基，这个具有这种作用的表象质性就是，或者说，就叫作相应的"质料"，而在涉及组合的整体行为时，它就是整体质料，或者说，它就叫做整体质料。[20]

第24节　困难。区分各个质性属的问题

尽管这整个观点看上去都如此明晰，而且依据于一个如此无

[18]　在A版中还紧跟：然而，考虑到这个观点已经改变，按照这个改变后的观点来说，"质性"现在在术语上已经不处在与质料的对立之中，因此，我们最好还是不说质性，而说意向或行为特征。事实上，在放弃了对在行为特征中的任何内部划分之后，这两者是相互一致的。。在A版中未分新段落。

[19]　在A版中为：意向。

[20]　在A版中为：同样的情况也适用于组合的整体意向。这个整体意向又分化为多个部分意向，在这些部分意向中必然始终可以找到一个表象意向。这个表象意向构成了意向本质的这样一个部分，这个部分原先被标示为质料，并且首先，几乎像自明的一样，作为一个与其他意向——即原先的所谓质性——相比是异质的东西（Heterogenes）显现给我们。

疑的明见性，它仍然还不是一种完全排除了其他可能性的观点。当然，那个已经表明的明见性（布伦塔诺命题的明见性）是存在的，但问题在于，人们是否将某些它本身根本不包含的东西强加到它之中。无论如何，对表象的这种特殊偏好①是引人注目的，它把表
A 405 象看作是在意向体验中这样一个属，唯有这个属的意向本质，或者换言之，它的意向质性[22]才可能是真正简单的；而且与此有关还存在着这样一个困难：如何来理解意向本质（或简称为：意向）[23]的各个不同属的最终种差。例如，如果我们进行判断，那么这个完整的判断意向、这个在陈述行为中与陈述句含义相符合的因素就应当是组合的，应当是由一个使此实事状态得到表象的表象意向和一个作为本真判断特征的补充意向所构成的，这样，这个实事状态便以存有的实事状态的方式而得以成立。我们要问，这种附加意向的最终种差的情况现在又是如何的呢？最高的意向属自身殊相化为（besondert sich）——无论是直接地，还是间接地——判断意向，而我们在这里当然必须纯粹自为地、在抽象于那些所谓奠基
B₁ 432 性表象意向的情况下来接受这个判断意向。这种判断意向现在就已经是最终的种差了吗？

为了保持清晰的概念，让我们来对比考察一个真正的属本质

① 即对那些“单纯的”和与“存在信仰”（belief）行为相对的表象的特殊偏好，我们要再次强调这一点。我们在后面两章中将会详细地研究，在以其他表象概念为基础的情况下，布伦塔诺命题的意义何在[21]。

[21] 在A版中为：其他表象概念的情况如何。

[22] 在A版中为：意向。

[23] 在A版中为：意向。

的[24]分差的可靠例子。在本质的[25]意义上，质性属分化为颜色种，颜色又分化为下属的红，并且是特定的红的微差(Rotnuance)；这是最终的种差，对它不能再进行真正的、在这个属之内的分差(Differenzierung)；这里的唯一可能的是与其他的、属于其他属的规定性的交织，这些其他的规定性本身就其属而言又是最终的差。虽然这种交织在内容上还起着规定性的作用，但已经不在真正的意义上起着分差的作用了。① 所以，“同一个”红可以接受具有这个或那个形态[27]的延展。红的颜色在变化，但不是**作为**质性在变化，它是按照那个本质上从属于它的因素来变化的，即按照延展[28]这个新的属的因素。我是说：就这个**本质上**从属的因素而言。因为在颜色一般的本质中甚至就包含着，颜色没有延展[29]就不可能存在。

现在再回到我们的事例上来。我们探问，在具体的判断中附 A 406
加给表象的那个判断特征的情况如何？这个特征在所有判断那里都是完全相同的东西吗；因而这种判断意向(纯粹观念地理解，即

这种简单的、不与表象相组合的判断意向)实际上就已经是最低的种差了吗？② 我们应该可以毫不动摇地接受这种说法。但如果我 B_1 433

① 参阅本书第三研究，第4节以后，第231页以后[26]。

② 我在这里不想顾及“肯定判断”和“否定判断”这两个有争议的亚种。那些承认有这些种类的人可以在这里的讨论中处处用例如“肯定判断”来替代绝然判断；那些否认有这些种类的人则可以按字面的意思来采纳我们的说法——这不会对这些阐述的本质发生影响。

[24] 在A版中为：亚里士多德。

[25] 在A版中为：亚里士多德。

[26] 在A版中为：第4节、第228-229页。

[27] 在A版中为：几何形式的。

[28] 在A版中为：广延。

[29] 在A版中为：空间规定性。

们接受它,并且试图前后一致地对[30]**所有意向种类**都做此假设,那么我们在表象那里便会遇到严峻的困难。因为,如果在表象这个类之内也不再含有分差,那么在这个表象与那个表象之间的种类区别,如在“皇帝”表象与“教皇”表象之间的区别,便与表象的意向本身无关。因此,使这些表象得以分差的东西是什么,或者更确切地说:使这些意向本质、这些表象**含义**得以分差的东西(Differenzierendes)是什么?它们必定是在“表象”这个特征(质性)和一个完全不同属的第二特征之间的[31]组合体;由于在表象特征的范围内,所有在对象性方面的区别性都显然已经荡然无存,因而使这个组合体具有完整意义的便是这个第二特征。换言之,那个从属于表象的意向本质(在这些例子中是含义)现在便不可能是表象意向的最终种差;相反,对最终分差的表象意向还必须附加一个全新的、完全不同属的规定性。这样一来,每一个表象含义便都是“表
874 A 407 象意向”和“内容”——作为两个相互交织的不同属的观念统一——的组合。如果回到我们的旧名称上去,我们就必须说:倘若我们像前面所做的那样认为,所有的意向种类都不言自明地以同样的方式分差,那么我们就必须再下决心去确定一个在行为质性与质料之间的本质区别。我们就无法再坚持这样一种看法,即:在我们先前所规定的意义上的质料与一个奠基性的表象的意向本质是同一的,而这个意向本质本身又与一个单纯的表象质性[32]是同一的。

[30] 在A版中加有重点号。

[31] 在A版中为:由“表象”这个特征(质性)和一个完全不同属的第二特征所构成的。

[32] 在A版中为:表象意向。

第25节　对这两种解答之可能性的更详细分析

在这里有些人会惊奇地发问：为何需要如此之多的复杂性，除非这里所涉及的困难是我们自己为自己设置的。一切都非常简 B1 434
单。每一个表象行为当然都具有表象种类的普遍行为特征，而对这个特征不能再进行进一步的真正分差。但是，使表象区别于表象的是什么呢？当然是“内容”[33]。对“教皇”的表象所表象的是教皇，对“皇帝”的表象所表象的是皇帝。

然而只有这样一些人才会满足于这种“自明性”，他们从未弄清过这里起作用的现象学区别（[34]从观念统一方面来说是种类区别），而且他们首先是从未对作为对象的内容和作为质料（立义意义，或者说，含义）[35]的内容进行过基本的划分；同样，他们恰恰是在这个关键之处无视这样一个真理：本真意义上的对象在表象“中”就是无（nichts）。

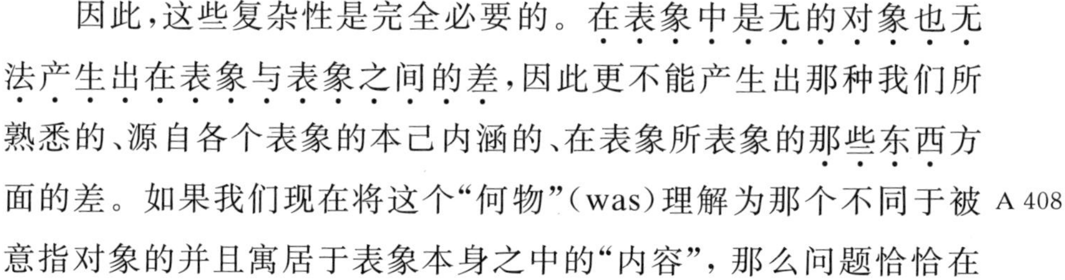

因此，这些复杂性是完全必要的。在表象中是无的对象也无法产生出在表象与表象之间的差，因此更不能产生出那种我们所熟悉的、源自各个表象的本己内涵的、在表象所表象的那些东西方面的差。如果我们现在将这个“何物”（was）理解为那个不同于被 A 408
意指对象的并且寓居于表象本身之中的“内容”，那么问题恰恰在

[33]　在A版中未加引号。

[34]　在A版中还紧跟：以及。

[35]　在A版中为：含义。

于，我们应当将这个内容理解为什么。我们在这里只能看到两种可能性，我们在前面已经对这两种可能性做了暗示，并且想在这里对它们再次做出尽可能清晰的说明：

要么我们认定，那些构成变换不定的意向本质并因此而同时构成在表象的实项[36]内容中变换不定之对象性关系的东西就是表象质性本身，它时而这样，时而那样地发生分差。“教皇”和“皇帝”的表象（不是教皇和皇帝本身）的区别完全类似于“红”和“蓝”

B1 435 颜色（这两方面都被看作是特定的差，都被看作是微差）的区别。普遍之物是表象，特殊之物是那个根据含义本质而完全确定的、[37]最终分差的表象。同样，在类似的情况中，普遍之物是“颜色”，特殊之物是“这个”或“那个”特定的“颜色”，这个“微差”“红”，那个“微差”“蓝”[38]。一个表象之所以能够与一个确定的对象并且以一种确定方式发生关系，这并非是因为它在那个外在于它的、自在和自为存在的对象上有所活动（Sichbetätigen）：就好像这个表象是在一种须严肃对待的意义上“朝向”这个对象，或者以其他方式与对象相关相交，犹如写字的手用笔一样；表象与对象的关系根本不能归诸于某个似乎外在于表象的恒久之物，而只能归诸于表象的本己[39]特性。这一点对任何一种观点来说都有效；但它对我们现在的这个观点的规定则在于：各个被给予的表象只是因为

[36] 在A版中为：描述。

[37] 在A版中为：“内容上”确定的，即。

[38] 在A版中为：颜色，特殊之物是这个或那个颜色，这个微差红，那个微差蓝。

[39] 在A版中为：内部。

它们具有这样或那样分差的表象质性[40]才恰恰是一个以这种方式表象着这个对象的表象。

要么我们认定，作为这里提供给我们的第二种可能性，那个在关于(观念唯一的)“教皇”表象以及关于这个语词含义的说法中经历了对“教皇”的观念化[41]抽象的完整意向本质(或者，在这些论证中：完整含义本质)，是某种本质上的组合之物，这个组合之物可以被划分为两个抽象因素；一个因素是表象质性，是纯粹自为地被理解的并且设置相同的表象行为特征；另一个因素是“内容”(质料)，它不作为那个特征的差[42]而从属于它的内部本质[43]，而仅仅是附加进来，并且使含义得以完整。两者的关系现在就像是“特定的颜色”与“广延”的关系。每一个颜色都是某个广延的颜色；所以每一个表象都是对某个内容的表象。这个联系在两方面都不是偶然的联系，而是一个必然的，而且是先天的联系。 A 409

这个类比也暗示出，我们是如何想要理解，而且在目前的立场上如何必须理解这种组合。这是一个还缺乏合适名称的组合形式。布伦塔诺和几个与他相近的研究者在这里谈到“对形而上学部分的联结”；施通普夫偏好“属性[44]部分”这个名称。将内部特性结合成现象的、外在的事物之统一的做法提供了典型的例证，根据这些例证可以设想出这个组合形式的观念。据此应当注意：那个补充特征，即作为规定性内容而附加给纯粹的、只能通过抽象而 B1 436

[40]　在A版中还紧跟：(或表象意向)。

[41]　在A版中为：对教皇的总体化。

[42]　在A版中未加重点号。

[43]　在A版中加有重点号。

[44]　在A版中为：心理学。

区别于内容的表象质性[45]特征的补充特征，确实必须被看作是属于一个新属的。因为，一旦人们想把它本身再理解为质性[46]特征，我们在这里所要努力克服的那些困难便会重新涌现出来，唯一变换的只是名称而已。

因此，如果我们在这里可以决定将“内容”或“质料”区分于行为质性的属[47]，那么我们就必须说：质性特征，即那个自在自为地使表象成为表象、并前后一致地使判断成为判断、使欲求成为欲求以及如此等等的质性特征，它在其内部本质中不具有与对象的关
A 410 系。但在这个本质中建立着一个观念规律的关系，这个关系就是：这样一个质性特征没有补充的“质料”就不可能存在；只有带着这个“质料”，那种与对象的关系才能进入到完整的意向本质之中并因此而进入到具体的意向体验本身之中。这一点自然也可以引申地运用于表达性体验的合乎含义之本质上，即引申地运用于这样一个体验上，由于这个体验的缘故，我们才可以譬如说谈论不同个人所陈述的同一个判断。这个合乎含义之物，观念地说，这个含
B₁ 437 义，在具体的判断体验那里就是那个在与“内容”（判断质料）的属性[48]交织中的判断设定之行为特征（抽象的判断质性），与“对象”、亦即与实事状态的关系便通过这种方式而得以完善。人们不得不说，如果这个判断性设定不带有一个内容，那么它先天是根本无法想象的，就像一个无广延的颜色。

[45] 在A版中为：意向。

[46] 在A版中为：意向。

[47] 在A版中为：从行为意向的属中分割出来。

[48] 在A版中为：“形而上学”。

第 26 节　对被倡议的观点的斟酌与拒绝

我们应当如何在这两个相互争执的、同样受到仔细思考的可能性之间做出应有的决断呢?

如果我们接受第一种可能性,那么,表象在意向体验的系列中便是一个令人讨厌的例外。因为,“意向质性”这个“本质属”将“表象”、“判断”、“愿望”、“意愿”等等质性作为同级次的(gleichgeordnet)种包含于自身,在这个“意向质性”的“本质属”内,“表象”这个种还要分差,即分差为所有那些被我们称作对这个或那个“内容”(这些或那些质料)之表象的区别,而判断质性、愿望质性、意愿质性等等则是最终的差[49];内容的区别在它们那里只是与各个质性相组合的或“奠基性的”表象质性的区别。对这个事态也不可能做出其他的理解。因为我们例如不可能通过这样一种方式来制作出同形性(Gleichförmigkeit),即:将不同判断的不同内容以及不同愿望、意愿[50]等等的不同内容同样也理解为判断、愿望、意愿这些质性种[51]的差,以及如此等等。各种不同的纯粹[52]种不可能具 A 411
有**同一个**最终的差。即使我们现在设定:在同一层次上有不同的

[49]　在A版中为:意向质性这个属将表象、判断、愿望等等质性作为同层次的种包含于自身,在这个意向质性的属内,表象这个种还要分差,即分差为所有那些被我们称作对这个或那个“内容”(质性或那些质料)之表象的区别,而判断、愿望等等则是最终的差。

[50]　在A版中为:感受、问题、愿望。

[51]　在A版中为:判断、感受、问题这些种。

[52]　在A版中为:亚里士多德。

种，在这些种中，有一些种**自身还包含着**最终的差，而所有其他的种**自身就已经是**最终的差，这难道不也仍然是一个新的徒劳无益的做法而已吗？

如果我们据此而去亲近**第二个被阐述的**[53]可能性，那么这种可能性看起来立即会迫使我们进一步改变我们的观点。因为，我们还有什么严肃的理由去坚持这个命题：每一个意向体验或者是
B1 438 一个“单纯的”表象，或者隐含着表象作为它的必然“基础”？这样一种对表象——作为[54]**行为**——的偏好，这样一种对所有本身不是表象的行为的组合，它看上去就几乎是一种毫无意义的假设了。如果——在现在这个关键考虑的意义上——那些被理解为一个**特有**属的体验的“内容”只有通过组合（哪怕是通过最紧密的组合，通过那些积极的、内部的特性）才能与表象的行为特征相统一，而且如果这种组合方式表明自己**在这里**能够使那种被我们称作具有这个内容之行为的东西得以成立，那么，为什么在其他行为那里，情况就会不同，或者至少可以说，情况就**必定**有所不同呢？这里所说的表象质性与“内容”的组合形式从另一方面决定着这个整体，即：“对这个内容的表象”[55]。为什么在其他行为那里，例如在判断那里，在判断质性和内容方面的同一个组合形式就不能使这个整体得以成立，即：“对这个内容的判断”[56]？

有可能某些行为种类的**特殊性**有规律地要求一个中介；有可

[53] 在A版中未加重点号。

[54] 在A版中加有重点号。

[55] 在A版中未加引号。

[56] 在A版中未加引号。

能会出现这样一种情况，即：某些行为质性只能在组合中出现，以至于它们在其他的，而且与同一个质料相关的行为质性的行为整体中必然以例如对这个质料的一个表象为基础，这样，它们与质料的联结便必须是一个间接的联结。但是，以上所说的这种情况必 A 412
然会时时处处地发生；首先是这里所涉及的“单纯表象”这个行为种类会起着如此重要的作用；然后是每一个本身不是单纯表象的行为只有通过单纯表象的中介才能获得其质料——这样一些论断看起来并非自明无疑，而且从一开始看起来也就不太可能。

第27节　直接直观[57]的证据。感知表象与感知

我们要用那些在对此类描述性的争论问题之研究中必定是第 B_1 439
一性的东西，即用“内感知的证据”，或者，我们有充分的理由宁可说，用对意向体验的直接直观的本质分析[58]的证据来结束这个论证。这种在阐述中的转向是可靠的，并且在一定的情况下是必然的。我们肯定想证明，合理地被理解的内在本质直观的明见性，或者如人们在这种情况下常常错误地表达的那样，“内感知”的明见性[59]应当享有在认识论方面的所有尊严。但是，这并不能保证它的证据在被运用时——即在受到概念理解并在概念理解中受到陈述时——就不会丧失许多力量，并因此而受到合理的怀疑。在诉

[57]　在A版中为：内部经验。

[58]　在A版中为：描述性分析。

[59]　在A版中为：(合理地被理解的)内感知的明见性。

诸于同一个"内感知"[60]时，一些人会得出这个见解，另一些人会得出相反的见解；一些人在它这里恰恰读出或读入这个，另一些人在它这里则读出或读入那个。我们的情况也是如此。恰恰是业已进行的分析使我们有能力认识到这一点，并且有能力将谬误从对现象学本质直观之被给予性[61]的解释中个别地分离出来并加以鉴定。同样的情况也适用于那些根据对个别情况的内直观[62]而形成的普遍命题的明见性；与这种明见性相对立的是那种解释性的添加。

［我们在前面曾说：通常在诉诸于"内感知的明见性"时，人们不说内在本质直观，而说内感知，这是错误的。因为，更确切地看，所有这些诉诸都是用来确定这样一些实事状态的，这些实事状态或者本身是纯粹现象学领域的本质状态，或者只是这些本质状态在心理学实在领域中的引申运用。对现象学事态的确定永远不可能将其认识基础建立在心理学经验中，尤其也不可能建立在自然词义上的内感知中，而只能建立在观念化的现象学本质直观之中。

B₁ 440 尽管这种本质直观以内直观为其实例性的出发点；但是，一方面，这种内直观并不必须是现时的内感知和其他的内经验（回忆），毋宁说，它同样也可以利用任何一个在最自由的臆构中形成的内想象，只要这个内想象具有充分直观的清晰性；而且这种内想象在使用上更具长处。另一方面，我们已经多次强调，现象学的直观从一开始就排斥任何心理学的和自然科学的统觉以及实在的此在设定，

[60] 在A版中未加引号。

[61] 在A版中为：内感知。

[62] 在A版中为：感知。

其中包括心理物理自然的所有设定，连同现实的事物、身体、人、本己的经验自我主体，以及所有超越出纯粹意识的东西。实际上，这种排斥肯定是随现象学本质直观一同进行的，作为在内直观基础上的内在观念化，现象学的本质直观使观念化的目光唯独朝向被直观的体验的本己实项的或意向的组成，并且使这些分散在单个体验中的种类体验本质以及它们所包含的（即“先天的”、“观念的”）本质状态被相即地直观到。最为重要的问题就在于，要完全弄清这个事态，并且要坚信，如果人们在认识论的阐释中（同样也在那种心理学的阐释中，这种阐释在提出关于意识材料的普遍命题的过程中诉诸于绝然的明见性）相信，明见性的源泉在于内经验，尤其在于内感知，即此在设定的行为，那么这只是一个假象而已。这种根本性的误释决定着心理主义的一个变种，这个心理主义变种相信，只要它在谈论绝然明见性，甚至在谈论先天明察时并不确实地离开内经验的基础和心理学，它便可以满足纯粹逻辑学、伦理学和认识论的要求，并且以此而克服极端的经验主义。从原则上说，以此方式是无法超越休谟的，休谟已经在观念的关系（relations of ideals）的形式中承认了先天，但同时对内经验和观念化所做的原则区分如此之少，以至于他以唯名论的方式将观念化错误地解释为偶然事实。］

我们现在进行个别的分析。每一个意向体验都以一个“表象”为基础，这当然是明见无疑的；在我们所判断的实事状态没有被表象给我们时，我们不能对这个实事状态进行判断，这是明见无疑的；在问题、怀疑、猜测、欲求等等那里，情况都是如此。但“表象”在这里所指的就是我们在这些联系之外标示为表象的那些东西 B1 441 A 413

吗？我们难道不可能屈服于歧义性的诱惑，尤其是如果我们使这种明见性成长壮大为一个规律：每一个行为体验或者是“单纯表象”，或者是以“表象”为基础？从一开始就会使我们感到惊奇的是这样一种状况：即使我们确实以严格描述的方式坚持那些体验，对那些不是“单纯表象”的行为的分析也绝不是始终能够成功地进入到那些所谓建构着[63]这些行为的部分行为之中。让我们来把一个在意向关系方式中的真实组合的情况与某个可疑组合的情况并列在一起，而且在这两种情况中，质料是完全同一的。如果我喜欢的那个东西不以存在的方式、不以感知、回忆以及如此等等的方式与我面对，我就不能喜欢它。这个组合在这里是清晰无疑的。只要我例如以感知的方式喜悦，那么喜悦的行为特征就建基于感知之中；感知具有它自己的行为特征，并且通过它的质料而同时为喜悦制作出质料。喜悦的特征可以完全丧失，但感知却仍然保留，自身不变地存有。因而这个感知无疑是在具体－完整的喜悦体验中的一个组成部分。

感知马上就会为我们提供一个可疑的行为组合的例证。在这里和在所有行为那里一样，我们区分质性与质料。用一个相应的单纯表象，例如一个单纯想象来进行比较就会表明，同一个对象可以作为同一个（在同一个“立义意义”中）对象，但却是以完全不同的“方式”被当下化。对象在感知中显现为是“生动地”、可以说是
B1 442
A 414 在本己个人中当下地存在。它在想象表象中则“只是浮现出来”，它“被当下化”，但不是生动地当下[64]。然而这并不是我们所要考

[63] 在A版中为：构造着。

[64] 在A版中为：它在表象中则只显现在图像中，它被当下化，但不是自身当下。

察的区别；这是一个通过那些既与质料也与质性无关的因素而作出的区分，就像例如对同一个并且在同一个立义意义中被表象的对象的感知与回忆等等之间的区别一样。在从这些区别中抽象出来的情况下，我们将感知与某个与它相符的单纯表象进行比较。根据我们的观点，一个抽象的共同之物、质料在两方面以不同的方式，在不同的行为质性中被给予。根据另一个在我们看来是可疑的观点，作为此感知之基础的质料并不又是一个行为质性，即一个奠基性的单纯表象行为的质性。可以在分析中发现这方面的东西吗？感知据此可以被看作是一个行为组合，并且确实可以从它之中分离出一个作为独立行为的单纯表象吗？

也许人们会指出一个完全相符的幻想的可能性，并且认为，这个幻想可以在其假象被揭穿之后被理解为是一个孤立的单纯表象，它完全交织在感知之中，并为感知提供质料。在这个幻想未被认识为是幻想之前，它始终是感知。但感知特征、存在信仰（belief）的行为质性却在此后丧失，留下的只是单纯的感知表象而已。可以设定在所有感知那里都存在着与此相同的组合；奠基性的感知表象——它们的质性构成感知的质料——始终受到“存在信仰”特征的补充。

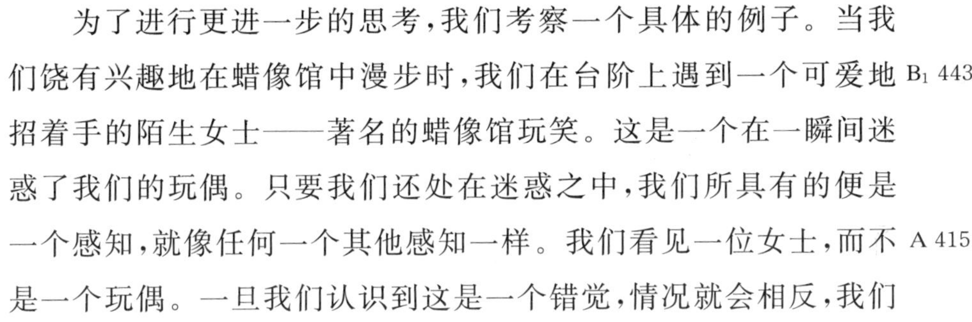

为了进行更进一步的思考，我们考察一个具体的例子。当我
们饶有兴趣地在蜡像馆中漫步时，我们在台阶上遇到一个可爱地 B1 443
招着手的陌生女士——著名的蜡像馆玩笑。这是一个在一瞬间迷
惑了我们的玩偶。只要我们还处在迷惑之中，我们所具有的便是
一个感知，就像任何一个其他感知一样。我们看见一位女士，而不 A 415
是一个玩偶。一旦我们认识到这是一个错觉，情况就会相反，我们

看到的是一个表象着一位女士的玩偶[65]。这种关于表象的说法当然不是指：玩偶是作为女士的图像(Bild)在起作用，也就是说，就像在蜡像馆中“关于”拿破仑、“关于”俾斯麦的蜡像作为映象(Abbilder)在起作用一样。对玩偶事物的感知因而不是一个映象意识的基础；毋宁说，女士是与玩偶相一致地显现出来的：这两个感知立义，或者说，这两个事物显现相互渗透，可以说是根据某个显现内涵而相互相合。而且它们是以争执的方式相互渗透，同时，注意的目光可以时而朝向这个显现的客体，时而朝向另一个显现的客体，但这却是两个在存在中相互取消的客体。[66]

现在人们可能会说：即使原初的感知表象在这里并没有达到已完全脱离出来的此在，而是在与一个新的感知，即玩偶感知的联系中出现，它也不会在这个玩偶感知中作为奠基性感知而服务于一个本真的感知：被感知的只是玩偶，唯有玩偶才在“信仰”①中现实地存在于此。[67]因此，对于眼前的目的来说，这种脱离已经充分完成。——[68]然而，只有当我们在这里真的有权利来谈论这种脱离时，换言之，只有当(第二种情况中)那个对女士的表象确实可以

① “信仰”(Glauben)在这里与前面提到的“存在信仰”(belief)相同，它在胡塞尔的术语中始终是指“存在信仰”，而非“宗教信仰”(faith)。——中译注

[65] 在A版中为：一个玩偶(也就是说，我们始终还具有一个表象)，并且是一个表象着一位女士的玩偶。

[66] 在A版中为：这个感知就是表象，而是意味着，被感知之物具有那种引起有关单纯表象的实践作用。此外，被感知之物(玩偶)在这里也不同于那个应当借助于感知而得到表象的东西(女士)。。

[67] 在A版中为：再作为感知表象。。

[68] 在A版中未加破折号。

被看作是保留在(在末了情况中)对同一个女士的感知中时,这种脱离才是充分的。然而表象在那里(在假象被揭穿后)无非意味着在争执中“被取消的”感知意识。这个感知意识——就它在出现时所带有的质性而言——当然不会隐藏在原初的感知中。[69]这两者当然具有一个共同之物;在我们的例子中——这个例子在这个问题上是最合适不过了——,它们彼此之间的相同性就是在感知与 B1 444
表象之间可能存在的相同性。这两者当然(在无须如此宽泛的相同性的情况下就可以)具有同一个质料。在两方面显现出来的是同一个女士,她带着同一的现象规定性显现在这里和那里。但在这一方面,她作为现实[70]站立在我们面前,而另一方面则相反,她作为臆想生动地显现着,但却是一个虚无的东西(ein Nichtiges)。两方面的区别都在于质性。[71]诚然,我们“几乎”觉得,她本身、一个真实的和现实的个人,是在此存在的。这种在质料和其他非质 A 416
性的[72]行为构成物方面的不同寻常的相同性确实会促使人们从图像意识坠入到感知意识之中。唯有对这个招手女士的感知倾向(信仰倾向)所经历的、在玩偶感知(蜡做的事物等等)方面——这个感知与女士感知部分相合,但在其他因素上相斥——的生动矛盾,尤其是在其信仰质性方面的矛盾[73],唯有它才阻止了我们现实地顺从于这个倾向。但在所有这些情况中所涉及的差异都是这

[69]　在A版中为:图像性意识。在感知中隐藏着对被感知之物的图像表象吗?。

[70]　在A版中为:被意指的“自身”。

[71]　在A版中为:是在图像中,尽管是在最准确的图像中存在于我们面前。

[72]　在A版中为:描述性。

[73]　在A版中为:唯有在这个被意指的感知(招手女士)与那个与它部分相合,但在其他因素上相斥的玩偶感知(蜡做的事物等等)方面的争执。

样一种差异，它始终排斥了这样一个想法，即：这个表象可以被保留在感知之中。同一个质料这一次是一个感知的质料，另一次是一个单纯感知性臆想[74]的质料。这两者明见无疑地不可能同时联合在一起。一个感知永远不可能同时是对被感知之物的臆想，一个臆想永远不可能丧失对一个被臆想之物的感知[75]。

据此，这个描述性分析绝没有偏好这个在许多人看来是不言自明的见解，即：每一个感知都是一个组合，在这个组合中，一个构成感知的质性之物（Qualitative）的存在信仰（belief）因素在一个**完整的**[76]、即带有本己质性的"感知表象"的**行为**[77]基础上构造起自身。

B1 445 第28节 对判断方面的事态的特别研究

888 在[78]逻辑学家尤为感兴趣的一组行为那里，即在"判断"那里，我们发现了类似的事态。**我们在这里是从流行的含义出发来理解"判断"这个词，此含义倾向于陈述（"谓语陈述"）**[79]，并因此而排除了感知、回忆，以及类似的行为（尽管在它们之间有着不无本质的亲缘关系）。在判断中，一个**实事状态**[80]对我们"显现为"

[74] 在A版中为：臆构。

[75] 在A版中为：是对被感知之物的臆构，一个臆构永远不可能丧失对一个被臆构之物的感知。

[76] 在A版中未加重点号。

[77] 在A版中未加重点号。

[78] 在A版中还紧跟：我们。

[79] 在A版中未加重点号；谓语陈述在A版中未加引号。

[80] 在A版中未加重点号。

意向对象的,或者我们说得更清楚些,它对我们来说就是意向对象的。即使一个实事状态所涉及的是一个感性被感知之物,它也不是一个能够以一个被感知之物的方式感性地(无论是在"外部的",还是在"内部的"感性之中)显现给我们的对象。在感知中,一个对象自身作为生动此在的对象被给予我们[81]。只要我们根据这个 A 417
感知而做出判断,即判断它存在,我们就将它称之为[82]一个当下存在的[83]对象。在这个即使丧失感知也仍可以始终本质同一地持续下去的判断中,"显现者"、意向地被意识之物不是存在着的感性对象[84],而是它存在着的事实。此外,在判断中显现给我们的还有,某物是在这样或那样的状况中,而且这种显现——它当然不应被理解为怀疑的猜测,而应被理解为(在给予判断之说法的通常意义上)确定的意指、确然性、确信——在内容上完全可以在各种形式中进行;它是一种意指(Vermeinen):"S 是或不是;S 是 p 或不是 p;或者 S 是 p,或者 Q 是 r;如此等等"。

我们将判断意指的客观之物[85]称之为"被判断的实事状态";我们在反思认识中将它区分于作为行为的判断活动本身,在这种判断行为中,此物或彼物这样或那样对我们显现为存在着的;正如我们在感知那里区分被感知的对象与作为行为的感知活动一样。现在,在这里与这种类比相符的是对这样一个有争议的问题的思

[81] 在 A 版中为:自身当下的对象展示给我们。

[82] 在 A 版中未加重点号。

[83] 在 A 版中加有重点号。

[84] 在 A 版中加有重点号。

[85] 在 A 版中未加重点号。

考:那些在判断行为中构成质料的东西,亦即那些将判断确定为对
B₁ 446 这个实事状态之判断的东西,是否处在一个奠基性的表象行为之中[86]。借助于这个表象,这个实事状态首先被表象出来,而与这个被表象之物发生关系的是作为新行为的判断设定,更确切地说,新建基于其上的行为质性。

现在,对于每一个判断而言都有(在先天的、本质普遍性的意义上)一个表象,这个表象与判断一起具有共同的质料,并且以完全相应的方式表象着那个与判断所判断的完全相同的东西,这一点是任何人都不会怀疑的。所以,例如与"地球质量约为太阳质量的三十二万五千分之一"这个判断相符合的,乃是作为从属于它

A 418 的[87]"单纯"表象而被某人进行的行为,这个行为倾听这个陈述,理解这个陈述,但却找不到做出判断性决断的动机。我们现在要问:这同一个行为是否也是判断的组成部分,并且它是否仅仅通过那个作为一个增添(Plus)而附加给一个单纯表象的判断性的决断才使判断得以分差?就我而言,我曾努力在描述分析中去发现对这些情况的证实,但却徒劳无益。我根本找不到在这里所要求的那种双重行为质性。当然,在对这种看法进行分析时,人们并不能从关于单纯表象这个说法[88]中获得更多的论据。"单纯"(单纯性)在这里与在其他地方一样,指明了一种缺失;但一种缺失并不始终能通过一个补充而得到消除。所以我们把"单纯"臆构与感知

[86] 在A版中仅部分加有重点号:那些将判断确定为对这个实事状态之判断的东西是否处在一个奠基性的表象行为之中。

[87] 在A版中为:与它相应的。

[88] 在A版中未加重点号。

对立起来。区别在于感知方面的一种优先(Vorzug),而不在于一种增添(Plus)。同样,在关于与判断相对立的单纯表象的说法上,与单纯表象的缺失相符合的是判断的优先,即那种在恰恰只是被表象的实事状态方面的判断性决断的优先。

第 29 节　续论:对实事状态之单纯表象的"承认"或"赞同"

也许会有其他人认为,我们无法找到的那种组合会在另一些情况中表露出来。他们提醒我们注意这样一些熟悉的体验,在这 B1 447
些体验中,我们并不立即作出判断性决断,但确有单纯表象浮现在我们心中,**赞同**(承认,或者说,拒绝、否认)只是在以后才作为一个明见的新行为**补加进来**。

我们当然不想怀疑这种明见性;但我们却可以对它并对整个事态进行另一种解释。确实有一个新的行为与"单纯表象"相衔接,即:这个行为紧随单纯表象之后,而后在意识中维持下去。但现在的问题是,**这个新的行为**是否[89]**将老的行为完全包含在自身之中**,更进一步说,这个新的行为是否简单地产生于老的行为之中,以至于**特殊的判断质性**、存在信仰(belief)的特征又与这个作为单纯表象的行为为伴,从而使这个具体的判断行为得以完 A 419
备——就像喜悦的行为质性与感知行为为伴,由此而使具体的喜悦行为得以完备一样。毫无疑问,在新行为从老行为之中产生的

[89] 在 A 版中加有重点号。

这一过程中，一个同一之物，以及包含于其中的、被我们称作质料的东西都得到了保留。但这个同一之物并不非得是一个完整的表象行为，而唯一的变化也并不非得是一个通过它而被奠基的新质性的附加。因此，对这个过程可以做如下的解释：在原初的单纯表象行为那里，表象的种类特征为判断特征所接替，而同一之物连同它所包含的[90]质料则可以在一个抽象的因素中存在，这个因素并不自为地构成一个完整的行为[91]。

但我们必须更仔细一些。借助于刚才所尝试的这些思想，我们只是在某种程度上描述了这个事态的一部分；这里尤其还缺乏对有关赞同的说法的论证。我们以一个例证来作为更为仔细的描述的基础：在这个例子中将会优先谈到赞同：我们赞同另一个人所

B₁ 448 陈述的一个判断。他的说法并不会直接引起我们这方面的一致判断；进行一个一致的判断，简单接受一个传达，这并不意味着赞同。

赞同所包含的毋宁是：我们首先理解这个陈述，同时自己并不作出判断；因此，被陈述之物是作为"单纯被搁置的"①而被我们意识到[92]，并且我们现在来思索它或考虑它。因为，所有这些行为都显然与赞同建基于其上的这个单纯表象有关。我们对其他人所意指的东西进行深思；那些对我们来说首先被搁置的东西不应始终

① 在胡塞尔现象学的术语中，"单纯被搁置"（"bloß dahingestellt"）是指对表象之对象的存在与否，对判断的实事状态的真实有效与否以及如此等等的不表态，存而不论。它基本等同于"单纯的表象"、"单纯的理解"等等。——中译注

[90] 在A版中为：、。

[91] 在A版中还紧跟：，也不构成质性。

[92] 在A版中为：显现给我们。

被搁置，我们对它进行提问，我们意图作出决断。然后，决断产生出来，承认的赞许本身产生出来，我们现在作出自己的和与其他人一致的判断。在这个判断中肯定不含有先前的“单纯表象”，不含有那个深思性的搁置和提问的行为系列。毋宁说，一个判断被给予，它一方面与说话者的判断“相一致”，另一方面与深思的问题“相一致”，也就是说，具有同一个质料；赞同便是如此进行的。我 A 420
赞同这个判断，就是说，我也做同样的判断，我根据同一个质料进行判断。我赞同这个问题，就是说，我认为在这个问题中被提问的东西是真实的；因此，行为再次在同一个质料的基础上得以进行。

可是更确切地看，这个分析仍然还是不完整的，实际上我们甚至还缺乏对赞同的种类之物的把握。问题与一致判断的这种前后相续，或者，判断与一致判断的这种前后相续还不足以构成这个整体，即：对这个问题或对这个判断的赞同判断。显然有某个**过渡性体验**在为这两个不同的环节提供中介，或者毋宁说，在联结着这两个环节。那个思索性的和[93]提问性的“意向”在一致性决断中得到充实[94]，而在这个**回答**（它具有一个统一因素[95]的现象学特征）的充实同一中，这两个行为不只是一个单纯的前后相续，而且是密切统一相互相关的；这个回答**适用于**这个问题，这个决断说： B1 449
正是如此，就像我在思索性考察中所看到的那样。

当这个思索——完全与天平的形象相符——发生上下动摇时，当提问转变为反问，而反问又转变为提问时（“它是这样的，还

[93] 在A版中为：或。

[94] 在A版中加有重点号。

[95] 在A版中还紧跟：、一个构形质性（Gestaltqualität）。

是不是这样的？”），这个意向也是一个双重的意向，而整个思索体验将通过这两个可能决断中的任何一个决断而得到充实：“它是这样的”、“它不是这样的”。当然，在这种情况下，充实的回答尤其关涉到这个思索问题的与它相符的那一半。相反，在较为简单的情况中，带有对立质料的决断具有否定性充实的特征，即带有所谓失实（Enttäuschung）的特征。这一点也自身引申地转用于多重的析取（Disjunktion），即转用于那些不单以是或否为准的析取。这样，否定性的充实便在于：“既非 A，亦非 B，亦非 C”等等。

A 421 在这个与思索问题有关的充实体验中，在这个对一种张力的松缓中，显然也包含着关于赞同判断之说法的原初源泉——这个赞同是指与另一个被某个说话者陈述出来的判断有关的赞同。如果陈述者无法十分有把握地获得一致性的判断，那么他就将倾听者表象为思索者，并且期望得到他的赞同；然后，即使相同的判断

894 未经思索就已经出现，他也将这种一致理解为赞同，尤其是因为，如果这种赞同经过了深思熟虑，它的价值便会得到更高的评价。即使倾听者根本没有理由去思索，他也乐于在其他人面前摆出一副思索者和赞同者的样子，以便使其他人得到这种赢得的赞同的喜悦。所以，在素朴的一致中常常被置入[96]一些赞同的思想，而真正的赞同是在组合体验中构造起来的，在这种体验中，一个被感知的或被表象的判断导向一个提问，这个提问在相应的现时判断中获得它的充实（并且在相反的情况中获得它的失实、拒绝）。

B_1 450 在经过这些思考之后，我们必须将赞同看作是一种过渡性体

[96] 在 A 版中为：会引发。

验，它与对猜测、期待、希望、愿望以及这一类“瞄向的”意向[97]的充实完全相似。例如我们在愿望充实的过程中所具有的也不是愿望意向的单纯前后相续以及被期望之物的出现，而是在特征性充实意识中的统一。在这里我们也可以发现质料方面的一致性；但仅仅靠这种一致性还无法做到这一点，否则它会使两个具有同一质料[98]的随意行为成为充实统一。只有充实意识才（以本质规律性的限制方式）使“S是p”的愿望与判断性经验“S是p”相互协调，并且给予这种经验以充实性行为的相对特征，给予这种愿望本身以（确切意义上的）意指性、瞄向性行为的特征。

这种分析清楚地说明了我们同时想为我们以后的研究所做的注释，即：一个“判断理论”，或者更恰当地说，一种对判断的纯粹现 A 422
象学描述，如果它将判断的特有质性等同于那种对一个被表象实事状态（甚至是一个被表象的对象）的赞同或承认的，或者说，拒绝、否认，那么它就是误入歧途了。这个附加的赞同不是一个附加给先前单纯表象行为的行为质性；通过这个分析而被现实地发现的东西，首先是单纯表象（而它在这里包括“搁置地－具有”[99]、提问和思索这些行为的前后相续），它借助于充实特征而过渡到一个具有相同质料的判断中。并非这个判断就自为、自在地是对那个首先被给予的单纯表象的承认；而是这个判断仅仅[100]在这种充实联系中才是承认的、赞同的，只有在这种联系中，判断才含有这 B_1 451

[97]　在A版中为：等等。

[98]　在A版中为：同一类。

[99]　在A版中为：被搁置－显现。

[100]　在A版中还紧跟：在此地、此时，。

个相对的谓语，正如“表象”[101]（或者说，思索）只有在这种联系中才具有对此赞同的“瞄向意向”[102]的相对特征一样。与其他充实种类、如愿望充实的类比在这里是富于教益的。所以，被期望的事实的出现，或者毋宁说，对这个出现的信仰[103]（这里所关涉的不是客观的出现，而是我们对此的知识、对此的信念）不能被当作是自为的，它自身不具有愿望充实的特征，相反，只是对抱此愿望，并且体验到他的愿望在充实的人来说，这种被期望事实的出现才具有愿望充实的特征。在这里，没有人会想把充实体验描述为：一个新的行为质性被附加到原初的愿望上，甚或会想把这个过程的终极目的、充实的信念解释为一个组合，一个将此愿望当作奠基性的部分行为包含在自身之中的组合。

根据所有这些，对一个单纯表象的后补性赞同的体验不再能够被用作论据，即证明那个为我们所怀疑的，至少存在于判断领域中的意向体验之构造的论据。

A 423

补　充[104]

不言而喻，我们并没有忽略，在先于一个赞同而进行的思索中大都织入了一个朝向判断决断的愿望意向。但我们认为，如果人们将那种对所谓**理论问题**（在这个问题中，那种“作为问题的显现”

[101] 在A版中未加引号。

[102] 在A版中为：意向。

[103] 在A版中为：关于这个出现的判断。

[104] 在A版中未列入目录；在A版中未作为标题列出；整个“补充”在A版中采用小号字体。

构造着自身）的回答充实[105]等同于奠基于其中的愿望（愿望问题[106]）之充实，那么这就完全错了。我们觉得，“问题”（“Frage”）是一个有双重意义的词。在一种意义上所指的是某个愿望，在另一种意义上所指的是每一个这样的愿望都预设[107]的一个特种的行为。这个愿望以“判断决断”为目标，也就是说，它以一个判断为 B_1 452
目标，这个判断要对问题做出决断，而当问题是析取的（disjunktiven）时候，这个判断就要对怀疑（“两个情况”）做出决断。简言之，愿望的目的就在于对这个在这里本身不是愿望的“问题”的回答。

[108]同样，那些怀疑[109]也不是情感行为。它根本不是一个有别于理论问题、只是偶尔与理论问题交织在一起的行为，而恰恰是析取问题的特殊情况，在现在的理论意义上。

第30节　将同一的语词理解和语句理解理解为“单纯表象”

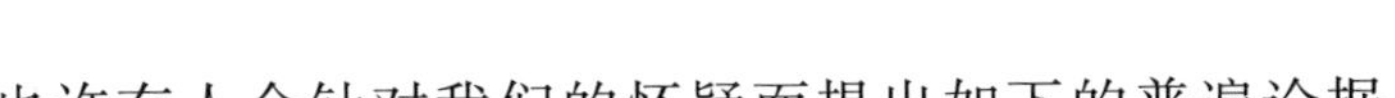

也许有人会针对我们的怀疑而提出如下的普遍论据：

同一些语词和语词构成物在最为不同的联系中保持其同一的意义，而且是作为表达部分对于完全不同的行为保持其同一的意义。因此，必定会有一个始终相同的体验与它们相符合，这个体验只能被理解为是一个始终奠基性的表象。

[105]　在A版中未加重点号。

[106]　在A版中未加重点号。

[107]　在A版中未加重点号。

[108]　在A版中未分新段落。

[109]　在A版中未加重点号。

这一个人判断说“S 是 p”；另一个人听到同一些语词，并且理解这些语词，但自己没有做判断。这些语词在相同的意义上起作用，它们在相同的理解中被运用、被接受。这里的区别很明显：在第二种情况中进行的是对语词的单纯理解，在第一种情况中所进
A 424 行的则要更多。理解是相同的，但我们此外还做出判断。让我们来扩大一下这些例证的范围。不同的个人可以期望、希望、猜测、怀疑等等这同一个东西：“S 是 p”，并且是在从属性的表达行为中。他们都理解这些共同的语词；判断者与对“S 是 p”的单纯理解者所共有的那种东西，他们也都与判断者一起共有。显然，那种在判断者那里是附着于信念、愿望、希望等等特征而显现出来的东西，在
B_1 453 单纯理解者那里则是孤立地现存着（vorliegen）。**单纯理解在这里就是单纯表象**，它始终为同一个“质料”的行为系列提供相同的基础。当然，这种对表达性行为的理解也可以引申地运用于非表达性行为。

这肯定是一个站得住的论据。关于同一意义、相同的语词理解和语句理解的说法指明了一个在各种不同的、在质料得到表达的行为中始终相同的东西；甚至指明了这样一个东西，我们不仅在这些行为（信念、愿望、希望等等）中添加了一个与这个东西有关的“执态”（“Stellungnahme”），即一个主体的行动，而且我们还以为在一个主动性（Aktivität）中、在对理解的活动进行中同样也占有了这个东西。然而，无论在这些东西中有多大一部分可以回归为特有的、确实是现象学的特征之上，这里都[110]需要注意：我们并没

[110] 在 A 版中为：即那些被我们完全以行为的方式作为一个行为（aktio）、作为一个**主体的活动**而添加进来的东西。然而，在这里。

有例如用一种主动性来定义行为这个概念，而是简单地将这个词作为“意向体验”这个表达的简称来使用。但我们将“意向体验”理解为任何一个这样的具体体验，它“意向地”与一个对象性发生“关系”，以熟悉的、只能通过例证来说明的“意识方式”。所以，对那种同一的理解又存在着两种解释的可能性：要么这是一个共同之物，它不是完整的行为，但却是在有关行为中赋予行为以对象关系规定性的东西。而后，这个共同之物便在不同的行为质性中被给予，各个行为的完整的意向本质便由此而得以完备。要么这个共同之物处在一个完整的意向本质之中，因此，一个共属的群组的所有行为都以一个特有的理解行为为基础，这个行为时而为这些、时而为 A 425
那些行为，或者毋宁说是行为质性进行奠基；这样，例如判断（[111]通过单纯表象对判断质性的丰富）或愿望（对愿望质性的丰富）等等便产生出来。

无论如何，我们绝不能认为已经可以确定：那种在对陈述句的 B1 454
“单纯理解”中对奠基性表象的所谓孤立确实就是一种孤立，而且是在这里所要求的意义上的孤立。在进一步的考察中更多会表明：这个体验与现时判断的关系类似于例如单纯想象表象与完全相应的回忆的关系。这是与同一个在相同“意义”上被意识的对象的不同意向关系方式，这就意味着：这是两个具有相同质料和不同质性的行为。情况并不是这样的：这两个行为中的一个行为实项地套接到另一个行为之中，并且前者在后者中仅仅导致了一个新

[111]　在A版中还紧跟：即。

的质性的生成。[112]

第31节　对我们的观点的最后一个指责。单纯的表象与孤立的质料

谁在这里无拘无束地深入到这些描述性关系之中，谁既不受偏见，也不受歧义性的迷惑，他就会与我们一同得出这样一个信念：行为意义上的表象，即那些作为“单纯”表象[113]而孤立地，尤其是与作为种类特殊行为的判断[114]相对立的表象，它们在认识中并不起着像人们通常所认为的那样重要的作用，而且人们分派给这些表象的那些工作——即在所有行为中使意向的对象性得以表象——是由不独立的体验[115]来承担的，这些不独立的体验必然属于所有行为，因为它们作为抽象的因素属于所有行为的意向[116]本质。

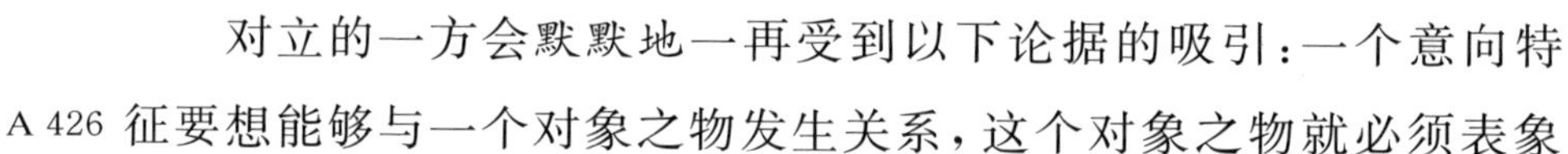

对立的一方会默默地一再受到以下论据的吸引：一个意向特
A 426 征要想能够与一个对象之物发生关系，这个对象之物就必须表象

[112]　在A版中为：那种在对陈述句的“单纯理解”中对奠基性表象的所谓孤立确实就是一种孤立，并且是在这里所要求的意义上的孤立。在进一步的考察中更多地是表明，这个体验与现时判断的关系类似于单纯想象表象与感知的关系。这是与同一个对象的不同意向关系方式，这就意味着：这是两个具有相同质料和不同质性的行为。它们两个之中的任何一个行为都不是单纯的质料，或者不是实项地套接到另一个行为之中，以至于这个行为可以作为另一个行为的质料而被使用。。

[113]　在A版中未加重点号。

[114]　在A版中未加重点号。

[115]　在A版中未加重点号。

[116]　在A版中未加重点号。

给我们。如果我根本没有表象一个实事状态，那么我又如何能够将它认之为真、期望它、怀疑它，以及如此等等？进行表象的东西(Vorstelligmachende)恰恰就是这个奠基性的表象[117]。

这一点在实事上是无可指责的；这里所说的东西是完全正确的；只是它并非是对我们观点的批评。在每一个意向体验中都确然地寓居着一个负责使实事得到表象的组元(Komponente)或方面(Seite)。但一个本身就是一个完整的行为的组元——这恰恰是问题所在。首先这是与我们尤为感兴趣的判断[118]以及作为对被判断的实事状态之表象[119]而寓居于判断之中的组元事例有关的问题。我们感到，这个组元就其本质因素而言，即就那个在它之中负责"表象"实事状态的本质因素而言[120]，必定本质上与我们称之为行为质性[121]的那些特征不属于同一个属；换言之，它本质上必定与这样一些熟悉的特征不属于同一个属，由于这些特征，被表象的实事才成为被判断的、被期望的等等实事。我们把前面所说的那种"单纯"表象的特征也看作是这一类特征，但不把"内容"或质料的始终同一的因素看作是这一类特征，即使它们，或者说，即使整个奠基性的行为组元也被称作表象或表象行为。 B1 455

人们最后还可能探寻这样一条出路：如果人们承认，这些"内容"不是行为质性，那么，这些在行为中、即在与行为质性的补充交织中出现的内容看上去就完全有可能在其他的情况下也自为地，

[117] 在A版中还紧跟：，无论人们现在将它称作表象，还是称作质料。

[118] 在A版中未加重点号。

[119] 在A版中未加重点号。

[120] 在A版中为：这个部分体验。

[121] 在A版中未加重点号。

或者说,在摆脱了所有行为质性的具体体验中出现。用后一种方式,单纯表象的真正事例便得以成立,它们是一些根本不是“行为”的具体体验,也就是说,倘若我们还坚持认为,在行为概念中必须包含着某个行为质性的共存状况,那么情况便会是如此。

然而,在对与此有关的体验进行关注性的本质考察的过程中,我们似乎不可避免地要把单纯表象现实地理解为一个行为。我们根据范例直观可以确信,质料与行为质性的交织是抽象因素的交
B1 456 织。因此,质料不可能孤立出现,但它明见无疑地只有通过随意的因素的补充才能获得具体化,而这些随意的因素在规律上是通过最高的行为质性属而得以划界的。诚然,单纯理解,以及整个单纯“搁置”都在本质上完全不同于信仰的“设定”或其他猜测的、愿望的“执态”等等。但这样的话,我们便必须承认并且在现象学上确定:在行为质性的总体属中存在着区别。①[122]

① 对此参阅我的《纯粹现象学与现象学哲学的观念》第一卷、第三篇、第109节、第222页以后。由于在那里对“质性变更”(“中立性变更”)有了更深入的认识,因此提出了对一门关于“行为质性”之学说进行进一步建构的要求,这门学说涉及在这一章中所作之思考的本质内涵,但也导致对这些已获得的结论的部分修改性解释。

[122] 在A版中为:我们把前面所说的那种“单纯”表象也看作是这一类特征,但不把同一的“内容”或质料看作是这一类特征,即使它们也被称作表象或表象行为。

我们的观点无论如何会在这一点上,并且从根本上说是在一个次要之点上引起怀疑。如果人们承认,这些“内容”不是行为特征,那么,这些在行为中,即在与行为特征
A 427 的补充交织中出现的内容,看上去就完全有可能在其他的情况下也自为地,或者说,在摆脱了所有行为特征*的具体体验中出现。用后一种方式,单纯表象的真正事例便得以成立,它们是一些根本不是“行为”的具体体验。

然而,在对与此有关的体验进行关注性考察的过程中,把单纯表象现实地理解为一个行为似乎是一种更正确的做法。通过内容而被当下化的对象同时也是某个朝向

的对象，某个图像化＊＊考察的对象，或者是一种无论应当怎样来描述、与判断、怀疑、猜测等等同属一个属的“心理”活动的对象。诚然，这并没有完全排除以下的可能性，即：内容有时自为地出现，也就是说，在意向体验之外出现。因为我们的描述必然是在注意力的“目光领域”之内活动。那些超越出这个领域的东西，那些在较为宽泛，而非较为狭窄的意义上属于“意识统一”的东西，它们不在我们考察的界限之内。但这种情况无论如何不适用于我们所谙熟的“单纯”表象体验。。＊参阅A本的附加与修改：行为质性。＊＊参阅A本的附加与修改：搁置性。

第四章 在特别顾及判断理论的情况下对奠基性表象所做的研究

第32节 表象这个词的双重意义以及“每一个行为都通过一个表象行为[1]而被奠基”这个命题所具有的被误认的明见性

如果我们可以将前一章的结果看作是已确定了的，那么我们就必须区分关于“表象”[2]的双重概念。在第一个意义上的“表象”[3]是一个行为（或者说，一个特有的行为质性），就像判断、愿望、问题等等是行为一样。所有那些情况——即：分散的语词或[4]完整的语句在其正常功能以外单纯被理解的那些情况——都可以为这个概念提供例证：我们理解陈述句、疑问句、愿望句等等，同时自己却不去判断、提问、期望。与此相同的还包括所有那些对思想的非表达性的、不带有任何“执态”的、“单纯浮现地拥有（Vor-

---

[1] 在A版中未加重点号。

[2] 在A版中为：表象。

[3] 在A版中未加引号。

[4] 在A版中为：——无联结的语词——以及。

schwebend haben)”,还有单纯的想象以及如此等等。 B_1 457

在另一个意义上的“表象”[5]则不是行为,而是行为质料,它在每一个完整的行为中都构成意向本质的一个方面,或者具体地说,它是这样一个质料,这个质料在与其他的、它为了达到具体化而所需要的各个因素的联合中——就是那种以后将被我们称作代现(Repräsentionen)的东西。正如这种“表象”是任何一个行为的基础一样,它也是(根据第一个意义的)表象行为的基础。如果质料 A 428
是表象行为的基础,那么[6]这个质料,即可以在各种不同的行为中作为同一质料而起作用的质料,便随着一个特有的行为质性“表象”、[7]以一种特有的“意识[8]方式”被给予。

如果我们根据以上的例子来确定关于单纯表象行为的说法,那么无疑存在着这样一种可能性,即:对这些行为也可以做出像对其他行为一样的质性与质料的现象学分析。正如我们在判断那里区分信念的种类特征与信念的内容一样,在这里也可以区分那种单纯理解、搁置的特有心绪与构成这种理解之确定性的何物

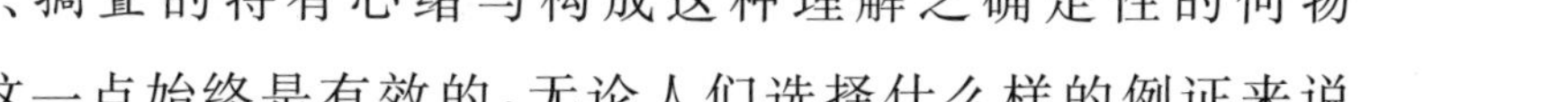

(Was)。这一点始终是有效的,无论人们选择什么样的例证来说明单纯表象或突显它的概念。但我们必须始终关注[9]:我们在这里的分析中所谈的不是对行为的可能分片,而是对这些行为的抽象因素[10]或方面的区分。它们在比较性的观察中展示出来,它们

[5] 在A版中未加引号。

[6] 在A版中为:这样。

[7] 在A版中为:在一个特有的行为质性“表象”中。

[8] 在A版中为:意向关系。

[9] 在A版中为:但还需要提醒的是。

[10] 在A版中为:规定性。

是包含在行为本身的本质[11]之中的[12]因素，它们规定着将行为纳入到相同性或不同性系列之中的可能性。在这些系列中的那些直观可证明的相同之物或不同之物恰恰就是那些方面，如质性和
B1 458 质料。所以，任何人也无法在方向、速度以及其他方面分解一个运动，但却可以区分在这个运动上的这些规定性。

根据以上的研究已经可以得出，“每一个意向体验或者本身是一个（单纯）表象，或者以一个表象为基础”这个命题是一个被误认的明见性。错误的根源在于表象所具有的上述双重意义。如果理解正确，那么这个命题的第一部分所说的是在某个行为种类意义
A 429 上的表象，它的第二部分所说的则是在单纯的（在上述方式完备了的）行为质料意义上的表象[13]。这个第二部分自为地看，亦即“每一个意向体验都以一个表象为基础”这样一个命题，是一个真正的明见性，只要表象被解释为完备的质料。

但在这里有一个考虑在告诫我们要小心。只有一种将“表象”解释为行为的方式吗？也许还可以对上述命题做其他的解释，这些解释始终还没有为我们的指责所接触到？在这种情况下，我们的阐述虽然在它根据对表象这个词的通常阐释所预设的那个表象概念方面是确切的；但它在其他表象概念方面以及在由此而获取的对这个多义变化命题的解释方面则并非确切。

[11] 在A版中未加重点号。

[12] 在A版中还紧跟：根据或。

[13] A本的附加与修改：确切地看，在这里，行为在排除行为质性后所剩余的一切都被算作是行为质料；即，不单是立义意义，而且是全部“再现”（根据第六研究，第562页以后）；但这个差异对进一步的考察没有影响。

第33节　根据一个新的表象概念而对这个命题所做的修正。指称与陈述

因此便产生出这样一个问题，**根据一个其他的表象概念**是否就无法完整地坚持这个命题。

与行为统一相符合的是各个从属于行为的客观统一，是行为所“意向地”关涉到的那个（须在最宽泛意义上来理解的）对象性的统一。我们现在感到这个被思索的命题是可疑的，因为它将表象理解为某种**行为**[14]，这个行为应当与各个行为的总体对象统一发生关系，并为这个行为奠定基础：那个在判断中被意指、在愿望中 B1 459
被期望、在猜测中被猜测以及如此等等的实事状态，必然是一个被表象的实事状态，并且是在一个特有的“表象”[15]行为中被表象的

实事状态。在这里，表象这个标题包含着“单纯”表象，即一个行为 A 430
类，我们曾通过对分离语词等等的单纯理解，或者也通过对有关的、我们“完全中立地对待的”[16]陈述句的单纯理解而对这个行为类加以示范性的说明。但是，这个命题会立即获得一个新的和无疑的意义，只要我们为“表象”这个术语加上一个新的概念，这个新的概念很容易被理解，尤其是因为，关于**名称就是对表象之表达**的说法会将人们导向这个新概念。我们当然不能再要求，这种表象还意向地包含着各个行为的总体客观统一。也就是说，我们可以

[14]　在A版中未加重点号。

[15]　在A版中未加引号。

[16]　在A版中未加引号。

在“表象”的标题下包容每一个这样的行为，即：在这样的行为中，某物在某种“较为狭窄的”[17]意义上对我们成为对象性的，或是根据那些一举把握性的（in einem Griff erfassend）、在一束意指的目光中（in einem Meinungsstrahl）意指着对象之物的感知和类似的直观[18]，或者也可以根据那些在范畴陈述中的单项的主语行为，即根据那些在假言陈述中作为前项而起作用的素朴前设性的行为，以及如此等等。

我们在这里可以看到下列极为重要的描述性区别：

如果我们进行一个判断，一个自为封闭的谓语陈述行为[19]，那么我们首先会觉得有某物是或不是[20]，例如“S 是 p”。但在这里“表象”给我们的这个“是”（Sein）显然也能够以完全不同的方式表象给我们，只要我们说，“S 的 p 状态”（das P-Sein des S）。同样，“S 是 p”的实事状态也可以在一个我们陈述“S 是 p”的判断中

B_1 460 被我们意识到，也可以在另一个判断的主语行为中被我们意识到，就像我们说，“S 是 p 这个事实”，或者简单地说，“S 是 p——导致了……，是可喜的，是可疑的等等”。同样，如果我们在一个假言句或因果句的前句[21]中说“如果 S 是 p”，或者说“因为 S 是 p”，在一个对立的后句中说“或者 S 是 p”[22]，情况也是如此。在所有这些情况中，这个实事状态——例如不是这个判断——对我们来说都

[17] 在 A 版中未加引号。

[18] 在 A 版中为：感性感知或臆构。

[19] 在 A 版中为：判断。

[20] 在 A 版中未加重点号。

[21] 在 A 版中未加重点号。

[22] 在 A 版中为：在一个对立句中说“或者（entweder）”。

在另一个意义上是对象性的，并因此也在变化了的含义上是表象性的，这个含义已经不同于在判断中的含义，这个实事状态在其中建构起该判断的全部客观相关物；这样，它显然便与事物在类似的意义上是对象性的，这里的所谓事物是指我们在感知或想象或图像观看中通过一束目光所看到的那种事物[23]，——尽管一个实事状态不是一个事物，并且根本不是一个在本真的和较为狭窄的意义上可以被感知、被臆构、被映象的东西。

在涉及那些作为主语起作用的语句时，我在前面的插入语中曾说，它们不是例如对判断的表象，而是对相应的实事状态的表象。这一点必须予以注意。判断作为具体的体验当然与事物一样，是可能感知、臆构的对象，以及有可能是一个即使是非物理的映象的对象。这样，判断也可以作为主语对象而在判断中起作用。关于判断的判断便是这种情况。在对这些判断的表达中，如果被判断的判断不仅仅受到间接的标示（例如作为“这个”、“你的判断”），一个语句就会处在主语的位置上。但是，当一个语句处在主语位置上时，这个语句并非始终具有指称一个判断的功能。对一个判断所进行的判断不同于对一个实事状态的判断；因此，从主语上表象或指称一个判断是一回事，从主语上表象或指称一个实事状态是另一回事。如果我譬如说，“S 是 p 是可喜的”，那么我所指的并不是，这个判断是可喜的。在这里，人们在判断中所指的究竟是这个单个的行为，还是这个语句，还是在特殊意义上的这个判 A 431

[23]　在 A 版中为：所看到的那种事物，或者是指我们在想象中所从事的那种想象客体，或者是指我们在绘画中所观察的那种被描画的事物。

B₁ 461 断，这也是无关紧要的。可喜的毋宁说是这个如此的状态，这个客观的实事状态，这个事实。"S的p状态（正义事业的胜利等等）是可喜的"这个客观等值的、虽然在含义上有所变异的说法也表明了这一点。

如果人们以改变后的表象概念为基础，而且如前所述，放弃这样的要求，即：表象作为奠基性行为包括了被奠基行为的全部质料，那么，前面曾被拒绝过的那个命题，即：每一个本身不是表象的行为都必然奠基于一个表象之中，这个命题看上去便确实获得了一个有价值的内容——我们或许完全可以[24]将它看作是一种明见性。当然，我们现在必须将这个命题更确切地描述为：每一个行

A 432 为或者本身是一个表象，或者便奠基于"一个或多个"表象之中。那些与此命题的第一部分有关的例证提供了感知、[25]回忆或期待、臆构等等单项的（单束的①[26]）行为。这便是"单纯"表象。对此命题的第二部分的例证则提供了判断（谓语陈述）以及与它们相对应的、在原先词义上的单纯表象。一个判断至少要以一个表象为基础，正如每一个完全被说出的陈述至少会含有一个"名称"。如果那种认为简单判断具有"S是p"这种规范形式的流行看法是正确的，那么我们甚至必须将两个表象，或者说，两个名称设定为

910

① "单束"（einstrahlig）、"单项"或"单环节"（eingliedrig）与后面的"多束"（mehrstrahlig）、"多项"或"多环节"（mehrgliedrig）均指意向（目光）、意识方式的单一与杂多，或者说，行为的简单与综合。——中译注

[24] 在A版中为：可以冒险。

[25] 在A版中还紧跟：（纯粹直观的）。

[26] 在A版中为：单层的（einfältige）。

最少的数量。但最大的数量则是无限的，在唯一的一个判断中可能存在着任意多的表象，并且，即使人们将此归因于这个判断的复合，这也无关紧要；因为任何一个复合判断也都是一个判断。

这个情况看起来也适用于所有其他的行为，只要它们是完整的行为。“愿S是p”，“愿真理胜利”等等，这种愿望在S和p中具有其表象，真理是一个素朴的主语设定的对象，而愿望便建基于在真理上被谓语判断地表象出来的胜利之上。在所有具有类似构造的行为那里，以及在较为简单的行为那里，例如，在那些直接建基 B1 462
于[27]直观之上的行为那里，就像对一个被感知之物的喜悦那样，情况也是如此。

最后我们还要补充一个命题[28]：在任何一个行为组合中，最终奠基性的行为必然是表象。

第34节 困难。名称的概念。设定的与非设定的名称

诚然，这个新的表象概念并非已经摆脱了困难。无可否认的是，那些注定被用作最后奠基的行为在这一点上是共同的，即：它 A 433
们都在某种确切的意义上使一个对象之物得到“表象”。但这并没有说明：在这个意义上的表象是否标示着一个意向体验的本质属，而且是用这样一种方式来标示，以至于这个属的统一必然纯粹通

[27] 在A版中为：建基于单项。

[28] 在A版中为：至于表象本身，我们的命题并没有回答，它们在可能的情况下是否同样也奠基于表象之中。奠基或不奠基这两种可能都存在，同时我们可以补充。

过行为质性而得到规定，并且那些被排除在表象领域之外的行为必然会完全属于质性不同的属。然而，刚才所说的那个共同性现在究竟何在，这是一件根本不容易决定的事情[29]。

在这些方面还需要做更为详细的阐述。如果人们像通常所做的那样，将名称标示为对表象的表达，那么现在的表象概念在这里便是本质可疑的。无论如何，所有在称谓上可表达的“表象”构成了一个统一，我们首先要观察这个统一。[30]诚然，关于表达之说法的不同意义导致了表象在这里既可以是指称谓的含义意向，也可以是指相应的含义充实。但这一种行为与另一种行为，非直观的[31]

B1 463 行为与直观的行为，它们在这里都等同地属于这个被划定的表象概念[32]。我们[33]不能把名称理解为单纯的名词，仅凭它们自身并不能清楚地表现出一个完整的行为。如果我们想要明确地把握住，名称在这里是什么和意味着什么，那么我们最好是观看一下名称以正常含义作用于其中的各种联系，尤其是各种陈述。现在我们在这里看到，那些应当作为名称起作用的语词或词组，要么能够展示出一个完备的单层(einfältig)陈述主语(同时它们在这里所表达的是一个完备的主语行为)，要么(撇开句法构形不论)能够在

[29] 在A版中为：那些注定被用作最后奠基的行为在这一点上是共同的，即：它们都在某种确切的意义上表象一个对象之物，这一点是无可否认的。但是，在这个意义上的表象是否标示着一个意向体验的本质属，并且是用这样一种方式标示，即，属的统一纯粹通过行为质性而得到规定，并且被排除在表象领域之外的行为必然完全属于质性不同的属——这是很难决定的疑难问题。

[30] 在A版中为：决定性的。

[31] 在A版中为：象征的。

[32] 在A版中还紧跟：，也不一同充填这个概念。

[33] 在A版中还紧跟：在这里。

一个陈述中在不改变其意向本质的情况下行使单层的[34]主语作用,只有这时,这些语词或词组才表达出一个完整的行为。① 据此,单纯的名词并不构成,也不与可能伴随着的定语从句或关系从句一起构成一个完整的名称;毋宁说,我们还必须再加上一个具有极为重要的含义功能的定冠词或不定冠词。"这匹马";"一束花"; A 434 "一所用砂岩建造起来的房子";"这次帝国议会的召开"——但也包括像"这次帝国议会召开了"这样的表达,它们都是名称。

现在让我们来看一个奇特的区别。在许多情况中,但显然不是在所有情况中,名称、或者说,称谓表象都是这样一种类型的:它们将对象意指为和指称为一个现实存在的对象,然而它们并不因此而比单纯的名称更多出什么,换言之,它们并不能够因此而被看作是完整的陈述。后一种情况已经因此而是不可能的,因为陈述永远不可能在含义不变的情况下取代主语。虽然判断可以作为在被判断对象意义上的判断主语起作用,但永远不能在意义不变的情况下作为其他判断的主语行为、作为"表象"起作用。在未做进一步论证的情况下,人们当然不愿承认我们这个重要的命题。这个论证也会在进一步的研究中补上。因此,如果我们暂时撇开那些情况不论,即撇开完整的陈述似乎处在主语中的情况不论,那么 B1 464 我们所要考察的便是名称,如"海因里希王子","市场上的骑士塑

① 因此,通过"A与B是p","A或B是p"这些例子而表明的在主语方面的联言多样性或选言多样性是不可能的。我们也可以说:主语功能本身是一个简单的功能,谓语陈述不是一个在扩展了的意义上的复数陈述。

[34] 在A版中为:如其所是地行使。

像”，“过路的邮差”等等。谁在真实的说法中和在正常的意义上使用这些名称，谁就“知道”：海因里希王子是一个现实的人，而不是一个幻想中的形象；在市场上矗立着一座骑士塑像；邮差路过这里。甚至比这还要更多些。这些对象在他看来肯定不同于那些被臆构的对象，而且这些对象不仅仅作为存在着的东西显现给他，他也将它们表达为这样一种东西。但他仍然在指称的行为中未对所有这些做任何谓语陈述；即使他作为例外至少会以定语的方式，亦即以“现实存在着的S”这样一种形式陈述出这个存在（在相反的情况下他也许会说：“被误认的S”，“被臆构的S”，以及如此等等）。但这个设定也是在这个从语法上得以丰富的名称中（这个名称所经历的是否不是单纯的意义扩展，而是一个本质的意义变异，这个问题始终是被搁置的）通过行为所具有的这个在定冠词中被表达出来的因素而得以进行的，而唯有质料才发生了变化。无论如何，

A 435 即使如此，这里所陈述（谓语陈述）的也不是“S存在着”，而是S（在其可能的意义变异中）以定语的形式被表象为现实存在的，此外它还被设定，并且因此而以“这个现实存在的S”的形式被指称；而指称在这里就其意义来说也与陈述不同一。[35]

如果人们承认这一点，那么我们就需要区分两种名称，或者说，两种称谓行为，一种名称赋予被指称之物以存在的价值，另一

[35] 在A版中为：但是，尽管如此而得以丰富的名称与素朴的名称具有逻辑上的等值性，这两者的含义差异是无可置疑的。这个设定也是在这个已丰富了的名称中通过行为所具有的这个在定冠词中被表达出来的因素而得以进行的，而唯有质料才得到了扩展。无论如何，即使如此，这里所陈述的也不是“S存在着”，而是S以定语的形式被表象为现实存在的，此外它还被设定，并且因此而以“这个现实存在的S”的形式被指称；而指称在这里就其意义来说也与陈述不同一。

种则不做此事。如果需要的话，每一个实存性思索的称谓质料都可以为后一种名称提供例证，这种质料确实不带有任何存在－执态。[36]

将一个假言前句与一个因果前句加以比较就会表明，我们在其他的奠基性行为那里显然也可以找到类似的区别；但这是不足 B₁ 465
为奇的，因为这些行为与称谓行为本质上相近。在设定性的行为与不设定的行为之间的区别一直延伸到在现在这个意义上的整个表象领域之上，这个领域已经远远地超出了真正称谓表象的领域。在那些与此有关的直观表象、即那些本身不起称谓作用，但却具有充实称谓含义意向之逻辑使命的表象的领域中[37]，设定的行为是：感性的、在设定性意指的一束光中获取对象之物的感知、回忆和期待。不设定的行为则是相应的、由于其存在价值被剥夺而是异常的感知，例如摆脱了对显现物之现实的所有设定的[38]幻想，同样还包括任何一个单纯想象[39]的情况。**在每一个设定行为中都包含着一个可能的、具有同一质料的不设定行为，反之亦然。**

这个在特征方面的区别现在显然是一个**质性区别**，因此在表象概念中包含着某种不一致性。我们还可以在严格的意义上谈论一个表象属吗，我们还可以认为，设定性的表象和不设定的表象是 A 436

[36] 在A版中为：每一个否定的实存性判断的称谓质料都可以为后一种名称提供例证，就像“没有一个只有两个角的三角形”。在A版中未分新段落。

[37] 在A版中为：直观表象、即那些本身不起称谓作用，但却具有充实称谓含义意向之逻辑使命的表象的较为狭窄的领域中。

[38] 在A版中为：随着对显现物之现实的怀疑而一起出现的。

[39] 在A版中为：臆构。

这个统一属的种或差吗？[40]

人们认为，[41]困难可以一举被克服，只要人们将设定性行为理解为被奠基的行为，并且因此而可以认为，它们本身根本不是单纯表象，而是奠基于表象之中，那个设定的特征（人们在这方面只需考虑，这种特征是否完全自明地与判断质性的特征是同类的[42]）是新附加给单纯表象的。

但根据我们在前面所做的分析，这种观点看起来相当可疑。正如一个单纯表象行为不能脱离开一个感知，或者，正如一个单纯被理解的，但未被判断的陈述不能脱离开一个现时陈述一样，一个无设定的行为例如也不能脱离开称谓含义意向的设定行为。对称

B1 466 谓行为与陈述行为的这种类比必然是一个完善的类比，因为每一个设定的和完整的称谓行为都先天地有一个可能的独立陈述与之相符，而每一个不设定的行为都先天地有一个相关的变异了的陈述（单纯陈述理解）的行为与之相符。这个分析因此也就会在更为宽泛的领域中得出这样一个结论：具有相同内容的设定行为和不设定行为[43]的共同之处不在于一个完整的行为，而在于一个单纯的质料，这个质料在两种情况中是在不同的行为质性中被给予的。人们可以单纯地理解一个名称，但这个单纯理解并不包含在对这个名称的设定性使用中。所以，这并不是一条能够在表象这个类

[40] 在A版中还紧跟：难道不会出现这样一个想法，一个被重要的研究者看作是可靠真理的想法：设定性的、赋予存在价值的行为在质性上与判断相近，亦即与判断同属于一个质性属，而我们却把这个质性属排斥在表象领域之外？

[41] 在A版中还紧跟：第一个问题的。

[42] 在A版中为：可以争论，这种特征是否与判断属于同一类。

[43] 在A版中为：设定名称和不设定名称。

中，即在现在的称谓行为意义上的表象类中，消除这个可疑分裂的途径。

第35节　称谓设定与判断。判断是否能够成为称谓行为的部分

但我们现在要回到前面所提出的关于设定性表象与陈述性判断之间的相似性问题以及它们之间正确关系的普遍问题上去。也许人们会试图将这两种行为的区别看作是一个非本质的区别，而且例如会说[44]：设定性的名称当然不是陈述，也就是说，不是独立的谓语陈述，不是对一个所谓自足的判断的表达。因此，它所提供的判断只是这样一个判断，这个判断[45]被用来作为另一个建基于它之上的行为的前提或基础。正是这个不改变判断之意向内涵的功能在分别规定着语言的形式。如果有人说“过路的邮差”……，那么在其中当然便包含着“邮差路过这里”的判断。称谓的形式只是对命题性(thetisch)主语功能的指示，它指明会有进一步的谓语设定产生出来。

然而，我们几乎不可能赞同这种将有关区别完全外在化的做法——就好像在保持同一的判断上仅仅联结了新的行为，而且名 B_1 467

[44]　在A版中为：前面所涉及的关于设定性表象与判断之间的相似性问题以及它们的正确关系的普遍问题尤其会带来困难。也许人们会试图再造并坚持前面所反驳的那种思想，这种思想企图将称谓的设定恰恰理解为判断的一种形式。例如人们说。 A 437

[45]　在A版中为：它是一个判断，但它现在只是。

称的语法形式仅仅是对这种联结方式的间接指示特征一样。大多数逻辑学家，包括像鲍尔查诺这样思想深刻的逻辑学家，都把名称与陈述之间的区别看作是一个本质区别，而[46]这门日趋成熟的科学将会证明他们是合理的。在两方面可能存在着一个[47]共同之处，但如果说这个区别只是一个外在的区别，那么这必定会遭到否定。更确切地说，人们必须弄清，称谓行为与完整的判断永远不可能具有同一个意向本质，因此，每一个功能转变，即一个功能向另一个功能的转变，即使在保持共同的组成的情况下也会在这个本质中引起必然的变化。

在这里会引起[48]迷惑的大都是这样一种状况，即：真正的谓语判断、完整的陈述事实上可以在“某种方式”上主语地起作用。尽管这些陈述在这里并不是主语行为本身，它们也以某种方式补加给主语行为，即作为与在其他方面已被表象的主语有关的限定性判断补加给主语行为。例如，“这位大臣——他刚才已经先走了——将会作出决定”。人们在这里也可以不用插入句而在无须改变意义的情况下说：“这位刚才已先走了的大臣”；或者“这
A 438 位——刚才先走的——大臣”。但人们会看到，这样一种理解并不始终是贴切的。尽管定语陈述常常可以展示一个限定性的谓语陈述，但即使它始终这样做——何况这无疑是不可能的——，它也只涉及主语名称的一部分。在删除了所有这些限定性附加之后，剩余下来的只是完整的名称；而要想用一个只起主语作用的判断来

[46] 在A版中还紧跟：我相信，。
[47] 在A版中为：特征上的。
[48] 在A版中还紧跟：欺骗。

替代这个名称，其结果只能是徒劳无益。在我们的例子中，限定性谓语陈述所依附的是“大臣”这个名称，从这个名称上无法再分割出第二个谓语陈述。在这里奠基性的判断是什么，它在独立的理 B1 468
解中叫作什么？例如“大臣”就意味着“这位——他是大臣”？但这样一来，“这位”(der)就是一个完整的名称，并且会要求一个自为的判断。但这个判断又如何陈述自己？例如，它是否是在独立理解中受到这样的陈述的判断：“这位实存着”(der existiert)？但这里又包含着同一个主语“这位”，于是我们陷入到一个无穷后退(unendlichen Regreß)之中。

毫无疑问，[49]名称的一大部分、[50]也包括定语名称，都直接或间接地“起源于”[51]判断，并且根据这种起源而可以回归为判断。但是，这种关于起源和回归的说法已经表明，名称与判断是不同的。这里的区别是如此明显，以至于我们不会因为理论成见的缘故或为了更为简便起见就可以撇开这个区别而不顾。先行的判断还不是从它之中产生出来的称谓含义。在名称中作为判断的沉淀而被给予的东西并不是判断，而是一个不同于判断的变异。在发生了变异的行为中不再含有未变异的行为。如果我们经验到或明察到，“哈勒城位于萨勒河畔”，“π 是一个超越数”，那么我们便会继续说，“萨勒河畔的哈勒城”[52]，“超越数 π”。我们在这里并不 A 439

[49]　在 A 版中还紧跟：从发生上看，。

[50]　在 A 版中为：甚至。

[51]　在 A 版中未加引号。

[52]　在 A 版中为：如果我们认识到一个科学思考的结论，即：两个数字 a、b 单义地规定了一个幂 ab，那么我们在进一步的数学判断和思考中便可以说“幂 a^b”。如果我们认识到，“π 是一个超越数”，那么我们便会说。

再进行[53]这个判断，至少不要求进行这个判断，而且，即使这个判断附带地被作出，它也不会更有利于这个称谓含义的行为。在任何情况下都是如此。

诚然，我们在前面曾谈到，判断可以在限定作用中出现；但对此不能做完全严格的和真正的理解。因为更确切地看，这个作用仅仅在于，使那个丰富着名称的定语陈述[54]在我们眼前产生出来。判断本身不是定语[55]作用，而且也永远不可能行使这种作用；判断只提供一个基地，定语[56]含义在这个基地上现象学地产生出来。如果这个作用得以完成，那么判断便可以消失，而定语[57]连同它的含义作用却持存下去[58]。因此，在例外的情况下，我们所涉及的便是组合；定语作用与谓语作用交织在一起；谓语作用使定语作用从自身中产生出来，但同时却附带地自为有效——所以才有那种在插入句中的正常表达。定语作用的通常情况则摆脱了这种复杂性。如果有人谈到“德国皇帝”或“超越数 π”，那么他并不是指“皇帝——这是德国皇帝”或“π——这是一个超越数”。

B1 469

为了能够完整地理解刚才所做的阐述，这里还需要做一个重要的补充。我们说过，在进行了“变异的”行为中不再含有“原初的”行为，“原初的”行为至多是附带地并且以可或缺的方式与“变异的”行为纠缠在一起。但这并不排斥这样一种可能性，即：“原初

[53] 在A版中为：再造。
[54] 在A版中为：限定。
[55] 在A版中为：形容词。
[56] 在A版中为：形容词。
[57] 在A版中为：形容词。
[58] 在A版中为：继续起作用。

的”判断以某种方式“逻辑地”“处在”“变异的”行为之中。这里需要注意，**绝不能在一种经验－心理学和生物学的意义上理解关于“起源”和“变异”的说法**，相反，**这种说法表达了一个建基于体验的现象学内涵之中的特有本质关系**。称谓、定语表象的本己本质内涵就在于，这种表象的意向“回归到”相应的判断上，它将自己作为对这个判断的“变异”而给予自身。如果我们“实现”“这个是 p 的 S”（“这个超越数 π”）这种类型的表象的意义，完全清晰和本真地实施这个意义；如果我们因此而踏上对“被意指之物”这样一个表达进行充实证明的道路，那么我们可以说是必须诉诸于相应的谓语判断，我们必须进行这种判断，并且从这个判断中“原初地”获取称谓表象，使此表象从这个判断之中产生出来、被推导出来。同样的情况在经过必要的修正后也适用于不设定的定语表象。从现象 B1 470
学上说，这些表象在“本真的”进行中需要有那种在质性上变异了的谓语陈述行为（现实判断的对立面），这样才能够从这些行为中原初地产生出来。因此，在定语表象的本质中现象学地包含着某种间接性，这种间接性一方面通过有关起源、推导的说法，另一方面通过有关回归的说法而得到表达。于是可以得出，对每一个称谓定语之有效性的论证都先天必然地回归到相应判断的有效性上，并且必须与此相关地说：称谓对象在对它的各种范畴理解中是从所属的实事状态中“被推导出来的”，这个实事状态在其真实存在中自在地先于称谓对象。

因此，根据这些阐述，我们可以[59]完全一般地声称，**在名称与**

[59]　在 A 版中为：因此很明显，这里关系到两种本质不同的体验，所以我们可以。

陈述之间存在着区别,这些区别或是与合乎含义的本质有关,或是建立在作为本质不同的行为的"表象"和"判断"的基础上[60]。在意向本质中,人们是感知地把握一个存在之物,还是判断"它存在着",其结果并不是一样的;与此相同,人们是指称这个存在之物本身,还是对它陈述说(谓语陈述)"它存在着",其结果也不一样。

如果我们现在注意到,每一个设定性的名称都明见地有一个
A 440 可能的判断与之相符,或者说,每一个定语都明见地有一个可能的谓语与之相符,反之亦然;那么,在我们否认了这些行为在其本质方面的同一性之后,留存下来的便只有这样一个看法:这里存在着规律性的,而且显然是观念规律性的联系。这种联系作为观念规律性的联系并不是指这些相互排列的行为的因果产生或经验共存;而是指在这些有关的、可以在观念上被把握的行为本质①之间的某种观念规律性的有效共属性,这些行为本质在现象学的观念

B1 471 性王国中同样具有它们的"存在"以及它们的"存在秩序",就像纯粹的数以及几何构形的纯粹天性在算术的或几何的观念性王国中也同样具有的那样。如果我们进入到纯粹观念的先天范围之中,我们就可以说,从有关行为的特殊含义本质来看,如果"人们"在纯粹的、即绝对的普遍性中不"能够"进行那些被归诸于这些行为的行为,那么"人们"也就不"能够"进行这些行为;我们甚至还可以说,即使从有效性逻辑学方面(geltungslogischer)来看,这里也存

① 在纯粹逻辑-语法上,这里有一种建基于意指的纯粹本质之中的含义变更。参见本书第四研究,第324页。

[60] 在A版中加有重点号。

在着规律等值形式中的归序(Zuordnung)[61],以至于如果不"潜在地"承认"S存在",那么人们——合理地——例如就不能开始说"这个S"。换言之,一个带有某些设定性名称的语句有效,而与这些名称相符的存在判断却无效,这是一个先天的不相容性[62]。这是源自"分析的"观念规律群组中的一个观念规律,这些观念规律建基于思维的"单纯形式"之中,或者说,建基于范畴之中,即建基于作为从属于"本真"[63]思维之可能形式的种类观念的范畴之中。

第36节　续论:陈述是否能够作为完整的名称起作用

我们还必须[64]考虑一组重要的例证,以便能够通过它们来证实我们对称谓行为与判断之间关系的看法。这里所涉及的是这样一些事例,即:陈述句不仅在限定的意图中得到运用,而且似乎在此——作为现时陈述——构成名称的部分,而且它们看上去恰恰是作为名称,作为完整的名称在起作用。例如,"终于下雨了,这使得农夫们很高兴"。主语句是一个完整的陈述,这一点似乎是无可否认的。B1 472 它指的是,现实地下雨了。这个判断通过一个从句的方式所获得的表达已经发生变异,因而这个表达在这里只能被用来

[61]　在A版中为:从有关行为的特殊含义本质来看,如果"人们"不"能够"承认那些被归诸于这些行为的行为是合理的,那么"人们"也就不"能够"进行这些行为。

[62]　在A版中加有重点号。

[63]　在A版中为:现时。

[64]　在A版中为:想。

暗示这样一个状况：陈述在这里处在主语位置上，它应当为一个建基于其上的谓语设定提供根据行为（Grundakt）。

A 441 所有这些听起来都很动听。但如果这种观点在这些事例上获得了现实的依据，而且这个观点在这些事例方面的确是可靠的，那么也就立即会产生出这样一个疑问：尽管这种观点受到我们的指责，它是否在更宽泛的范围中仍然还可以坚持下去。

让我们来进一步思考这个例子。对农夫们所高兴的是什么这个问题，人们回答说：“对此……，”或者“对这个事实，即终于下雨了”。因此，这个在存在方式中被设定的实事状态是高兴的对象，是被陈述的主语。我们可以对这个事实做不同的指称。我们可以像在所有其他对象那里一样简单地说，“这个”，但我们也可以说，“这个事实”，或者更确定地说，“下雨这个事实”，“雨的落下”等等；其中也包括例子中的“下雨了”。在这个并列之中清楚地表明，这个语句是一个名称，并且正是在对事实的所有其他称谓表达意义上的名称，并且它在所有意义给予的行为中与其他名称并无本质区别。像其他名称一样，它也进行指称，并且指称地进行表象，并且正如其他名称指称其他东西、事物、特性等等一样，它指称的（或者说，它表象的）恰恰是一个实事状态，特别是一个经验事实。

那么现在在这个对此实事状态的指称与在独立陈述中对此实事状态的陈述之间存在着何种区别呢？在我们所举的例子中，“终于下雨了”就是这样一个陈述。

会有这样一种情况出现：我们首先进行陈述，然后才以指称的方式与实事状态发生关系：“终于以及如此等等——这使得农夫们

B_1 473 高兴”。我们在这里可以研究一下这个对比；它是无可置疑的。这

个实事状态在这一方面和另一方面是同一个，但它以完全不同的方式成为我们的对象。在素朴的陈述中，我们对雨以及它的落下进行判断；这两者在确切的词义上成为我们的“对象”，它们是“被表象的”[65]。但我们所进行的并非是一种单纯对表象的先后排列，而是一个判断，一种特有的、将表象加以联结的“意识统一”[66]。而在这种联结中，关于实事状态的意识对我们构造起自身。进行这个判断与以这种“综合的”、根据“某物”来设定某物的方式意识到一个实事状态，这两者是一而二，二而一的。一个命题被设定，随后第二个不独立的命题也被设定，以至于在这些命题的相互奠基中，实事状态的综合统一被意向地构造出来。这个综合的意识显然不同于所谓在一个单束的命题中、在一个可能的素朴主语行为中、在一个表象中与某物的对置(Gegenübersetzen)[67]。人们在比较的过程中必须关注，雨是以什么方式“被意识”到的，并且首先人们必须对判断意识，即：这个实事状态的被陈述状况(Ausgesagtsein)，与在我们所举事例中直接划界的表象意识进行比较，即与这同一个实事状态的被指称状况(Genanntsein)“这会使农夫们高兴”的表象意识进行比较。“这(das)”就像一个手指一样指明了被陈述的实事状态。因此它指的是这同一个实事状态。但这个意指不是判断本身，判断本身已经先行，也就是说，它作为具 A 442

[65]　在A版中为：这一点在确切的词义上成为我们的“对象”，它是“被表象的”。

[66]　在A版中未加重点号。

[67]　在A版中为：进行这个判断与以这种方式意识到一个实事状态，这两者是一而二，二而一的。但这个意识显然不同于对象性的拥有(Gegenständlichhaben)，不同于在一个可能的主语行为中、在一个表象中与某物的对置。

有这些和那些属性[68]的心理事件已经流走；相反，这个意指是一个新的和新型的行为，它作为指明性的行为与那个事先已经在单束的命题中综合地（亦即多束地）构造起来的实事状态正[69]相对立，即在与判断完全不同的意义上以此实事状态为对象。据此，这个实事状态在判断中“更原初地”被意识到；那个单束地指向这个实事状态的意向以多束的意向为前设，并且在其本真的意义上回归为多束的意向。但在每一个多束的意识方式中都先天地建立着

B1 474 被转移到单束的意识方式之中的可能性（作为“观念的”本质规律性），实事状态在这种单束的意识方式中在确切的意义上成为“对象”或“被表象”。（就像例如在一个几何构成物的观念本质中先天地建立着这样一个可能性，即：“人们”可以在空间中转动它，通过变形而将它改变为某个其他的构成物，以及如此等等。）无论如何，现在很明显：[70]“意识的方式”、客体成为意向客体的方式在两方面是各不相同的——但这只是对此的另一种表达而已，即：我们所涉及的是“本质”不同的行为[71]，是具有不同意向本质的行为。

如果我们[72]撇开这个真正的指明不论，那么在前面这个例子中所强调的[73]“这个（das）”的本质也就包含在那个处在主语位置上的（并且处在某个恰恰要求[74]表象的联系中的任何一个其他位

[68] 在A版中为：这样和那样构造起来。

[69] 在A版中为：在主语上与实事状态。

[70] 在A版中为：尽管这个实事状态以某种方式也在判断中被意识到；但并非如此地被意识到，以至于它在判断中确切地说就是一个对象。。

[71] 在A版中未加引号。在A版中加有重点号。

[72] 在A版中还紧跟：现在。

[73] 在A版中为：这个。

[74] 在A版中还紧跟：称谓。

置上的)单纯语句的思想中,正如另一方面在独立的和本真的陈述之思想中必然不会含有这个本质一样。一旦那个作为定冠词之基础的含义因素活跃起来,一个在现在意义上的表象也就得以进行。[75]无论语言或对话是否确实需要冠词,无论人们是说"der Mensch"(人),还是说"homo"(人),是说"Karl"(卡尔),还是说 A 443
"der Karl"(这个卡尔),这都是无关紧要的。显而易见的是,这个含义因素在起主语作用的语句"S 是 P"中不会缺失。事实上,[76]"S 是 P"就意味着"这个,即:S 是 P",或者仅稍做改写,"这个事实,这个状况等等,即:S 是 P"。

根据所有这些来看,这个事态并不会导致我们在这里谈及一个判断,[77]一个可能是主语或完全就是一个称谓行为的现时谓语陈述。毋宁说,我们可以十分清楚地看到,在作为实事状态的名称[78]而起作用的语句[79]与在意向本质方面关于相同实事状态的相应陈述[80]之间存在着一个区别[81],这个区别只有通过观念规 B₁ 475
律性的关系而得到中介。在不改变其本质本性的情况下,也就是

[75] 在 A 版中还紧跟:定冠词甚至暗示出对象关系的"确定性",就像不定冠词暗示着对象关系的"不确定性"一样。。

[76] 在 A 版中为(另起一个新段落):这个含义因素现在也存在于起主语作用的语句"S 是 P"。所以很明显,我们刚才对单纯的"这个"(das)所做的阐述也对主语句有效,这个主语句已经通过它的语法形式而回指着另一个含义因素,在这里是指它应当关涉的那个名称。即使这个称谓的载者在表达中丧失,它的含义内涵对于完整的名称来说仍然是不可或缺的,所以。

[77] 在 A 版中为:实际上。

[78] 在 A 版中未加重点号。

[79] 在 A 版中未加重点号。

[80] 在 A 版中未加重点号。

[81] 在 A 版中未加重点号。

说,在不改变其合乎含义的本质以及不随之而改变含义本身的情况下,一个陈述永远不能作为名称起作用,或者,一个名称永远不能作为陈述起作用。

当然,这并不是说,一致的行为彼此在描述方面就是完全异己的。陈述的质料与称谓行为的质料是部分同一的,两方面都是借
A 444 助于同一些术语来意指同一实事状态,尽管是以不同的形式。据此,在表达形式上的较为相近性并非偶然,而是建基于含义之中。如果表达即使在含义作用改变的情况下仍然保持不变,那么我们所涉及便是一个歧义性的特殊事例。它从属于那样一类更为全面的事例,在这些事例中,表达是在异常的含义中起作用。显然,这些植根于含义领域的纯粹本质之中的异常是一种纯粹语法方面的异常。①

这样,我们的观点便始终可以得到前后一致的贯彻,我们始终区分表象与判断,并且在表象之内区分设定的、赋予存在价值的表象与不设定的、不赋予存在价值的表象。我们也可以毫不犹豫地否定因果前句[84]、"因为S是p"这一类语句所具有的判断特征,并且使它们与假言前句处于一种关系之中,这种关系与我们[85]所认识到的在设定性名称与不设定名称之间的关系是同一个关系。尽

① 参阅本书第四研究,第11节,第321页以后[82]和第13节的"补充",第333页[83]。

[82] 在A版中为:尤其是第311页。

[83] 在A版中为:第316-317页。

[84] 在A版中未加重点号。

[85] 在A版中为:此外。

管这个“因为”可以回归为一个陈述着“S是p”的判断；但这个判断在因果句本身之中并没有被进行，这里没有再陈述“S是p”，而是 B1 476
在一个素朴的“表象性”底座上——这个底座作为在其本真意义上的因果前句命题而被描述为因果判断综合的变异——建立起(“据此”而进行)第二个后句命题。这个整体是判断综合的一个新形式，它的意义内涵在仅仅略作改写的情况下可以表达为：[86]这个奠基性的实事状态的存在决定着随后出现的实事状态的存在。只有以这种组合[87]的方式，前句与后句在这里才能除此之外[88]还作为判断起作用，就像我们陈述说，“S是p，并且因为如此，所以Q是r”。这里的问题不仅在于，综合性地坚持这个结果，而且还在于，判断性地、在关系性的综合的意识本身之中拥有和坚持这两个实事状态：“S是p”和“Q是r”。[89]

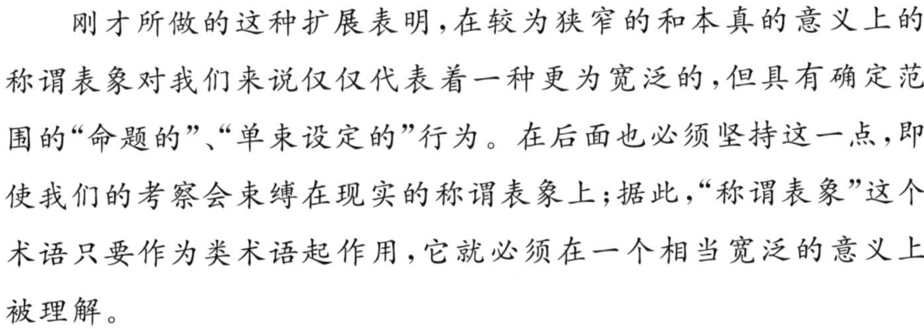

刚才所做的这种扩展表明，在较为狭窄的和本真的意义上的称谓表象对我们来说仅仅代表着一种更为宽泛的，但具有确定范围的“命题的”、“单束设定的”行为。在后面也必须坚持这一点，即使我们的考察会束缚在现实的称谓表象上；据此，“称谓表象”这个术语只要作为类术语起作用，它就必须在一个相当宽泛的意义上被理解。

或许也需要关注那个在这里起着决定作用的术语，根据这个术语，“判断”被理解为一个独立完成的陈述所具有的含义。这个

[86]　在A版中为：被陈述为。

[87]　在A版中加有重点号。

[88]　在A版中未加重点号。

[89]　在A版中为：在那种通过传诉来接收的情况中常常出现的那样。

含义不经历内部的变异就无法成为一个假言前句或因果前句的含义，就像它也不能成为称谓含义一样；这便是我们在前面[90]所确定的命题。

[90] 在A版中为：刚才。

第五章　关于判断学说的进一步研究。“表象”作为称谓行为和陈述行为的质性统一属

A 445

B_1 477

第 37 节　以下研究的目的。客体化行为的概念

前面所进行的这些研究尚未解决在第 34 节[1]一开始所提出的问题。我们结论是:“表象”与“判断”是本质不同的行为。在这个结论中——这些语词的多义性要求我们一再回溯到那些恰恰是关键性的概念上去——所谈到的“表象”是在称谓行为意义上的表象,而“判断”是在陈述、而且是在正常的、自身封闭的陈述之进行(Vollzug)意义上的判断。指称与陈述因而不“单纯”在语法上是不同的,而且是“本质不同的”,而这又意味着,这两方面的行为,无论它们是含义赋予的行为,还是含义充实的行为,都在其意向本质方面各不相同,并且在这个意义上作为行为种类而各不相同。我们是否以此而证明了:表象与判断、那些赋予指称与陈述以含义和

[1] 在 A 版中还紧跟一脚注:第 433 页。

充实性意义的行为,它们属于意向体验的不同“基本类别”(Grundklassen)[2]?

不言而喻,对此必须做否定的回答。这里[3]没有谈及这一类东西。我们必须考虑到,意向本质是由“质料”和“质性”[4]这两方面所构成,并且毫无疑问,对行为的“基本类别”的区分只涉及行为质性。我们还要进一步考虑到,从我们的阐述中并没有得出:称谓的和陈述的行为必定具有完全不同的质性,当然也就必定具有不同的质性属。

A 446 人们不应对最后强调的那一点抱有异议。在我们的意义上的

B1 478 行为质料根本不是某种对行为来说异己的东西、某种外在地附加在行为之上的东西,而是行为意向、意向本质本身的一个内部因素、一个不可分割的方面。关于“不同的意识方式”的说法,即我们在“不同的意识方式”中可以意识到同一个实事状态的说法,不应当使我们产生迷惑。这种说法指明了不同的行为,但它并不因此而就指明了各种不同的行为质性。在质性同一的情况下(在构设质料这个观念时我们便以此为导向①),同一个对象性还能够以不同的方式被意识到。例如人们可以考虑一下等值的设定性表象。它们恰恰是借助于不同的质料而朝向同一个对象。所以,在一个陈述向一个称谓的(或者一个与它相等的)功能——我们在前面强

① 参阅此项研究前面第 20 节,第 414 页。

[2] 在 A 版中为:“不同基本类别”。

[3] 在 A 版中还紧跟:根本。

[4] 在 A 版中未加引号。

调过这个功能——过渡的过程中，那些本质性的含义变异所具有的内容可能仅仅在于：在质性保持同一，或至少（根据称谓变异方式的不同）在质性属保持同一的情况下，质料发生变化；除此之外，别无其他的内容。

在这里所描述的是一个现实的事态，这一点已经通过对质料本身的关注考察而得到表明。我们在前面所讨论的例证中已经认识到，在陈述含义被引申地运用到主语功能之中时，有必要通过在称谓上有含义的冠词或者通过像“这个状况，即……”、“这个事实，即……”这样的称谓表达来进行补充，这个补充向我们证明，对意义的重新解释是在同一被引申运用的质料的本质内涵的哪些方面宣示出来，也就是说，那些在原初陈述中不具有的立义功能，或者说，那些在原初陈述中由其他功能所代表的立义功能，是在什么地方出现的[5]。我们处处可以看到，这两方面相互一致的本质因素[6]经历了一个不同的“范畴构形”[7]。例如人们也可以比较一下“[8]S 是 p”这个形式与它的称谓变异“[9]是 p 的 S”。 B₁ 479

另一方面，下面的考察将会表明，就质性方面来看，在称谓行为与陈述行为之间存在着属的共性，与此同时，我们会完成对一个更新的表象概念的划界，这个表象概念与最后被考察的那个表象 A 447

[5]　在 A 版中还紧跟：那些在原初陈述中不具有的质料因素，或者说，那些在原初陈述中由其他因素所代表的质料因素在哪里补充给那些同一地被引申运用的质料。

[6]　在 A 版中为：组成部分。

[7]　在 A 版中未加引号。在 A 版中未加重点号。

[8]　在 A 版中还紧跟：一个。

[9]　在 A 版中还紧跟：一个。

概念相比还要宽泛,而且更为[10]重要,这个新的概念使那个关于每一个行为都建基于表象之中的命题获得了一个新的和特别重要的解释。[11]

为了坚持对现在这两个"表象"[12]概念的区分,我们(并不另外做出最终的术语建议)在涉及较为狭窄的表象概念时说"称谓行为",在涉及较为宽泛的表象概念时则说"客体化的行为"。在前一个标题下所指的不仅是那些作为含义给予的行为而依附于称谓表达,或者作为充实而附加给称谓表达的行为,而且是指所有相近地起作用的行为,无论它们是否处在一个语法作用中[13];对此,在前一章中对称谓[14]表象概念做出了所有那些介绍之后,这里几乎已无须再做这些强调。

第38节 客体化行为的质性差异与质料差异

我们在称谓行为之内区分设定性行为与不设定行为。前者在

[10] 在A版中为:无比。

[11] 在A版中还紧跟:这个扩展了的概念将会在其内部统一性方面摆脱这样一些怀疑,这些怀疑在称谓表象概念那里使我们感到不安,这些怀疑是指:我们对这个称谓的表象概念的限定是否完全合乎本性;为了保持真正的统一性,这个表象概念是否并不需要排斥组合的和在范畴上被奠基的行为,从而仅仅局限在奠基性行为领域中:对此,我们在本书第六研究中将会作出考察。*;*第二篇、第六章、第50节(A本的附加与修改:第49节,第628页以后)。

[12] 在A版中未加引号。

[13] 在A版中为:恰恰是指所有那些处在一个语法功能的作用之外的行为。

[14] 在A版中为:至此为止的。

某种程度上是存在意指；它们都将对象意指为存在的，[①]无论它们是感性感知，还是在更为宽泛的被误认的存在把握（Seinserfassung）意义上的感知，还是一些其它并不自认为是对对象“本身” A 448
（生动地或普遍直观地）[16]之把握的行为。其它的行为则将它们 B_1 480
对象的存在搁置起来；客观地看，尽管对象可能存在着，但在这些行为本身之中，对象并未在存在方式中被意指[17]，或者它没有被看作是现实的，它毋宁说是“单纯地被表象”。在这里有效的是这样一个规律，即：每一个设定性的称谓行为都有一个无设定的、一个具有同一质料的“单纯表象”与之相符，反之亦然；当然，应当在观念可能性的意义上来理解这种相符。

我们也可以这样来表达这件事，某种变异使每一个设定性称谓行为都转变为一个具有同一质料的单纯表象。我们在判断那里也再次发现这同一种变异。每一个判断都包含着对它的变异，即一个行为，它恰恰将那个被此判断认之为真的东西单纯地表象出来，也就是说，在不决定真与假的情况下，[②]对象性地拥有这个东西。从现象学上看，对判断的这种变异与对设定性的、称谓的行为的变异是完全同类的。因此，判断作为设定性的陈述行为所具有的相关项就是作为不设定的陈述行为的单纯表象。这两方面是具有同一质料、但不同质性的一致性行为。正如我们现在在称谓行

① 参阅此项研究第 34 节，第 464 页[15]。

② 这里需要注意，这种表达方式是一种转化的表达方式。

[15] 在 A 版中为：第 434 页。

[16] 在 A 版中为：本身。

[17] 在 A 版中为：显现。

为那里将设定性行为与不设定行为算作是**一个**质性属一样，我们在陈述行为这里也将判断及其变异了的[18]对立面算作是**一个**质性属。这些质性区别在两方面是同一种区别，而且不能被看作是更高质性属的区别。在从设定性行为向不设定行为的过渡过程中，我们并没有像在从某个称谓行为向一个欲求或愿望的过渡过程中所做的那样，进入到一个异质的种类之中。但是，当我们涉及从一个设定性称谓行为向一个断言陈述的行为的过渡时，我们并没有发现有任何理由去假设一个质性区别。在对相应的“单纯表
A 449 象”进行比较时，情况当然也同样如此。唯有质料（[19]即在那个对于此项研究来说是决定性的意义上的质料）才构成了这一个和另一个区别；因此，唯有它才规定着称谓行为的统一，并又规定着陈述行为的统一。

B1 481 **据此，一个全面的意向体验属的范围得以划定，这个意向体验属将所有被考察的这些行为按照其“质性”本质都包容在一起，并且规定了“表象”这个术语在这个意向体验的总体种属中所能意谓的“最为宽泛的”概念。**[20]我们自己想把这个质性统一的、在其自然的广度中被理解的属标示为“**客体化行为**”[21]的属。我们可以进行如下的明确对比，这个属

1.通过质性的分异（Differenzierung）而得出对设定性行为——存在信仰（belief）行为、在穆勒和布伦塔诺意义上的判断行

[18] 在A版中为：无设定的。

[19] 在A版中还紧跟：应当强调。

[20] 在A版中未加重点号。B版第一句中的全面的在A版中为：更为全面的，。

[21] 在A版中未加引号。

为——与不设定行为、在设定方面“变异了的”[22]行为、相应的“单纯表象”行为的划分。在这里悬而未决的是，“设定的存在信仰”（“setzenden” belief）的概念伸展得有多远，它自身在何种程度上殊相化。

2. 通过质料的分异而得出称谓行为与陈述行为的区别——但在这里仍要考虑，这个区别是否并不是一个在一系列同等质料区别中的个别区别。

事实上，如果我们概览一下在前一章中所做的那些分析，那么在这里就会强烈地显示出一个真正彻底的对立，即在综合的、多束-统一的行为与单束的、在一个命题中设定性的或搁置性的行为之间的对立。但必须注意，这种谓语综合仅仅意味着一种尤其受到偏好的综合形式（或者毋宁说是一个完整的形式形态）而已，它与其他的、常常与它相交织的形式，如合取综合与析取综合，处在对立的状态中。例如，我们在“A 与 B 与 C 是 p”这个复数的谓语判断中具有一个统一的、限定在同一谓语 p 的三个谓语陈述层次之中的谓语陈述。“按照”基本设定 A、第二设定 B、第三设定 C，同一地被坚持的 p 在一个三层次的行为中被设定。这个判断行为在这里仿佛是通过一个“休止符”而被划分为一个主语设定和一个 B1 482
谓语设定，以至于这一个主语环节就是对三个称谓环节的一种统一合取（Konjunktion）。这些称谓环节在合取中被联合在一起，但它们绝不会合并为一个称谓表象。但是，谓语的综合与“合取的”（或者更明确地说：集合的）综合一样，它也可以被“称谓化”

[22] 在 A 版中为：无设定的。

(Nominalisierung)，在这种称谓化的过程中，那个已经通过综合而构造起来的集合体在一个新的单束行为中成为素朴地“被表象”的对象，并且因此而在确切的意义上成为“对象”。对这个集合体的称谓表象现在重又在其本己的意义上(在其相对于原初行为而已改变了的“质料”中)“回指向”那个原初地构造着这个集合体的质料，或者说，那个原初地构造着它的意识。我们在进一步的考察中完全可以在所有的综合中都找到那些在谓语陈述的综合中涌现给我们的东西[①](除此之外，我们在这里仅仅坚持谓语的原形式，即“范畴”综合的形式)：在所有综合那里，**称谓化的基本操作**都是可能的，这种称谓化的过程也就是**将那种综合的多束性转变为一个带有所属的回指性质料的“称谓”单束性**。

据此，我们在对概念可能的“客体化”行为的这个考察中事实上回到了对“命题的”与“综合的”行为、“单束的”与“多束的”行为的基本划分之上。单束的行为是无环节[项]的行为，多束的行为是有环节[项]的行为。每一个环节都具有它的客体化的质性(它对“存在”的执态方式，或者说，相应的质性变异)以及它的质料。同时，这个综合的整体作为一个客体化的行为具有一个质性和一个质料。对这样一个整体的分析一方面会导向各个环节，另一方面导向综合的形式(句法)。然后在环节方面又进一步导向单层
B_1 483 的与多层的环节，亦即导向那些自身又再被划分并同时又是综合－统一的环节：诸如在前面的例子中的复数谓语陈述的合取主语；还有假言谓语陈述的合取前句联结；同样还包括在这两方

① 参阅此项研究前面第35节，第469－470页。

面相应的析取联结，如此等等。

此后我们谈到简单的、**单束的客体化环节**，但这些环节并**不**因此就必然已经是**在最终的意义上的第一性的环节**。尽管如此，单束的环节仍然可以是称谓化了的综合，是对实事状态或对合取状态、析取状态的称谓表象，而它们的环节本身又可以是实事状态，如此等等。因此，在**质料**中表现出一种或多或少是复杂的**回涉性**（Rückbezüglichkeit），并且随之而在特别变异了的、间接的意义上表现出“隐含的”**划分与综合形式**。如果这些环节不再是回涉性的，那么它在这方面也就是单层次的：就像在专名表象，或在所有单环节的（在阐明性综合中不分离的）感知、想象表象等等那里可以看到的那样。这种完全素朴的客体化已经摆脱了所有“范畴”形式。显然，只要对每一个（非素朴的）客体化行为的分析是在这些为它所含有的称谓化中根据回指的阶段顺序而进行的，那么这种分析就最终会回溯到**这种“素朴的”、在形式与质料方面单层的**行为环节之上。

我们最后还说明，对可能划分与综合构形的一般考察会将我们导向这样一个规律性，即在本书第六研究中作为**纯粹逻辑学-语法的**规律性而被我们讨论过的规律性。在这方面的根本关键仅仅在于**质料**（客体化的行为意义），在这些质料中，所有形式都在客体化综合建构中鲜明地表现出来。例如，这里包含着这样的命题：B1 484
任何一个统一封闭的客体化质料（因而每一个可能的独立含义）都可以作为环节质料而在任何一个可能形式的任何一个综合中起作用；由此也使一个特别的命题得以自明：任何一个这样的质料要么是一个完整陈述的（谓语陈述的）质料，要么是这个质料的一个可

能环节。如果我们另一方面考虑到质性，那么我们可以这样来表达这个命题：观念地看，任意的客体化质料可以与任意的质性相联合。

如果我们观看在这项研究的联系中我们尤为感兴趣的那个在称谓行为与陈述行为之间的特殊区别，那么前面所主张的那种任意质料与任意质性的相互联结的可能性就很容易得到证实。这种可能性在前一节的分析中尚未全面地表现出来，因为我们[23]那时只涉及判断的变异，亦即从设定性的陈述行为向一个称谓行为的变异。但无可置疑的是任何一个质性变异为“单纯”表象的判断也
A 450 都可以转变为一个相应的称谓行为，“二乘二等于五”（在单纯理解性的、非执态性的表达中）可以转变为“即（daß）二乘二等于五”这个名称。由于我们在这种可以不涉及质性的从语句向名称的转变过程中，亦即在从陈述的和综合的质料向称谓质料的单纯转变过程中也要谈到变异，所以有必要将那些其他完全不同类型的、与质性有关的（使设定性名称或陈述转变为无设定的名称或陈述的）变异明确地标示为“质性变异”。只要在这里始终得到保留，或者说，始终应当得到保留的是那个唯独给定形式的或论证形式区别的质料（名称仍然是名称，陈述仍然是陈述，并且是根据所有内部的划
B1 485 分与构形），那么我们也可以谈论设定性行为的“共形（konform）

[23] 在A版中为（未分新段落，紧接前一段落）：无论如何，我们可以这样表达这个命题：任何一个这样的质料或者是一个完整陈述的质料，或者是这个质料的一个可能环节。但在这项研究的联系中，我们所感兴趣的恰恰是那个在称谓质料或行为与陈述质料或行为之间的区别，这个区别与最初提到的质性区别交叉在一起。

在这种交叉方面还需要补充说明的是，我们在前一节中诚然。

变异”。[24]然而，如果共形变异的概念在合乎本性的普遍性中得到伸展，亦即被理解为：它伸展到任何一个与行为质料无关涉的变异之上，那么，正如我们还将要进一步阐述的那样①，它就比这里所涉及的质性变异概念更为宽泛。

第39节　在客体化行为意义上的表象及其质性变异

在将客体化[26]行为聚合为一个等级的做法方面，这样一个状况对我们来说具有决定性的作用：这整个等级的特征就在于一个质性的对立，即：在任何一个称谓的存在信仰(belief)中，同样也在任何一个陈述判断、任何一个完整的判断中都包含着作为其对立面的“单纯表象”[27]。现在产生出一个疑虑，这个质性变异究竟是否适用于对意向体验的一个等级的描述，或者它是否更多地是在

① 参阅此项研究第40节、第489页及以后各页[25]。

[24] 在A版中为：但无可置疑的是任何一个质性变异为单纯表象的判断也可以转变为一个相应的称谓行为，“二乘二等于五”(我们在表达中可以不相信它)可以转变为“即(daß)二乘二等于五”这个名称。由于我们在这种可以不涉及质性的从语句向名称的转变过程中并且在整个从陈述质料向称谓质料的转变过程中也要谈到变异，所以有必要将那些其他完全不同类型的、使设定性名称转变为无设定的名称的变异明确地标示为质性变异。由于在这里始终得到保留，或者说，始终应当得到保留的是那个唯独给定形式的或论证形式区别的质料(名称仍然是名称，陈述仍然是陈述，并且是根据所有内部的划分与构形)，所以我们也可以谈论设定性名称或陈述的共形变异。。

[25] 在A版中为：第454页以后。

[26] 在A版中为：名称和陈述。

[27] 在A版中未加重点号。

这个体验的总体领域中作为划分动机而具有其有效性。对于后一种可能，这里有一个最切近的论据：每一个意向体验都有一个单纯表象与之相符：与愿望相符的是对愿望的单纯表象，与恨相符的是对恨的单纯表象，与意愿相符的是对意愿的单纯表象，如此等等——与此完全相同，与现时指称与陈述相符的是相应的单纯表象。

A 451 然而，人们在这里不能将根本不同的事物混为一谈。在任何一个可能的体验中，就像在任何一个可能的体验中，甚至完全一般地说，在任何一个可能的客体中都包含着一个与它相关的表象，而这个表象的质性既可以是设定性的，也可以是不设定的（作为"单纯"表象）。但从根本上说，这并不是一个表象，而是各种不同表象的一整个杂多性；即使我们在这里（就像我们默默地所做的那样）局限于称谓表象这一类的表象上，这一点也仍然有效。这个表象可以作为直观表象和思想表象、直接表象或有表语中介的表象来

B₁ 486 表象它的客体，而且所有这一切都是以多层次的方式进行。但对于我们的目的来说，只需谈到一个表象或者引证他们之中的某一个表象，如想象性（imaginativ）表象就够了，因为所有种类的表象都始终以同样的方式是可能的。

所以，与任何一个客体相符合的是对这个客体的表象，与这所房屋相符合的是对这所房屋的表象，与这个表象相符合的是对这个表象的表象，对这个判断相符合的是对这个判断的表象，如此等等。但这里需要注意，如我们前面所述，对这个判断的表象不是对这个实事状态的表象。与此相同，更一般地说，对一个设定的表象不是对这个以设定的方式被表象的对象的表象。这两方面被表象

的对象是不同的(verschiedene)[28]。因此,例如想要实现一个实事状态的意愿不同于一个想要实现对这个实事状态的一个判断、一个称谓设定。设定性行为与它的质性对立面相对应的方式完全不同于这个或一般某个行为与对此行为的表象相对应的方式。一个行为的质性变异和一个与它相关的表象的制作,它们似乎是完 A 452
全(total)[29]不同的“操作”。这两种操作的本质区别表现在,后一个操作、即“表象客体化”的操作根据符号

O,V(O),V[V(O)]……

是“无限”可重复的,在这里,O标志着某个客体,V(O)标志着对O的表象;但质性变异则不是如此;还有,表象性的客体化可以运用于所有客体,而质性变异则只对行为具有意义。[30]再有,在一个变
异的系列中,“表象”毫无例外地是称谓表象,而在另一个变异系列 B1 487
中,这种限制则不存在;最后,在表象性的客体化那里完全不涉及质性,也就是说,与变异本质上有关的是质料,而在这里,即在质性变异这里,被变异的则恰恰是质性。每一个存在信仰行为都具有有关“单纯”表象作为其对立面而与之相符,这个“单纯”表象就像

[28]　在A版中为:不同的(andere)。

[29]　在A版中为:完全(ganz)。

[30]　在A版中为:这两种操作的本质区别也表现在,后一个操作根据符号

O,V(O),V[V(O)]……

是“无限”可重复的,在这里,O标志着某个客体,V(O)标志着对O的表象;但前一个操作则不是如此;还有,后一个操作可以运用于所有行为和所有客体,而前一个操作、即那个质性变异则只对设定性的行为具有意义。

那个存在信仰（belief）行为一样，它以完全相同的方式，即根据同一的质料表象出同一个对象性，它与存在信仰行为的区别仅仅在于，它不是以存在意指的方式设定这个被表象的对象性，而毋宁说是将这个对象性**搁置起来**。这种变异当然无法被重复，就像它在那些不属于存在信仰概念的行为那里不会提供意义一样。就是说，它事实上在这种质性的行为与它们的对立面之间创造出一个唯一的联系。例如，设定性的感知或回忆的对立面是在一个相应的对同一质料的“**单纯**”[31]臆构之中。例如在一个感知性的图像直观中便是如此，就像在观察一幅绘画时那样，我们让这幅绘画单纯美学地作用于我们，同时对被描绘之物的存在与不存在不做任何执态；或者在对一个“想象图像”的直观中也是如此，就像我们不做任何存在执态而沉湎于想象之中那样。当然，“单纯”表象在这里[32]不又再是一个对立面，而这样一个对立面应当是指什么和应当做什么，这在这里是完全不可理喻的。如果“信仰”变化为“单纯表象”，那么我们至多只能**返回**到信仰之上；但一种在**相同的**意义上重复和继续的变异却是不存在的。

如果我们用表象客体化、称谓客体化的操作来替换质性变异的操作，那么情况便会不同。在表象客体化这里，重复的可能性是
B_1 488 明见无疑的。这一点最简单地表现在行为与自我的关系中，以及表现在这个关系被分派给不同时间点或不同个人的过程中。我这一次是在进行感知；另一次是我在表象我正进行着感知，再一次是

[31] 在A版中未加引号。
[32] 在A版中为：后者。

我又在表象：我正表象我正进行着感知，如此等等。① 或者另举一 A 453
例：A 被描绘。第二幅绘画映象性地展示出第一幅绘画，然后第三幅绘画又展示出第二幅绘画，如此等等。这里的区别是毋庸置疑的。当然这不是单纯感觉材料的区别，而是立义性的行为特征的区别（尤其是意向质料的区别），没有这种区别，关于想象图像、绘画等等的说法也就毫无意义。而且只要人们进行相应的体验，并且同时反思地朝向[33]它们的意向区别，人们便可内在地把握到[34]这些区别，并且可从现象学上确定这些区别。例如，如果人们有所区分地陈述说，我现在具有对 A 的感知，对 B 的想象表象，C 在这里，在这幅绘画中被展示，那么情况便[35]是如此。谁弄清了这些关系，谁就不会犯下这样一些人所犯的错误，这些人宣布，关于表象的表象是在现象学上无法证明的，甚至就是单纯的臆想。谁这样判断，谁就混淆了这里相互区别的两种操作，谁就是在把这个关于一个单纯表象的表象硬说成是那种显然是不可能的对这个单纯表象的质性变异[36]。

我们相信，现在可以假设，在这些通过共形变异而得以相互协

① 当然，对所有这些都不应做经验－心理学的理解。它关涉到（在这项研究中始终是如此）先天的、建基于纯粹本质之中的可能性，我们是在绝然的明见性中把握到这些可能性本身。

［33］ 在 A 版中为：意识到。

［34］ 在 A 版中为：体验到。

［35］ 在 A 版中还紧跟：完全。

［36］ 在 A 版中还紧跟：；或者，谁也许就在把前一种操作硬说成是另一种同样不能重复的共形变异，我们在下一节中将会谈到这种变异。

调的质性方面存在着一个属共性[①]，而且我们认为这一点是正确
B1 489 的，即：这些质性中的这一个质性或其他的质性应当被归属于所有那些从本质上构成每一个在质性上不变异的或变异的判断之统一的行为，在这里，无论我们所观看的是单纯含义意向的行为，还是含义充实的行为，这都是无关紧要的。此外，不言自明的是，那些完全随意的行为——我们在前面将它们区分于那些只是[②]在设定性行为那里才有可能的质性对立面——它们作为单纯表象本身也是这样一种对立面，只是它们不是相对于它们的原本行为而言的
A 454 对立面，这些原本行为毋宁说是它们的表象客体。对一个愿望的表象不是这个愿望的对立面，而是某个与同一个对象有关的设定性行为的对立面，例如是一个对此愿望的感知的对立面。这个对子、即对此愿望的感知和对此愿望的单纯表象，它们属于同一个属，这两者都是客体化的行为；而这个愿望本身与对它的感知、或者说对它的臆构或其他某个与它相关的表象，则属于不同的属。

第40节　续论：质性变异与想象变异

人们很容易将设定性的行为标示为认之为真的(fürwahrhaltend)行为，而将它们的对立面标示为臆构性的行

① 但可以参阅在我在《纯粹现象学与现象学哲学的观念》〔第一卷〕第233页上对“属共性”的解释，即解释为一种在“本质与对立本质”(Wesen und Gegenwesen)之间的特殊关系。对这项研究所得出的这些结论的进一步关注导致了某些根本性的深化和修正。尤其可以参阅同上书第109－114节、第117节中关于“中性变更”的论述。

② 参阅前一个注释。

为。尽管这两个表达初看起来有其合理之处，但我们对此仍抱有疑虑，这些疑虑尤其是针对“臆构性行为”这个术语确定而发。我们以对这些疑虑的思考为契机，以便阐述几个不无重要意义的补充。

整个逻辑学的传统只是在判断那里、亦即在陈述含义那里才谈及认之为真。但现在，所有感知、回忆、期待，所有表达－称谓的设定[37]，都被标示为认之为真。此外，关于“臆构”[38]这个词，它 B1 490
在通常的说法中虽然是指臆构不设定的行为；但它必须将它的原本意义扩展到感性臆构的领域之外，以至于在它的范围中还包含着所有认之为真的可能对立面。另一方面，这个词也需要受到限制，因为必须始终排除这样一种思想，就好像臆构要么就是有意识的臆构，要么就是无对象的表象，要么甚至是错误的意见一样。我们经常接受一些讲述的故事，同时并不以某种方式对它们的真实或虚假作出决断。即使当我们在阅读一部小说时，情况通常也是如此。我们知道，这里所涉及的是一个美学的虚构；但这个“知道”在纯粹美学的作用过程中始终是无效的。①[39]在这些情况中，所有 A 455
表达都既在含义意向方面、也在倾向性的想象充实方面是无设定行为的载者，是在这个被考虑过的意义上的“臆构”的载者。也就是说，这一点适用于整个陈述。尽管判断以某种方式在进行，但它

① 类似的东西也对艺术的其他表现有效，例如对美学的图像观察有效。

[37] 在 A 版中为：象征－称谓的设定等等。

[38] 在 A 版中未加引号。

[39] 在 A 版中为：是素质性的（dispositionell）。

们不具有现实判断的特征；我们不相信在小说中被讲述的东西，但我们也不否认并且也不怀疑这些东西；我们不带有任何认之为真，只是让这些东西作用于我们，我们不进行现实的判断，而是进行单纯的“臆构”。但人们现在不应像通常所做的那样，对这个说法作这样的理解，就好像**想象判断应当取代现实判断的位置一样**。[40]毋宁说，我们所进行的不是判断，即不是对它的实事状态的“认之为真”，而是**质性**变异，即对同一个实事状态的中性搁置，它绝不等同于对这个实事状态的一种想象[41]。

臆构(Einbildung)这个名称恰恰[42]带有一种不妥当性，它[43]严重地阻碍着人们对这个名称的术语引进：它所指明的是一种想象性的[44]立义，是一种想象立义或一种在真正意义上的图像性的立义，而我们却绝不[45]能说，**所有不设定性的行为都是想象性的**
B_1 491 **行为，所有设定性的行为都是非想象性的行为**。至少后者是不言

自明的。例如，一个被想象的感性[46]对象既能够以设定的方式作为存在着的对象与我们相对立，也能够以变异的方式作为被臆构的对象与我们相对立。而且在对它的直观之再现性内涵保持同一的情况下，这个对象甚至仍然能够以上述两种方式与我们相对立；这个再现性内涵所指的是那个不仅赋予直观以与**这个对象**的关系

[40] 在A版中为：臆构。并不是好像判断现在成为了臆构的对象。。

[41] 在A版中为：对恰恰同**一个**实事状态的臆构。

[42] 在A版中为：但并不。

[43] 在A版中为：更为。

[44] 在A版中为：**图像性的**。

[45] 在A版中为：**不**。

[46] 在A版中为：一个图像性地被表象的。

的规定性，而且同时赋予它以一个想象性[47]再现的特征，这个特征将对象以想象性表象或映象性表象的方式当下化。例如，一幅绘画的显现内涵连同它的被描画的形象等等保持同一，无论我们是将它们理解为现实客体的表象，还是让它们[48]纯粹美学地、不设定地作用于我们。诚然，这里显得可疑的是：在正常的感知那里是否也会纯粹地表现出相似的事态[49]，即感知在保持它的其他现象学组成完全同一的情况下是否可能发生质性变异，并且是否可能因此而丧失它的正常设定特征；问题在于那种对于感知来说特征性的知觉性的（perzeptiv）对象立义，即：将对象立义为一个"自 A 456
身"（和生动）当下的对象，这种立义是否不会立即过渡为这样一个图像立义，在这个图像立义中，对象与在正常的感知性图像性（绘画等等）的情况中一样显现为图像性的，并且不再显现为自身被给予的。但人们在这里可以指明一些感性的假象，例如那些可以被人们作为"单纯现象"而接受下来的立体观测现象，就像美学客体一样，也就是说，它们可以在不带有执态的情况下，但却作为它们自身，而非作为其他东西的图像被接受下来。然而，感知可以在不改变其设定特征的情况下过渡成为一个一致性的图像性（亦即过渡成为一个行为，这个行为自身含有同一个质料，尽管是在不同的立义形式中）——这就够了。[50]

---

[47]　在A版中为：图像性。

[48]　在A版中为：以确定的充盈和生动性的方式图像化。例如，一幅绘画的显现内涵保持同一，无论我们是将它理解为现实客体的表象，还是让它。

[49]　在A版中为：这里的疑问在于：是否可以假设在正常的感知那里也会有相似的事态。

[50]　在A版中为：问题在于，那种对于感知来说是特征性的知觉性（perzeptiv）

我们看到，这里可以区分两个共形的变异，即质性变异与想象性[51]变异。在这两个变异中，质料都保持不变。在质料同一的情
B₁ 492 况下，行为中可以变换的不仅仅是质性。虽然我们将质性与质料理解为“完全本质性的东西”，因为它们是合乎含义的东西并且是与行为不可分离的东西；但我们从一开始就已指出，在行为中还可以区分其他因素。在下一项研究中将会进一步表明，正是这些因素对于非直观的客体化[52]与直观之间的区别，以及对于感知与想象之间的区别具有重要意义。[53]

A 457 一旦这些描述性的关系得以澄清，一个单纯术语性的有争议问题便也会得到昭示，即：人们是像我们在传统的意义上所做的那样，将“判断”这个词限制在（未变异的）陈述含义的领域之中，还是承认，整个存在信仰（belief）行为的领域都是它的运用范围。在第

对象立义，即：将对象立义为一个“自身当下”的对象，这种立义是否不会立即过渡为这样一个想象性立义，在这个想象性立义中，对象与在想象和物理图像性（绘画等等）的情况中一样显现为图像性的，并且不再显现为自身被给予的。但无论如何，感知可以在不改变其设定特征的情况下过渡成为一个一致性的图像性（亦即过渡成为一个带有同一个质料，尽管也带有不同立义形式的行为）。。

[51] 在A版中为：再现性。

[52] 在A版中为：符号行为。

[53] 在A版中还紧跟两个段落：包含在后一个区别中的想象性变异——这种变异使感知过渡为一个带有同一质料的想象，撇开这两方面的设定特征不论——同样也不可以重复。尽管有许多图像表象以共形的方式使带有同一规定性的同一个对象显现出来，就像直观已有的感知一样；但它们相互之间的关系不同于直观感知与它们之中的任何一个图像表象之间的关系。感知在过渡为图像性时所经历的转变，即感知性立义向想象性立义的转变当然不能在直观想象本身上再次得到进行。

人们也不应将这种共形的变异混同于相互叠加而建构起来的表象之表象（Vorstellungsvorstellung）的构成；就像当图像以其他图像为对象时，而其他图像再又以其他图像为对象，如此等等。也许，恰恰是这种混淆，而且还有在前一节中所讨论的那种混淆才助长了这样的错误，即认为：表象之表象是逻辑虚构。

一种情况中并没有完全地包含着行为的一个“基本种类”，甚至没有完全地包含着一个最低的质性差，因为质料——在我们的质料概念中既包括“是”，也包括“不是”——在一同规定着这个划界；但这些是无关紧要的。由于“判断”[54]是一个逻辑术语，所以，唯有逻辑兴趣和逻辑传统才能决定，什么样的概念才能给予它以含义。人们在这方面也许不得不说，像（观念的）陈述含义这样一种基础性的概念其本身就是最后的统一，所有逻辑之物都必须回溯到它之上；这样的概念必须保持它的自然的和原生的表达。因此，“判断行为”[55]的术语应当限制在相应的行为种类上，限制在完备陈述的含义意向上，以及限制在与这些含义相适合的、具有同一个合乎含义之本质的充实上。将所有设定性行为标示为判断的做法带有一种倾向，即：将那个即使在质性相同的情况下也可使称谓行为分离于陈述行为的本质性区别遮蔽起来，并且因此而使一系列重要的关系产生混乱。与“判断”[56]这个术语相似的情况还表现在 B1 493
“表象”这个术语上。逻辑学应当如何来理解这个术语，这要由逻辑学自己的需求来决定。在这种情况下肯定要考虑到在表象与判断之间的排斥性划分，并且考虑到这样一个状况：表象愿意被看作是某个以可能的方式构建着完整判断的东西。然后人们是否应当接受那个表象概念，即鲍尔查诺在概括**逻辑判断的所有部分含义**时用来作为他的知识学之基础的表象概念；或者人们是否应当限制在这种相对独立的含义上，从现象学上说，限制在完成了的判断

［54］ 在A版中未加引号。
［55］ 在A版中未加引号。
［56］ 在A版中未加引号。

A 458 环节上,尤其是限制在称谓行为上[57];或者进一步说,人们是否毋宁必须偏好其他的划分倾向,而将单纯的再现理解为表象,这种单纯的再现是指各个行为的总体内容,它在从质性中抽象出来之后留存下来,并且因而自身仅仅包含着意向本质中的质料。——这是困难的问题,并且无论如何也是在这里无法决定的问题。[58]

第41节 对关于表象作为所有行为之基础的命题的新解释。客体化行为作为质料的第一性载者

较早与较近时期的一批研究者对"表象"这个术语做如此宽泛的理解,以至于在"单纯表象"的行为中也包括了"认之为真的"[59]行为,尤其也包括判断,一言以蔽之:客体化行为的整个领域。以这个重要的、鲜明地表现出一个封闭的质性属的概念为基础,关于表象基础的命题便获得了——我们在前面已经做了预告——一个新的和尤为重要的意义,从这个意义来看,前面那个建基于称谓表象概念之上的命题仅仅是一个第二性的衍生物而已。即我们可以

B_1 494 说:任何一个意向体验或者是一个客体化行为,或者以这样一个行为为"基础",就是说,它在后一种情况中自身必然具有一个客体化

[57] 在A版中还紧跟:(如果人们把谓语也算作称谓行为的话)。

[58] 在A版中还紧跟:但有一点可以肯定,并非所有那些为了从现象学上澄清逻辑概念而需要的或不可或缺的区分都因此而已经作为先天教理而从属于逻辑学关系本身。。

[59] 在A版中未加引号。

行为作为它的组成部分，这个客体化行为的总体质料同时是，而且个体同一地是"它的"总体质料。我们在分析那个尚未澄清的命题之意义时已经①[60]说过的一切，在这里几乎都可以逐字逐句地加以运用，并且由此而同时赋予"客体化行为"这个术语以合理性。因为，如果一个行为，或者毋宁说，如果一个行为质性不是那种客体化的行为，或者不借助于一个与它交织为一个统一行为的客体化行为，它就无法获得自己的质料；若果如此，那么客体化行为也 A 459
就仅仅具有唯一的一个作用：首先将对象性表象提供给所有其他的行为，它们应当以新的方式与这个对象性发生关系。与一个对象性的关系完全是在质料中构造起来的。但我们的规律表明，每一个质料都是一个客体化行为的质料，并且只有借助于一个客体化行为才能成为一个新的、奠基于它之中的行为质性的质料。我们在某种程度上可以区分第一性的意向和第二性的意向，在这两种意向中，后一种意向所具有的意向性要归功于前一种意向的奠基。此外，对于这个作用来说，第一性的、客体化的行为究竟是具有设定性（认之为真、信仰）行为的特征，还是具有不设定（"单纯想象"、中性）行为的特征，这是无关紧要的。有些第二性的行为完全需要认之为真，例如喜悦和悲哀；对于其他行为来说，单纯的变异[61]便足矣，例如对于愿望、对于美感来说便是如此。基层的客体化行为往往是一个复合体，它将这两种行为包容于一身。

① 参阅此项研究第 23 节，第 427－428 页。

[60] 在 A 版中为：在此项研究第 23 节（第 400 页以后）。

[61] 在 A 版中为：臆构。

第 42 节　进一步的阐述。组合行为的基本命题

为了进一步澄清这个奇特的事态，我们再附加以下的说明。

B₁ 495 每一个复合的行为当然都是在质性方面的组合行为，在它之中可以区分出多少个别行为，它就具有多少质性（无论它们是属于不同的、还是相同的种或差）。此外，每一个复合的行为都是一个被奠基的行为；它的总体质性不是各个部分行为质性的单纯的和，而恰恰就是**一个**质性，这个质性的统一就奠基于这些建构性的质

A 460 性之中，正如总体质料的统一不是各个部分行为质料的单纯的和，而是奠基于部分质料之中一样，只要那种根据部分行为而对质料所做的划分成立。但是，一个行为能够以本质不同的方式在质性

方面组合，并且能够以不同的方式奠基于其他行为之中，这些本质区别是就这样一些方式上的差异而言，即：不同的质性以不同的方式相互之间发生关系、与统一的总体质料以及在可能的情况下与部分质料发生关系，而且这些不同的质性以不同的方式通过不同的基本奠基而获得统一。

一个行为可以如此地组合，以至于它的组合总体质性可以被分片为**多个质性**，而这些质性中的每一个质性都个体－同一地共有**同一个质料**；例如在对一个事实的喜悦中便包含着喜悦的种类质性与认之为真的种类质性，这个事实便是在这种认之为真中被表象给我们的。据此，人们会想：在这些质性中，除了某个随意和唯一的质性以外，其他的任何一个质性都可以丧失，同时，一个具

体、完整的行为却仍然会保留下来。人们此外还会想：任何一个属的质性都能够以上述方式与一个唯一的质料相联合。我们的规律表明，所有这些都是不可能的；相反[63]，在每一个这样的组合中以及在每一个行为中都必然存在着一个属于客体化质性属的质性，因为，如果一个质料不是作为一个客体化行为的质料，它就根本不能被实现。

因此，属于其他属的质性始终奠基于客体化的质性之中；它们 B_1 496
永远不可能直接地和仅仅自为地与一个质料相联结。只要它们出现，这个总体行为便必然是一个在质性上“多形”(mehrförmiger)的行为，即含有不同质性属的各个质性的行为；更确切地说，从这个行为中随时都可以(即单方面地①)分离出一个完整的客体化行为，这个客体化行为也将总体行为的总体质料作为它自己的总体
质料来拥有。此外，在相应意义上的“单形”(einförmiger)行为不 A 461
一定非是简单行为不可。所有单形的行为都是客体化行为，甚至我们可以反过来说，所有客体化行为都是单形的行为；但客体化行为[64]还可以是组合的。部分行为的质料现在仅仅是总体行为的质料部分；在总体行为中构造起总体质料，因为在部分行为中包含着质料的部分，而在总体质性的统一之物中包含着总体质料的统一之物。此外，这种划分可以是一种明确的划分；但在称谓化了的

① 参阅本书第三研究、第16节、第264页[62]。

[62] 在A版中为：第258页。

[63] 在A版中为：也就是说。

[64] 在A版中还紧跟：也。

质料之内也可以(以那种在前面被描述过的①称谓化方式)出现任何一种通常是在自由综合中形式的隐含划分。每一个陈述句都为我们提供一个与此有关的例证,无论它是在正常的含义中(作为断言性的陈述句),还是在变异了的含义中起作用。与环节[65]相符合的是基层的部分行为连同部分质料;与联结形式,即“是”与“不是”、“如果”与“所以”、“并且”、“或者”[66]等等相符合的是被奠基的行为特征,但同时也是总体质料的被奠基因素。在所有这些复合那里,行为都是单形的行为;我们也只发现一个客体化的质性,这个质性属于总体质料;而**与一个唯一的、并被当作整体的质料发生关系的不可能**[67]**是一个以上的客体化质性**。

从这些单形性中现在产生出多形性,无论它是通过客体化的

B_1 497 总体行为与**新型的**[68]、与总体质料有关的质性的联结而产生,还是通过新的质性与个别的部分行为的单纯结伴而产生;就像在一个统一被划分的直观基础上,在一个环节方面产生好感,在另一个环节方面产生反感一样。反过来也很明显,在每一个组合行为中,无论这个行为所含有的是建基于总体质料上的**客体化行为质性**,还是建基于它的部分上的**客体化行为质性**,所有这些质性都可以说是**能够被删除掉的**;这样,留存下来的是一个完整的客体化行

① 参阅此项研究前面第38节、第482页。

[65] 在A版中为:“词项”。

[66] 在A版中为:“不是”(entweder)与“就是”(oder)。

[67] 在A版中为:,我们大概可以作出这个普遍的断言,。

[68] 在A版中未加重点号。

为,它自身仍然还含有原初行为的总体质料。

在这里起着主导作用的这个规律性的进一步结果还在于,每一个组合行为的最终奠基性行为(或者说,在称谓环节中最终隐含的环节)必须是客体化行为。所有那些称谓行为都是这种客体化的行为,而且①最后,最终隐含的环节从任何一方面来看都是简单的[69]称谓行为,是一个简单的质性与一个单层的[70]质料的素朴联合。我们也可以[71]这样来陈述这个命题:所有简单的行为都是称谓的行为。只要在客体化行为中出现一个被划分的质料,那么在其中也就可以找到一个范畴形式,而本质上所有范畴形式都是在被奠基的行为中构造起自身的;我们对此还会②做进一步解释。 A 462

在这里和在后面的阐述中,人们无须将质料理解为意向本质的单纯抽象因素;人们也可以用行为的总体来替代它,只是要把质性——亦即我们在下一项研究中将其称作再现(Repräsentation)的东西——从其中抽象出来:所有的本质之物而后都留存下来。

① 根据此项研究前面第38节、第483页。

② 参阅本书第六研究、第二篇。

[69] 在A版中为:最后,它们是简单的。

[70] 在A版中为:单项的。

[71] 在A版中为:因为我们可以。

B₁ 498

第43节 回顾以往对这个被探讨的命题的阐述

现在人们也理解了,我们在前面[①]为什么可以声称:根据称谓的表象概念来解释的布伦塔诺命题在新的解释中仅仅是对此命题的一个第二性结果。如果每一个本身不已经是(或者说,不纯粹是)客体化的行为都奠基于客体化行为之中,那么它不言而喻就必定最终也奠基于称谓行为之中。因为,如我们已讨论过的那样,任何一个客体化行为或者是简单的行为,也就是说,当然是称谓的行为;或者就是复合的行为,也就是说,奠基于简单行为、即称谓的行为之中的行为。这个新的解释显然要重要得多,因为只有在这个解释中,这些本质性的基本关系才得到纯粹的鲜明突出。而在另一种解释中尽管没有陈述不正确的东西,但两个根本不同的奠基种类却被混淆或被交叉在一起。

A 463 1.非客体化行为(如喜悦、愿望、意愿)在客体化行为(表象、认之为真)中的奠基,在这里,一个行为质性第一性地奠基于另一个行为质性之中,然后才间接地奠基于一个质料之中。

2.客体化行为在其他客体化行为中的奠基,在这里,一个行为质料第一性地奠基于其他行为质料之中(例如,一个谓语陈述的行

---

① 此项研究前面第41节,第493页[72]。

---

[72] 在A版中为:第458页。

为质料奠基于那些奠基性称谓行为的行为质料之中)。因为我们也可以这样来看待这个实事。一个质料不可能不带有客体化的质性,这个状况然后必然会具有这样的结果:当一个质料奠基于其他质料中时,具有这个质料的客体化行为也奠基于那些具有其他质料的客体化行为之中。据此,这个事实,即任何一个行为始终都奠 B1 499
基于称谓行为之中,便具有不同的起源。原初的起源始终在于:每一个简单的,即不再包含质料奠基的质料都是一个称谓质料,并且据此[73],每一个最终奠基的客体化行为都是一个称谓行为。但由于所有其他种类的行为质性都奠基于客体化的行为质性之中,所以,这种通过称谓行为而进行的最终奠基也可以从客体化的行为引申地运用于所有的行为。

[73]　在 A 版中为:也就是说。

第六章　表象与内容这两个术语所具有的最重要歧义之汇总

第44节　“表象”

我们在前几章中遇到了表象（Vorstellung）一词所含有的一个四重性的歧义，或者说，五重性的歧义。

1. 表象作为行为质料；或者我们在显而易见的完善化中也可以说：表象作为为行为奠基的代现（Repräsentation），即作为行为所具有的除质性以外的全部内涵；因为这个概念在我们的阐述中
A 464 也一同发挥着作用，虽然我们对质性与质料之间关系的特殊兴趣在于特别强调质料。质料似乎是在说明：在行为中被意指的是哪一个对象，并且它是在何种意义上被意指；但代现则除此之外还顾及到这样一些因素，这些因素处在意向本质之外，并且使例如这个对象恰恰是以感知直观的方式，或以想象直观的方式，或以一种单纯非直观意指的方式被意指；对此，在下一项研究的第一篇中会有全面的分析。[1]

[1]在A版中为：1. 和 2. 表象作为行为质料；或者我们在显而易见的变异中也可以

2.[2]表象作为“单纯表象”，作为某种“存在信仰”（belief）形式的质性变异，例如作为单纯的语句理解，不带有赞同或反对的内部决断，不带有猜测或怀疑等等。

3.[3]表象作为称谓行为，例如作为一个陈述行为的主语表象。B1 500

4.[4]表象作为客体化行为，即在这样一个行为种类意义上的表象，这个行为种类必然在任何一个完整的行为中都被代表，因为每一个质料（或者说，代现）原本都必定是作为这样一个完整行为的质料而被给予。在这个质性的“基本种类”中既包含着存在信仰（belief）行为、称谓的和陈述的行为，也包含着它们的“对立面”，以至于在前面第二个和第三个意义上的[5]所有表象都属于这个种类。

对这些“表象”[6]概念，或者说，对它们所包含的体验的更为详细分析，以及对它们之间相互关系的最终确定必将是进一步的现象学[7]研究的任务。我们在这里所尝试的只是将这个术语的其他

说：表象作为为行为奠基的代现，即作为各个行为的不包括所有质性在内的整体；因为这个概念在我们的阐述中也一同发挥着作用，虽然我们对质性与质料之间关系的特殊兴趣并不在于始终强调这个概念。质料似乎是在说明，在行为中对象被意指为什么，哪些规定性应当被归诸于它；但代现则除此之外还顾及到这样一些因素，这些因素处在意向本质之外，并且（在它的通过质料而进行的立义中）使这个对象恰恰是以感知直观的方式，或以想象直观的方式，或以一种单纯限制意指的方式被意指；对此，在下一项研究的第一篇中会有全面的分析。。

[2]　在A版中为：3.。

[3]　在A版中为：4.。

[4]　在A版中为：5.。

[5]　在A版中为：第三个和第四个意义上的。

[6]　在A版中未加引号。

[7]　在A版中为：描述。

A 465 歧义一一列出。严格地区分这些歧义，这对我们的逻辑学－认识论努力来说具有极为重要的基本意义。要想消解这些歧义，现象学分析是不可或缺的前提；诚然，我们在至此为止的阐释中只是部分地了解了这种分析；但那些缺失的东西已经在这里多次被接触到，并且大都得到了暗示，以至于我们可以将主要之点简要地标示出来。因此，我们将这种列举继续进行下去：

5.[8]人们常常将表象与单纯思维相对置。这样一来，那同一个被标示为直观与概念之对立的区别在这里也起着决定性的作用。我具有关于一个“椭圆面”的表象，不具有关于一个“库默尔①面”的表象；但通过适当的描绘、通过模型或通过受理论引导的想

B_1 501 象活动，我也可以获得关于它的一个表象。一个“圆的四角形”、一个“正二十面体”以及其他类似的先天可能性是在这个意义上“无法表象的”。同样，一个“多于三维的欧几里得流形的完全限定的块片”、“π”这个数以及其他类似的、不带有任何不相容性的建构也是“不可表象的”。在所有这些不可表象性的事例中，被给予我们的是“单纯的概念”；更确切地说，我们所具有的是称谓表达，而且这些表达通过含义意向而被激活，在这些含义意向中，被意指的对象以或多或少不确定的方式——尤其是例如以不确定的定语的形式，“一个 A”作为被确定指称的定语的单纯载者——“被思维”(gedacht)。与单纯思维相对立的是“表象”：它显然就是对单纯含

① 库默尔(E. E. Kummer，1810－1893)，德国数学家。理想数理论的创立者。在几何学、几何光学方面亦有重要成就。——中译注

[8] 在 A 版中为：6.。

义意向的充实,并且就是提供合适充实的直观。这一类新的事例的有利之处在于,与那些无法满足最终认识兴趣的思维表象——无论它们是纯粹象征的含义意向,还是与部分的、不相即的直观相混杂的含义意向——全面地和逐项地紧密相接的是一个"一致性的直观"[9]:在感知或想象中被直观到的东西恰恰是作为如此特定的东西[10]矗立在我们眼前,就像它在思维这一方面所被意指的那样[11]。因此,表象某物现在就意味着:对一个单纯被思维的东西 A 466
进行一个相应的直观,亦即对一个虽然被意指、但[12]远远还没有充分直观化的东西进行一个相应的直观。

6.[13]有一个极为习常的表象概念涉及[14]想象与感知的对立。这个想象表象在通常的用语中非常流行。如果我看见"彼得教堂",那么我就不是在表象它。但如果我在"回忆图像"[15]中将它当下化,或者,如果我在勾画、描绘的图像等等中看到它在我面前,那么我就是在表象它。

7.表象刚才曾是具体的想象行为。更确切地看,作为物理事物的图像也是对被映象之物的表象,例如在"这张照片表象出彼得教堂"的语句中便是如此。这样,表象便又意味着在这里显现的图像客体(区别于图像主题、被映象的客体):这个在图像颜色中显现 B₁ 502

[9] 在A版中未加引号。

[10] 在A版中为:此物。

[11] 在A版中为:("自身地"或"在图像中"),它在思维这个方面就被意指为这个东西。

[12] 在A版中为:(亦即单纯被意指)并且。

[13] 在A版中为:7.。

[14] 在A版中为:在直观(即前一个意义上的表象)领域之内实存的。

[15] 在A版中未加引号。

的事物不是被摄下的教堂（图像主题），而只是表象着这个教堂。这个歧义也引申到在回忆或单纯想象中的素朴当下化的图像性上。被想象之物本身在体验中的显现以幼稚的方式被解释为一个图像在意识之中的存在；显现者，即在其显现方式的如何（Wie）之中的显现者，被看作是内部的图像，并且就像一个被描画出来的图像一样被看作是对被想象的实事的“表象”。人们在这里没有弄清，这个内部“图像”以及它与其他可能图像一起“表象”同一个实事的方式是意向地构造起来的，而且它们本身不能被看作是这个想象体验的实项因素。①

8. 在关于表象的这些歧义说法中，一旦假设了一个图像关系，那么以下的思想也就会发生作用。[16]

这个常常是非常不相即的图像“代现出”（“repräsentiert”）实事，并且同时使人回忆这个实事，它是这个实事的符号。所谓它是实事的符号，这是指，它表明自己有能力进行对这个实事的一个直接的和更有内容的[17]表象。照片使人回忆起原型，并且同时是原

① 参阅本书第 421－422 页对图像理论的批判。

[16] 在 A 版中还紧跟：想象图像性（Phantasiebildlichkeit）上。想象图像在内部体验中显现出来，这种内部体验由于理解错误而被解释为一个图像客体在意识中的存在：就好像在意识中隐藏着类似照片图像之类的东西一样。因此，这个内部图像也被看作是表象，尽管更为仔细的分析将能够证明这个内部图像与想象体验（正是在这个体验中，这个图像才意向地构造出自身，并且借助于它，被映象的对象也意向地构造出自身）的区别。

这些歧义性的基础就在于以下这些可以做更普遍理解的思想：。在 A 版中开始一新段落。

[17] 在 A 版中为：较为相即的。

型的代现者（Repräsentant），以某种方式是它的代表。它的图像 A 467
表象使一些判断成为可能，这些判断通常是根据对原型的感知而做出的。一个对实事来说在内容上异己的符号，例如一个代数符号，常常也以类似的方式起作用。它引发对被标示之物的表象（即使这个被标示之物是一个非直观之物，一个积分，以及如此等等），而且据此而引发我们的思想（就像当我们将这个积分的完整的确定意义当下化时所做的那样）；这个符号在数学运算的联系中同时
还可以“代现性地”、作为代表而起作用，人们用它来进行加法运 B_1 503
算、乘法运算等等，就好像被象征之物在它之中直接地被给予了一样。我们从前面的阐释中得知，这个表达方式是相当粗糙的①，但它鲜明地体现出这个对于一种[20]关于表象的说法具有规定性的观点。根据这种观点，表象差不多意味着在表象引发（Vorstellungsanregung）与代表（Stellvertretung）的双重意义上的代现（Repräsentation）。所以，数学家会一边在黑板上描画，一边说：“OX 所表象的是双曲线的渐进线”，或者一边计算，一边说：“x 所表象的是 f（x）= O 这个等式的根”。② 无论符号[21]是图像符

① 参阅本书第一研究，第 20 节，第 68 页以后。还可参阅第二研究，第 20 节，第 156－157 页[18]以及关于抽象与代现的一章，第 166 页以后[19]。

② 这种说法在较近时期越来越不流行；在较早时期则相当习常。

［18］ 在 A 版中为：第 155－156 页。

［19］ 在 A 版中为：第 165 页以后。

［20］ 在 A 版中为：现在这个。

［21］ 在 A 版中未加重点号。

号[22]，还是指称符号[23]，它都是对被标示之物的表象。

现在这个关于代现的说法（我们并不想对它作术语上的确定）与客体有关。这些“代现性的”客体是在某些行为中构造起来的，并且通过某些进行超越解释（hinausdeutend）[24]的表象活动的新行为而含有作为新客体“代表”的特征。代现的另一个、也是较为原始的意义是那个在第1点中被暗示的意义，而代现者在这里就是被体验的内容，这些内容在代现中经历了客体化的立义，并且以此方式（在本身不成为对象的情况下）帮助一个客体对我们表象出来。

这又会引导到一个新的歧义上去。

A 468 9.感知与想象的区别（而想象本身又表现出重要的描述性区别）始终被混同于感觉材料与想象材料的区别。前一个区别是行

966 为的区别，而后一个区别则是非-行为（Nicht-Akte）的区别，即被体验内容的区别，这些内容在感知或想象中被赋予[25]立义。

B₁ 504 （如果人们要想将所有在此意义上代现性的内容都称作感觉，那么人们就必须在术语上区分印象性的感觉[26]与再造性的感觉[27]。）在感觉材料与想象材料之间是否存在着描述性的区别，通常所提到的那些生动性、持续性或仓促性等等区别是否就已经够了，或者

[22] 在A版中未加重点号。

[23] 在A版中未加重点号。

[24] 在A版中为：关系到。

[25] 在A版中还紧跟：释义性的。

[26] 在A版中未加重点号。

[27] 在A版中未加重点号。

它们是否可以回溯为这两种意识方式[28]；对此，我们在这里无法进行深入的研究。无论如何可以肯定的是，这些可能[29]的内容区别并不就已经构成感知与想象的区别，这里的分析明白无疑地表明，后者毋宁是行为本身的区别。我们不可能想要把那个在感知或想象中描述地被给予之物看作是被体验的感觉材料或想象材料的单纯复合体。另一方面，它决定着对这两者的过于习常的混淆的做法，即：人们时而将表象理解为（根据第6点和第7点[30]）想象表象，时而理解为相应的想象材料（想象图像性的代现性内容的复合体），以至于在这里产生出一个新的歧义。

10. 由于混淆了显现（例如具体的想象体验或想象图像[31]）与显现者，被表象的对象也叫作表象。在感知那里以及在整个表象那里，即在单纯直观的意义上或已经得到逻辑理解的直观意义上的表象，情况同样是如此。例如，"世界是我的表象"。

11. 所有意识体验（[32]在实项现象学的意义上的内容）都是在内感知或一个其他的内部朝向（被意识性、原初统觉）的意义上被意识到，并且随着这种朝向而肯定有一个表象被给予（意识或自我将内容置于自己面前）；以上这种看法导致人们将所有意识内容都标示为表象。这就是自洛克以来的英国经验主义的"观念"（ideas）。（在贝克莱那里被称作"感知"（perceptions）。）具有一个表象 A 469 B₁ 505

[28] 在A版中为：是属于内容本身，还是属于对内容的立义。
[29] 在A版中为：在它们之间存在着。
[30] 在A版中为：7.和8.。
[31] 在A版中为：代现性的图像。
[32] 在A版中为：意识内容（=体验，。

和体验一个内容，这两个表达经常被等值地使用。

12. 在逻辑学内部，至关重要的是将特别的逻辑表象概念始终区别于其他的表象概念。这里涉及许多概念，对此我们已经在前面顺带地谈到过。这里尤其还要指出在至此为止的阐释中尚未接触到的一个表象概念，即：鲍尔查诺的“自在表象”概念，我们的解释是：在一个完整陈述之内的任何一个独立的或不独立的部分含义都是这样一个“自在表象”。

就所有纯粹逻辑学的表象概念来看，一方面要将观念之物区别于实在之物，例如，将纯粹－逻辑学意义上的称谓表象区别于这个表象实现于[33]其中的行为。另一方面必须将单纯的含义意向区分于那些为它们提供以或多或少适当充实的体验[34]，即区别于在直观意义上的表象。

13. 每一个真正深入到思维体验现象学之中的人必定都可以经历到这些被列举的歧义的有害性，除了这些歧义之外，还存在着其他的、在某些部分不太严重的歧义。需要提到的是例如关于在意见（δόζα）意义上的表象。这是一个通过显而易见的转义[35]而产生的歧义，我们可以在所有相近的术语那里都可以发现这种歧义。我可以回想一下那个在口语中多重性的、但始终同义的用语：“这是一个流行的意见、表象、看法、观点、见解等等”。

[33] 在A版中为：构造于。

[34] 在A版中为：感知或想象。

[35] 在A版中为：来自直观性领域的同一个。

第45节　“表象内容” A 470

显而易见，与“表象”相关的表达也与之相符地是多义的。这一点尤其切中关于“一个表象所表象的东西”的说法，即关于表象“内容”的说法。从至此为止的分析中已经可以看出，像特瓦尔多 B1 506 夫斯基在齐默曼之后所提倡的那种对表象的对象与表象的内容的单纯区分还不够深远（尽管它的功绩在于使人们能够在这里终于立足于确定的区别之上）。在逻辑学领域中（这两位作者所考察的是这个领域，但并未有意识地限制在这个领域中），除了被指称的对象之外，不仅要区分出一个作为“内容”的东西，而且还可以并且还必须区分出许多东西。首先，在内容之中，例如在称谓表象之中，被意指的可以是一个作为观念统一的含义：在纯粹-逻辑学意义上的表象。与它相符的是作为在表象行为的实项[36]内容中的实项[37]因素的意向本质连同表象质性和质料。在实项[38]内容中，我们再进一步区分那些可分离的、不属于意向本质的组成部分：在行为意识中（在意向本质中）经历了对其立义[39]的“内容”，即：感觉材料与想象材料。此外，在一些表象那里还有在形式与内容之间的多义性区别；尤为重要的是质料（在一种全新的意义上）与范畴形式的区别，对此我们还将进行许多研究。例如，与此相联

[36]　在A版中为：描述性。

[37]　在A版与B版中为：实在。在第三版中得到纠正。

[38]　在A版中为：描述性。

[39]　在A版中还紧跟：或释义。

系的是那种本身并非单义的关于概念的内容的说法:内容 =“标记”的总和,并且有别于它们的联结形式。特瓦尔多夫斯基所陷入的(在前面已部分得到证明的)困境与混乱已经表明,关于内容的
A 471 统一说法在与行为、内容和对象的对置中是多么可疑;与此同样可疑的还有:他关于“在双重方向上运动的表象活动”的说法,他对观念意义上的含义的完全忽视,他借助于向词源区别的回溯而对明见的含义区别一带而过的心理主义做法,他对“意向内实存”学说以及普遍对象学说所做的探讨。

B_1 507

注释[40]

人们近来常常陈述这样一种看法,即:在表象与表象内容之间不存在区别,或者至少不存在一个在现象学上可证明的区别。人们对此所执的态度当然要取决于人们对表象与内容这两个词的理解。只要人们将它们**解释为对感觉材料与想象材料的单纯拥有,并且忽视或无视立义的现象学因素**[41],那么人们这样说便肯定是合理的:不存在一个特有的表象行为。表象与被表象之物是同一个东西。那种对内容的单纯拥有,作为对体验的单纯体验,不是**意向的(恰恰通过一个立义意义而与对象之物发生关系的)体验,尤其不是一个内感知**[42];因此,我们也将感觉等同于感觉内容。但是,一个曾对不同的表象概念作出区分的人怎么能够怀疑这一点:一个受到如此划界的概念是无法被坚持的,而且它也

[40] 未列入 A 版的目录。

[41] 在 A 版中为:解释为对感觉材料与想象材料的单纯拥有(在抽象于所有立义的情况下)。

[42] 在 A 版中为:根本不必然是对此的关注和对此的感知。

从未被坚持过，这个概念之所以产生仅仅是由于对原初的意向表象概念所做的误解的缘故？无论表象这个概念受到何种规定，所有人在这一点上是一致的：这种规定所切中的应当是一个不仅对心理学，而且对认识批判与逻辑学，尤其也对纯粹逻辑学而言的决定性概念。所以，如果谁承认了这一点，但却又以前面所标示的那个概念为基础，那么他就已经陷入到混淆之中。因为，那个概念在认识批判和纯粹逻辑学中根本不起任何作用。

我也只能这样解释：正是出于这种混淆，像埃伦菲尔斯这样通常是敏锐的研究者也时常会认为(《心理学与生理学杂志》，第十六期，1898 年)：我们不能放弃对一个不同于表象内容的表象行为的
假设，这主要是因为，否则我们便无法说明在一个对象 A 的表象 A 472
与对这个对象的表象之表象之间的心理学区别；他还从未能够直
接地确信那个现象[即不同于表象内容的表象行为]的存在。我在 B_1 508
这里要说，如果我们在**现象学上**查明了在表象与对此表象之表象之间的这个区别，一个表象行为本身便会直接直观地展示给我们。但如果这种情况不存在，那么我们就无法找到任何一种可以论证这样一个区别之合理性的论据。同样，我认为，如果我们弄清了在一个单纯声音构成与同一个作为被理解的名称的声音构成之间的区别，那么我们也就直接查明了一个表象行为的存在。

译者附记

《逻辑研究》第一卷的中译本已于1994年出版，占全书篇幅的四分之一。这里终得完成的是第二卷的第一部分，占全书篇幅的二分之一。至此，该书的四分之三已经译成中文。——最后的四分之一由第六研究单独组成，构成《逻辑研究》第二卷的第二部分。它的中译本出版尚待时日。

这篇文字应当算是，但又不是"译后记"——真正的"译后记"理应写在《逻辑研究》第二卷的中译全部完成之后。然而如所周知，胡塞尔在《逻辑研究》在第二卷中对第一版做了很大的改动，也就是说，在第二卷中，A版与B版的差异较大；因而在版本差异的注释较之于第一卷有大幅度增加，而与此有关的翻译方面说明也最好还是不留待第二卷第二部分的出版，以免在此期间给读者的阅读造成妨碍。所以，严格地说，这不是一篇"译后记"，而是一篇有关翻译的技术说明，故而称作"附记"。

需要说明的是以下几点：

1.《逻辑研究》的中译力图尽可能完整、如实地反映出B版与A版的差异，它意味着胡塞尔在1900/01至1913年期间思想上的重要变化。中译文中甚至保留了对胡塞尔在B版中增加或删减的重点号、引号等等的标注。

但是，胡塞尔在原著中运用了各种不同的符号来分别突出不同的含义、概念、命题等等。这些符号包括重点号、引号、斜体字、大写字母等等。中译本在技术上不可能完全对应地再现这些符号。所以这里将原著中的引号、斜体字、大写字母统一用引号标出。胡塞尔在B版中对A版所做的与此有关的修改也不再标出，例如在B版中将大写字母改成斜体字等等。

2.有些文字、风格上的改动，在中文翻译的上下文中无法或无须得到再现，当然也就省去，文字以胡塞尔修改过的第二版的为准。例如，在第二版中胡塞尔删除或加入的语气词“wohl”、“ja”、“überhaupt”等等，如果在中译文中无法体现，便撇开不论。再如，以第五研究、第五章、第40节（A 454/B_1 489）上的“尽管这两个表述初看起来有其合理之处，但我们对它们仍抱有疑虑”这句话为例：在第一版上的原文为：“Beide Ausdrücke haben，[neben dem，was sie sich sichtlich empfiehlt，auch] ihre Bedenken”；方括号中的句子在第二版中被胡塞尔改作：[so viel im ersten Augenblick für sie zu sprechen scheint，]，而其意义在这里并未因此而有所变动，所以这个修改在中译文中便不再标出。最好的做法固然是像这里所做的那样标出原文，但这种做法又会使正文显得更为复杂，影响阅读；反而会印证一句老话：得不偿失。又如，在A版中，胡塞尔在第五研究的第五章中多次列举“S是P”为例；而在B版中，大写P又全部改作小写p。原编者将这个更动仍然标出，而我在文中却不得不将这个改动省去，只采用B版的小写p，因为

否则这一章要多加二十个版本注。

总之,其所以采取这些省略的做法,一方面是鉴于错综复杂的排版技术方面的原因,另一方面则是考虑到方便读者阅读的理由。但总的说来,在没有绝对把握的情况下,我尽可能不做省略,而将省略与否的决定权留交读者本人。

3.《逻辑研究》第二卷是根据并且仍将根据海牙马蒂米斯·尼伊霍夫出版社《胡塞尔全集》第十九卷 1984 年的德文校勘版译出。该校勘版的女编者为 U. 潘策尔。与《逻辑研究》第一卷校勘版,亦即《胡塞尔全集》第十八卷 1975 年德文校勘版的编者 E. 霍伦斯坦不同,潘策尔仅将 B 版中增添的部分以异体字标出,但不再加以方括号的版本注:"B 版的附加"。中译本亦照此办理,因而有别于《逻辑研究》第一卷。

4.中译本中的版本注并不完全对应于德文校勘版中的版本注。再以第五研究、第五章、第 40 节(A 454/B_1 489)上的例子为证:胡塞尔将 A 版中"「象征 - 称谓的」[……]设定「等等」[……]"一句在 B 版中改为"「表述 - 称谓的」设定"。原编者用两个版本注标出 A、B 版的差异:第一个版本注标出方括号中的差异(即:在 A 版中为:「表述 - 称谓的」),第二个版本注则标出删去的"等等"(即:在 A 版中还紧跟:「等等」)。而中译本则将两个版本注合并为一(即:在 A 版中为:「表述 - 称谓的设定」)。此类情况还有一些,这里不再一一枚举。

5.其他技术说明,仍可参照《逻辑研究》第一卷中译本上的"凡例"。